neukirchener
theologie

Kirchen- und Theologiegeschichte in Quellen

Ein Arbeitsbuch

herausgegeben von
Heiko A. Oberman †, Adolf Martin Ritter,
Hans-Walter Krumwiede †, Volker Leppin
und Harry Oelke

Band III
Reformation

Reformation

Ausgewählte und kommentiert
von Volker Leppin

2. Auflage 2012

Neukirchener Theologie

MIX
Papier aus verantwortungsvollen Quellen
FSC® C016439

Dieses Buch wurde auf FSC-zertifiziertem Papier gedruckt.
FSC (Forest Stewardship Council) ist eine nichtstaatliche, gemeinnützige Organisation, die sich für eine ökologische und sozialverantwortliche Nutzung der Wälder unserer Erde einsetzt.

Bibliografische Information der Deutschen Nationalbibliothek

Die Deutsche Nationalbibliothek verzeichnet diese Publikation in der Deutschen Nationalbibliografie; detaillierte bibliografische Daten sind im Internet über http://dnb.d-nb.de abrufbar.

Umschlaggestaltung: Hartmut Namislow
Gesamtherstellung: Hubert & Co., Göttingen
Printed in Germany
ISBN 978–3–7887–2120–6
www.neukirchener-verlage.de

VORWORT

Die Neubearbeitung eines Werkes, das man selbst als Student gebraucht hat, ist eine Aufgabe ganz eigener Art. Der Quellenband, den Heiko Augustinus Oberman vor einem Vierteljahrhundert der Öffentlichkeit übergeben hat, konnte guten Gewissens einer ganzen Generation von Studierenden als Anleitung zum Selbststudium und den Lehrenden als Hilfe zum Unterricht dienen. Gleichwohl bringen die Änderungen in Wissenschaft und Universität stets auch neue Anforderungen mit sich. So setzten die Überlegungen, den Band neu zu gestalten schon einige Zeit vor Obermans viel zu frühem Tod im Jahre 2001 ein.

Dass diese Aufgabe der Neugestaltung mir übertragen wurde, bedeutete Verpflichtung und Anreiz: die Verpflichtung, die Wege nicht zu verlassen, die Oberman gebahnt hatte, mit ihm weiter den Schwerpunkt in der Theologiegeschichte und in den Jahrzehnten der ersten Hälfte des 16. Jahrhunderts zu suchen, und doch, darüber hinausgehend, ein wenig mehr Texte zur Sozial- und Frauengeschichte einzubeziehen und die Entwicklung der Konfessionen in der zweiten Jahrhunderthälfte etwas intensiver zu repräsentieren, um nur die wichtigsten Änderungen zu benennen.

Dass dies in einem Rahmen geschehen musste, der den bisherigen Umfang nicht wesentlich überschritt, machte aus Verpflichtung und Anreiz ein Wagnis. Wo das Wagnis zu hoch, der Versuch nicht gelungen ist, ist der Herausgeber für jede Rückmeldung von Lehrenden und Studierenden dankbar, denn das Buch soll bleiben, was es in der Fassung Obermans war: ein Gebrauchsbuch für den Unterricht und das Studium.

Die Neubearbeitung hat eine Vielzahl von Arbeitsschritten erfordert: der einschneidendste war die Umgestaltung der Quellenauswahl nach den oben genannten Gesichtspunkten. Ein erster Blick auf das Inhaltsverzeichnis wird rasch zeigen, in welcher Menge Altes – selten ohne Bedauern – Platz für Neues machen musste, das im gegenwärtigen Kontext noch ein wenig dringlicher erschien. Auch die Konzeption hat sich geändert. Die Abfolge der Quellen folgt nun stärker als in der alten Ausgabe einer thematischen Anordnung an Stelle der deutlich durchgängigen Chronologie. Die Übersetzungen wurden durchweg am Original durchgesehen und vielfach bearbeitet. Aufgrund der Bearbeitungen sind auch die Angaben von Übersetzungen in den bibliographischen Notizen zu den Quellenstücken stets so zu verstehen, dass die Übersetzung nach der jeweiligen Vorlage wiedergegeben ist, ihr aber nicht zwingend vollständig folgt. Wo bibliographische Angaben zur Übersetzung fehlen, geht die Übersetzung entweder, wenn es sich um einen aus der vorherigen Ausgabe übernommenen Text handelt, auf Heiko Augustinus Oberman oder auf mich selbst zurück. Die Bibliographien wurden auf den aktuellen Stand gebracht, die Einleitungstexte neu verfasst. Aufgrund dieser tiefgreifenden Änderungen bin ich dem Vorschlag des Verlages gefolgt, den jetzt vorgelegten Band unter leicht geändertem Titel tatsächlich ganz unter meiner Verantwortung herauszubringen.

Schon vorab haben viele Kollegen und Kolleginnen das Projekt begleitet, mir brieflich und in Gesprächen Hilfe gegeben. Adolf Martin Ritter (Heidelberg) hat die Neubearbeitung angeregt und selbstlos bis in die letzten Druckfahnen hinein begleitet. Gottfried Seebaß (Heidelberg) hat den Text in statu nascendi einer präzisen Korrektur unterzogen. Viele hilfreiche Hinweise erhielt ich von dem Mitherausgeber der KThGQ Hans-Walter Krumwiede sowie von Albrecht Beutel (Münster), Irene Dingel (Mainz), Berndt Hamm (Erlangen), Henning P. Jürgens (Mainz), Gudrun Litz (Erlangen/ Jena), Bernd Moeller (Göttingen), Gury Schneider-Ludorff (Jena/ Neuendettelsau), Christoph Strohm (Bochum) sowie von Ulrich Köpf (Tübingen), der aus der Erfahrung eines Kollegen sprechen konnte, der wenige Jahre zuvor selbst einen wichtigen und überaus hilfreichen Quellenband zur Reformationszeit erarbeitet hat (Stuttgart 2001). Ihnen allen sei herzlich Dank gesagt.

Mein Dank gilt auch den Studierenden in Jena, deren freundliche Aufmerksamkeit in den Vorlesungen ich seit fünf Jahren genießen darf und die mit mir gemeinsam die »roten Bücher« eifrig nutzen. In besonderer Weise gilt unter ihnen der Dank Hanna Kauhaus, die in mühevoller Arbeit mit großer Präzision und Gründlichkeit Korrektur gelesen hat, sowie Dorothy Demmler und Juliane Funkel, die mit ihr gemeinsam die Register erstellt haben.

Unnennbar ist der Dank an die Familie, meine Frau Chantal und meine Kinder Florian, Johanna, Daniel und Christina, die viel zu oft den Papa an den Computer lassen mussten – und die ihm, wenn er den Schreibtisch endlich verlassen hatte, mit ihrer eigenen Welt halfen, rasch aus der Epoche der Reformation wieder in der Gegenwart anzukommen.

Jena, am fünfhundersten Jahrestag
des Ereignisses von Stotternheim

Volker Leppin

Inhaltsverzeichnis

1. Johannes Reuchlin und die jüdische Gelehrsamkeit

Seit der Mitte des 15. Jahrhunderts hatte der Humanismus, vermittelt vor allem durch Rudolf Agricola (1443-1485), auch nördlich der Alpen Fuß gefasst. Zu denen, die in sein humanistisches Netzwerk eingebunden waren, gehörte auch Johannes Reuchlin (1455-1522) aus Pforzheim, der nach einem juristischen Studium glänzende Positionen am württembergischen Hof und im Schwäbischen Bund erhielt. Der Ruf nach den Quellen und den alten Sprachen führte bei ihm ab 1484 zum Erlernen des Hebräischen. Aufgrund dieser Sprachkenntnis konnte er sich den Schriften der Kabbala zuwenden. In dem 1494 erschienenen Dialog zwischen Repräsentanten paganer, jüdischer und christlicher Religiosität »De Verbo mirifico« versuchte er, die verschiedenen Traditionen zusammenzuführen (Texte a und b). Sein Ruf als Kenner der jüdischen Schriften führte dazu, dass er zu einem Gutachten aufgefordert wurde, das nach scharfen Angriffen des vom jüdischen zum christlichen Glauben konvertierten Johannes Pfefferkorn (1469-1522/3) Stellung zur Rechtmäßigkeit einer Konfiskation und Vernichtung der jüdischen Bücher nehmen sollte (Text c). Reuchlins Votum gegen ein solches Verbot führte dazu, dass der Dominikaner Jakob von Hoogstraeten (ca. 1465-1527) gegen ihn selbst einen Prozess eröffnete, der trotz Bedenken einer römischen Kommission 1520 zum Verbot von Reuchlins Schrift zugunsten der jüdischen Bücher führte.

a) Jesus Christus als Inbegriff menschlicher Weisheit (De Verbo mirifico, Drittes Buch)

CAPNION[1]: ... Nun wisst ihr, was denn das wundertätige Wort (verbum mirificum) ist. Doch ihr fragt: Wie lautet sein Name? Ist es einer von den vielen, die zuvor aufgezählt worden sind? Oder wird es über diese hinaus noch ein ganz anderer sein? Wir aber müssen der Heiligen Schrift folgen (imitari), die uns über verborgene und geheime Dinge belehrt. Besinnen wir uns also auf die vorangegangenen Gespräche unserer Erörterung: Das Wort findet sich im Vater – als die Hand im Schoß, als der unsichtbare Gott und als der unaussprechliche Name (nomen ineffabile) – wie das Öl im linsenförmigen Krug. Nachdem das Wort aber Fleisch geworden war, ging es vom Vater aus, »neigte die Himmel und fuhr herab« (2 Sam 22,10), und der Herr sandte seine Hand aus der Höhe, und Gott erschien auf der Erde und verkehrte mit den Menschen. Und für ihn wurde ein neuer Name in artikulierter Lautung geprägt, den der Mund des Herrn benannte, und sein Name ist: das ausgegossene Öl. Geöffnet wurde die Flasche mit der linsenartigen Form, der glatten Rundung, und der Berg des Sohnes des Öls wurde zum Weingarten für den Geliebten gemacht (vgl. Jes 5,1), in dem der Sohn selbst der wahre Weinstock ist und das ausgegossene Öl sein Name. Daher salbte Gott ihn vor allen seinen Genossen und allen seinen Gefährten mit dem Öl der Freude. Von diesem Orakel nun, diesem Allerheiligsten, diesem göttlichen Wort her ziehen wir den Schluss, dass »Messias«, was aufgrund der Salbung mit »Christus« übersetzt wird, jener berühmte Name ist – oder auch irgendein anderer, der Christus als Gottes Sohn mit einer näherliegenden Lautgestalt und auf spezifischere Weise kennzeichnet...

Seid aufmerksam! Jetzt sind wir nämlich endlich dicht herangekommen und befinden uns fast schon direkt am Tor zur Namensfindung. Das hochheilige Evangelium erzählt folgende Geschichte: »Im sechsten Monat aber wurde der Engel Gabriel von Gott gesandt in eine Stadt in Galiläa, die da heißt Nazareth, zu einer Jungfrau, die verlobt war mit einem Mann mit Namen Josef vom Hause David, und der Name der Jungfrau war Maria. Und der Engel trat zu ihr hinein und sagte: ›Sei gegrüßt, du Gnadenreiche! Der Herr ist mit dir. Du bist gebenedeit unter den Frauen.‹ Als sie dies gehört hatte, war sie über seine Rede bestürzt und überlegte, was dieser Gruß zu bedeuten habe. Und der Engel sprach zu ihr: ›Fürchte dich nicht, Maria. Du hast nämlich Gnade bei Gott gefunden. Siehe, du wirst schwanger werden und einen Sohn gebären, und du sollst ihm den Namen Jesus (Ihsuh) geben Der wird groß sein und Sohn des Höchsten genannt werden.‹« (Lk 1,26-32) Ich werde euch aber nicht den ganzen Verlauf der Ereignisse schildern, sondern soweit es unsere Angelegenheit betrifft, später einsetzen: »Und als acht Tage um waren, so dass das Kind beschnitten werden musste, gab man ihm den Namen Jesus, der genannt worden war von dem Engel, bevor er im Mutterleib empfangen worden war« (Lk 2,21). O selig die Stunde, o glücklich der Augenblick des Tageslichts, ihr herrlichsten Männer und liebsten Studiengefährten (clarissimi homines et amantissimi studiorum sodales), an dem wir einen so vorzüglichen, so machtvollen, so siegreichen Namen gefunden haben, durch dessen Willen und Macht nicht nur das ungeheuer große Rund des Erdkreises, sondern auch dieser ganze Weltenbau und jene ruhmvolle überweltliche Region, die Mächte der oberen wie der unteren Welt regiert werden! Ihn, von dem Moses im Gesetz und die übrigen Propheten geschrieben haben, haben wir, belohnt mit köstlichstem Vergnügen und ausgestattet mit einem, wie ich glaube, zwischen uns bestehenden untrüglichen (infallibilis) und für alle Zeiten andauernden Liebesband, gefunden: Jesus, den oft ersehnten, lange begehrten, sehr gesuchten Namen, den höchsten und überragendsten Namen, einen frommen, heiligen, ehrwürdigen Namen, auf den alle heiligen Namen zu beziehen sind, der über jedem Namen steht, der im Himmel und auf Erden genannt wird, auch in der künftigen Welt, einen wundersamen und wundertätigen Namen, der mit dem Klang der Stimme mitteilbar und nicht länger unaussprechbar ist, keinen vierbuchstabigen, sondern einen fünfbuchstabigen Namen (non Tetragrammaton sed Pentagrammaton)[2]. Es gibt keine Kraft im Himmel und auf Erden, die dem Namen Jesus zu widerstehen wagte. Es gibt auch keinen anderen Namen, der heiliger und frömmer wäre: seine Buchstaben sind Gott, seine Silben Geist, sein ganzer Wortlaut ist Gott und Mensch.

Quelle/ Übersetzung: Johannes Reuchlin, Sämtliche Werke. I/1: De Verbo mirifico, hg. v. W.-W. Ehlers, Stuttgart-Bad Cannstatt 1996, 354-359. – *Literatur:* s. Text b.

b) Die Notwendigkeit des Kreuzes (De Verbo mirifico, Drittes Buch)

CAPNION: Doch glaubt mir: Es gibt keinen Christus ohne das Kreuz. Sein Kreuz ist unser Sieg. Mit hoch erhobenen Händen gab Moses eine Vorausdeutung (praefiguravit) auf das Kreuz, und Amalech wurde besiegt (Ex 17,11-13); und bei Ezechiel rettete das Taw des Kreuzes die mit ihm Gekennzeichneten (Ez 9,4). Obwohl das Kreuz bei Autoren frühester Zeiten ein altes Zeichen von Magiern ist (es steht geschrieben, dass es in einer bestimmten Sammlung arabischer Autoren enthalten sei), lesen wir doch, weil ihm der Name Jesu fehlte, nichts darüber, dass von ihm wirkungsmächtige Kräfte ausgegangen seien. Deshalb suchen und finden wir zugleich auf die glücklichste Weise – nach dem Zeugnis des Bischofs Martin[3] – Jesus mit dem Kreuz und das Kreuz mit Jesus. Dies ist das Zeichen des Menschensohnes, das am Himmel erscheinen wird (Mt 24,30). Dies ist der zweite Baum des Paradieses, der Baum des Lebens, der Baum, der zum Essen süß und für die Augen schön ist und der einen ergötzlichen Anblick bietet, kein verbotener, sondern ein dargebotener Baum: »An dem Tage, an dem ihr davon essen werdet, werden eure Augen aufgetan, und ihr werdet sein wie Götter.« (Gen 3,5). Dies ist das wundertätige Holz, das der Herr Mose gezeigt hat und mit dem er bitteres Wasser in Süße verwandelte. So nämlich ist zu lesen: »Das Volk murrte gegen Moses und sagte: ›Was sollen wir trinken?‹ Jener aber schrie zum Herrn und der zeigte ihm ein Holz« (Ex 15,24f.) Warum hatte der Herr es nötig, in der Wüste Schur und in einer waldreichen Einöde ein Holz zu zeigen: er, dem so viele Bäume, Äste, Stämme, Kernhölzer und Sträucher verfügbar und zur Hand waren? Im hebräischen Text steht aber an dieser Stelle ein Wort, das »unterrichten«, »aufzeigen«, »lehren« und »ein Gesetz aufstellen« bedeutet. Hieraus dürfte sich ersehen lassen, dass Gott seinem Propheten in einer Art von Geheimlehre die Kraft dieses Kreuzes, das bei den Hebräern mit einer ähnlichen Vokabel benannt wird, enthüllt hat. Deshalb sagt die Schrift nicht: »Nimm dir das Holz«, sondern: »Gott zeigte ihm das Holz«, was so gelesen werden könnte: »Gott unterrichtete ihn über das Kreuz« oder: »Gott wies ihm das Kreuz«. Dies ist jenes bekannte Antlitz, das der königliche Prophet nach der Weise von Lilien und Rosen ersehnt, wenn er in diesem Halbvers singt »Zeige dein Antlitz, und wir werden genesen« (Ps 80,4.8.20). Falls euch die pythagoreischen Lehren der Philosophen[4] oder die kabbalistischen der Hebräer nicht missfallen, werdet ihr feststellen, dass »Standbild«, »Holz«, »Kreuz« und »dein Antlitz«, dessentwegen ihr David gerade habt zum Herrn schreien hören, miteinander identisch sind. Nur mit dem Kreuz also, und nicht ohne das Kreuz, wird unser Wirken leicht sein.

Quell/ Übersetzung: Johannes Reuchlin, Sämtliche Werke. I/1: De Verbo mirifico, hg. v. W.-W. Ehlers, Stuttgart-Bad Cannstatt 1996, 406-409. – *Literatur:* C. F. Zika, Reuchlin's »De verbo mirifico« and the Magic Debate of the Late Fifteenth Century, in: JWCI 39 (1976) 104-138.

c) **Den Talmud nicht verbrennen** (Gutachten über das jüdische Schrifttum, 1511)

Zum Dritten stütze ich mich zur Begründung meines Gutachtens auf den Baum der Erkenntnis des Guten und des Bösen; denn eben diesen Baum hat Gott selbst in das Paradies gesetzt und gepflanzt (Gen 2[,9]), weshalb er von keinem Menschen ausgerissen werden darf. Denn das ist von Gott verboten (Dtn 20[,19], wo geschrieben steht: »Du sollst keinen Baum umhauen, der essbare Früchte trägt«). Und wiewohl Adam und Eva sich davon den Tod gegessen haben, hat dennoch Gott den Baum nicht umgehauen noch verbrannt, sondern ihn stehen lassen bis auf diesen heutigen Tag, wie wir es täglich erfahren.

Wiewohl nun manche von den Unsern sagen, im Talmud stünde viel Schlechtes, so ist es dennoch nicht schlecht, dass wir dieses Schlechte lesen und studieren: nicht, um das Schlechte zu befolgen, sondern damit wir leichter zu erkennen vermögen, was gut ist, und diesem anhängen (D. 37 c. 11[5])... Diesem Text entnehmen wir, dass wir Gutes und Schlechtes nebeneinander lesen und studieren können; das Schlechte, um es mit vernünftigen Worten zurechtzuweisen, und das Gute, das darunter wie die Rosen unter den Dornen sich findet, um es zum Gebrauch in der heiligen Lehre zu verwenden (ebd. c. 8)[6].

Nun gibt es niemanden, der vom Talmud, in dem doch die vier höheren Fakultäten beschrieben sind, zu Recht sagen könnte oder vermöchte, er sei vollkommen schlecht und es sei gar nichts Gutes daraus zu lernen. Er enthält nämlich viele gute ärztliche Rezepte und Kenntnisse von Pflanzen und Wurzeln, sowie viele gute Rechtsurteile, die durch erfahrene Juden aus der ganzen Welt zusammengetragen sind. Und in der Theologie ist der Talmud an vielen Stellen unsere Handhabe gegen das ungläubige Vorhaben der Juden; wie es aus den Schriften des Bischofs von Burgos erhellt, die er christlich und lobenswert über die Bibel und im »Scrutinum« verfasst hat[7], worin er unseren Glauben mit Argumenten aus dem Talmud einleuchtend verteidigt. Ich habe allein im ersten Teil seines Werkes »Scrutinum« über fünfzig Stellen bemerkt und gezählt, an denen er sich gegen die Juden auf den Talmud stützt – um über den zweiten Teil desselben Werkes, wo er den Talmud gleichfalls an vielen Stellen zugunsten von uns Christen heranzieht, ganz zu schweigen. Und in seiner Vorrede schreibt er, die Glossen und Sentenzen der Talmudgelehrten seien dergestalt, dass wir daraus starke und entscheidende Argumente gegen die Juden entnehmen könnten; denn ihre Lehrer haben hin und wieder, wenn es verborgene göttliche Geheimnisse betraf, prophezeit und geweissagt, ohne sich dabei bewusst zu sein, was sie sagten, wie etwa Kaiphas (Joh 11[,49]). Da ist eben doch die Aussage des Gegners ein wirksamer Beweis...

Aus all diesem ist deutlich zu entnehmen, dass der Talmud kein durchaus schlechter Baum ist, der gar keine gute Frucht bringen kann, weshalb er umgehauen und verbrannt werden müsste (Mt 3[10]). Sondern er enthält viel Gutes, und Verständige können viel Gutes daraus entnehmen...

Da aber unser allergnädigster Herr, der Römische Kaiser, Euren fürstlichen Gnaden auch den Befehl gab, darüber Gutachten einzuholen, auf welche Weise, mit welcher Begründung und nach welchem Verfahren die Sache aufzunehmen und durchzuführen sei – wie mir das ja von hochdenselbst Euern fürstlichen Gnaden zur Erwägung und Begutachtung aufgetragen ist –, kann ich wahrhaftig nach meiner bescheidenen Einsicht kein Besseres raten, als dass Kaiserliche Majestät um Gottes und unseres christlichen Glaubens willen für die Hochschulen in Deutschland verfüge, dass eine jede Universität auf zehn Jahre je zwei Magister anstelle, die in der Lage wären und die Pflicht hätten, die Studenten und Schüler die hebräische Sprache zu lehren und sie darin zu unterweisen, wie es die Klementinen angeben und verordnen (l. 5 t. 1 c.1[8]). Dazu sollen uns die Juden, die in unsern Landen ihren Wohnsitz haben, durch Leihen ihrer Bücher freiwillig und in guter Nachbarschaft behilflich sein – natürlich gegen angemessene Kaution und unter Vermeidung jeden Schadens – so lange, bis wir durch Drucke oder Abschriften uns eigene Bücher beschafft haben können. Wenn so verfahren wird, zweifle ich nicht, dass in wenigen Jahren unsere Studenten in eben dieser hebräischen Sprache so wohl unterrichtet sein werden, dass sie mit vernünftigen und freundlichen Worten die Juden in Sanftmut zu uns zu führen wüssten und vermöchten ... Man soll der Juden Bücher nicht verbrennen und man soll sie durch vernünftige Disputationen in Sanftmut und Güte mit Gottes Hilfe zu unserm Glauben führen.

Quelle/ Übersetzung: Johannes Reuchlin, Gutachten über das jüdische Schrifttum, hg. u. übers. v. A. Leinz-v.Dessauer, Stuttgart 1965 (Pforzheimer Reuchlinschriften 2), 58-63.104-107. – *Literatur:* H.-M. Kirn, Das Bild vom Juden im Deutschland des frühen 16. Jahrhunderts dargestellt an den Schriften Johannes Pfefferkorns, Tübingen 1989 (Texts and Studies in Medieval and Early Modern Judaism 3); A. Herzog/ J.H. Schoeps (Hg.), Reuchlin und die Juden, Sigmaringen 1993; H. Peterse, Jacobus Hoogstraeten gegen Johannes Reuchlin. Ein Beitrag zur Geschichte des Antijudaismus im 16. Jahrhundert, Wiesbaden 1995 (VIEG 165); Gerhard Dörner, Art. Reuchlin, in: TRE 29 (1998), 94-98; E. Rummel, The Case against Johann Reuchlin. Religious and Social Controversy in sixteenth century Germany, Toronto u.a. 2002; D. Hacke (Hg.), Die Welt im Augenspiegel. Johannes Reuchlin und seine Zeit, Sigmaringen 2002 (Pforzheimer Reuchlinschriften 8).

[1] Capnion ist in dem Dialog der Christ aus Pforzheim: eine Identifikation, die ihn nahe an Reuchlin rückt, ohne dass man ihn einfach mit ihm identifizieren könnte. Die Bedeutung

Capnions für das Gesamtverständnis der Schrift erhellt auch aus dem vollständigen Titel der Schrift: »Capnion seu De verbo mirifico«.

[2] *Anspielung auf das Tetragramm, die alttestamentliche Gottesbezeichung* יהוה.

[3] *Martin von Tours (ca. 336-397). Gedacht ist wohl an einen Ausspruch, den Sulpicius Severus in seiner Martins-Vita überliefert:* »Ego Christum, nisi in eo habitu formaque qua passus est, nisi crucis stigmata praeferentem, venisse non credam« *(PL 20,174C).*

[4] *Antike, als Geheimbund organisierte Philosophenschule im Anschluss an Pythagoras (ca. 570 v. – ca. 497/6 v. Chr.). Im Zentrum ihrer Lehren stand die Überzeugung von in Zahlenverhältnissen gegründeter Harmonie des Kosmos und der Notwendigkeit einer entsprechenden Ethik. Eine Wiederentdeckung des Pythagoreismus erfolgte durch die Renaissancedenker Nikolaus von Kues (1401-1464) und, ihm folgend, Marsilio Ficino (1433-1499).*

[5] *Corpus Iuris Canonici, hg. v. E. Friedberg. Bd. 1, Leipzig 1879 (= Graz 1955), 138. Das Decretum, die von Gratian (gest. um 1150) erstellte Kirchenrechtssammlung, war Kern des mittelalterlichen Kirchenrechtes.*

[6] *Ebd. 137f.*

[7] *Paulus von Burgos (ca. 1352-1435): Salomon ben Levi konvertierte 1391 zum Christentum und hieß von da an Pablo de Santa Maria. 1403 wurde er Bischof von Cartagena, 1415 von Burgos. Sein* »Scrutinium Scripturarum contra perfidiam Judaeorum« *stellte eine weit verbreitete, gelehrte Polemik gegen das Judentum dar. Ebenfalls hohe Verbreitung erfuhren seine Additiones zur Postilla des Nikolaus von Lyra (s. Bd. 2, 60).*

[8] *Corpus Iuris Canonici, hg. v. E. Friedberg. Bd. 2, Leipzig 1879 (= Graz 1955), 1179. Die Klementinen gehören zu den Ergänzungen, durch die das Decretum immer stärker anwuchs. Sie gehen auf Papst Clemens V. (1303-1304) zurück.*

2. Spott über die scholastische Theologie: die Dunkelmännerbriefe

Der Pfefferkornstreit hatte ein Nachspiel, das weit über den konkreten Anlass hinaus ging: Reuchlin hatte zahlreiche Briefe von gelehrten Freunden bekommen, die ihn in seiner Haltung bestärkten. Diese veröffentlichte er 1514 als »*Epistolae clarorum virorum*«, »Briefe berühmter Männer«. Dies nahm ein Kreis von Humanisten, die Erfurter Crotus Rubeanus (gest. ca. 1545) und Ulrich von Hutten (1488-1523), wahrscheinlich auch der Kölner Hermann von dem Busche (gest. 1534), der die Ereignisse aus unmittelbarer Nähe erlebt hatte , zum Anlass, 1515 eine satirische Schrift unter dem Titel »*Epistolae obscurorum virorum*«, »Dunkelmännerbriefe«, zu veröffentlichen, die Inhalt und auch Stil der scholastischen Theologie gnadenlos und mit antiklerikaler Derbheit aufs Korn nahm. Zwei Jahre vor Luthers Disputation über die scholastische Theologie und zeitgleich mit den ersten Wandlungen der theologischen Ausbildung in Wittenberg war damit die traditionelle Schultheologie in der Öffentlichkeit der Lächerlichkeit preisgegeben. Und die Speerspitze wurde von eben jenem Erfurter humanistischen Milieu ausgesandt, in dem Luther aufgewachsen war.

Magister Conrad von Zwickau grüßt den Magister Ortvinus.

Nachdem Ihr mir geschrieben habt, dass Ihr Euch nicht mehr um jene Leichtfertigkeiten kümmert und die Frauen nicht mehr lieben oder vielmehr nehmen wollet außer ein- bis zweimal im Monat, so kann ich mich nur wundern, dass Ihr solches schreibt. Doch ich weiß das Gegenteil. Es befindet sich hier ein Geselle, der kürzlich aus Köln angekommen und Euch wohlbekannt ist und auch dort immer um Euch war. Dieser sagt, dass Ihr die Frau des Johannes Pfefferkorn[1] beschlaft; und er versichert mir dies wahrheitsgemäß und beschwor es, und darum glaube ich es auch. Ihr seid ja so gar liebenswürdig und wisst auch gute Worte zu geben, und dazu noch kennt ihr vollkommen die Kunst zu lieben (ars amandi) aus dem Ovid[2]. Auch sagte mir ein gewisser Kaufmann, es heiße in Köln, auch unser Meister[3] Arnold von Tongern[4] bediene sich ihrer als Unterlage; allein das ist nicht wahr, da ich wahrhaftig weiß, dass er noch keusch ist und nie eine Frau berührt hat, Allein, auch wenn er es getan hätte oder tun würde – was ich aber nicht glaube –, so wäre er deshalb doch nicht so schlecht, weil Irren menschlich ist. Ihr schreibt mir viel von dieser Sünde, dass es keine größere Sünde in der Welt gebe, und führet viele Schriftstellen an. Ich weiß wohl, dass es nicht recht ist, aber doch findet man auch in der Heiligen Schrift, dass einige auf diese Weise gesündigt haben und gleichwohl selig geworden sind. So Simson, der bei einer Hure schlief, und doch geriet nachher der Geist des Herrn über ihn (Ri 16,1-3). Auch kann ich den Gegenbeweis gegen Euch folgendermaßen führen[5]:

Jeder, der nicht boshaft ist, empfängt den Heiligen Geist
Simson aber ist nicht boshaft
Also empfängt er den Heiligen Geist.

Ich halte den Obersatz für richtig, da geschrieben steht: »In eine boshafte Seele wird der Geist der Weisheit nicht kommen« (Weish 1,4 Vg.); aber der Heilige Geist ist der Geist der Weisheit. Ergo etc. Der Untersatz ist klar; denn wenn jene Sünde der Hurerei etwas so gar Schlechtes wäre, so wäre der Geist des Herrn nicht über Simson geraten, wie doch klar im Buch der Richter steht. Auch liest man von Salomo, dass er dreihundert Königinnen und Konkubinen ohne Zahl gehabt habe[6]. Er war der größte Hurer bis zu seinem Tode, und doch kommen die Gelehrten allzumal zu dem Schlusse, dass er selig geworden sei. Wie kommt euch jetzt die Sache vor? Ich bin nicht stärker als Simson und nicht weiser als Salomo, und darum muss ich hie und da eine Ergötzlichkeit haben, weil, wie die Ärzte sagen, dies wirksam ist gegen die Melancholie. Ach, was redet Ihr auch von jenen griesgrämigen Kirchenvätern! Sagt doch der Prediger, »es lasse sich nichts Besseres ergreifen, als dass ein Mensch fröhlich sei in seiner Arbeit« (Pred 3,22). Daher spreche ich mit Salomo zu meiner Seele: »Du hast mein Herz verwundet, meine Schwester, meine Braut; du hast mein Herz verwundet mit einem deiner Augen und mit einem Haare deines Nackens. Wie schön sind deine Brüste, meine Schwester, meine Braut, deine Brüste sind lieblicher als Wein usw.« (Hld 4,9f. Vg.), Bei Gott! Es ist gar angenehm, die Frauen zu lieben, nach jenem Gedichte des Dichters Samuel[7]:

> »Lerne, lieber Kleriker, Jungfrauen zu lieben,
> denn die wissen süße Küsse zu verteilen
> und so deine Jugendblüte zu bewahren.«

Da die Liebe (amor) auch Nächstenliebe (caritas) und »Gott die Nächstenliebe« (1 Joh 4,8) ist, ist die Liebe nichts Böses. Dieses Argument widerlegt mir! Auch sagte Salomo: »Wenn ein Mensch alles, was sein Haus enthält, für die Liebe geben wollte, so gälte es alles nichts« (Hld 8,7 Vg.). Doch lassen wir das, und kommen wir zu etwas anderem...

Quelle: Epistolae obscurorum virorum, hg. v. A. Bömer. Bd. 2, Heidelberg 1924, 26,18-27,30. *Übersetzung*: Briefe der Dunkelmänner, übers. v. W. Binder, München 1964, 34-37 – *Literatur:* G. Mensching, Die Kölner Spätscholastik in der Satire der Epistolae obscurorum virorum, in: A. Zimmermann (Hg.), Die Kölner Universität im Mittelalter, Berlin/ New York 1989 (MM 20), 508-523; F. Rädle, Die *epistolae obscurorum virorum*, in: H. Boockmann (Hg.), Kirche und Gesellschaft im Heiligen Römischen Reich des 15. und 16. Jahrhunderts, Göttingen 1994 (AAWG.PH III,206), 103-115.

[1] S. zu ihm Einleitung zu Text Nr. 1.

[2] *Ovid (43 v. – 17/18 n. Chr.) verfasste um das Jahr 1 v. Chr. die* ars amatoria, *ein Lehrgedicht erfolgreicher Liebeswerbung und -erfüllung.*
[3] *Die Rede vom magister noster erscheint in den Dunkelmännerbriefen als stereotype Selbstidentifikation der Theologen.*
[4] *Arnold von Tongern (ca. 1470-1540), seit 1509 Theologieprofessor in Köln, verfasste 1512 eine Schrift gegen Reuchlin.*
[5] *Das folgende Argument hat äußerlich die klassische, für scholastische logische Argumentation bestimmende Form eines Syllogismus aus Obersatz, Untersatz und Schluss.*
[6] *1 Kön 11,3 spricht von siebenhundert Hauptfrauen und dreihundert Nebenfrauen,*
[7] *Die Verse stammen aus dem* Carmen ad Clerum, *das in Jacob Hartlieb, De fide meretricum (1505), enthalten ist.*

3. Erasmus von Rotterdam

Zentralgestalt des nordalpinen Humanismus wurde Desiderius Erasmus von Rotterdam (1466/9-1536), den die heutige Forschung zusehends als eigenständigen Reformer erkennt und damit aus dem Schatten seines späteren Antipoden Luther löst. Möglicherweise Sohn eines Priesters, war er früh verwaist. 1487 wurde er wohl auf Druck seiner Vormünder Augustiner-Chorherr. 1492 zum Priester geweiht, begann er ein Wanderleben, das ihn nach Paris, Italien, England und Basel führte. Hier begannen seine fruchtbarsten Jahre, vor allem durch seine mit programmatischen Vorreden versehene Ausgabe des griechischen Neuen Testaments (1516), die drei Jahrhunderte die Grundlage für den neutestamentlichen textus receptus darstellte. Neben dem philologischen Bemühen lag ihm an der Popularisierung einer »philosophia Christiana«, die ihr Zentrum in dem als Vorbild gedachten Christus fand. Seine gelegentlich scharfe Kirchenkritik wie im »Lob der Torheit" bildete den Hintergrund dafür, dass Erasmus auch die Kritik Luthers am Ablass wohlwollend aufnehmen konnte. Die weitere Entwicklung der Reformation aber vollzog er nicht mit.

a) Die Waffen der christlichen Ritterschaft (Enchiridion militis christiani, 1503)

Doch ich meine vor allem, dass es zu dieser Art von Kampf gehört, so gut wie möglich zu prüfen und zu überlegen, welche Art von Waffen man gegen die verschiedenen Feinde jeweils einsetzen soll. Dann, dass du sie immer bereit hast, damit jener schlaue Nachsteller dich nicht einmal unbewaffnet und nichtsahnend bedrängt[1]. In euren Kämpfen ist es von Zeit zu Zeit erlaubt auszuruhen, entweder wenn der Feind das Winterlager aufschlägt, oder wenn Waffenstillstand eintritt. Uns ist es, solange wir in diesem Körper streiten, nicht erlaubt, auch nur, wie man sagt, einen Fingerbreit die Waffen wegzutun. Stets muss man auf das Lager achten, stets Wache halten, denn unser Feind rastet nie. Ja, gerade wenn er stillhält, wenn er Flucht und Waffenruhe vortäuscht, dann plant er am ehesten einen Anschlag, und niemals soll man sorgfältiger Wache halten, als wenn er Frieden vortäuscht, niemals brauchen wir weniger zu zittern, als wenn er uns in offener Schlacht (apertus Mars) anfällt. Daher sei die erste Sorge, dass der Geist nicht unbewaffnet ist. Wir bewaffnen unseren geringen Körper (corpusculum), um nicht den Dolch des Mörders fürchten zu müssen. Sollen wir nicht auch das Gemüt so schützen, dass es in Sicherheit ist? Wenn die Feinde bewaffnet sind, um uns zugrunde zu richten, verdrießt es uns dann, zu Waffen zu greifen, um nicht unterzugehen? Wenn jene darauf passen, zu zerstören, wachen wir dann nicht, um heil zu bleiben?

Doch von der christlichen Waffenrüstung wird im Einzelnen noch an einem anderen Ort die Rede sein. Unterdessen sind, um es einmal zusammenfassend zu sagen, zwei Waffen für den bereitzustellen, der mit jenen sieben Geschlechtern, Kanaanitern, Hethitern, Amoritern, Pharisäern, Gerasenern, Hiwitern und Jebusitern, das heißt mit der gesamten Schar der Laster zu kämpfen hat, von denen vor allem sieben als todbringend (capitalia)[2] gezählt werden. Diese zwei Waffen sind Gebet und Wissen (precatio et scientia). Paulus, der uns ohne Unterlass beten heißt, will, dass wir stets gerüstet seien. Das reine Gebet leitet unsere Neigung zum Himmel, wie zu einer den Feinden unzugänglichen Burg. Das Wissen festigt den Verstand mit heilsamen Meinungen, so dass keines dem anderen fehlen soll: So gewiss fordert eines des anderen Beistand und gelobt sich ihm zu freundschaftlichem Bunde[3]. Jenes nämlich erfleht, dieses aber rät an, worum zu bitten ist. Glaube und Hoffnung gewähren, dass du innig und, nach dem Worte des Jakobus, ohne zu zweifeln betest (Jak 1,6). Dass du im Namen Jesu anstrebst, was heilsam ist, das zeigt das Wissen. Auch die Söhne des Zebedäus mussten von Christus hören: »Ihr wisset nicht, worum ihr bittet« (Mt 20,22). Das Gebet vermag mehr, denn es vereinigt die Gespräche mit Gott (cum deo sermones misceat). Das Wissen ist aber deswegen nicht weniger notwendig. Ich weiß nicht, ob du, der du aus Ägypten geflohen bist[4], dich genügend sicher einem so langen und so schwierigen Weg anvertrauen willst, wenn nicht mit den beiden Führern Moses und Aaron? Aaron, der mit dem Opfer betraut war, ist das Sinnbild des Gebetes; Moses bezeichnet die Kenntnis des Gesetzes. Doch wie das Wissen nicht unvollständig sein darf, so soll das Gebet nicht träge sein.

Quelle/Übersetzung: Erasmus von Rotterdam, Ausgewählte Schriften. 8 Bde., hg. v. W. Welzig. Bd. 1, Darmstadt 1995, 74-77. – *Literatur:* R. Stupperich, Das Enchiridion militis christiani des Erasmus von Rotterdam nach seiner Entstehung, seinem Sinn und Charakter, in: ARG 69 (1978) 5-23.

b) **Das Verderben der Päpste** (Laus stultitiae 59, 1511)

Aber wenn erst die Päpste, die an Christi Statt stehen, es versuchen wollten, auch seinem Wandeln nachzuleben, das heißt seiner Armut, seinen Mühen, seiner Lehre, seinem Kreuz, seiner Todesbereitschaft (vitae contemptus), oder wenn sie an ihren Namen »Vater« und den Zunamen »heiligster« dächten, wessen Herz wäre so bedrückt wie das ihre? Wer wollte noch den päpstlichen Stuhl um jeden Preis kaufen oder diesen Kauf mit dem Schwert, mit Gift, mit jeder Gewalttat behaupten? Wieviel Schönes hätte ein Ende, wenn einmal Weisheit anhöbe – Weisheit sage ich? – nein, wenn er nur ein Körnchen jenes Salzes verspürte, von welchem Christus spricht! Es wäre geschehen um Geld, Ehre, Macht und Herrlichkeit, um Rechte, Dispense[5], Steuern, Ablässe, um Pferde, Maultiere, Trabanten, um all das Vergnügen – ihr wisst ja, welcher Jahrmarkt, welche Ernte, welche Ströme von Reichtum mit diesen wenigen Worten umschrieben sind. Nun hieße es wachen, fasten, weinen, beten, predigen, studieren, seufzen und flehen und tausend andere Kasteiungen auf sich nehmen. Unzählige Schreiber, Kopisten, Aktuare, Advokaten, Promotoren, Sekretäre, Maultiertreiber, Reitknechte, Wechsler, Kuppler und – still! Was ich da noch erwähnen wollte, dürfte zu gröblich klingen – kurzum diese ganze fatale – verzeiht, ich meinte feudale Gesellschaft um den Römischen Stuhl (turba, quae Romanam sedem onerat, lapsa sum, honorat sentiebam), diese Riesenmenge von Menschen würde brotlos. Das wäre unmenschlich und abscheulich; aber entsetzlicher noch, dass die höchsten Fürsten der Kirche, die wahren Leuchten dieser Welt, wieder zu Ränzel und Wanderstab greifen müssten. Jetzt lassen sie das, was Mühe und Arbeit bringt, in der Regel dem Petrus und Paulus – die haben ja Muße genug –, was aber Glanz und Vergnügen, das behalten sie selbst. Mir also ist es zu danken, wenn fast niemand so behaglich, so sorgenfrei lebt. Sie meinen, es sei den Geboten Christi reichlich genügt, wenn sie mit seltsamem, theatralischem Pomp (mysticus ac paene scenicus ornatus), mit Zeremonien, mit Titeln wie Seligkeit, Erhabenheit, Heiligkeit, mit Segnungen und Verfluchungen den Bischof geben. Altmodisch und abgedroschen und ohnehin nicht mehr zeitgemäß wäre es doch, Wunder zu tun; das Volk unterweisen wäre mühsam, die Schrift auslegen schulmeisterlich, beten zeitraubend, flehend Tränen vergießen kläglich und weibisch, in Armut leben unschön, sich binden lassen schimpflich und unschicklich für den, der kaum den mächtigsten Königen den Kuss auf seinen hochwürdigen Fuß verstattet, sterben wäre unangenehm, gekreuzigt werden entehrend. So bleibt ihnen nichts, als sich mit jenen süßen Reden zu wappnen, von denen Paulus spricht (Röm 16,18), und da sind sie nun wirklich recht freigebig mit Interaktionen[6], Suspensionen[7], Aggravationen, Redaggravationen[8], Anathematizationen[9], mit Bildern der Höllenpein des Verfluchten und dann mit jenem schrecklichen Strahl, der auf einen Wink die Seelen der Sterblichen noch unter die tiefste Hölle hinabschmettert[10]. Ihn freilich schleudern die heiligsten Väter in Christo und Stellvertreter Christi gegen niemand mit solcher Wucht wie gegen die Vermessenen, die, vom Teufel gereizt, das Erbe Petri zu mindern und anzunagen versuchen...

Und da die christliche Kirche aus Blut entstand, durch Blut gefestigt, durch Blut gemehrt wurde, so führen sie auch jetzt, gleich als ob der Christus tot wäre, der nach seiner Art die Seinen zu schützen vermöchte, mit dem Schwert ihre Sache. Nun ist der Krieg eine so fürchterliche Rohheit, dass er den Bestien, aber nicht den Menschen ansteht, ist ein so toller Wahnsinn, dass auch die Dichter ihn von den Furien gesandt sein lassen, ist eine so verheerende Pest, dass er alles, was das sittliche Leben verseucht, auf die Menschheit nicht einmal loslässt, ist eine so unrechte Tat, dass die schlimmsten Räuber ihn gewöhnlich am besten führen, ist ein so widergöttliches Tun, dass er mit Christus nicht das Geringste zu schaffen hat – und doch vergessen die Päpste darob alles und gehen auf in ihren Kriegen. Da werden abgelebte Greise so frisch und stark wie die Jungen[11]; keine Kosten sind ihnen zu groß, keine Strapazen zu schwer, keine Bedenken zu gewichtig, ob auch Recht und Religion und Friede und die ganze Welt darob in Brüche gehen. Da fehlen auch nicht gelehrte Schmeichler, die diesen hellen Wahnsinn in christlichen Eifer, Frömmigkeit, Tapferkeit umtaufen und einen Weg ausgeklügelt haben, wie es möglich ist, den Mordstrahl zu zücken und in die Brust des Bruders zu stoßen, ohne doch jener höchsten Liebespflicht untreu zu werden, die nach Christi Vorschrift (ex Christi praescripto) ein Christ an seinem Nächsten zu tun hat.

Quelle/Übersetzung: Erasmus von Rotterdam, Ausgewählte Schriften. 8 Bde., hg. v. W. Welzig. Bd. 2, Darmstadt 1995, 164-171. – *Literatur:* B. Könneker, Wesen und Wandlung der Narrenidee im Zeitalter des Humanismus. Brant, Murner, Erasmus, Wiesbaden 1966; G. Bader, Assertio. Drei fortlaufende Lektüren zu Skepsis, Narrheit und Sünde bei Erasmus und Luther, Tübingen 1985 (HUTh 20); L.-E. Halkin, Un pamphlet religieux au XVIe siècle: L'Éloge de la Folie, in: J. Chomarat u.a. (Hg.), Actes du Colloque international Erasme, Tours 1986, 109-125.

c) Die einfache Philosophie Christi (In novum testamentum Praefationes: Paraclesis, 1516)

Warum denken wir nicht alle so: Es muss eine neuartige und bewunderungswürdige Arte der Philosophie sein, dass der, der Gott war, Mensch wurde, um sich den Menschen zu überliefern, dass der, der unsterblich war, sterblich wurde, und dass der, der am Herzen des Vaters ruhte, sich zur Erde herabließ. Etwas Großes und Ungewöhn-

liches muss es sein, was immer es auch ist, wenn jener so bewunderungswürdige Schöpfer (admirandus auctor) nach so vielen Schulen hervorragender Philosophen, nach so vielen bedeutenden Propheten gekommen ist, um uns zu belehren. Warum suchen wir da nicht jede Einzelheit mit ehrfürchtiger Wissbegier zu ergründen, zu erforschen und genau zu überprüfen? Wo doch diese so außerordentliche Art von Weisheit, die ein für alle Mal die gesamte Weisheit dieser Welt als töricht in den Schatten stellt (1 Kor 1,18-21), aus diesen wenigen Büchern wie aus den klarsten Quellen getrunken werden kann, und das mit viel geringerer Mühe als aus den zahlreichen dornigen Wälzern, den einander widersprechenden Aristoteleskommentaren[12]; ganz zu schweigen von der viel größeren Frucht. Hier brauchst du dich nämlich nicht, mit dem beklemmenden Rüstzeug jener Disziplinen ausgerüstet, zu nähern. Einfach und für jeden wohl bereitet ist die Reisezehrung. Mach nur, dass du einen frommen und willigen Sinn mitbringst, der sich vor allem durch einen reinen und einfachen Glauben auszeichnet. Sei nur lernwillig und du hast es in dieser Philosophie weit gebracht. Sie stellt als Lehrer den Geist (Ipsa suppeditat doctorem spiritum), der sich niemandem lieber mitteilt als einfältigem Sinn (simplices animi)...
Leidenschaftlich rücke ich von denen ab, die nicht wollen, dass die heiligen Schriften in die Volkssprache übertragen und auch von Unstudierten (idiotae) gelesen werden, als ob Christus so verwickelt gelehrt hätte, dass er kaum von einer Handvoll Theologen verstanden werden könne, und als ob man die christliche Religion dadurch schützen könne, dass sie unbekannt bleibt. Es mag angehen, dass Könige ihre Geheimnisse verheimlichen, aber Christus will mit Nachdruck, dass seine Geheimnisse unter das Volk gebracht werden (Christus sua mysteria quam maxime cupit evulgari). Ich würde wünschen, dass alle Weiblein das Evangelium lesen, auch dass sie die paulinischen Briefe lesen... Wenn doch der Bauer mit der Hand am Pflug etwas davon vor sich hin sänge, der Weber etwas davon mit seinem Schiffchen im Takt vor sich hin summte und der Wanderer mit Erzählungen dieser Art seinen Weg verkürzte! ... Warum beschränken wir die allen gemeinsame Aufgabe (professio) auf einige wenige? Das steht nämlich nicht mit der Tatsache im Einklang, dass die Taufe, durch die die erste Angelobung (professio) auf die Philosophie Christi vollzogen wird, in gleicher Weise allen Christen gemeinsam ist. Ebenso, dass alle übrigen Sakramente und schließlich auch der Lohn des ewigen Lebens in gleicher Weise allen zukommt; und nur die Lehre sollte auf diese wenigen verwiesen werden müssen, die das Volk heute Theologen und Mönche nennt. Von denen möchte ich aber sagen – sie machen zwar nur einen geringen Anteil an dem, was christliches Volk genannt wird, aus –, sie sollten doch in höherem Maße im Leben verwirklichen, was sie hören... Der ist mir ein wahrer Theologe, der nicht mit künstlich zusammengedrechselten Syllogismen, sondern mit Herzenswärme (affectus), durch sein Antlitz, durch seine Augen, durch sein persönliches Leben lehrt, dass man den Reichtum verachten müsse, dass der Christ nicht auf den Schutz dieser Welt vertrauen solle, sondern sich ganz vom Himmel abhängig fühlen müsse; dass man kein Unrecht vergelten dürfe, dass man die Fluchenden segnen solle, dass man sich gute Verdienste um die erwerben müsse, die Schlimmes verdienen, dass man alle Guten wie die Glieder desselben Leibes lieben und in gleicher Weise hegen müsse; dass die Bösen ertragen werden müssten, wenn man sie nicht bessern könne. Jene, die ihrer Habe beraubt, die von ihren Besitzungen vertrieben werden, die trauen, die seien selig und nicht zu bejammern; auch jetzt schon müssten die Frommen den Tod herbeisehnen, wo dieser doch nichts anderes ist als ein Übergang zum ewigen Leben. Wenn einer dieses und Ähnliches, vom Geiste Christi angetrieben, predigt, einschärft, dazu ermahnt, einlädt und ermuntert, der ist letzten Endes ein wahrer Theologe, und sei er auch ein Ackersmann oder Tuchweber.

Quelle/Übersetzung: Erasmus von Rotterdam, Ausgewählte Schriften. 8 Bde., hg. v. W. Welzig. Bd. 3, Darmstadt 1995, 10-17.

d) **Die Methode der Theologie** (In novum testamentum Praefationes: Methodus, 1516)

Nun, was jene Wissenschaften betrifft, mit deren Hilfe wir bequemer dazu[13] gelangen, so schulden wir die erste Sorge der gründlichen Erlernung der drei Sprachen, des Lateinischen, des Griechischen und des Hebräischen, weil feststeht, dass alle heiligen Schriften (omnis scriptura mystica) in diesen überliefert sind. Weiche mir aber jetzt nicht gleich zurück, freundlicher Leser, ob der Schwierigkeit des Unternehmens, wie von einem Keulenschlag getroffen. Wenn es am Lehrmeister nicht fehlt, wenn es nicht fehlt an der rechten Einstellung, dann können wohl diese drei Sprachen mit fast geringerer Mühe erlernt werden, als sie heute die Erlernung des elenden Gestammels einer einzigen Halbsprache vor allem wegen der Unwissenheit der Lehrmeister erfordert. Wir wollen nicht verlangen, dass du in diesen bis zum Wunder der Beredsamkeit vordringst, es genügt, wenn du zur »Sauberkeit« und »Eleganz«[14], das heißt zu einer mittleren Sprachbeherrschung gelangst, die ausreicht, dass man sich ein Urteil bilden kann. Wir wollen von den übrigen gelehrten Disziplinen erst gar nicht reden, du kannst aber auf keinen Fall geschriebene Texte verstehen, wenn du der Sprache, in der sie geschrieben sind, unkundig bist...

Dabei muss die Mahnung ausgesprochen werden, dass der Schüler anstellig die Zeugnisse der Heiligen Schrift (divinae scripturae testimonia) zu zitieren lerne, nicht aus irgendwelchen Zusammenfassungen, Predigten oder Sammlungen, die schon dutzendmal von anderer Seite her vermischt und wieder zurück gegossen worden sind, sondern aus den Quellen selbst (ex ipsis fontibus). Er möge nicht gewisse Personen nachahmen, die sich unterstehen, die Wahrworte der göttlichen Weisheit in einen fremden Sinn, manchmal sogar ins Gegenteil zu verdrehen. Es gibt solche, die vorgefasste Ansichten (decreta) mit sich herumtragen und die Heilige Schrift zwingen wollen, diesen zu dienen, wo doch von ihr aus alle menschlichen Ansichten überprüft werden müssen. Es gibt solche, die sie mit Gewalt nach den allgemeinen Anschauungen und Sitten strecken wollen; und obwohl man von da ableiten müsste, was zu geschehen hat, decken sie durch den Schutz der Schrift, was sich so allgemein tut. Schon eine verstecktere, dadurch aber auch nicht weniger gefährliche Art zu verfälschen besteht darin, dass wir die Worte der Heiligen Schrift missbrauchen und etwa die Kirche als die Priester und die Welt als die christlichen Laien deuten; oder dass wir etwa, was von den Christen gesagt ist, bloß auf die Mönche anwenden[15] und die beiden Schwerter auf die doppelte Gewalt[16]; oder dass wir das, was vom göttlichen Kult gesagt ist, auf die bloßen Zeremonien abbiegen, und dass wir das, was vom Priesteramt geschrieben steht, auf das bloße willkürliche Hersagen einiger Gebetlein beziehen. Damit das aber um so sicherer geschieht, gebe er sich nicht damit zufrieden, vier oder fünf Wörtlein abgepflückt und genossen zu haben, er sehe sich vielmehr um, woher das Gesagte stammt, von wem es gesagt wird und zu wem es gesagt wird, zu welcher Zeit, bei welchem Anlass, mit welchen Worten, was vorangegangen ist und was folgt. Denn vom Durchdenken und Zusammenstellen dieser Dinge hängt es ab, was das Gesagte eigentlich bedeuten will. Wenn du dich einmal nach Kräften darum bemüht hast, dann mag in der Folge geschehen, dass du es auch mit Leichtigkeit tust.

Quelle/Übersetzung: Erasmus von Rotterdam, Ausgewählte Schriften. 8 Bde., hg. v. W. Welzig. Bd. 3, Darmstadt 1995, 42-45.62-65. – *Literatur:* G. B. Winkler, Erasmus von Rotterdam und die Einleitungsschriften zum Neuen Testament. Formale Strukturen und theologischer Sinn,

Münster 1974; P. Walter, Theologie aus dem Geist der Rhetorik. Zur Schriftauslegung des Erasmus, Mainz 1991; W.P. Eckert, Erasmus. Werk und Wirkung. 2 Bde., Köln 1967; C. Augustijn, Erasmus von Rotterdam. Leben, Werk, Wirkung, München 1986; ders., Erasmus – der Humanist als Theologe und Kirchenreformer, Leiden u.a. 1996; I. Bejczy, Erasmus and the Middle Ages. The historical consciousness of a Christian humanist, Leiden u.a. 2001.

[1] *Erasmus spricht mal von vielen Feinden, mal von einem besonders großen: Hier handelt es sich um den Komplex der widergöttlichen Mächte, namentlich von Tod als Tod der Seele und Sünde, die sich auch im inneren Adam manifestieren kann.*

[2] *Johannes Cassian (gest. ca. 435) entwickelte als Ausdruck mönchischer Ethik eine Reihe von acht Hauptlastern: Gefräßigkeit, Unzucht, Geiz, Zorn, Traurigkeit, Verdrossenheit, Angst, Ruhmsucht, Stolz. Diese wurde bei Gregor dem Großen (Papst 590-604), indem er den Stolz (superbia) als Wurzelsünde voranstellte (und anstelle der Verdrossenheit den Neid setzte), zu einer Siebenerreihe, die über die irischen Bußbücher an das Mittelalter überliefert wurden. Dieses Schema wurde mehr und mehr durch das Konzept der Todsünde (nach 1 Joh 5,17) gedeutet, das sich in der Alten Kirche auf die Fundamentalverbrechen Gottesleugnung, Mord und Ehebruch bezogen hatte.*

[3] *Zitat aus Horaz,* Ars poetica.

[4] *Der im Enchiridion Angeredet war vermutlich der aus Nürnberg stammende und in Mecheln ansässige Waffengießer Johannes Poppenreuter: Der Beruf des Adressaten verdeutlicht noch einmal die Bildlichkeit der militia christiana. Erasmus bezieht sich offenbar auf einen Entschluss, dem Weltleben den Rücken zu kehren.*

[5] *Als – in der Regel gegen Bezahlung erfolgende – Befreiung von einem Rechtsgrundsatz im Einzelfall wurde der Dispens im Mittelalter vornehmlich für Fastengebote, Ehehindernisse, Weihehindernisse und Rückversetzung in den Laienstand gebraucht.*

[6] *Gegenüber dem Personalinterdikt, das Einzelpersonen oder Gruppen das Recht auf geistliche Funktionen entzog, war verbreiteter und wichtiger das Lokalinterdikt, das für bestimmte Regionen die Unterlassung gottesdienstlicher Handlungen – einschließlich des kirchlichen Begräbnisses – bestimmte.*

[7] *Strafweise Amtsenthebung für Kleriker.*

[8] *Formen der Strafverschärfung und -milderung im kanonischen Recht.*

[9] *Feierliche Exkommunikation durch Verfluchung.*

[10] *Gemeint ist der Große Bann: die Exkommunikation.*

[11] *Erasmus spielt offenkundig auf Julius II. (Papst 1503-1513) an, der mit fast sechzig Jahren auf den Papstthron gelangt war und einen Großteil seiner Energie auf die militärische Konsolidierung des Kirchenstaates in wechselnden Bündnissen verwandte. Gegen ihn richtete sich auch in größter Schärfe eine anonyme Schrift »*Iulius exclusus e coelis*«, als deren Autor Erasmus gelten kann.*

[12] *Aristoteles war die maßgebliche Autorität der scholastischen Philosophie und Theologie, die mit dieser Spitze getroffen werden soll.*

[13] *Zur Kenntnis der Theologie.*

[14] Munditia *und* elegantia *sind Fachausdrücke der Rhetorik.*

[15] *Gedacht ist an die Lehre der sogenannten »evangelischen Räte«, die als Armut, Keuschheit und Gehorsam nur für monastisches Leben gelten sollten.*

[16] *S. zur Ausdeutung von Lk 22,38 auf das geistliche und das weltliche Schwert im Mittelalter Bd. 2, Nr. 51 b) (Bulle »*Unam Sanctam*«).*

4. Papst Leo X.: Bulle »Pastor aeternus« (1516)

Die französische Krone hatte die konziliaristischen Auseinandersetzungen im 15. Jahrhundert geschickt zu ihren eigenen Gunsten genutzt: in der »Pragmatischen Sanktion« von Bourges hatte Karl VII. (1422-1461) am 7. Juni 1438 die Reformdekrete des Basler Konzils (1431-1437 bzw.

1449) für Frankreich in modifizierter Form festgeschrieben und damit insbesondere eine Beschränkung der päpstlichen Jurisdiktion für Frankreich und eine Begrenzung der päpstlichen Reservationen erreicht, was bedeutete, dass die Rechte der Kapitel – und der Krone – bei der Besetzung geistlicher Stellen ganz erheblich gestiegen waren. Damit hatte der seit dem ausgehenden 19. Jahrhundert so genannte »Gallikanismus«, die Eigenständigkeit der französischen Kirche gegenüber Rom, eine wesentliche Bestärkung erfahren.
Vor dem Hintergrund eines neu erstarkten Papsttums konnte Papst Leo X. (1513-1521) am 18. August 1516 die Aufhebung der »Pragmatischen Sanktion« und den Abschluss eines Konkordates mit Franz I. (1515-1547) von Frankreich erreichen und sich dabei selbstbewusst auf die zwischenzeitlich nahezu in Vergessenheit geratene hochfahrende Bulle »Unam Sanctam« berufen. Das V. Laterankonzil bestätigte die Bulle am 19. Dezember 1516.

Leo, Bischof, Diener der Diener Gottes, zum immerwährenden Gedächtnis, mit Billigung des Heiligen Konzils. Der ewige Hirte (pastor aeternus), der seine Herde bis zur Vollendung der Welt niemals verlassen wird (Mt 28,20), liebte den Gehorsam, wie der Apostel bezeugt, so sehr, dass er zur Sühne der Sünde des Ungehorsams der Ureltern »sich selbst erniedrigte und gehorsam wurde bis zum Tod« (Phil 2,8). Als er aber »aus der Welt zum Vater« gehen wollte (Joh 13,1), setzte er auf festen Felsgrund Petrus und dessen Nachfolger (successores) als seine Stellvertreter ein, denen man nach dem Zeugnis aus dem Buch der Könige (vgl. Dtn 17,12) so sehr gehorchen muss, dass der Ungehorsame des Todes stirbt. Wie man an anderer Stelle liest, kann der nicht zur Kirche gehören, der die Kathedra des römischen Bischofs verlässt ...
Nun hat unser Vorgänger, Papst Julius II.[1], seligen Angedenkens, aus berechtigten, damals schriftlich festgehaltenen Gründen mit Rat und Zustimmung seiner ehrwürdigen Brüder, der Kardinäle der heiligen römischen Kirche, zu denen wir [Papst Leo X.] damals zählten, das heilige Laterankonzil angekündigt und dann mit diesem heiligen Laterankonzil vorsorglich erwogen, dass das über Frankreich hereingebrochene Verderben von Bourges – sie nennen es die ›Pragmatische Sanktion‹ – in den zurückliegenden Zeiten zur größten Gefahr und zum Ärgernis der Seelen sowie zum Schaden und zur Geringachtung der Würde des Apostolischen Stuhls in Kraft war und es bis heute ist. So hat er mit Billigung des Konzils bestimmt, dass die Sache der Pragmatischen Sanktion erörtert werde, und hat sie den damals namentlich abgeordneten Kardinälen und Prälaten einer bestimmten Kongregation[2] zur Erörterung übergeben... Folgenden Tatsachen dürfen wir uns einfach nicht verschließen: Die Pragmatische Sanktion, oder besser – wie gesagt – die Verderbnis, die zur Zeit des Schismas[3] von denen, die keine Gewalt dazu hatten (a non habentibus potestatem), verfasst wurde, die in keinem Punkt mit dem übrigen christlichen Gemeinwesen und der heiligen Kirche Gottes (reliqua christiana respublica ecclesiaque sancta Dei) vereinbar ist, und von Ludwig XI.[4], dem allerchristlichsten König der Franzosen ehrenvollen Angedenkens, widerrufen, für ungültig erklärt und abgeschafft wurde, verringert und verletzt das Ansehen (auctoritas), die Freiheit und die Würde des Apostolischen Stuhles. Sie entzieht dem jeweiligen römischen Bischof grundsätzlich das Recht, Kirchen und Klöster mit den Kardinälen der heiligen römischen Kirche, die hart für die gesamte Kirche arbeiten, und mit gelehrten Männern zu besetzen... Den Kirchenoberen dieser Gebiete gibt sie einen Grund, den Gehorsam zu brechen und so den heiligen Nerv der kirchlichen Disziplin zu treffen und uns und dem Apostolischen Stuhl, ihrer Mutter, die Hörner zu zeigen... Sie selbst ist offensichtlich der Nichtigkeit anheim gegeben und findet ihre Stütze nur auf Zeit oder eher durch eine gewisse Duldung... Es darf keinen Einfluss auf uns haben, dass diese Sanktion und ihre Inhalte auf dem Konzil von Basel herausgegeben und auf Drängen desselben Konzils von der Versammlung in Bourges rezipiert und akzeptiert wurden, da all dies nach der Verlegung des Baseler Konzils, die von unserem Vorgänger seligen Ange-

denkens, Papst Eugen IV.[5], vorgenommen wurde, vom Baseler Konzilchen (conciliabulum) – oder besser Konventikel, das vor allem nach dieser Verlegung nicht mehr Konzil genannt zu werden verdiente – geschehen ist und deshalb keine Rechtskraft (robur) besitzen kann. Denn nur der jeweilige römische Bischof als Inhaber der Vollmacht über alle Konzilien hat das volle Recht und die Gewalt, Konzilien anzukündigen, zu verlegen und aufzulösen. Das ergibt sich klar nicht nur aus den Zeugnissen der Heiligen Schrift, den Aussagen der heiligen Väter sowie den Dekreten unserer Vorgänger, der anderen römischen Bischöfe , und auch der heiligen kanonischen Regelungen, sondern auch aus dem eigenen Bekenntnis dieser Konzilien...
Da es heilsnotwendig ist, dass alle, die an Christus glauben, dem römischen Bischof unterstehen, wie wir durch das Zeugnis der Heiligen Schrift und der heiligen Väter belehrt werden, und wie es durch die Konstitution »Unam sanctam«[6] unseres Vorgängers seligen Angedenkens, Papst Bonifaz VIII., in ähnlicher Weise erklärt wird, erneuern und billigen wir für das Seelenheil der Gläubigen, für die höchste Autorität des römischen Bischofs und dieses heiligen Stuhls, für die Einheit und Gewalt seiner Braut, der Kirche, mit Billigung des gegenwärtigen Konzils diese Konstitution.

Quelle/ Übers.: J. Wohlmuth (Hg.), Dekrete der ökumenischen Konzilien. Bd. 2: Konzilien des Mittelalters, Paderborn u.a. 2000, 640-644. - *Literatur:* A.-G. Martimort, Le gallicanisme, Paris 1973; R. Bäumer, Leo X. und die Kirchenreform, in: M. Weitlauff/ K. Hausberger (Hg.), Papsttum und Kirchenreform. FS Georg Schwaiger, St. Ottilien 1990, 281-299; G.-R. Tewes/ M. Rohlmann (Hg.), Der Medici-Papst Leo X. und Frankreich. Politik, Kultur und Familiengeschäfte in der europäischen Renaissance, Tübingen 2002.

[1] *Guiliano della Rovere (1453-1513) Papst Julius II. (1503-1513)*
[2] *Ausschuss.*
[3] *Gemeint ist nicht das »Große abendländische Schisma« (1378-1415), sondern die Zeit, in der der Eugen IV. (1431-1447) gegenüber treue Teil des Baseler Konzils bereits nach Ferrara bzw. dann Florenz gewechselt war, während der konziliaristische Flügel weiterhin in Basel tagte und 1439 Amadeus VIII. von Savoyen als Felix V. zum Gegenpapst († 1451) erhob, der 1449 abdankte und damit das gemeinte Schisma beendete.*
[4] *Ludwig XI. von Frankreich (1461-1483)*
[5] *Eugen IV. (1431-1447) verlegte das Konzil von Basel 1437 nach Ferrara.*
[6] *Zur Bulle* »Unam sanctam« *des Papstes Bonifaz VIII. (1294-1303) s. Bd. 2, Nr. 51a.*

5. Nikolaus Kopernikus, Vom Lauf der Himmelskörper: Widmung an Papst Paul III. (1543)

Für die astronomische Weltsicht des Mittelalters war die Lehre des Aristoteles bestimmend gewesen, nach der das Weltall ein System ineinander geschachtelter Kugeln mit Gott als erstem, unbewegtem Beweger und der Erde als Mittelpunkt darstellte – dieses Modell konnte im Rahmen des christlichen Aristotelismus der Mittelpunktstellung des Menschen in der Schöpfung in besonderer Weise Ausdruck verleihen. Nikolaus Kopernikus (1473-1543) aus Thorn setzte dem erstmals wohl 1514 im nur handschriftlich verbreiteten »Commentariolus« ein heliozentrisches, die Sonne in den Mittelpunkt stellendes System entgegen. Dieses baute er in seiner Schrift »De revolutionibus« aus, deren Drucklegung in Nürnberg zunächst sein Schüler Joachim Rheticus (1514-1576) vorbereitete und nach dessen Fortgang der Reformator Andreas Osiander (1498-1552) betreute. Die kopernikanische Theorie hat in der Geschichte der Astronomie angesichts des Festhaltens an der Kreisförmigkeit aller himmlischen Bewegungen möglicherweise nicht eine so umwerfende Bedeutung, wie die hierauf bezogene Rede vom »Paradigmenwechsel«

(T.S. Kuhn) es suggeriert. Für die traditionelle christliche Kosmologie aber bedeutete es eine radikale Anfrage, die sich in der Kritik Luthers, Melanchthons und Calvins ebenso niederschlug wie in der Aufnahme in den Index verbotener Bücher durch die katholische Kirche 1616.

Vollständig bewusst bin ich mir, Heiligster Vater, es werden gewisse Leute, sobald sie vernehmen, dass ich in meinem Werk über den Lauf der Himmelskörper der Erdkugel gewisse Bewegungen zuschreibe, sofort ausrufen, ich sei zu verwerfen. Nun bin ich keineswegs so sehr von meinen Ansichten eingenommen, dass ich nicht Wert darauf legen sollte, was andere darüber urteilen. Und obschon ich weiß, dass die Gedanken eines Philosophen weitab liegen von dem Urteil der Menge, da es seine Aufgabe ist, in allen Dingen die Wahrheit zu erforschen, soweit dies von Gott der menschlichen Vernunft gestattet ist, so glaube ich dennoch, man müsse von dem Richtigen völlig abweichende Ansichten vermeiden. Als ich daher bei mir erwog, wie jene Männer, welche durch die Übereinstimmung vieler Jahrhunderte die Ansicht für fest begründet erachten, dass die Erde unbeweglich in der Mitte des Himmels gleichsam als das Zentrum desselben gesetzt sei, – wie jene Männer meine Theorie als widersinnig bezeichnen werden, wenn ich im Gegenteil behaupte, dass die Erde sich bewegt: So habe ich lange mit mir gekämpft, ob ich meine Ausführungen zum Beweis für diese Bewegung [der Erde] publizieren sollte oder ob es nicht vielmehr besser sei, dem Beispiel der Pythagoreer[1] und einiger anderer zu folgen, welche, wie der Brief des Lysis an Hipparch bezeugt[2], nicht schriftlich, sondern mündlich, und lediglich ihren Angehörigen und Freunden, die Mysterien der Philosophie zu überliefern pflegten...
Indem ich dies alles bei mir erwog, hatte mich die Scheu vor der Schmähung (contemptus), die mich wegen meiner neuen und scheinbar ungereimten Meinungen treffen würde, beinahe bestimmt, die begonnene Arbeit ganz aufzugeben. Allein meine Freunde brachten mich, da ich allzulange zauderte und ihnen sogar geradezu widerstrebte, auf den richtigen Weg zurück. Unter ihnen war es vor allem der in jeglicher Wissenschaft hochberühmte Kardinal Nicolaus Schönberg, Bischof von Capua[3], nächst ihm ein mir innig befreundeter Mann, der Bischof von Kulm, Tiedemann Giese[4], der mit gleichem Eifer der Theologie wie jeder schönen Wissenschaft zugewandt ist (sacrarum ... et omnium bonarum literarum studiosissimus). Dieser namentlich hat mich oft ermahnt und zuweilen unter Vorwürfen aufgefordert, mein Werk herauszugeben und endlich ans Tageslicht treten zu lassen, da ich dasselbe nicht neun Jahre, sondern bereits viermal neun Jahre bei mir zurückgehalten und der Öffentlichkeit entzogen hätte.
Ebenso drängten mich nicht wenige andere hervorragende und gelehrte Männer, indem sie mir vorhielten, ich dürfe mich nicht länger aus Furcht weigern, meine Arbeiten zum Nutzen aller Mathematiker bekanntzumachen. Je widersinniger augenblicklich meine Lehre von der Bewegung der Erde den meisten erschiene, um so größer würden Bewunderung und Dank sein, wenn man sehen werde, wie durch die Veröffentlichung meiner Ausführungen der Schein der Ungereimtheit vor den einleuchtendsten Beweisen vollkommen verschwände. Auf das Zureden dieser Männer also und in dieser Hoffnung gestattete ich es meinen Freunden endlich, den Druck meines Werkes, den sie lange von mir gefordert hatten, zu veranstalten.
Allein vielleicht wird Deine Heiligkeit sich gar nicht so sehr darüber wundern, dass ich es gewagt habe, meine Arbeiten dem Drucke zu übergeben, da ich ja bei ihnen keine Mühe gescheut und meine Gedanken über die Bewegung der Erde eingehend niedergeschrieben habe. Wohl aber wird Deine Heiligkeit von mir zu hören erwarten, wie ich auf den kühnen Gedanken gekommen bin, gegen die allgemeine Ansicht der Mathematiker und vielleicht gar gegen den gesunden Menschenverstand (contra communem sensum) eine Bewegung der Erde anzunehmen.

Daher will ich Deiner Heiligkeit nicht verhehlen, dass nichts anderes mich veranlasst hat, für die Bewegung der Himmelskörper eine neue Theorie zu suchen, als die Erwägung, dass die Mathematiker bei ihren Untersuchungen hierüber keineswegs untereinander übereinstimmen. Denn zunächst sind sie in Betreff der Bewegung der Sonne und des Mondes so unsicher, dass sie nicht einmal die stetige Größe der Jahresperiode durch Beobachtung feststellen können.
Sodann bringen sie in Betreff der Bewegung der Sonne und des Mondes, wie der fünf andern Planeten, weder dieselben Grundsätze und Voraussetzungen noch dieselben Beweise für die erscheinenden Umdrehungen und Bewegungen in Anwendung... Auch haben sie die Hauptsache, die Gestalt des Weltalls und eine bestimmte Symmetrie seiner Teile, nicht zu finden oder aus jenen Kreisen herzuleiten vermocht...
Indem ich also diese Unsicherheit der überlieferten mathematischen Lehren in Betreff der Bahnen der Himmelskörper lange bei mir erwogen hatte, berührte es mich sehr unangenehm, dass noch keine gewissere Theorie für die Bewegungen in dem Weltall, das der allerbeste und der allervollkommenste Baumeister für uns erbaut hat, von den Philosophen aufgestellt sei, welche doch sonst die verhältnismäßig unwichtigsten Dinge so genau erforscht haben.
Daher habe ich mich der Mühe unterzogen, die Schriften aller Philosophen, die ich mir verschaffen konnte, durchzulesen, um zu erkunden, ob nicht einmal einer von ihnen die Meinung ausgesprochen hat, dass die Bewegungen der Himmelskörper andere seien, als die Mathematiker vom Fach annehmen.
Und da fand ich wirklich zunächst bei Cicero, Niketus habe gemeint, dass die Erde sich bewege[5]. Nachher las ich auch bei Plutarch, dass noch einige andere dieser Meinung gewesen sind[6]...
Indem ich hierdurch Anregung erhalten hatte, begann ich selbst, gleichfalls an eine Bewegung der Erde zu denken. Obschon diese Annahme widersinnig schien, so glaubte ich doch – weil ich wusste, dass anderen vor mir diese Freiheit zugestanden war, beliebige Kreise anzunehmen, um die Erscheinungen am Himmel zu erklären –, es werde auch mir gestattet werden zu versuchen, ob nicht durch die Annahme einer Bewegung der Erde zutreffendere Beweise als die bisherigen für den Lauf der Himmelskörper gefunden werden können.
Nachdem ich nun die Bewegungen angenommen hatte, die ich der Erde in nachstehendem Werke zuweise, fand ich endlich nach langjähriger und sorgfältiger Untersuchung, dass, wenn die Bewegungen der übrigen Planeten auf die Umkreisung der Erde bezogen und nach der Umwälzung eines jeden Gestirnes berechnet werden, nicht bloß die an ihnen beobachteten Erscheinungen daraus folgerichtig sich erklären lassen, sondern auch die Reihenfolge und Größe der Gestirne und alle ihre Bahnen und der Himmel selbst eine solche harmonische Ordnung darbieten werden, dass in keinem Teil ohne Verwirrung der übrigen Teile und des ganzen Universums irgendetwas umgestellt werden könne...
Ich zweifle nicht daran, dass Mathematiker von Geist und Gelehrsamkeit mir beistimmen werden, wenn sie – da die Philosophie dies vor allem fordert - nicht oberflächlich, sondern gründlich den Beweis, den ich für meine Ansicht in diesem Werke beibringe, wahrnehmen (cognoscere) und bei sich überdenken wollen. Damit aber Gelehrte und Ungelehrte gleichermaßen sehen, dass ich durchaus niemandes Urteil scheue, so habe ich Deiner Heiligkeit lieber als irgendeinem andern diese meine Untersuchungen widmen mögen; und zwar deshalb, weil Du auch in diesem so entlegenen Winkel der Erde[7], in dem ich lebe, durch die Würde Deines Amtes wie durch die Liebe zu allen Wissenschaften und auch zur Mathematik hoch gefeiert bist, so dass Du durch Dein Ansehen und Urteil mich vor dem Biss der Verleumder schützen

kannst, wiewohl das Sprichwort sagt, dass es kein Mittel gebe gegen den Biss der Sykophanten[8]...
Es muss gelehrte Männer nicht Wunder nehmen, wenn dergleichen Leute auch mich verspotten werden: Mathematik wird nur für Mathematiker geschrieben; diese werden – ich glaube mich nicht einer Täuschung hinzugeben – wohl der Ansicht sein, dass meine Arbeiten auch der Kirche von Nutzen sein können, deren Oberhaupt Deine Heiligkeit gegenwärtig ist.
Denn als vor nicht allzu langer Zeit unter Leo X.[9] auf dem Lateran-Konzil[10] über die Verbesserung des Kirchenkalenders verhandelt wurde, blieb dieselbe nur deshalb ungelöst, weil man der Meinung war, dass die Länge der Jahre und der Monate und die Bewegungen der Sonne und des Mondes noch nicht genau genug bestimmt seien[11]. Seit dieser Zeit habe ich mich bemüht, diese Untersuchungen genauer anzustellen, aufgefordert durch den Bischof Paul von Fossombrone[12], welcher damals diese Angelegenheit leitete. Was ich nun wirklich darin geleistet habe, das überlasse ich vorzugsweise dem Urteile Deiner Heiligkeit und aller übrigen gelehrten Mathematiker.

Quelle: Nicolaus Copernicus, Gesamtausgabe, hg. v. H.M. Nobis, Bd. 2, Hildesheim 1984, 3,5-18; 3,24-4,10.27-35; 4,41-5.8.13-22.29-38; übers. nach: H. Kesten, Copernicus und seine Welt. Biographie, München 1973, 35-40. – *Literatur:* H. Bornkamm, Kopernikus im Urteil der Reformatoren, ARG 40 (1943) 171-183 (= ders., Das Jahrhundert der Reformation. Gestalten und Kräfte, Göttingen ²1966, 177-185); H.A. Oberman, Reformation and Revolution. Copernicus's Discovery in an Era of Change, in: J.E. Murdoch/ E.D. Sylla (Hg.), The Cultural Context of Medieval Learning, Dordrecht u.a. 1975, 397-435; T.S. Kuhn, Die kopernikanische Revolution, Braunschweig/ Wiesbaden 1981; H. Blumenberg, Die Genesis der Kopernikanischen Welt, Frankfurt ²1985; H.M. Nobis, Die Vorbereitung der Copernicanischen Wende in der Wissenschaft der Spätscholastik, in: M. Folkerts (Hg.), Mathemata. FS Helmuth Gericke, Wiesbaden 1985 (Boethius 12), 265-295; J. Hübner, Art. Kopernikus, in: TRE 19 (1990), 591-595; F. Schmeidler, Kommentar zu »De revolutionibus«, Berlin 1998 (Nicolaus Copernicus, Gesamtausgabe III/1); M. Carrier, Nikolaus Kopernikus, München 2001; O. Gingerich, An annotated census of Copernicus' De Revolutionibus (Nuremberg, 1543 and Basel, 1566), Leiden u.a. 2002 (Studia copernicana 2).

[1] S.o. Fußnote zu Text Nr. 1 b).

[2] Lysis: pythagoreischer Philosoph in Theben im 5 Jh.v. Chr. Die Epistola ad Hipparchum des Lysis war 1516 von Caspar Churrer in Hagenau veröffentlicht worden.

[3] Nikolaus von Schomberg (1472-1537) wurde von Papst Leo X. 1520 zum Erzbischof von Capua, von Papst Paul III. 1535 zum Kardinal ernannt. Er war unter vier Päpsten Vertreter deutscher Belange an der Kurie und förderte die kirchliche Reform.

[4] Tiedemann Giese (1480-1550) war 1538-1549 Bischof von Culm im preußischen Ordensland. 1523 verfasste er das »Antilogikon flosculorum Lutheranorum«.

[5] Es handelt sich nicht um Niketus, sondern um Hiketas: Cicero (106- 43 v. Chr.), Academica priora II,39,123.

[6] Plutarch (46-125), De placitis philosophorum III,13 (896A).

[7] Kopernikus lebte seit 1512 in Frauenburg im ostpreußischen Ermland.

[8] Wörtlich: Feigenanzeiger: Verleumder.

[9] S. Text Nr. 4.

[10] V. Laterankonzil 1512-1517.

[11] Kopernikus hatte selbst seinerzeit ein Gutachten in der Frage der Kalenderreform unter Verweis auf die noch ungeklärten astronomischen Probleme abgelehnt.

[12] Paul von Middelburg (ca. 1455-1534) war selbst Professor für Mathematik und Astronomie in Padua gewesen, ehe er 1484 Bischof von Fossombronge wurde – ein Amt, von dem er 1524 resignierte.

6. Ein Frömmigkeitstheologe am Vorabend der Reformation: Johann von Staupitz

Der aus meißnischem Adelsgeschlecht stammende Johannes von Staupitz (ca. 1468-1524) war eine der prägenden Gestalten des Augustinereremitenordens und bemühte sich, die seit dem späten Mittelalter auseinander gefallenen Zweige der Konventualen und der regelstrengeren Observanten wieder zusammenzuführen. Hierzu nutzte er, dass er in Personalunion seit 1503 General der Observanten und seit 1510 auch sächsisch-thüringischer Provinzial des Gesamtordens war. An der Gründung der Wittenberger Universität 1502 war er als erster Dekan der Theologischen Fakultät entscheidend beteiligt. Theologisch bemühte er sich als Theologieprofessor um eine starke Orientierung am biblischen Text und der biblischen Sprache, die er mit einer Betonung des antipelagianischen Augustin und Stücken der mystischen Tradition verband. Sein Einfluss auf Martin Luther, dessen Beichtvater er war und den er zu seinem Nachfolger auf seiner Professur bestimmte, und andere Theologen der sich in Wittenberg entwickelnden reformatorischen Bewegung war ganz erheblich. Und er strahlte mit seiner an entsprechende Formen des späten Mittelalters anknüpfenden Frömmigkeitstheologie (Hamm) weit über seinen unmittelbaren Lebens- und Arbeitskontext hin aus. Im Advent 1516 hielt er »unter großem Zulauf« (WA.B 1, 84,11) in Nürnberg Predigten über die Prädestination. Sein Freund Christoph Scheurl (1481-1542) drängte ihn zu einer lateinischen Ausgabe, die am 6. Februar 1517 als »*Libellus de exsecutione aeternae praedestinationis*« im Druck erschien. Scheurls deutsche Übersetzung war schon am 20. Januar 1517 erschienen.

a) **Die Prädestination** (Libellus de exsecutione aeternae praedestinationis c. 4)

19. Damit nicht alles vergeblich erschaffen würde, ist beschlossen worden: für die Natur die Erhaltung durch die göttliche Macht, für den freien Willen die Gnade der göttlichen Menschwerdung (incarnationis gratia), damit so durch Erhaltung das Sein, durch Gnade das Gutsein (bene esse) bestehen bleibe, beides aber durch Gott selbst. Und so wurde vor Grundlegung der Welt (Eph 1,4) beschlossen: Niemand könne ohne die Gnade Christi gut handeln.
20. Und weil zum Lob des Allmächtigen Barmherzigkeit und Gerechtigkeit gleicherweise beitragen, sind Erwählung und Vorherbestimmung (electio et praedestinatio) bestimmter Menschen zur Gleichförmigkeit (conformitas) mit dem Bild des Sohnes Gottes (Röm 8,29) beschlossen worden: zum Glauben an unseren Herrn Jesus Christus (vgl. Gal 2,16); denn die nicht glauben, sind schon gerichtet (Joh 3,18).
21. Das ist die erste Gnade, die sowohl der Natur als auch dem Werk zuvorkommt (praeveniens), die mit Gewißheit niemand erbeten noch verdient hat. Sie wird weder den im Voraus erkannten – oder dem vorausgesehenen künftigen guten Gebrauch der Vernunft – noch den dargebotenen Verdiensten geschuldet, sondern ist einzig aus dem gütigsten und freiesten Willen Gottes hervorgegangen.
22. Wem jene erste Gnade gegeben ist, dem werden auch die Übrigen alle mit Notwendigkeit (necessitas consequentiae) folgen, und Christus ist ihm zum Schuldner des Heils (debitor salutis) geworden. Das ist es, was er zu Zachäus gesagt hatte: »Heute muss ich in deinem Hause bleiben«, weil auch er ein Sohn Abrahams war (Lk 19,5.9),

erwählt gemäß der Verheißung (Gal 3,29). Mit gleichartiger Notwendigkeit hat Christus für die Sünder gelitten, ist gekreuzigt worden und gestorben (Lk 24,44.46).

Quelle: Johann von Staupitz, Sämtliche Schriften. 2. Lateinische Schriften: Libellus de exsecutione aeternae praedestinationis, hg. von L. Graf zu Dohna u. R. Wetzel, Berlin/ New York 1979 (SuR 14), 94-99 – *Literatur*: s. unter Text c.

b) Die Rechtfertigung des Sünders (Libellus de exsecutione aeternae praedestinationis c. 6)

33. Daher ist den Erwählten nicht allein die Berufung geschuldet, sondern auch die Rechtfertigung (iustificatio). Die Rechtfertigung, sage ich, durch die die Übertretung in den wahren Gehorsam Gottes zurückgebracht wird. Das geschieht dann, wenn durch die Gnade Gottes seine Augen wieder geöffnet werden, auf dass er durch den Glauben den wahren Gott erkenne, sein Herz entflammt werde, auf dass Gott ihm wohl gefalle. Beides ist reine Gnade (mera gratia) und fließt aus den – vorhergesehenen und aufgezeigten – Verdiensten Christi, während unsere Werke dazu nichts tun oder tun können. Denn die Natur für sich allein (natura destituta) hat weder Erkennen noch Wollen noch Gutes Tun; für sie ist Gott selbst schrecklich.

34. Gerechtfertigt aber wird der Sünder durch die Wiedergeburt (per regenerationem), wenn er wiedergeboren wird aus dem Wasser und dem Heiligen Geist, nicht durch eine fleischliche, sondern durch eine geistliche Geburt. Denn was aus dem Fleisch geboren ist, ist Fleisch, und was aus dem Geist geboren ist, ist Geist (Joh 3,5f.). Er wird wiedergeboren nicht aus Blut noch aus dem Willen des Fleisches noch aus dem Willen eines Mannes, sondern aus Gott (Joh 1,13), nicht aus Notwendigkeit, sondern aus der freien Erwählung Gottes (non necessitate sed ex libera dei electione), denn der Geist weht, wo er will (Joh 3,8).

35. Er wird wiedergeboren zum Himmel, daher notwendigerweise nicht sich selbst, sondern Christus. Denn niemand steigt auf in den Himmel, außer der vom Himmel herabsteigt, der Menschensohn, der im Himmel ist (V. 13). Er wird zu Christi, nicht zu seiner eigenen Gerechtigkeit wiedergeboren. Daher gilt: So wie Moses die Schlange in der Wüste erhöhte, so muss der Menschensohn erhöht werden, damit jeder, der an ihn glaubt, nicht vergeht, sondern er das ewige Leben habe (V. 14).

In dieser Wiedergeburt sind: der Vater: Gott, die Mutter: der Wille, der erweckende Samen: die Verdienste unseres Herrn Jesus Christus.

36. Wo diese zusammenkommen, wird der Sohn Gottes geboren, gerechtfertigt und lebendig gemacht durch den Glauben (iustificatus vivificatusque per fidem), der durch Liebe wirkt, der wirkt, sage ich, durch das Feuer unserer Liebe, entzündet durch das Feuer seiner Liebe. Er allein ist das andauernde Feuer (Lev 6,5), das vom Himmel ausgeht, die anderen alle sind fremd. Dieses Feuer wirkt, dass Gott uns wohlgefällig und angenehm sei, dass uns nicht allein missfalle, was gegen Gott ist, sondern alles, was nicht Gott ist.

Das ist die Gnade, die angenehm macht (gratia gratum faciens): nicht den Menschen Gott, wie viele es auslegen – denn das hat die Erwählung bewirkt –, sondern sie sorgt dafür, dass allein Gott dem Menschen gefällt und angenehm ist durch die Liebe, die den Gehorsam wiederherstellt, den die Begierde geraubt hat, durch die wir Gott und nicht uns recht und gerecht sind und leben.

Quelle: Ebd. 110-117. – *Literatur*: s. unter Text c.

c) **Die geistliche Hochzeit** (Libellus de praedestinatione c. 9)

53. Wie aber uns die Verdienste Christi zu eigen werden (adveniat nostreitas meritorum Christi), wird vielleicht eine angenehme Erzählung sein. Und damit ich mich kurz fasse, sollt ihr wissen, dass zwischen Christus und dem Christen eine wahre, ja die allerwahrste Ehe bestehe, für die unsere Ehe – wie wir wissen, ein Sakrament ist (Eph 5,32) und, verglichen mit der heiligen Ehe Christi, ein Schatten. So besteht die Richtigkeit der Ehe unter den Menschen in ihrer Gleichförmigkeit (in conformitate) mit der Ehe Christi und der Kirche...
56. Der Vertrag (contractus) zwischen Christus und der Kirche ist vollkommen, und zwar so: »Ich nehme dich zu der meinen, ich nehme dich mir, ich nehme dich in mich«. Und umgekehrt sagt die Kirche oder Seele zu Christus: »Ich nehme dich zu dem meinen, ich nehme dich mir, ich nehme dich in mich«, damit Christus so spreche: »Der Christ ist mein, der Christ ist mir, der Christ ist ich«, und die Braut »Christus ist mein, Christus ist mir, Christus ist ich«[1].
57. Das Erste ist wie in unserer Ehe, die anderen beiden gehen darüber hinaus. Kraft des Ersten hat der Christ alles, was nach dem Eherecht der Bräutigam der Braut schuldet. Kraft des Zweiten hat der Christ alles, was ihm aus Christus zuträglich sein kann, gar keines ausgenommen. Kraft des Dritten hat der Christ Christus als sich selbst.

Quelle: Ebd. 142-147. – *Literatur*: D.C. Steinmetz, Misericordia Dei. The Theology of Johannes von Staupitz in Its Late-Medieval Setting, Leiden 1968 (SMRT 4); M. Schulze, Fürsten und Reformation. Geistliche Reformpolitik weltlicher Fürsten vor der Reformation, Tübingen 1991 (SuR.NR 2), 163-179; M. Wriedt, Gnade und Erwählung. Eine Untersuchung zu Johann von Staupitz und Martin Luther, Wiesbaden 1991 (VIEG 141); B. Hamm, Johann von Staupitz (ca. 1468-1524) – spätmittelalterlicher Reformer und »Vater« der Reformation, in: ARG 92 (2001) 6-42 .

[1] *Vgl. Augustin, Tract. in Ioh. 108,5 (CChr.SL 36,617,8-618,38).*

7. Luthers Rückblicke auf seine frühe Entwicklung

Zu den umstrittenen Problemen der reformationshistorischen Forschung gehörte im 20. Jahrhundert die Frage nach Zeitpunkt und Inhalt der reformatorischen Wende Luthers. Dabei wird man in jedem Falle nach einer Unterscheidung von O.H. Pesch einen plötzlichen »Durchbruch« von einer allmählichen Entwicklung zu unterscheiden haben und kann sinnvoll nach einem Datum nur im Blick auf ersteres fragen – die Datierungen schwanken dabei zwischen einer Frühdatierung schon in der ersten Psalmenvorlesung (so Bernhard Lohse mit der älteren Forschung) oder einer Spätdatierung, um 1518, jedenfalls vor 1520 (so die überwiegende neuere Forschung seit Ernst Bizer). Neben den frühen Schriften Luthers selbst und seinen zeitgenössischen Zeugnissen, von denen aber keines unter dem unmittelbaren Eindruck eines radikalen Sinneswandels entstanden zu sein scheint, sind natürlich autobiographische Rückblicke Luthers selbst ein wichtiger Untersuchungsgegenstand für diese Frage. Dabei stand meist im Mittelpunkt das sogenannte große Selbstzeugnis, in dem der Reformator kurz vor seinem Tod im Vorwort zum ersten Band seiner lateinischen Werke noch einmal seine frühen Jahre Revue passieren lässt (Text b). Auffällige strukturelle Parallelen hierzu weist allerdings bei gewichtigen inhaltlichen Differenzen ein sehr viel früherer Konversionsbericht auf, in dem Luther 1518 seinem Beichtvater Staupitz zu erklären sucht, wie er in die Auseinandersetzungen um den Ablass hineingeraten war (Text a).

a) Die poenitentia-Entdeckung (Widmungsschreiben an Staupitz zu den Resolutiones, 30.5.1518)

Ich erinnere mich, ehrwürdiger Vater, dass bei Deinen so anziehenden und heilsamen Gesprächen, mit denen mich der Herr Jesus wunderbar zu trösten pflegt, zuweilen das Wort »Buße« (poenitentia) gefallen ist. Es erbarmte uns des Gewissens vieler und jener Henker, die mit unerträglichen Geboten eine Beichtvorschrift (wie sie es nennen) vorlegen. Dich aber nahmen wir auf, als ob Du vom Himmel herab redetest (te velut e caelo sonantem excepimus): dass wahre Buße allein mit der Liebe zu Gerechtigkeit und zu Gott beginne. Was jene für das Ziel und die Vollendung der Buße hielten, das sei vielmehr der Anfang.

Dieses Dein Wort haftete in mir »wie der scharfe Pfeil eines Starken« (Ps 120,4), und ich fing an, es der Reihe nach mit Schriftstellen zu vergleichen, welche von der Buße lehren. Und das war eine überaus angenehme Beschäftigung (iucundissimus ludus). Denn von allen Seiten kamen Worte auf mich zu, fügten sich ganz dieser Auffassung ein und schlossen sich ihr an.

Das Resultat war: Wie es früher in der ganzen Schrift nichts Bittereres für mich gab als das Wort »Buße« (freilich verstellte ich mich eifrig vor Gott und versuchte eine vorgespiegelte und erzwungene Liebe zu zeigen), kann mir jetzt nichts süßer und angenehmer (nihil dulcius aut gratius) in die Ohren klingen als das Wort »Buße«. Denn dann werden die Gebote Gottes süß, wenn wir erkennen, dass sie nicht bloß in Büchern, sondern in den Wunden des geliebten Heilands (in vulneribus dulcissimi Salvatoris) gelesen werden müssen.

Später kam hinzu, dass ich durch das Bemühen und die Gunst sehr gelehrter Männer, die uns das Griechische und das Hebräische eifrig nahebringen[1], gelernt habe, dass dieses Wort auf Griechisch *μετάνοια* heiße, von *μετά* und *νοῦν*, d.h. von »post« und »mentem«. Also bedeutet Buße oder *μετάνοια* ein Wiederzurechtkommen und die Einsicht in das eigene Übel, nachdem man die Strafe erlitten und den Irrtum eingesehen hat. Das aber kann unmöglich ohne Änderung des Sinnes und der (Ausrichtung der) Liebe geschehen. Dies alles entspricht der Theologie des Paulus so genau, dass – wenigstens nach meinem Dafürhalten – nichts den Paulus passender erläutern kann.

Ja, ich machte Fortschritte und sah, dass *μετάνοια* nicht bloß von »post« und »mentem«, sondern auch von »trans« und »mentem« hergeleitet werden könne (mag das freilich auch gewaltsam sein), so dass *μετάνοια* eine völlige Veränderung der Gedanken und der Gesinnung bedeute, was nicht nur die Änderung der Gesinnung, sondern auch die Art der Veränderung, das heißt die Gnade Gottes zu enthalten schien. Denn jener Wechsel in der Gesinnung – das ist nämlich die wahrhafte Buße – ist in der Heiligen Schrift hochgepriesen...

Daran klammerte ich mich und wagte zu meinen, dass diejenigen im Irrtum seien, welche den Werken der Buße so viel beilegten, dass sie uns von der Buße kaum etwas übrig ließen außer etwa den geringen Werken der Genugtuung und der überaus beschwerlichen Beichte[2]. Sie haben sich nämlich durch das lateinische Wort »poenitentiam agere« irreleiten lassen, was mehr nach einem Tun als einer Änderung des Sinnes klingt und dem griechischen *μετάνοια* in keiner Weise Genüge tut. Als meine Überlegung (meditatio) so hin und her ging, siehe, da fingen plötzlich um uns her die Fanfaren des neuen Ablasses zu ertönen, ja zu schmettern an, und wurden Vergebungen ausposaunt, durch die wir aber doch zu einem rechten Eifer für diesen Krieg beseelt wurden. Kurz, sie schoben einfach die Lehre von der wahren Buße beiseite und vermaßen sich, nicht etwa die Buße, auch nicht einmal deren allergeringsten Teil, die Genugtuung, sondern eben die Erlassung dieses allergeringsten Teils wortreich zu rühmen, wie man das noch nie hat rühmen hören. Ja, sie lehrten gottlose, falsche und ketzerische Dinge mit so großer Autorität (Vermessenheit wollte ich sagen), dass derjenige, welcher dagegen auch nur muckte, sofort als Ketzer dem Feuertod und ewiger Verfluchung verfallen war.

Quelle: WA 1,525f. *Übers.*: Luther Deutsch. Die Werke Martin Luthers in neuer Ausgabe für die Gegenwart, hg. v. K. Aland, Bd. 2, Göttingen ²1983, 28-30. – *Literatur*: R. Wetzel, Staupitz und Luther, in: V. Press, D. Stievermann (Hg.), Martin Luther. Probleme seiner Zeit, Stuttgart 1986, S. 75-87; B. Hamm, Von der Gottesliebe des Mittelalters zum Glauben Luthers, in: LuJ 65 (1998) 19-44; V. Leppin, »*omnem vitam fidelium penitentiam esse voluit*«. Zur Aufnahme mystischer Traditionen in Luthers erster Ablaßthese, in: ARG 93 (2002) 7-25; M. Brecht, Luthers neues Verständnis der Buße und die reformatorische Entdeckung, in: ZThK 101 (2004) 281-291.

b) Die iustitia-Entdeckung (Vorrede zu den lateinischen Werken von 1545)

Inzwischen war ich in diesem Jahr (1519) zum Psalter zurückgekehrt (eo anno iam redieram ad Psalterium), um ihn von neuem auszulegen[3], im Vertrauen darauf, dass ich geübter sei, nachdem ich St. Pauli Brief an die Römer und Galater und den an die Hebräer in Vorlesungen behandelt hatte[4]. Ich war von einer wundersamen Leidenschaft gepackt worden (miro certe ardore captus fueram), Paulus in seinem Römerbrief kennenzulernen, aber bis dahin hatte mir nicht die Kälte meines Herzens, sondern ein einziges Wort im Wege gestanden, das im ersten Kapitel steht: »Die Gerechtigkeit Gottes wird in ihm (d.h. im Evangelium) offenbart« (Röm 1,17). Ich hasste nämlich dieses Wort »Gerechtigkeit Gottes«, das ich nach dem allgemeinen Wortgebrauch aller Doktoren philosophisch als die sogenannte formale oder aktive Gerechtigkeit (de iustitia ut vocant formali seu activa) zu verstehen gelernt hatte, mit der Gott gerecht ist, nach der er Sünder und Ungerechte straft.
Ich aber, der ich trotz meines untadeligen Lebens als Mönch mich vor Gott als Sünder mit durch und durch unruhigem Gewissen fühlte und auch nicht darauf vertrauen konnte, ich sei durch meine Genugtuung mit Gott versöhnt: Ich liebte nicht, ja, ich hasste diesen gerechten Gott, der Sünder straft; wenn nicht mit ausgesprochener Blasphemie, so doch gewiss mit einem ungeheuren Murren war ich empört gegen Gott und sagte: »Soll es noch nicht genug sein, dass die elenden Sünder, die ewig durch die Erbsünde Verlorenen, durch den Dekalog mit allerhand Unheil bedrückt sind? Muss denn Gott durch das Evangelium den Schmerzen noch Schmerzen hinzufügen und uns durch das Evangelium zusätzlich seine Gerechtigkeit und seinen Zorn androhen?« So raste ich in meinem wütenden, durch und durch verwirrten Gewissen und klopfte rücksichtslos bei Paulus an dieser Stelle an, mit heißestem Durst zu wissen, was Sankt Paulus damit sagen will. Endlich achtete ich in Tag und Nacht währendem Nachsinnen durch Gottes Erbarmen auf die Verbindung der Worte (connexionem verborum attenderem), nämlich: »Die Gerechtigkeit Gottes wird in ihm offenbart, wie geschrieben steht: ›Der Gerechte lebt aus dem Glauben‹ (Hab 2,4).« Da habe ich angefangen, die Gerechtigkeit Gottes als die zu begreifen, durch die der Gerechte als durch Gottes Geschenk lebt, nämlich aus Glauben (qua iustus dono Dei vivit, nempe ex fide); ich begriff, dass dies der Sinn ist: Offenbart wird durch das Evangelium die Gerechtigkeit Gottes, nämlich die passive (revelari per Evangelium iustitiam Dei, scilicet passivam), durch die uns Gott, der Barmherzige, durch den Glauben rechtfertigt, wie geschrieben steht: »Der Gerechte lebt aus dem Glauben«.
Nun fühlte ich mich ganz und gar neugeboren und durch offene Pforten in das Paradies selbst eingetreten. Da zeigte sich mir sogleich die ganze Schrift von einer anderen Seite. Von daher durchlief ich die Schrift, wie ich sie im Gedächtnis hatte, und

las auch in anderen Ausdrücken die gleiche Struktur (analogia), wie: »das Werk Gottes«, d.h. was Gott in uns wirkt, »die Kraft Gottes«, mit der er uns kräftig macht, »die Weisheit Gottes«, mit der er uns weise macht, »die Stärke Gottes«, »das Heil Gottes«, »die Herrlichkeit Gottes«.
Nun, mit wieviel Hass ich früher das Wort »Gerechtigkeit Gottes« gehasst hatte, mit um so größerer Liebe pries ich dieses Wort als das für mich süßeste; so sehr war mir diese Paulusstelle wirklich die Pforte zum Paradies. Später las ich Augustins »De spiritu et littera«, wobei ich unverhoffterweise darauf stieß, dass auch er die Gerechtigkeit Gottes ähnlich interpretiert: (als die Gerechtigkeit), mit der uns Gott bekleidet, indem er uns rechtfertigt[5]. Und obwohl dies noch unvollkommen gesagt ist und Augustin von der Anrechnung (de imputatione) nicht alles klar expliziert, gefiel es mir doch, dass die Gerechtigkeit Gottes gelehrt wird, mit der wir gerechtfertigt werden.

Quelle: Martin Luther, Studienausgabe, hg. v. H.-U. Delius. Bd. 5, Berlin 1992, 635-638. – *Literatur*: B. Lohse (Hg.), Der Durchbruch der reformatorischen Erkenntnis bei Luther, Darmstadt 1968 (WdF 123); O. Bayer, Promissio. Geschichte der reformatorischen Wende in Luthers Theologie, Göttingen 1971 (FKDG 24); B. Lohse (Hg.), Der Durchbruch der reformatorischen Erkenntnis. Neue Untersuchungen, Stuttgart 1968 (WdF 123).

[1] *Gedacht ist vermutlich an die Herausgabe des griechischen neuen Testaments durch Erasmus (s.o. Text Nr. 3).*
[2] *Nach der traditionellen Auffassung bestand die Buße aus Reue des Herzens, Beichte des Mundes und Genugtuung durch das Werk (contritio cordis, confessio oris, satisfactio operis).*
[3] *Die »Operationes in Psalmos« (WA 5,19-676; 9,796f; AWA 1f.).*
[4] *Luther las 1515/6 über den Römerbrief, 1516/7 über Gal, 1517/8 über Hebr.*
[5] *Augustin, De spiritu et littera, c. 9 (CSEL 60,167,7f. Luther hat »De spiritu et littera« bereits in der Römerbriefvorlesung ausgiebig benutzt.*

8. Luthers erste Psalmenvorlesung

Im Jahre 1512 hatte Luther auf Drängen Staupitz' von diesem die Wittenberger Bibelprofessur übernommen; seine erste Vorlesung galt 1513-1515 den Psalmen. Luthers eigene Randbemerkungen zum Psaltertext, die er in der Vorlesung diktierte, wie auch seine ausführlicheren Erläuterungen, die Scholien, sind handschriftlich erhalten, so dass diese Vorlesung ausgezeichnet dokumentiert ist. Schon in ihr wird erkennbar, dass Luthers theologische Wandlung zunächst ganz entscheidend eine hermeneutische ist: Von der Konzentration auf Jesus Christus her wird das mittelalterliche System der vier Schriftsinne (s. Bd. 2, Text Nr. 60) zwar nicht völlig beseitigt, aber deutlich konzentriert (Text a). Trotz erheblich an die Ausführungen im »großen Selbstzeugnis« erinnernder Passagen, insbesondere in der Auslegung von Ps 71 (72) (Text b) wird man sie angesichts der deutlichen Verankerung in der mittelalterlichen Gnadenlehre an anderen Stellen (Text c) eher einer monastischen Demutstheologie (Bizer) als einer reformatorischen Theologie zuordnen dürfen.

a) **Die christologische Erschließung der Schrift** (Vorrede zu den Dictata super Psalterium, 1513-1515)

»Ich will singen mit dem Geist und will auch singen mit dem Verstand« (1 Kor 14,15). »Mit dem Geist singen« bedeutet mit geistlicher Hingabe und Hinneigung (spirituali devotione et affectu) singen; das wird gegen die gesagt, die nur im Fleisch singen. Und diese auf zwei Weisen: die Ersten, die mit unbeständigem und überdrüssigem Herzen und mit Zunge und Mund singen. Die anderen, die wohl mit heiterem und hingegebenem Herzen (singen), aber mehr fleischlich erfreut, nämlich in Stimme, Klangausführung und Zusammenklang, so wie Knaben es zu tun pflegen, die sich nicht um den Sinn und die Frucht des Geistes, der zu Gott erhöht werden soll, kümmern. Gleicherweise bedeutet »mit dem Verstand singen« Singen mit geistlichem Verständnis. Und hier gibt es wiederum zwei gegensätzliche Arten: die ersten, die nichts von dem verstehen, was sie singen, wie angeblich Nonnen den Psalm lesen; andere, die ein fleischliches Verständnis von den Psalmen haben, so wie die Juden, die die Psalmen immer auf ihre Geschichtserzählungen außerhalb Christi (extra Christum) beziehen. Aber Christus öffnete den Seinen den Verstand, dass sie die Schriften verstünden (Lk 24,32). Häufiger aber erleuchtet der Geist den Verstand, die Hinneigung die Vernunft, ja auch umgekehrt, weil der Geist an einen Ort erhöht, wo ein erleuchtendes Licht strahlt, der Verstand aber zeigt den Ort der Hinneigung. Daher ist beides erforderlich, besser aber ist der erhöhende Geist usw.

	allegorisch	tropologisch	anagogisch
Jerusalem	die Guten	Tugenden	Lohn
Babylon	die Bösen	Laster	Strafen

Der tötende Buchstabe – der lebendig machende Geist: Da ist die Rede vom babylonischen Leib einerseits, vom kirchlichen andererseits.

Der Berg Zion:

historisch das Land Kanaan
allegorisch die Synagoge oder eine herausragende Person in ihr
tropologisch die pharisäische oder gesetzliche Gerechtigkeit
anagogisch die künftige Herrlichkeit nach dem Fleisch

Der Berg Zion

historisch das Volk, das auf dem Zion lebte
allegorisch die Kirche oder ein herausragender Gelehrter oder Bischof
tropologisch die Gerechtigkeit des Glaubens oder anderes Vortreffliches
anagogisch die Herrlichkeit im Himmel

Genau umgekehrt das Tal Kidron.

In den Schriften hat daher keine Allegorie, Tropologie oder Anagoge Bestand, wenn nicht anderswo historisch dasselbe ausdrücklich gesagt wird. Sonst würde die Schrift zum Gespött. Aber es ist ganz und gar nötig, das nur als Allegorie etc. anzunehmen, was anderswo historisch ausgesagt wird, wie Berg für Gerechtigkeit in Ps 36,7: »Deine Gerechtigkeit steht wie die Berge Gottes«.

Ferner ist es in den Heiligen Schriften das Beste, den Geist vom Buchstaben zu unterscheiden. Das nämlich macht wahrhaft den Theologen. Und die Kirche hat das nur vom Heiligen Geist und nicht aus menschlichem Sinn, wie in Ps 72,8: »Er soll herrschen von einem Meer bis ans andere«. Dass hier »herrschen« eine geistliche Herrschaft bedeutet, konnte niemand vor der Offenbarung des Geistes wissen, zumal er nach historischem Verständnis hinzufügt: »von einem Meer bis ans andere«. Die also dieses »herrschen« auf Fleisch und zeitliche Regentschaft beziehen, haben den tötenden Buchstaben, die anderen aber den lebendig machenden Geist.

Daher verstehe ich die Psalmen oft in Bezug auf die Juden, denn »wir wissen aber: Was das Gesetz sagt, das sagt es denen, die unter dem Gesetz sind« (Röm 3,19).

Vorrede Jesu Christi,
Sohn Gottes, unser Herr, auf den Psalter Davids.

»Ich bin die Tür; wenn jemand durch mich hineingeht, wird er selig werden und wird ein- und ausgehen und Weide finden« (Joh 10,9)...

Jede Prophetie und jeder Prophet muss vom Herrn Christus verstanden werden, sofern nicht mit offenkundigen Worten deutlich ist, dass er von anderem spricht. So sagt er nämlich: »Ihr sucht in der Schrift. Sie ist's nämlich, die von mir zeugt« (Joh 5,39). [1] Ohnehin ist es überaus gewiss, dass die Suchenden des Suchmittels ermangeln. Deswegen legen sie die Psalmen gewissermaßen allzu sehr aus: nicht prophetisch, sondern historisch. Sie sind bestimmten fehlerhaften hebräischen rabbinischen Schriften gefolgt und den Verfertigern jüdischer Eitelkeiten. Das ist nicht verwunderlich, denn fremd sind sie von Christus, das heißt von der Wahrheit. »Wir aber haben Christi Sinn«, wie der Apostel sagt (1 Kor 2,16).
Was immer vom Herrn Jesus Christus in seiner Person literal gesagt wird, das ist allegorisch von der ihm ähnlichen Gehilfin, der ihm in allem gleich gestalten (conformis) Kirche zu verstehen. Und dasselbe muss zugleich tropologisch verstanden werden von jeglichem geistlichen und inneren Menschen, entgegen seinem Fleisch und äußerem Menschen. An Beispielen wird dies offenkundig: »Wohl dem, der nicht wandelt etc.« (Ps 1,1). Die wörtliche Bedeutung ist, dass der Herr Jesus sich nicht zu den Dutten der Juden und dem abtrünnigen und ehebrecherischen Geschlecht begeben hat, das sich zu seiner Zeit zusammenfand. Allegorischer Sinn ist, dass die heilige Kirche sich nicht den üblen Bemühungen der Verfolger, der häretischen und gottlosen Christen begeben hat. Tropologischer Sinn ist, dass der Geist des Menschen nicht den Überredungen und der Einflüsterung des feindlichen Fleisches und der gottlosen Bewegungen der Sünde des Fleisches zustimme ... Auf seine Weise ist das auch bei anderen Stellen zu verstehen, damit wir nicht mit einem verschlossenen Buch belastet werden und nicht uns daran nähren.

Quelle: Martin Luther, Studienausgabe, hg. v. H.-U. Delius. Bd. 1, Berlin 1979, 32-35. – *Literatur*: G. Ebeling, Evangelische Evangelienauslegung. Eine Untersuchung zu Luthers Hermeneutik, Tübingen ³1991; ders., Die Anfänge von Luthers Hermeneutik, in: ZThK 48 (1951) 172-230 (= ders., Lutherstudien. Bd. 1, Tübingen 1971, 1-68).

b) Gerechtigkeit und Demut: Scholion zu Ps 71 (72)

Das Gericht Gottes

ist im anagogischen Sinne das, was von den anderen das Gericht der Verdammung genannt wird. Und in der Schrift (des alten Gesetzes, richtig aber im neuen) wird es selten als Gericht bezeichnet, sondern häufiger als »Offenbarung des Gerichts«. Röm 2(,5) und »Tag der Vergeltung« Jes 61(,2).

ist allegorisch das, was dennoch buchstäblich der Prophezeiung entspricht. Das nennen einige Gericht der Scheidung, obwohl es doch bei jedem Gericht Scheidung und Verdammung (discretio et damnatio) gibt, die Auswahl der Guten und Verdammung der Bösen. Und dieses Gericht hält Christus, Gott, insgeheim in der Kirche, und es ist unerforschlich. Auch spricht die Schrift nicht eben häufig von diesem Gericht. Es gibt ein anderes, das er offen hält...

ist bildlich (tropologicus), und dies kommt am häufigsten in der Schrift vor, das Gericht, in dem Gott alles verdammt und verdammen lässt, was wir aus uns selbst haben (quicquid ex nobis habemus), den ganzen alten Menschen (totus vetus homo) mit seinem Tun und »all unsere Gerechtigkeit«, Jes 64(,5). Und das ist im eigentlichen Sinne die Demut oder Erniedrigung (humilitas immo humiliatio). Denn nicht, wer sich demütig dünkt, ist gerecht, sondern wer sich in seinen Augen verabscheuungswürdig und verdammenswert vorkommt und seine Sünden verdammt, straft usw., der ist gerecht... Und um das darzustellen, verwendet die Schrift jenes Wort »Gericht«, um die wahre Natur der Demut darzustellen, die in

Entwürdigung, Verachtung und geradezu Verdammung seiner selbst besteht (quae est vilificatio et contemptus et omnino damnatio suiipsius)... Und dies wird ganz besonders betont, wo es in Verbindung mit der Gerechtigkeit gebraucht wird... Das nämlich heißt das Gericht Gottes, sowie die Gerechtigkeit oder Kraft oder Weisheit Gottes, d.h. wodurch wir weise, kräftig, gerecht und demütig oder gerichtet sind (Hoc enim vocatur iudicium Dei: Sicut iustitia vel virtus, vel sapientia dei: id est quo nos sapientes, fortes, iusti et humiles vel iudicati sumus).

Aber weil dieses Gericht sich im Herzen, Mund und in der Tat vollzieht (Sed quia hoc iudicium fit corde, ore et opere), so wie jede Kraft, so ist das Eine ohne das andere nicht genug. Andersherum: So wie der Glaube manchmal als ein inneres Geschehen aufgefasst wird, manchmal als das Evangelium selbst (sicut fides capitur quandoque pro interiori actu, quandoque pro ipso Euangelio), das den Glauben lehrt, oder auch als die Gegenstände des Glaubens, daher kommt es, dass auch das Gericht manchmal das Evangelium selbst und das Wort Gottes bedeutet, weil es lehrt, ein solches Gericht zu vollziehen und zu betreiben...

Ebenso ist auch die Gerechtigkeit Gottes (iustitia Dei) dreifach:

Bildlich ist sie der Glaube an Christus, Röm 1(,17): »Denn offenbart wird die Gerechtigkeit Gottes im Evangelium aus Glauben in Glauben«. Und so ist der häufigste Gebrauch in der Schrift. Allegorisch bedeutet sie die ganze Kirche selbst, wie der Apostel sagt: »auf dass wir würden in Christus die Gerechtigkeit Gottes« (2 Kor 5,21).

Im anagogischen Sinne aber ist sie Gott selbst in der triumhierenden Kirche[2].

Aber so wie die Gerechtigkeit mehr den Guten zugewandt ist und bei ihnen ihren Ort hat, so ist das Gericht mehr den Bösen zugewandt und vollzieht sich bei ihnen.

Quelle: Martin Luther, Studienausgabe, hg. v. H.-U. Delius. Bd. 1, Berlin 1979, 72-74. *Übers.*: Luther Deutsch. Die Werke Martin Luthers in neuer Ausgabe für die Gegenwart, hg. v. K. Aland. Bd. 1, Göttingen ²1983, 91-94. – *Literatur*: E. Bizer, Fides ex auditu. Eine Untersuchung über die Entdeckung der Gerechtigkeit Gottes durch Martin Luther, Neukirchen-Vluyn ³1966.

c) Die Ankunft Christi: Verheißung und Vorbereitung
(Scholion zu Ps 113 [115],1)

»Nicht uns, Herr, nicht uns (sondern deinem Namen gib Ehre« [Ps 115,1]). Die Ankunft Christi ins Fleisch wurde aus purer Barmherzigkeit des verheißenden Gottes (ex mera misericordia Dei promittentis) gegeben – sie wurde weder aufgrund von Verdiensten der menschlichen Natur (merita humanae naturae) gewährt noch aufgrund seiner Verschuldungen (demerita) verweigert. Aber dennoch mussten Vorbereitung und Zurüstung (praeparatio et dispositio) für seinen Empfang erfolgen, wie im ganzen Alten Testament auf der zu Christus hinführenden Linie geschehen ist: Denn dass Gott seinen Sohn verheißen hat, war Barmherzigkeit, dass er ihn aber erscheinen ließ (exhibuit), war seine Wahrheit und Treue, wie im letzten Kapitel des Buchs Micha (7,20) geschrieben steht: »Du wirst dem Jakob die Wahrheit und dem Abraham die Barmherzigkeit erweisen, wie du unseren Vätern vorzeiten geschworen hast«; es heißt nicht: »wie wir verdient haben«, sondern: »wie du geschworen hast«. Daher beruht die Tatsache, dass Gott sich zu unserem Schuldner gemacht hat, auf der Verheißung (ex promissione) dessen, der sich erbarmt, und nicht auf der Würdigkeit der menschlichen Natur, die Verdienste erwirbt (non ex dignitate naturae humanae merentis). Denn nichts hat er gefordert außer der Vorbereitung, dass wir für seine Gabe aufnahmefähig (capax) sind; gleichwie ein Fürst oder König des Landes seinem Räuber oder Mörder hundert Gulden versprechen würde und nur forderte, dass dieser zum festgesetzten Zeitpunkt und Ort ihn empfangsbereit erwarte. So ist klar, dass jener König aufgrund seines freiwilligen Versprechens und seiner Huld (ex gratuita promissione sua et misericordia) Schuldner wäre ohne das Verdienst des Räubers bzw. Mörders und dass er auch nicht wegen dessen Schuld verweigert, was er versprochen hat. So erfolgt auch die geistliche Ankunft (spiritualis adventus) durch Gnade und die zukünftige Ankunft in Herrlichkeit, weil sie nicht aufgrund unserer Verdienste, sondern aufgrund der reinen Verheißung des barmherzigen Gottes geschehen. Er hat nämlich für die geistliche Ankunft diese Verheißung gegeben: »Bittet, so werdet ihr empfangen, suchet, so werdet ihr finden, klopfet an, so wird euch aufgetan. Denn jeder, der bittet, empfängt« (Mt 7,7f.). Daher sagen die Gelehrten (Doctores) mit Recht, dass Gott dem Menschen, der tut, was in seinen Kräften steht, unfehlbar die Gnade gibt (homini facienti quod in se est, deus infallibiliter dat gratiam), und dass der Mensch sich zwar nicht in voller Würdigkeit (de condigno) auf die Gnade vorbereiten kann, weil sie jeden Maßstab übersteigt, wohl aber in billiger Angemessenheit (de congruo), eben wegen dieser Verheißung Gottes und des Bundes der Barmherzigkeit (pactum misericordiae). Ebenso hat er für die zukünftige Ankunft verheißen, dass wir »in Erwartung der seligen Hoffnung gerecht, züchtig und gottselig leben sollen in dieser Welt« (Tit 2,12f.). Denn so heilig wir hier auch leben, so ist dies doch kaum eine Zurüstung und Vorbereitung auf die künftige Herrlichkeit, die an uns offenbar werden wird. Daher sagt der Apostel: »Die Leiden dieser Zeit sind nicht würdig (condignus) usw. (der Herrlichkeit, die an uns soll offenbart werden)« (Röm 8,18) – aber sehr wohl angemessen (sed bene congruae). Darum: Er gewährt alles umsonst (gratis) und nur aufgrund der Verheißung seiner Barmherzigkeit, wenngleich er will, dass wir dafür, soweit es in unseren Kräften steht, zugerüstet sind. Daher, gleichwie das Gesetz ein Abbild (figura) und die Vorbereitung des Volks auf den Empfang Christi war, so bereitet uns unser Tun, soweit es in unseren Kräften steht, auf die Gnade vor. Und die ganze Zeit der Gnade ist Vorbereitung auf die künftige Herrlichkeit und die zweite Ankunft (Christi). Deshalb heißt er uns wachen, bereit sein und ihn erwarten usw.

Quellen: Martin Luther, Studienausgabe, hg. v. H.-U. Delius. Bd. 1, Berlin 1979, 89f. – *Literatur*: E. Vogelsang, Die Anfänge von Luthers Christologie nach der ersten Psalmenvorlesung, insbesondere in ihren exegetischen und systematischen Zusammenhängen mit Augustin und der Scholastik dargestellt, Berlin 1929 (AKG 15); G. Ebeling, Luthers Psalterdruck von 1513, in: ZThK 50 (1953) 43-99 (= ders., Lutherstudien. Bd. 1, Tübingen 1971, 69-131); R. Schwarz, Fides, Spes und Caritas beim jungen Luther unter besonderer Berücksichtigung der mittelalterlichen Tradition, Berlin 1962 (AKG 34); S.H. Hendrix, Ecclesia in via. Ecclesiological developments in the medieval psalms exegesis and the »Dictata super Psalterium« (1513 - 1515) of Martin Luther, Leiden 1974; T. Rasmussen, Inimici ecclesiae. Das ekklesiologische Feindbild in Luthers »Dictata super Psalterium« (1513 - 1515) im Horizont der theologischen Tradition, Leiden 1989 (SMRT 44); B. Hamm, Warum wurde für Luther der Glaube zum Zentralbegriff des christlichen Lebens? in: B. Moeller (Hg.): Die frühe Reformation in Deutschland als Umbruch, Gütersloh 1998 (= SVRG 199), 103-127.

[1] *Luther setzt in seinen folgenden Äußerungen die Situation des biblischen Ausspruchs – eine Auseinandersetzung mit Juden – als bekannt voraus.*

[2] *D.h. in der himmlischen Kirche.*

9. Luthers Scholien zum Römerbrief

Ab dem Frühjahr oder Herbst 1515 begegnete Luther durch seine Vorlesung über den Römerbrief intensiv der Theologie des Apostels Paulus; ab dem Herbst 1516 schloss er eine Vorlesung über den Römerbrief an. In der Römerbriefvorlesung, deren Entdeckung im ausgehenden 19. Jahrhundert die Forschungsdiskussion über den jungen Luther entscheidend stimuliert hat, entwickelte Luther die Demutstheologie aus der Psalmenvorlesung weiter, zumal er durch die gleichzeitige Lektüre Johannes Taulers und der Theologia Deutsch (s. Bd. 2 Nr. 58 c u. d) in diesem mystisch gefärbten Frömmigkeitstypus und zugleich der zunehmenden Distanz zu Aristoteles bestärkt wurde. Immer deutlicher kristallisierte sich aber der mit mystischen Begriffen kaum mehr zu erfassende Gedanke von der Externität der Gnade gegenüber dem Menschen als bedeutsam heraus. Die Vorlesung ist durch Luthers eigenes Manuskript sowie durch studentische Mitschriften, die einen Blick darauf, was Luther tatsächlich im Hörsaal umsetzte, erlauben, hervorragend dokumentiert.

a) Die Notwendigkeit der fremden Gerechtigkeit (Scholion zu Röm 1,1)

Gott will uns nicht durch eigene, sondern durch fremde Gerechtigkeit und Weisheit (non per domesticam, sed per extraneam iustitiam et sapientiam) retten, durch eine Gerechtigkeit, die nicht aus uns kommt und geboren wird, sondern die von anderswoher in uns hereinkommt; die nicht unserer Erde entspringt, sondern die vom Himmel kommt. Folglich muss eine ganz und gar außerhalb unser liegende und fremde Gerechtigkeit (omnino externa et aliena iustitia) gelehrt werden. Zuerst muss die eigene, in uns heimische Gerechtigkeit ausgerissen werden. In diesem Sinne heißt es in Psalm 45(,11): »Vergiss deines Volks und deines Vaterhauses« usw. Auch Abraham wurde so berufen, auszuziehen (Gen 12,1). Und im Hohenlied steht: »Komm vom Libanon, meine Braut, du sollst bekränzt werden« (Hld 4,8 Vg.). Der ganze Auszug des Volkes Israel in alter Zeit deutete auf diesen Auszug hin, den man als den Auszug von den Lastern zu den Tugenden auslegt. Er muss aber vielmehr auch als der (Auszug) von den Tugenden zur Gnade Christi (de virtutibus ad gratiam Christi) ausgelegt werden, da Tugenden solcher Art um so größere und schlimmere Laster sind, als sie sich weniger als Laster erkennen lassen und heftiger die menschlichen Gemütsbewegungen (affectus) bestimmen und fesseln als alle anderen Güter...

Quelle: Martin Luther, Studienausgabe, hg. v. H.-U. Delius. Bd. 1, Berlin 1979, 100,9-19. – *Literatur:* s. bei Text b.

b) Gerecht und Sünder zugleich (Scholion zu Röm 4,7)

Zum Verständnis jenes Wortes: »Selig sind die, welchen (ihre Ungerechtigkeiten) vergeben sind« (4,7) sei Folgendes gesagt:

Die Heiligen sind inwendig (intrinsece) immer Sünder; darum werden sie immer außerhalb ihrer selbst (extrinsece) gerechtfertigt. Die Heuchler aber sind inwendig immer gerecht, darum sind sie außerhalb ihrer selbst immer Sünder.

›Inwendig‹ sage ich, d.h. so wie wir in uns, in unseren Augen, in unserer Meinung sind; ›außerhalb‹ unser selbst aber, wie wir bei Gott und in seinem Urteile dastehen. So sind wir also (dann) außerhalb unser selbst gerecht, wenn wir nicht aus uns selbst heraus, nicht aus eigenen Werken, sondern allein kraft göttlicher Anrechnung gerecht sind (ex sola Dei reputatione iusti sumus). Sein Anrechnen liegt nämlich nicht in uns, auch nicht in unserer Macht. Also liegt auch unsere Gerechtigkeit nicht in uns, auch nicht in unserer Macht, wie Hosea 13(,9) sagt: »Du bringst dich ins Unglück, Israel; denn dein Heil steht allein bei mir« (d. h. in dir ist nichts denn Verderben, dein Heil ist außer dir). Und Ps 121(,2): »Meine Hilfe kommt vom Herrn«, also nicht von mir...

Darum sind wir inwendig und aus uns selbst heraus immer gottlos (impius). So heißt es Ps 51(,5): »Meine Sünde ist immer vor mir«, d.h. es ist mir allezeit vor meinen Augen, dass ich ein Sünder bin: »An dir habe ich gesündigt (d.h. bin ich ein Sünder); darum wirst du rechtfertigen in deinem Wort.« Umgekehrt sind die Heuchler, weil sie inwendig gerecht sind, aufgrund dieser Wechselbeziehung notwendigerweise außerhalb ihrer selbst (d.h. im Urteil Gottes) ungerecht, wie es Ps 95(,10) heißt: »Und ich sprach: Immer irren sie in ihrem Herzen«, die alle Worte der Schrift verkehren wie jenes Wort: »Meine Sünde ist immer vor mir.« Sie sagen dafür: Meine Gerechtigkeit ist immer vor mir (d.h. vor meinen Augen), und selig sind, die Werke der Gerechtigkeit tun. Dir gegenüber, so sagen sie, (habe ich nicht gesündigt, sondern) handle ich gerecht, jedoch, nur für sich handeln sie.

»Wundersam ist Gott in seinen Heiligen« (Ps 68,36), vor dem sie zugleich Gerechte und Ungerechte sind (simul sunt iusti et iniusti). Und wundersam ist Gott in den Heuchlern, vor dem sie zugleich Ungerechte und Gerechte sind. Denn indem die Heiligen ihre Sünde immer vor Augen haben und die Gerechtigkeit von Gott nach seiner Barmherzigkeit erflehen, werden sie auch von Gott immer als gerecht angesehen. Also sind sie in ihren eigenen Augen und in Wirklichkeit ungerecht, bei Gott aber, der sie um dieses Bekenntnisses ihrer Sünde willen als gerecht ansieht, sind sie gerecht. In Wirklichkeit sind sie Sünder, gerecht durch das gnädige Ansehen Gottes, der sich ihrer erbarmt. Unwissend sind sie gerecht, ihrem Wissen nach ungerecht; Sünder in Wirklichkeit, gerecht aber in Hoffnung (peccatores in re, iusti autem in spe). Das meint Paulus, wenn er hier sagt: »Selig sind, denen ihre Übertretungen vergeben sind, deren Sünden bedecket sind«...

Zusatz (Corollarium)

Der Apostel redet hier nicht bloß von den Tat-, Wort- und Gedankensünden, sondern auch von jenem »Zunder« (fomes), wie er unten Kap. 7(,20) sagt: »Nicht ich, sondern die Sünde, die in mir wohnt«. Und dort nennt er diesen Zunder »sündige Leidenschaften« (Röm 7,5), d.h. Begehrungen, Regungen, Neigungen zu Sünden, die, wie er sagt, dem Tode Frucht schaffen. Also ist die Tatsünde ([peccatum] actuale) (wie sie von Theologen genannt wird) richtiger Sünde im Sinn von Werk und Frucht der Sünde, die Sünde selbst aber ist eben jene Leidenschaft, der Zunder, die Begierde (concupiscentia) oder der Hang zum Bösen und der Widerwille gegenüber dem Guten, wie es unten heißt: »Ich wusste nicht, dass die Begierde Sünde sei« (Röm 7,7)...

Daher kommt es, dass wir, »wenn wir sagen, wir haben keine Sünde, Lügner sind« (1 Joh 1,8). Ein Irrtum ist es, zu meinen, dieses Übel könne durch Werke geheilt werden, da doch die Erfahrung (experientia) bezeugt, dass, wie eifrig wir auch immer gute Werke tun (bene operemur), diese sündhafte Lust zum Bösen zurückbleibt und keiner davon rein ist, nicht einmal ein Kind, das erst einen Tag alt ist. Aber Gottes Erbarmen ist es, dass zwar dieses Übel bleibt, dennoch aber nicht als Sünde angerechnet (non pro peccato reputatur) wird denen, die ihn anrufen und um ihre Erlösung davon seufzen. Denn solche werden willig auch auf ihre Werke achthaben, weil sie mit allem Eifer danach trachten, gerechtfertigt zu werden (querunt iustificari). So sind wir also in uns Sünder und dennoch, sofern uns Gott als gerecht ansieht, gerecht durch den Glauben. Denn wir glauben dem, der uns verheißt, dass er uns erlösen will, wenn wir nur indessen beharrlich bleiben, damit nicht die Sünde herrsche, sondern dass wir ihr standhalten, bis er sie hinwegräumt.

Quelle: Martin Luther, Studienausgabe, hg. v. H.-U. Delius. Bd. 1, Berlin 1979, 112,15-114,25. – *Literatur:* K. Holl, Die Rechtfertigungslehre in Luthers Vorlesung über den Römerbrief mit besonderer Rücksicht auf die Frage der Heilsgewißheit, in: ZThK 20 (1910) 245-291 (= ders., Gesammelte Aufsätze zur Kirchengeschichte 1, Tübingen 1948, 111-154); K.-H. zur Mühlen, Nos extra nos. Luthers Theologie zwischen Mystik und Scholastik, Tübingen 1972 (BHTh 46); L. Grane, Modus loquendi theologicus. Luthers Kampf um die Erneuerung der Theologie (1515-1518), Leiden 1975; G. Schmidt-Lauber, Luthers Vorlesung über den Römerbrief 1515/16. Ein Vergleich zwischen Luthers Manuskript und den studentischen Nachschriften, Köln u.a. 1994 (AWA 6); O.H. Pesch, Simul iustus et peccator. Sinn und Stellenwert einer Formel Martin Luthers. Thesen und Kurzkommentar, in: Th. Schneider/ G. Wenz (Hg.), Gerecht und Sünder zugleich? Ökumenische Klärungen, Freiburg/ Göttingen 2001 (Dialog der Kirchen 11), 146-167; Theo Dieter, Der junge Luther und Aristoteles. Eine historisch-systematische Untersuchung zum Verhältnis von Theologie und Philosophie, Berlin u.a. 2001 (TBT 105).

10. Augustinismus in Wittenberg

Die Wittenberger Bewegung begann als eine Reform des Universitätsstudiums, die sich zunächst ganz im Rahmen der angestrebten humanistischen Ausrichtung der 1502 gegründeten Landesuniversität des Kurfürstentums Sachsen bewegte und statt des in der Scholastik beherrschenden Aristoteles Augustin in den Vordergrund stellte. Diese neue Ausrichtung der Theologie wurde auch in den Lehrbetrieb umgesetzt, wie die Thesenreihe zeigt, die Bartholomäus Bernhardi aus Feldkirch am 25.9.1516 anlässlich seiner Promotion zum Sententiar zu disputieren hatte und die weitgehend von Luther formuliert sein dürfte (Text a). Nicht nur hieran, sondern auch an einzelnen Äußerungen anderer Professoren wie dem älteren Fakultätskollegen Andreas Karlstadt (1486-1541) zeigt sich, dass diese Reformbewegung alles andere als ein Ein-Mann-Unternehmen Luthers war (Text b). So sieht er auch die sich abzeichnenden Entwicklungen offenkundig als einen gemeinsamen und die gesamte Universität umfassenden Erfolg (Text c), auch wenn sein Bericht an Lang wohl, gemessen an den tatsächlichen Verhältnissen, allzu euphorisch war.

a) **Der Mensch vor Gott** (Quaestio de viribus et voluntate hominis sine gratia disputata, 25.9.1516)

Zweite These: Der von der Gnade ausgeschlossene Mensch kann seine Gebote keineswegs halten noch sich, sei es würdig oder angemessen (vel de congruo vel de condigno) zur Gnade bereiten, sondern er bleibt notwendigerweise unter der Sünde.
Der erste Teil dieser These erhellt aus dem Spruch des Apostels Röm 13(,10): »Die Liebe ist des Gesetzes Erfüllung«, und: »Das Wissen bläht auf, aber die Liebe baut auf« (1 Kor 8,1), desgleichen: »Der Buchstabe tötet, aber der Geist macht lebendig« (2 Kor 3,6). Wo Augustin diese Worte behandelt, sagt er: »Die Schrift des Gesetzes ohne die Liebe löst auf, sie erbaut nicht.« Und bald darauf: »Die Erkenntnis des Gesetzes macht daher einen hochmütigen Verächter; durch das Geschenk der Liebe aber findet der Mensch seinen Gefallen daran, ein Täter des Gesetzes zu sein.«[1] Und an vielen Stellen sagt er: »Das Gesetz ist gegeben, damit die Gnade gesucht werde; die Gnade ist gegeben, damit das Gesetz erfüllt werde.«[2]
Den zweiten Teil erklärt Augustin an vielen Stellen. Es wird ausreichen, nur einige anzuführen. Joh 15(,5): »Ohne mich könnt ihr nichts tun.« Desgleichen: »Niemand kann zu mir kommen, es sei ihm denn von meinem Vater gegeben.« (Joh 6,65). Der Apostel sagt 1 Kor 4(,7): »Was hast du aber, das du nicht empfangen hast?« und an vielen anderen Stellen des Neuen und Alten Testaments wird schlüssig so gelehrt; besonders durch den Propheten Ezechiel, wo Gott geradezu sagt, er werde durch keine guten Verdienste der Menschen veranlasst, sie gut zu machen, als ob sie seinen Geboten gehorchten, sondern er erweise ihnen vielmehr Gutes für Böses und tue dies um

seinet-, nicht um ihretwillen. Denn er sagt: »So spricht Gott der Herr: Ich tue es im Hause Israel um meines heiligen Namens willen, den ihr entheiligt habt unter den Heiden« (Ez 36,22). Und nach vielen Worten des Propheten folgt: »Nicht um euretwillen tue ich das, spricht Gott der Herr, das sollt ihr wisset« (V. 32). Aus diesem allen schließt Augustin, der Verteidiger der Gnade (gratiae defensor), mit dem heiligsten Apostel, dem Prediger der Gnade (gratiae praedicator), dass es nicht an des Menschen Wollen oder Laufen, sondern an Gottes Erbarmen liege (Röm 9,16), der nur Strafe auferlegt, die verdient ist, Erbarmen aber nur, das unverdient ist. Darum müssen hier alle Verdienste aufhören, und es kann keine geben, die der Gnade vorhergehen (nulla erunt merita gratiam praecedentia). Der Mensch ohne diese Gnade bleibt also notwendigerweise ein Kind des Zorns; denn Kinder Gottes sind allein, die vom Geiste Gottes getrieben werden (Röm 8,14).

Erster Zusatz: Der Wille des Menschen (voluntas hominis) ohne die Gnade ist nicht frei, sondern dienstbar (non est libera, sed servit), allerdings nicht ungern.

Das geht hervor aus Joh 8,34[3]: »Wer Sünde tut, der ist der Sünde Knecht.« Der Wille ohne die Gnade sündigt, ist also nicht frei. Das geht auch deutlich aus dem Wort des heiligen Evangelisten hervor, wo Christus sagt: »Wenn euch nun der Sohn frei macht, so seid ihr recht frei« (Joh 8,36). Daher sagt Augustin: »Was schützt du den freien Willen vor, der doch die Gerechtigkeit zu tun nicht frei ist, bevor du nicht ein ›Schaf‹ geworden bist? Wer also die Menschen zu Schafen macht, der macht auch den menschlichen Willen frei zum gottesfürchtigen Gehorsam (ad oboedientiam pietatis).«[4] Doch dient er nicht ungern, sondern willig. Das geht klar auch aus Augustin, 1. Buch gegen die Pelagianer hervor, wo er sagt: »Denn der (menschliche) Wille ist nicht frei Gutes zu tun, wenn ihn die Befreiung nicht dazu frei gemacht hat. Aber Böses zu tun hat er einen freien Willen, wem heimlich oder öffentlich der Verführer die Freude an der Schlechtigkeit eingegeben oder der sich selbst verführt hat.«[5] Und im 2. Buch gegen Julian schreibt Augustin: »Ihr wollt den Menschen vollkommen sehen? Ach, dass ihr es wolltet durch das Geschenk Gottes und nicht durch den freien, sondern vielmehr unfreien eigenen Willen.«[6]

Quelle: Martin Luther, Studienausgabe, hg. v. H.-U. Delius. Bd. 1, Berlin 1979, 157,17-159,13. *Übers.*: Luther Deutsch. Die Werke Martin Luthers in neuer Ausgabe für die Gegenwart, hg. v. K. Aland, Bd. 1, Göttingen ²1983, 344. 348-350. – *Literatur:* s. bei Text c.

b) Karlstadts Thesen gegen die scholastische Theologie (April 1517)

1. Die Aussagen der heiligen Väter sind nicht zurückzuweisen (negendus),
2. wenn sie nicht von ihnen selbst verbessert (correctus) oder zurückgenommen (retractatus) worden sind[7].
3. Widersprechen sie sich (si fuerint diversa), so darf man sie nicht nach reinem Gutdünken (placitum) auswählen – das sage ich gegen viele –,
4. sondern muss diejenigen nehmen, auf deren Seite eher das Zeugnis der Heiligen Schrift (divina testimonia) oder die Vernunft (ratio) steht.
5. Unter denjenigen, die durch Schriftzeugnisse gestützt werden, sind die vorzuziehen, die sich auf die eindeutigeren Belegstellen stützen können (evidentioribus nituntur auctoritatibus).
6. Sind die Aussagen eines (Kirchen-)Lehrers unter sich verschieden und unvereinbar, ist die spätere zu verwenden.
7. Die Auffassung des seligen Augustin steht in Fragen der Moral keiner anderen nach (nulli cedit). Das sage ich gegen die Kanonisten[8]...

24. Der Gnade gehen keine Verdienste (bona merita) voraus. Das sage ich gegen die allgemeine Auffassung (Contra communem)...
60. Damit bricht die Auffassung in sich zusammen, dass Augustin gegen die Häretiker übertreibt. Das sage ich gegen die ›Moderni‹[9]...
84. Das Gesetz ohne die Gnade ist tötender Buchstabe, in der Gnade dagegen lebendig machender Geist (2 Kor 3,6).

Quelle: Th. Kolde (Hg.), Wittenberger Disputationsthesen aus den Jahren 1516-1522, in: ZKG 11 (1890) 448-471, 450-453. – *Literatur:* E. Kähler, Karlstadt und Augustin. Der Kommentar des Andreas Bodenstein von Karlstadt zu Augustins Schrift De spiritu et litera. Einführung und Text, Halle 1952; U. Bubenheimer, Consonantia Theologiae et Iurisprudentiae. Andreas Bodenstein von Karlstadt als Theologe und Jurist zwischen Scholastik und Reformation, Tübingen 1977 (Jus ecclesiasticum 24); U. Bubenheimer/ S. Oehmig (Hg.), Querdenker der Reformation – Andreas Bodenstein von Karlstadt und seine frühe Wirkung, Würzburg 2001.

c) **»Unsere Theologie und Sankt Augustin«** (Luthers Brief an Johann Lang[10] vom 18.5.1517)

Unter Gottes Beistand machen unsere Theologie und Sankt Augustin gute Fortschritte und herrschen an unserer Universität. Aristoteles steigt nach und nach herab und neigt sich zum nahe gerückten ewigen Untergang. Auf erstaunliche Weise werden die Vorlesungen über die Sentenzen[11] verschmäht, so dass niemand auf Hörer hoffen kann, der nicht über diese Theologie, d.h. über die Bibel, über Sankt Augustin oder über einen anderen Lehrer von kirchlicher Autorität lesen will. Gehab dich wohl und bete für mich.

Quelle: WA.B 1,98f. (Nr. 41). *Übers.*: Luther Deutsch. Die Werke Martin Luthers in neuer Ausgabe für die Gegenwart, hg. v. K. Aland, Bd. 10, Göttingen ²1983, 25 – *Literatur*: E. Hirsch, Randglossen zu Luthertexten, in: ThStKr 91 (1918) 108-137; L. Grane, Modus loquendi theologicus. Luthers Kampf um die Erneuerung der Theologie (1515-1518), Leiden 1975; J.-M. Kruse, Universitätstheologie und Kirchenreform. Die Anfänge der Reformation in Wittenberg 1516-1522, Mainz 2002 (VIEG 187).

1 Augustin, Contra duas epistolas Pelagianorum 4,5,11 (CSEL 60,532,13f.22f.)
2 Augustin, De spiritu et littera 19,34 (CSEL 60,187,22f.).
3 Luther selbst gibt, offensichtlich aus dem Gedächtnis zitierend, an: Röm 7.
4 Augustin, Contra duas epistolas Pelagianorum 5,6,15 (CSEL 60,538.19-21).
5 Augustin, Contra duas epistolas Pelagianorum 1,3,6 (CSEL 60,428,13-16).
6 Augustin, Contra Julianum 2,8,23 (PL 44,689).
7 Gedacht ist wohl vor allem an die berühmten Retractationes, die Augustin 426/7 verfasste.
8 Lehrer des Kirchenrechts (= kanonisches Recht). Karlstadt hatte selbst 1515/6 in Rom einen Doktor beider – d.h. des römischen und des kanonischen – Rechte erworben.
9 Vertreter der von kritischer Sprachphilosophie geprägten Via moderna an der spätmittelalterlichen Universität.
10 Johann Lang (1486/8-1548): Augustinereremit, mit Luther 1511 nach Wittenberg versetzt und hier bis 1516 Professor für Ethik, 1516 Rückkehr nach Erfurt.
11 Die Sentenzensammlung des Petrus Lombardus (1095-1160) war das Standardlehrbuch der scholastischen Theologie.

11. Luther: Disputation gegen die scholastische Theologie (4.9.1517)

Anlässlich der Promotion von Franz Günther zum Baccalaureus biblicus legte Luther am 4. September 1517 eine Thesenreihe vor, die eine Generalabrechnung mit der scholastischen Theologie und ihrer regen Verwendung des Aristoteles darstellte – besonders in der Gestalt, die ihr Gabriel Biel (ca. 1410-1495; s. Bd. 2 Text Nr. 82) auf den Bahnen Wilhelms von Ockham (ca. 1285-1347; s. ebd. 48) gegeben hatte. Noch am selben Tage schickte Luther die Thesen nach Erfurt und bot auch an, dort eine öffentliche Disputation hierüber zu halten: Erstmals wollte er die neue Wittenberger Theologie massiv einer Öffentlichkeit außerhalb Wittenbergs präsentieren, zumal an dem Ort, an dem er selbst bei Bartholomäus Arnoldi von Usingen (ca. 1462-1532) und Jodocus Trutvetter (ca. 1460-1519) auf den Bahnen der nun kritisierten Via moderna studiert hatte – doch entgegen seiner Erwartung war die Resonanz äußerst schwach.

1. Zu sagen, dass Augustin in seinen Ausführungen gegen die Häretiker zu scharf (excessive) geredet habe[1], ist so viel wie zu sagen, Augustin habe fast überall gelogen.
2. Es bedeutet, den Pelagianern[2] sowie allen Häretikern Gelegenheit zum Triumph, ja den Sieg zu geben.
3. Und es bedeutet, die Autorität aller Kirchenlehrer dem Spott preiszugeben.
4. Wahrheit ist es also, dass der Mensch, ein »fauler Baum« (arbor mala, Mt 7,18) geworden, nur das Böse (malum) wollen und tun kann[3].
5. Falsch ist, dass das freie Streben (appetitus) sich nach jeder von zwei entgegengesetzten Richtungen bewegen kann[4]; vielmehr ist es gar nicht frei, sondern gefangen (captivus). Gegen die allgemeine Meinung.
6. Falsch ist es, dass der Wille sich aus seinen natürlichen Kräften (naturaliter) nach dem rechten Befehl (der Vernunft) richten (conformare) könne[5]. Gegen Scotus und Biel.
7. Sondern ohne die Gnade Gottes bringt er notwendig einen Akt hervor, der damit nicht übereinstimmt und böse ist.
8. Und keineswegs folgt daraus, dass er entsprechend der Lehre der Manichäer[6] von Natur böse, d. h. von der Natur des Bösen (natura mali) wird.
9. Dennoch ist er von Natur aus sowohl unausweichlich böse als auch verderbt (vitiatus).
10. Zugestanden wird, dass der Wille nicht frei ist, sich allem Guten zuzuwenden, was ihm von der Vernunft gezeigt wird[7]. Gegen Scotus und Biel.
11. Und keineswegs steht es in seiner Gewalt, zu wollen oder nicht zu wollen, was immer auch gezeigt wird.
17. Der Mensch kann aus seinen natürlichen Kräften (naturaliter) nicht wollen, dass Gott Gott ist;
18.[8] vielmehr möchte er, er wäre Gott und Gott wäre nicht Gott.
19. Aus natürlichen Kräften Gott über alles lieben[9] ist eine konstruierter Begriff (terminus fictus) wie »Chimäre«. Gegen die fast allgemeine Meinung.
43. Fast die gesamte Ethik des Aristoteles ist überaus schlecht und der Gnade zuwider. Gegen die Scholastiker.
44. Es ist ein Irrtum, dass die Lehre des Aristoteles vom Glück nicht der katholischen Lehre widerspreche. Gegen die Morallehrer.
45. Es ist ein Irrtum zu sagen, ohne Aristoteles werde man nicht Theologe. Gegen die allgemeine Meinung[10].
45. Vielmehr wird man nicht Theologe, es sei denn, man wird es ohne Aristoteles.
46. Dass der Theologe ohne Logik ein ungeheuerlicher Häretiker ist, (ist selbst) eine ebenso ungeheuerliche wie häretische Aussage. Gegen die allgemeine Meinung.

98. Gott lieben ist sich selbst hassen und außer Gott nichts wissen...
100. Nicht nur das, wovon Gott will, dass wir es wollen, sondern überhaupt alles, was Gott will, müssen wir wollen[11].
Damit wollen wir nichts sagen, und wir glauben, auch nichts gesagt zu haben, was mit der katholischen Kirche und den Kirchenlehrern nicht übereinstimmen würde.

Quelle: Martin Luther, Studienausgabe, hg. v. H.-U. Delius. Bd. 1, Berlin ³1987, 165-167.169.172. – *Literatur*: L. Grane, Contra Gabrielem. Luthers Auseinandersetzung mit Gabriel Biel in der Disputatio Contra Scholasticam Theologiam 1517, Gyldendal 1962; Theo Dieter, Der junge Luther und Aristoteles. Eine historisch-systematische Untersuchung zum Verhältnis von Theologie und Philosophie, Berlin u.a. 2001 (TBT 105); J.-M. Kruse, Universitätstheologie und Kirchenreform. Die Anfänge der Reformation in Wittenberg 1516-1522, Mainz 2002 (VIEG 187), 100-106.

1 Gabrielis Biel Collectorium circa quattuor libros Sententiarum, hg. v. W. Werbeck u U. Hofmann, Tübingen 1973-1984, Bd. 2 593,13-594,28 (Sent. 2 d. 33 q. un. a. 3 dub. 2), in Anknüpfung an Bonaventura und Duns Scotus.
2 S. Bd. 1 Text Nr. 92; Bd. 2, Nr. 6.
3 Vgl. Augustin, Contra Adimantum Manichaei discipulum 26 (PL 42,169).
4 Biel, Collectorium 3,504,15-19 (Sent. 3 d. 27 q. un. a. 3 dub. 2).
5 Ioannis Duns Scoti Quaestiones in lib III. Sententiarum (Opera Omnia VII/2),Lyon 1639 (= Hildesheim 1968), 652 (Sent. 3 d. 27 q. un. 13; zu Duns Scotus s. Bd. 2, Nr. 47); Biel, Collectorium 2,608,12-14 (Sent. 2 d. 35 q. un. a. 1).
6 S. Bd. 1, Text Nr. 43.
7 Gg. Scotus, Opera Omnia VII/2, 650 (Sent. 3 d. 27 q. un. 11); Biel, Collectorium 3, 504, 23f. (Sent. 3 d. 27 q. un. a.3 dub. 2).
8 Die Zählung der Thesen ist uneinheitlich: Die vorliegende Zählung folgt mit der Studienausgabe dem ältesten Druck der Thesenreihe. Die These 18 ist in der WA Teil von These 17 – mit entsprechenden Verschiebungen in der weiteren Zählung.
9 Duns Scotus, Opera Omnia VII/2, 650 (Sent 3 d. 27 q. un. 11); Biel, Collectorium 3,504,23f. (Sent 3 d. 27 a. 3 dub. 2).
10 Luther erklärt später in einer Tischrede, dies habe sein Ordinator, der Erfurter Weihbischof Johann von Laasphe erklärt (WA.TR 5,412,34f.).
11 Gg. Biel, Collectorium 3,628,39-41 (Sent. 3 d. 37 q. un. a. 1).

12. Der Ablassstreit

Dass Martin Luther in den Mittelpunkt des öffentlichen Interesses rückte, war Folge seines Auftretens gegen den Ablass, der zutiefst in der spätmittelalterlichen Frömmigkeit auch Sachsens verwurzelt war (Text a): Albrecht von Brandenburg (1490-1545), Erzbischof von Magdeburg und Administrator von Halberstadt (seit 1513), Erzbischof und Kurfürst von Mainz (seit 1514) hatte für seine Kirchenprovinzen und Kurbrandenburg den Vertrieb eines auf acht Jahre erweiterten Jubelablasses übernommen, der dem Neubau von St. Peter in Rom dienen sollte. Ein großer Teil der Einnahmen floss allerdings an das Bankhaus Fugger, bei dem Albrecht zur Bezahlung des Mainzer Palliumgeldes und der Dispense wegen seiner Ämterkumulation beträchtliche Schulden gemacht hatte. Seine »Instructio summaria« (Text b) als Handbuch für die Ablassprediger war auch Luther bekannt, als er am 31.10.1517 seine 95 Thesen an Albrecht sowie an den Bischof von Brandenburg Hieronymus Schultz (gest. 1522) sandte (Text c); dass er diese Thesen an diesem Tag, mitten im Gedränge der Gläubigen am Vorabend von Allerheiligen, auch an die Wittenberger Schlosstüre genagelt hätte, wie es erstmals Melanchthon nach Luthers Tod berichtet, lässt sich nicht nachweisen. Den Hintergrund für Luthers Protest bildete theologisch ein vertiefter, in der mystischen Tradition wurzelnder Begriff von Buße, akut aber die Begegnung mit den erschreckenden Auswirkungen der Ablasspredigten Johannes Tetzel (ca. 1465-1519). Seine Reaktion (Text d), der schon eine weitgehend von Konrad Wimpina (ca. 1460-1531) verfasste und von Tetzel öffentlich vertretene Liste von 106 Thesen vorausgegangen war, zeigt, wie rasch die von Luther angestoßene Frage durch die Konfrontation mit einem in dominikanischen Kreisen verwurzelten Papalismus an ekklesiologischer Grundsätzlichkeit gewann.

a) Ablasspraxis in Wittenberg: der Reliquienschatz in der Schlosskirche

Verzeichnis des hochlobwürdigen Heiltums (hailigthums)[1] der Stiftskirche Allerheiligen zu Wittenberg
Der siebte Gang dieses Heiltums . . .
Zum fünften ein silbernes Bild der Jungfrau Maria: Von der Stelle, wo die Jungfrau Maria geboren ist, eine Partikel; von etlichen Fäden, die sie gesponnen hat, eine Partikel; vom Haus, in dem sie gewohnt hat, als sie vierzehn Jahre alt war, eine Partikel; von der Stelle des Berges Zion, unter dem Maria gewohnt hat, zwei Partikel; von der Kammer, wo Maria von dem Engel gegrüßt wurde, zwei Partikel; von der Milch der Jungfrau Maria fünf Partikel; von dem Baum, wo Maria den Herrn gestillt (gesaugt) hat, bei dem Balsamgarten, eine Partikel; von den Haaren Marias vier Partikel; von dem Hemd Marias drei Partikel; vom Rock Marias drei Partikel; von anderen Kleidern Marias acht Partikel; von dem Gürtel Marias vier Partikel; von den Schleiern Marias sieben Partikel; vom Schleier Marias, besprengt mit dem Blut Christi unter dem Kreuz, zwei Partikel; von der Stelle, wo Maria gestorben ist, eine Partikel; vom Wachs des Lichtes, das unserer Herrin (unser frawen) in die Hand gegeben wurde, als sie gestorben war, eine Partikel; vom Wachs, das Maria einer frommen Frau gegeben hat, eine Partikel; vom Grabe Marias sechs Partikel; von der Erde aus dem Grabe Marias zwei Partikel; von der Stelle, wo die Jungfrau Maria gen Himmel genommen wurde, eine Partikel.

Insgesamt 56 Partikel

Zum sechsten ein silbernes Bild des Kindes Jesu: Von der Stelle, wo der Herr Jesus geboren ist, vier Partikel; von den Tüchlein, in die er gewickelt war, eine Partikel; von der Krippe Jesu dreizehn Partikel; von der Wiege eine Partikel; vom Heu zwei Partikel; vom Stroh, auf das der Herr, als er geboren war, gelegt wurde, eine Partikel; vom Gold eine Partikel; von der Myrrhe, die die heiligen drei Könige dem Herrn geopfert haben, eine Partikel; von der Stelle, wo der Herr Jesus beschnitten wurde, eine Partikel.

Insgesamt 25 Partikel

Zum siebten ein silbernes, vergoldetes Bild eines Bischofs; vom Berg, wo der Herr Jesus gefastet hat, vier Partikel; von der Stelle, wo der Herr Jesus gebetet hat, drei Partikel; von der Stelle, wo Christus das Vaterunser gepredigt hat, zwei Partikel; vom Stein, auf dem Christus gestanden hat zu Jerusalem und gesprochen hat: »Hier ist das Heilmittel der Welt«, eine Partikel; vom Stein, wo Christus stand und über Jerusalem weinte, eine Partikel; vom Stein, von welchem aus Christus auf den Esel gestiegen ist, eine Partikel; von der Erde, wo der Herr Jesus gefangen genommen wurde, zwei Partikel.

Insgesamt 14 Partikel...

Summe aller Partikel: 5005. Für jede Partikel 100 Tage Ablass. Es sind acht Gänge. Jeder Gang hat noch einmal 100 Tage und einen vierzigtägigen Ablass.
Selig sind, die daran teilhaben.

Quelle: Wittenberger Heiltumsbuch, illustriert von Lucas Cranach d. Ält., Wittenberg 1509 (= Unterschneidheim 1969 [Faksimile]). – *Literatur*: P. Kalkhoff, Ablaß und Reliquienverehrung an der Schloßkirche zu Wittenberg unter Friedrich dem Weisen, Gotha 1907; I. Ludolphy, Friedrich der Weise. Kurfürst von Sachsen 1463-1525, Göttingen 1984, 355-360; A. Tacke, Der katholische Cranach, Mainz 1992; L. Cárdenas, Friedrich der Weise und das Wittenberger Heiltumsbuch. Mediale Repräsentation zwischen Mittelalter und Neuzeit, Berlin 2002.

b) Albrecht von Mainz, Ablassinstruktion

Die *erste* Gnade ist die vollkommene Vergebung aller Sünden (plenaria remissio omnium peccatorum); und es kann gewiss nichts größer genannt werden als diese Gnade, weil der Mensch in Sünden und nach Verlust der göttlichen Gnade (homo peccator et divina gratia privatus) durch sie vollkommene Vergebung und Gottes Gnade von neuem erlangt. Durch diese Vergebung der Sünden werden ihm auch die Strafen (poenae), die er wegen Beleidigung der göttlichen Majestät im Fegefeuer (in purgatorio) büßen müsste, vollkommen erlassen, und die Strafen des genannten Fegefeuers gänzlich getilgt. Und obwohl nichts dafür gegeben werden könnte, was würdig genug wäre, eine solche Gnade zu verdienen (ad tantam gratiam promerendam), da Gottes Gabe und Gnade alles Ermessen übersteigt, setzen wir doch folgenderweise die Ordnung fest, damit die Christgläubigen umso leichter zu ihrer Erwerbung eingeladen werden:
Erstens: Ein jeder, der im Herzen zerknirscht ist und mit dem Munde gebeichtet hat (corde contritus atque ore confessus)[2], oder die aufrichtige Intention hat, zu gehöriger Zeit zu beichten, soll wenigstens sieben Kirchen besuchen, die hierfür bestimmt sind, nämlich in denen die Wappen des Papstes aufgehängt sind; und in jeder Kirche soll er andächtig fünf Vaterunser und fünf Ave Maria beten zu Ehren der fünf Wunden unseres Herrn Jesus Christus, durch den unsere Erlösung geschehen ist, oder einmal das Miserere (Ps 51) –, dieser Psalm passt (nämlich) sehr gut, Vergebung der Sünden zu erlangen...
Vor allem müssen die Ablassverkäufer (poenitentiarii) und Beichtväter (confessores), nachdem sie den Beichtenden die Größe dieser vollkommenen Nachlassung und ihrer Wirkungen erklärt haben, sie fragen, für wieviel Beitrag, Geld oder andere zeitliche Güter sie nach ihrem Gewissen die genannte vollkommene Nachlassung mit ihren Wirkungen nötig zu haben meinen – dies darum, damit sie darauf die Leute um so leichter zum Zahlen bewegen können ...
Die *vierte* vornehmliche Gnade ist eine vollkommene Vergebung aller Sünden (omnium peccatorum remissio) für die Seelen, die im Fegefeuer sind. Diese Vergebung schenkt und gewährt der Papst den Seelen, die sich im Fegefeuer befinden, fürbittweise (per modum suffragii), nämlich auf diese Art: dass für sie eine Einlage in den Kasten durch lebende Personen geschehe, die sie für sich zu geben oder aufzubringen hätten. Jedoch ist es unser Wille, dass bei einer solchen Einlage für Tote die Leitung durch unsere Subkommissare und durch diejenigen, die sie mit der Leitung besonders beauftragen, geschehe. Auch ist nicht nötig, dass die Personen, die für die Seelen in den Kasten legen, im Herzen zerknirscht sind und mit dem Munde gebeichtet haben, da diese Gnade sich nur auf die Liebe, worin der Verstorbene abgeschieden ist, und auf die Einlegung des Lebenden gründet, wie aus dem Text der Bulle deutlich ist[3]. Auch sollen sich die Prediger aufs Fleißigste bemühen, diese Gnade kräftig zu verkündigen, weil durch sie den abgeschiedenen Seelen ganz gewiss zu Hilfe gekommen und dem Werk des Kirchenbaues des heiligen Petrus sehr ergiebig und überreichlich geholfen wird.

Quelle: Dokumente zur Causa Lutheri (1517-1521). 1. Teil, hg. v. P. Fabisch u. E. Iserloh, Münster 1988 (CCath 41), 264f.269. – *Literatur:* N. Paulus, Geschichte des Ablasses im Mittelalter. 3 Bde., Paderborn 1922/3 (= Darmstadt 2000); F. Jürgensmeier (Hg.), Erzbischof Albrecht von Brandenburg (1490-1545). Ein Kirchen- und Reichsfürst der frühen Neuzeit, Frankfurt a.M. 1991 (Beiträge zur Mainzer Kirchengeschichte 3); B. Moeller, Die letzten Ablaßkampagnen. Luthers Widerspruch gegen den Ablaß in seinem geschichtlichen Zusammenhang, in: ders., Die Reformation und das Mittelalter. Kirchenhistorische Aufsätze, hg. v. J. Schilling, Göttingen 1991, 53-72.

c) Luthers 95 Thesen gegen den Ablass

1. Unser Herr und Meister Jesus Christus wollte, als er sprach: »Tut Buße« usw. (Mt 4,17), dass das ganze Leben der Gläubigen Buße sei.
2. Dieses Wort kann nicht in Bezug auf die sakramentale Buße (d. h. auf Sündenbekenntnis und Genugtuung [confessionis et satisfactionis], die durch das Priesteramt vollzogen wird[4],) verstanden werden.
3. Es zielt jedoch auch nicht allein auf die innere Buße; vielmehr ist die innere Buße keine Buße, wenn sie nicht nach außen Abtötungen des Fleisches bewirkt.
4. Die Strafe währt also, solange der Hass gegen sich selbst (das ist die wahre Buße im Innern) währt, nämlich bis zum Eingang ins Himmelreich.
5. Der Papst will und kann allein für solche Strafen Erlass gewähren, die er nach seiner eigenen Entscheidung (arbitrium suum) oder nach den kanonischen Satzungen auferlegt hat.
6. Der Papst kann keine Schuld (culpa) anders erlassen als durch die Erklärung und Zusicherung, dass sie von Gott erlassen sei, oder durch sichere Vergebung der ihm vorbehaltenen Fälle (casus reservati sibi); würde dies missachtet, so bliebe die Schuld gänzlich unvergeben.
7. Überhaupt keinem erlässt Gott die Schuld, ohne ihn zugleich ganz und gar gedemütigt (humiliatus) dem Priester als seinem Stellvertreter zu unterwerfen.
8. Die kirchlichen Bußsatzungen (canones poenitentiales) sind nur den Lebenden auferlegt; von ihnen darf den Sterbenden jedoch nichts auferlegt werden...
13. Die Sterbenden werden durch den Tod von allem frei (omnia solvunt), und den kirchlichen Satzungen sind sie schon abgestorben, indem sie rechtsgültig Befreiung von ihnen haben.
14. Die unvollkommene (geistliche) Genesung (sanitas) oder (Gottes-)Liebe eines Sterbenden bringt notwendig große Furcht mit sich, und zwar umso größer, je geringer jene ist.
15. Diese Furcht und Schrecken genügen schon an sich selbst (um von anderen Dingen zu schweigen), die Strafe des Fegefeuers auszumachen, da sie nahe an die Schrecken der Verzweiflung (desperationis horror) reichen.
16. Hölle, Fegefeuer und Himmel scheinen sich voneinander zu unterscheiden wie sich Verzweiflung, Beinahe-Verzweiflung (prope desperatio) und Sicherheit (securitas) unterscheiden...
20. So meint also der Papst mit dem vollkommenen Nachlass aller Strafen (remissio plenaria omnium poenarum) nicht den Nachlass aller Strafen schlechthin, sondern nur derjenigen, die er selbst auferlegt hat.
21. Daher irren alle die Ablassprediger, die sagen, dass der Mensch durch den Ablass des Papstes von aller Strafe frei und selig werde.
22. Vielmehr erlässt er den Seelen im Fegefeuer keine Strafe, die sie in diesem Leben nach dem Kirchenrecht hätten büßen müssen...

26. Der Papst tut sehr gut daran, dass er nicht aufgrund der Schlüsselgewalt (die er nicht besitzt[5]), sondern in fürbittender Weise (per modum suffragii) den Seelen Nachlass gewährt.
27. Menschentand predigen die, die sagen, sobald der in den Kasten geworfene Groschen klinge, die Seele emporfliege[6].
28. Gewiss ist, dass, wenn der Groschen im Kasten klingt, Gewinn und Geiz zunehmen können, die (Erhörung der) Fürbitte der Kirche aber steht allein in Gottes Wohlgefallen...
30. Keiner ist der Wahrhaftigkeit seiner Reue sicher, viel weniger dessen, ob er den vollkommenen Nachlass erlangt habe...
36. Jeder Christ, der seine Sünden aufrichtig bereut (vere compunctus), hat den vollkommenen Nachlass von Strafe und Schuld (poena et culpa), der ihm auch ohne Ablassbrief gebührt.
37. Jeder wahre Christ, ob lebendig oder tot, ist im Besitz des ihm von Gott gewährten Anteils an allen (geistlichen) Gütern Christi und der Kirche, auch ohne Ablassbriefe.
38. Nachlass und Anteil (an geistlichen Gütern) durch den Papst sind jedoch keinesfalls zu verachten, weil sie (wie gesagt) die Erklärung des göttlichen Nachlasses sind.
39. Überaus schwer ist es auch für die gelehrtesten Theologen, vor dem Volk gleichzeitig die reiche Fülle (largitas) des Ablasses und die Wahrhaftigkeit der Reue zu preisen.
40. Wahrhafte Reue sucht und liebt die Strafen, die reiche Fülle des Ablasses dagegen befreit von ihnen und lässt sie hassen, zumindest bietet sie die Gelegenheit dazu.
41. Vorsichtig ist der apostolische[7] Ablass zu predigen, damit das Volk nicht fälschlich meint, er werde den anderen guten Werken der Liebe vorgezogen.
42. Lehren soll man die Christen, dass es nicht die Meinung des Papstes ist, der Erwerb von Ablass sei in irgendeiner Hinsicht den Werken der Barmherzigkeit gleichzustellen.
43. Lehren soll man die Christen, dass der, der dem Armen etwas gibt oder dem Bedürftigen etwas leiht, besser tut, als wenn er Ablassbriefe kauft.
44. Denn durch das Werk der Liebe wächst die Liebe, und der Mensch wird besser, aber durch den Ablass wird er nicht besser, sondern nur freier von Strafe.
45. Lehren soll man die Christen: Wer einen Bedürftigen sieht, und ihn ignorierend (neglecto eo) für den Ablass sein Geld gibt, erwirbt sich nicht den Ablass des Papstes, sondern den Zorn Gottes...
56. Die Schätze der Kirche (thesauri ecclesiae), aus denen der Papst den Ablass erteilt, sind dem Volk Christi weder hinreichend erläutert noch bekannt[8].
57. Dass es keine zeitlichen Schätze sind, ist klar, da viele der Prediger so leicht die zeitlichen Schätze nicht ausschütten, sondern sie nur ansammeln.
58. Auch sind es nicht die Verdienste Christi und der Heiligen, weil diese immer ohne den Papst Gnade für den inneren Menschen (gratia hominis interioris) wirken, und Kreuz, Tod und Hölle für den äußeren Menschen...
60. Nicht ohne Grund sagen wir, die Schlüssel der Kirche (die durch das Verdienst Christi geschenkt wurden) seien dieser Schatz...
62. Der wahre Schatz der Kirche ist das allerheiligste Evangelium von der Herrlichkeit und Gnade Gottes...
75. Zu meinen, der päpstliche Ablass sei so wirksam, dass er den Menschen lossprechen könnte, auch wenn er – um einen unmöglichen Fall zu konstruieren – die Mutter Gottes geschändet hätte, heißt wahnsinnig sein.
76. Wir sagen dagegen, dass der päpstliche Ablass auch die kleinste der lässlichen Sünden (venialia peccata) nicht aufheben kann, was die Schuld anbetrifft...

81. Diese willkürliche Predigt vom Ablass macht, dass es auch den Gelehrten nicht leicht fällt, den Respekt vor dem Papst gegen Schmähungen, oder wenigstens gegen scharfsinnige Fragen der Laien zu verteidigen.
82. Wie beispielsweise: Warum macht der Papst das Fegefeuer nicht ganz leer um der heiligsten Liebe und der höchsten Not der Seelen willen, also aus dem zwingendsten Grund, wenn er doch unzählige Seelen erlöst um des verderblichsten Geldes willen für den Bau einer Basilika, also aus einem sehr geringfügigen Grund?
83. Oder: Warum werden Totenmessen und Jahresfeiern der Verstorbenen weiterhin begangen, und warum gibt der Papst die dafür gestifteten Benefizien nicht zurück bzw. erlaubt er nicht sie zurückzunehmen, wo es doch nunmehr Unrecht ist, für die (durch den Ablass) Erlösten zu beten? ...
90. Diese höchst scharfen Einwände der Laien nur mit Machteinsatz zu unterdrücken und nicht durch verbindliche Gründe zu entkräften, heißt die Kirche und den Papst dem Spott der Feinde auszusetzen und die Christen elend zu machen.
91. Wenn also der Ablass dem Geist und Sinn des Papstes gemäß gepredigt würde, würden all diese Einwendungen entkräftet, ja, sie wären überhaupt nicht da...

Quelle: Martin Luther, Studienausgabe, hg. v. H.-U. Delius. Bd. 1, Berlin 1979, 176-184. – *Literatur:* H. Volz, Martin Luthers Thesenanschlag und dessen Vorgeschichte, Weimar 1959; E. Iserloh, Luthers Thesenanschlag, Tatsache oder Legende?, Wiesbaden 1962 (Institut für europäische Geschichte Mainz, Vorträge 31); K. Honselmann, Urfassung und Drucke der Ablaßthesen Martin Luthers und ihre Veröffentlichung, Paderborn 1966; E. Kähler, Die 95 Thesen – Inhalt und Bedeutung, in: Luther 38 (1967) 114-124; R. Schwarz, Vorgeschichte der reformatorischen Bußtheologie, Berlin 1968 (AKG 41); H.-C. Rublack, Neuere Forschungen zum Thesenanschlag Luthers, in: HJ 90 (1970) 329-343; W.E. Winterhager, Ablaßkritik als Indikator historischen Wandels vor 1517. Ein Beitrag zu den Voraussetzungen der Reformation, in: ARG 90 (1999) 6-71; J.-M. Kruse, Universitätstheologie und Kirchenreform. Die Anfänge der Reformation in Wittenberg 1516-1522, Mainz 2002 (VIEG 187), 113-130.

d) Tetzels Antwort: Die 50 Positiones (Mai 1518)

1. Lehren soll man die Christen, weshalb die Macht des Papstes in der Kirche die höchste ist und allein von Gott eingesetzt, so dass sie von keinem bloßen Menschen oder auch von der ganzen Welt zugleich nicht reduziert oder erweitert werden kann, sondern allein von Gott.
2. Lehren soll man die Christen, dass sie gehalten sind, dem Papst, der über sie alle die unmittelbare Jurisdiktionsgewalt hat, in den Fragen, die die christliche Religion oder das kirchliche Lehramt betreffen (ad religionem Christianam et ad Cathedram pertinent), wenn sie dem göttlichen und dem natürlichen Recht entsprechen, einfach zu gehorchen...
4. Lehren soll man die Christen, dass der Papst in Fragen des Glaubens allein Festlegungen zu treffen hat und dass er selbst und kein anderer nach seinem Sinn den Sinn der Heiligen Schrift autoritativ auslegt und dass er die Aussagen und Taten aller anderen zu billigen oder zu verwerfen hat.
5. Lehren soll man die Christen, dass das Urteil des Papstes in den Fragen, die den Glauben und das für das menschliche Heil Notwendige angehen, am Wenigsten (minime) irren kann
12. Lehren soll man die Christen, dass die Schlüssel der Kirche nicht der gesamten Kirche, unter der die Sammlung aller Gläubigen (omnium fidelium collectio) verstanden wird, übergeben worden sind, sondern Petrus und Paulus und in ihnen allen ihren Nachfolgern (successores) und allen künftigen Kirchenleitern, weil sie sich von ihnen ableiten.

16. Lehren soll man die Christen, dass die Kirche vieles als katholische Wahrheiten festhält, das im Kanon der heiligen Schrift des Alten und Neuen Testaments im eigentlichen Wortlaut (in propria verborum forma) am Wenigsten enthalten ist.
17. Lehren soll man die Christen, dass die Kirche vieles als katholische Wahrheiten festhält, das freilich wie im Kanon der Bibel so auch nicht von den älteren Lehrern behauptet wurde.

Quelle: WA 1, S. 233-238 (Thesen) und WA 1, S. 627,22-34 (Resolutiones disputationum de indulgentiarum virtute. 1518; hier zu These 89). – *Literatur:* N. Paulus, Johann Tetzel, der Ablassprediger, Mainz 1899.

[1] *Reliquienschatz.*
[2] *Die beiden ersten Stufen des mittelalterlichen Beichtsakraments, denen gemeinhin die satisfactio operis zu folgen hatte.*
[3] *Gemeint ist die Bulle »Sacrosantis salvatoris et redemptoris« Papst Leos X. vom 31. März 1515 (abgedruckt in : Dokumente zur Causa Lutheri (1517-1521). 1. Teil, hg. v. P. Fabisch u. E. Iserloh, Münster 1988 (CCath 41), 212-224 (s. hier 222).*
[4] *Confessio und satisfactio bilden nach mittelalterlicher Lehre zusammen mit der contritio cordis, der Reue des Herzens, das Bußsakrament.*
[5] *Bezogen auf das Fegefeuer.*
[6] *Der gängige Satz »Wenn das Geld im Kasten klingt, die Seele aus dem Fegefeuer springt« war von Tetzel zwar nicht erfunden, aber wohl mindestens dem Sinne nach gepredigt worden.*
[7] *D.h. der päpstliche.*
[8] *Die Lehre vom Kirchenschatz bezeichnete die von der Kirche verwalteten überschüssigen Verdienste Christi und der Heiligen, die durch Ablässe Gläubigen zugewendet werden konnten. Sie wurde theologisch von Thomas von Aquin (gest. 1274) gefasst und lehramtlich erstmals von Clemens VI. (1342-1352) in der Jubiläumsbulle »Unigenitus« vom 27.1.1343 verwendet.*

13. Die neue Kreuzestheologie: die theologischen Thesen der Heidelberger Disputation (26.4.1518)

Anders als die Thesen gegen die scholastische Theologie führten Luthers Ablassthesen zu seiner eigenen Überraschung zu großem öffentlichen Aufsehen. Daher gab Luthers eigener Orden, die Augustinereremiten, Luther die Gelegenheit, seine Thesen vor einer größeren Öffentlichkeit vorzutragen: Als die sächsische Kongregation unter Staupitz (vgl. Text Nr. 6) im April 1518 in Heidelberg tagte, durfte Luther für eine Disputation die nachfolgenden Thesen vorlegen, die eine weitere Entwicklung seiner Theologie zu einem höheren Maß an Grundsätzlichkeit darstellten. An der bedeutenden pfälzischen Universität gewann Luther mehrere junge Männer für sich, die für die Reformation im Südwesten des Reichs Bedeutung erlangen sollten, vornehmlich Martin Bucer (1491-1551), Erhard Schnepf (1495-1558) und Johannes Brenz (1499-1570).

Indem wir uns selbst gänzlich misstrauen gemäß jenem Rat des Geistes: »Verlass dich nicht auf deinen Verstand« (Spr 3,5), setzen wir demütig dem Urteil aller, die anwesend sein wollen, folgende theologische Widersprüche zu den landläufigen Ansichten (Theologica paradoxa) aus, damit es vielleicht klar wird, ob sie gut oder schlecht herausgearbeitet sind aus dem Apostel Paulus, dem auserwählten Gefäß und Werkzeug Christi, und außerdem aus dem heiligen Augustin, seinem getreuesten Ausleger.
1. Das Gesetz Gottes, die allerheilsamste Lehre des Lebens, kann den Menschen nicht zur Gerechtigkeit bringen, sondern steht dem vielmehr entgegen.

2. Viel weniger können es die Werke des Menschen, auch wenn sie noch so oft mit Hilfe der natürlichen Anweisung (der Vernunft), wie man sagt, wiederholt werden.

3. Die Werke der Menschen sehen zwar immer schön aus und scheinen gut zu sein; es ist jedoch beweisbar, dass sie Todsünden sind.

4. Die Werke Gottes sind zwar immer missgestaltet und erscheinen schlecht, aber in Wirklichkeit sind sie unsterbliche Verdienste.

5. Nicht in dem Sinn sind die Werke der Menschen (wir reden von den scheinbar guten) Todsünden, dass sie (grobe) Verbrechen wären.

6. Nicht in dem Sinn sind die Werke Gottes Verdienste (wir reden von den Werken, die durch den Menschen geschehen), dass sie nicht Sünden wären.

7. Die Werke der Gerechten wären Todsünden, wenn sie nicht von ihnen selbst mit frommer Gottesfurcht als Todsünden gefürchtet würden.

8. Vielmehr sind die Menschenwerke Todsünden, eben weil sie ohne Furcht geschehen in böser Sicherheit (securitas).

9. Zu sagen, die Werke ohne Christus (extra Christum) seien zwar tot, aber nicht tödlich, erscheint mir als eine gefährliche Preisgabe der Furcht Gottes.

10. Vielmehr ist es äußerst schwer zu begreifen, auf welche Weise denn ein Werk tot, aber doch keine verderbliche und tödliche Sünde sei.

11. Weder kann Anmaßung vermieden werden noch wahre Hoffnung da sein, wenn nicht in jedem Werk das Verdammungsurteil gefürchtet wird.

12. Dann sind die Sünden wirklich bei Gott lässlich (venialis), wenn die Menschen fürchten, sie seien Todsünden.

13. Der freie Wille nach dem Sündenfall ist ein bloßer Begriff (res est de solo titulo), und indem er tut, was an ihm ist (facit quod in se est), begeht er eine Todsünde.

14. Der freie Wille nach dem Sündenfall (post peccatum) hat die Möglichkeit zum Guten im Blick auf sein (passives) Vermögen (potentia subiectiva), zum Bösen dagegen stets im Blick auf sein aktives Vermögen.

15. Auch im Stande der Unschuld konnte er nicht bestehen im Sinne eines aktiven Vermögens, sondern nur im Sinne eines (passiven) Vermögens, vom Fortschreiten zum Guten ganz zu schweigen.

16. Ein Mensch, der meint, er wolle dadurch zur Gnade gelangen, dass er tut, was an ihm ist, fügt Sünde auf Sünde, so dass er doppelt schuldig wird.

17. So zu reden heißt aber nicht, Anlass zur Verzweiflung zu geben.

18. Es ist gewiss, dass der Mensch an sich selbst von Grund auf verzweifeln muss, um geeignet zu werden, die Gnade Christi zu erlangen.

19. Nicht der wird Theologe genannt, der das unsichtbare Wesen Gottes an den geschaffenen Dingen anschaut (Röm 1,20),

20. sondern der, der das unsichtbare Wesen Gottes und seine dem Menschen zugewandte Seite (posteriora; vgl. Ex 33,23), wie sie durch die Leiden und das Kreuz geschaut wird, versteht.

21. Der Theologe der Herrlichkeit (Theologus gloriae) nennt das Böse gut und das Gute böse, der Theologe des Kreuzes (Theologus crucis) nennt die Dinge beim Namen (dicit id quod res est).

22. Jene Weisheit, die Gottes unsichtbares Wesen aus seinen (Schöpfungs-)Werken zu ermitteln sucht (sapientia illa, quae invisibilia Dei ex operibus intellecta conspicit), bläht überhaupt nur auf, macht blind und verstockt.

23. Das Gesetz wirkt den Zorn Gottes (Röm 4,15), es tötet, macht schuldig, verdammt alles, was nicht in Christus ist.

24. Aber jene Weisheit ist (an sich) nicht schlecht, noch ist das Gesetz zu fliehen, sondern der Mensch missbraucht ohne die Theologie des Kreuzes (Theologia crucis) die besten Dinge am allerschlechtesten.

25. Nicht der ist gerecht, der vieles leistet (operatur), sondern der, der ohne Werk inständig an Christus glaubt.
26. Das Gesetz sagt, »Tu dies«, und es wird nie getan; die Gnade sagt, »Glaube an den«, und schon ist alles getan.
27. Zu Recht nennt man das Werk Christi das wirkende (operans), unser Werk das gewirkte Werk ([opus] operatum), und das gewirkte Werk gefalle Gott um des wirkenden Werkes willen.
28. Die Liebe Gottes findet das, was ihm liebenswert ist, nicht vor, sondern schafft es; die Liebe des Menschen entsteht an dem, was ihm liebenswert ist.
(Es folgen noch Thesen 29–40 zur Philosophie.)

Quelle: Martin Luther, Studienausgabe, hg. v. H.-U. Delius. Bd. 1, Berlin 1979, 213-216. – *Literatur*: K. Bauer, Die Heidelberger Disputation Luthers, in: ZKG 21 (1901) 233-268.299-329; H. Bornkamm, Die theologischen Thesen Luthers bei der Heidelberger Disputation 1518 und seine theologia crucis, in: M. Greschat/ J.F.G. Goeters, Reformation und Humanismus. FS Stupperich, Witten 1969, 58-66; J. Vercruysse, Gesetz und Liebe. Die Struktur der Heidelberger Disputation Luthers (1519), in: LuJ 48 (1981) 7-43; G. Seebaß, Die Heidelberger Disputation, in: HdJb 27 (1983) 77-88; K.-H. zur Mühlen, Die Heidelberger Disputation Martin Luthers vom 26. April 1518. Programm und Wirkung, in: Semper apertus. Sechshundert Jahre Ruprecht-Karls-Universität Heidelberg 1386-1986. Bd. 1, Berlin u.a. 1985, 188-212; H. Scheible, Die Universität Heidelberg und Luthers Disputation, in: ders., Melanchthon und die Reformation. Forschungsbeiträge, hg. v. G. May u. R. Decot, Mainz 1996 (VIEG. Beih. 41), 371-391; O. Forde, On Being a Theologian of the Cross. Reflections on Luther's Heidelberg Disputation, 1518, Cambridge 1997; Theo Dieter, Der junge Luther und Aristoteles. Eine historisch-systematische Untersuchung zum Verhältnis von Theologie und Philosophie, Berlin u.a. 2001 (TBT 105), 431-631.

14. Der Anfang des Prozesses gegen Martin Luther

Schon im Dezember 1517 brachte Albrecht von Mainz die Luthersache in Rom vor. Den letzten Auslöser für einen förmlichen Prozess gegen Luther bildeten wohl die Denunziationen durch die sächsischen Dominikaner im März 1518, die sich für ihren Ordensbruder Tetzel einsetzen wollten. Dass mit einem Gutachten ein Dominikaner, Silvester Mazzolini aus Prierio (daher: Prierias; ca. 1456-1523), beauftragt wurde, zeigt die Tendenz, die der Prozess von Anfang an nahm. Das Gutachten des Prierias ist mindestens der Sache nach identisch mit dem »Dialogus ... de potestate papae«, den er wohl schon im April oder Mai in den Druck gab (Text a). Am 7. August 1517 erhielt Luther ein Schreiben, mit dem er zum Prozess nach Rom zitiert wurde. Luthers Landesherr Friedrich der Weise (1486-1525) setzte sich für einen Prozess in Deutschland ein, und um ihm entgegenzukommen erwirkte der römische Legat Thomas de Vio aus Gaeta (daher Cajetanus; 1469-1534) eine Vollmacht, Luther zum Verhör vorzuladen und, falls er nicht widerrufe, seine Häresie richterlich festzustellen. Dieses Verhör fand in drei Treffen am 12./ 13. und 14. Oktober 1518 in Augsburg statt, nahm jedoch nach Luthers Bericht (Text b) eine eigentümliche Wende. Staupitz löste daraufhin Luther vom Ordensgehorsam, um nicht gegebenenfalls von Rom angeordnete Maßnahmen gegen ihn durchführen zu müssen, und am 20. Oktober floh Luther aus Augsburg.

a) Silvester Prierias: die papale Struktur der Kirche

Da ich die Absicht habe, deine Lehre genau durchzusieben, mein Martin, ist es nötig, dass ich Normen und Fundamente zugrunde lege.

Das erste Fundament ist: Die Gesamtkirche ist ihrem Wesen nach (essentialiter) die Versammlung (convocatio) aller, die an Christus glauben, zum Gottesdienst. Die Gesamtkirche ihrer Kraft und Macht nach (virtualiter) aber ist die römische Kirche, das Haupt aller Kirchen, und der Papst (Pontifex maximus). Die Gesamtkirche ihrer Vertretung nach (repraesentative) ist das Kardinalskollegium, ihrer Kraft und Macht nach aber der Papst, der das Haupt der Kirche ist, freilich in anderer Weise als Christus.
Zweites Fundament: Wie die Gesamtkirche nicht irren kann, wenn sie über Glaube oder Sitte entscheidet (determinando de fide aut moribus), so kann auch ein wahres Konzil, wenn es sein Bestes tut (faciens quod in se est), um die Wahrheit zu erkennen, nicht irren; dies verstehe ich unter Einschluss des Hauptes, und wenigstens im Endresultat. Denn auch ein Konzil kann sich anfänglich täuschen, solange der Prozess der Wahrheitssuche andauert; ja, manchmal hat ein Konzil geirrt, wenngleich es schließlich durch den Heiligen Geist die Wahrheit erkannt hat. Ebenso kann auch die römische Kirche nicht irren und auch der Papst (Pontifex summus) nicht, wenn er in seiner Eigenschaft als Papst eine Entscheidung trifft, d.h., wenn er sie kraft Amtes ausspricht und dabei sein Bestes tut, um die Wahrheit zu erkennen.
Drittes Fundament: Wer sich nicht an die Lehre der römischen Kirche und des Papstes hält als an die unfehlbare Glaubensregel, von der auch die Heilige Schrift ihre Kraft und Autorität bezieht, der ist ein Ketzer.
Viertes Fundament: Die römische Kirche kann bezüglich Glaube und Sitte sowohl durch ihr Wort als auch durch ihr Handeln etwas entscheiden. Und darin ist kein Unterschied, außer dass sich Worte besser dazu eignen als Taten. In diesem Sinne erlangt auch die Gewohnheit Gesetzeskraft, denn der Wille eines Fürsten drückt sich in Taten aus, die er zulässt oder selbst veranlasst. Folglich: Wie der ein Ketzer ist, der falsch über die Wahrheit der Schrift denkt, so ist auch der ein Ketzer, der falsch über Lehre und Handeln der Kirche denkt, soweit diese sich auf Glaube und Sitte beziehen.
Zusatz: Wer im Blick auf die Ablässe sagt, die römische Kirche dürfe das nicht tun, was sie tatsächlich tut, der ist ein Ketzer.

Quelle: Dokumente zur Causa Lutheri (1517-1521). 1. Teil, hg. v. P. Fabisch u. E. Iserloh, Münster 1988 (CCath 41), 53-56. – *Literatur:* H.A. Oberman, Wittenbergs Zweifrontenkrieg gegen Prierias und Eck. Hintergrund und Entscheidungen des Jahres 1518, in: ZKG 80 (1969) 331-358 (= ders., Die Reformation. Von Wittenberg nach Genf, Göttingen 1986, 113-143); D.V.N. Bagchi, Luther's Earliest Opponents. Catholic Controversionalists, 1518-1525, Minneapolis 1991; M. Tavuzzi, The Life and Works of Silvestro Mazzolini da Prierio, Durham 1997 (Duke mongraphs in Medieval and Renaissance Studies 16).

b) Luthers Bericht über das Augsburger Verhör (1518)

Ich wurde vom hochwürdigsten Kardinal-Legaten sehr mild, ja beinahe ehrerbietig aufgenommen. Denn er ist in jeder Beziehung ein anderer Mann als die sehr ungehobelten Brüderjäger[1]. Als er gesagt hatte, er wolle nicht mit mir disputieren, sondern die Sache freundlich und väterlich schlichten, legte er mir, wie er sagte auf Befehl des Papstes, drei Forderungen vor:

1. Ich sollte in mich gehen und meine Irrtümer widerrufen.
2. Ich sollte versprechen, mich in Zukunft dieser Sache zu enthalten.
3. Ich sollte von allem abstehen, was die Kirche beunruhigen könnte.

Ich erkannte, dass ich das auch zu Wittenberg ohne Gefahr und ohne so große Mühe hätte tun können und nicht erst in Augsburg hätte suchen müssen. Daher bat ich sogleich, mich zu belehren, worin ich geirrt hätte, denn mir sei kein einziger Irrtum

bewusst. Darauf brachte er die Extravagante »Unigenitus« des Papstes Clemens VI. vor[2], weil ich in der 58. These gegen sie gelehrt hätte, die Verdienste Christi seien kein Ablassschatz. Deshalb drängte er darauf, ich sollte widerrufen; er bestand mit Zuversicht (fiducia) darauf und war sich des Sieges ganz sicher. Denn er glaubte dies und war deshalb so sicher, weil er annahm, dass ich diese Extravagante nicht gesehen hätte. Vielleicht hatte er darauf gebaut, dass sie nicht in allen Handschriften steht.
Zweitens warf er mir vor, ich hätte in der Erklärung der 7. These gelehrt, zum Sakramentsempfang sei der Glaube notwendig, sonst führe er zum Gericht[3]. Das wollte er für eine neue und irrtümliche Lehre halten. Dagegen sei vielmehr einem jeden, der zum Sakrament komme, ungewiss, ob er die Gnade erlange (gratiam consequeretur) oder nicht. Und er sagte dies mit einer ihm eigenen Zuversicht, zumal die Italiener aus seinem Gefolge lächelten und nach ihrer Art auflachten, so dass ich besiegt schien.
Darauf antwortete ich, dass ich nicht allein die Extravagante des Clemens VI. genau betrachtet hätte, sondern auch die andere gleichlautende oder ähnliche des Sixtus IV.[4] (denn ich hatte sie tatsächlich beide gelesen, zusammen mit dem sehr wortreichen Pomp, der ihre Glaubwürdigkeit fraglich erscheinen lässt: so sehr liegt dort Unkenntnis auf der Hand). Sie hätte aber bei mir nicht genügend Autorität, sowohl aus vielen anderen als auch besonders aus diesem Grund, dass sie die Heilige Schrift missbrauchen und die Worte (wenn nur ihr gebräuchlicher Sinn bestehen sollte) frech in einen fremden Sinn verdrehten, den sie an ihrer Stelle nicht haben, ja dessen Gegenteil sie sogar bedeuten. Deshalb müsse die Schrift, der ich in meiner These folgte, der Extravagante entschieden vorgezogen werden, und infolgedessen sei gar nichts bewiesen, sondern allenfalls die Meinung des Heiligen Thomas zitiert und vorgetragen.
Darauf hat er angefangen, gegen mich die Gewalt des Papstes zu rühmen, da sie ja über dem Konzil, über der Schrift und über alles in der Kirche stehe. Um mir das einzureden, zitierte er die Verwerfung und Aufhebung des Konzils zu Basel. Er war der Meinung, dass die Gersonisten zusammen mit Gerson verdammt werden müssten[5]. Das war etwas Neues für meine Ohren. Ich leugnete dagegen, dass der Papst über dem Konzil und der Schrift stehe. Danach pries ich die Appellation der Universität Paris[6]. Vieles redeten wir in einer verworrenen Unterhaltung durcheinander über die Buße und die Gnade Gottes. Jenen zweiten Vorwurf (zu These 7) hatte ich nämlich mit Schmerzen vernommen; denn ich hatte nicht im geringsten befürchtet, dass diese Sache jemals in Zweifel gezogen werden könnte. So kamen wir beinahe in keiner Sache überein, sondern wie eins das andere gibt (wie es zu geschehen pflegt), so entstand immer wieder ein neuer Widerspruch. Als ich aber sah, dass wir in diesem Streit nicht weiterkamen, sondern nur viel anfingen und nichts erledigten und uns bis jetzt nur auf zahlreiche Extravaganten besonnen hatten, zumal weil er als Stellvertreter des Papstes nicht den Anschein erwecken wollte, dass er zurückgewichen sei, bat ich, dass er mir Bedenkzeit gäbe.
Am anderen Tage waren vier kaiserliche Räte zugegen. Ich brachte einen Notar und Zeugen mit und gab in aller Form und in eigener Person eine Erklärung ab, indem ich vor dem hochwürdigsten Herrn Legaten folgendes verlas:
»Zuerst erkläre ich (protestor), Bruder Martin Luther, Augustinermönch, dass ich die heilige römische Kirche in allen meinen Reden und Taten, den gegenwärtigen, vergangenen und zukünftigen, verehre und ihr folge. Wenn also etwas dagegen oder auf andere Weise geredet worden ist oder wird, will ich es für nicht geredet gehalten wissen und halten.
Da aber der hochwürdige Herr, wie er sagte, auf Befehl des Herrn Papstes, mir vorgelegt und mich aufgefordert hat, dass ich wegen der Disputation, die ich über den Ablass durchgeführt habe, diese drei Forderungen erfülle: erstens, dass ich mich

besinne und den Irrtum widerrufe, zweitens, dass ich mich verbürge, in Zukunft nicht darauf zurückzukommen, drittens, dass ich verspreche, von allem abzusehen, was die Kirche Gottes verwirren könnte; erkläre ich – der ich disputiert und die Wahrheit gesucht habe, der ich nicht vom Forschen ablassen und noch viel weniger zum Widerruf gezwungen werden konnte, da ich weder gehört noch überwunden worden bin – heute in aller Form: Ich bin mir nicht bewusst, etwas gesagt zu haben, was gegen die Heilige Schrift, die Kirchenväter, die päpstlichen Dekretalen oder die rechte Vernunft (recta ratio) ist, sondern alles, was ich gesagt habe, erscheint mir auch heute noch als heilsam, wahr und katholisch.
Gleichwohl bin ich ein Mensch, der irren kann. Darum habe ich mich unterworfen und unterwerfe mich auch jetzt dem Urteil und der Entscheidung der rechtmäßigen heiligen Kirche und allen, die es besser erkennen. Dennoch erbiete ich mich zum Überfluss, persönlich hier oder an einem anderen Ort, auch öffentlich, über meine Äußerungen Rechenschaft zu geben. Wenn aber dieses dem hochwürdigsten Herren nicht gefällt, bin ich auch bereit, seine Entgegnungen, wenn er beschließt, welche gegen mich vorzubringen, in Schriften zu beantworten und darüber das Urteil und die Ansicht der ausgezeichneten Doctores der Reichsuniversitäten Basel, Freiburg und Löwen oder, wenn das noch nicht genügt, auch der Universität Paris, der Mutter aller wissenschaftlichen Schulen und von alters her immer allerchristlichsten und in der Theologie überaus blühenden Universität, zu hören.«

Quelle: WA 2,7,19-9,10. – *Literatur:* G. Hennig, Cajetan und Luther. Ein historischer Beitrag zur Begegnung von Thomismus und Reformation, Stuttgart 1966 (AzTh 7); R. Bäumer (Hg.), Lutherprozess und Lutherbann. Vorgeschichte, Ergebnis, Nachwirkung, Münster 1972 (KLK 32); J. Wicks, Cajetan und die Anfänge der Reformation, Münster 1983 (KLK 43); M. Nieden, Organum Deitatis. Die Christologie des Thomas de Vio Cajetan, Leiden u.a. 1997 (SMRT 62); B.A.R. Felmberg, Die Ablaßtheologie Kardinal Cajetans, Leiden 1998 (SMRT 66).

[1] *Die Inquisitoren.*

[2] *Jubiläumsbulle »Unigenitus« vom 27.1.1343 des Papstes Clemens VI. (1342-1352), aufgenommen in die Extravagantes communes l. 5 tit. 9 c. 2 (Corpus Iuris Canonici, hg. v. E. Friedberg. Bd. 2, Leipzig 1879 [= Graz 1959], 1304-1306).*

[3] *Gemeint sind die »Resolutiones« zu den Ablassthesen, die im August 1518 im Druck erschienen. In der Auslegung zur 7. These heißt es u.a. »Denn wer zum Sakrament kommt, der muss glauben (Hebr 11,6). Aber auch ein Getaufter muss glauben, dass er recht geglaubt hat und hinzugetreten ist, oder er wird nimmermehr den Frieden haben, der allein aus dem Glauben kommt... Dann rechtfertigt nicht das Sakrament, sondern der auf das Sakrament bezogene Glaube« (WA 1,542,11-14; 544, 40f.; vgl. Luther deutsch, hg. v. K. Aland. Bd. 1, 46).*

[4] *Wohl die Bulle »Quemadmodum«, mit der Sixtus IV. (1471-1484) im Jahr 1473 das Jubeljahr 1475 festlegte (Extravagantes communes l. 5 tit. 9 c. 4; Corpus Iuris Canonici II (s. Anm. 2), 1307f.*

[5] *Während Johannes Gerson (1363-1429; vgl. Bd. 2, Nr. 69) selbst Vertreter eines gemäßigten Konziliarismus gewesen war, vertraten die Pariser »Gersonisten« Jacques Almain († 1515) und Johann Major († 1550) grundsätzlich die Superiorität des Konzils über den Papst (vgl. F. Oakley, Almain und Major, in: AHR 70 [1965] 673-690).*

[6] *Die Pariser Universität appellierte 1518 »vom Papst an das Konzil« gegen das 5. Laterankonzil (1512-1517) und das französische Konkordat (1516).*

15. Die Wittenberger Universitätsreform: Melanchthons Antrittsrede vom 28.8.1518

Auch wenn seit der Gründung der Wittenberger Universität 1502 humanistischer Einfluss zu beobachten ist, kam es zu einem entscheidenden Impuls doch erst im Sommer 1518, als zu den bis dahin schon an der artes-Fakultät existierenden sechs an Duns Scotus (ca. 1265/6-1308; s. Bd. 2, Text Nr. 47) und Thomas von Aquin (1224/5-1274; s. Bd. 2, Text Nr. 46) orientierten Lehrstühlen zur aristotelischen Philosophie drei deutlich humanistisch, an den Alten Sprachen orientierte hinzukamen. Die Professur für griechische Sprache wurde mit dem hochbegabten Philipp Melanchthon (1497-1560) besetzt, der als noch nicht Siebzehnjähriger 1514 in Tübingen zum Magister promoviert worden war und bereits als Einundzwanzigjähriger 1518 eine griechische Grammatik vorgelegt hatte. In seiner Antrittsrede am 28. August 1518 stellte er seine programmatischen Überlegungen für die Gestaltung der Wittenberger Universität vor. Der zeitliche Zusammenhang sorgte für eine unmittelbare Verquickung mit der Luthersache.

Die Studien des Knabenalters, die man progymnasmata nennt, nämlich Grammatik, Dialektik und Rhetorik[1], muss man in einem solchen Umfang betreiben, dass man, auf diese Weise für das Reden und Urteilen gut ausgerüstet, sich nicht aufs Geratewohl an das Studium der höheren Wissenschaften (fastigia studiorum)[2] macht. Das Studium der griechischen Literatur muss mit dem der lateinischen Hand in Hand gehen, damit man, wenn man sich an das Lesen von Philosophen, Theologen, Historikern, Rednern und Dichtern machen will, wohin auch immer man sich wendet, die Sache selbst erfasst, und nicht nur den Schatten der Dinge, so wie Ixion in eine Wolke geriet, als er mit Juno zusammentreffen wollte[3]. Hiermit ausgerüstet, gleichsam wie mit einer Reisekasse, mache dich geradewegs »und beschwingt«, wie Plato sagt[4], an die Philosophie! Denn ich bin durchaus der Meinung, dass jemand, der in Kirche oder Staat (vel in sacris vel in foro) etwas Bedeutendes erreichen will, zu wenig schaffen wird, wenn er nicht zuvor seine geistigen Fähigkeiten durch die allgemeinbildenden Fächer (humanae disciplinae) – so nämlich bezeichne ich die Philosophie – verständig und ausreichend geschult hat. Ich habe nämlich etwas dagegen, dass jemand das Philosophieren als Possenreißerei betreibt, denn so etwas führt dazu, dass man schließlich auch den Gebrauch des gesunden Menschenverstands verlernt. Man wähle aber von den besten Autoren die besten Werke aus und zwar solche, die sich einerseits mit der Erkenntnis der Natur, besonders aber mit der sittlichen Bildung befassen. Diesbezüglich hat man sich besonders an die griechische Gelehrsamkeit zu halten, die das gesamte Wissen von der Natur umfasst. Um uns zu Fragen der Sittlichkeit sachkundig und ausführlich zu äußern, sind am bedeutendsten und ergiebigsten die ethischen Schriften des Aristoteles, die »Gesetze« des Plato und die Dichter, freilich nur die besten, deren Lektüre geeignet ist, zur geistigen und charakterlichen Bildung beizutragen. Homer war schon für die Griechen die Quelle aller Gelehrsamkeit (fons omnium disciplinarum), für die Römer waren es Vergil und Horaz.

Für die geistige Bildung geradezu unentbehrlich ist die Geschichtsschreibung, auf die allein ich, wenn ich es wagte, fürwahr nicht ungern alle Lobreden häufen würde, die dem gesamten Kreis der Künste und Wissenschaften gebühren. Diese zeigt in größerer Fülle und deutlicher als Chrysipp[5] und Krantor[6], was schön, was hässlich ist, was nützlich und was nicht. Ohne diese kann kein Bereich des Lebens, weder der öffentliche noch der private, auskommen. Auf diese ist man bei der Verwaltung aller Angelegenheiten in Stadt und Haus angewiesen. Und vielleicht könnte diese unsere Welt mit geringerem Schaden ohne Sonne, das heißt ohne die Spenderin ihrer Lebenskraft auskommen als die sinnvolle Gestaltung des bürgerlichen Zusammenwirkens ohne die Geschichtsschreibung. Bei unseren Vorfahren war die einmütige

Meinung verbreitet, dass die Musen von der Göttin der Erinnerung geboren worden sind[7]. Dadurch wird, wenn ich es richtig deute, zum Ausdruck gebracht, dass die ganze Familie der Künste und der Wissenschaften ihren Ursprung in der Geschichtsschreibung hat.

Unter Philosophie verstehe ich also eine zusammenfassende Bezeichnung für die Naturwissenschaft, die Sittenlehre und die anschaulichen Beispiele der Geschichte (Complector ergo philosophiae nomine scientiam naturae, morum rationes et exempla). Wer sich mit diesen in rechter Weise vertraut gemacht hat, der hat sich den Weg zum höchsten Bereich gebahnt. Wenn er als Anwalt in Prozessen auftreten will, wird er Stoff haben, aus dem er eine an Tatsachen reiche und prachtvolle Rede aufbauen kann; wenn er als Beamter ein Gemeinwesen verwalten will, wird er eine Grundlage haben, auf die er zurückgreifen kann, wenn es um Maßstäbe für gleich, gut und gerecht geht. Was Wunder, dass der hochberühmte Redner Demosthenes diese Vorteile der Philosophie zu schätzen wusste, Grund genug, sie einem jungen Manne sehr fürsorglich ans Herz zu legen: »Sei aber überzeugt«[8] – den übrigen Text lest im »Eroticos« selbst nach! Es gab keinen Bereich, in dem Cicero nicht der Philosophie den höchsten Rang einräumte, und ihr habt vermutlich gehört, was er im Rahmen eines Vergleichs der Rechtsgelehrten Servius Sulpicius Galba und Quintus Mucius Scaevola äußerte: »Die Römer legten jemandem den griechischen Beinamen ›σοφός‹ (der Weise) zu, wenn sie an ihm das reiche philosophische Wissen bewunderten.«[9]

Was aber die Theologie angeht (Verum quod ad sacra attinet), so ist es von größter Wichtigkeit, wie man für ihr Studium sich geistig zurüstet. Denn mehr als alle anderen Studiengebiete verlangt die Theologe tatsächlich ein Höchstmaß von Denkfähigkeit, intensiver Beschäftigung und Sorgfalt. Der Duft der Salben des Herrn übertrifft nämlich die wohlriechenden Gewürze menschlicher Wissenschaften (vgl. Hld 4,10). Geführt vom Heiligen Geist, begleitet von der Ausbildung in unseren Künsten und Wissenschaften, ist es uns möglich, den Zugang zum Heiligen zu finden. So wie Synesios an Herkulianos schreibt: »Rüstig und wohlgemut verbringst du dein ganzes Leben, indem du dir die Philosophie nutzbar machst, die dich zum Göttlichen führen wird, Bewunderungswürdiger«[10].

Falls dies jemandem nicht einleuchtet, sollte er bedenken, dass außer den sonstigen Materialien von den Tyrern auch das Messing in die Bauhütte des Tempels in Jerusalem geliefert worden ist (1 Kön 7,13-47). Da also die Theologie teils hebräisch, teils griechisch ist – denn wir Lateiner haben nicht mehr getan, als die Bäche jener Völker begierig einzusaugen –, müssen wir fremde Sprachen lernen, damit wir nicht gleichsam wie taubstumme Masken den Theologen gegenübertreten. Erst dann werden sich uns die Worte mit ihrem Glanz und ihrer eigentlichen Bedeutung erschließen, und gleichsam wie im strahlenden Licht der Mittagssonne wird sich uns der wahre und eigentliche Sinn des Buchstabens eröffnen. Sobald wir zum Verständnis des Buchstabens vorgedrungen sind, werden uns die Dinge erschlossen. Jetzt werden sich davonmachen zahlreiche fade Erklärungen zu Textstellen, Entsprechungen, Spannungen und was es sonst noch an Hindernissen gibt, die den Geist hemmen. Und wenn wir unseren forschenden Geist ganz auf die Quellen gerichtet haben, werden wir anfangen, Christus zu begreifen, sein Auftrag wird uns klar werden, und wir werden von jener beglückenden Süße göttlicher Weisheit ganz erfüllt werden.

Quelle: Melanchthons Werke in Auswahl, hg. v. R. Stupperich. Bd. III, Gütersloh 1961, 38,28-40,22 – *Übers.*: Melanchthon deutsch, hg. v. M. Beyer u.a. Bd. 1, Leipzig 1997, 55-58. – *Literatur*: W. Maurer, Der junge Melanchthon zwischen Humanismus und Reformation. 2 Bde., Göttingen 1967. 1969 (= ebd. 1996); H. Scheible, Melanchthons Bildungsprogramm, in: ders., Melanchthon und die Reformation. Forschungsbeiträge, hg. v. G. May u. R. Decot, Mainz 1996

(VIEG. Beih. 41), 99-114; ders., Aristoteles und die Wittenberger Universitätsreform. Zum Quellenwert von Lutherbriefen, in: Humanismus und Wittenberger Reformation, hg. v. M. Beyer u.a., Leipzig 1996, 123-144; M. Wriedt, Die theologische Begründung der Bildungsreform bei Luther und Melanchthon, ebd. 155-183; L. J.-M. Kruse, Universitätstheologie und Kirchenreform. Die Anfänge der Reformation in Wittenberg 1516-1522, Mainz 2002 (VIEG 187), 139-153.

[1] *Das klassische Trivium innerhalb der septem artes der mittelalterlichen Universität.*
[2] *D.h. der höheren Fakultäten Jura, Medizin und Theologie.*
[3] *Griechische Sage: Der thessalische König Ixion versuchte Hera (römisch: Juno), die Gattin des Zeus, zu verführen. Daraufhin legte Zeus in Ixions Bett eine Wolke in Gestalt Heras. Ixion fiel auf den Betrug herein und wurde so Vater des Kentaurus.*
[4] *Wahrscheinlich Plato, Euthydenos 304c.*
[5] *Chrysipp (ca. 281-ca. 205 v. Chr.), langjähriger Leiter der Stoa in Athen.*
[6] *Krantor (ca. 330-275 v. Chr.), Philosoph an der Akademie in Athen, Platonkommentator.*
[7] *Die neun Musen sollen Töchter des Zeus und der Mnemosyne (Göttin des Gedächtnisses) gewesen sein.*
[8] *Demosthenes (384-322 v. Chr.): Eroticos 44: »Sei aber überzeugt, dass in der Tat die ganze Philosophie für die, die sich ihrer bedienen, großen Nutzen hat!«*
[9] *Cicero, Brutus 40,150ff.*
[10] *Synesios von Kyrene (ca. 370-413), Epistolae 139,277. Synesios wurde nach Tätigkeit als neuplatonischer Philosoph zum Bischof geweiht.*

16. Die Leipziger Disputation: Die Wahrheitsinstanzen in der Kirche

In Johannes Eck (1486-1543) erwuchs der Reformation schon früh ein Gegner von herausragendem Format: Seit 1510 Professor der Theologie in Ingolstadt, wurde er bald zur zentralen Figur dieser Universität, deren humanistisch beeinflusste Scholastikreform des Jahres 1515 er maßgeblich mitgestaltete. Seine scharfen, zunächst nur handschriftlich verbreiteten »Obelisci« (Spießchen) gegen Luthers Ablassthesen trübte, das bis dahin kollegiale Verhältnis zu dem Wittenberger Kollegen, der bald mit den ebenfalls handschriftlichen »Asterisci« (Sternchen) antwortete. Karlstadts Verteidigung Luthers und Ecks Antwort darauf bildete im Jahr 1518 den eigentlichen Auslöser für die Leipziger Disputation, die vom 27. Juni bis 15. Juli 1519 auf der Pleißenburg in Leipzig stattfand. Nachdem zunächst Eck mit Karlstadt über Fragen der Prädestination gestritten hatte, kam es in der zweiten Woche zur unmittelbaren Konfrontation Ecks mit Luther, in der Eck den Wittenberger dazu drängte, die kirchenkritischen Folgerungen aus seinen Überlegungen in aller Klarheit zu formulieren.

In der nächsten Woche[1] stritt Eck mit mir, zuerst überaus heftig über den Primat des römischen Papstes. Seine Stärke bestand in dem Worte: »Du bist Petrus« (Mt 16,18),: »Weide meine Schafe« (Joh 21,27), »Folge mir nach« (V. 19), und: »Stärke deine Brüder« (Lk 22,32), unter Hinzufügung vieler Zeugnisse der Kirchenväter. Was ich geantwortet habe, das wirst du demnächst sehen. Danach stützte er sich aufs Äußerste gehend ganz und gar auf das Konzil zu Konstanz, das den Artikel des Hus verdammt hatte, welcher gesagt hatte, das Papsttum wäre vom Kaiser, als wäre es aus göttlichem Rechte (iure divino). Dann, als er gleichsam auf seinem Kampfplatz war, drang er tapfer vor, hielt mir die Böhmen entgegen und schuldigte mich öffentlich als einen Ketzer und Schutzherrn der ketzerischen Böhmen an. Denn er ist ein nicht weniger unverschämter wie verwegener Sophist. Seltsamer Weise kitzelten diese Beschuldigungen die Leipziger mehr als die Disputation selbst.

Ich habe ihm umgekehrt die Griechen tausend Jahre hindurch und die alten Väter entgegengesetzt, die nicht unter der Gewalt des römischen Papstes gewesen wären, obwohl ich ihm den Primat der Ehre (primatus honoris) nicht abspräche. Und endlich ist auch über die Autorität eines Konzils disputiert worden. Ich habe öffentlich bekannt, dass etliche Artikel gottloser Weise verdammt worden seien, obwohl sie die des Paulus, des Augustinus, ja auch Christi selbst wären, mit offenbaren und klaren Worten gelehrt. Hier aber blähte sich die Viper auf, bauschte meine Übeltat auf, und war fast unsinnig im Schmeicheln der Leipziger. Endlich habe ich mit den Worten des Konzils selbst bewiesen, dass nicht alle dort verdammten Artikel ketzerisch und irrig seien, deshalb habe er mit seinen Beweisungen nichts ausgerichtet. Und so hängt diese Sache noch in der Schwebe.

Quelle: WA.B 1,422 (Nr. 187). *Übers.:* Luther Deutsch. Die Werke Martin Luthers in neuer Ausgabe für die Gegenwart, hg. v. K. Aland, Bd. 10, Göttingen [2]1983, 62f. – *Literatur*: J.-K. Seidemann, Die Leipziger Disputation im Jahre 1519. Aus bisher unbenutzten Quellen historisch dargestellt und durch Urkunden erläutert, Dresden/ Leipzig 1843; J. Lortz, Die Leipziger Disputation, in: BZThS 3 (1926) 12-37; E. Kähler, Beobachtungen zum Problem von Schrift und Tradition in der Leipziger Disputation von 1519, in: H. Gollwitzer/ H. Traub (Hg.), Hören und Handeln. FS Ernst Wolf, München 1962, 214-229; K.-V. Selge, Die Leipziger Disputation zwischen Luther und Eck, in: ZKG 86 (1975) 26-40; L. Grane, Martinus Noster. Luther in the German Reform movement 1518-1521, Mainz 1994 (VIEG 155), 45-145; E. Iserloh, Johannes Eck (1486-1543). Scholastiker, Humanist, Kontroverstheologe, Münster 1981; M. Schulze, Johannes Eck im Kampf gegen Luther. Mit der Schrift der Kirche wider das Buch der Ketzer, in: LuJ 63 (1996) 39-68; J.-M. Kruse, Universitätstheologie und Kirchenreform. Die Anfänge der Reformation in Wittenberg 1516-1522, Mainz 2002 (VIEG 187), 186-232; H. Smolinsky, Johannes Eck. Scholastiker, Humanist, Kontroverstheologe, in: M.H. Jung/ P. Walter (Hg.), Theologen des 16. Jahrhunderts. Humanismus – Reformation – Katholische Erneuerung, Darmstadt 2002, 102-115.

[1] *4.-9.7.1519*

17. »Exsurge Domine«: Die Bannandrohungsbulle vom 15. Juni 1520, von Hutten kommentiert

Nach dem Augsburger Verhör (Text Nr. 14 b]) übte die Kurie zunächst mit Rücksicht auf die 1519 anstehende Kaiserwahl und die bedeutende Rolle, die Kurfürst Friedrich der Weise (1463-1525) als Reichsvikar *vacante imperio* darin spielte, große Zurückhaltung in der Luthersache; lediglich über den Kammerherrn Karl von Miltitz wurde ein Ausgleichsversuch unternommen. 1520 aber wurde der Prozess wieder aufgenommen und unter Mithilfe Ecks (s. Text 16) eine Bannandrohungsbulle vorbereitet, die 41 Sätze Martin Luthers als häretisch aufführte und ihm eine sechzigtägige Widerrufsfrist gab. Welche Aufnahme die Bulle unter Luthers Freunden erfuhr, lassen die Ausgaben erahnen, die Ulrich von Hutten (s. Text 2) im November 1520 in Straßburg mit Marginalien und ausführlichem Kommentar herausbrachte. Luther selbst markierte den Bruch mit Rom durch die Verbrennung der Bulle am 10. Dezember 1520 in Wittenberg. Am 3. Januar 1521 wurde er durch die Bulle »Decet Romanum Pontificem« gebannt.

Leo, Bischof, Diener der Diener Gottes zu ewigem Gedächtnis der Sache *(Ehe wir dich hören wollen, Heiligster, solltest du dich an das erinnern, was der Apostel an die Philipper schreibt: »Lasst euch von niemandem verführen, in keinerlei Weise; ehe der Herr kommt, muss der Abfall kommen und der Mensch der Bosheit offenbar werden, der Sohn des Verderbens. Er ist der Widersacher, der sich erhebt über alles, was Gott oder Gottesdienst heißt, so dass er sich in den Tempel Gottes setzt und vorgibt, er sei Gott.« (1 Thess 2,3f.*[1]*) Was hast du denn zu gebieten und mit solchem Hochmut Herrschaft auszuüben?).*

Erhebe dich *(Er wird sich erheben, aber pass auf, dass dir das nicht großen Schaden bringt!)*, o Herr (Exsurge Domine), und verschaffe deiner Sache Recht *(Er wird ihr Recht verschaffen, und darauf warten wir mit großer Sehnsucht)*. Sei der Schmähungen dir gegenüber eingedenk, die von törichten Menschen *(Oh, nicht törichte! Er geht gleich zu Beschimpfungen über, und genau das ist das Löwengebrüll [Leonis rugitus], von dem der Prophet Zephanja [3,3] klar und deutlich spricht und das auch der heilige Hieronymus*[2] *an der entsprechenden Stelle ausführlich behandelt)* täglich ausgehen (Ps 74,22). Schenke *(das würde er tun, wenn du um das Richtige bitten würdest)* unseren Bitten Gehör (Ps 86,1); denn es sind Füchse *(starke Männer)* (Hld 2,15) aufgestanden, die sich anschicken, den Weinberg zu verwüsten *(säubern. Wenn du dagegen aus den Deutschen dauernd Geld herauspresst, so verhältst du dich so, dass du ein größerer Betrüger zu sein scheinst als jedes Füchslein: So tief ist dein Abstieg von der Erhabenheit eines Löwen zu deiner jetzigen erbärmlichen und unwürdigen Verschlagenheit. Wenn du uns deshalb zwingst, dir mit gleicher Münze heimzuzahlen, so können wir sagen dass du schon kein Fuchs mehr bist, sondern, noch schlimmer, ein arabischer Wolf am Abend [Zeph 3,3]. Denn du nimmst Geschenke an und verkaufst die Gerechtigkeit, so dass man gegen dich das Prophetenwort ausrufen kann: »Weh den Hirten, die zerstreuen und zerstören« [Jer 23,1])*, dessen Kelter du allein getreten hast (Jes 63,3), dessen Pflege aber, Lenkung und Verwaltung du, als du im Begriff warst, zum Vater aufzufahren, Petrus als Haupt *(sieh, worauf er seine Tyrannei gründet)* und deinem Stellvertreter übertragen hast sowie dessen Nachfolgern *(hier müsste ich dir vieles entgegenhalten, wenn ich Zeit hätte.)*, als ob die Zeit der triumphierenden Kirche schon angebrochen sei *(triumphierende Kirche! Gut ausgedacht! Schon gleich hört Christus dich nicht; denn du lügst, und das hasst er)*; diesen Weinberg will ein Wildschwein aus dem Walde verderben, und ein außerordentlich wildes Tier frisst ihn kahl (Ps 80,14) *(das tust du, mein lieber Zehnter! Du bist der wilde Löwe (leo), und darum haben wir uns entschieden, gegen dich zu kämpfen)...*

[Liste der verurteilten Sätze Luthers:]

(1.) Es ist eine ketzerische, aber verbreitete Ansicht, dass die Sakramente des Neuen Testaments jenen die rechtfertigende Gnade verleihen, die es nicht absichtlich verhindern[3].

(2.) Zu leugnen, dass in einem Kinde nach der Taufe noch Sünde bleibt, heißt Paulus und Christus zugleich mit Füßen treten[4].

(3.) Der Zunder der Erbsünde verhindert der aus dem Körper scheidenden Seele den Eintritt ins Himmelreich auch dann, wenn keine Tatsünde vorliegt[5].

(4.) Die unvollkommene Gottesliebe in dem, der im Begriff ist zu sterben, bringt unvermeidlich große Furcht mit sich, die schon allein die Strafe des Fegefeuers ausmacht und den Eintritt in das Himmelreich verhindert[6].

(5.) Dass die Buße aus drei Teilen – der Reue, der Beichte und der Genugtuung – bestehe, ist weder in der Heiligen Schrift noch bei den alten heiligen christlichen Lehrern begründet[7]...

(7.) Sehr wahr ist das Sprichwort und vortrefflicher als die ganze bisherige Lehre von der Reue: Das Nichtmehrtun ist die höchste Buße, und die beste Buße ist ein neues Leben[8].

(8.) Du sollst dich nicht vermessen, die lässlichen Sünden wie die Todsünden zu beichten; denn es ist unmöglich, dass du alle Todsünden erkennst *(klug auseinander genommen ist das wie vieles andere!).* Deshalb beichtete man in der Urkirche nur die offensichtlichen Todsünden[9].

(9.) Wenn wir alles genau beichten wollen, tun wir nichts anderes, als dass wir der Barmherzigkeit Gottes nichts zur Vergebung übriglassen wollen[10]...

(15.) Es ist ein großer Irrtum derer, die zum Sakrament der Eucharistie gehen und sich darauf verlassen, dass sie gebeichtet haben, sich keiner Todsünde schuldig wissen, ihre Gebete gesprochen und Vorbereitungen getroffen haben: Sie alle essen und trinken es sich zum Gericht. Wenn sie aber glauben und darauf vertrauen, dass sie dort Gnade erlangen, so ist es dieser Glaube allein, der sie rein und würdig macht[11].

(16.) Man möge beschließen, dass die Kirche in einem allgemeinen Konzil den Laien gestatten soll, unter beiderlei Gestalt zu kommunizieren; die Böhmen, die unter beiderlei Gestalt kommunizieren, sind nicht Ketzer, sondern Schismatiker[12].

(17.) Die Schätze der Kirche, woraus der Papst Ablässe gibt, sind keine Verdienste Christi und der Heiligen[13].

(18.) Ablässe sind ein frommer Betrug der Gläubigen und ein Nachlass guter Werke; sie sind zwar erlaubt, aber nicht notwendig[14]...

(25.) Der römische Papst, der Nachfolger Petri, ist nicht der von Christus selbst in Gestalt des seligen Petrus eingesetzte Statthalter Christi für alle Kirchen der ganzen Welt (*Das ist unentschuldbar, Luther! Du löschst dem Papst sein ganzes Reich aus. Wo soll Raum für Verzeihung sein? Ich spreche dich nicht frei [non absolvo]).*[15]

(26.) Das Wort Christi zu Petrus: »Was du lösen wirst auf Erden usw. (Mt 16,19)« erstreckt sich nur auf das, was von Petrus selbst gebunden wurde *(Diese Worte und die von der Übergabe der Schlüssel hat nicht einmal Hieronymus ausreichend verstanden, den der Stellvertreter Christi so oft in der Bulle anführt. So nämlich hat er dazu geschrieben, als er das Matthäusevangelium auslegte: »Indem sie diese«, schreibt er, »Stelle nicht verstehen, maßen sich die Bischöfe und Priester etwas vom Hochmut der Pharisäer an, so dass sie entweder Unschuldige verdammen oder der Meinung sind, dass sie Schuldige lösen können, obwohl doch bei Gott nicht der Spruch der Priester zählt, sondern ihr Leben[16]«. Und auch Augustin scheint keinen Verstand gehabt zu haben, als er schrieb: nicht auf Petrus, sondern auf Christus selbst sei die Kirche gebaut. Weiter Origenes, Beda und viele andere – haben die etwa geträumt? Demnach ist es die Aufgabe des Papstes, auf den die Kirche gegründet ist, die Heilige Schrift nach seinem Belieben zu deuten. Wer dagegen sprechen sollte, soll ein Häretiker und Sohn Satans sein und wird sogleich verbrannt. Denn dieser unser Leo hat es getan und hat es gelernt, die Beute zu fangen und den Menschen zu fressen)*[17].

(27.) Es ist sicher, dass es weder in der Macht der Kirche noch des Papstes steht, Glaubensartikel festzusetzen und schon gar nicht Moralvorschriften oder Gebote über gute Werke zu erlassen[18]...

(30.) Manche der auf dem Konzil zu Konstanz verurteilten Artikel des Johannes Hus[19] sind überaus christlich, wahr und evangelisch, die auch die ganze Kirche nicht verdammen könnte (*Allerdings ist das wahr und nicht nur die Meinung Luthers, sondern jeder ausgezeichnete Mensch beweist das. Auch du, wie ich weiß, bewiesest es: Viel von dem Mann und jene schlecht zusammengestellten Artikel würdest du heftig verfluchen, wenn irgendeine Krankheit dich jetzt oder mit der Zeit der Sinne beraubte)*[20].

(31.) Ein Gerechter sündigt bei allen guten Werken[21].

(32.) Ein gutes Werk, selbst aufs beste ausgeführt, ist eine lässliche Sünde[22]...

(36.) Der freie Wille nach dem Sündenfall ist ein bloßer Begriff, und indem er tut, was an ihm ist, begeht er eine Todsünde[23].

(37.) Das Fegefeuer kann aus der Heiligen Schrift, soweit sie zum Kanon gehört, nicht erwiesen werden[24]...

Quelle: Dokumente zur Causa Lutheri (1517-1521). 2. Teil, hg. v. P. Fabisch u. E. Iserloh, Münster 1991 (CCath 41), 414-421.425f.; *Übers.*: H. Steitz, Martin Luther im Kirchenbann, BPfKG 39 (1972) 147-150. – Literatur: H. Roos, Die Quellen der Bulle »Exsurge Domine«, in: Theologie in Geschichte und Gegenwart. Festschrift M. Schmaus, 1957, S. 909-926; R. Bäumer (Hg.), Lutherprozeß und Lutherbann, Münster 1972 (KLK 32); D. Olivier, Der Fall Luther. Geschichte einer Verurteilung, 1517-1521, Stuttgart 1972; G. Müller, Die römische Kurie und die Anfänge der Reformation, in: ders., Causa Reformationis. Beiträge zur Reformationsgeschichte und zur Theologie Martin Luthers, hg. v. G. Maron u. G. Seebaß, Gütersloh 1989, 79-110; L. Grane, Martinus Noster. Luther in the German Reform movement 1518-1521, Mainz 1994 (VIEG 155), 232-268.

[1] *Dies ist die klassische Belegstelle der Antichristlehre des Mittelalters und Luthers (vgl. in den Resolutiones zu den Ablassthesen: WA 2,430,4-6).*
[2] *Zu dem gelehrten Bibelübersetzer und -kommentator Hieronymus (340/350-420) s. Bd. 1, Text Nr. 82.*
[3] *Vgl. WA 1,544,35-38 (Resolutiones disputationum de indulgentiarum virtute).*
[4] *Vgl. WA 2,160,34f. (Disputatio Lutheri adversus criminationes Eccii).*
[5] *Vgl. WA 1,572,10-14 (Resolutiones disputationum de indulgentiarum virtute).*
[6] *Vgl. WA 1,234,3-6 (Resolutiones disputationum de indulgentiarum virtute).*
[7] *Vgl. WA 1,243,4-11 (Sermon von Ablass und Gnade).*
[8] *Vgl. WA 1,321,2-4 (Sermo de poenitentia).*
[9] *Vgl. WA 1,322,22-25 (Sermo de poenitentia).*
[10] *Vgl. WA 1,323,4-6 (Sermo de poenitentia).*
[11] *Vgl. WA 1,64,9-15 (instructio pro confessione peccatorum).*
[12] *Vgl. WA 2,742,24-26 (Sermon vom Sakrament des Leichnams Christi); WA 6,80,36f (Erklärung etlicher Artikel in dem Sermon von dem hl. Sakrament).*
[13] *WA 1,236,10f. (Disputatio pro declaratione virtutis indulgentiarum; vgl. o. Text Nr. 12c]).*
[14] *WA 2,353,13 (Disputatio ... Lipisiae habita); WA 1,570,2f. (Resolutiones disputationum de indulgentiarum virtute); WA 1,246,15-19 (Sermon von Ablass und Gnade).*
[15] *Dieser Artikel ist als einziger nicht annähernd wörtlich in den Schriften Luthers nachzuweisen.*
[16] *Hieronymus, In Evangelium Matthaei 3,16 (PL 26,118 A).*
[17] *Vgl. WA 1,536,20-22 (Resolutiones disputationum de indulgentiarum virtute).*
[18] *Vgl. WA 2,427,8-10 (Resolutiones ... super propositionibus suis Lipsiae disputatis).*
[19] *S. Bd. 2 Text Nr. 66.*
[20] *Vgl. WA 2,279,11-13 (Disputatio ... Lipsiae habita).*
[21] *Vgl. WA 2,416,35f (Resolutiones ... super propositionibus suis Lipsiae disputatis).*
[22] *Vgl. WA 1,608,10f (Resolutiones disputatinoum de indulgentiarum virtute).*
[23] *Vgl. WA 1,354,5f (Disputatio Heidelbergae habita; vgl. o. Text Nr. 13 These 13).*
[24] *Vgl. WA 2,324,10-12 (Disputatio ... Lipsiae habita).*

18. Der Kreis um Luther

Schon früh hatte sich abgezeichnet, dass die neue Theologie in Wittenberg nicht von Luther allein getragen wurde. Mehr und mehr traten auch Einzelpersönlichkeiten neben ihm in Erscheinung, insbesondere Philipp Melanchthon, der als Professor an die artes-Fakultät nach Wittenberg gekommen war. Nebenher auch an einer der höheren Fakultäten zu studieren, war durchaus nicht unüblich, und so erwarb Melanchthon mit Thesen, die mindestens in der zweiten Hälfte (ab These 12), also auch in der Aufsehen erregenden erstmaligen klaren Formulierung des Sola-scriptura-Prinzips und der Ablehnung der Transsubstantiationslehre, von ihm stammen dürften (Text a), im September 1519 den Grad eines Baccalaureus biblicus, der ihm das Halten exegetischer Vorlesungen ermöglichte; einen höheren Grad in der Theologie hat er nie angestrebt. Schon zwei Jahre später legte er mit den Loci communes ein eigenes theologisches Lehrbuch vor, das in bewusstem Gegensatz zur Scholastik ab der zweiten Auflage die dann für Jahrhunderte gängige loci-Methode des Protestantismus prägte (Text b). Auch Andreas Karlstadt reihte sich mit erkennbar eigenem Ton, insbesondere was die Bedeutung des Gesetzes und des Geistes anging, in diese Gemeinschaft ein, wofür die Thesen sprechen, die er zur Promotion von H. Aurifaber am 11.10.1521 vorlegte (Text c).

a) Melanchthons 24 Baccalaureatsthesen (9.9.1519)

1. Die menschliche Natur liebt sich um ihrer selbst willen sehr.
2. Sie ist jedoch nicht dazu imstande, Gott um seiner selbst willen zu lieben.
3. Nicht nur das göttliche, sondern auch das natürliche Gesetz fordert, dass Gott um seiner selbst willen geliebt werden soll.
4. Weil wir das nicht können, ist das Gesetz die Ursache dafür, dass wir Gott wie Knechte fürchten.
5. Notwendigerweise hasst man das, was man fürchtet.
6. Also bewirkt das Gesetz, dass uns Gott ebenfalls verhasst ist.
7. So wie der Hass nicht der Beginn der Liebe ist, so ist auch die Knechtsfurcht nicht der Beginn einer kindlichen Furcht.
8. Daraus ergibt sich schlüssig, dass die Knechtsfurcht nicht der Beginn der Buße ist,
9. folglich ist die Gerechtigkeit eine Wohltat Christi.
10. All unsere Gerechtigkeit ist eine umsonst geschenkte Zurechnung Gottes (gratuita dei imputatio).
11. Folglich ist es keineswegs überzogen zu behaupten, dass auch gute Werke Sünde sind.
12. Der Verstand kann jenseits von Vernunft oder Erfahrung keiner These zustimmen.
13. Auch kann der Wille von sich aus den Verstand nicht ohne triftigen Grund dazu zwingen, einer These zuzustimmen.
14. Der durch die Liebe zu einem Gegenstand hingezogene Wille (voluntas per charitatem rapta ad obiectum) erteilt dem Verstand glaubwürdig Weisung, einer These zuzustimmen.
15. Diese Zustimmung ist der Glaube bzw. die Weisheit (Hic assensus fides est seu sapientia).
16. Für einen Christen (catholicus) ist es nicht notwendig, über die Dinge hinaus, die ihm durch die Schrift bezeugt werden, noch weitere zu glauben.
17. Die Autorität der Konzilien steht unter der Autorität der Schrift.
18. Folglich ist es noch längst nicht häretisch, wenn man nicht an die (durch die Weihe übermittelte) unverlierbare Qualität des Priesters, an die Wandlung (transsubstantiatio) der Abendmahlsgaben und an ähnliche Dinge glaubt...

Quelle: Melanchthons Werke in Auswahl, hg. v. R. Stupperich. Bd. I, Gütersloh 1951, 24f.; *Übers.:* Melanchthon deutsch, hg. v. M. Beyer u.a. Bd. 2, Leipzig 1997, 9f. – *Literatur:* W. Maurer, Der junge Melanchthon zwischen Humanismus und Reformation. Bd. 2, Göttingen 1969 (= ebd. 1996), 101-103; s. auch Text b.

b) Das erste evangelische Lehrbuch: die Loci communes von 1521: Einleitung

Die Geheimnisse der Gottheit (mysteria divinitatis) aber sollten wir lieber anbeten als sie zu erforschen. Ja, sie können nicht ohne große Gefahr untersucht werden, was nicht selten auch heilige Männer erfahren haben. Gott, der Höchste und Größte, hat

den Sohn in Fleisch gehüllt, damit er uns von der Betrachtung seiner Majestät zur Betrachtung des Fleisches und so zur Betrachtung unserer Hinfälligkeit hinleite. So schreibt auch Paulus an die Korinther, dass Gott durch die Torheit der Predigt, ohne Zweifel also auf eine neue Art und Weise erkannt werden wollte, da er nicht erkannt werden konnte in Weisheit durch Weisheit (1 Kor 1,20f.).
Daher besteht kein Grund, warum wir hier viel Mühe auf jene höchsten Hauptthemen (loci): Gott, die Einheit, die Dreieinigkeit Gottes, das Geheimnis der Schöpfung, die Art und Weise der Menschwerdung verwenden. Ich frage dich, was haben schon in so vielen Jahrhunderten die scholastischen Theologien erreicht, als sie sich ausschließlich mit diesen Hauptthemen beschäftigten? Sind sie nicht in ihren Erörterungen, wie jener sagt, hohl geworden (Röm 1,21), weil sie das ganze Leben lang über Allgemeinbegriffe (universalia), Formalitäten, Anmerkungen und ich weiß nicht welche anderen nichtssagenden Worte schwatzten? Man hätte ihre Torheit unbeachtet lassen können, wenn uns nicht unterdessen jene dummen Erörterungen das Evangelium und die Wohltaten Christi verdunkelt hätten...
Wer die anderen Hauptthemen aber nicht kennt: die Macht der Sünde, das Gesetz, die Gnade, von dem sehe ich nicht ein, wie ich ihn einen Christen nennen könnte. Denn aus ihnen wird eigentlich Christus erkannt. Denn das heißt Christus erkennen: seine Wohltaten erkennen (hoc est Christum cognoscere beneficia eius cognoscere), nicht, was diese lehrten: seine Naturen, die Art und Weisen der Menschwerdung betrachten. Wenn man nicht weiß, zu welchem Nutzen Christus das Fleisch annahm und ans Kreuz geschlagen wurde, was nützt es, seine Historie zu kennen? Oder aber genügt es einem Arzt, die Formen, Farben und Umrisse der Kräuter zu kennen, aber ihre natürliche Heilkraft zu kennen, darauf kommt es nicht an? So müssen wir Christus, der uns als Heilmittel (remedium) und – um das Wort der Schrift zu gebrauchen – als Heil gegeben worden ist (Lk 2,30; 3,6), auf eine andere Art erkennen, als die Scholastiker uns vorführen.
Dies ist schließlich die christliche Erkenntnis, zu wissen, was das Gesetz fordert, woher man die Kraft holen kann, das Gesetz zu erfüllen, woher man die Gnade für die Sünde bekommen kann, wie man den ins Wanken gekommenen Sinn gegen Teufel, Fleisch und Welt aufrichtet, wie man das zerschlagene Gewissen tröstet. Freilich lehren das die Scholastiker? Hat Paulus etwa in dem Brief an die Römer, als er einen Abriss der christlichen Lehre (doctrinae christianae compendium) verfasste, über die Geheimnisse der Dreieinigkeit, über die Art und Weise der Menschwerdung, über die aktive Schöpfung und die passive Schöpfung philosophiert? Aber was behandelt er? Doch sicherlich das Gesetz, die Sünde, die Gnade, von welchen Hauptthemen allein die Erkenntnis Christi abhängt.

Quelle/ Übers.: Philipp Melanchthon, Loci communes. 1521. Lateinisch – Deutsch, übers. v. H.G. Pöhlmann, Gütersloh ²1997, 18-25. – *Literatur:* A. Sperl, Melanchthon zwischen Humanismus und Reformation, München 1959; R. Schäfer, Christologie und Sittlichkeit in Melanchthons frühen Loci, Tübingen 1961 (BHTh 29); E. Bizer, Theologie der Verheißung. Studien zur theologischen Entwicklung des jungen Melanchthon, Neukirchen Vluyn ²1975; W. Maurer, Der junge Melanchthon zwischen Humanismus und Reformation. Bd. 2, Göttingen 1969 (= ebd. 1996), 139-148; H. Scheible, Art. Philipp Melanchthon, in: TRE 22 (1992) 371-410; G. Frank, Die theologische Philosophie Philipp Melanchthons (1497-1560), Leipzig 1996 (EThSt 67).

c) Andreas Karlstadt: Promotionsthesen zu Evangelium und Gesetz (11.10.1521)

1. Das Evangelium ist eine Kraft (potentia) Gottes für die Gläubigen (creduli) (Röm 1,16), für die Ungläubigen (increduli) dagegen ein Geruch des Todes (2 Kor 2,16).

2. Die Gottlosen (impii) und Ungerechten erkennen durch seine Wahrheit Gottes Macht und Gottheit, aber sie bleiben undankbar.
3. Also bringt ihnen die Wahrheit den Tod.
4. Außerdem nimmt die Bosheit (malignitas) die Wahrheit als Anlass zur Lüge.
5. So haben sich die Juden nach Empfang des Gesetzes Götter gemacht,
6. nämlich das Bild eines zuchtlosen und gesetzesbrecherischen Kalbes.
7. Das Gesetz treibt zum milden (lenis), duldsamen (tollerans) und guten Gott und führt fort von dem Gott, der zürnt und richtet.
8. Da das Gesetz den Geist fordert, können wir die Werke des Gesetzes nur im Geist tun.
9. Wer im Herzen beschnitten wird, der wird eigentlich (potissime) beschnitten; eine Beschneidung nur am Fleisch ist vergeblich und nutzlos.
10. An und für sich treibt das Gesetz nicht von Gott fort, sondern macht seine Anhänger zu Anhängern Gottes (sibi coniunctos deo coniungit).
11. Deshalb macht es die Gläubigen lebendig, wie überhaupt jedes Wort, das aus dem Mund des Herrn ausgeht (Dtn 8,3); die Gottlosen dagegen tötet es.
12. Wie das Gesetz nicht rechtfertigt, so auch nicht das Wort der Verheißung (promissionis sermo).
13. Es rechtfertigt vielmehr der Glaube, der durch die Verheißung offengelegt wird (patefit) und im Gesetz seine Gestalt (forma) gewinnt.
14. Wer behauptet, er werde durch das Gesetz gerechtfertigt, der sagt damit, dass Christus für ihn vergeblich gestorben sei.
15. Das Gesetz, das uns zur Erkenntnis der Sünde führt, beschließt Gerechte wie Ungerechte unter die Sünde (Röm 11,32; Gal 3,22).

Quelle: H. Barge, Andreas Bodenstein von Karlstadt. 1. Teil: Karlstadt und die Anfänge der Reformation, Leipzig 1905, 483. – *Literatur:* R.J. Sider, Andreas Bodenstein von Karlstadt. The Development of His Thought 1517-1525, Leiden 1974 (SMRT 11); U. Bubenheimer, Consonantia Theologiae et Iurisprudentiae. Andreas Bodenstein von Karlstadt als Theologe und Jurist zwischen Scholastik und Reformation, Tübingen 1977 (Jus ecclesiasticum 24).

19. Luthers »Sermon von den guten Werken« (1520)

Zu den schwersten Einwänden, die Luthers Theologie entgegengebracht werden konnten, gehörte der Vorwurf, die Betonung des Glaubens als allein notwendig zum Heil zerstöre jede Ethik. Offenbar hatte Luther sich daher schon recht bald vorgenommen, einen Traktat über die guten Werken zu schreiben – im Februar 1520 erinnerte ihn jedenfalls Georg Spalatin (1484-1545) an dieses Vorhaben. Luther arbeitete an dem Text bis Mitte Mai, Anfang Juni lag die Schrift gedruckt vor, die die Grundlegung reformatorischer Ethik darstellt.

Zum Zweiten: Das erste und höchste, alleredelste gute Werk ist der Glaube an Christus, wie er Joh 6(,28) sagt. Als die Juden ihn fragten: »Was sollen wir tun, dass wir gute göttliche Werke tun?« antwortete er: »Das ist das göttliche gute Werk, dass ihr an den glaubt, den er gesandt hat.« Nun, wenn wir das hören oder predigen, so gehen wir darüber hin und meinen, es sei ganz gering und leicht zu tun, obwohl wir doch hier lange verharren und darüber nachdenken sollten. Denn in diesem Werk müssen alle Werke zusammengefasst sein und die gute Einwirkung wie ein Lehen von ihm empfangen. Das müssen wir deutlich erklären, dass sie es begreifen können.
Es gibt viele, die beten, fasten, Stiftungen machen, dies und das tun, ein gutes Leben vor den Menschen führen. Wenn du sie fragst, ob sie auch gewiss seien, dass es Gott

wohlgefalle, was sie so tun, antworten sie: Nein. Sie wissen‘s nicht oder zweifeln dran. Darüber hinaus gibt es auch etliche große Gelehrte, die sie verführen und sagen, es sei nicht nötig, dessen gewiss zu sein, obwohl sie doch sonst nichts anderes tun als gute Werke zu lehren. Siehe da: Alle diese Werke geschehen außerhalb des Glaubens, darum sind sie nichts und ganz tot. Denn wie ihr Gewissen gegen Gott steht und glaubt, so sind auch die Werke, die daraus geschehen. Nun ist da kein Glaube, kein gutes Gewissen Gott gegenüber. Darum fehlt den Werken der Kopf und all ihr Leben und Guttun ist nichts. Daher kommt es: Wenn ich den Glauben so sehr betone und solche ungläubigen Werke verwerfe, beschuldigen sie mich, ich verbiete gute Werke, obwohl ich doch gerne rechte gute Werke des Glaubens lehren wollte.

Zum Dritten: Fragst du sie weiter, ob sie das auch für gute Werke halten, wenn sie ihrem Handwerk nachgehen, gehen, stehen, essen, trinken, schlafen und allerlei Werke zu des Leibes Nahrung oder allgemeinem Nutzen (gemeinen nutz) tun, und ob sie glauben, dass Gott darin ein Wohlgefallen über sie habe, so wirst du finden, dass sie Nein sagen und die guten Werke so eng fassen, dass sie nur beim in der Kirche Beten und bei Fasten und Almosen bleiben. Die andern sehen sie als vergeblich an; an ihnen sei Gott nichts gelegen, und so verkürzen und verringern sie durch den verdammten Unglauben Gott seinen Dienst, dem alles dient, was im Glauben geschehen, geredet, gedacht werden kann...

Zum Vierten: Hier kann nun ein jeglicher selbst merken und fühlen, ob er Gutes oder nicht Gutes tut. Denn findet er sein Herz in der Zuversicht, dass es Gott gefalle, so ist das Werk gut, wenn es auch noch so gering wäre – etwa einen Strohhalm aufzuheben. Ist die Zuversicht nicht da oder zweifelt er daran, so ist das Werk nicht gut, selbst wenn es alle Toten auferweckte und der Mensch sich verbrennen ließe. Das lehrt Sankt Paulus Röm 14(,23): »Alles, was nicht aus oder im Glauben geschieht, das ist Sünde.« Von dem Glauben und keinem anderen Werk haben wir den Namen, dass wir Christgläubige heißen, als vom Hauptwerk. Denn alle anderen Werke kann ein Heide, Jude, Türke, Sünder auch tun. Aber fest darauf trauen, dass er Gott wohl gefalle, ist keinem möglich als einem Christen, mit Gnaden erleuchtet und befestigt. Dass aber diese Reden ungewohnt sind und mich etliche deswegen einen Ketzer schelten, geschieht deshalb, weil sie der blinden Vernunft und heidnischen Kunst gefolgt sind, den Glauben nicht über sondern neben andre Tugenden gesetzt[1] und ihm ein eigenes Werk gegeben haben, abgesondert von allen Werken der anderen Tugenden. (Und das), obwohl er allein doch alle anderen Werke gut, angenehm und würdig macht, indem er Gott vertraut und nicht zweifelt, es sei für ihn alles wohl getan, was der Mensch tut. Ja, sie haben den Glauben nicht ein Werk bleiben lassen, sondern, wie sie sagen: einen »habitus« daraus gemacht[2], obwohl doch die ganze Schrift nichts anderes ein göttliches gutes Werk nennt als den Glauben allein. Darum ist es kein Wunder, dass sie blind und Blindenführer geworden sind. Und dieser Glaube bringt alsbald mit sich Liebe, Friede, Freude und Hoffnung. Denn wer Gott vertraut, dem gibt er alsbald seinen Heiligen Geist, wie Sankt Paulus zu den Galatern sagt: »Ihr habt den Geist empfangen nicht aus euren guten Werken, sondern da ihr dem Wort Gottes geglaubt habt« (Gal 3,22).

Zum Fünften: In diesem Glauben werden alle Werke gleich und ist eins wie das andere, fällt aller Unterschied der Werke dahin, sie seien groß, klein, kurz, lang, viel oder wenig. Denn die Werke sind nicht um ihrer selbst, sondern um des Glaubens willen angenehm, welcher gleichmäßig und ohne Unterschied in allen und jeglichen Werken ist, wirkt und lebt, wie viele und verschieden sie immer sind.

Quelle: Martin Luther, Studienausgabe, hg. v. H.-U. Delius. Bd. 2, Berlin ²1992, 17,24-19,2; 19,23-20. *Übers.*: Luther Deutsch. Die Werke Martin Luthers in neuer Ausgabe für die Gegenwart, hg. v. K. Aland. Bd. 2, Göttingen ²1983, 95-98. – *Literatur*: K. Holl, Der Neubau der Sittlichkeit, in: ders., Gesammelte Aufsätze zur Kirchengeschichte. Bd. 1: Luther, Tübingen ⁷1948, 155-287; A. Peters, Glaube und Werk. Luthers Rechtfertigungslehre im Lichte der Heiligen Schrift, Berlin/ Hamburg 1962 (AGTL 8); R. Schwarz, Fides, spes und caritas beim jungen Luther – unter besonderer Berücksichtigung der mittelalterlichen Tradition, Berlin 1962 (AKG 34); E. Schott, Rechtfertigung und Zehn Gebote nach Luther, Berlin 1970; H. Beintker, Glaube und Leben. Grundzüge lutherischer Ethik in 4 Kapiteln nach Martin Luthers Schrift »Von den guten Werken«, Gr. Oesingen 1986.

[1] *Der Glaube wurde in der Scholastik – besonders charakteristisch bei Thomas von Aquin (gest. 1274; s. Bd. 2 Text Nr. 46), der dabei aber Gedanken aufgriff, die sich auch schon bei Gregor dem Großen (590-604) finden – zusammen mit Hoffnung und Liebe als eingegossene theologische Tugend neben die vier antiken Kardinaltugenden gestellt.*

[2] *Die* habitus-*Lehre entstammt der in der Scholastik für die Theologie aufgegriffenen aristotelischen Lehre: Der habitus ist eine durch Gebrauch verfestigte Eigenschaft des Menschen.*

20. Luthers drei »reformatorische Hauptschriften«

Trotz der großen Bedeutung des Sermons von den guten Werken hat es sich eingebürgert, drei weitere Schriften des Jahres 1520 als eigene Gruppe der »reformatorischen Hauptschriften« zusammenzufassen, weil Luther in ihnen sein Programm entfaltet: Im Juni 1520 verfasste er die im August gedruckt vorliegende Adelsschrift als Entwurf einer politischen Umsetzung der Reformation (Text a), die zeitweise zu einer großen Attraktivität der Reformation in den adeligen Kreisen des Reiches führte; es folgte die Schrift »De captivitate Babylonica«, die im Oktober gedruckt vorlag und die Folgerungen aus der Rechtfertigungslehre für die Sakramentenlehre zieht und durch die Reduktion der bisherigen Siebenzahl der Sakramente auf zwei (Taufe und Abendmahl, mit einem gewissen Schwanken bei der Buße als Rückkehr zur Taufe) einen kompletten Umbau des Systems der Heilsvermittlung mit sich bringt (Text b) sowie die Schrift »Von der Freiheit eines Christenmenschen«, die den alle drei Schriften gemeinsamen Grundbegriff der Freiheit im theologischen Sinne expliziert und daraus Folgerungen für die christliche Ethik zieht. Sie diente auch als letzter Versuch, dem Papst gegenüber die eigene Rechtgläubigkeit zu erweisen, wofür Luther auf Anraten sogar die im Oktober geschriebene und im November veröffentlichte Schrift vordatierte. Luther hatte die Schrift ursprünglich auf Lateinisch verfasst, wirkungsmächtiger wurde aber die deutsche Fassung, der die vorliegende neuhochdeutsche Fassung folgt (Text c).

a) »An den christlichen Adel deutscher Nation von des christlichen Standes Besserung« (August 1520)

Die Romanisten haben mit großer Geschicklichkeit drei Mauern um sich gezogen, womit sie sich bisher beschützt haben, so dass niemand sie je hat reformieren können; dadurch ist die ganze Christenheit schrecklich gefallen.
Zum Ersten: Wenn man ihnen mit weltlicher Gewalt zugesetzt hat, haben sie festgesetzt und erklärt, weltliche Gewalt habe kein Recht über sie, sondern umgekehrt: die geistliche stehe über der weltlichen. Zum Zweiten: Hat man sie mit der Heiligen Schrift tadeln wollen, setzen sie dagegen, es gebühre niemand die Schrift auszulegen als dem Papst[1]. Zum Dritten: Droht man ihnen mit einem Konzil, so erfinden sie, es könne niemand ein Konzil berufen als der Papst[2].
So haben sie uns die drei Ruten heimlich fortgenommen, damit sie ungestraft sein können und sich in die sichere Befestigung dieser drei Mauern gesetzt, um alle Schandtaten und Bosheit zu treiben, die wir denn jetzt sehen. Und selbst wenn sie ein Konzil machen mussten, haben sie doch dasselbe vorher dadurch geschwächt, dass sie

die Fürsten zuvor mit Eiden verpflichteten, sie bleiben zu lassen, wie sie seien. Dazu haben sie dem Papst volle Gewalt über alle Ordnung des Konzils gegeben, so dass es nichts ausmacht, ob es viele Konzile oder gar kein Konzil gibt, abgesehen davon, dass sie uns nur mit Larven und Scheingefechten betrügen...

Lasst uns die erste Mauer zuerst angreifen!

Es ist bekannt, dass Papst, Bischöfe, Priester und Klostervolk der geistliche Stand genannt wird, Fürsten, Herren, Handwerks- und Ackerleute der weltliche Stand. Das ist eine sehr feine Erdichtung und Trug. Doch soll niemand deswegen mutlos werden, und das aus dem Grund: Alle Christen sind wahrhaftig geistlichen Standes und es gibt unter ihnen keinen Unterschied außer allein im Blick auf das Amt, wie Paulus 1 Kor 12(,12) sagt, dass wir alle ein Leib sind, obwohl doch ein jegliches Glied sein eigenes Werk hat, womit es den anderen dient. Das alles kommt daher, dass wir eine Taufe, ein Evangelium, einen Glauben haben und unterschiedslos Christen sind, denn die Taufe, Evangelium und Glauben, die machen allein geistlich und ein Christenvolk. Dass aber der Papst oder Bischof salbt, die Tonsur erteilt, ordiniert, weiht, sich anders als Laien kleidet, kann einen Heuchler und Ölgötzen machen, macht aber nimmermehr einen Christen oder geistlichen Menschen. Demnach werden wir allesamt durch die Taufe zu Priestern geweiht, wie Sankt Petrus 1 Petr 2(,9) sagt: »Ihr seid ein königliches Priestertum und ein priesterliches Königreich«, und Offb 5,10: »Du hast uns durch dein Blut zu Priestern und Königen gemacht«...

So meine ich, diese erste papierne Mauer liege danieder, da doch die weltliche Herrschaft ein Mitglied des christlichen Leibes (Christlichen Corpers[3]) geworden ist. Und obwohl sie ein leibliches Werk hat, ist sie doch geistlichen Standes, weshalb ihr Werk frei und ungehindert alle Gliedmaßen des ganzen Körpers betreffen soll, strafen und antreiben, wo es die Schuld verdient oder die Not fordert, ungeachtet der Päpste, Bischöfe, Priester, sie mögen drohen oder bannen, wie sie wollen...

[Zur dritten Mauer:] Darum, wo es die Not erfordert und der Papst ein Ärgernis für die Christenheit ist, soll sich, wer es in erster Linie kann, als ein treues Glied des ganzen Körpers dafür einsetzen, dass ein rechtes, freies Konzil zusammenkomme. Das vermag niemand so gut wie das weltliche Schwert, besonders weil sie nun auch Mitchristen sind, Mitpriester, Mitgeistliche, mitmächtig in allen Dingen. Darum soll man ihr Amt und Werk, das sie von Gott über jedermann haben, frei gehen lassen, wo es notwendig und nützlich ist. Wäre das nicht ein unnatürliches Benehmen: Wenn in einer Stadt ein Feuer aufflammte und jedermann stillstünde, immer weiter brennen ließe, was brennen kann, allein deshalb, weil sie nicht die Macht des Bürgermeisters hätten oder weil das Feuer vielleicht an des Bürgermeisters Haus anfing? Ist hier nicht jeder Bürger schuldig, die anderen zu bewegen und zusammenzurufen? Um wieviel mehr soll das in der geistlichen Stadt Christi geschehen, so ein Feuer des Ärgernisses sich erhebt, es sei an des Papstes Regiment oder wo es wolle.

Quelle: Martin Luther, Studienausgabe, hg. v. H.-U. Delius. Bd. 2, Berlin ²1992, 98,20-99,6.15-31; 102,27-32; 106,30-107,10. *Übers.:* Luther Deutsch. Die Werke Martin Luthers in neuer Ausgabe für die Gegenwart, hg. v. K. Aland, Bd. 2, Göttingen ²1983, 158-160.163.168f. – *Literatur:* Chr. Tecklenburg-Johns, Luthers Konzilsidee in ihrer historischen Bedingtheit und ihrem reformatorischen Neuansatz, 1966; A. Beutel, Dreifach vermauertes Rom, in: Reformatio 42 (1993) 12-18; H. Scheible, Die Gravamina, Luther und der Wormser Reichstag 1521, in: ders., Melanchthon und die Reformation, Mainz 1996 (VIEG. Beih. 41), 167-183 (= BPfKG 39 [1972] 167-183); H. Goertz, Allgemeines Priestertum und ordiniertes Amt bei Luther, Marburg 1997 (MThSt 46); G. Schmidt, Luther und die frühe Reformation – ein nationales Ereignis?, in: B. Moeller (Hg.), Die frühe Reformation in Deutschland als Umbruch, Gütersloh 1998 (SVRG 199), 54-75; Th. Brockamann, Die Konzilsfrage in den Flug- und Streitschriften des deutschen

Sprachraums 1518-1563, Göttingen 1998 (SHKBA 57); V. Leppin, Zwischen Notfall und theologischem Prinzip. Apostolizität und Amtsfrage in der Wittenberger Reformation, in: Gunther Wenz/ Theo Schneider (Hg.), Das kirchliche Amt in apostolischer Nachfolge. Bd 1, Freiburg/ Göttingen 2004, 376-400.

b) **»De captivitate Babylonica«** (Oktober 1520)

[Zum Abendmahl:] Ich beschwöre dich aber, was besteht für ein Zwang, was für religiöse Bedenken können wir haben und wozu dient es, den Laien den Genuss des Abendmahls in beiderlei Gestalt (utraque species), das heißt des sichtbaren Zeichens (signum visibile), vorzuenthalten? Dabei gestehen ihnen doch alle das Sakrament als solches (res sacramenti) ohne das Zeichen zu[4]. Gestehen sie ihnen nun das Sakrament als solches zu, was ja das Bedeutendere ist, warum nicht auch das Zeichen, das von geringerer Bedeutung ist? Denn in jedem Sakrament ist das Zeichen, soweit es nur ein Zeichen ist, von unvergleichlich geringerer Bedeutung als das Sakrament selbst. Was hindert es also, so frage ich, das Geringere zu geben, wo man doch das Bedeutendere gibt? ...

Fürwahr, wenn ich nicht begreifen kann, auf welche Weise das Brot der Leib Christi sein kann, will ich doch meinen Verstand gefangennehmen unter den Gehorsam Christi (2 Kor 10,5) und schlicht bei seinen Worten bleiben, und glaube fest nicht allein, dass der Leib Christi in dem Brot ist, sondern das Brot der Leib Christi ist (panem esse corpus Christi). Denn zu dieser Auffassung bringen mich die Worte, wo er sagt: »Er nahm das Brot, dankte, brach's und sprach: ›Nehmet, esset, das (das heißt: das Brot, das er genommen und gebrochen hat) ist mein Leib‹« (Mt 26,26). Und Paulus spricht: »Das Brot, das wir brechen, ist das nicht die Gemeinschaft des Leibes Christi?« (1 Kor 10,16) Er sagt nicht: In dem Brot ist, sondern das Brot selbst ist die Gemeinschaft des Leibes Christi. Was liegt daran, wenn die Philosophie das nicht versteht? Der Heilige Geist ist mehr als Aristoteles. Versteht sie denn überhaupt etwas von der Transsubstantiation dieser Dinge[5], da sie doch selber zugesteht, dass hier die ganze Philosophie zusammenstürzt[6]?

Und wie es sich mit Christus verhält, so verhält es sich auch mit dem Sakrament. Denn es ist nicht nötig, dass die menschliche Natur verwandelt (transsubstantiari) werden muss, wenn die Gottheit in der Menschheit leiblich wohnen soll – als ob die Gottheit unter den Akzidenzien der menschlichen Natur erhalten bliebe. Sondern beide Naturen bleiben zugleich unversehrt bestehen, und so wird mit Recht gesagt: Dieser Mensch ist Gott, dieser Gott ist Mensch[7]. Und wenn die Philosophie das nicht versteht, so versteht es doch der Glaube. Gottes Wort hat eine größere Vollmacht, als unser Verstand es fassen kann (maior est verbi auctoritas quam nostri ingenii capacitas). Damit in dem Sakrament also der wahre Leib und das wahre Blut sind, ist es nicht nötig, dass sich das Brot oder der Wein in eine andere Substanz verwandle, so dass Christus unter den Akzidenzien erhalten sei. Sondern beides bleibt zugleich bestehen, wie es in Wahrheit heißt: »Dieses Brot ist mein Leib; dieser Wein ist mein Blut« und umgekehrt...

[Zur Taufe:] Das Erste, was bei der Taufe beachtet werden muss, ist also die göttliche Verheißung (promissio), die sagt: »Wer da glaubet und getauft wird, der wird selig werden« (Mk 16,16). Diese Verheißung muss durchaus aller Pracht der Werke, Gelübde, Orden und allem, was von Menschen eingeführt worden ist, vorgezogen werden. Denn an dieser Verheißung hängt unsere ganze Seligkeit. Aber man muss sie so beachten, dass wir den Glauben an ihr üben und ganz und gar nicht zweifeln, dass wir selig sind, nachdem wir getauft sind. Denn wo ein solcher Glaube nicht da ist oder erlangt wird, da hilft die Taufe nicht, sondern sie schadet vielmehr und zwar nicht allein dann, wenn man sie empfängt, sondern auch danach das ganze Leben hindurch. Denn ein solcher Unglaube straft die göttliche Verheißung Lügen, was die größte Sünde überhaupt ist. Wenn wir an diese Übung des Glaubens (exercitium fidei) gehen, werden wir bald einsehen, wie schwer es ist, dieser göttlichen Verheißung zu glauben. Denn die menschliche Schwachheit, die sich ihrer Sünden bewusst ist, glaubt am allerschwersten, dass sie selig ist oder doch wenigstens selig werden solle. Dennoch kann nicht selig werden, wer das nicht glaubt, denn er glaubt der göttlichen Wahrheit nicht, welche die Seligkeit verheißt.

Quelle: Martin Luther, Studienausgabe, hg. v. H.-U. Delius. Bd. 2, Berlin ²1992, 181,28-33; 191,20-182,17; 210,6. *Übers.:* Luther Deutsch. Die Werke Martin Luthers in neuer Ausgabe für die Gegenwart, hg. v. K. Aland, Bd. 2, Göttingen ²1983, 175.182f.203. – *Literatur*: W. Jetter, Die Taufe beim jungen Luther. Eine Untersuchung über das Werden der reformatorischen Sakraments- und Taufanschauung, Tübingen 1954 (BHTh 18); E. Bizer, Die Entdeckung des Sakraments durch Luther, in: EvTh 17 (1957) 64-90; L. Grane, Luthers Kritik an Thomas von Aquin in De captivitate Babylonica, in: ZKG 80 (1969) 1-13; F. Mann, Das Abendmahl beim jungen Luther, München 1971 (BÖT 5); O. Bayer, Promissio. Geschichte der reformatorischen Wende in Luthers Theologie, Göttingen 1971 (FKDG 24) (=Darmstadt 1989); J.D. Trigg, Baptism in the Theology of Martin Luther, Leiden 1994 (SHCT 56); W. Simon, Die Messopfertheologie Martin Luthers, Tübingen 2003 (Spätmittelalter und Reformation. Neue Reihe 22), 303-327.

c) **»Von der Freiheit eines Christenmenschen«** (November 1520)

1. Sendbrief an Papst Leo

Allerheiligster Vater in Gott! Mich zwingt der Handel und Streit, in welchen ich mit einigen wüsten Menschen in dieser Zeit nun schon ins dritte Jahr gekommen bin, zuweilen nach Dir zu sehen und Deiner zu gedenken. Ja, da man meint, du seiest die einzige Hauptsache dieses Streites, so kann ich es nicht lassen, Deiner ohne Unterlass zu gedenken. Denn obwohl ich von etlichen Deiner unchristlichen Schmeichler, die ohne alle Ursache gegen mich erzürnt sind, gezwungen worden bin, mich in meiner Sache von Deinem Stuhl und Gericht weg auf ein christliches freies Konzil zu berufen, habe ich doch meinen Sinn Dir noch zu keinem Zeitpunkt so entfremdet, dass ich nicht Dir und Deinem römischen Stuhl aus allen meinen Kräften stets das Beste gewünscht und es mit fleißigem herzlichen Gebet, so viel ich vermochte, bei Gott gesucht habe. ...

Das ist aber wahr: Ich habe den römischen Stuhl, den man den römischen Hof nennt, munter angegangen. In Bezug auf ihn kannst auch du selbst oder irgend jemand auf Erden nichts anderes bekennen, als dass er ärger und schändlicher sei als Sodom, Gomorra oder Babylon es je gewesen sind. Und so viel ich merke, ist seiner Bosheit künftig mit Rat und Tat nicht beizukommen. Es ist da alles überaus verzweifelt und grundlos geworden. Darum hat es mich verdrossen, dass man unter Deinem Namen und dem Schein der römischen Kirche das arme Volk in aller Welt betrog und schädigte. Dagegen habe ich mich gewandt und will mich auch noch wenden, solange mein christlicher Geist lebt...

Am Ende, damit ich nicht leer vor Deine Heiligkeit komme, so bringe ich mit mir ein Büchlein, das unter Deinem Namen ausgegangen ist, als guter Wunsch und Anfang des Friedens und guter Hoffnung. Daraus kann Deine Heiligkeit ersehen, mit welchen Angelegenheiten ich gerne umgehen wollte und es auch fruchtbar könnte, wenn es mir angesichts Deiner unchristlichen Schmeichler möglich wäre. Es ist ein kleines Büchlein, wenn man auf das Papier blickt, aber es ist doch die ganze Summe eines christlichen Lebens darin enthalten, wenn der Sinn verstanden wird. Ich bin arm, habe

nichts anderes, womit ich meinen Dienst erzeigen kann. So bedarfst auch du keiner anderen Förderung als durch geistliche Güter. Damit befehle ich mich Deiner Heiligkeit, die Jesus Christus ewig erhalte. Amen.
Zu Wittenberg, 6. September 1520.

Quelle: WA 7,3,3-15; 5,8-16; 11,4-14. *Übers.:* Luther Deutsch. Die Werke Martin Luthers in neuer Ausgabe für die Gegenwart, hg. v. K. Aland, Bd. 2, Göttingen ²1983, 239. 241. 250. – *Literatur*: s.u.

2. Traktat

Zum Ersten: Damit wir gründlich erkennen können, was ein Christenmensch sei und wie es um die Freiheit beschaffen sei, die ihm Christus erworben und gegeben hat, wovon Paulus viel schreibt, will ich diese zwei Leitsätze aufstellen:

> Ein Christenmensch ist ein freier Herr über alle Dinge und niemand untertan.
>
> Ein Christenmensch ist ein dienstbarer Knecht aller Dinge und jedermann untertan.

Diese zwei Leitsätze sind klar: Sankt Paulus, 1 Kor 9(,19)[8]: »Ich bin frei in allen Dingen und habe mich eines jedermanns Knecht gemacht«, ebenso Röm 13(,8): »Ihr sollt niemand etwas schuldig sein, außer dass ihr euch untereinander liebet.« Liebe aber ist dienstbar und untertan dem, was sie lieb hat. So (heißt es) auch von Christus, Gal 4(,4): »Gott hat seinen Sohn gesandt, geboren von einer Frau, und dem Gesetz untertan gemacht. «

Zum Zweiten: Um diese zwei sich widersprechenden Reden von der Freiheit und von der Dienstbarkeit zu verstehen, müssen wir bedenken, dass jeder Christenmensch von zweierlei Natur ist: geistlich und leiblich. Im Blick auf die Seele wird er ein geistlicher, neuer, innerlicher Mensch genannt, im Blick auf Fleisch und Blut wird er ein leiblicher, alter und äußerlicher Mensch genannt. Und um dieses Unterschiedes willen werden von ihm in der Schrift Dinge ausgesagt, die geradewegs gegeneinander stehen, wie ich es jetzt hinsichtlich Freiheit und Dienstbarkeit gesagt habe.

Zum Dritten: Nehmen wir uns den inwendigen, geistlichen Menschen vor, um zu sehen, was dazu gehöre, dass er ein frommer, freier Christenmensch sei und heiße: So ist es klar, dass ihn kein äußerliches Ding frei oder fromm machen kann, wie es auch immer heißen mag. Denn seine Frömmigkeit und Freiheit und umgekehrt seine Bosheit und Gefangenschaft sind nicht leiblich noch äußerlich. Was hilft es der Seele, dass der Leib ungefangen, frisch und gesund ist, isst, trinkt, lebt wie er will? Umgekehrt: Was schadet das der Seele, dass der Leib gefangen, krank und matt ist, hungert, dürstet und leidet, wie er nicht gern wollte? Von diesen Dingen reicht keines bis an die Seele, sie zu befreien oder gefangen zu nehmen, fromm oder böse zu machen...

Zum Zehnten: ... Deswegen ist leicht zu verstehen, warum der Glaube so viel vermag und dass keine guten Werke ihm gleich sein können. Denn kein gutes Werk hängt so an dem göttlichen Wort wie der Glaube. Es kann auch nicht in der Seele sein, sondern allein das Wort und der Glaube regieren in der Seele. Wie das Wort ist, so wird durch es auch die Seele, so wie das Eisen durch die Vereinigung mit dem Feuer glutrot wie das Feuer wird. So sehen wir, dass ein Christenmensch am Glauben genug hat; er bedarf keines Werkes, dass er fromm sei. Bedarf er keines Werkes mehr, so ist er gewiss von allen Geboten und Gesetzen entbunden; ist er entbunden, so ist er gewiss frei. Das ist die christliche Freiheit, der Glaube allein (der eynige glaub), der bewirkt, nicht dass wir müßig gehen oder übel tun können, sondern dass wir keines Werkes bedürfen, um zu Frömmigkeit und Seligkeit zu gelangen...

Zum Zwölften: Nicht allein gibt der Glaube so viel, dass die Seele dem göttlichen Wort gleich wird, aller Gnaden voll, frei und selig, sondern er vereinigt auch die Seele mit Christus wie eine Braut mit ihrem Bräutigam. Aus dieser Ehe folgt, wie Sankt Paulus sagt, dass Christus und die Seele ein Leib werden (Eph 5,30). Ebenso werden auch beider Güter, Glück, Unglück und alle Dinge gemeinsam, so dass, was Christus hat, der gläubigen Seele eigen ist, und was die Seele hat, wird Christus eigen. Christus hat alle Güter und Seligkeit: die sind der Seele eigen; die Seele hat alle Untugend und Sünde auf sich: die werden Christus eigen. Hier erhebt sich nun der fröhliche Wechsel und Streit[9]: Da Christus Gott und Mensch (zugleich) ist, welcher noch nie gesündigt hat, und seine Frömmigkeit unüberwindlich, ewig und allmächtig ist, so müssen die Sünden in ihm verschlungen und ersäuft werden, wenn er sich die Sünde der gläubigen Seele durch ihren Brautring (das heißt den Glauben) selbst zu eigen macht und nicht anders tut, als hätte er sie getan. Denn seine unüberwindliche Gerechtigkeit ist allen Sünden zu stark. So wird die Seele von allen ihren Sünden nur durch ihre Verlobungsgabe, das ist des Glaubens halber, ledig und frei und mit der ewigen Gerechtigkeit ihres Bräutigams Christi beschenkt. Ist das nun nicht ein fröhlicher Hausstand, wenn der reiche, edle, fromme Bräutigam Christus das arme, verachtete, böse Mädchen zur Ehe nimmt und sie von allem Übel frei macht, sie mit allen Gütern ziert? So ist es nicht möglich, dass die Sünden sie verdammen, denn sie liegen nun auf Christus und sind in ihm verschlungen. So hat sie so eine reiche Gerechtigkeit in ihrem Bräutigam, dass sie abermals wider alle Sünden bestehen kann, selbst wenn sie auf ihr lägen. Davon sagt Paulus 1 Kor 15(,57): »Gott sei Dank, der uns einen solchen Sieg in Christus Jesus gegeben hat, in welchem der Tod mit der Sünde verschlungen ist.« ...

Zum Zwanzigsten: Obwohl der Mensch inwendig nach der Seele durch den Glauben genügend gerechtfertigt ist und alles hat, was er haben soll, außer dass dieser Glaube und dieses Genügen immer zunehmen muss bis in jenes Leben, so bleibt er doch noch in diesem leiblichen Leben auf Erden und muss seinen eigenen Leib regieren und mit Menschen umgehen. Da fangen nun die Werke an. Hier darf er nicht müßig gehen...

Zum Dreißigsten: Aus dem allen folgt der Schluss: Ein Christenmensch lebt nicht in sich selbst, sondern in Christus und seinem Nächsten, in Christus durch den Glauben, im Nächsten durch die Liebe. Durch den Glauben geht er über sich hinaus bis zu Gott, aus Gott kehrt er wieder unter sich zurück durch die Liebe und bleibt doch immer in Gott und göttlicher Liebe, wie Christus Joh 1(,51) sagt: »Ihr werdet den Himmel offen sehen und die Engel Gottes hinauf- und herabfahren auf des Menschen Sohn.«

Siehe, das ist die rechte, geistliche, christliche Freiheit, die das Herz frei macht von allen Sünden, Gesetzen und Geboten, welche alle andere Freiheit übertrifft wie der Himmel die Erde.

Gott gebe uns, das recht zu verstehen und zu behalten!

Amen.

Quelle: Martin Luther, Studienausgabe, hg. v. H.-U. Delius. Bd. 2, Berlin [2]1992, 265,2-267,12; 273,19-30; 275,19-277,17; 285,35-287,4; 305,12-23. *Übers.:* Luther Deutsch. Die Werke Martin Luthers in neuer Ausgabe für die Gegenwart, hg. v. K. Aland, Bd. 2, Göttingen [2]1983, 251f.256-258.263.273f. – *Literatur*: W. Maurer, Von der Freiheit eines Christenmenschen. Zwei Untersuchungen zu Luthers Reformationsschriften 1520/21, Göttingen 1949; G. Ebeling, Frei aus Glauben. Das Vermächtnis der Reformation, in: ders., Lutherstudien. Bd. 1, Tübingen 1971, 308-329; B. Stolt, Studien zu Luthers Freiheitstraktat mit besonderer Rücksicht auf das Verhältnis der lateinischen und der deutschen Fassung zueinander und die Stilmittel der Rhetorik, Stockholm 1969 (Stockholmer germanistische Forschungen 6); B. Hamm, Martin Luthers Entdeckung der evangelischen Freiheit, in: ZThK 80 (1983) 50-68; E. Jüngel, Zur Freiheit eines

Christenmenschen. Eine Erinnerung an Luthers Schrift, München ³1991; Th. Jacobi, Christen heißen Freie, Tübingen 1997 (BHTh 101); A. Lobenstein-Reichmann, Freiheit bei Martin Luther. Lexikographische Textanalyse als Methode historischer Semantik, Berlin/ New York 1998 (Studia Linguistica Germanica 46).

[1] *Dieser päpstliche Anspruch gründete sich auf das Decretum Gratiani (D. 19 c. 1f. [Friedberg 1,58-60]).*
[2] *S. hierzu D. 17 c. 1.5 (Friedberg 1,50-52).*
[3] *Die mittelalterliche Vorstellung der Gesellschaft als* Corpus christianum.
[4] *Die Unterscheidung von res und signum im Sakrament geht auf Augustin zurück und wurde durch das Lehrbuch des Petrus Lombardus zum scholastischen Gemeingut.*
[5] *Die Transsubstantiationslehre war durch das IV. Laterankonzil dogmatisiert (s. Bd. 2, Text 40 a]). Ihre lehrhafte Gestalt gewann sie weitgehend durch Thomas von Aquin. Im Unterschied zu Luther argumentierten auch die schon von Petrus Lombardus erwogenen Alternativmodelle – Konsubstantiation und Annihilation – mit aristotelischen Kategorien.*
[6] *Vgl. eine entsprechende Andeutung bei Gabrielis Biel, Collectorium circa quattuor libros Sententiarum, hg. v. W. Werbeck u U. Hofmann, Tübingen 1973-1984, Bd. 4/1, 365,13.16 (Sent 4 d. 11 q. 1 a. 3 dubium 6).*
[7] *Augustin, De Genesi ad litteram l. 12 2,5 (CSEL 28/1,38f.).*
[8] *Luther gibt aus dem Gedächtnis 1 Kor 12 an.*
[9] *Diese Formel geht wohl auf die Rede vom* admirabile commercium *in der Weihnachtsmesse bzw. vom* beatum commercium *in der Ostermesse zurück.*

21. Der Wormser Reichstag

Formal hätte der Exkommunikation unmittelbar die Reichsacht folgen müssen. Doch Kaiser Karl V., der als spanischer Herrscher nur selten im Reich sein konnte, hatte im Oktober 1520 Friedrich dem Weisen zugesagt, Luther nicht ohne eigenes Verhör zu verurteilen. So wurde auf seinem ersten Reichstag 1521 in Worms, der eigentlich reichsorganisatorischen Fragen gewidmet war, die Luthersache zum Thema. Nach einer teilweise triumphalen Reise durch Deutschland traf Luther, dem der Kaiser sicheres Geleit versprochen hatte, am 16. April in Worms ein und wurde gleich am folgenden Tag verhört. Nachdem er sich Bedenkzeit erbeten hatte, kam es am Donnerstag, dem 18. April zu einem neuerlichen Verhör. Luthers Rede hierbei wurde bald gedruckt und auch in eine anonyme Sammlung der »Acta et res gestae D. Martini Lutheri in Comitiis Imperialibus Principum« aufgenommen (Text a). Da es – wohl auch aufgrund der Nähe mancher Äußerungen Luthers zu den alten Gravamina-Forderungen (s. Bd. 2, Text Nr. 74) – unter den Ständen Sympathien für Luther gab, ließ Karl V. trotz seines deutlichen, in französischer Sprache persönlich formulierten Bekenntnisses (Text b) noch Verhandlungen der Stände zu. Nach Luthers Abreise erließ der Kaiser mit dem Plazet der Reichsstände das Wormser Edikt. Es war vom päpstlichen Nuntius Aleander formuliert worden, und am 8. Mai erteilte der Kaiser den Beurkundungsbefehl, die Unterzeichnung erfolgte am 26. Mai nach Vorlage vor den Reichsständen (Text c). Zu diesem Zeitpunkt war Luther schon von seinem Landesherren Friedrich dem Weisen in Sicherheitsgewahrsam auf der Wartburg genommen worden – das plötzliche Verschwinden des Reformators löste in Deutschland Entsetzen und Schrecken aus, wie der Eintrag Albrecht Dürers in das Tagebuch, das er auf seiner Reise in die Niederlande (1520/1) führte, zeigt (Text d).

a) **Luthers Bekenntnis vor dem Reichstag** (18. April 1518)

»Erhabenster Herr und Kaiser, durchlauchtigste Fürsten, gnädigste Herren! Zu der mir gestern Nachmittag festgesetzten Zeit erscheine ich gehorsam und bitte um der Barmherzigkeit Gottes willen, Eure erhabenste Majestät und Eure durchlauchtigsten Herrschaften wollen geruhen, diese Sache der (wie ich hoffe) Gerechtigkeit und Wahrheit gnädig anzuhören, und es mir gütig nachsehen, wenn ich aus meiner Unerfahrenheit jemandem den gebührenden Titel nicht gebe oder auf irgendeine Weise gegen höfischen Brauch und Verhalten verstoße; ich habe bisher nicht an Höfen, sondern in Mönchswinkeln (non in aulis sed in angulis monachorum) gelebt und kann von mir aus nur das bezeugen, dass ich bis jetzt in solcher Einfalt des Geistes gelehrt und geschrieben habe, dass ich allein Gottes Ehre und die rechte Unterweisung derer, die an Christus glauben, erstrebt habe.

Erhabenster Kaiser, durchlauchtigste Fürsten! Auf die erste jener zwei mir gestern durch Eure geheiligte Majestät vorgelegten Fragen – ob ich die verlesenen, unter meinem Namen verbreiteten Schriften als die meinigen anerkenne und ob ich sie weiter vertreten oder widerrufen wolle – habe ich sofort die klare Antwort gegeben, bei der ich auch bleibe und in Ewigkeit bleiben werde: Es sind meine von mir unter meinem Namen veröffentlichten Schriften, es sei denn, dass durch gegnerische List oder durch Besserwisserei etwas in ihnen verändert oder entstellt abgedruckt worden ist. Denn ich erkenne nur das an, was mir allein zu eigen und von mir allein geschrieben worden ist, ohne jede bemüßigte Auslegung, wie sie auch gemeint sei.

Auf die andere Frage bitte ich, Eure geheiligte Majestät und Eure Herrschaften wollen darauf achten, dass meine Schriften nicht alle von einerlei Art sind. In einigen von ihnen habe ich von Glauben und Sitten (pietas fidei et morum) so einfältig und evangelisch gehandelt, dass selbst die Gegner zugeben müssen, dass sie nützlich, unschädlich und der Lektüre durch die Christen wert sind. Sogar die harte und grausame Bulle[1] hält einige meiner Schriften für unschädlich, wenngleich sie mit wahrhaft ungeheuerlichem Urteil auch diese verurteilt. Widerriefe ich also diese Schriften, was täte ich anderes, als als einziger Sterblicher die Wahrheit, die Freunde und Feinde gleichermaßen bekennen, zu verurteilen und als einziger dem einhelligen Bekenntnis aller zu widerstreben?

Eine zweite Art von Schriften bekämpft das Papsttum und die Dinge der Papisten als diejenigen, die mit ihren grundschlechten Lehren und Beispielen den christlichen Erdkreis an Geist und Leib verwüstet haben. Denn das kann niemand leugnen oder verbergen, da es die Erfahrung und die Klage aller bezeugen, dass die Gesetze des Papstes und die Menschenlehren die Gewissen der Gläubigen elend in Fesseln geschlagen, misshandelt und zu Tode gefoltert haben und dass vor allem in dieser ruhmreichen deutschen Nation (in hac inclita Germaniae natione) Hab und Gut von unglaublicher Tyrannei ohne Ende und auf unwürdige Weise verschlungen worden sind und noch verschlungen werden. Und in ihren (der Papisten) eigenen Dekreten (D. 9 und C. 25, q. 1 c. 6)[2] heißt es, Gesetze und Lehren des Papstes, die dem Evangelium oder den Lehren der Väter widersprechen, hätten für irrig und ungültig zu gelten. Sollte ich daher diese Schriften widerrufen, so mag ich mich durch nichts anderes auszeichnen, als dass ich die Tyrannei stärke und solcher Gottlosigkeit (tanta impietas) nicht nur die Fenster, sondern auch die Pforten öffne, so dass sie sich weiter und ungehinderter ausbreitet, als sie bis jetzt je gewagt hat. Und kraft dieses Widerrufes wird die Herrschaft ihrer hemmungslosen und straflosen Bosheit für das arme Volk (miserum vulgus) noch viel unerträglicher und dabei noch gestärkt und befestigt werden, zumal wenn man sich brüsten kann, ich hätte das mit der Autorität Eurer geheiligten, durchlauchtigsten Majestät und des ganzen Römischen Reiches getan. Was für ein Schanddeckel, guter Gott, wäre ich da der Bosheit und Tyrannei!

Die dritte Art Schriften sind die, die ich gegen einige private und einzelne (wie man sie nennt) Personen geschrieben habe, die es unternommen haben, für die römische Tyrannei einzutreten und den von mir gelehrten Glauben (pietas a me docta) zu erschüttern. Ich bekenne, dass ich gegen sie schroffer gewesen bin, als es einem Christen und Mönch ansteht. Denn ich mache aus mir keinen Heiligen, disputiere auch nicht über mein Leben, sondern über die Lehre Christi (doctrina Christi). Auch diese Schriften kann ich nicht widerrufen, weil durch diesen Widerruf Tyrannei und Gottlosigkeit unter meinem Schutz gewalttätiger denn je herrschen und wider das Volk Gottes wüten würden.

Weil ich aber ein Mensch bin und nicht Gott, kann ich meinen Schriften nicht anders beistehen, als mein Herr Jesus Christus seiner Lehre beigestanden hat, der, als er vor Hannas über seine Lehre befragt wurde und ein Diener ihn ins Gesicht schlug, gesagt hat: ›Habe ich unrecht geredet, so beweise, dass es unrecht ist‹ (Joh 18,23). Wenn der Herr selbst, der wusste, dass er nicht irren könne, es nicht verschmäht, selbst von einem niederen Knecht ein Zeugnis gegen seine Lehre zu hören, wieviel mehr muss dann ich Nichts, der nur irren kann, darum bitten und es erwarten, ob jemand wider meine Lehre Zeugnis vorbringen will. Darum bitte ich um der Barmherzigkeit Gottes willen, Eure Majestät, Eure durchlauchtigsten Herrschaften oder wer auch immer es vermag, sei er der Höchste oder Geringste, so wolle er Zeugnis geben, die Irrtümer widerlegen, sie mit Propheten- und Evangelienzeugnissen überwinden; denn ich werde, wenn ich belehrt worden bin, begierig sein, jeden möglichen Irrtum zu widerrufen, und werde der erste sein, der meine Bücher ins Feuer wirft.

Daraus geht, so meine ich, hervor, dass ich die aus Anlass meiner Lehre in der Welt entstandenen Gefahren, Zwietracht und Streitigkeiten, derentwegen ich gestern ernst und streng ermahnt worden bin, wohl im Auge gehabt und erwogen habe. Für mich ist es allerdings ein überaus erfreulicher Anblick zu sehen, dass um des Wortes Gottes willen Eifer und Zwietracht entstehen. Denn das ist der Lauf, Fall und Ausgang des Wortes Gottes, wie der Herr sagt: ›Ich bin nicht gekommen, Frieden zu bringen, sondern das Schwert; denn ich bin gekommen, einen Menschen mit seinem Vater zu entzweien usw.‹ (Mt 10,34f.). Darum müssen wir bedenken, wie wunderbar und schrecklich (mirabilis et terribilis) unser Herr in seinen Ratschlägen ist, damit nicht das, was zur Beilegung von Streitigkeiten unternommen wird – wenn wir damit anfangen, das Wort Gottes zu verurteilen–, zu einer Sintflut unerträglichen Übels führe und zu besorgen wäre, dass die Regierung dieses jungen edlen Fürsten Karl (auf den sich nächst Gott viel Hoffnung richtet) unheilvoll werden könnte. Ich könnte das an vielen Beispielen der Schrift vom Pharao, vom König von Babylon und von den Königen Israels zeigen, die sich dann am schlimmsten zugrunde gerichtet haben, wenn sie mit den allerweisesten Ratschlüssen ihre Reiche befrieden und befestigen wollten. Denn Er ist es, der die Klugen in ihrer List fängt und Berge zu Fall bringt, ehe sie es merken (Hi 5,13; 9,5). Darum bedarf es der Furcht Gottes. Ich sage das nicht, weil so erhabene Männer der Belehrung und Ermahnung durch mich bedürften, sondern weil ich meinem Deutschland den Gehorsam, den ich ihm schulde, nicht vorenthalten darf. Damit befehle ich mich Eurer Majestät und Euren Herrschaften. Ich bitte demütig, sie wollen mich nicht durch den Eifer meiner Gegner ohne Grund bei sich in Ungnade fallen lassen. Ich habe gesprochen.«

Hierauf erklärte der Sprecher des Reichstags in scheltendem Ton, ich hätte nicht auf die Frage geantwortet (me non ad rem respondisse). Auch dürfe ich nicht Dinge in Erörterung ziehen, die längst auf den Konzilien beschlossen und verdammt seien. Deshalb verlange man, ich solle einfach unumwunden antworten, ob ich widerrufen wolle oder nicht.

Darauf entgegnete ich: »Weil Eure geheiligte Majestät und Eure Herrschaften es verlangen, will ich eine schlichte Antwort geben, die weder Hörner noch Zähne hat: Wenn ich nicht durch das Zeugnis der Heiligen Schrift oder vernünftige Gründe überwunden werde (nisi convictus fuero testimoniis scripturarum aut ratione evidente) – denn weder dem Papst, noch den Konzilien allein vermag ich zu glauben, da es feststeht, dass sie wiederholt geirrt und sich selbst widersprochen haben –, so halte ich

mich überwunden durch die Schriften, die ich angeführt habe, und mein Gewissen ist durch Gottes Worte gefangen (capta conscientia in verbis dei). Und darum kann und will ich nichts widerrufen, weil gegen das Gewissen zu handeln weder sicher noch lauter ist.
Ich kann nicht anders, hier stehe ich, Gott helfe mir. Amen.«[3]

Quelle: WA 7, 832,2-838,9; *Übers.*: J. Kühn (Hg.), Luther und der Wormser Reichstag 1521. Aktenstücke und Briefe, in: Voigtländers Quellenbücher 73 o.J. [1914] 69-75; K.-V. Selge, in: F. Reuter (Hg.), Der Reichstag zu Worms von 1521. Reichspolitik und Luthersache, Köln ²1981, 184-186. – *Literatur*: s. bei Text c.

b) Das Bekenntnis des Kaisers (19. April 1521)

Ihr wisst, ich stamme ab von den allerchristlichsten Kaisern der edlen deutschen Nation, von den katholischen Königen Spaniens, den Erzherzögen Österreichs, den Herzögen von Burgund, die alle bis zum Tod treue Söhne der römischen Kirche gewesen sind, immer Verteidiger des katholischen Glaubens, der heiligen Zeremonien, Gesetze, Anweisungen und der heiligen Gebräuche – zur Ehre Gottes, Mehrung des Glaubens und zum Heil der Seelen. Nach ihrem Heimgang haben sie uns dank angestammten Rechts (droit naturel) die genannten heiligen katholischen Verpflichtungen als Erbe hinterlassen, um ihnen gemäß zu leben und zu sterben nach ihrem Beispiel – ihnen gemäß haben wir als wahre Nachahmer dieser unserer Vorgänger kraft der Gnade Gottes bisher gelebt.
Aus diesem Grund bin ich fest entschlossen, alles aufrechtzuerhalten, was meine genannten Vörgänger und ich bis zur Stunde aufrechterhalten haben; besonders aber was meine genannten Vorgänger verordnet haben sowohl auf dem Konstanzer Konzil als auf anderen: Denn es ist gewiss, dass ein einzelner (Ordens)bruder irrt mit seiner Meinung, die gegen die ganze Christenheit steht, sowohl während der vergangenen tausend und mehr Jahre als auch in der Gegenwart; andernfalls wäre die ganze genannte Christenheit immer im Irrtum gewesen und würde es (noch heute) sein. Deshalb habe ich mich entschlossen, alles in dieser Sache daranzusetzen: meine Königreiche und Herrschaften, meine Freunde, meinen Leib, mein Blut, mein Leben und meine Seele. Denn es wäre eine große Schande für mich und für Euch, die edle und gerühmte deutsche Nation, die wir durch Privileg und einzigartiges Prestige berufen sind zu Verteidigern und Schutzherren des katholischen Glaubens (deffensseurs et protecteurs de la foy catholique), wenn in unserer Zeit durch unsere Nachlässigkeit nicht allein Häresie, sondern (schon) Häresieverdacht oder eine Minderung der christlichen Religion im Gedächtnis der Menschen nach uns bliebe, zu unserer und unserer Nachfolger ewigen Unehre.
Und nachdem wir die hartnäckige Antwort gehört haben, die Luther gestern in unser aller Gegenwart gegeben hat, erkläre ich Euch, dass es mich reut, solange gezögert zu haben, gegen den genannten Luther und seine falsche Lehre vorzugehen; und ich bin fest entschlossen, ihn ferner nicht mehr zu hören; vielmehr möchte ich, dass er sofort gemäß dem Wortlaut des Mandats zurückgeführt werde, in Beobachtung des Textes seines Freigeleits: (aber) ohne zu predigen und ohne das Volk zu unterweisen in seiner schlechten Lehre und ohne es darauf anzulegen, dass eine (Volks)bewegung ausbreche. Und, wie ich oben gesagt habe, bin ich fest entschlossen, mich so (zu ihm) zu verhalten und gegen ihn vorzugehen wie gegen einen notorischen Häretiker; Euch aber ersuche ich, dass Ihr Euch in dieser Sache als gute Christen erweist, wie Ihr es ja zu tun gehalten seid und wie Ihr es mir versprochen habt.

Quelle: DRTA.JR 2, 595,7-596,1; *Übers.*: H. Wolter, in: F. Reuter (Hg.), Der Reichstag zu Worms von 1521. Reichspolitik und Luthersache, Köln ²1981, 226-229. – *Literatur*: s. Text c.

c) **Das Wormser Edikt** (8./26.5.1521)

... Unserem römischen kaiserlichen Amt steht es zu, ... darauf zu sehen, dass im Römischen Reich keine Befleckung durch Ketzerei oder Argwohn unseren heiligen Glauben verunreinige... Wenn wir deshalb einige Ketzereien, die in den vergangenen drei Jahren (innerhalb dreien jaren) in der deutschen Nation entsprungen sind und früher durch die heiligen Konzilien und päpstlichen Satzungen mit Zustimmung der gesamten Kirche tatsächlich verdammt wurden und nun aufs Neue aus der Hölle heraufgezogen sind, tiefer einwurzeln ließen und aufgrund unserer Nachlässigkeit nachsichtig und duldsam wären, würde unser Gewissen spürbar beschwert und die Ehre unseres Namens schon beim glückseligen Beginn unserer Regierung von einem dunklen Nebel umfangen.

Es ist unbezweifelt und für alle offensichtlich, wie weit der Irrtum und die Ketzerei vom christlichen Weg abweichen, die ein gewisser Martin Luther aus dem Augustinerorden in die christliche Religion und Ordnung vor allem in der durchlauchtigsten deutschen Nation, die Unglauben und Ketzerei unaufhörlich zurückweist, einzuführen und zu besudeln sich untersteht, und zwar dergestalt, dass – wenn dem nicht schleunigst begegnet wird – dadurch dieselbe ganze deutsche Nation und schließlich durch solche Einwurzelung alle anderen Nationen in unmenschliche Trennungen und erbärmlichen Abfall von den guten Sitten, vom Frieden und christlichen Glauben kommen werden. Deshalb ist unser Heiliger Vater Papst Leo X., der heiligen römischen und allgemeinen christlichen Kirche oberster Bischof, zu Recht ... mit den üblichen Mitteln und Wegen dagegen vorgegangen...

Und obwohl wir diese Ermahnung nach Übergabe der päpstlichen Bulle und zuletzt die Verurteilung Luthers an vielen Orten der deutschen Nation verkündet haben und auch in unseren niederburgundischen Landen und besonders in Köln, Trier, Mainz und Lüttich zu vollziehen geboten haben, hat sich doch Martin Luther darüber nicht nur nicht besonnen, gebessert, noch seine Irrtümer widerrufen, noch von der päpstlichen Heiligkeit Absolution und in der heiligen christlichen Kirche Gnade erbeten, sondern seines verkehrten Sinnes und Verständnisses überaus böse Frucht und Wirkung – wie ein Wütender in eine offenbare Unterdrückung der heiligen Kirche einfallend – durch viele Bücher, die nicht allein von neuen, sondern von bereits früher durch heilige Konzilien verdammten Ketzereien und Gotteslästereien voll sind, in lateinischer und deutscher Sprache von ihm selbst oder wenigstens unter seinem Namen verfasst, täglich verbreitet.

Darin hat er die von der heiligen Kirche solange festgehaltene Siebenzahl der Sakramente, ihre Ordnung und ihren Gebrauch zerstört, verdreht, verletzt und die ewigen Gesetze der heiligen Ehe in ausgesuchter Weise schändlich befleckt. Er sagt, die heilige Ölung sei ein erdichtetes Ding. Er will Anwendung und Empfang des unaussprechlich heiligen Sakraments in der Gewohnheit und Übung, wie sie bei den verdammten Böhmen üblich ist[4]. Er verdreht von Anfang an die Beichte, die den von Sünden befleckten und beladenen Herzen am allernützlichsten ist, dermaßen, dass daraus keine Grundlage noch Frucht abgeleitet werden kann. Schließlich droht er noch, über die Beichte soviel zu schreiben, dass nicht nur jeder aus diesen seinen verrückten Schriften es wagen wird zu sagen, die Beichte sei fruchtlos, sondern die meisten auch predigen werden, dass man nicht beichten müsse. Er hält von priesterlichem Amt und Weihe am allerwenigsten und wagt es auch, die Laien (die weltlichen laischen personen) zu bewegen, ihre Hände im Blut der Priester zu waschen.

Er schmäht den obersten Priester unseres christlichen Glaubens, den Nachfolger des Heiligen Petrus und Christi wirklichen Stellvertreter auf Erden, mit verleumderischen und schändlichen Worten und verfolgt ihn mit mannigfaltigen unerhörten Anfeindungen und Schmähungen. Er schließt aus heidnischen Dichtungen, dass es keinen freien Willen gebe, und zwar in dem Sinne, dass alle Dinge in einer festen Bestimmung stehen. Er schreibt, dass die Messfeier niemandem zugute komme außer dem, der sie vollbringt. Dazu verkehrt er die Übung des Fastens und Betens, wie sie von der heiligen Kirche festgesetzt und bisher gehalten worden ist. Besonders verachtet er auch die Autorität der heiligen Väter, die von der Kirche als solche erklärt sind. Er setzt sich gänzlich hinweg über Gehorsam und Leitung und schreibt fast gar nichts anderes, als was zu Aufruhr, Spaltung, Krieg, Totschlag, Räuberei, Brandstiftung und völligem Abfall des christlichen Glaubens gereicht und dient. Dann lehrt er auch ein freies, eigenwilliges Leben, das von keinem Gesetz gebunden und ganz viehisch ist. Er ist also ein freier, eigenwilliger Mensch, der jedes Gesetz verdammt und unterdrückt, wie er ja dann auch kein Entsetzen und keine Scheu gezeigt hat, die Dekrete und geistlichen Gesetze öffentlich zu verbrennen[5]. Und da er vor dem weltlichen Schwert noch weniger Ehrfurcht hat als vor des Papstes Bann und Strafe, hat er auch das weltliche Recht boshaft missachtet.
Er schämt sich nicht, jetzt öffentlich gegen die heiligen Konzilien zu reden und sie mit Absicht zu schmähen und zu verletzen, unter diesen greift er besonders das Konzil von Konstanz allenthalben mit seinem schmutzigen Mund hart an; er nennt es – zur Schmach und Herabsetzung der gesamten christlichen Kirche und der deutschen Nation – eine Synagoge des Teufels, und jene, die daran teilgenommen und verordnet hatten, dass Johannes Hus wegen seiner ketzerischen Handlung zu verbrennen sei, nämlich unseren Vorgänger Kaiser Sigismund sowie die Fürsten des heiligen Reiches und die allgemeine Versammlung bezeichnet er als Antichristen, Teufelsapostel, Totschläger und Pharisäer und sagt, dass alles das, was in diesem Konzil wegen der Ketzerei des Hus verdammt wurde, christlich und evangelisch sei, und behauptet, er könne es beweisen. Die Artikel, die dieses Konzil angenommen und beschlossen hat, will er keineswegs gelten lassen und ist in seinem Verlangen in eine solche Unsinnigkeit verfallen, dass er sich rühmt, wenn der erwähnte Hus einmal ein Ketzer gewesen sei, so sei er zehnmal ein Ketzer. Ohne alle anderen unzähligen Bosheiten Luthers aufzuzählen, sei kurz gesagt: Dieser eine, nicht ein Mensch, sondern der böse Widersacher (böss veinde) leibhaftig in Gestalt eines Menschen mit angenommener Mönchskutte, hat die auf das schärfste verdammten Irrlehren aller Ketzer, die lange Zeit verborgen waren, in eine stinkende Pfütze zusammengesammelt und selber einige neue dazu erdacht unter dem Anschein, er predige den Glauben, den er jedermann mit solch großer Mühe einprägt, damit er den wahren und rechten Glauben zerstören und unter Namen und Schein der evangelischen Lehre allen evangelischen Frieden, Liebe, Ordnung aller guten Dinge sowie die wohlgestalte Erscheinung des Christentums (die allerzierlichst christlich gestalt) verkehre und unterdrücke...
Da nun die Sache dermaßen verlaufen ist und Martin Luther so ganz verhärtet und verkehrt in seinen offenkundigen ketzerischen Auffassungen verharrt und deshalb von all denen, die Gottesfurcht und Vernunft haben, für töricht oder vom bösen Geist besessen befunden wurde, ... haben wir zu ewigem Gedächtnis dieser Verhandlung, zur Vollstreckung des Dekrets, des Urteils und der Verdammung entsprechend der Bulle, die unser Heiliger Vater, der Papst, als ordentlicher Richter in diesen Angelegenheiten verkündet hat, festgesetzt, dass Ihr den erwähnten Martin Luther als ein von Gottes Kirche abgesondertes Glied und einen verstockten Schismatiker (zertrenner) und offenbaren Ketzer von uns und Euch allen und jedem einzeln anzusehen und zu halten erkennt und erklärt und dies kraft dieses Schreibens bewusst in die Tat

umsetzt. Und weiter gebieten wir Euch allen und jedem Einzelnen bei seinen Pflichten, womit Ihr uns und dem heiligen Reich verbunden (verwandt) seid, ... dass Ihr allesamt und jeder einzelne ... nach Ablauf der oben erwähnten 20 Tage, die am 14. Tag des gegenwärtigen Monats Mai enden, den vorgenannten Martin Luther nicht in Euer Haus aufnehmt, nicht bei Hofe empfangt, ihm weder zu essen noch zu trinken gebt, ihn nicht versteckt, ihm nicht mit Worten oder Werken heimlich noch öffentlich irgendeine Hilfe, Anhängerschaft, Beistand oder Vorschub erweiset, sondern sofern Ihr ihm beikommen, ihn ergreifen und seiner mächtig werden könnt, ihn gefangen nehmt und uns wohlbewahrt zusendet oder das zu tun beauftragt oder uns wenigstens, wenn er Euch in die Hand gebracht wird, unverzüglich verkündet und anzeigt und ihn inzwischen im Gefängnis behaltet, bis Euch von uns Bescheid gegeben wird, was Ihr ferner nach Rechtsordnung gegen ihn unternehmen sollt und Ihr für ein solches heiliges Werk, Eure Mühe und Kosten eine angemessene Entschädigung empfangen werdet. Aber gegen seine Verbündeten, Anhänger, Verberger, Vorschubleister, Gönner und Nachfolger sowie deren bewegliche und unbewegliche Güter sollt Ihr kraft der heiligen Konstitution und unser und des Reiches Acht und Aberacht in dieser Weise handeln: nämlich sie niederwerfen und fangen und ihre Güter in Eure Hände nehmen und sie zu Eurem eigenen Nutzen verwenden und behalten ohne irgendeine Behinderung, es sei denn, dass sie durch glaubwürdiges Gehaben (schein) anzeigen, dass sie diesen unrechten Weg verlassen und die päpstliche Absolution erlangt haben. Ferner gebieten wir Euch allen und einem jeden von Euch, ... dass keiner von Euch die Schriften des obengenannten Martin Luther, die von unserem Heiligen Vater, dem Papst, wie oben steht, verdammt, und alle anderen Schriften, die in Latein und Deutsch oder in anderer Sprache bisher von ihm verfasst sind oder künftig verfasst werden, als boshaft, argwöhnisch und verdächtig und von einem offenbaren, hartnäckigen Ketzer ausgegangen, kaufe, verkaufe, lese, behalte, abschreibe, drucke oder abschreiben oder drucken lasse, noch sich seiner Meinung anschließe, diese auch nicht festhalte, predige oder schütze noch in einer anderen Weise, wie Menschensinn erdenken kann, es wage, ohne Rücksicht darauf, ob darin etwas Gutes eingeführt werde, um den einfältigen Menschen damit zu betrügen.

Quelle: DRTA.JR 2, 643,19f.26f.; 644,5-23.29; 645,26-648,19; 653,1-5; 653,19-654,9; 654,14 – 655,23. – *Literatur:* P. Kalkoff, Der Wormser Reichstag von 1521. Biographische und quellenkritische Studien zur Reformationsgeschichte, München/ Berlin 1922; B. Lohse, Luthers Antwort in Worms, in: Luther 29 (1959) 124-134; F. Kessel, Luther vor dem Reichstag in Worms 1521, in: E. Kaufmann (Hg.), Festgabe für Paul Kirn, Berlin 1961, 172-190; R. Wohlfeil, Der Wormser Reichstag von 1521 (Gesamtdarstellung), in: F. Reuter (Hg.), Der Reichstag zu Worms von 1521. Reichspolitik und Luthersache, Köln [2]1981, 59-154; K.-V. Selge, Capta conscientia in verbis Dei. Luthers Widerrufsverweigerung in Worms, ebd. 180-207; H. Lutz, Das Reich, Karl V. und der Beginn der Reformation, in: ders., Politik, Kultur und Religion im Werdeprozeß der frühen Neuzeit, Klagenfurt 1982, 53-66; H. Scheible, Die Gravamina, Luther und der Wormser Reichstag 1521, in: ders., Melanchthon und die Reformation, Mainz 1996 (VIEG. Beih. 41), 167-183 (= BPfKG 39 [1972] 167-183); H. Rabe, Karl V. und die deutschen Protestanten. Wege, Ziele und Grenzen der kaiserlichen Religionspolitik, in: ders. (Hg.), Karl V. Politik und politisches System, Konstanz 1996, 317-345; G. Schmidt, Luther und die frühe Reformation – ein nationales Ereignis?, in: B. Moeller (Hg.), Die frühe Reformation in Deutschland als Umbruch, Gütersloh 1998 (SVRG 199), 54-75; B. Moeller, Luthers Bücher auf dem Wormser Reichstag von 1521, in: ders., Luther-Rezeption. Kirchenhistorische Aufsätze zur Reformationsgeschichte, hg. v. J. Schilling, Göttingen 2001, 121-140; A. Kohnle, Reichstag und Reformation. Kaiserliche und ständische Religionspolitik von den Anfängen der Causa Lutheri bis zum Nürnberger Religionsfrieden, Gütersloh 2001 (QFRG 72), 85-104; A. Kohnle, Art. Wormser Edikt, in: TRE 36, Berlin/ New York 2004, 287-291.

d) Albrecht Dürer: Klage um Luther (17.5.1521)

Ferner erhielt ich am Freitag vor Pfingsten im Jahr 1521 weitere Nachrichten in Antwerpen, dass man Martin Luther so verräterisch gefangen genommen habe. Denn man hatte dem Herold Kaiser Karls, der ihm zum Geleit mitgegeben worden war, vertraut. Aber kaum hatte ihn der Herold bei Eisenach in eine unwirtliche Gegend gebracht, erklärte er, er benötige ihn nicht mehr, und ritt davon. Binnen kurzem waren zehn berittene Pferde da, die durch Verrat den preisgegebenen (verkaufften), frommen und vom Heiligen Geist erleuchteten Mann entführten, der in der Nachfolge Christi und des wahren christlichen Glaubens stand.
Und ob er nun lebt oder sie ihn ermordet haben, ich weiß es nicht, so hat er das um der christlichen Wahrheit willen gelitten und deswegen, weil er das unchristliche Papsttum angegriffen (gestrafft) hat, das sich der Freiheit Christi (Christus frey lassung) widersetzt, indem es durch menschliches Gesetz große Beschwernisse auferlegt und auch dadurch, dass uns noch Blut und Schweiß geraubt und ausgepresst werden und wir da auf so schändliche Weise von untätitgem Volk schmählich ausgezehrt werden, während die bedürftigen kranken Menschen deswegen Hungers sterben müssen. Und vor allem kommt mir am schwersten an, dass uns Gott vielleicht noch unter ihrer falschen blinden Lehre lassen will, die doch die Menschen, die sie Väter nennen, erdichtet und formuliert haben, wodurch uns das göttliche Wort vielfach falsch ausgelegt oder gar nicht vorgesetzt wird.
Ach Gott vom Himmel, erbarme dich unser, O Herr Rex Christe, bitte für dein Volk. Erlöse uns zur rechten Zeit, behalte in uns den rechten wahren christlichen Glauben, versammle deine weit zerstreute Schar durch deine Stimme, die die Schrift dein göttliches Wort nennt. Hilf uns, dass wir diese seine Stimme erkennen und keiner anderen Pfeife, dem Wahn der Menschen, nachfolgen, auf dass wir, Herr Jesu Christe, nicht von dir weichen. Rufe die Schafe deiner Weide, von denen ein Teil sich noch in der römischen Kirche findet, wieder zusammen mit den Indianern, Moskowitern, Russen, Griechen, die durch die Geldgier der Päpste, durch falschen heiligen Schein getrennt worden sind. Ach Gott, erlöse dein armes Volk, das durch den großen Bann und Gebote, von denen es keines gerne erfüllt, gezwungen wird, weswegen es sich ständig in seinem Gewissen als sündig erfährt, wenn es diese Gebote übertritt. O Gott, noch nie hast du ein Volk so grausam mit Menschengesetzen belastet wie uns arme Christen unter dem römischen Stuhl, die wir doch, beständig durch dein Blut erlöst, freie Christen sein sollen.
O höchster himmlischer Vater, gieße durch deinen Sohn Jesus Christus in unsere Herzen ein solches Licht, an dem wir erkennen, zum Halten welcher Gebote wir verpflichtet sind, damit wir die anderen Belastungen mit gutem Gewissen fallen lassen und dir, ewiger Gott, himmlischer Vater, mit freudigem, fröhlichem Herzen dienen. Und wenn wir diesen Mann verlieren, der mit größerer Klarheit geschrieben hat als irgendeiner von denen, die in den vergangenen 140 Jahren gelebt haben[6] und dem du einen solchen evangelischen Geist gegeben hast, bitten wir dich, o himmlischer Vater, dass du deinen heiligen Geist wiederum einem anderen gebest, der dann deine heilige christliche Kirche überall wieder zusammenführe, auf dass wir alle einig und christlich leben und angesichts unserer guten Werke alle Ungläubigen wie Türken, Heiden, Kalkutter sich zu uns bekehren und den christlichen Glauben annehmen.
Aber, Herr, du willst, dass es deinem Nachfolger Martin Luther, den der Papst mit seinem Geld verräterisch und Gott zuwider ums Leben bringt, ergeht wie deinem Sohn Jesus Christus, der auf Geheiß der Priester sterben musste und vom Tod auferstand – so wirst du auch Luther auferwecken. Und wie du damals, Herr, angeordnet hast, dass Jerusalem deswegen zerstört wurde, so wirst du auch diese selbst an-

gemaßte Macht des römischen Stuhls zerstören. Ach Herr, verleihe uns danach das geschmückte neue Jerusalem, das vom Himmel herabsteigt, wovon die Apokalypse schreibt (Offb 3,12): das heilige klare Evangelium, das nicht von menschlicher Lehre verdunkelt ist.

Darum sehe ein jeder, der Doktor Martin Luthers Bücher liest, wie klar und einsichtig seine Lehre ist, wenn er das heilige Evangelium anführt. Darum sollte man sie in hohen Ehren halten und nicht verbrennen – es sei denn, man würde seine Gegner, die alle Zeit gegen die Wahrheit kämpfen, mitsamt ihren Lehrmeinungen ins Feuer werfen. Sie machen doch aus Menschen Götter. Und selbst dann sollte man wieder neue lutherische Bücher drucken.

O Gott, wenn Luther tot ist – wer soll uns künftig das heilige Evangelium so klar vor Augen stellen? Auch Gott, was hätte er uns in zehn oder zwanzig Jahren noch schreiben können! O all ihr frommen Christenmenschen, helft mir eifrig diesen von Gottes Geist erfüllten Menschen zu beweinen und Gott zu bitten, uns einen andern erleuchteten Mann zu senden. O Erasmus von Rotterdam, wo bleibst du? Sieh, was die ungerechte Tyrannei der weltlichen Gewalt und die Macht der Finsternis vermag! Höre, du Ritter Christi, reite hervor neben den Herrn Christus, beschütze die Wahrheit, erlange die Märtyrerkrone! Du bist doch sonst ein altes Männlein. Ich habe von dir gehört, dass du dir selbst noch zwei Jahre gibst, die du bei Kräften bist, etwas zu tun. Nutze die gut für das Evangelium und den wahren christlichen Glauben und lasse dich dann hören, so werden die Pforte der Hölle, der römische Stuhl, dich nicht überwinden, wie Christus sagt (Mt 16,18). Und wenn du dann auch deinem Meister Christus gleichförmig werden solltest und Schmach von den Klägern in dieser Zeit erdulden musst und um ein Weniges früher sterben solltest, so wirst du doch früher vom Tod wieder ins Leben kommen und von Christus verherrlicht. Denn wenn du aus dem Kelch trinkst, den er getrunken hat, wirst du in Ewigkeit mit ihm regieren und richten mit Gerechtigkeit über die, die nicht klug gehandelt haben.

O Erasmus, bewähre dich hier, dass Gott sich deiner rühme, wie von David geschrieben steht; denn du kannst das tun und wahrlich, du kannst den Goliath fällen. Denn Gott steht bei der heiligen christlichen Kirche, wie er sich auch unter den Römischen befindet, nach seinem göttlichen Willen. Der helfe uns zu der ewigen Seligkeit, Gott Vater, Sohn und Heiliger Geist, ein einiger Gott. Amen. O ihr Christenmenschen, bittet Gott um Hilfe, denn sein Urteil naht und seine Gerechtigkeit wird offenbar. Dann werden wir die unschuldigen Blutopfer sehen, die der Papst, die Pfaffen und die Mönche vergossen, gerichtet und verdammt haben, Offb (16,6). Das sind die Ermordeten, die unter dem Altar Gottes liegen und um Rache schreien (Offb 6,9f.), worauf die Stimme Gottes antwortet: Wartet, bis die Zahl der unschuldig Ermordeten vollkommen ist, dann werde ich richten.

Quelle: Albrecht Dürers schriftlicher Nachlass, hg. v. E. Heidrich, Berlin 1918, 95-101. – *Literatur:* F. Saxl, Dürer and the Reformation, in: ders., Lectures, London 1957, 267-276; H. Lutz, Albrecht Dürer in der Geschichte der Reformation, in: HZ 206 (1968) 22-44; G. Seebaß, Dürers Stellung in der reformatorischen Bewegung, in: ders., Die Reformation und ihre Außenseiter. Gesammelte Aufsätze und Vorträge, hg. v. I. Dingel, Göttingen 1997, 79-112; E. Panofsky, Das Leben und die Kunst Albrecht Dürers, Frankfurt/M. 1995; E. Rebel, Albrecht Dürer. Maler und Humanist, München 1996; K. Arndt/ B. Moeller, Albrecht Dürers »Vier Apostel«. Eine kirchen- und kunsthistorische Untersuchung, Gütersloh 2003 (SVRG 202).

[1] *Die Bulle »Exsurge Domine«, s. Nr. 17.*

[2] *Corpus Iuris Canonici, hg. v. E. Friedberg. Bd. 1, Leipzig 1879 (= Graz 1955), 17f. 1008.*

[3] *Anstelle des im Bericht zum Abschluss der lateinischen Rede enthaltenen deutschsprachigen Spruchs »Ich kann nicht anderst, hie stehe ich, Gott helff mir, Amen« dürfte die kürzere Formulierung »Gott helf mir. Amen« die richtige sein (s. DRTA.JR 2,555f. Anm. 1).*
[4] *Also unter beiderlei Gestalten; zu den Hussiten, an die hier gedacht ist s. Bd. 2, Nr. 66. 68.*
[5] *Dies tat Luther in Reaktion auf die Bannandrohungsbulle am 10. Dezember 1520.*
[6] *Gemeint ist vermutlich John Wyclif (gest. 1384; s. Bd. 2 Text Nr. 65).*

22. Literarische Produktivität auf der Wartburg

Luther war nicht, wie Dürer und andere befürchtet hatten, von seinen Gegnern gefangen gesetzt worden, sondern sein eigener Landesherr Friedrich der Weise hatte ihn auf der Wartburg bei Eisenach verborgen. Er ließ seine Tonsur unter nachwachsendem Haar verschwinden und lebte hier als Junker Jörg vierzehn Monate in einer äußerst druckvollen Situation mit geringem Handlungsspielraum. Mit nur wenigen Hilfsmitteln übersetzte er das Neue Testament, wenn nicht nach der Vulgata als direkte Vorlage, so doch mit ihrem Ton im Ohr, aus dem griechischen Text. Nach seiner Rückkehr von der Wartburg wurde die Übersetzung im September 1522 in Wittenberg gedruckt (Text a) – die Keimzelle der Lutherbibel, die 1534 als Vollbibel vollendet vorlag. Auch der Prozess der Radikalisierung seiner Theologie schritt voran – bis hin zur Infragestellung der Grundlage der eigenen monastischen Existenz aufgrund der Rechtfertigungslehre. Diese auch persönliche Bedeutung macht die Vorrede an den Vater, der ihn einst am Eintritt in den Mönchsstand hatte hindern wollen, deutlich (Text b). Doch handelt es sich bei der Einsicht in die mangelnde Bindungswirkung der Gelübde um mehr als ein biographisches Detail – hiermit wurde eine der Grundstrukturen mittelalterlicher christlicher Ethik und kirchlicher Sozialform radikal in Frage gestellt.

a) Luthers Vorrede zum Septembertestament

Es wäre wohl recht und billig, dass dieses Buch ohne alle Vorrede und fremden Namen ausginge und nur seinen eigenen Namen und Rede führte. Aber weil durch manche wilde Deutung und Vorrede der Christen Sinn dahin irregeführt ist, dass man schier nicht mehr weiß, was Evangelium oder Gesetz, Neues oder Altes Testament bedeutet, sind Hinweis und Vorrede notwendig, damit der einfache Mann aus seinem alten Wahn auf die rechte Bahn geführt und unterrichtet werde, was er in diesem Buch erwarten solle, damit er nicht Gebot und Gesetze suche, wo er Evangelium und Verheißung Gottes suchen sollte.

Darum ist aufs Erste zu wissen, dass der Wahn aufzugeben ist, dass es vier Evangelien und nur vier Evangelisten gebe; und es ist ganz zu verwerfen, dass einige die Bücher des Neuen Testaments in Gesetzes-, Geschichts-, prophetische und Weisheitsbücher teilen und damit glauben, ich weiß nicht wie, das Neue dem Alten Testament gleichzumachen. Sondern es ist daran festzuhalten, dass, wie das Alte Testament ein Buch ist, in dem Gottes Gesetz und Gebot sowie die Geschichten sowohl derer, welche diese gehalten wie derer, die sie nicht gehalten haben, geschrieben sind, so das Neue Testament ein Buch ist, in dem das Evangelium und Gottes Verheißung sowie die Geschichte beider, derer die dran glauben und die nicht glauben, geschrieben sind. So kann man gewiss sein, dass es nur ein Evangelium gebe, gleich wie nur ein Buch des neuen Testaments und nur einen Glauben und nur einen Gott, der die Seligkeit verheißt.

Denn Evangelium ist ein griechisches Wort und heißt auf Deutsch »gute Botschaft«, »gute Mär«, »gute Neuigkeit«, »gute Nachricht« (gutt geschrey), davon man singet, saget und fröhlich ist...

So sehen wir nun, dass es nicht mehr als ein Evangelium gibt, gleichwie nur einen Christus, zumal »Evangelium« nichts anderes ist noch sein kann, als eine Predigt von Christus, Gottes und Davids Sohn, wahrem Gott und Mensch, der für uns mit seinem Sterben und Auferstehen Sünde, Tod und Hölle aller Menschen überwunden hat, die an ihn glauben; so kann also das Evangelium eine kurze und eine lange Rede sein, und einer dasselbe kurz, der andere lang beschreiben. Wer viele Werke und Worte Christi beschreibt, wie es die vier Evangelisten tun, beschreibt es ausführlich. Wer hingegen nicht von Christi Werken redet, sondern mit wenigen Worten anzeigt, wie er durch Tod und Auferstehung Sünde, Tod und Hölle überwunden habe für die, die an ihn glauben, der beschreibt es kurz, wie Petrus und Paulus es tun.

Darum siehe nun darauf, dass du nicht aus Christus einen Mose machest, noch aus dem Evangelium ein Gesetz, oder ein Lehrbuch, wie es bisher geschehen ist. Denn das Evangelium fordert eigentlich nicht unser Werk, dass wir damit fromm und selig werden, ja es verdammt vielmehr solche Werke. Es fordert vielmehr nur Glauben an Christus, dass derselbe für uns Sünde, Tod und Hölle überwunden hat und also uns nicht durch unsere Werke, sondern durch seine eigenen Werke, Sterben und Leiden, fromm, lebendig und selig macht, auf dass wir uns seines Sterbens und Überwindens zu eigen machen (annehmen) möchten, als hätten wir's selber getan...

Aus diesem allen kannst du nun recht über alle Bücher urteilen und unterscheiden, welches die besten sind. Denn das Evangelium des Johannes und die Briefe des Sankt Paulus, insbesondere der an die Römer, und der erste Brief des Sankt Petrus sind der rechte Kern und das Mark unter allen Büchern; daher sollten sie auch angemessener Weise die ersten sein. Und einem jeglichen Christen wäre zu raten, dass er diese in erster Linie und am allerhäufigsten lese und sich durch tägliches Lesen so vertraut machte wie das tägliche Brot. Denn in diesen findest du nicht viel Werke und Wundertaten Christi beschrieben, du findest aber gar meisterlich dargelegt, wie der Glaube an Christus Sünde, Tod und Hölle überwindet und das Leben, Gerechtigkeit und Seligkeit gibt. Und das ist, wie du gehört hast, die rechte Art des Evangeliums.

Denn wenn ich je auf deren eins verzichten sollte, auf die Werke oder die Predigten Christi, dann wollte ich lieber auf die Werke als auf seine Predigten verzichten. Denn die Werke hülfen mir nichts, aber seine Worte, die geben das Leben, wie er selbst sagt (Joh 6,63). Weil nun Johannes recht wenige Werke von Christus, aber recht viele seiner Predigten beschreibt, umgekehrt die anderen drei Evangelisten aber viele seiner Werke und wenige seiner Worte beschreiben, ist das Evangelium des Johannes das einzige, liebliche (zartte), rechte Hauptevangelium und den andern dreien weit, weit vorzuziehen und höher als sie zu heben. Ebenso haben auch die Briefe des Sankt Paulus und Petrus gegenüber den drei Evangelien des Matthäus, Markus und Lukas bei weitem den Vorrang.

In Summa: Das Evangelium des Johannes und sein erster Brief, die Briefe des Sankt Paulus, insbesondere die an die Römer, Galater, Epheser, und der erste Brief des Sankt Petrus, das sind die Bücher, die dir Christus zeigen und dich alles lehren, was dir zu wissen nötig und heilsam ist (was dyr zu wissen nott und selig ist), selbst wenn du kein anderes Buch oder Lehre jemals siehst oder hörst. Darum ist der Jakobusbrief eine rechte stroherne Epistel gegen sie, da er doch keine evangelische Art an sich hat. Doch davon weiter in anderen Vorreden.

Quelle: WA.DB 6,2. 6-10; *Übers.*: Luther Deutsch. Die Werke Martin Luthers in neuer Ausgabe für die Gegenwart, hg. v. K. Aland. Bd. 5, Göttingen ^{2}1983, 37f.40-42. – *Literatur*: H. Bluhm, Bedeutung und Eigenart von Luthers Septembertestament, in: LuJ 39 (1972) 55-79; H. Volz, Martin Luthers deutsche Bibel. Entstehung und Geschichte der Lutherbibel, Hamburg 1978; Albrecht Beutel, Luthers Bibelübersetzung und die Folgen, in: EvTh 59 (1999) 13-24; M.

Brecht/ E. Zwink (Hg.), Eine glossierte Vulgata aus dem Umfeld Martin Luthers. Untersuchungen zu dem 1519 in Lyon gedruckten Exemplar in der Bibelsammlung der Württembergischen Landesbibliothek Stuttgart, Bern u.a. 1999 (Vestigiae Bibliae 21); T. Kaufmann, Von der vorreformatorischen Laienbibel zum reformatorischen Evangelium, in: ZThK 101 (2004) 138-174; V. Leppin, »Biblia, das ist die ganze Heilige Schrift deutsch«. Luthers Bibelübersetzung zwischen Sakralität und Profanität, in: Jan Rohls/ Gunther Wenz (Hg.), Protestantismus und deutsche Literatur, Göttingen 2004, 13-26.

b) Luthers Absage an die Mönchsgelübde

Dass ich dir, teuerster Vater, dieses Buch widme, ist nicht in der Absicht geschehen, dass ich deinen Namen in die Welt tragen wollte und wir uns rühmen möchten nach dem Fleisch, gegen die Lehre des Paulus (Gal 6,13), sondern dass ich die Gelegenheit ergriffe, die sich zwischen dir und mir recht passend darbot, in einer kurzen Vorrede den frommen Lesern Grund, Inhalt und individuellen Bezug (exemplum) dieses Buchs zu erzählen...

Es ist nun fast das sechzehnte Jahr meines Mönchslebens[1] verstrichen, das ich gegen deinen Willen und ohne dein Wissen auf mich genommen habe. Du sorgtest dich mit väterlicher Liebe um meine mangelnde Reife, da ich soeben heranwuchs und ins 22. Lebensjahr eintrat, d.h. (um ein Wort Augustins zu gebrauchen) in der Glut der Jugend stand[2]; denn du hattest an vielen Beispielen gelernt, dass diese Art des Lebens manchen zum Unheil ausgeschlagen war. Du hattest vielmehr vor, mich durch eine ehrenhafte und reiche Ehe zu binden. Aus dieser Befürchtung kam deine Sorge, aber auch dein Unwille über mich, der eine Zeit lang unversöhnlich war; vergeblich suchten Freunde, dich zu überreden, dass du, wenn du Gott etwas opfern wollest, dein Liebstes und Bestes opfern sollest. Indessen ließ der Herr in deine Gedanken jenen Psalmvers hineintönen, aber nur dumpf: »Gott weiß die Gedanken der Menschen, dass sie eitel sind« (Ps 94,11).

Endlich gabst du nach und unterwarfest deinen Willen Gott, doch ohne die Angst um mich aufzugeben. Denn ich habe es nur zu gut in meinem gegewärtigen Gedächtnis in Erinnerung: Als du schon ausgesöhnt mit mir sprachst und ich versicherte, vom Himmel herab durch Schrecknisse berufen worden zu sein, denn ich sei nicht mit Lust und Willen Mönch geworden, noch viel weniger um des Bauchs willen, sondern von Schrecken und Furcht vor plötzlichem Tod umringt, schwor ich ein gezwungenes und notgedrungenes Gelübde, da sagtest du: »Hoffentlich war es kein Wahn und Blendwerk.« Dieses Wort schlug durch, als wenn Gott es durch deinen Mund habe erschallen lassen, und setzte sich fest in meinem Innersten; ich aber verhärtete mein Herz gegen dich und dein Wort. Und noch ein anderes Wort fügtest du hinzu: Als ich dir gar in kindlichem Vertrauen deinen Unwillen zum Vorwurf machen wollte, da ließest du mich im Nu abprallen und gabst mir den Stoß so geschickt und treffend zurück, dass ich kaum in meinem Leben von einem Menschen ein Wort gehört habe, das in mir stärker geklungen und fester gehaftet hätte; du sagtest nämlich: »Und hast du nicht auch gehört, dass man den Eltern gehorchen soll?« Aber ich in meiner Selbstsicherheit (securus in iustitia mea) hörte dich als einen Menschen und verschmähte dich eifrig; doch im tiefsten Grunde meines Wesens konnte ich dieses Wort nicht verschmähen...

Mein Gelübde, durch das ich mich der väterlichen Autorität und dem göttlich befohlenen Willen entzog, war keinen Dreck wert, ja gottlos; und dass es nicht aus Gott war, bewies nicht nur dies, dass ich gegen deine Autorität sündigte, sondern auch, dass es nicht spontan und willig geschah. Dazu war es auf Menschenlehren und Aberglauben der Heuchler hin abgelegt, die Gott nicht geboten hat. Doch Gott, dessen Barmherzigkeit keine Grenzen kennt, und dessen Weisheit kein Ende nimmt (Ps

147,5), hat aus allen diesen Irrtümern, siehe, so viel Gutes gemacht. Möchtest du nun nicht lieber hundert Söhne verloren haben, als dieses Gute nicht gesehen haben? Mir kommt es so vor, als habe Satan bei mir schon von meiner Kindheit an etwas davon vorausgesehen, was er nun leidet; darum hat er mit unglaublichen Künsten gewütet, um mich zu verderben und zu hindern, so dass ich mich des Öfteren gewundert habe, ob ich unter den Sterblichen der Einzige wäre, den er angreift. Aber es war der Wille des Herrn, wie ich es jetzt sehe, dass ich die Weisheiten der Hohen Schulen und die Heiligkeiten der Klöster durch eigene und gewisse Erfahrung (propria et certa experientia), d.h. durch viele Sünden und Gottlosigkeiten kennenlernte, damit die gottlosen Menschen nicht Gelegenheit hätten, ihrem künftigen Gegner triumphierend vorzuhalten, dass ich Dinge verdamme, die ich nicht kannte. Also lebte ich als Mönch, zwar nicht sündlos, aber ohne mich gegen die geltende Ordnung zu vergehen (non sine peccato quidem, sed sine crimine). Denn Gottlosigkeit und Gotteslästerung wurden im Reich des Papstes für höchste Frömmigkeit gehalten, geschweige denn als Vergehen betrachtet...
Willst du mich noch immer herausreißen? Aber damit du dich nicht rühmst, ist dir Gott zuvorgekommen und er hat mich selbst herausgenommen. Denn was macht es aus, ob ich die Kutte und Tonsur trage oder ablege? Sollen denn Kapuze und Tonsur den Mönch machen? »Alles ist euer«, sagt Paulus, »ihr aber Christi« (1 Kor 3,22f.); und ich sollte der Kapuze gehören und nicht vielmehr die Kapuze mir? Das Gewissen ist befreit worden, und das heißt überreich befreit werden. Also bin ich nun Mönch und nicht Mönch, eine neue Kreatur, nicht des Papstes, sondern Christi. Denn der Papst erschafft auch, aber Puppen und Pappen, d.h. ihm ähnliche Larven und Götzenbilder, deren eines ich auch früher gewesen bin, verführt durch mancherlei landläufiges Gerede, wodurch auch der Weise, wie er bekennt, bis in Todesgefahr geriet und durch Gottes Gnade befreit wurde (Sir 12,13f. Vulg.). Aber raube ich dir wiederum dein Recht und deine Autorität? ... Doch hat der, der mich herausgerissen hat, ein größeres Recht über mich, als dein Recht ist; von ihm bin ich, wie du siehst, nicht mehr in jenem erdichteten Gottesdienst der Mönche, sondern in wahren Gottesdienst hineingestellt. Denn wer kann daran zweifeln, dass ich im Dienst des Wortes stehe? Dabei aber handelt es sich deutlich um Dienst (cultus), dem die Autorität der Eltern weichen muss, nach dem Wort Christi: »Wer Vater und Mutter mehr liebt als mich, der ist meiner nicht wert« (Mt 10,37). Nicht dass er die Autorität der Eltern durch dieses Wort ausgehöhlt hätte, denn der Apostel prägt oft genug ein, dass die Kinder den Eltern gehorsam sein sollen; sondern wenn der Eltern und Christi Ruf bzw. Autorität in Konflikt kommen, dann muss die Autorität Christi allein regieren. Darum könnte ich dir bei Gefahr meines Gewissens nie ungehorsam sein (davon bin ich jetzt ganz fest überzeugt), wenn nicht über das Mönchtum hinaus der Dienst am Wort (ministerium verbi) dazugekommen wäre... Ich schicke dir also dieses Buch, aus dem du ersehen kannst, durch welche Zeichen und Kräfte Christus mich von dem Mönchsgelübde losgemacht (absolverit) und mir solche Freiheit geschenkt hat, dass, indem er mich zum Knecht aller gemacht hat, ich niemand untertan bin außer Ihm allein. Denn Er ist mein sogenannter unmittelbarer Bischof, Abt, Prior, Herr, Vater und Meister. Einen anderen kenne ich nicht mehr. So hat er dir, wie ich hoffe, einen Sohn geraubt, um anzufangen, durch mich vielen anderen Söhnen zu helfen. Das musst du nicht nur gern tragen, sondern dich auch darüber sehr freuen; dass du nichts anderes tun wirst, davon bin ich fest überzeugt...

Quelle: WA 8,573,6-12; 573,19-574,10.14-31; 575,24-33; 575,35-576,6.14-21. – *Literatur*: B. Lohse, Mönchtum und Reformation. Luthers Auseinandersetzung mit dem Mönchsideal des Mittelalters, Göttingen 1963 (FKDG 12); H.-M. Stamm, Luthers Stellung zum Ordensleben,

Wiesbaden 1980 (VIEG 101); U. Köpf, Martin Luthers Lebensgang als Mönch, in: G. Ruhbach/ K. Schmidt-Clausing (Hg.), Kloster Amelungsborn 1135-1985, Hannover 1985, 187-208; B. Moeller, Die frühe Reformation in Deutschland als neues Mönchtum, in: ders. (Hg.), Die frühe Reformation in Deutschland als Umbruch, Gütersloh 1998 (SVRG 199), 76-91.

[1] *Luther trat 1505 in das Kloster der Augustiner-Eremiten in Erfurt ein.*
[2] *Augustin, Confessiones II,3: »inquieta indutus adolescentia« (PL 32,677).*

23. Lukas Cranachs Passional Christi et Antichristi

Im Zuge seines Prozesses war in Luther die Überzeugung gereift, dass das Papsttum – nicht der einzelne Papst – der in 2 Thess 2 angekündigte Antichrist sei. Diese Überzeugung deutete er zunächst nur an, machte sie aber immer mehr auch öffentlich. Durch das Passional Christi et Antichristi des Wittenberger Malers Lukas Cranach gewann diese Überzeugung, die den Bruch mit Rom unvermeidbar sein lassen musste, Anschaulichkeit und Popularität in Bild und Text. Das Werk, das Mitte Mai 1521, also zu Beginn von Luthers Wartburgzeit, in Wittenberg erschien, brachte Luthers grundsätzliche Überlegungen in Aufnahme literarischer Vorbilder aus dem Hussitismus und von Wyclif selbst in ein leicht einprägsames, antithetisches Schema.

1. CHRISTUS: Als Jesus inne war, dass sie kommen würden, um ihn zum König zu machen, floh er abermals auf einen Berg, er allein. Joh 6(,15). Mein Reich ist nicht von dieser Welt. Joh 18(,36). Die Könige der Welt herrschen über das Ihre und die Macht haben, werden gnädige Herren genannt. Ihr aber sollte euch nicht so verhalten, sondern wer größer ist unter euch, soll sich erniedrigen wie der, der geringer ist. Lk 22(, 25f.).

2. ANTICHRISTUS: Aufgrund der Obrigkeit, die wir ohne Zweifel über das Kaisertum haben, und aufgrund unserer Macht sind wir rechtmäßige Erben des Kaisertums, wenn dieses vakant ist. Clem, l.s tit. 11 c. 2[1]. Summa summarum: In des Papstes geistlichem Recht ist nichts anderes zu finden, als dass er seinen Abgott und Antichrist über alle Kaiser, Könige und Fürsten erhebt, wie Petrus vorhergesagt hat: »Es werden unverschämte Bischöfe kommen, die die weltliche Herrschaft verachten werden.« 2Petr 2(,1.10).

3. CHRISTUS: Die Soldaten haben eine Krone aus Dornen geflochten und auf sein Haupt gedrückt, danach haben sie ihn mit einem Purpurkleid bekleidet. Joh 19(,2).

4. ANTICHRISTUS: Der Kaiser Konstantin hat uns die kaiserliche Krone, Geschmeide, allen anderen Schmuck in Menge, wie ihn ein Kaiser trägt, Purpurgewand, alle anderen Gewänder, Zepter zu Bekleidung und Gebrauch übergeben. D. 96 c. 14[2]. Solche Lügen haben sie erfunden, um ihre Tyrannei zu erhalten entgegen allem, was aus der Geschichte bekannt ist, denn es war bei den Römischen Kaisern nicht Brauch, eine solche Krone zu tragen...

21. CHRISTUS: Das Reich Gottes besteht nicht in äußerlichen Gebärden

22. ANTICHRISTUS: Das Reich des Antichrist besteht ganz in Äußer-

– Siehe: »Hier oder da ist Christus« –, sondern das Reich Gottes ist innerlich in euch. Lk 17(,20f.). Warum habt ihr aufgrund von Menschengesetzen das Gebot Gottes übertreten? Alle, die Menschenlehre und -gebot halten, ehren mich nur scheinbar. Mt 15(,2.9). Jes 29(,13).

lichem. Was regelt denn das Recht des Papst anderes als Ordnungen für Kaseln[3], Kleider, Tonsuren, Feiertage, Weihen, Pfründen, Sekten[4], Mönche und Pfaffen? Und sie nennen ihr Hab und Gut »geistliches Gut«, sich allein »die christliche Kirche«, die Pfaffen »das auserwählte Volk Gottes«, als wären die Laien nicht in der Kirche und Gottes, gegen alle Schrift. Außerdem verbietet er die Speise, wie Paulus vorhergesagt hat: »Es werden kommen verlogene Geister und solche Dinge verbieten.« 1Tim 4(,1.3).

23. CHRISTUS: Er hat im Tempel Verkäufer, Schafe, Ochsen und Tauben angetroffen und Wechsler, die da saßen, und hat gleich eine Geisel aus Stricken gemacht und hat alle Schafe, Ochsen, Tauben und Wechsler aus dem Tempel vertrieben, das Geld verschüttet, die Zahlbretter umgedreht und zu denen, die Tauben verkauften, gesprochen: »Hebt euch mit diesen davon! Aus meines Vaters Haus sollt ihr kein Kaufhaus machen«. Joh 2(,14-16). Ihr habt's umsonst, darum gebt's umsonst. Mt 10(,8). Dein Geld sei mit dir in Verdammnis. Apg 8(,20).

24. ANTICHRISTUS: Hier sitzt der Antichrist im Tempel Gottes und zeigt sich als Gott wie Paulus verkündet 2 Thess 2(,4), verändert alle göttliche Ordnung, wie Daniel sagt (Dan 11,36ff.), und unterdrückt die heilige Schrift, verkauft Dispense, Ablass, Pallien[5], Bistümer, Lehen, preist die Schätze der Erde, löst die Ehe auf, beschwert die Gewissen mit seinen Gesetzen, macht Recht und zerreißt es wieder für Geld, erhebt Heilige, segnet und verflucht bis in die viere Generation und befiehlt, auf seine Stimme zu hören wie auf Gottes Stimme, D. 19 c. 2[6], und niemand soll ihm dreinreden. C. 17 q. 4 c. 30[7].

Quelle: WA 9,701f.713f.812-815.832-835 – *Literatur:* H. Preuß, Die Vorstellungen vom Antichrist im späteren Mittelalter, bei Luther und in der konfessionellen Polemik. Ein Beitrag zur Theologie Luthers und zur Geschichte der christlichen Frömmigkeit, Leipzig 1906; G. Seebaß, Art. Antichrist IV. Reformations- und Neuzeit, in: TRE 3, Berlin/ New York 1978, 28-43; K. Groll, Das »Passional Christi und Antichristi« von Lukas Cranach d.Ä., Frankfurt u.a. 1990 (EHS.K 118); H.J. Goertz, Bannwerfer des Antichrist und Hetzhunde des Teufels. Die antiklerikale Spitze der Bildpropaganda in der Reformation, in: ARG 82 (1991) 5-38; H.J. Hillerbrand, Von Polemik zur Verflachung. Zur Problematik des Antichrist-Mythos in Reformation und Gegenreformation, in: ZRGG 47(1995) 114-125; V. Leppin, Luthers Antichristverständnis vor dem Hintergrund der mittelalterlichen Konzeptionen, in: KuD 45 (1999) 48-63; I. Richardsen-Friedrich, Antichrist-Polemik in der Zeit der Reformation und der Glaubenskämpfe bis Anfang des 17. Jahrhunderts, Frankfurt u.a. 2003.

[1] *Corpus Iuris Canonici, hg. v. E. Friedberg. Bd. 2, Leipzig 1879 (= Graz 1955), 1151-1153.*
[2] *Corpus Iuris Canonici I 342-345; s. zur konstantinischen Schenkung Bd. 2, Text Nr. 63 a).*
[3] *Priesterliches Obergewand.*
[4] *Gemeint sind die Orden.*
[5] *Stola als Zeichen erzbischöflicher Würde – ihre Verleihung war in der Regel mit hohen Geldbeträgen verbunden.*
[6] *Corpus Iuris Canonici I 60.*
[7] *Corpus Iuris Canonici I 823.*

24. Kettenbach, Gespräch mit einem alten Mütterlein

Die Reformation profitierte von der Medienrevolution, die die Erfindung des Drucks im 15. Jahrhundert bewirkt hatte. Ihre Ideen wurden durch zahlreiche knappe, verhältnismäßig erschwingliche Flugschriften popularisiert. In ihnen konnte die lesefähige Bevölkerung – weitgehend das städtische Bürgertum – Orientierungswissen erhalten, das sich auf die theologischen Inhalte ebenso bezog wie auf die aktuellen, mit der Reformation in Zusammenhang stehenden politischen Ereignisse. So schwierig es ist, aus Flugschriften Rückschlüsse auf unter ihren Lesern verbreitete Auffassungen zu ziehen, so sehr geben sie doch die Möglichkeit, nachzuvollziehen, in welcher Weise sich die wichtigen Meinungsträger der Reformation um Verbreitung von deren Botschaft bemühten. Der Ulmer Franziskaner Heinrich Kettenbach (gest. 1524?) gehörte zu den aktiven Kommunikatoren dieser Frühphase der Reformation mit unverhohlenen Sympathien auch für den rasch gescheiterten Versuch Franz von Sickingens (1481-1523), die Reformation gewaltsam durchzusetzen, indem er dem Erzbischof von Trier am 27. August 1523 die Fehde erklärte. Der folgende Dialog zwischen einem Geistlichen seines Namens und einer alten Frau als Repräsentantin einfacher Gemeindefrömmigkeit wurde 1523 gedruckt, stammt aber vermutlich noch aus dem Jahre 1522.

ALTES MÜTTERLEIN: Lieber Bruder, ist es besser, viele Messen in einer Stunde oder an einem Tag zu hören als nur eine Messe zu hören?
BRUDER HEINRICH: Sag mir, habt ihr je eine Messe gehört?
ALTES MÜTTERLEIN: Ja, lieber Heinrich, ich habe heute sieben gehört und bemühe mich, jeden Tag Messe zu hören.
BRUDER HEINRICH: Was habt ihr heute in der Messe gehört? Was las der Priester, worüber las er, wie lautete das Evangelium? Wie lautete die Epistel, was sagte er, als er im Begriff war, das Sakrament zu erheben?
ALTES MÜTTERLEIN: Herr Gott behüte, was fragt ihr? Wer will mir sagen, was oder worüber er gelesen hat? Ich habe kein einziges Wort gehört, außer dass er dreimal

sprach: »saeculorum saeculorum«[1] und dreimal: »Quantus quantus quantus Thomas Scarioth«[2]. Ich weiß nicht, was er meinte.

BRUDER HEINRICH: Ihr habt doch gesagt, ihr hättet die Messe gehört. Und man predigt auch, ihr sollet die Messe hören, und der Papst gebietet, sonntags und so weiter die Messe zu hören, und die Lehrer schreiben vom Messehören, und für die Italiener muss man die Messe mit voller Stimme lesen, damit sie hören, dass gelesen wird. Und jetzt sagt ihr, dass ihr nicht gehört habt, was er gelesen hat. Wie, wenn er euch geflucht hätte? Wie ich merke, habt ihr euren Lebtag keine Messe gehört und seid nie der Kirche, dem Papst, den Lehrern oder Predigern gehorsam gewesen. Dennoch meint ihr, ihr hörtet jeden Tag die Messe! Ihr seht den, der liest, aber ihr hört ihn nicht.

ALTES MÜTTERLEIN: O weh, Bruder Heinrich, was sagt ihr! Ich merke, ob ich will oder nicht, muss ich bekennen, dass ich nie eine Messe gehört habe. Auch wenn ich den Priester lesen hörte, verstand ich ihn nicht. Was macht man doch aus uns armen Laien. Wir sind sehenden Auges blind und ihr Gelehrten seid unsere Führer (vgl. Mt. 15,14). Warum gebietet man euch Priestern nicht, dass ihr uns mit voller Stimme in unserer Sprache vorlest, damit wir, eurem Gebot gemäß, hörten, was ihr lest, und nicht einen Italiener oder Böhmen hören? Warum lest ihr uns das Evangelium und die Epistel nicht in Deutsch vor? Wollt ihr das andre denn verborgen halten, oder gebührt es uns nicht zu hören, wenn ihr uns nicht so vorlesen wollt, dass wir es verstehen könnten? Ach Gott, was macht man aus uns. Ich bin so blind umhergelaufen und habe nie so weit gedacht. Ich merke schon, wenn ich das Wort Gottes nicht in der Messe höre, könnte ich ebenso gut in meinem Haus oder Kämmerlein beten.

BRUDER HEINRICH: Liebes Mütterlein, merkst du nun, wozu euch die Lehre der Papisten gebracht hat? Sie gebieten euch unter Androhung von Bann und Gehorsamsverpflichtung mehrere Tage Messe zu hören und wollen doch nicht, dass ihr jemals (wirklich) eine Messe hört. Auch die Worte, die Christus allen Christen zum Trost gesprochen hat, wollen sie vor euch verbergen, nämlich die Worte: »Nehmet hin und esset das ist mein Leib etc. Nehmet hin und trinket alle daraus« (Mt 26,26f.). Alle, sagt er (auch Laien). Ja, sie wollen noch das nicht dulden, dass man euch in der Messe die Epistel und das Evangelium in Deutsch liest, von dem doch Christus befohlen hat, es allen Kreaturen zu predigen (Mk 16,15). So sehr verachten euch die Papisten, als ob ihr nicht Kreaturen Gottes wäret, sondern nur Dreck und Lehm des Papst und Antichrists (entchrists). Hast du nicht gehört, liebes Mütterlein, wie die Apostel und Soldaten des Antichrist gegen Oekolampad[3] murren, dass er und viele Gelehrte mit ihm angefangen haben, die Epistel und das Evangelium in jeder Messe in Deutsch zu lesen? Sie halten sie für Ketzer, obwohl es doch Christi Absicht gewesen ist, in der Messe sein Testament zu verkündigen und ein Gedächtnis seines Leibes und seines Todes zu halten. Siehe, die Papisten stellen sich allezeit in allen Dingen raffiniert gegen Christus. Das ist ein Grund, warum der Pfarrer von Trier[4] Franz von Sickingen und Herrn Hartmut von Kronberg[5] so feindlich gesonnen ist. Der Bischof von Mainz[6] wäre gern ein guter Christ, wenn er das vor dem Papst und Kaiser Karl V. tun dürfte. Der Pfalzgraf[7] hinkt auf beiden Seiten, er hat viele Brüder, unter denen auch Bischöfe sind[8] und will gegen die nichts unternehmen. Dann handelt auch Herzog Wilhelm von Bayern[9] so klug. Die Herren von Sachsen[10] sind geduldig. Joachim[11] und Kasimir[12] und der Herzog von Braunschweig[13] haben gute Grundsätze, aber sie achten darauf, wie sich das Glücksrad dreht. Die Böhmen halten stand[14]. Der König von Frankreich[15] ruft Glück und Sterne an. König Heinrich von England[16] ist blind vor Zorn. Der König von Polen[17] schweigt auch eine Weile. Der König von Dänemark[18] ist redlich und aufrichtig, ein rechter Christ. Darum wird er leiden, aber am Ende die Ehre erlangen. Die Schweizer sind in ihrem berechtigten Anliegen kleinmütig geworden, wohl weil sie vor vielen Jahren allzu aufmüpfig waren[19]. Den Reichsstädten hat es lange Zeit an

Verstand und Weisheit gefehlt, aber jetzt sind sie allzu weise[20]. Der gemeine Mann will mit süßen Worten und falscher Lehre betrogen sein und sie wollen Unglück erleiden. Das kriegen sie auch. Die Geistlichen sind verblendet wie die Juden zur Zeit Christi, sie werden enden wie die Juden. Der Adel hat sich einmal darauf besonnen, recht zu handeln. Darum müssen sie viel leiden oder wieder nach der alten Geige tanzen.

ALTES MÜTTERLEIN: Ich weiß nicht, was ihr redet: Soll ich viele Messen hören oder eine?

BRUDER HEINRICH: Man bräuchte wohl 10 oder 12 Predigten, um diese Frage zu behandeln. Aber ich sage offen: Man hält Messe nicht nach dem Gebot Christi. Man hat einen Trödelmarkt und Gewerbe daraus gemacht. Ich weiß nicht, ob Gott Wohlgefallen daran hat, wie jetzt Messe gehalten wird, aber das sage ich auch: Es ist eben so gut und ausreichend, wenn man zu einer Stunde eine Messe an einem Ort hat, als wenn man tausend hätte. Denn da sollte man das Wort Gottes, nämlich das Testament Christi hören und sein Fleisch und Blut zu sich nehmen (niessen) nach Christi Gebot. Und wenn das in einer Messe an einem Ort zu einem Zeitpunkt durchgeführt würde, bedarf man keiner weiteren Messe, denn die Messe ist nicht ein Opfer, wie sie sagen, das Gott wohlgefällig sei, gleich ob es von guten oder bösen Pfaffen vollbracht werde – das ist erfundene Lüge usw. Ich kann jetzt gar nicht so viel davon reden, wie es nötig wäre

ALTES MÜTTERLEIN: Man sagt, es sei sehr gut, eine Messe zu fördern, das heißt, dass man etwas für die Messe opfere.

BRUDER HEINRICH: Ja, es ist gut für den Priester, dem ihr es gebt: Er hat um so mehr Geld. Das hat sich ein Heiliger ausgedacht, der heißt: »Küss den Pfennig«. Der vollbringt große Zeichen mit alten Frauen und Leuten, die halb von Sinnen sind.

ALTES MÜTTERLEIN: Lieber Bruder Heinrich, ihr redet gegen die Lehrer, die die christliche Kirche geprüft und zugelassen hat.

BRUDER HEINRICH: Ich rede gegen die Apostel des Teufels und Antichrist und gegen die Kirche oder Synagoge Satans...

Quelle: A. Laube u.a. (Hg.), Flugschriften der frühen Reformationsbewegung (1518-1524). Bd. 1, Berlin (Ost) 1983, 205-208 – *Literatur:* J. Nolte, H. Tompert u. C. Windhorst (Hg.), Kontinuität und Umbruch. Theologie und Frömmigkeit in Flugschriften und Kleinliteratur an der Wende zum 15. und 16. Jahrhundert, Stuttgart 1978 (Spätmittelalter und frühe Neuzeit 2); H.-J. Köhler (Hg.), Flugschriften als Massenmedium der Reformationszeit. Beiträge zum Tübinger Symposium 1980, Stuttgart 1981 (SMAFN 13) ; R.W. Scribner, For the Sake of the Simple Folk. Popular Propaganda for the German Reformation, Cambridge 1981 (Cambridge Studies in Oral and Literatur Culture 2); B. Moeller, Art. Flugschriften der Reformationszeit, in: TRE 11, Berlin/ New York 1983, 240-246.; H.-J. Köhler, Die Flugschriften der frühen Neuzeit. Ein Überblick, in: W. Arnold u.a. (Hg.), Die Erforschung der Buch- und Bibliotheksgeschichte in Deutschland. FS Paul Rabe, Wiesbaden 1987, 307-345; H. Wulfert, Art. Kettenbach, Heinrich v., in: BBKL 3 (1992) 1425-1427.

1 *Die Formel* »per omnia saecula saeculorum«.

2 »Sanctus, sanctus, sanctus dominus Deus Sabaoth«.

3 *Johannes Oekolampad (1482-1531) war, ehe er als Reformator nach Basel ging, Burgkaplan bei Franz von Sickingen (1481-1523) auf der Ebernburg und las dort die gottesdienstlichen Bibeltexte in deutscher Sprache.*

4 *Erzbischof und Kurfürst Richard von Greifenklau (1512-1531).*

5 *Ritter Hartmut von Kronberg (1488-1549), Verbündeter Sickingens.*

6 *Albrecht von Brandenburg (1514-1545).*

[7] *Kurfürst Ludwig V. (1508-1544) von der Pfalz hatte noch in Worms, als eine Berührung zwischen Luthersache und Gravamina-Bewegung denkbar schien, Sympathien für Luther gezeigt, sich dann aber eindeutig für die altgläubige Seite entschieden.*

[8] *Georg von Speyer (1513-1544), Johann III. von Regensburg (1507-1538), Philipp von Naumburg-Zeitz und Freising (1498|1517-1541).*

[9] *Herzog Wilhelm IV. von Bayern (1508-1550), ein entschiedener Gegner der Reformation.*

[10] *Gemeint sind die Herrscher des kurfürstlich-ernestinischen Sachsen Friedrich der Weise (1508-1525) und sein Mitregent und Bruder Herzog Johann (gest. 1532). Das albertinische Sachsen unter Georg dem Bärtigen (1500-1539) trieb moderate kirchliche Reformen voran, versuchte aber die Reformation zu unterdrücken.*

[11] *Kurfürst Joachim von Brandenburg (1499-1535).*

[12] *Markgraf Kasimir von Brandenburg (1518-1527).*

[13] *Herzog Heinrich der Jüngere von Braunschweig-Wolfenbüttel (1514-1568) – das Urteil Kettenbachs erstaunt, da Heinrich ein scharfer Gegner der Reformation war.*

[14] *Seit dem Landtagsbeschluss von 1485 war in Böhmen neben der altgläubigen Kirche auch die utraquistische anerkannt.*

[15] *Franz I. (1515-1547).*

[16] *Heinrich VIII. (1509-1547) hatte im Jahre 1521 Luthers Schrift* »De captivitate Babylonica« *scharf kritisiert. Zur Ablösung von der altgläubigen Kirche kam es erst später nicht aus dogmatischen Gründen, sondern da sich der König von England von der Angewiesenheit auf den Papst in Fragen des Dispenses lösen musste.*

[17] *Sigismund I. (1506-1548).*

[18] *Christian II. (1513-1523; gest. 1559), der zeitweise reformatorische Prediger (Karlstadt, Martin Reinhart) zuließ, musste 1523 in die Niederlande fliehen, wobei sein hartes Vorgehen gegen Schweden eine gewichtigere Rolle spielte als der auch aufkommende Vorwurf der Ketzerei.*

[19] *Anspielung darauf, dass die Schweizer Eidgenossenschaft, nachdem sie sich Ende des 15. Jahrhunderts in mehreren Kriegen als militärische Macht in Europa etabliert hatte, kurzfristig sogar das Protektorat über das Herzogtum Mailand erlangt hatte, 1515 in der Schlacht von Marignano eine herbe Niederlage erlitten hatte, die alle Großmachtträume einstweilen beendete.*

[20] *Kettenbach musste aufgrund zahlreicher Anfeindungen Ende 1522 die Reichsstadt Ulm verlassen.*

25. Hans Sachs: Die Wittenbergisch Nachtigall

Unter den Flugschriftenautoren überwogen zwar wie im Falle Kettenbachs die Geistlichen, aber es meldeten sich doch auch andere Stimmen, unter anderem Handwerker an den verschiedensten Orten Deutschlands. Der bedeutendste unter ihnen war der Nürnberger Schuhmacher Hans Sachs (1494-1576), der schon 1523 durch seine Wittenbergisch Nachtigall Partei für die Reformation ergriff und die reformatorische Botschaft nach dem ihm Wesentlichen zusammenfasste. Er begleitete und förderte die Reformation seiner Heimatstadt dann bis in die Konfessionalisierung hinein durch sein reiches literarisches Schaffen.

So haben uns die Wölfe und Schlangen
bis in das vierhundertfünfzigste Jahr
behalten in ihrer Hut fürwahr,
und mit des Papsts Gewalt umgetrieben,
bis Doktor Martin hat geschrieben
gegen der Geistlichen Missbrauch
und wieder aufdeckte auch
das Wort Gottes, die Heilige Schrift,
mündlich und schriftlich er's ausruft
in vier Jahren um die hundert Stück
in deutscher Sprache und lässt sie drucken,

damit man verstehe, was er tut lehren,
will ich kurz ein wenig erklären:
Gottes Gesetz und die Propheten
bedeuten uns die Morgenröte –
darin zeigt Luther, dass wir all
Miterben sind in Adams Fall
in böser Begier und Neigung.
Deshalb tut kein Mensch dem Gesetz genug.
Halten wir es auch äußerlich zum Schein,
so ist doch unser Herz unrein
und zu allen Sünden geneigt,
was Mose so klar anzeigt.
Da nun das Herz ist so vermaledeit
und Gott nach dem Herzen urteilt,
so sind wir alle Kinder des Zorns,
verflucht, verdammt und verloren.
Wer das im Herzen empfindet,
den nagen und beißen seine Sünden
mit Trauer, Angst, Furcht, Schrecken, Leid,
und er erkennt seine Unfähigkeit –
dann wird der Mensch demütig ganz.
Da dringt her des Tages Glanz,
bedeutet das Evangelium,
das zeigt den Menschen Christum,
den eingeborenen Gottes Sohn,
der alle Dinge für uns hat getan,
das Gesetz erfüllt mit eigener Macht,
den Fluch vertilgt, die Sünde bezahlt (1 Petr 1,18f.)[1]
und den ewigen Tod überwunden,
die Hölle zerstört, den Teufel gebunden,
und uns bei Gott erworben Gnade,
wie Johannes gezeigt hat,
der Christus als ein Lamm Gottes verkündet,
das hinweg nimmt aller Welt Sünde (Joh 1[,29]).
Auch spricht Christus, er sei nicht gekommen
auf Erden für die Gerechten und Frommen,
sondern für die Sünder, wie er auch spricht,
der Gesunde bedürfe eines Arztes nicht (Lk 5[,31]).
Auch Johannes am Dritten meldet,
Gott habe die Welt so lieb gehabt,
dass er gab seinen eigenen Sohn.
Alle, die an ihn glauben tun,
die sollen nicht verderben noch des ewigen Todes sterben,
sondern haben das ewige Leben (Joh 3[,16]).
Auch spricht Christus am Elften ebenda:
»Wer glaubt an mich,
der wird nicht sterben ewiglich« (Joh 11[,26]).
Wenn nun der Mensch solches tröstliches Wort
von Jesus Christus sagen hört,
und das glaubt und darauf baut
und den Worten von Herzen traut,
die ihm Christus hat zugesagt,
und sich ohne Zweifel darauf wagt,
derselbe Mensch neu geboren heißt
aus Feuer und heiligem Geist (Joh 3[5])
und wird von allen Sünden rein,
lebt in dem Wort Gottes allein,
von dem ihn auch nicht reißen könnte
weder Hölle, Teufel, Tod noch Sünde.
Wer also im Geist ist erneuert,
der dient Gott in Geist und Wahrheit.
Das heißt, dass er Gott herzlich liebt
und sich ihm ganz und gar ergibt,
hält ihn für einen gnädigen Gott.
In Trübsal, Leid, in Angst und Not
erwartet er alles Gute von Gott,
Gott gebe, Gott nehme, und was auch geschieht,
ist er willig und des Trostes voll
und zweifelt nicht, Gott wolle ihm wohl
durch Jesum Christum, seinen Sohn,
der ist sein Friede, Ruhe, Freud und Wonne,
und bleibt auch sein einziger Trost.
Wem solcher Glaube ist zuteil,
dieser Mensch ist schon selig,
alle seine Werke sind Gott gefällig,
er schlafe, er trinke oder arbeite.
Solcher Glaube sich dann ausbreitet
zum Nächsten mit wahrer Liebe,
dass er keinen Menschen tut betrüben,
sondern übt sich zu aller Zeit
in Werken der Barmherzigkeit (Mt 25[,31-45])[2],

tut jedermann herzlich alles Gute,
aus freier Liebe, sucht keinen Nutz
mit Raten, Helfen, Geben, Leihen,
mit Lehren, Tadeln, Schuld Verzeihen.
Tut jedermann, wie er selbst auch wollte,
dass ihm von dem geschehen sollte.
Das wirkt in ihm der heilige Geist.
So das Gesetz erfüllet heißt,
Christus Matthäi im Siebten (Mt 7[,12]).
Hier merke: Das allein sind
die wahren christlichen guten Werke.
Hier muss man aber fleißig merken,
dass sie zur Seligkeit nicht dienen.
Die Seligkeit hat man zuvor
durch den Glauben an Christum.
Dies ist die Lehre kurz in der Summ,
die Luther hat an den Tag gebracht.

Quelle: Hans Sachs, Die Wittenbergisch Nachtigall, hg. v. G.H. Seufert, Stuttgart 1974, 27,330-30,439. – *Literatur*: H. Brunner u.a. (Hg.), Hans Sachs und Nürnberg. Bedingungen und Probleme reichsstädtischer Literatur. Hans Sachs zum 400. Todestag am 19. Januar 1976, Nürnberg 1976; M. Arnold, Handwerker als theologische Schriftsteller. Studien zu Flugschriften der frühen Reformation (1523-1525), Göttingen 1990 (GTA 42), 56-105; F. Otten, mit hilff gottes zw tichten ... got zw lob und zw auspreittung seines heilsamen wort. Untersuchungen zur Reformationsdichtung des Hans Sachs, Göppingen 1993; B. Hamm, Bürgertum und Glaube. Konturen der städtischen Reformation, Göttingen 1996, 179-231; B. Könneker, Art. Sachs, Hans, in: TRE 29, 1998, 547-551.

1 Sachs gibt an: 1 Petr 3.
2 Die Werke aus der Weltgerichtsrede Mt 25 – Hungrige Speisen, Durstigen zu Trinken Geben, Fremde Beherbergen, Nackte Bekleiden, Kranke und Gefangene Besuchen – wurden, ergänzt um die Totenbestattung (Tob 1,20), in der mittelalterlichen Frömmigkeit und Kunst zu den sieben Werken der Barmherzigkeit schematisiert.

26. Ein zweites Zentrum der Reformation: Zürich

Entstand die Wittenberger Reformation im monastisch-akademischen Milieu der Schloss- und Universitätsstadt Wittenberg im Kurfürstentum Sachsen, so kristallisierte sich mit Zürich ein reformatorisches Zentrum ganz eigenen Gepräges in einem der Hauptorte der auf zunehmende Selbständigkeit gegenüber dem Reich drängenden Eidgenossenschaft heraus. Zur Zentralfigur wurde hier Huldrych Zwingli (1484-1531), der nach Studium in Wien und Basel zunächst Priester in Glarus, dann Leutpriester am Kloster Einsiedeln gewesen war. Am 1.1.1519 trat er die Stelle als Leutpriester am Großmünster Zürichs an und begann hier sogleich eine Reformtätigkeit mit einer Reihenpredigt über das Matthäusevangelium in Abweichung von der üblichen Perikopenordnung. Der Übergang von einem stark am Scotismus orientierten scholastischen Denken über den von Erasmus geprägten Humanismus zu einer reformatorischen Position ist gleitend. Dass Zwingli über die Ermutigung zu öffentlicher Reform hinausgehende entscheidende Einflüsse von Luther empfangen hätte, hat er später wohl zu Recht bestritten. Zum eigentlichen Bruch mit dem herkömmlichen Kirchensystem kam es in der Frage der Gültigkeit von Menschensatzungen für das christliche Leben, konkret anhand der Frage nach den Fastenvorschriften: Am ersten Fastensonntag des Jahres 1522 (9. März) versammelten sich im Hause des Buchdruckers Froschauer 12 Männer. Unter ihnen wurden zwei geräucherte Würste aufgeteilt. Zwingli aß zwar selbst nicht davon, billigte aber durch seine Präsenz faktisch diese Übertretung der kirchlichen Gebote. Zwei Wochen später reflektierte er den Vorgang in einer Predigt, die bei Froschauer in den Druck ging; zwischen der Predigt selbst und ihrer dem vorliegenden Text zugrunde liegenden Drucklegung war allerdings ein Pazifizierungsmandat des Rates erfolgt (Text a). Zum Durchbruch kam die Reformation in Zürich durch die Erste Zürcher Disputation (Text b), in der auf für andere Vorgänge prägende Weise die akademische Form der Disputation nun nicht mit einem Magister, sondern dem städtischen Rat als Entscheidungsinstanz zur Begründung und Legitimation reformatorischer Maßnahmen gemacht wurde. Nach und nach folgten Reformmaßnahmen, die der Zürcher Kirche ein unverwechselbares Gepräge gaben. Von den Anfängen berichtet Gerold Edlibach (1454-1530), ein einflussreicher Zürcher Laie, der beim alten Glauben bleiben wollte, und gibt dadurch einen Eindruck von der Aufhebung tradierter Frömmigkeitsformen (Text c); die einschneidenden Änderungen im Abendmahl hält ein späterer Bericht fest (Text d).

a) Der Anstoß: Das Fastenbrechen

1. Zwinglis Predigt vom Erkiesen der Speisen (23. März 1522)

O rechtgläubiger Christenmensch, bedenke diese Worte genau[1], betrachte sie immer wieder von Neuem, und du wirst erkennen, dass es Gottes Wille ist, auf ihn allein zu hören.

Wollen wir wirklich unter seiner Herrschaft stehen, dann darf in uns innerlich nichts anderes zum Gott werden. Kein Mensch darf als Gott gelten. Niemals dürfen eigene Erfindungen als Gott betrachtet werden. Hören wir hingegen nicht auf die väterlichen Ermahnungen Gottes, dann wird er uns unser Leben führen lassen nach den Begierden unseres Herzens und nach unseren eigenen Erfindungen. Sehen wir denn nicht, wie jetzt zu dieser unserer Zeit in die Erfindungen der Menschen größeres Vertrauen gesetzt wird, statt dass wir auf Gott hoffen. Zur Zeit wird strenger bestraft, wer eine von Menschen erlassene Vorschrift übertritt, als alle, die Gottes Gebote nicht nur übertreten, sondern verachten und von sich weisen. Siehe, das sind die neuen Götzen (abgött), die wir in unsere Herzen aufgenommen und darinnen ihr Bild errichtet haben...

Kurz und einfach gesagt: Willst du gerne fasten, dann tue es! Willst du dabei auf Fleisch verzichten, dann iss auch kein Fleisch. Lass mir dabei aber den Christenmenschen frei! Im Falle, dass du keiner Arbeit nachgehst, solltest du sogar viel fasten und häufig auf Speisen verzichten, die dich zum Schlendrian verführen. Dem Arbeiter aber vergeht der Spaß von selbst an der Hacke, am Pflug, auf dem Feld. Du wirst einwenden: Bei Lockerung der Fastenvorschriften werden auch die, die nicht arbeiten, Fleisch zu essen anfangen, obwohl sie es nicht unbedingt brauchen. Ich antworte: Eben gerade solche Leute werden sich den Bauch mit noch ganz anderen Köstlichkeiten füllen, die viel schärfer anregen als was nur recht gesalzen und gepfeffert ist. Wer jetzt über die Abschaffung des Fastenbrauchs klagt, beklagt sich nur aus Missgunst. Sie sehen es nicht gern, wenn die gewöhnlichen Leute tun dürfen, was sie sich selber gerne gönnen würden. Sie würden auch lieber, befreit von den bisherigen Einschränkungen und leiblichen Entbehrungen, das Essen genießen. Denn Fisch Essen gilt fast in aller Welt als ganz besonderer Genuss.

Auf den Einwand, es gebe viele, die diese Freiheit nicht aus Missgunst, sondern aus Gottesfurcht ablehnen, antworte ich: O ihr überklugen Heuchler! Glaubt ihr im Ernst, dass schädlich oder gefährlich sein kann, was Gott zu tun oder zu lassen freigestellt hat (das got hat fry gelassen)? Bestünde Gefahr für die Seele, dann hätte Gott es nicht unterlassen, ein entsprechendes Gebot zu erlassen. Überhaupt: Wenn du dir schon nur darüber so große Sorge machst, was ein anderer nicht essen dürfe, wann endlich willst du dich denn um seine Armut kümmern und ihm zu Hilfe kommen? Willst du aus christlichem Herzen heraus handeln, dann müsstest du dies tun. Fasten kannst du, wenn dein Glaubenssinn (der geist dines gloubens) dich dies zu tun heißt. Gönne aber dabei gleichzeitig deinem Nächsten, dass er von seiner christlichen Freiheit Gebrauch macht. Vor Gott aber fürchte dich, wenn du seine Gebote übertrittst. Was die Menschen erdacht haben, das mache nicht zu einer höheren Vorschrift, als was Gott selbst geboten hat.

Quelle: Huldreich Zwinglis Sämtliche Werke, hg. v. E. Egli u.a. Bd. 1, Berlin 1905 (CR 88), 105,26-106,4; 106,15-107,9. *Übers.*: Huldrych Zwingli, Schriften. Bd. 1, hg. v. Th. Brunnschweiler u. S. Lutz, Zürich 1995, 38-40. – *Literatur:* s. unter a) 2.; allgemeine Literatur zu Zwingli und zur Zürcher Reformation s. bei Text d.

2. Das Mandat des Zürcher Rates vom 9. April 1522

Da nun zu Beginn dieser Fastenzeit einige Personen ohne Not Fleisch gegessen haben, woraus viel Streit, Unruhe und Entzweiung entstanden sind, verkünden und ermahnen unser Herr Bürgermeister, (Kleiner) Rat und der Große Rat der Stadt Zürich jeden in der Stadt und auf dem Land, dass in Zukunft in der Fastenzeit ohne erkennbare Ursachen und Erlaubnis niemand mehr Fleisch essen soll, ehe nicht ein anderer Bescheid aufgrund einer Absprache mit unserem gnädigen Herren von Konstanz[2] erfolgt. Zudem ist es auch Wille und Auffassung unserer Herren, dass sich niemand auf Streit, Hader oder Entzweiungen oder ungeschickte Worte gegen jemand anderen einlassen soll, sich damit beschweren oder sie gebrauchen soll, es gehe nun um das Fleischessen, das Predigen oder dergleichen Sachen und Handlungen, sondern jeder sei friedlich und ruhig. Denn für den Fall, dass einer so grobe unvernünftige Rede gebraucht, wird man ihn dafür wohl hart büßen lassen und je nach Art seines Vergehens strafen.

Quelle: Actensammlung zur Gesch. der Zürcher Reformation in den Jahren 1519-1533, hg. v. Emil Egli, Zürich 1879 (= Aalen, Nieuwkoop 1973), 77 (Nr. 237). – *Literatur:* George Richard Potter, Zwingli and His Publisher: The Library Chonicle 40 (1976) 108-117; U. Gäbler, Huldrych Zwingli. Leben und Werk, Zürich ³2004, 44-60; allgemeine Literatur zu Zwingli und zur Zürcher Reformation s. bei Text c.

b) Die Zürcher Disputation

1. Das Ausschreiben des Rates (3.1.1523)

Da sich jetzt seit einiger Zeit viel Zwietracht und Entzweiung erhebt zwischen jenen, die auf der Kanzel dem einfachen Menschen (dem gemeinen mentschen) das Gotteswort verkünden, deren etliche der Überzeugung sind, das Evangelium getreu und umfassend gepredigt zu haben, andere aber deren Handeln als unwürdig und unrichtig tadeln und sie Ausstreuer von Irrlehren, Verführer und oft auch Ketzer nennen, obwohl diese sich erbieten, in allem mit göttlicher Schrift einem jeden auf sein Begehren Rechenschaft und Bescheid zu geben, ist es deshalb, zum Besten aller und vor allem um der Ehre Gottes, des Friedens und der Einigkeit willen, unser Befehl, Wille und Meinung, dass ihr, Pfarrer, Seelsorger, Prädikanten allesamt und jeder Einzelne, sowie andere Priester, die zu dieser Sache sprechen möchten, in unserer Stadt Zürich oder außerhalb in unseren Gebieten ... verpfründet, in der Überzeugung, die Gegenpartei zu tadeln oder anders zu unterrichten, auf den Tag nach dem Tag Kaiser Karls des Großen, d.h. am 29. Januar, zu früher Ratszeit[3] in unserer Stadt Zürich und dort in unserem Rathaus erscheint und das, was ihr bekämpft, mit wahrhafter göttlicher Schrift in deutscher Zunge und Sprache vorbringt. Da werden wir mit aller Aufmerksamkeit zusammen mit einer Anzahl Gelehrter nach unserem Gutdünken zuhören und entsprechend dem, das sich gemäß göttlicher Schrift und Wahrheit ergibt, werden wir einen jeden nach Hause schicken mit dem Befehl fortzufahren oder abzulassen, damit nicht weiterhin jeder alles, was ihn gut dünkt, ohne die Grundlage der rechten göttlichen Schrift (on grund der rechten göttlichen gschrifft) von der Kanzel predige. Wir werden auch unserm gnädigen Herrn von Konstanz[4] dies bekannt machen, damit Seine Gnaden oder deren Vertreter, wenn sie es wünschen, auch dabei sein können. Sollte danach aber jemand widersprechen und dies nicht mit rechter göttlicher Schrift klar belegen, würden wir gegen ihn nach unserer Beurteilung schärfer vorgehen, was wir uns lieber ersparen möchten. Wir hoffen auch fest auf Gott den Allmächtigen, er werde diejenigen, welche das Licht der Wahrheit so ernstlich suchen, damit gnädig erleuchten, so dass wir von nun an im Licht als Söhne des Lichtes wandeln.

Quelle: Huldreich Zwinglis Sämtliche Werke, hg. v. E. Egli u.a. Bd. 1, Berlin 1905 (CR 88), 466,15-468,6. *Übers.*: Huldrych Zwingli, Ausgewählte Schriften. In neuhochdeutscher Wiedergabe mit einer historisch-biographischen Einführung, Neukirchen-Vluyn 1988 (Grundtexte zur Kirchen- und Theologiegeschichte 1), 22f. – *Literatur:* s. Text b) 3.

2. Die 67 Schlussreden

Ich, Huldrych Zwingli, bekenne, dass ich diese im Folgenden aufgeführten Artikel und Anschauungen in der löblichen Stadt Zürich gepredigt habe, aufgrund der Heiligen Schrift, die θεοπνευστός, d.h. von Gott eingegeben, heißt, und erbiete mich, diese Artikel zu verteidigen und aufrechtzuerhalten und ebenso mich eines Besseren belehren zu lassen, wo ich die genannte Schrift jetzt nicht recht verstehen sollte, jedoch nur aus dieser Schrift selbst.

1. Alle, die sagen, das Evangelium sei nichts wert ohne die Beglaubigung der Kirche, irren und lästern Gott.

2. Die Hauptsache des Evangeliums ist kurz zusammengefasst die, dass unser Herr Christus Jesus, wahrer Gottessohn, uns den Willen seines himmlischen Vaters mitgeteilt und uns durch seine Unschuld vom Tod erlöst und mit Gott versöhnt hat.

3. Deshalb ist Christus der einzige Weg zur Seligkeit für alle, die je waren, sind und sein werden...

5. Deshalb irren alle, die anderen Lehren gleich viel oder mehr Bedeutung zumaßen als dem Evangelium; sie wissen nicht, was Evangelium ist.

6. Denn Christus Jesus ist der Anführer und Hauptmann, von Gott dem ganzen menschlichen Geschlecht verheißen und auch gewährt,

7. damit er das ewige Heil und Haupt aller Gläubigen sei, die sein Leib sind, der aber ohne ihn tot ist und nichts vermag.

8. Aus dem folgt. Erstens. Alle, die in diesem Haupt leben, sind Glieder und Kinder Gottes. Und das ist die Kirche oder Gemeinschaft der Heiligen, die Ehefrau (hußfrouw) Christi: ecclesia catholica.

9. Zweitens: Wie die Glieder des Leibes ohne Leitung des Hauptes nichts vermögen, so vermag auch im Leib Christi niemand etwas ohne dessen Haupt, Christus.

10. Wie der Mensch von Sinnen (toub) ist, wenn die Glieder etwas ohne das Haupt tun, indem sie sich unkontrolliert bewegen, sich selbst verwunden und schädigen, so sind die Glieder Christi von Sinnen, wenn sie etwas ohne ihr Haupt, Christus, unternehmen, indem sie sich selbst mit unsinnigen Satzungen (gesatzten) strafen und belasten...

13. Wenn man auf das Haupt hört, lernt man den Willen Gottes deutlich und klar (luter und clarlich) kennen, und der Mensch wird durch Gottes Geist zu ihm gezogen und in ihn verwandelt.

14. Darum sollen alle Christen ihren größten Einsatz dafür leisten, dass überall nur das Evangelium von Christus gepredigt wird.

15. Denn im Glauben an das Evangelium besteht unser Heil und im Unglauben unsere Verdammnis. Im Evangelium steht nämlich deutlich die ganze Wahrheit.

16. Im Evangelium lernt man, dass Lehren und Bestimmungen der Menschen nichts zur Seligkeit beitragen.

[Vom Papst]
17. Christus ist der einzige, ewige höchste Priester. Daraus ersehen wir, dass die, welche sich als höchste Priester ausgegeben haben, sich gegen die Ehre und Vollmacht Christi stellen, ja diese verwerfen.

[Von der Messe]
18. Christus, der sich selber nur einmal zum Opfer gebracht hat, ist ein in Ewigkeit wirkendes und bezahlendes Opfer für die Sünden aller Gläubigen. Daran erkennt man, dass die Messe kein Opfer, sondern eine Wiedererinnerung (widergedechtnuß) des Opfers und die Zusicherung der Erlösung ist, die Christus uns geleistet hat.

[Von der Fürbitte der Heiligen]
19. Christus ist der einzige Mittler zwischen Gott und uns.
20. Gott will uns alle Dinge in Christi Namen geben. Daraus ergibt sich, dass wir nach diesem Leben keinen anderen Mittler brauchen als ihn...

[Von den guten Werken]
22. Christus ist unsere Gerechtigkeit. Daraus ersehen wir, dass unsere Werke gut sind, soweit sie aus Christus sind, nicht gut aber, soweit sie aus uns selbst sind...

[Von Orden und Sekten]
27. Alle Christen sind Brüder Christi und untereinander Brüder. Sie sollen niemanden auf Erden zum Vater aufblähen. Hiermit fallen dahin: Orden, Sekten, religiöse Vereinigungen (örden, secten, rotten).

[Von der geistlichen Ehe]
28. Alles, was Gott erlaubt oder nicht verboten hat, ist rechtmäßig. Daraus ist zu schließen, dass die Ehe allen Menschen zusteht.
29. Alle, die man Geistliche nennt, sündigen, wenn sie sich nicht durch die Ehe vor der Sünde bewahren, nachdem sie gemerkt haben, dass Gott ihnen sexuelle Enthaltsamkeit versagt hat...

Von der Obrigkeit

...

37. Den weltlichen Vorgesetzten sind alle Christen Gehorsam schuldig, niemand ausgenommen,
38. sofern die weltlichen Vorgesetzten nichts gebieten, was gegen Gott gerichtet ist.
39. Darum sollen alle ihre Gesetze dem göttlichen Willen entsprechen (glychförmig sin), so dass sie dem Bedrängten Rechtsschutz gewähren, auch wenn er nicht Klage einreicht.
40. Allein die weltliche Obrigkeit hat das Recht zu töten, ohne den Zorn Gottes auf sich zu ziehen. Und sie darf die Todesstrafe nur gegen diejenigen aussprechen, die öffentliches Ärgernis erregen, es sei denn, Gott befehle etwas anderes.
41. Wenn die weltlichen Vorgesetzten denen Rechtsschutz, Fürsorge und Hilfe gewähren, für die sie vor Gott Rechenschaft ablegen müssen, so sind auch diese verpflichtet, für den materiellen Unterhalt jener zu sorgen.
42. Wenn die Vertreter der Obrigkeit aber pflichtvergessen und nicht nach der Richtschnur Christi verfahren, können sie nach dem Willen Gottes abgesetzt werden...

Vom Fegefeuer
57. Die wahre Heilige Schrift weiß nichts von einem Fegefeuer nach diesem Leben.
58. Nur Gott kennt das Gerichtsurteil über die Verstorbenen.

59. Je weniger uns Gott davon hat wissen lassen, um so weniger sollen wir uns anmaßen, etwas davon in Erfahrung bringen zu wollen.

Quelle: Huldreich Zwinglis Sämtliche Werke, hg. v. E. Egli u.a. Bd. 1, Berlin 1905 (CR 88), 458-465. *Übers.:* Huldrych Zwingli, Schriften. Bd. 2, hg. v. Th. Brunnschweiler u. S. Lutz, Zürich 1995, passim – *Literatur:* s. b) 3.

3. Der Abschied der Disputation durch den Rat (29.1.1523)

Da nun Meister[5] Ulrich Zwingli, Chorherr und Prädikant am Großmünster, vorher häufig verleumdet und angeschuldigt wurde, sich aber auf sein Anerbieten und die Bekanntmachung seiner vorgelegten Artikel hin niemand gegen ihn erhoben oder ihn mit der rechten göttlichen Schrift zu überwinden versucht hat und auch auf seine mehrmalige Aufforderung an die, welche ihn als Ketzer angeschuldigt hatten, hervorzutreten, ihm niemand irgendeine Ketzerei nachgewiesen hat usw., haben darauf die obgenannten Bürgermeister, (Kleiner) Rat und Großer Rat der Stadt Zürich, um große Unruhe und Zwietracht zu beenden, nach Beratung befunden und beschlossen und sind der festen Ansicht, dass Meister Ulrich Zwingli fortfahre und weiterhin wie bisher das heilige Evangelium und die rechte göttliche Schrift verkünde, so lang und so oft, bis er eines besseren belehrt werde. Es sollen auch alle Zürcher Leutpriester, Seelsorger und Prädikanten in ihrer Stadt, ihren Landschaften und Herrschaften nichts anderes behandeln noch predigen, als was sie mit dem heiligen Evangelium und sonstwie mit rechter göttlicher Schrift bestätigen können. Desgleichen sollen sie einander von nun an auf keine Weise schmähen noch als Ketzer oder mit anderen Schmähworten bezeichnen. Diejenigen, welche sich dann hierin als ungehorsam erwiesen und das nicht befolgten, würde man so behandeln, dass sie sehen und erkennen müssten, unrecht gehandelt zu haben.

Quelle: Huldreich Zwinglis Sämtliche Werke, hg. v. E. Egli u.a. Bd. 1, Berlin 1905 (CR 88), 469-471. *Übers.:* Huldrych Zwingli, Ausgewählte Schriften. In neuhochdeutscher Wiedergabe mit einer historisch-biographischen Einführung, Neukirchen-Vluyn 1988 (Grundtexte zur Kirchen- und Theologiegeschichte 1), 28-30. In – *Literatur:* B. Moeller, Zwinglis Disputationen. Studien zu den Anfängen der Kirchenbildung und des Synodalwesens im Protestantismus: ZSRG.K 87 (1970) 275-324; 91 (1974) 213-364; H.A. Oberman, Werden und Wertung der Reformation. Vom Wegestreit zum Glaubenskampf, Tübingen ²1979, 237-303; B. Moeller, Zu den städtischen Disputationen der frühen Reformation, in: K.-H. Kästner (Hg.), FS für M. Heckel, Tübingen 1999, 179-195; allgemeine Literatur zu Zwingli und zur Zürcher Reformation s. bei Text c.

c) Der Bericht eines Altgläubigen über die Veränderungen in Zürich: Gerold Edlibach

[4.] Weihnachten: Änderungen der Zeit im Blick auf Messehalten, Singen und Lesen

Anno Domini 1523, gegen Ende des Jahres, am heiligen Weihnachtsabend und –tag, erfolgten in Zürich im Großmünster und in andern Kirchen viele bedeutende Änderungen, was das Singen, Lesen und Messehalten angeht – das machten die Priester mit der Geburt Christi nicht mehr[6]. Und es fielen viele Kollektengebete und Gebete zu den sieben Tagzeiten[7] fort, die man vorher stets las und sang in der weihnachtlichen Festzeit die Oktav[8] hindurch, ebenso weder Epistel noch Evangelium wie zuvor. Und man erklärte, das wären nur alles unnütze Zeremonien des Papstes, der Kardinäle, Bischöfe, Äbte und anderer geistlicher Menschentand, und vieles davon sei aus Habgier erdacht, was vielleicht stimmen mag etc.

[5.] Auf Lichtmess[9]

Anno Domini 1524 wurde das Fest der hochwürdigen Mutter Gottes, der Jungfrau Maria, die Lichtmess nicht mehr begangen, weder mit Singen, Lesen und Messe Halten noch mit dem Umhergehen in der Prozession um die Kirche. Das wurde alles zunichte gemacht und beseitigt. So wurde zwischen Weihnachten und der Alten Fastnacht[10] die Welt rauh und unfromm (ungotz förchtig) etc...

[7.] Wie man anfing, Fleisch zu essen und kaum mehr fastete etc.

Ferner fing man auch in dieser erwähnten Fastenzeit an, Fleisch, Hühner, Vögel, Eier und wonach es jeden gelüstete zu essen. Und wer das nicht essen wollte, wurde verspottet. Und es fastetet kaum noch jemand, weder das Quatemberfasten[11] (fron vasten) noch andere vorgeschriebene Fastentage Mariens (unser frowen) und andere vorgeschriebene Fastentage. Denn viele Leute scherten sich gar nicht um den Bann[12] etc. Und sie empfingen das Sakrament, ohne gebeichtet zu haben. Und es sagten viele Prädikanten und Pfaffen, das wäre nur eine »Trickbeichte« (nüsselbicht)[13] und um des Geldes willen erfunden, und es würde genügen, wenn jeder Mensch Gott dem Herrn mit tiefer Reue und Kummer (mit gantzer rüw und lid) seine Sünden beichte, und es bedürfe keiner weiteren Beichte etc.

[8.] Wie der Gründonnerstag (hochenn donst tag) begangen wird usw.[14]

Und als man am Gründonnerstag zum Sakrament ging, da kamen Männer und Frauen ohne Schleier und Mäntel, Junge wie Alte, das Haar aufs Prächtigste gestaltet, und besonders die Frauen mit ihren Tüchern in ihren hübschen Kleidern und Gewändern mit Besatz, das Futter mit Pelz und Pelzbesatz und anderem guten Futter oder mit herrlichem Samt, Damast, Satin und anderer Seite oben und unten, Unterröcke waren Pelz und allerbeste Oberkleider, als wollten sie auf eine Kirchweih oder Hochzeit zum Tanz gehen usw. Und niemand ging mehr um des Ablasses willen zum Ölberg usw.

[9.] Wie der Karfreitag (stil fritag) begangen und gehalten wird usw.

Am Karfreitag wurde das Bild Christi unseres Herren nicht mehr wie zuvor zu Grabe getragen. Und man hielt auch nicht mehr Fürbitte für alle Stände der Christenheit wie zuvor. Und man ging nicht mehr nach Küsnacht um den Ablass wie zuvor[15]. Das war alles weg und dahin und galt nichts mehr usw.

[10.] Vom Palmtag usw.

Und wie man alle Jahre von den drei Pfarrkirchen mit dem Bild unseres Herrn Jesus Christus[16] auf den Lindenhof zog und zum Lobe Gottes die Palmen vor den Palmesel legte mit dem Gesang »gloria laus« und anderen Melodien, zum Gotteslob mit großer Andacht: Das wurde auch beseitigt und als unnütze Zeremonie angesehen, und seitdem wurden keine Palmen mehr gesegnet usw...

[18.] Von der Messe und den Bildern

Ferner beschlossen kurz nach Vitus und Modestus[17] meine Herren von Zürich, Kleiner und Großer Rat, in ihren städtischen Herrschaften und Gebieten die Bilder in und außerhalb der Stadt aus allen Kirchen zu entfernen und auch die Kruzifixe[18] von allen Toren der Stadt, desgleichen von den Klostertoren, wo auch immer sie ständen, zu beseitigen. Und in diesem Jahr ging auch die Messe sehr zurück, denn die alten Priester, die Messe halten wollten, wurden verspottet und als »Messknechte« und »Herrgottsfresser« angesehen. Und in dieser Zeit verschwanden auch die Matutinen[19] fast ganz, so dass viele unnütze und liederliche Pfarrer sie nicht mehr besuchten. Und man hielt kaum mehr die Frühmesse usw. Und von meinen Herren wurde auch zugelassen, dass jeder seine Bilder heim in sein Haus nehme.

In diesen Tagen wurden von den Priestern drei Arten von Messe gehalten: Viele nahmen das Sakrament unzerteilt, also ganz ein, viele ließen viele Kollektengebete und Antiphone aus und lasen sie nicht, und viele hielten Messe wie es von Alters her üblich war usw.

Quelle: »Da beschachend vil grosser endrungen«. Gerold Edlibachs Aufzeichnungen über die Zürcher Reformation 1520-1526, hg. v. P. Jezler, in: H.-D. Altendorf u. P. Jezler (Hg.), Bilderstreit. Kulturwandel in Zwinglis Reformation, Zürich, 1984, 41-74, 48-51.54f. – *Literatur:* G. P. Marchal, Art. Edlibach, Gerold, in: VerLex 2 (1980) 357f.; P. Jezler, ebd. 41-44; G.W. Locher, Die Zwinglische Reformation im Rahmen der europäischen Kirchengeschichte, Göttingen/ Zürich 1979; M. Haas, Huldrych Zwingli und seine Zeit, Zürich [3]1982; B. Hamm, Zwinglis Reformation der Freiheit, Neukirchen-Vluyn 1988; P. Stephens, Zwingli. Einführung in sein Denken, Zürich 1997; U. Gäbler, Huldrych Zwingli. Leben und Werk, Zürich [3]2004, 44-60; V. Leppin, Art. Zwingli, Huldrych, in: TRE 36, Berlin/ New York 2004, 793-809.

[1] *Zwingli legt im Kontext Gal 4,9f aus.*
[2] *Zürich lag im Bistum Konstanz.*
[3] *Vormittägliche Versammlungszeit des Rates.*
[4] *D.h. dem zuständigen Bischof von Konstanz.*
[5] *Magister.*
[6] *Möglicherweise geht es um die Abschaffung eines Weihnachtsspiels.*
[7] *Stundengebete.*
[8] *Die Woche nach dem Hochfest.*
[9] *Mariä Lichtmess, 2. Februar: Darstellung Jesu im Tempel gem. Lk 2,22-39. Wegen der Kerzenweihe und Lichterprozessionen an diesem Tag hat sich der Name Mariä Lichtmess eingebürgert.*
[10] *Invokavit: der erste Fastensonntag.*
[11] *Jeweils der erste Mittwoch, Freitag und Samstag nach Aschermittwoch, Pfingsten, Kreuzerhöhung (14.9.) und Lucia (13.12.).*
[12] *Bann als Strafe für Fastenvergehen.*
[13] *Nüsseln = jemandem auf listige Art etwas ablocken.*
[14] *Im späten Mittelalter war einmal jährliche Kommunion üblich, in der Regel an Ostern. Am Zürcher Großmünster war der übliche Kommunionstag der Gründonnerstag, der entsprechend in ernster Kleidung begangen wurde.*
[15] *Für den Besuch der Johanniterkomturei St. Georg in Küsnacht an bestimmten Feiertagen war vierzigtägiger Ablass zu erwerben.*
[16] *Hölzerner Christus auf dem Palmesel.*
[17] *14. Juni 1524.*
[18] *Diese Maßnahme lässt sich im amtlichen Beschluss nicht verifizieren.*
[19] *Morgendliches Stundengebet.*

27. Städtische Reformation in Oberdeutschland

Die reformatorische Bewegung in Zürich stellt einen besonders hervorgehobenen Fall eines verbreiteten Phänomens dar: der Durchsetzung der Reformation in den Städten des deutschen Südwestens. Die relativ hohe Eigenständigkeit dieser politischen Gebilde ermöglichte es im Miteinander, gelegentlich auch Gegeneinander zwischen Bürgertum und Räten, die neuen Inhalte rasch aufzunehmen und im Sinne der städtischen Interessen umzusetzen. Neben den Prädikanten, über deren Stellen in der Regel die Räte relativ frei verfügen konnten, wurden zentrale Figuren dieses Prozesses oft die Stadtschreiber, die aus erkennbarer christlicher Überzeugung an der Durchsetzung des Neuen arbeiteten. In Nürnberg gewann in diesem Sinne Lazarus Spengler

(1479-1534) eine Schlüsselstellung, in Konstanz Jörg Vögeli (1483/4-1563). Spengler hatte faktisch ab 1506 die Leitung der Ratskanzlei in Nürnberg inne und trug so die Verantwortung für den gesamten Schriftverkehr der Reichsstadt. Wohl noch unter dem Einfluss Staupitz' begann er mit ersten zaghaften Reformvorschlägen (Text a), die tatsächlich auch eine Vorverlegung der bis dahin üblicherweise nach dem Mittagstisch gehaltenen Sonntagspredigt durch den Rat am 4. Januar 1519 zur Folge hatte. Spengler hatte später entscheidenden Einfluss darauf, dass sich in Nürnberg mit dem Reformator Andreas Osiander (1498-1552) zügig ein eigenes Zentrum lutherischer Reformation in einer Reichsstadt etablieren konnte. Jörg Vögeli wirkte ab 1524 in Konstanz, also in einem nicht so eindeutig an Luther, sondern auch an Zwingli orientierten Kontext, als Stadtschreiber, ab einem Zeitpunkt, zu dem er schon durch Luther an die Heilige Schrift herangeführt worden war – von dem Eindruck Luthers auf ihn berichtet er in einem Schreiben vom 30. Juli 1523 an Konrad Zwick (ca. 1500-1557), den Bruder des Konstanzer Reformators Johannes Zwick (ca. 1496-1542; Text b). So sehr die Reformation in den Städten von der Bevölkerung getragen war, die über die Flugschriften bestens über die neuen theologischen Inhalte informiert war, so sehr war der Prozess der Umsetzung der Reformation im Einzelfall doch auch von Konflikten gekennzeichnet, wie der Fall des Nürnberger Klarissenklosters zeigt. An seiner Spitze stand die humanistisch gebildete Äbtissin Caritas Pirckheimer (1467-1532). Als der Nürnberger Rat 1524 den Franziskanern die Seelsorge im Klarissenkloster entziehen und reformatorische Prediger hiermit betrauen wollte, reagierte sie mit großer theologischer Gelehrsamkeit. In ihrer Aufnahme der reformatorischen Theologie macht sie deutlich, dass die Grenze zwischen altem und neuem Glauben aus ihrer Sicht weit weniger trennscharf zu ziehen ist, als die Propagandisten der Reformation, die scharf gegen die Klöster polemisierten, vertraten (Text c); der Erfolg war gering. Immerhin konnte 1525 Philipp Melanchthon, nachdem er in einem Gespräch mit Caritas Pirckheimer lediglich die Gelübde verworfen, sonst aber anerkannt hatte, dass man auch im Kloster selig werden könne, den Rat dazu bewegen, das Kloster nicht unmittelbar auszulösen. Durch das Verbot von Neuaufnahmen erlosch es schließlich 1591. Mit dem Verlust der Existenz im Kloster ging auch eine im Mittelalter klar definierte und anerkannte Form weiblicher religiöser Existenz verloren, ohne dass hierfür ein erkennbares Äquivalent geschaffen wurde. Ein ganz neues Phänomen trat allerdings mit der Priesterehe auf, die das offizielle Ende des Zölibates im evangelischen Raum mit sich brachte. Es begann mit mehreren spontanen Eheschließungen von Priestern im Jahre 1521, wurde aber immer mehr zu einem demonstrativen Akt der Reformationsdurchführung – so auch in Straßburg, wo am 3. Dezember 1523 der Münsterpfarrer Matthias Zell (1477-1548) die gebildete Katharina Schütz (1497-1562) ehelichte. Im darauf folgenden, die persönliche Integrität Zells angreifenden Flugschriftenstreit ergriff sie selbst Partei (Text d). Ab November 1523 war Kaspar Hedio (1494-1552), aus Mainzer Diensten kommend, Münsterprediger in Straßburg. In einer Predigt, die er am 20. November 1524 über den Zehnt hielt und wenig später in den Druck gab, entwarf er ein Bild von der Aufgabenverteilung in der städtischen Gesellschaft nach seiner reformatorischen Sicht (Text e).

a) Lazarus Spengler, Gutachten zur Veränderung der Predigtzeit
(vor dem 4. Januar 1519)

Obwohl es nun schon etliche Jahre in beiden Pfarreien[1] und den Klöstern dieser Stadt üblich ist, dass man an allen Sonntagen und hohen Festtagen nach Abschluss des Mittagessens predigt und das Gotteswort verkündigt, hat sich doch nicht nur bei den Predigern, sondern auch beim einfachen zuhörenden Volk (dem gemainen zuhorenden volgk) allerhand Mangel und Unschicklichkeit eingestellt, so dass auch die Geistlichen und besonders diejenigen, die die Aufgabe der Predigt haben, sich darüber gegenüber dem Volk und auch bei besonderen Personen häufig beklagt und in aller Form eine Änderung der Zeit beantragt haben.
Nun mag es vielen schwer ankommen, in solchen Angelegenheiten, die so lange Zeit und althergebracht bestanden haben, Änderung und Neuerung (wie immer sie das nennen wollen) vorzunehmen. Aber man kann jedem verständigen Menschen, zumal wenn er zur Förderung und ständigen Ausübung solchen Dienstes bestimmt ist, so

viele rechtmäßige, gute und vernünftige Gründe darlegen und in der Ausführung unwiderleglich anzeigen, dass man ihnen ihre Beschwernisse leicht nehmen kann und sie dadurch zu einer anderen Auffassung kommen, durch die man Besserung und Aufschwung des Gottesdienstes, auch das Heil, Innigkeit und Andacht der Menschen fördern kann.

An erster Stelle kann niemand dem widersprechen – und man findet es bei allen Predigern und jedem Laien bestätigt –, dass jeder in allen Handlungen, die er beabsichtigt, vor allem in denen, die mit Kopf und Vernunft geschehen müssen, am Morgen viel geschickter, vernünftiger, gewitzter und williger ist als am Nachmittag und wenn man gegessen hat.

Ferner ist auch jeder, der jemand anderem zuhören soll, am Morgen oder wenn er noch nicht gegessen hat, geschickter und fähiger; das sollte in der Verkündigung des Gotteswortes nicht als gering angesehen werden. Denn wenn man durch das Geschick eines Predigers oder anderer, die das durch gute Mittel verursachen können, Wege gefunden werden können, das Gotteswort in das einfache Volk zu pflanzen, zu welcher Frucht und welchem Gedeihen das in der Christenheit dient und wie das Heil der Menschen dadurch gefördert wird, wird jeder Förderer desselben bei dem Allmächtigen, der kein gutes Werk ohne Lohn lässt, mit der Zeit ersehen...

Ferner kann jedem mit vernünftigen Gründen leicht gezeigt werden, dass sich, wenn die Predigt vormittags und früh gehalten wird, zu dieser Zeit mehr Leute einfinden, um sie zu hören, so dass sie durch eine größere Menge vor allem des einfachen Volkes besucht wird. Denn wenn die Predigt mittags erfolgt, ist gewiss, dass von den einfachen Handwerksleuten, auch ihren Knechten und Dienstboten nie so viele Personen dazukommen wie am Morgen. Und wenn auch viele von denen in die Kirche gehen, bleiben sie ganz selten die ganze Predigt über, zuweilen auch nur, um das Evangelium zu hören; sie laufen und spazieren vielmehr vor die Tore und andere Orte, an den Markt zu den Handelstischen, am Vogelmarkt auf die Schütt[2], in die Weinhäuser und anderswo hin. Das aber kann zur Zeit der Frühpredigt, selbst wenn sie das vorhätten, nicht passieren, weil sie am Morgen keine Gelegenheit dazu finden können und darum notgedrungen die Kirchen und das Gotteswort besuchen müssen. Denn die Handwerksleute und andere ehrbare Personen erlauben ihren Dienstboten nicht, am Morgen in den Betten zu liegen...

So hat wahrlich der Kampf einiger Personen dagegen [, die sich geben], als spräche etwas dagegen, in Gottesdiensten Neuerung, wie sie es nennen, vorzunehmen, keinen ersichtlichen Grund. Denn wenn man Gottes Wort oder dem Dienst an Gott damit einen Abbruch täte, so wären die Einwendungen dieser Personen dagegen berechtigt; weil aber durch diese Änderung nicht nur keine Neuerung, die Anlass zur Beschwerde gäbe, sondern ein gutes Werk durchgeführt und ein schlechter alter Missbrauch abgestellt wird, wer wollte denn einem solchen löblichen Vorhaben widersprechen und sich unterstehen, es zu verhindern?

Quelle: Lazarus Spengler, Schriften. Bd. 1: Schriften der Jahre 1509 bis Juni 1525, hg. v. B. Hamm u. W. Huber, Gütersloh 1995 (QFRG 61), 69,2-70,10; 71,1-14; 74,12-19. – *Literatur:* H.v. Schubert, Lazarus Spengler und die Reformation in Nürnberg, hg. v. H. Holborn, Leipzig 1934 (QFRG 17) (= New York 1971); G. Müller, Lazarus Spengler als Theologe, in: ders., Causa Reformationis, hg. v. G. Maron u. G. Seebaß, Gütersloh 1989, 354-370; G. Seebaß, Stadt und Kirche in Nürnberg im Zeitalter der Reformation, in: ders., Die Reformation und ihre Außenseiter, hg. v. I. Dingel, Göttingen 1997, 58-78; B. Hamm, Lazarus Spengler (1479-1534). Der Nürnberger Ratsschreiber im Spannungsfeld von Humanismus und Reformation, Politik und Glaube. Mit einer Edition von G. Litz, Tübingen 2004 (Spätmittelalter und Reformation. N.R. 25) – allgemeine Literatur zur städtischen Reformation s. bei Text e.

b) Der Stadtschreiber Jörg Vögeli: Die theologische Emanzipation eines Laien (Juli 1523)

Lieber Konrad! Soweit ich mich zurückerinnern kann und, wie ich glaube, schon lange davor, ist zwar gemeinhin das Evangelium Gottes dem Volk verkündet worden, aber nicht im Geist, sondern buchstäblich oder auch historisch, wie man in Spinnstuben allerlei Märchen erzählt; darum hat es nichts nützen können.
Diejenigen aber, die hochangesehen sein wollten, moralisierten (versittnenent) so fein, dass im Evangelium nicht mehr *ein* Wörtlein war, das nicht einen moralischen Sinn abgeben musste[3]. Dadurch hat sich der Wahn eingeschlichen, dass sittliche Tugenden und der Prunk äußerlicher Werke in der Lage seien, uns zum Himmel zu erheben, dass auch jeder Mensch aus eigener Kraft und in der Natur angelegter Vernunft[4] das Gute tun könne; das aber ist ein Wahn. Diese Hilfe der Natur (die sich dennoch immer als gebrechlich erwiesen hat) hat uns durchweg mehr Abgötter gegeben, als je die Vorväter, ehe sie Christen wurden, hatten. Denn was für ein Mangel, Begehren und Sehnen ist es jetzt, seinen eigenen Abgott oder (ich habe mich wohl falsch ausgedrückt) helfenden Heiligen im Himmel zu haben.
Etliche (und das waren die Allergelehrtesten) haben den Geist des Evangeliums und den Glauben an Christus angeregt, aber dermaßen auf zahllose Weise entstellt, dass ich und andere Einfältige keineswegs verstehen konnten, was das Evangelium wäre. Denn der (Glaube) wurde einmal dargestellt als tot, dann wieder als lebendig; einmal als ungestaltet, dann wieder als gut geformt[5]; einmal in zwölf Artikel gefasst, dann so, dann ganz anders und zwar je nach dem, wie jeder sich das im Schlaf geträumt hat[6]. Deshalb habe ich mich immer gefragt, ob ich die Prediger (predicanten) nicht verstehe, oder sie das Evangelium in seinem rechten, eigentlichen Sinn nicht verstehen. Immer dünkte mich (denn ich las keine der biblischen Bücher), es müsste eine königlichere Straße in den Himmel führen als dermaßen viele labyrinthische Abwege. Ich dachte, der Glaube könnte nicht so verwickelt und nicht so unbegreiflich sein, weil die Alten ihn ergriffen hatten, bei denen Gottes Gnade nicht mehr als jetzt ausgegossen gewesen wäre, die auch an Verstandesschärfe (wenn die überhaupt etwas zur Ergreifung des Glaubens beitrüge, was doch nicht [der Fall] ist) uns nicht übertroffen hätten.
Nun aber, da ich die Bücher Martin Luthers, in denen er vom christlichen Glauben redet, gelesen (habe), da habe ich fröhlich gemerkt: Der redet gründlich von den Dingen; aus der Schrift selbst heraus erläutert er die Schrift so angemessen, dass kein Zweifel besteht, er zeige die Spur an, auf der man zum Verständnis Gottes, das ist, zum Glauben an ihn, kommen könne.

Quelle: Jörg Vögeli, Schriften zur Reformation in Konstanz 1519-1538. Bd. 1, hg. v. A. Vögeli, Tübingen 1972 (SKRG 39), 471f. – *Literatur:* H.-Ch. Rublack, Die Einführung der Reformation in Konstanz von den Anfängen bis zum Abschluß 1531, Gütersloh 1971 (QFRG 40); B. Hamm, Laientheologie zwischen Luther und Zwingli. Das reformatorische Anliegen des Konstanzer Stadtschreibers Jörg Vögeli aufgrund seiner Schriften von 1523/24, in: J. Nolte, H. Tompert u. C. Windhorst (Hg.), Kontinuität und Umbruch. Theologie und Frömmigkeit in Flugschriften und Kleinliteratur an der Wende zum 15. und 16. Jahrhundert, Stuttgart 1978 (Spätmittelalter und Frühe Neuzeit 2), 222-295; W. Dobras, Ratsregiment, Sittenpolizei und Kirchenzucht in der Reichsstadt Konstanz 1531 – 1548. Ein Beitrag zur Geschichte der oberdeutsch-schweizerischen Reformation, Gütersloh 1993 (QFRG 47). Allgemeine Literatur zur städtischen Reformation s. bei Text e.

c) Caritas Pirckheimer, Bittschrift an den Rat von Nürnberg (1524)

Euer Würden sollte wohl bedenken, welche Frucht oder Nutzen das (die Auflösung des Klosters) erbringen würde, da doch der Geist frei und ungezwungen sein will und muss. Selbst in weltlichen Zusammenhängen wird niemand gezwungen, einem Herrn zu dienen, der ihm nicht günstig ist, und erst recht wird keine Herrschaft genötigt, Diener anzunehmen, die ihr nicht gehorsam sind. Wieviel mehr ziemt es sich dann, die geistlichen Dinge ohne Zwang und frei zu lassen, wenn sie denn in rechter und guter Wirkung bleiben sollen.

Dass aber etliche dabei den Verdacht haben, als verböten unsere Väter[7] uns, das Heilige Evangelium und andere Bücher zu lesen, tut ihnen wahrlich Unrecht. Und selbst wenn sie sich anmaßen würden, so etwas zu tun, würden wir ihnen gar nicht folgen und viel eher Euer Würden gegen sie um Hilfe anrufen, als uns das Wort Gottes und andere nützliche Bücher dergestalt verbieten zu lassen. Wir wollen auch Euer Würden in aller Wahrhaftigkeit sagen, dass wir das Alte und Neue Testament deutsch[8] und lateinisch im täglichen Gebrauch und Übung haben. Wir bemühen uns nach unseren Möglichkeiten, dies recht und gut zu verstehen. Und wir lesen auch nicht nur in der Bibel, sondern auch, was sich alltäglich ereignet und uns betrifft – abgesehen von den Schmähschriften, die uns unser Gewissen beschweren und unseres Erachtens nicht durchweg der christlichen Herzenseinfalt gemäß sind. Wir hoffen auch, Gott werde uns seinen Heiligen und wahren Geist, um den wir bitten, nicht versagen oder vorenthalten, damit wir das Wort Gottes recht und nach seiner wahren Bedeutung hören können, nicht allein nach dem Buchstaben, sondern auch nach dem Geist.

Darum ist uns doch, obwohl uns von etlichen Leuten vorgeworfen wird, wir verließen uns auf unsere eigenen Werke, hofften allein durch diese selig zu werden, (die Botschaft) von der Gnade Gottes bekannt – es soll nur jeder sagen, was er will –, dass, wie der heilige Paulus sagt, durch die Werke allein kein Mensch gerechtfertigt werden kann, sondern durch den Glauben an unseren Herrn Jesus Christus (durch den gelawben unßers herrn Jesu Christi) (Gal 2,16); außerdem, dass uns der Herr Jesus Christus selbst lehrt, dass wir uns, wenn wir die Werke getan haben, dennoch als unnütze Diener ansehen sollen (Lk 17,10). Wir wissen aber umgekehrt auch, dass ein rechter, wahrer Glaube so wenig ohne gute Werke sein kann wie ein guter Baum ohne gute Früchte (Mt 7,17), dass auch Gott jeden Menschen nach seinem Verdienst belohnen wird, dass jeder nach seinen Werken, seien sie nun gut oder schlecht, empfangen wird. Darum sagt der heilige Jakobus auch, der Glaube sei ohne Werke tot (Jak 2,17), und jeder Mensch, der seinen Glauben nicht in Werken erweist, sei wie ein Mensch, der sich in einem Spiegel ansieht und, wenn er fortgeht, nicht weiß, wie er ausgesehen hat (Jak 1,23f.). Deswegen hat der Glaube nicht im Mund oder in Worten allein Bestand, sondern wer recht glaubt und wirkt, der wird selig.

Wir wissen auch, dass wir allein uns die eigenen Werke nicht zurechnen sollen und dass Gutes, das durch uns geschieht, nicht unser, sondern Gottes Werk ist. Darum wird uns grundlos vorgeworfen, dass wir uns unserer Werke rühmten, sondern unser Ruhm ist allein in dem verschmähten und gekreuzigten Christus, der uns befiehlt, unser Kreuz auf uns zu nehmen und ihm nachzufolgen (Mt 10,38). Das ist unsere Aufgabe (Derhalben erkenn wyr uns schuldig), und uns ist auch aufgetragen, den alten Adam zu unterdrücken, den Leib dem Geist durch Bußübungen (kestigung) zu unterwerfen, wozu wir gleichwohl im Kloster mehr Gelegenheit und Ursache haben als außerhalb. So hofften wir auch nicht, außerhalb des Klosters selig zu werden, sondern wir wollen gerne in der Berufung bleiben, zu der Gott uns berufen (erfordert) hat, denn wir sind wahrlich nicht um guten Lebens Willen im Kloster oder verdienen hier unseren Lohn. Vielmehr weiß Gott und die Welt, dass wir arme elende Leute

sind, aber unsere Hoffnung erstreckt sich weiter, weil wir wissen, dass wir hier keine bleibende Stadt haben (Hebr 13,14)...
Wir verachten auch nicht den ehelichen Stand, denn wir wissen, dass wer seine Tochter (sein junckfrawen) verheiratet, recht handelt, aber nach der Lehre des Sankt Paulus wissen wir auch, dass wer seine Tochter nicht verheiratet, noch besser handelt (1 Kor 7,25f.). Dass wir uns nun vornehmen, Gott in Jungfräulichkeit zu dienen, kann uns wahrlich von keinem verständigen Menschen untersagt werden. Wer aber dazu nicht geneigt ist oder nicht gern bei uns sein will, der soll uns wahrlich auch gleichgültig sein. Wir gedenken daher keine Schwester mit Gewalt bei uns zu halten oder ihren Eltern vorzuenthalten, wir wollen deswegen auch niemand verurteilen, sondern jeder Mensch beurteile sich selbst; es wird wohl jeder seine Rechnung empfangen, wenn wir alle vor das Gericht Gottes kommen. Aber so wie wir niemanden gern bedrängen wollen, so wollen auch wir gern unbedrängt und mit dem Geist, nicht dem Leib frei sein.

Quelle: A. Conrad/ K. Michalik (Hg.), Quellen zur Geschichte der Frauen. Bd. 3: Neuzeit, Stuttgart 1999, 390-392. – *Literatur:* L. Kurras (Hg.), Caritas Pirckheimer. 1467-1532 (Ausstellungskatalog), München 1982; G. Deichstetter (Hg.), Caritas Pirckheimer. Ordensfrau u. Humanistin - ein Vorbild für die Ökumene. FS zum 450. Todestag, Köln 1982; C. v. Imhoff/ G. Deichstetter, Caritas Pirckheimer und die Reformation in Nürnberg, Nürnberg 1982; A. Rüttgardt, Die Diskussion um das Klosterleben von Frauen in Flugschriften der frühen Reformationszeit (1523-1528), in: A. Conrad (Hg.), »In Christo ist weder man noch weyb". Frauen in der Zeit der Reformation und der katholischen Reform, Münster 1999 (KLK 59), 69-94; M.H. Jung, Caritas Pirckheimer und Philipp Melanchthon. Eine denkwürdige Begegnung im Nürnberger Klarissenkloster im November 1525, in: ders., Nonnen, Prophetinnen, Kirchenmütter, Leipzig 2002, 77-120. Allgemeine Literatur zur städtischen Reformation s. bei Text e.

d) Katharina Zell: Entschuldigung für Matthias Zell, ihren Ehegemahl (September 1524)

Meinst du, dass mir diese Sache nicht auch am Herzen liege, dass ich sehe, wie viele Seelen bislang und noch weiterhin dem Teufel anheim gefallen sind? Das ist auch ein Grund dafür gewesen, dass ich geholfen habe, die Pfarrerehe (pfaffen Ee) einzuführen und mit Gottes Hilfe die erste in Straßburg zustande gebracht habe, da ich doch ursprünglich willens war, überhaupt keinen Mann zu nehmen. Als ich aber die große Angst und den Widerstand und auch die wilde Hurerei sah, habe ich selbst einen genommen; ich hoffte damit, allen Christen Mut zu machen und einen Weg zu eröffnen, was, wie ich hoffe, auch geschehen ist. Darum haben sich auch, als ich ein Büchlein geschrieben habe, in dem ich den Grund meines Glaubens und die Beweggründe meiner Ehe dargelegt habe, viele darüber gewundert[9]. Denn niemand hatte an mir derartige Worte oder Taten wahrgenommen, (die darauf hindeuteten,) dass ich in die Ehe eintreten wollte. Darum habe ich notgedrungen den Frommen meine Entschuldigung und Gründe dargetan, wie uns Petrus lehrt (1 Petr 3,15). Diese Gründe haben auch meinen Ehegemahl bewegt, soweit ich es von ihm erfahren habe und auch nicht anders finden oder wahrnehmen kann: dass er die Ehe eingegangen ist, weil er bestrebt war, Gottes Ehre und sein Heil und das seiner Brüder aufzurichten. Denn ich kann nichts Unschickliches (unerberkeyt), was Lust oder anderes angeht, an ihm finden. Denn ich bin nicht so übermäßig mit Schönheit, Reichtum oder anderen Tugenden ausgestattet, dass einen das bewegen könnte.
Aus dieser seiner Handlung in Lehre und Leben hat er solche Missgunst der Gottlosen auf sich gezogen, dass sein Leib und Leben geradezu den Vögeln in der Luft und den

Würmern in der Erde ausgesetzt und frei gegeben war, von den Menschen gar nicht zu reden.
Damit ich aber wieder zu meinem ersten Anliegen zurückkomme, ihn zu verteidigen (entschuldigen): Diese Missgunst ihm gegenüber ist so tief in die Herzen der Gottlosen eingewurzelt, dass sie, wenn es ihnen schon nicht gelingt, ihm an Leib, Seele und Leben Schaden zuzufügen, so gewaltige teuflische Lügen über ihn ausgedacht und erzählt und im ganzen Land schriftlich verbreitet haben und das noch weiter tun.
Erstens haben sie erzählt, ich sei ihm davon gelaufen. Das bedarf keiner Antwort. Die Lügner sollten sich über sich selbst schämen, denn ich bin keinen einzigen Tag aus Straßburg fort gewesen.
Zweitens behaupteten sie, er habe sich selbst umgebracht vor Kummer, dass er mich genommen habe; das bedarf noch weniger einer Antwort; es ist wohl ein Anhänger von ihm ausgegangen, der so feindlich gegen ihn ist. Ja, sie würden wohl ihr halbes Vermögen dafür geben, dass es wahr wäre.
Drittens: Weil er sich nicht umbringen wollte, erfanden sie eine andere Lüge, er habe eine Bürgerin in einen Garten gebracht.
Als ihnen alles nicht helfen wollte und sie immer nur der Lüge überführt wurden, haben sie aber noch etwas anderes versucht und teuflische üble Lügen ausgedacht und in Straßburg und im ganzen Land verbreitet und erzählt, dass er mich so übel behandle und mich schlage und dergleichen, und mich schon oft verjagt habe und dass er übel gelogen habe, als ich ihn bei der Magd antraf: Als ich das nicht dulden wollte, habe er mich geschlagen und aus dem Haus gejagt... Was soll ich dazu anderes sagen, als dass sie Kinder des Teufels sind, der selbst ein Lügner ist und solche Lügen in ihnen wirkt. Denn sie haben ohne Grund, allein durch Einflüsterung des Teufels so etwas ausgedacht. Denn er ist – Gott ist mein Zeuge, dass ich hier nicht lüge, ich will keinen größeren haben – mit mir und ich mit ihm keine Viertelstunde, das heißt in summa, keinen Augenblick uneins gewesen und hat mir nie ein Leid zugefügt, sei es groß oder klein, mit Worten oder mit Werken, und ich hoffe, dass das von mir ihm gegenüber genauso gilt. Ich weiß bis zur Stunde auch nichts anderes, als dass wir einander unsere Wünsche (gedencken), sofern sie göttlich sind, stets erfüllen möchten.
Auch was die Magd angeht: Ich habe doch gar keine Magd, sondern nur ein frommes, kleines Mädchen, noch ganz jung und unverdorben (unverschalckt), das von solchen Dingen gar nichts weiß und mit dem er, seit sie im Haus ist, noch keine vier Worte gesprochen hat. Auch habe ich keine solche Gier (geylheit) und Mutwillen an ihm gefunden, als wenn es schon so alt wäre, dass ich mir Sorgen machen müsste. Das Gesinde des Antichrist macht ihm so viel Mühe, dass so etwas rasch verginge, selbst wenn es in ihm wäre.
In summa, um kurz zu schließen: Dafür, wie er sein Leben geführt hat, ehe ich seine Frau geworden bin, will ich keine Verantwortung übernehmen. Er hat sich eben verhalten, wie es Päpste und Bischöfe haben wollen, die die Ehe verbieten, die Gott gebietet, und die das Huren erlauben, das Gott verbietet. Darum habe ich ihn in Ansehung seines und anderer Leben genommen und habe mir vorgenommen, seine und viele Seelen durch Gottes Gnade und Kraft zu gewinnen, und ich hoffe, das auch für Gott getan zu haben. Aber seit ich seine Frau geworden bin, da will ich für ihn eintreten und meine Ehre, Leib und Leben für ihn einsetzen, dass solche Lügner sich völlig ohne sein Verschulden und ohne Grund so gegen ihn wenden und Lügen über ihn ausbreiten...
Ich kenne keine größere Ehre, die wir erleben können, als dass wir, wenn wir nach den Maßstäben dieser Welt in Schande sterben (so wir in schanden dieser welt sterben) einander, er mir und ich ihm, fröhlich am Kreuz Zuspruch leisten und uns stärken werden. Darum wollen ich und er solche Lügen und alle Schmach, ja selbst den

Tod in aller Geduld, Friede und Freude, der Frucht des Geistes (Gal 5,22) empfangen und sagen mit dem Propheten Jesaja im 41. Kapitel (V. 23): »Tut Gutes oder Böses, wie ihr wollt, so wollen wir miteinander reden und sehen und uns vor niemandem fürchten.«

Quelle: E.A. McKee, Elisabeth Schütz Zell. Bd. 2: The Writings. A Critical Edition, Leiden u.a. 1999 (SMRT 69/2), 39-44. – *Literatur*: R.H. Bainton, Frauen der Reformation. Von Katharina von Bora bis Anna Zwingli, Gütersloh ³1996, 56-83; Th. Kaufmann, Pfarrfrau und Publizistin. Das reformatorische »Amt« der Katharina Zell, in: Zeitschrift für Historische Forschung 23 (1996) 169–218; St. Buckwalter, Die Priesterehe in Flugschriften der frühen Reformation, Gütersloh 1998 (QFRG 68), 221-245; E.A. McKee, Elisabeth Schütz Zell. Bd. 1: The Life and Thought of a Sixteenth-Century Reformer, Leiden u.a, 1999 (SMRT 69/1); L. Haase, Katharina Zell. Pfarrfrau und Reformatorin, Stuttgart 2002; M.H. Jung, Katharina Zell geb. Schütz (1497/98-1562). Eine Laientheologin der Reformationszeit?, in: ders., Nonnen, Prophetinnen, Kirchenmütter, Leipzig 2002, 121-168. Allgemeine Literatur zur städtischen Reformation s. bei Text e.

e) Kaspar Hedio, Predigt im Straßburger Münster (20.11.1524)

Die Arbeit aber ist aufgeteilt: Eine besteht im Wort (um mit dem Edelsten und Allerwürdigsten anzufangen). Das ist das Predigen des Reiches Gottes, das Bezeugen des Evangeliums der Gnade, Verkünden des Urteils und der Rechtfertigung; da muss man hacken, roden, säen, pflanzen. Jer 1(,10). Gott gibt das Gedeihen 1 Kor 3(,6), Wacht und Hut Halten Jes 62(,6), Wehren der falschen Propheten, der Hunde und Säue, der Arbeiter der Bosheit. Mt 7(6. 15). Da müssen wir waghalsig sein um der Ehre Gottes und des Heils des Bruders willen. Wer dieser Arbeit treu (wie man es schuldig ist) nachkommen will, suchen will, was Christi ist, und nicht, was der (Geld)kiste ist, Sorge für die Gemeinde trägt, der wird wahrlich nicht als ein Müßiggänger angesehen werden. Und weil der Arbeiter seines Lohnes wert ist, Mt 10(,10), und die, die gute Vorsteher sind, doppelter Ehre wert sind, vor allem die im Wort und in der Lehre arbeiten 1Tim 5(,17); 1Thess 5(,12f.), mag so jemand seine Nahrung, das heißt Essen und Behausung (fuotter und decke), von fremder Hand empfangen, ob man es nun Präsenz[10] oder Absenz[11] nennt, das zehnte oder das dreißigste Teil.
Eine andere Arbeit ist die derer, die dem gemeinen Nutzen vorstehen wie die weltlichen Oberherren, die aus Gottes gnädiger Ordnung eingesetzt sind. Wenn die nicht untreu und Diebesgesellen sind und nicht die Bestechung lieben, urteilen sie für die Waise, lassen die Angelegenheit der Witwe vor sich kommen, fördern das Gute, widerstehen dem Bösen, wachen über Gottes Wort und Ordnung, widerstehen dem antichristlichen Lumpen, zerreißen und zerstören die dagegen errichtete Ordnung des Teufels oder meiden und fliehen diese, wenn sie sie nicht zerstören können. Auch denen muss man ausreichenden Unterhalt aus anderer Leute Hand gewähren, ob man es nun Zehnt, Tribut oder Steuer (schatzung) nennt. Sie gehen ja nicht müßig, sondern essen ihr Brot im Schweiße ihres Angesichts.
Die dritte (Arbeit) ist die, mit der der normale Handwerker umgeht, die Handarbeit, von der es tausenderlei gibt; das sollte die Aufgabe all derer seine, die der Gemeinde in geistlichen oder weltlichen Sachen nicht dienen können, damit niemand gegen Gottes Gebot müßig gehe. Damit wird aber das Abhalten der Schule und das Formen und Aufziehen der Jugend nicht verhindert, so wie jetzt bei vielen eine schädliche Meinung zu bemerken ist, als solle man die Kinder nicht mehr zur Lehre anhalten, damit das Gemönche, Gepfaffe und Genonne verschwinde und zunichte werde, so wie eine Pflanzung, die nicht aus Gott ist, ausgerissen werden muss (Mt 15,13). Gewiss, liebe Freunde, wenn in Zukunft eine endgültige Besserung und Reformation erhofft

werden soll, so wird diese durch die geschehen, die jetzt aufwachsen im Verständnis wahrer Ehrbarkeit und christlicher Gottseligkeit. Denn aus denen muss man dann Prediger und Pfarrer, Ratsherren, Regenten und Statthalter auswählen. Da werden dann, wenn die Kräfte zusammengenommen werden, die in Gott dem Herrn begonnenen Dinge einen guten Aufschwung nehmen. Wir leisten Vorarbeit für sie, in unsere Arbeit werden sie eintreten, und hier wird der Spruch wahr: Dieser sät, ein anderer schneidet (Joh 4,37f.).
Nun gibt es wiederum viele, damit wir nicht zu weit ausgreifen, die zur Arbeit untauglich sind – das sind etwa alte Leute, kranke Leute und dergleichen. Da nun das Gesetz verbietet zu betteln, Dtn 15(,4), und das Evangelium von vornherein allen Bettel verwirft (abgesehen davon, was Gogs und Magogs Jünger, die in der Apokalypse [20,7-9] mit dem Lamm streiten, dazu sagen), sollen diese, wenn sie Mangel leiden, in der Gemeinde auch von der Arbeit anderer erhalten werden. Das hat die Alten dazu veranlasst, Gerontotrophia und Nosotrophia[12] zu errichten, wie es bei uns Spitäler, Elendenherbergen und dergleichen göttliche Stiftungen sein mögen, wenn man es recht hält, Alte und Kranke darin mit dem Nötigsten zu versorgen und nicht die die Armen sind, die sich um die Armen kümmern sollen. Denn obwohl Gott der Allmächtige eine gleichmäßige Verteilung hätte vornehmen können, so dass jeder so viel wie der andere gehabt hätte, hat er doch Reich und Arm gemacht, damit die Reichen sich in Barmherzigkeit und Freigebigkeit üben, die Armen in Geduld und Leiden, wie geschrieben steht 2 Kor 8(,14f.).

Quelle: A. Laube u. S. Looß (Hg.), Flugschriften der frühen Reformationsbewegung (1518-1524). Bd. 2, Berlin (Ost) 1983, 1238f. – *Literatur:* M.A. Chrisman, Strasbourg and the Reform. A Study in the Process of Change, New Haven/London 1967; H. Keute, Reformation und Geschichte. Kaspar Hedio als Historiograph, Göttingen 1980 (GTA 19); M. Lienhard, La réforme à Strasbourg, in: G. Livet (Hg.), Histoire de Strasbourg des origines à nos jours. Bd. 2, Straßburg 1981, 365-540; R. Bodenmann, Caspar Hedio aus Ettlingen (ca. 1494-1552). Historiographie und Probleme der Forschung, in: Ettlinger Hefte 29 (1995) 47-62 – B. Moeller, Reichsstadt und Reformation, Berlin ²1987; ders. (Hg.), Stadt und Kirche im 16. Jahrhundert, Gütersloh 1978 (SVRG 190) ; St.E. Ozment, The Reformation in the Cities, New Haven ²1980; P. Blickle, Gemeindereformation. Die Menschen des 16. Jahrhunderts auf dem Weg zum Heil, München 1985; B. Hamm, Bürgertum und Glaube. Konturen der städtischen Reformation, Göttingen 1996.

[1] *St. Lorenz und St. Sebald.*
[2] *Die Insel Schütt zwischen zwei Pegnitzarmen im ummauerten Stadtgebiet*
[3] *Zur Unterscheidung der vier Schriftsinne im Mittelalter* – sensus historicus, allegoricus, moralis und anagogicus *s. Bd. 2, Text Nr. 60.*
[4] *Die* ratio innata *bzw.* innaturata, *die nach scholastischer Lehre die* lex naturae *erkennt.*
[5] *Gemeint sind:* fides mortua *bzw.* viva *und* fides informis bzw. (caritate) formata. *In beiden Fällen geht es nach mittelalterlicher Lehre um die Unterscheidung zwischen heilsirrelevanter Kenntnisnahme und gegebenenfalls auch Bejahung und heilsrelevantem Glauben aufgrund der durch den Heiligen Geist eingegossenen theologischen Tugend des Glaubens.*
[6] *Der Bezug auf die zwölf Artikel des Glaubensbekenntnisses war nach mittelalterlicher Lehre die Mindestanforderung an die* fides explicita, *die von der grundlegenden* fides implicita *unterschieden wurde.*
[7] *Die für die geistiche Versorgung zuständigen Franziskaner.*
[8] *Von der Lutherbibel lag seit September 1522 das Neue Testament gedruckt vor, vom Alten Testament waren in den Jahren 1523 und 1524 die Bücher von Gen bis Esther erschienen. Bereits vor Luthers Übersetzung gab es vierzehn oberdeutsche Vollbibeln.*
[9] *Dieses Buch, das möglicherweise als handschriftliches Manuskript kursierte, ist verschollen.*
[10] *Bezahlung für Anwesenheit bei geistlichen Handlungen.*

[11] *Erlaubnis für Abwesenheit von der Pfründe.*
[12] *Alten- und Krankenhäuser.*

28. Andreas Karlstadt: Vom Weggefährten Luthers zum »Schwärmer«

Dass die enge Wittenberger Arbeitsallianz durchaus unterschiedliche Theologen und Charaktere vereinte, zeigt sich in einer Drucksituation: Als Martin Luther nach dem Wormser Reichstag auf der Wartburg verborgen war, entstand in der Universitätsstadt selbst ein Autoritätsvakuum. Luther hätte es gerne gesehen, wenn Melanchthon ihn auf seiner Predigtstelle an der Stadtkirche vertreten hätte, aber das scheiterte an dessen mangelnder Priesterweihe. So eignete sich neben Gabriel Zwilling (gest. 1558), der am Augustinerkloster die Reform des Messwesens betrieb, faktisch Andreas Karlstadt (s. Texte Nr. 10 b]; 18 c]) diese Rolle an. Aus einer Theologie heraus, die das augustinische und mystische Erbe Luthers teilte, aber stärker als dieser auf die äußere Sichtbarmachung des neuen Heilsstandes auch in der Sozialität der Gemeinde drängte, trieb Karlstadt die Reformen in Wittenberg voran. Höhepunkt war die Messfeier am Weihnachtstag 1521, die er in Straßenkleidern und unter beiderlei Gestalt feierte. Auf welch breiter Basis er sich bewegte, zeigte nicht nur die rege Teilnahme an diesem Gottesdienst, sondern auch die Ordnung, die die Stadt Wittenberg erließ (Text a] 2). Melanchthon, der offenbar auch durch das Auftreten der sogenannten Zwickauer Propheten Nikolaus Storch, Thomas Drechsel und Markus Thomae (genannt Stübner) am 27. Dezember verunsichert war (Text a] 1), konnte hier kein Gegengewicht darstellen. Die zum Teil tumultuarischen Zustände gefährdeten allerdings den Schutz, den Friedrich der Weise bislang gewährt hatte, so dass Luther sich entschied, die Wartburg zu verlassen und in Predigten, die am ersten Fastensonntag Invokavit, dem 9. März, begannen, zur Besonnenheit zu rufen (Text a] 3). Bald kehrte wieder Ruhe in Wittenberg ein, und Karlstadt wurde, auch durch die ihm auferlegte Zensur, an den Rand des Geschehens gedrängt. Er verließ Wittenberg und nahm die Pfarrei Orlamünde im Südosten des Kurfürstentums ein, die zur Finanzierung seiner Professorenstelle gedient hatte und mit einem Administrator, den Karlstadt nun verdrängte, versehen gewesen war. In Orlamünde lebte Karlstadt als Nachbar Andres ein bewusst einfaches Leben, wiederum in Einvernehmen mit der dortigen Gemeinde, die nach einem Luther nicht gerade wohl gesonnenen Bericht sogar diesen selbst, als er am 24. August 1524 den Ort visitierte, in ein strenges Verhör nahm (Text b); Thema war die Legitimität der Bilder, die Karlstadt schon während der Wittenberger Unruhen bestritten hatte. Wenig später wurde Karlstadt aus Sachsen ausgewiesen. Aufgrund seiner immer stärker das unmittelbare Wirken des Geistes in den Vordergrund rückenden Theologie, wie sie sich in seinem »Dialog von dem Missbrauch des Sakraments Jesu Christi« abzeichnet (Text c), wurde er für Luther zur paradigmatischen Figur des »Schwärmers«, der nicht ausreichend berücksichtigte, dass dem Menschen die Gnade nur von außen zuteil werden konnte. Nach einer längeren unsteten Lebensphase, die ihn unter anderem nach Kiel und Ostfriesland führte, wurde Karlstadt 1534 Professor für Altes Testament in Basel, wo er 1541 starb.

a) Die Wittenberger Unruhen

1. Melanchthon, Bericht an Friedrich den Weisen

Eure Hoheit halte es mir zugute, dass ich wage, an Euch zu schreiben; mich zwingen zu dieser Zeit wichtige und gefährliche Vorgänge, die alle Aufmerksamkeit und Fürsorge Eurer Hoheit erfordern.
Es handelt sich um Folgendes, was ich Euch unbedingt vortragen muss: Eurer Hoheit ist nicht unbekannt, wie viele gefährliche Meinungsverschiedenheiten (dissensiones) aller Art im Hinblick auf das Wort Gottes in Eurer Hoheit Stadt Zwickau entstanden sind. Man hat dort ja auch Leute in Gewahrsam genommen, die, ich weiß nicht, was

alles, neu machen wollten. Von den Urhebern dieser Unruhen sind nun drei Männer hier[1] aufgetaucht, zwei ungebildete Tuchknappen, der dritte ist ein Studierter (literatus)[2]. Ich habe sie angehört; was sie von sich sagen, klingt recht wunderlich (mirus): Sie seien durch einen eindeutigen Auftrag (clara voce) Gottes zum Lehren ausgesandt worden; zwischen ihnen und Gott gebe es traute Gespräche (familiaria colloquia); sie könnten die Zukunft vorhersehen; kurz: sie seien Propheten und Apostel (viros esse propheticos et apostolicos). Ich kann kaum sagen, wie stark mich das beeindruckt. Jedenfalls hindern mich gewichtige Gründe daran, sie unbeachtet zu lassen (contemni eos nolim). Denn es gibt zahlreiche Hinweise dafür, dass sie von irgendwelchen Geistern ergriffen sind; aber diese kann nur Martin sicher beurteilen. Da deshalb jetzt das Evangelium und zugleich Ehre und Friede der Kirche auf dem Spiel stehen, muss man sich mit allen Mitteln bemühen, dass die Leute mit Martin zusammenkommen; denn auf ihn berufen sie sich.
Ich würde Eure Hoheit nicht mit diesem Brief belästigen, wenn die Sache nicht so wichtig wäre, dass sie eine rasche Entscheidung erforderte. Auf der einen Seite müssen wir uns hüten, den Geist Gottes zu dämpfen (1Thess 5,19), auf der anderen dürfen wir uns aber auch nicht vom Satan gefangennehmen lassen.

Quelle: Melanchthons Briefwechsel, hg. v. Heinz Scheible. Band T 1, Stuttgart–Bad Cannstatt 1991, 416f. (Nr. 192,4-22). – *Literatur:* s. bei Text a) 3.

2. Ordnung der Stadt Wittenberg (24.1.1522)

1. Zunächst wurde einhellig beschlossen, dass alle Einkünfte der Gotteshäuser, Priesterschaften[3] und der Zünfte zusammen in einen gemeinsamen Kasten (gemainen kasten) eingelegt werden sollen. Dazu sind je zwei Mitglieder des Rates und der Gemeinde sowie ein Schreiber bestimmt, die diese Beträge einnehmen, verwalten und damit arme Leute unterstützen sollen.
2. Ebenso sollen in Zukunft die Einnahmen aus den Pfründen (lehen) der Priester, wenn sie durch den Tod eines Priesters frei werden, demselben gemeinsamen Kasten zugeschlagen und (die Pfründen) künftig nicht mehr verliehen werden.
3. Es sollen auch keine Bettler in unserer Stadt geduldet werden, die ihres Alters oder Krankheit wegen nicht geeignet sind zu arbeiten. Man soll sie zur Arbeit treiben oder aus der Stadt verweisen. Jene aber, die durch Unglücksfälle wie Krankheit oder aufgrund von Armut (wirklich) bedürftig sind, sollen aus dem gemeinsamen Kasten durch die dazu bestimmten Personen entsprechend versorgt werden.
4. Ebenso soll kein Orden mehr eine Terminei[4] bei uns halten.
5. Genauso soll es keinem Mönch gestattet werden, in unserer Stadt zu betteln. Sie sollen mit den Einnahmen, die sie bisher haben, und darüber hinaus mit ihren Händen für Unterhalt und Nahrung sorgen.
6. Ebenso ist auch ein Verzeichnis gemacht worden (inventiert) über alles, was die Klöster jetzt besitzen an Kelchen, Pazifikalien[5] und Monstranzen[6]; ähnlich ist auch all ihr Einkommen verzeichnet worden, das sie besitzen und zur jährlichen Einkunft haben.
7. Ebenso soll kein fremder Student (schuler) in unserer Stadt geduldet werden. Will jedoch einer oder mehrere bei uns studieren, soll er sich selbst mit Essen und Trinken versorgen, da wir keinem gestatten wollen, zu betteln oder Almosen zu erbitten.
8. Ebensowenig sollen Stationierer[7] und Kirchenbitter[8] geduldet werden, angesichts der Tatsache, dass alle Kirchen fertig und mehr als genug gebaut sind.
9. Aus dem gemeinsamen Kasten soll man auch armen Handwerksleuten, die ihr Handwerk sonst nicht täglich auszuüben vermögen, leihen, damit sie sich ernähren können; doch nach einer festgesetzten Zeit sollen sie es ohne jegliche Verzinsung

wieder zurückgeben. Wer aber nicht in der Lage ist, das wieder zurückzugeben, dem soll es in Gottes Namen erlassen werden.

10. Ebenso sollen aus dem gemeinsamen Kasten arme Waisen – besonders Jungfrauen – und sonstige armer Leute Kinder in angemessener Weise unterstützt und ausgestattet werden.

11. Wo aber solche Einnahmen zu derartigen guten Werken nicht genügend vorhanden sind oder nicht so weit reichen würden, soll ein jeder – sei er Priester oder Bürger – nach dem Maß dessen, was er hat, jährlich eine Summe Geldes zum Unterhalt des armen Haufens abgeben.

12. Die Priester, die wir gegenwärtig haben, sollen, da ihre Einnahmen auch in den gemeinsame Kasten einbezogen wurden, mit sechs Gulden jährlich versorgt werden, nachdem sie für die Vigilien[9], die sie halten, an die acht Gulden jährlich gehabt haben; da jedoch Seelenmessen und Vigilien abgeschafft sind, sollen sie für dasselbe Geld arme, kranke Leute besuchen und sie in ihren Nöten trösten, doch sollen sie niemand zu Testamentarien anstiften[10].

13. Ebenso sollen auch die Bilder und Altäre in der Kirche entfernt werden, um Abgötterei zu vermeiden[11], denn drei Altäre ohne Bilder genügen vollauf.

14. Die Messe soll nicht anders gehalten werden, als sie Christus beim Abendmahl eingesetzt hat. Doch um des Glaubens willen sollen einige Teile gesungen werden: aber nur »de tempore«, und nie »de sanctis«[12], und weiter sollt Ihr singen: Introitus, Kyrie eleison, Gloria in excelsis et in terra, Kollekte oder Preces, Epistel, Graduale ohne Sequenz, Evangelium, Credo, Offertorium, Präfation, Sanctus ohne den größeren und kleineren Kanon[13], weil sie nicht der Schrift entsprechen. Danach beginnt das evangelische Mahl: Gibt es Kommunikanten, so weiht der Priester; sind keine da, weiht er es und nimmt es zu sich, wenn er überhaupt den Vorsatz dazu hat; danach schließt er mit der Kollekte, ohne »Ite missa est«. Der Kommunikant darf auch die geweihte Hostie in die Hand nehmen und selbst in den Mund schieben, ebenso auch den Kelch und daraus trinken.

15. Wir wollen auch in Zukunft nicht gestatten, dass unzüchtige Personen sich weiterhin bei uns aufhalten, sondern sie sollen heiraten. Wollen sie das nicht tun, soll man sie – sofern sie sesshaft sind – vertreiben; sind sie aber nicht sesshaft, soll insbesondere der Hausherr, der sie duldet, schwer bestraft werden, und überdies sollen sie, wenn sie ihr unzüchtiges Wesen oder Leben weitertreiben, aus der Stadt vertrieben werden.

16. Falls unsere Mitbürger und Einwohner mit Zinsen zu hoch belastet sind, so dass sie bisher fünf oder sechs Gulden vom Hundert gegeben haben oder die auszahlen sollen, aber das entsprechende Vermögen nicht haben, wollen wir ihnen den größten Teil der Summe aus dem gemeinsamen Kasten geben: (und zwar unter der Bedingung,) dass sie dem gemeinsamen Kasten jährlich vier Gulden vom Hundert an Zinsen geben, bis sie die Hauptsumme zurückgezahlt haben. Wir sind aber auch hinsichtlich der Geistlichkeit bei uns der Zuversicht, dass sie sich in dem Punkt christlicher Liebe befleißen und sich hiermit einverstanden erklären.

17. Auch soll man besonders darauf achten, dass Kinder armer Leute, die zu Schule und Studien geschickt sind und doch der Armut wegen nicht dabei bleiben könnten, die Mittel erhalten, damit man allezeit gelehrte Leute habe, die das heilige Evangelium und die Schrift predigen, und dass auch im weltlichen Regiment an geeigneten Leuten kein Mangel sei; die aber nicht geeignet sind, soll man zu Handwerk oder zur Arbeit anhalten, da diesbezüglich eine besondere Aufmerksamkeit nötig ist.

Quelle: Martin Luther, Studienausgabe, hg. v. H.-U. Delius. Bd. 2, Berlin ²1992, 525-529. – *Literatur:* s. bei Text a) 3.

3. Luthers Eingreifen: die erste Invokavit-Predigt (9. März 1522)

Hier, liebe Freunde, muss nicht jeder tun, wozu er ein Recht hat, sondern er muss sehen, was seinem Bruder nützlich oder förderlich ist, wie Paulus sagt: »Omnia mihi licent, sed non omnia expediunt«: »Alle Dinge dürfen wir wohl tun, aber alle Dinge sind nicht förderlich« (1 Kor 6,12), denn wir sind nicht alle gleich stark im Glauben, denn einige unter euch haben einen stärkeren Glauben als ich. Darum sollen wir nicht auf uns und unser Vermögen sehen und es betrachten, sondern auf das unseres Nächsten, denn Gott hat durch Mose gesprochen: »Ich habe dich getragen und aufgezogen, wie eine Mutter ihrem Kind tut.« (vgl. Dtn 1,31).

Was tut die Mutter an ihrem Kind? Als Erstes gibt sie ihm Milch, danach einen Brei, danach Eier und weiche Speise. Würde sie ihm als Erstes harte Speise geben, würde aus dem Kind nichts Gutes. So sollen auch wir an unserem Bruder handeln: mit ihm eine Zeitlang Geduld haben und seine Schwachheit dulden und tragen helfen, ihm auch Milchspeise geben, wie es uns geschehen ist, bis er stark wird, damit wir nicht allein gen Himmel fahren, sondern unsere Brüder, die jetzt nicht unsere Freunde sind, mitbringen...

Darum lasst uns denn in Furcht und Demut handeln, einer dem anderen zu Füßen liegen, einander die Hände reichen, einer dem anderen helfen. Ich will auch das Meine tun, wie ich schuldig bin. Und ich meine euch, wie ich meine Seele meine, denn wir kämpfen nicht gegen Papst oder Bischof, sondern gegen den Teufel. Bildet euch nicht ein, er schlafe. Er schläft nicht, sondern er sieht das wahre Licht aufgehen. Damit es ihm nicht in die Augen scheint, wollte er gerne von der Seite einfallen, und er wird das tun, wenn wir nicht aufpassen. Ich kenne ihn gut, ich hoffe auch, so Gott will, seiner Herr zu werden. Geben wir ihm nur einen Fußbreit nach, so müssen wir sehen, wie wir ihn wieder los werden.

Deswegen haben alle geirrt, die dazu geholfen und eingewilligt haben, die Messe abzuschaffen – nicht dass das nicht gut getan gewesen wäre, aber es ist nicht ordentlich geschehen. Du sagst: »Es ist recht aufgrund der Schrift«. Das bekenne ich auch, aber wo bleibt die Ordnung? Denn es ist mutwillig (in eym frevel) erfolgt, ohne alle Ordnung und als Ärgernis für den Nächsten. Denn man hätte zuvor ernsthaft beten und die Obrigkeit mit einbeziehen sollen, dann wüsste man, dass es von Gott her geschehen wäre. Ich hätte auch gerne damit angefangen, wenn es gut gewesen wäre. Und wenn es mit der Messe nicht eine so böse Sache wäre, wollte ich sie wieder einführen. Denn ich kann es nicht widerlegen und ich will es auch gerade jetzt gesagt haben, denn vor den Papisten und grobsinnigen Leuten täte ich mich leicht damit, denn ich würde sagen: »Woher weißt du, ob es in einem guten Geiste oder einem bösen geschehen ist?«, obwohl das Werk selbst gut ist. Aber vor dem Teufel könnte ich keinen Angriff führen. Denn wenn der Teufel denjenigen, der mit dem Spiel angefangen hat, in der Todesstunde diese Sprüche oder ähnliche vorhielte: »Alle Pflanzen, die mein Vater nicht gepflanzt hat, wird er ausreißen.« (Mt 15,13) oder den: »Sie liefen, und ich habe sie nicht gesandt« (Jer 23,21). Wie wollen wir bestehen? Er stößt sie in die Hölle.

Aber ich will ihm einen Spieß vor die Nase halten[14], durch den ihm eng in der Welt wird, denn ich weiß ja, dass mich der Rat zur Predigt berufen hat, wenn ich mich auch gewehrt habe. So hätte ich euch gerne wie mich, und ihr hättet mich in dieser Sache auch befragen können. Ja, ich bin ja nicht so weit entfernt gewesen, ihr hättet mich schriftlich erreichen können. Obwohl ich nicht das geringste Schriftstück hierher gesandt habe, wollt ihr mit etwas beginnen, und ich soll die Verantwortung dafür tragen. Das wäre zu schwer für mich. Ich mache das nicht. Daran merkt man, dass ihr den Geist nicht habt, obwohl ihr eine so hervorragende Schrifterkenntnis habt. Achtet auf die beiden Teile: Sein müssen und frei sein. Denn »Es muss sein«, das bedeutet das, was notwendigerweise erforderlich ist und ungerührt Bestand hat. Das ist etwa der Glaube, den ich mir nicht nehmen lasse, sondern ich muss den allezeit in meinem Herzen haben und vor jedermann frei bekennen. »Frei sein« aber ist das, was mir frei steht. Ich kann es gebrauchen oder lassen, aber so, dass mein Bruder den Nutzen davon hat und nicht ich. Und macht mir nicht aus dem Muss ein Freisein, wie ihr es getan habt, damit ihr nicht für diejenigen, die ihr durch eure liebe, lose Freiheit verleitet habt, Rechenschaft ablegen müsst.

Quelle: Martin Luther, Studienausgabe, hg. v. H.-U. Delius. Bd. 2, Berlin ²1992, 531,25-532,10; 532,29-534,3. – *Literatur:* H. Barge, Andreas Bodenstein von Karlstadt. Bd. 1: Karlstadt und die Anfänge der Reformation, Nieuwkoop ²1968; P. Wappler, Thomas Müntzer in Zwickau und die »Zwickauer Propheten«, Gütersloh 1966 (SVRG 182); H. Junghans, Freiheit und Ordnung bei Luther während der Wittenberger Bewegung und der Visitationen, in: ders., Spätmittelalter, Luthers Reformation, Kirche in Sachsen. Ausgewählte Aufsätze, hg. v. M. Beyer u. G. Wartenberg, Leipzig 2001 (Arbeiten zur Kirchen- und Theologiegeschichte 8), 111-120; H.S. Bender, Die Zwickauer Propheten, Thomas Müntzer und die Täufer, in: A. Friesen u. H.-J. Goertz (Hg.), Thomas Müntzer, Darmstadt 1978 (WdF 491), 115-131; U. Bubenheimer, Luthers Stellung zum Aufruhr in Wittenberg 1520-1522 und die frühreformatorischen Wurzeln des landesherrlichen Kirchenregiments, in: ZSRG.K 71 (1985) 147-214; St. Oehmig, Die Wittenberger Bewegung 1521/22 und ihre Folgen im Lichte alter und neuer Fragestellungen. Ein Beitrag zum Thema (Territorial-)Stadt und Reformation, in: ders. (Hg.), 700 Jahre Wittenberg. Stadt – Universität – Reformation, Weimar 1995; R. Wetzel, Melanchthon und Karlstadt im Spiegel von Melanchthons Briefwechsel, in: S. Looß u. M. Matthias (Hg.), Andreas Bodenstein von Karlstadt (1486-1541). Ein Theologe der frühen Reformation, Wittenberg 1998, 159-222; S. Bei der Wieden, Luthers Predigten des Jahres 1522. Untersuchungen zu ihrer Überlieferung, Köln u.a. 1999 (AWA 7); U. Bubenheimer/ St. Oehmig (Hg.), Querdenker der Reformation – Andreas Bodenstein von Karlstadt und seine frühe Wirkung, Würzburg 2001; J.-M. Kruse, Universitätstheologie und Kirchenreform. Die Anfänge der Reformation in Wittenberg 1516-1522, Mainz 2002 (VIEG 187), 279-389.

b) Die Orlamünder Laientheologen

Da sagte Martin Luther: »Wenn ich nicht schon wüsste, dass ihr Schwärmer seid, so weiß ich es jetzt, denn ihr brennt vor meinen Augen alle wie ein Feuer – ihr werdet mich doch nicht fressen?« Und bald darauf begann er und sprach: »Wo wollt ihr in der Schrift beweisen, dass man Bilder beseitigen (abthun) soll?« Da sprach einer aus dem Rat: »Herr Doktor, Bruder und Freund (freuntlicher bruder), Ihr gesteht mir zu, dass Moses ein Ausleger der zehn Gebote ist?« Sagt Martin: »Ja.« Sprach dieser weiter: »In den zehn Worten steht geschrieben: ›Du sollst keine fremden Götter haben‹, und gleich darauf folgt in der Auslegung des Mose: ›Du sollst alle Bilder beseitigen und keines haben‹« Sagt Martin: »Ja, das bezieht sich auf die abgöttischen Bilder. Abgöttisch sind die, die man anbetet. Was schadet ein Crucifix an der Wand, das ich nicht anbete?« Sagt ein Schuster: »Ich habe oft vor einem Bild an der Wand oder auf dem Wege meinen Hut gezogen. Das ist eine Abgötterei, Unehre für Gott und ein großer Schaden für die Armen. Darum soll man keine Bilder haben.« Sprach Martin: »Dann musst du wegen der Gefahr des Missbrauchs auch die Frauen umbringen und den Wein wegschütten.« Antwortet ein anderer aus der Gemeinde: »Nein, das sind Geschöpfe (Creatur) Gottes, sie sind für uns als Hilfe geschaffen, damit wir keusch leben und weil wir auf sie angewiesen sind (uns zur hilffe und enthaltungen unnd notturft); Gott hat uns befohlen, sie nicht umzubringen. Aber die Bilder, die die

Menschenhände gemacht haben, zu beseitigen, das ist uns befohlen.« Doktor Martin beharrte aber auf dem Wort »abgöttische Bilder«. Sprach der Schuster wieder: »Ja, ich würde dir das zugestehen, wenn nicht im Mose alle Bilder verboten wären.« Sprach Martin Luther: »Das steht nicht in der Schrift.« Sagt der Schuster: »Ich setze jeden Betrag (es gelt was du wilt), dass es drin steht«, und sie schlugen die Hände aneinander und wetteten.

Sprach der Schuster: »Was bedeutet das: Gott spricht: ›Ich will meine Braut nackt haben und will ihr Hemd nicht anlassen‹[15]« Da sank Martin nieder, strich über sein Gesicht, überlegte und sagte: »Ei, hör zu, das heißt: Bilder beseitigen, ei, was ist das für ein seltsames Deutsch!« Begann ein anderer und sprach: »Ja, es bedeutet ja in Wahrheit: Gott will, dass die Seele nackt, das heißt: bloß und ledig von allem Geschöpflichen wird; und schon wenn ich mich mit einem erlaubten Geschöpf vergnüge, ist die Seele von Bildern verstellt (verbildet): Um wie viel mehr wird die Seele bedeckt und eingewickelt, wenn sie sich mit verbotenen Bildern vergnügt?« Während dessen brachte jemand das Buch Mose und Martin wurde folgender Text vorgelesen: »›So bewahrt nun eure Seelen gut, denn ihr habt keine Gestalt (gleichnis) gesehen an dem Tag, als der Herr mit euch aus dem Feuer am Berg Horeb redete, damit ihr nicht verderbt und euch irgendein Bild macht, das einem Mann oder einer Frau oder Vieh auf Erden oder Vögel unter dem Himmel oder Gewürm auf dem Land oder Vieh im Wasser unter der Erde gleich sei, dass du auch nicht deine Augen erhebst zum Himmel und siehst die Sonne und den Mond und die Sterne, das ganze Heer des Himmels, und wirst ausgestoßen aus der Gemeinschaft und betest sie an und dienst ihnen, welche der Herr dein Gott allen (anderen) Völkern unter dem ganzen Himmel zugeteilt hat‹ (Dtn 4,15-19). Daraus folgt offenkundig, dass nicht allein abgöttische Bilder verboten sind, sondern alle, ja, dass Christen keine Bilder machen oder haben sollen.« Darauf sagt Martin, es stünde dabei: »Du sollst keines anbeten«, darum habe Gott die abgöttischen gemeint. Da sagte einer aus der Gemeinde: »Im Text steht nicht ›abgöttisch‹, sondern: ›Du sollst gar keines machen oder haben‹. Das Anbeten ist ein eigenes Vergehen, das Gott auch an eigener Stelle verboten hat.« Sprach Martin: »Lies weiter!« Und er las: »Du sollst deine Augen nicht erheben zum Himmel, um Sterne, Sonne und Mond anzubeten.« Fragt Doktor Martin und sprach: »Warum entfernst du die nicht auch?« Da antwortete der Schuster: »Sterne am Himmel sind nicht von unseren Händen gemacht. Darum hat Gott die Sterne nicht in unsere Macht gegeben, sie zu entfernen. Gott hat es uns auch nicht wie die Bilderentfernung geboten, darum sollen wir es nicht versuchen.«

Da sprach Martin; er sagte noch einmal etwas von den »abgöttischen Bildern«. Da sprach der Bürgermeister: »Hört, liebe Herren, hört!« Da kehrte große Stille ein. Da fuhr er fort: »Liebe Herren, hört, wir halten uns genau an das Wort Gottes, denn es steht geschrieben: ›Ihr sollt weder dazu setzen noch wegnehmen‹ (Dtn 4,2).« Da sprach der fürstliche Prediger[16]: »Lieber Alter, schweigt Ihr stille!« Sprach Martin wieder: »Ihr habt mich verdammt.« Antwortet der Schuster: »Wenn du verdammt sein willst, halte ich jeden für verdammt, solange er gegen Gott und Gottes Wahrheit redet oder liest.« Sprach Martin: »Das hätten mir wohl die Kinder auf der Gasse auch sagen können« und stand auf und eilte zum Wagen.

Quelle: WA 15, 345,20-347,11. – *Literatur:* V. Joestel, Ostthüringen und Karlstadt. Soziale Bewegung und Reformation im mittleren Saaletal am Vorabend des Bauernkrieges (1522-1524), Berlin 1996; V. Leppin, Stadt und Region im mittleren Saaletal. Zu den Einflüssen Karlstadts auf die Jenaer Reformation, in: Irene Dingel u. Günther Wartenberg (Hg.), Reformation und Region. Vorträge der III. Wittenberger Frühjahrstagung, im Druck.

c) Innerreformatorische Ausdifferenzierung in Karlstadts Spiritualismus: Karlstadt, Dialogus von dem Missbrauch des Sakraments Jesu Christi (1524)

GEMSER: Steht nicht geschrieben: »Wenn ihr das Fleisch des Menschensohns nicht esst und sein Blut nicht trinkt, so ist kein Leben in euch« (Joh 6, 53)? PETER: Hat das Christus dort gesagt, wo er spricht: »Nehmt das Brot und esst«? GEMSER: Nein, es steht aber an einer anderen Stelle. PETER: Ja, an der Stelle, wo Christus spricht: »Das Fleisch ist nichts nütze« (Joh 6,63). GEMSER: Ja. Peter: Also ist auch der Empfang des Fleisches Christi nichts nütze. Weiter frage ich, ob Christus durch die eben erwähnten Worte nicht sagen will, dass wir kein Leben in uns fühlen werden, sofern wir nicht sein Fleisch essen und sein Blut trinken. GEMSER: Richtig. PETER: Gestehst du mir das zu, so musst du auch zugestehen, dass das Essen des Fleisches Christi ein innerliches Schmecken des Leidens Christi ist, und dass der Sinn dessen ist: Der Menschensohn ist erhöht, damit jeder, der ihn ansieht, das heißt: an ihn glaubt, nicht verderbe, sondern das ewige Leben habe (Joh 6,40). GEMSER: Ich tadele dich keineswegs. PETER: Christus empfangen heißt also Christus annehmen, das heißt, Christus von Herzen und inbrünstig erkennen. GEMSER: Das gehört zum Sakrament. PETER: Selbst wenn einer das Sakrament niemals nähme, würde er doch selig, wenn er sonst gerechtfertigt wäre. Aber Seligkeit ohne das Schmecken Christi zu erlangen, das ist unmöglich. Es kann auch keiner ohne die Gunst Christi gerechtfertigt werden. Jes 53(,4f.). Das Sakrament ist nicht nötig, die Erkenntnis Christi ist nötig. Du weißt auch, dass Christus lange Zeit vor der Einsetzung des Sakramentes gesprochen hat: »Wenn ihr das Fleisch des Menschensohns nicht esst usw.« Darum hast du Christi Worte nicht angemessen angeführt.

GEMSER: Es gibt ein Wörtchen, das heißt: sacramentaliter, das beantwortet viele Fragen. PETER: Bei den Dummköpfen. Aber bei den Verständigen bewirkt es nichts, denn die Gotteskundigen reden mit den Worten Christi und sagen: spiritualiter, das heißt: geistlich müssen wir des Herren Fleisch essen. Sacramentaliter bringt es keinen größeren Nutzen als das natürliche äußerliche Essen des Fleisches Christi... Der Leib Christi sacramentaliter ist gar nichts nütze, denn man kann darin weder den Tod noch die Auferstehung Christi verstehen. Darum ist er, so sakramental verstanden, weder fleischlich noch geistlich nütze, er ist schlicht nichts. GEMSER: Damit hast du dem Papst so ans Ohr geschlagen, dass sein ganzes Gesicht schwarz wird. PETER: Und alle Papisten mit ihm. GEMSER: Und auch die neuen Papisten. Aber was müssen wir tun, damit wir den Leib Christi geistlich annehmen oder empfangen? PETER: Wir müssen lassen und dürfen nichts tun. GEMSER: Das geht mir zu weit. Sag nur: Wie sollen wir das Brot des Herrn, wie du sagst, würdig empfangen? PETER: Wer ein inbrünstiges Gedächtnis des dahin gegebenen Leibes Christi pflegt und dies äußerlich in der Gemeinde zu beweisen sucht, indem er das Brot des Herrn essen will, der ist würdig, das Brot zu empfangen, wie Christus spricht: »Dies tut zu meinem Gedächtnis.« Wer kein rechtes Gedächtnis Christi pflegen will, der ist nicht so geeignet, wie Christus ihn haben will.

Quelle: Karlstadts Schriften aus den Jahren 1523-1525, hg. v. E. Hertzsch. Bd. 2, Halle/ Saale 1957, 24,14-25,7.14-30. – *Literatur:* R.J. Sider, Andreas Bodenstein von Karlstadt. The Development of His Thought 1517-1525, Leiden 1974 (SMRT 11); A. Zorzin, Karlstadt als Flugschriftenautor, Göttingen 1990 (GTA 48); R. Ponader, »Caro nichil prodest. Joan. Vi. Das fleisch ist nicht nutz / sonder der geist.« Karlstadts Abendmahlsverständnis in der Auseinandersetzung mit Martin Luther 1521-1524, in: S. Looß u. M. Matthias (Hg.), Andreas Bodenstein von Karlstadt (1486-1541). Ein Theologe der frühen Reformation, Wittenberg 1998, 223-245.

[1] Melanchthon schreibt von Wittenberg aus.

[2] Markus Thomae hatte in Wittenberg studiert.

[3] Eine Zwickauer Handschrift, die vermutlich eine Vorstufe des Druckes repräsentiert, hat hier »Bruderschaften«.

[4] Ein für die Bettelorden abgegrenzter Bezirk, in dem sie Almosen eintreiben durften.

[5] Tafel aus Elfenbein, Marmor oder edlem Metall, die den Laien vor der Kommunion gereicht wurde, um den Friedenskuss (oscula pacis) darauf zu drücken.

[6] Liturgisches Gerät, in dem die Hostie gezeigt wurde.

[7] Ablassprediger, die zum Teil Almosen für gemeinnützige Zwecke (wie etwa Kirchenbau) sammeln.

[8] Mönche, die für den Bau einer Kirche bitten.

[9] Nächtliche Gebete vor einem höheren Festtag oder auch als Teil des Stundengebets.

[10] D.h. sie sollen niemand bei dieser Gelegenheit dazu veranlassen, ein Testament zu ihren Gunsten zu machen.

[11] Karlstadt sprach sich im Januar 1522 scharf gegen Bilder aus, im Februar kam es zu Bilderentfernungen aus der Stadtkirche.

[12] Es sollen nur die mit dem Kirchenjahr wechselnden Messformulare (»missae de tempore«) verwendet werden, nicht die für einzelne Heiligenfeste.

[13] Der große Kanon stellt das eucharistische Hochgebet zur Wandlung der Gaben dar, der kleine Offertoriumsgebete.

[14] Entspricht etwa dem heutigen: »Pistole auf die Brust Setzen«.

[15] Möglicherweise ist an Ez 16,39 gedacht.

[16] Der Weimarer Hofprediger Wolfgang Stein, der Luther auf seiner Reise begleitete.

29. Thomas Müntzers Theologie zwischen Mystik und Chiliasmus

In ähnlicher Weise wie Andreas Karlstadt hatte auch Thomas Müntzer (1468/70-1525) das mystische Erbe des späten Mittelalters bewahrt, dieses aber um Elemente eines Chiliasmus angereichert, der ihn seine Zeit als letzte Zeit vor dem Beginn einer Herrschaft Christi auf Erden sehen ließ. Die so gefärbte Predigt brachte ihn schon, als er ab Mai 1520 die Predigerstelle an der Marienkirche in Zwickau versah und wohl auch Kontakt mit den »Zwickauer Propheten« hatte, in Konflikt mit Altgläubigen, aber auch mit den Anhängern Luthers. Nach seiner Entlassung durch den Rat im April 1524 ging er nach Prag, wo er als Brief an die Böhmen und die gesamte Christenheit an Allerheiligen 1521 sein so genanntes Prager Manifest formulierte (Text a). Der hierin schon präsente Gedanke, dass Gott sich zur Durchsetzung seines Reiches der Auserwählten bediene, führte Müntzer, der ab April 1523 das Pfarramt in der kleinen sächsischen Exklave Allstedt versah, zur Suche nach sozial identifizierbaren Gruppen, die diesen Kampf führen konnten: Am 13. Juli 1524 versuchte er Herzog Johann und Kurprinz Johann Friedrich, als sie auf dem Schloss Allstedt weilten, in einer Predigt als Vorkämpfer für das Reich Christi zu gewinnen (Text b). So dürften es keine spezifischen sozialrevolutionären Vorstellungen gewesen sein, die ihn dazu führten, die 1524 beginnenden Bauernunruhen als Anzeichen der großen Geschichtswende zu sehen und entsprechend nun auf die Bekämpfer der Obrigkeit zu setzen (Text c). Nachdem ihn seine eigene Beteiligung an der Schlacht von Frankenhausen in Gefangenschaft gebracht hatte, wurde er am 27. Mai hingerichtet. Die Niederlage der Bauern begründete er damit, dass sie ihren eigenen Nutzen statt Gottes Ehre gesucht hätten.

a) **Das Prager Manifest** (1.11.1521)

Den unerträglichen und schlimmen Schaden der Christenheit habe ich mir tief betroffen zu Herzen genommen, nachdem ich mit ganzem Fleiß die Geschichte der alten

Väter gelesen habe. Ich stelle fest, dass nach dem Tode der Apostelschüler die unbefleckte, jungfräuliche Kirche durch den geistlichen Ehebruch zur Hure geworden ist, und zwar wegen der Gelehrten, die immer oben sitzen wollen; das beschreibt Hegesipp[1] und nach ihm Euseb[2] im 22. Kapitel des 4. Buches[3]. Auch finde ich in keinem Konzil das wahrhaftige Zeugnis nach der lebendigen Ordnung des untrüglichen Gotteswortes. Es sind nichts als kindische Possen gewesen. Das ist alles durch den nachsichtigen Willen Gottes zugelassen worden, damit alles, was der Mensch vermag, hervorkommen konnte.

Es soll aber – Gott sei gepriesen – nicht noch länger so zugehen, dass die Pfaffen und Affen die christliche Kirche sind. Es sollen vielmehr die auserwählten Freunde des Gotteswortes auch prophezeien lernen, wie Paulus lehrt, damit sie wahrhaftig erfahren, wie freundlich Gott – ach so herzlich gerne – mit all seinen Auserwählten redet.

Um solche Rede öffentlich bekannt zu machen, bin ich bereit, mein Leben um Gottes willen zu opfern. Gott wird wunderliche Dinge mit seinen Auserwählten tun, vor allem in diesem Lande. Denn die neue Kirche wird hier anfangen, und dieses Volk wird der ganzen Welt ein Spiegel [und Beispiel] sein.

Darum rufe ich einen jeglichen Menschen auf, dass er dazu helfe, dass Gottes Wort verteidigt werden kann.

Quelle: Thomas Müntzer, Schriften und Briefe, hg. von G. Franz, Gütersloh 1968 (QFRG 33), 493,31-494,20. – *Literatur:* H.-J. Goertz, »Lebendiges Wort« und »totes Ding«. Zum Schriftverständnis Thomas Müntzers im Prager Manifest, in: ARG 67 (1976) 153-177; S. Hoyer, Thomas Müntzer und Böhmen, in: S. Bräuer/ H. Junghans (Hg.), Der Theologe Thomas Müntzer. Untersuchungen zu seiner Entwicklung und Lehre, Göttingen/ Berlin 1989, 359-370 – s. auch bei Text d).

b) Die »Fürstenpredigt« über Dan 2 (Juli 1524)

Man sieht jetzt schön, wie sich die Aale und Schlangen auf einem Haufen vermischen. Die Pfaffen und alle bösen Geistlichen sind Schlangen, wie sie Johannes, der Täufer Christi, Mt 3(,7) nennt; und die weltlichen Herren und Regenten sind Aale, wie Lev 11(,9-12) (in Gestalt) von Fischen etc. vorgebildet ist. Es haben sich die Reiche des Teufels mit Ton beschmiert.

Ach, liebe Herren, wie schön wird der Herr eine eiserne Stange unter die alten Töpfe schmeißen, Ps 2(,9). Darum ihr allerteuersten, liebsten Regenten, erfahrt eure Erkenntnis auf rechte Weise aus dem Munde Gottes und lasst euch durch eure heuchlerischen Pfaffen nicht verführen und mit Erfindungen von Geduld und Güte aufhalten. Denn der Stein, der ohne Hände vom Berge gerissen wurde, ist groß geworden. Die armen Laien und Bauern sehen ihn viel deutlicher als ihr. Ja, Gott sei gelobt, er ist so groß geworden, dass, wenn euch andere Herren oder Nachbarn um des Evangeliums willen verfolgen wollten, sie von ihrem eigenen Volk vertrieben würden. Das weiß ich allerdings. Ja, der Stein ist groß; die unsinnige (blöde) Welt hat sich lange davor gefürchtet. Er ist auf sie gefallen, als er noch kleiner war.

Was wollen wir denn nun tun, nachdem er groß und mächtig geworden ist? Und nachdem er so mächtig unverzüglich auf die große Säule getroffen hat und sie bis zu den alten Töpfen zerschmettert hat? Darum, ihr teuren Regenten von Sachsen, tretet keck auf den Eckstein, wie der heilige Petrus tat, Mt 16(,18), und sucht die rechte Standhaftigkeit, die der göttliche Wille verleiht! Er wird euch wohl erhalten auf dem Stein, Ps 40(,3). Eure (Wege) werden richtig sein; suchet nur geradewegs Gottes Gerechtigkeit und geht die Sache des Evangeliums tapfer an! Denn Gott steht so nah

bei euch, wie ihr's nicht glaubt. Warum wollt ihr euch dann vor dem entsetzen, was Menschen erdacht haben, Ps 118(,6)?
Seht hier den Text genau an. Der König Nebukadnezar wollte die klugen (Zeichendeuter) töten, weil sie ihm den Traum nicht auslegen konnten. Es war ihr verdienter Lohn. Denn sie wollten sein ganzes Reich mit ihrer Klugheit regieren und konnten nicht das, wozu sie eingesetzt waren. So sind auch unsere Geistlichen. Und ich sage euch gewiss, wenn ihr den Schaden der Christenheit so gut erkennen und so recht einsehen würdet, so würdet ihr in einen solchen Eifer geraten wie Jehu, der (israelitische) König, 2Kön 9 und 10, und wie das ganze Buch der Apokalypse anzeigt. Und ich weiß fürwahr, dass ihr euch nur schwer zurückhalten könntet, dem Schwert seine Gewalt vorzuenthalten. Denn der erbarmungswürdige Schaden der heiligen Christenheit ist so groß geworden, dass ihn zu dieser Zeit keine Zunge beschreiben kann. Darum muss ein neuer Daniel aufstehen und euch eure Offenbarung auslegen. Und der muss, wie Mose Dtn 20(,1) lehrt, vorne an der Spitze gehen. Er muss den Zorn der Fürsten und des ergrimmten Volkes versöhnen.

Quelle: Thomas Müntzer, Schriften und Briefe, hg. von G. Franz, Gütersloh 1968 (QFRG 33), 256,10-257,21. – *Literatur:* M.G. Baylor, Theology and Politics in the Thought of Thomas Muentzer. The Case of the Elect, in: ARG 79 (1988) 81-102; K. Ebert, Die Obrigkeit im Verständnis Thomas Müntzers, in: ZRGG 41 (1989) 289-301 – s. Text d.

c) Parteinahme für die Bauern: Der Bericht von Hans Zeiß[4] über Müntzers Predigt in Allstedt (28.7.1524)

Gnädiger Fürst und Herr!
Ich habe neulich, als ich meine Rechnung vorlegte, darum gebeten, dass der Prediger Thomas Müntzer zu Allstedt verhört werde. Denn wenn das nicht geschieht, befürchte ich, das es zu einem Aufruhr und spürbarer Empörung kommen werde. Das haben mein gnädigster Herr, der Kurfürst, freundlich bedacht. Seinerzeit habe ich Magister Spalatin[5] in meinen Bescheiden gebeten, dass er sorgfältig dabei bleiben und darum bitten solle, dass es geschehe; das hat er auch zugesagt zu tun. Ich habe das auch anlässlich der letzten Nachricht, die gestern kam, nochmals bei ihm angeregt, aber es verzögert sich, und die Sache reißt kräftig ein. Deshalb spreche ich hier zu Weimar bei Euer fürstlichen Gnaden vor und teile untertänigst mit, dass das fremde Volk, wie vielleicht Eure fürstliche Gnaden selbst kürzlich gehört haben, nach Allstedt läuft, und die umliegenden Nachbarorte verbieten es ihren Untertanen, dorthin zur Predigt zu gehen. Doch das Volk will nicht davon lassen, und sie werden zu Haufen in die Türme und Verließe geworfen, und wer entkommt, eilt dorthin...
All das kommt hierher vor den Prediger. Der ist voller Zorn über solche Herrschaft, predigt und befiehlt unverhohlen, dass sich das Volk zu einem Bündnis zusammen schließen (zusamen verbinten) soll, um sich gegen derartige Gewalt und gegen die, die gegen das Evangelium toben, zu stellen und zu widersetzen. Das hat das Volk begonnen, rottet sich, wie oben berichtet, in Allstedt als Zuflucht zusammen und macht einen Bund mit allen Einwohnern von Allstedt. Er befiehlt auch den Frauen, Jungfrauen und wer auch immer sich wehren kann, sich mit Mistgabeln und dergleichen der Herrschaft zu widersetzen und sich zu wehren; damit haben etliche tatendurstige Frauen und Jungfrauen zu Allstedt bei dem letzten Angriff, von dem ich Fürstliche Gnaden berichtet habe, bereits, seinerzeit noch ohne seinen Befehl angefangen. Und der Prediger hat am letzten Sonntag[6] öffentlich ausgerufen und gepredigt, er wolle ein öffentlicher Feind aller Tyrannen sein, die sich dem Evangelium entgegen stellen, und man sehe offenkundig, dass sich etliche Herren dem Evan-

gelium und dem christlichen Glauben entgegen stellten und diesen gerne austilgen wollten. Und er hat das Volk nochmals dringlich ermahnt, ein Bündnis zu bilden und wenn die Herrschaftsgewalt ihr Schwert ziehe, ihr Schwert auch zu bewegen und zu zeigen...

Das einfache Volk (gemein volck) gewinnt aus den Worten des Predigers zutiefst das Vertrauen, dass die Leute in einer kleinen Gruppe, wie sie sagen, furchtlos sind, und sie geben vor, dass sie glauben, ihnen könne nichts widerfahren, sondern einer von ihnen solle zehntausend umbringen (vgl. Dtn 32,30). Auf diesem Fundament leisten sie Widerstand (Darauff trutzen sie). Der Prediger hat sie auch getröstet und am Sonntag öffentlich gesagt, dass ein gottesfürchtiger Mensch neulich in einer Vision (gesicht) gesehen habe, dass die Fürsten, Tyrannen und alle, die sich gegen das Evangelium wenden, ganz feige und voller Schrecken seien, und er hat gesehen, dass ihr Herz schwarz im Leibe sei vor lauter Feigheit. Darum sollen sie getrost sein, denn die Zeit der Veränderung stehe kurz vor der Tür, wovon Ez 34(,2-16) und Dan 7(,17-27) die Rede ist. Und er sehe, dass kein Fürst oder Herr mitmache, sondern alle dagegen seien. Nur die beiden Fürsten von Sachsen[7] lassen zu, dass man das Evangelium predige, mehr aber wollten sie nicht dazu tun; das finden Eure fürstliche Gnaden auch in Schriften. Darum bitte ich Eure fürstliche Gnaden, dass sie dennoch inniglich auf diese Angelegenheit sehen, ob sie von Gott sei, wie der Prediger auch ohne alle Scheu öffentlich ausruft, dass es Gott so in dieser Zeit bereitet; und der wird sich auch ungeachtet aller Gegenwehr, Vermögen und Hilfe nicht hindern lassen. Wenn dem so wäre, könnte und sollte man nicht gegen Gott streben (vgl. Apg 5,38f.). Wenn aber deutlich wird, dass es nicht Gottes Wille sei, möge Eure fürstliche Gnaden auch soviel dazu tun, wie sich gebührt, dass die Dinge allein nach göttlichem Willen geordnet werden.

Quelle: Thomas-Müntzer-Ausgabe. Kritische Gesamtausgabe, hg. v. H. Junghans. Bd. 3: Quellen zu Thomas Müntzer, bearb. v. W. Held u. S. Hoyer, Leipzig 2004, 146,1-147,11; 148,1-15; 149,18-150,9. — *Literatur*: T. Scott, The »Volksreformation« of Thomas Müntzer in Allstedt and Mühlhausen, in: JEH 34 (1983) 194-212; W. Held, Der Allstedter Schosser Hans Zeiß und sein Verhältnis zu Thomas Müntzer, in: ZfG 35 (1987) 1073-1091; E. Wolgast, Die Obrigkeits- und Widerstandslehre Thomas Müntzers, in: S. Bräuer/ H. Junghans (Hg.), Der Theologe Thomas Müntzer. Untersuchungen zu seiner Entwicklung und Lehre, Göttingen/ Berlin 1989, 359-370; T. Quilisch, Das Widerstandsrecht und die Idee des religiösen Bundes bei Thomas Müntzer, Berlin 1999 (Beiträge zur politischen Wissenschaft 113). – W. Elliger, Thomas Müntzer. Leben und Werk, Göttingen ³1976; R. Schwarz, Die apokalyptische Theologie Thomas Müntzers und der Taboriten, Tübingen 1977 (BHTh 55); E. Wolgast, Thomas Müntzer. Verstörer der Ungläubigen, Berlin ²1988; S. Bräuer/ H. Junghans (Hg.), Der Theologe Thomas Müntzer. Untersuchungen zu seiner Entwicklung und Lehre, Göttingen/ Berlin 1989; H.-J. Goertz, Thomas Müntzer. Mystiker. Apokalyptiker. Revolutionär, München 1989, G. Seebaß, Art. Müntzer, Thomas, in: TRE 23, 1994, 414-436.

[1] Hegesipp, antignostischer Schriftsteller, 2. Hälfte des 2. Jahrhunderts.

[2] Euseb von Caesarea (gest. 339).

[3] Euseb, Kirchengeschichte IV,22,4 (PG 20,377-384).

[4] Hans Zeiß (gest. 1546/7) war von 1513-1525 Schosser (Rentmeister) in Allstedt,

[5] Georg Spalatin (1484-1545), seit 1509 am Hofe des sächsischen Kurfürsten, ab 1516 in der Kanzlei beschäftigt, eine wichtige Vermittlungsgestalt zwischen Luther und dem Kurfürsten.

[6] 24. Juli 1524.

[7] Kurfürst Friedrich der Weise und Herzog Johann, die sich die Regentschaft teilten und das sächsische Gebiet mutschiert (in Zuständigkeitsbereiche aufgeteilt) hatten.

30. Die Täufer

Im Zuge der reformatorischen Umordnung geriet nach wenigen Jahren ein Punkt in die Diskussion, der für Luther unstrittig gewesen war: die Legitimität der Kindertaufe. Ein wichtiger Ansatzpunkt für diese Kritik war Zwinglis Sakramententheorie, die das Sakrament als Eidesleistung des Menschen an die Verstandesfähigkeit des Menschen band. Diese Idee fiel in einer Gruppe um Konrad Grebel (1498-1526) und Felix Mantz (ca. 1500-1527) auf fruchtbaren Boden, die sich zunächst vor allem durch eine separatistische Ekklesiologie von dem auf christliche Gestaltung der Gesamtgesellschaft drängenden Zwingli unterschieden hatte (Text a). Nachdem man eine Zeitlang die Kindertaufe abgelehnt und in der Praxis unterlassen hatte, eine Theologie und Praxis, die Mantz in seiner feierlichen Erklärung (»Protestation«) vor dem Rat verteidigt hatte (Text b), kam es am 17. Januar 1525 zu einer Disputation über die Frage der Taufe in Zürich, auf der Zwingli freilich seinen Gegnern kaum Raum ließ. Als Reaktion hierauf und auf einen entsprechenden Ratsbescheid kam es am 21. Januar 1525 zur ersten Erwachsenen(wieder)taufe in Zürich: Grebel wurde durch Jörg Blaurock getauft. Die Obrigkeit in Zürich ging massiv gegen die Täufer vor am 5. Januar 1527 wurde Mantz in der Limmat ertränkt. Die Täufer Zürcher Provenienz mussten sich entsprechend aus der Stadt zurückziehen. Um ihre völlige Versprengung zu verhindern, versammelte Michael Sattler (ca. 1490-1527) im Februar 1527 eine Synode in Schleitheim (Kanton Schaffhausen), die der inneren Klärung wie auch der Abgrenzung gegen radikalisierende Entwicklungen innerhalb des Täufertums diente. Dieser friedfertige Einheitsansatz konnte freilich nicht alle Varianten des Täufertums integrieren, das auch seiner Entstehung nach höchst heterogen war: Hans Hut (ca. 1490 –1527) fand sich in dem Dokument keineswegs wieder. Er war zur Ablehnung der Kindertaufe durch den Einfluss Karlstadts und Müntzers gekommen und prolongierte insbesondere dessen chiliastische Erwartungen über den Bauernkrieg hinaus. Die Erwachsenentaufe galt ihm dabei als Versiegelung der Erwählten. Grundlage dieser Theologie war sein Verständnis des »Evangeliums aller Kreatur« nach Kol 1,23 in der Textform der Vulgata (Text b). Wie scharf die Gewaltbereitschaft im chiliastisch orientierten Täufertum, das auch die Versprengten des Bauernkrieges sammelte, werden konnte, zeigten die Ereignisse des Täuferreiches von Münster, das wiederum eigene Wurzeln, vor allem im Wirken des 1530 zum Täufertum bekehrten Melchior Hoffmann (ca. 1500-1543), hatte. Hier errichteten von Februar 1534 bis Juni 1535 Jan Matthys, Jan Bockelson (von Leiden), Bernhard Rothmann und Bernd Knipperdolling ein Reich, das den Anspruch erhob, das Neue Jerusalem auf Erden zu bilden (Text c). Am 25. Juni 1535 wurde Münster von einer Koalition alt- und neugläubiger Fürsten eingenommen – das Täufertum war damit auf Jahrzehnte hinaus mit dem Makel der Gewaltbereitschaft belastet; man konnte es so ansehen, als ginge es nicht um Glaubensdifferenzen, sondern eher um eine Revolution der gesellschaftlichen Ordnung.

a) Täufertum als Radikalisierung von Zwinglis Reformation

1. Konrad Grebel, Brief an Thomas Müntzer (5.9.1524)

Die evangelischen Prediger haben aufgezeigt und tun es zum Teil noch, was es für ein großer Irrtum war, als unsere Vorfahren von dem wahren Gott und der Erkenntnis Jesu Christi und des rechten Glaubens an ihn sowie von dem wahren, einzigen, für alle geltenden göttlichen Wort abgefallen sind, als sie ohne Gott, Gesetz und Evangelium in menschlichen, unnützen, unchristlichen Bräuchen und Zeremonien gelebt haben und darin Seligkeit zu erlangen meinten. Gerade so will auch heute jedermann im Scheinglauben (in glichsendem glauben) selig werden, ohne Früchte des Glaubens, ohne Taufe der Versuchung und Erprobung, ohne Liebe und Hoffnung, ohne rechte christliche Bräuche, und ganz verbleiben in dem alten Zustand der eigenen Laster und den üblichen zeremoniellen antichristlichen Bräuchen, Taufe und Abendmahl (nachtmal) Christi, in Verachtung des göttlichen Worts, in Achtung des päpstlichen Wortes sowie des Wortes der antipäpstlichen Prediger, das dem göttlichen ebenso wenig gemäß ist. Durch Rücksicht auf Personen und allerlei Verführung wird schwerer und

schädlicher geirrt, als von Anfang der Welt an je geschehen ist. In solcher Verirrung sind auch wir gewesen, da wir nur Hörer und Leser der evangelischen Prediger waren, die an diesem allen schuldig sind, aufgrund unserer Sünden...
Darum bitten und ermahnen wir dich als einen Bruder..., dass du dich ernstlich bemühst, nur das göttliche Wort unerschrocken zu predigen, nur göttliche Bräuche einzuführen und zu bewahren, nur das für gut und recht zu halten, was klar und deutlich in der Schrift (in heiterer clarer gschrift) aufgewiesen werden kann, und die Pläne, Worte, Bräuche und Meinungen aller Menschen, auch deiner selbst, zu verwerfen, zu hassen und zu verfluchen.
Wir verstehen und haben gelesen, dass du die Messe ins Deutsche übersetzt und neue Gesänge eingeführt hast.
[Grebel nimmt hierzu in 25 Punkten Stellung:]... 10. Das Abendmahl der Gemeinschaft (vereimbarung) hat Christus geboten und eingesetzt (pflantzet). 11. Es sollen nur die Worte, die Mt 26(,26-29), Mk 14(,22-25), Lk 22(,17-20) und 1 Kor 11(,23-26) stehen, gebraucht werden, weder weniger noch mehr. 12. Der Diener aus der Gemeinde sollte sie vorsprechen aus einem der Evangelisten oder aus Paulus. 13. Es sind dies Worte des gebotenen (uffgesetzten) Mahles der Gemeinschaft, nicht der Konsekration. 14. Es soll ein einfaches Brot sein, ohne götzendienerische Zusätze. 15. Denn diese bringen eine Scheinandacht und Anbetung des Brotes mit sich und ein Ablenken von dem Innerlichen. Es soll auch ein einfaches Trinkgeschirr sein. 16. Dieses würde die Anbetung beseitigen und ein rechtes Erkennen und Verstehen des Abendmahls bringen, weil das Brot nichts anderes ist als Brot – im Glauben der Leib Christi und eine Vereinigung (inlibung) mit Christus und den Brüdern; denn im Geist und in der Liebe muss man essen und trinken, wie Johannes im 6. Kapitel (V. 32ff.) und in den anderen zeigt, Paulus in 1 Kor 10(,14ff.) und 11(,17ff.), und wie es deutlich aus Apg 2(,42-47) hervorgeht. 17. Obwohl es also Brot ist, soll es, wenn Glaube und brüderliche Liebe voraus gehen, mit Freuden genommen werden. Denn wenn man es in der Gemeinde isst, soll es uns deutlich machen, dass wir wahrhaftig ein Brot und ein Leib und wahre Brüder miteinander sind und sein wollen. 18. Wenn man aber einen trifft, der nicht brüderlich leben will, isst er zur Verdammnis, denn er isst ohne Unterschied wie ein anderes Mahl und schändet die Liebe, das innere Band, und das Brot, das äußere Band. 19. Denn es erinnert ihn auch nicht so an den Leib und das Blut Christi, an das Testament im Kreuz, dass er um Christi und der Brüder, um des Hauptes und der Glieder Willen leben und leiden will...
Es gibt mehr als genug Weisheit und Rat in der Schrift, wie man alle Stände, alle Menschen lehren, regieren, lenken und fromm machen soll. Wer sich nicht bessern, nicht glauben will und dem Wort und Handeln Gottes widerstrebt und dabei verharrt, den soll man, nachdem ihm Christus und sein Wort, seine Regel (vgl. Mt 18,15-18) gepredigt und er vor drei Zeugen und durch die Gemeinde ermahnt worden ist, den soll man, so sagen wir aufgrund von Gottes Wort nicht töten, sondern für einen Heiden und Zöllner halten und sein lassen. Man soll auch das Evangelium und seine Anhänger nicht beschützen mit dem Schwert, und sie selbst sollen sich ebenfalls nicht wehren...
Hinsichtlich der Taufe gefällt uns dein Schreiben sehr, wir wünschen auch weiter von dir unterrichtet zu werden. Uns wird berichtet, dass man (bei dir in Allstedt) ohne die Regel Christi bezüglich des Bindens und Lösens auch als Erwachsener nicht getauft werden sollte. Die Taufe, so beschreibt es uns die Schrift, bedeutet, dass durch den Glauben und das Blut Christi dem Getauften, der seinen Sinn ändert und vorher und nachher glaubt, die Sünden abgewaschen sind; dass man der Sünde abgestorben ist und sein soll und wandeln soll in einem neuen Leben (Röm 6,2-4) und Geist, dass

man gewiss selig wird, wenn man aufgrund der inneren Taufe sich im Leben an den Glauben in der (wahren) Bedeutung hält...
Weil du das alles zehn Mal besser bekennst und gegen die Kindertaufe deine Protestation[1] veröffentlicht hast, hoffen wir, du handelst nicht gegen das ewige Wort, die Weisheit und das Gebot Gottes, nach welchem man allein Glaubende taufen soll (Mk 16,16), und taufst keine Kinder. Wenn du und Karlstadt nicht genügend gegen die Kindertaufe schreiben werdet mit allem, was dazu gehört, wie und warum man taufen soll usw., so werde ich mein Heil versuchen und was ich begonnen habe, ausführlich schreiben gegen alle, die bisher (außer dir) von der Taufe irre führend, und das wissentlich, geschrieben und die unsinnige, gotteslästerliche Form der Kindertaufe verdeutscht haben, wie Luther, Löw[2], Osiander[3] und die Straßburger.

Quelle: Thomas Müntzer, Schriften und Briefe, hg. v. G. Franz, Gütersloh 1968 (QFRG 33), 438,8-26; 439,7-15; 439,37-440,19; 442,20-28; 443,1-9; 443,34-6; vgl. QGT 1,13-18. – *Literatur:* H.S. Bender, Conrad Grebel. 1498-1526. The Founder of the Swiss Brethren, Goshen 1950 (SAMH 6); J.F. Gerhard Goeters, Die Vorgeschichte des Täufertums in Zürich, in: L. Abramowski, J.F. Gerhard Goeters (Hg.), Studien zur Geschichte und Theologie der Reformation. FS Ernst Bizer, Neukirchen-Vluyn 1969, 239-281; D.G. Lichdi, Konrad Grebel und die frühe Täuferbewegung, Lage 1998 (Die Väter der Täuferbewegung 2); H.-J. Goertz, Konrad Grebel. Ein Radikaler in der Zürcher Reformation, Zürich 2004 – s. auch bei Text c).

2. Felix Mantz, Protestation an den Zürcher Rat (1524/5)

Eure Weisheit wissen wohl, dass viele seltsame Reden geführt wurden. Einerseits meinen einige, dass neugeborene Kinder, die gerade aus dem Mutterleib kommen, zu taufen seien, denn solches könne aus der Heiligen Schrift bewiesen werden. Die anderen wissen und glauben aus göttlicher Schrift, dass die Kindertaufe schlecht und falsch ist, von dem Antichrist, dem Papst und seinen Anhängern stammt und erdacht ist (was auch wahr ist). Unter diesen werde auch ich von einigen als Aufrührer und Unmensch angesehen und angezeigt, was mir aber unangemessener Weise und zu Unrecht geschieht. Es kann auch in Wahrheit nicht bewiesen und angezeigt werden, dass ich irgendwo Aufruhr gestiftet habe oder dass ich irgendwo irgendwen etwas gelehrt oder zu ihm gesprochen habe, was Aufruhr gebracht hat oder bringen kann; das werden alle, mit denen ich je zu schaffen gehabt habe, von mir bekennen. Deshalb geschieht mir Unrecht...
Sie (Zwingli und seine Prediger) wissen auch viel besser, als es jemand darlegen kann, dass Christus die Kindertaufe nicht gelehrt hat, dass auch die Apostel sie nicht geübt haben, sondern dass nach dem Sinn der Taufe allein die getauft werden sollen, die sich bessern, ein neues Leben annehmen, den Lastern absterben, mit Christus begraben werden und mit ihm in Erneuerung des Lebens aus der Taufe auferstehen (Röm 6,4)...
Aus diesen Worten sehen wir genau, wie und wann die Taufe gebraucht werden soll, nämlich wenn einer, bekehrt durch Gottes Wort, seinen Sinn geändert hat und nun fortan in Erneuerung des Lebens wandeln will, wie Paulus in Röm 6(,4) klar zeigt, dem alten Leben abgestorben ist, am Herzen beschnitten, mit Christus den Lastern gestorben, mit ihm in der Taufe begraben, wiederum mit ihm auferstanden in der Erneuerung des Lebens etc. Wenn man diese Dinge den Kindern zuschreibt, so tut man es ohne und gegen die ganze Schrift. Solcher und ähnlicher Belege ist die ganze Schrift des Neuen Testaments voll. Aus ihnen habe ich jetzt eindeutig gelernt und weiß es gewiss, dass die Taufe nichts anderes ist als ein Absterben des alten Menschen und das Anziehen eines neuen; dass Christus die zu taufen befiehlt, die unterrichtet worden sind; dass die Apostel niemanden getauft haben als allein diejenigen,

denen Christus verkündigt worden war; und dass sie ohne äußerliche Anzeichen und gewisses Zeugnis oder ohne Begehren niemanden getauft haben. Wer anders redet und lehrt, tut, was er mit keiner Schriftstelle beweisen kann...
Da Meister Ulrich meint, er könne diese Kindertaufe, die von den Päpsten erdacht wurde – obgleich sie den ersten Päpsten und ihren Verordnungen zuwider läuft, wie aus der Geschichte deutlich wird – und von Menschen eingeführt und erfunden wurde, mit der Heiligen Schrift beweisen, was ich doch nicht glaube, möchte ich Eure Weisheit inständigst gebeten haben, dass er das schriftlich tue, wie er es immer wieder allen gegenüber angeboten hat, mit denen er zu tun gehabt hat. Ich will ihm gütlich zuhören und antworten. Ich rede nicht gern, kann es auch nicht. Denn er hat mich früher so oft mit viel Reden überfallen, das ich ihm nicht habe antworten können oder durch sein langes Reden nicht zur Antwort gekommen bin. Es wird auch so viel Zank und Hader vermieden.

Quelle: QGT 1,23-28. *Übers.*: H. Fast (Hg.), Der linke Flügel der Reformation, Bremen 1962, 28-35. – *Literatur:* W. Schmid, Der Autor der sogenannten Protestation und Schutzschrift von 1524/25, in: Zwing. 9 (1950) 139-149; E. Krajewski, Leben und Sterben des Zürcher Täuferführers Felix Mantz, Kassel 1957; A. Strübind, Eifriger als Zwingli. Die frühe Täuferbewegung in der Schweiz, Berlin 2003; s. auch bei Text c.

3. Sammlung der Täufer: die Schleitheimer Artikel (24.2.1527)

Liebe Brüder und Schwestern! Wir, die wir in Schleitheim am Randen im Herrn versammelt gewesen sind, tun allen Liebhabern Gottes kund, dass wir in den Stücken und Artikeln überein gekommen sind (vereynigt seint worden), die wir im Herrn halten sollen, wenn wir gehorsame Kinder, Söhne und Töchter Gottes sein wollen, die in allem Tun und Lasen abgesondert von der Welt sind und sein wollen...
Die Artikel, die wir behandelt haben und in denen wir eins geworden sind, das sind diese: Taufe, Bann, Brechen des Brotes, Absonderung von Gräueln, Hirten in der Gemeinde, Schwert, Eid usw.
Zum ersten achtet auf die *Taufe*: Die Taufe soll all denen gegeben werden, die über die Buße und Änderung des Lebens belehrt worden sind und wahrhaftig glauben, dass ihre Sünden durch Christus hinweg genommen sind, und all denen, die wandeln wollen in der Auferstehung Jesu Christi und mit ihm in den Tod begraben sein wollen, auf dass sie mit ihm auferstehen mögen (Röm 6,4), und all denen, die es in solcher Meinung von uns begehren, und von sich selbst aus fordern. Damit wird jede Kindertaufe ausgeschlossen, die der höchste und erste Gräuel des Papstes ist. Dafür habt ihr Beweise und Zeugnisse in der Schrift und Beispiele bei den Aposteln; Mt 28(,19); Mk 16(,16); Apg 2(,38); 8(,36f.); 16(,31.33); 19(,1f.). Dabei wollen wir schlicht, aber doch fest und mit Gewissheit bleiben.
Zum zweiten haben wir uns folgendermaßen über den *Bann* geeinigt. Der Bann soll bei all denen Anwendung finden, die sich dem Herrn ergeben haben, seinen Geboten nachzuwandeln, und bei all denen, die in den einen Leib Christi getauft worden sind (1 Kor 12,13), sich Brüder oder Schwestern nennen lassen und doch zuweilen ausgleiten, in einen Irrtum und eine Sünde fallen und unversehens überwältigt werden. Diese sollen zweimal unter vier Augen (heimlich) ermahnt und beim dritten Mal öffentlich vor der ganzen Gemeinde zurecht gewiesen oder gebannt werden nach dem Befehl Christi Mt 18(,15ff.). Das aber soll nach der Anordnung des Geistes Gottes vor dem Brotbrechen geschehen, damit wir alle einmütig und in einer Liebe von einem Brot brechen und essen können und von einem Kelch trinken (1 Kor 10,16f.)...
Zum Vierten haben wir uns über die *Absonderung* geeinigt. Sie soll geschehen von den Bösen und vom Argen, das der Teufel in die Welt gepflanzt hat, damit wir ja

nicht Gemeinschaft mit ihnen haben und mit ihnen in Gemeinschaft mit ihren Gräueln laufen. Das heißt, weil alle, die nicht in den Gehorsam des Glaubens getreten sind und die sich nicht mit Gott vereinigt haben, dass sie seinen Willen tun wollen, ein großer Gräuel vor Gott sind, so kann und mag nichts anderes aus ihnen wachsen oder entspringen als gräuliche Dinge. Nun gibt es in der Welt und in der ganzen Schöpfung nur Gutes und Böses, gläubig und ungläubig, Finsternis und Licht, Welt und solche, die die Welt verlassen haben, Tempel Gottes und Götzen, Christus und Belial, und keines kann mit dem anderen Gemeinschaft haben...

Aus dem allen sollen wir lernen, dass alles, was nicht mit unserem Gott und mit Christus vereinigt ist, nichts andres ist als die Gräuel, die wir meiden und fliehen sollen. Damit sind gemeint alle päpstlichen und widerpäpstlichen Werke und Gottesdienste, Versammlungen, Kirchenbesuche, Weinhäuser, Bündnisse und Verträge des Unglaubens und anderes dergleichen mehr, was die Welt für hoch hält und was doch geradewegs wider den Befehl Gottes durchgeführt wird, entsprechend all der Ungerechtigkeit, die in der Welt ist...

Zum Sechsten haben wir uns über das *Schwert* folgendermaßen geeinigt: Das Schwert ist eine Gottesordnung jenseits der Vollkommenheit Christi. Es straft und tötet den Bösen und schützt und schirmt den Guten. Im Gesetz wird das Schwert über die Bösen zur Strafe und zum Tode verordnet. Es zu gebrauchen, sind die weltlichen Obrigkeiten eingesetzt (vgl. Röm 13,1-7). In der Vollkommenheit Christi aber wird allein der Bann gebraucht zur Mahnung und Ausschließung dessen, der gesündigt hat, nicht durch Tötung des Fleisches, sondern allein durch die Mahnung und den Befehl, nicht mehr zu sündigen. Nun wird von vielen, die den Willen Christi für uns nicht erkennen, gefragt, ob auch ein Christ das Schwert gegen den Bösen zum Schutz und Schirm des Guten und um der Liebe willen führen könne und solle. Die Antwort ist einmütig folgendermaßen geoffenbart: Christus lehrt und befiehlt uns (Mt 11,29), dass wir von ihm lernen sollen; denn er sei milde und von Herzen demütig, und so würden wir Ruhe finden für unsere Seelen...

Schließlich stellt man fest, dass es dem Christen aus folgenden Gründen nicht geziemen kann, eine Obrigkeit zu sein. Das Regiment der Obrigkeit ist nach dem Fleisch, das der Christen nach dem Geist. Ihre Häuser und Wohnungen sind mit dieser Welt verwachsen, die der Christen sind im Himmel. Ihre Bürgerschaft ist in dieser Welt; die Bürgerschaft der Christen ist im Himmel (Phil 3,20). Die Waffen ihres Streits und Krieges sind fleischlich und allein wider das Fleisch; die Waffen der Christen aber sind geistlich gegen die Festung des Teufels. Die Weltlichen werden gewappnet mit Stachel und Eisen; die Christen aber sind gewappnet mit dem Harnisch Gottes, mit Wahrheit, Gerechtigkeit, Friede, Glaube, Heil und mit dem Wort Gottes (vgl. Eph 6,13-17)...

Zum Siebten haben wir uns über den *Eid* folgendermaßen geeinigt: Der Eid ist eine Bekräftigung unter denen, die zanken oder Versprechungen machen, und es ist im Gesetz befohlen, dass er im Namen Gottes allein wahrhaftig und nicht falsch geleistet werden soll. Christus, der die Erfüllung des Gesetzes lehrt, verbietet den Seinen alles Schwören, sowohl recht als auch falsch, sowohl beim Himmel als auch beim Erdreich, bei Jerusalem oder bei unserem Haupt, und das aus dem Grund, den er gleich darauf ausspricht: »Denn ihr könnt nicht ein Haar weiß oder schwarz machen« (Mt 5,33-37). Seht: Darum ist alles Schwören verboten. Denn wir können nichts von dem gewährleisten (erstaten), was beim Schwören versprochen wird, weil wir an uns nicht das Geringste ändern können (Hebr 6,17f.)...

Liebe Brüder und Schwestern im Herrn! Das sind die Artikel, die einige Brüder bisher falsch und dem wahren Sinn zuwider verstanden haben. Sie haben damit viele schwache Gewissen verwirrt, wodurch der Name Gottes sehr schwer gelästert worden ist. Darum ist es notwendig gewesen, dass wir im Herrn, Gott sei Lob und Preis, übereingekommen sind, wie es auch geschehen ist.

Quelle: Quellen zur Geschichte der Täufer in der Schweiz. Bd. 2, hg. v. H. Fast, Zürich 1973, 27-34. *Übers.*: H. Fast (Hg.), Der linke Flügel der Reformation, Bremen 1962, 61-70. – *Literatur:* C.A. Snyder, The Life and Thought of Michael Sattler, Scottdale 1984 (SAMH 26); s. auch bei Text c.

b) Täufertum als Müntzers Erbe: Hans Hut

Im Evangelium aller Kreatur wird nichts anderes vorgetragen und gepredigt als allein Christus der Gekreuzigte, aber nicht allein Christus, das Haupt, sondern der ganze Christus mit allen Gliedmaßen. Diesen Christus predigen und lehren alle Kreaturen. Der ganze Christus muss leiden in allen Gliedmaßen und nicht wie unsere Schriftgelehrten Christus predigen, die dennoch die Besten sein wollen, wie man es täglich von ihnen hört, Christus als das Haupt habe es ganz ausgetragen und zu Ende gebracht. Wo aber bleiben die Gliedmaßen und der ganze Leib, in dem das Leiden Christi erfüllt werden muss? Davon gibt Paulus Zeugnis, wenn er spricht: »Ich freue mich in meinem Leiden, dass ich erstatte, was noch fehlt vom Leiden Christi, an meinem Leibe« (Kol 1,24). Darum müssen sie in kurzer Zeit, wie es schon beginnt, mit ihrer Weisheit zu Toren werden. Denn es gefällt Gott wohl, durch törichte, närrische und schwärmerische Predigt, wie es die Klüglinge nennen, selig zu machen die, die daran glauben. Wenn sie noch so sehr dagegen tobten, so müssen sie in kurzer Zeit mit ihrer Weisheit und mit ihrem Geiz den Armgeistigem, die ihre Schwärmer sein müssen, weichen, wie Paulus klar ausspricht (1 Kor 1,28).
Darum müsst ihr, meine allerliebsten Brüder, mit Fleiß erkennen und Acht haben auf das Wort, das Christus spricht: das Evangelium aller Kreaturen. Hier ist nicht gemeint, dass das Evangelium den Kreaturen gepredigt werden soll, wie Hunden und Katzen, Kühen und Kälbern, Laub und Gras, sondern, wie Paulus sagt, das Evangelium, das euch gepredigt wird, ist in allen Kreaturen. Darauf weist er auch hin und spricht, dass die ewige Kraft und Gottheit erkannt werde, wenn man sie wahrnimmt, bei den Kreaturen oder Werken von der Schöpfung der Welt an (Röm 1,20). Darum sage ich und bekenne, dass das Evangelium nach dem Befehl Christi, wie es Christus und seine Apostel gepredigt haben, noch zu unseren Zeiten »in den Kreaturen erkannt werden kann«. Auch die, die die Besten sein wollen, wissen noch nicht, was das Evangelium aller Kreaturen ist (Mk 16,15). Es ist ihnen verborgen und verschlossen, weil sie nicht die reine und lautere Ehre Gottes suchen, sondern ihren Bauch und ihre Ehre. Auch wenn man es ihnen sagt, so verlachen sie es und sprechen: »Es sind Schwärmer und spitzfindige Köpfe«. Deshalb sollt ihr eifrig erkennen, meine herzallerliebsten Brüder, was das ist, das Evangelium aller Kreaturen, und wie es Paulus genannt hat, wenn er spricht: »das Evangelium, das euch gepredigt ist in allen Kreaturen« (Kol 1,23)...

Quelle: L. Müller (Hg.), Glaubenszeugnisse oberdeutscher Taufgesinnter, Leipzig 1938 (= New York/ London 1971) (QFRG 20), 16. *Übers.*: H. Fast, Der linke Flügel der Reformation, Bremen 1962, 84-86. – *Literatur*: J.A. Stayer, Anabaptists and the Sword, Lawrence, Kans. ²1976; W.O. Packull, Mysticism and the Early South German-Austrian Anabaptist Movement 1525-1531, Scottdale 1977 (SAMH 19); G. Seebaß, Das Zeichen der Erwählten. Zum Verständnis der Taufe bei Hans Hut, in: ders., Die Reformation und ihre Außenseiter. Gesammelte Aufsätze und Vorträge, hg. v. I. Dingel, Göttingen 1997, 203-226; ders., Müntzers Erbe. Werk, Leben und Theologie des Hans Hut, Gütersloh 2002 (QFRG 73); – s. auch Text c.

c) Gewaltbereites Täufertum: das Täuferreich von Münster – die Ordnung des weltlichen Regiments in Münster (1534)

Ordnung des weltlichen Regiments in der Stadt Münster, kürzlich von den Zwölf Ältesten eingeführt.

Die Ältesten der Gemeinde Christi in der heiligen Stadt Münster, die durch die Gnade des allerhöchsten und allmächtigen Gottes berufen und verordnet sind, wollen, dass folgende Pflichten und Artikel von jedem Israeliten und Einwohner des Hauses Gottes treu und unverbrüchlich gehalten werden:

1. Was die heilige Schrift gebietet oder verbietet, das soll jeder Israelit bei Strafe halten.

2. Jeder soll seinem Berufe (vocatio) fleißig obliegen und Gott und die von ihm gesetzte Obrigkeit fürchten. Denn sie führt das Schwert nicht umsonst (Röm 13,4), da sie der Freveltat Rächerin ist.

3. Jeder Älteste soll seinen Diener zur Hilfeleistung haben, der seine Befehle ausführt.

4. Fünf Älteste sollen die Aufsicht über die Tag- und Nachtwachen haben und sie persönlich inspizieren, damit nicht die Nachlässigkeit der Posten der Stadt Gefahr bringe...

6. Alle Tage von sieben bis neun Uhr vormittags und von zwei bis vier nachmittags sollen sechs Älteste auf dem Markte und an dem dazu bestimmten Platze sitzen und alle Streitigkeiten durch ihre Entscheidung schlichten.

7. Was die Ältesten in gemeinsamer Beratung in diesem neuen Staate Israel für gut befunden haben, das soll der Prophet Johann von Leiden als treuer Diener des Allerhöchsten und der hochheiligen Obrigkeit der Gemeinde Christi und der ganzen israelitischen Gemeinde verkündigen und vortragen.

8. Damit unter den aufrichtigen und unverfälschten Israeliten kein offenbares Vergehen, das mit dem Worte Gottes streitet, geduldet werde und der Übertreter oder Lasterhafte, der bei einem offenbaren Verbrechen ertappt wird, die verdiente Strafe finde, so wird ihn der Schwertträger Bernhard Knipperdolling je nach dem begangenen Delikte strafen. Wenn er aber nicht bei offener Tat ergriffen wird, soll die Sache durch Knipperdolling vor die Ältesten gebracht und nach deren Beschluss verfahren werden, damit alles Böse aus Israel ausgerottet wird. Knipperdolling aber soll zum Schutze und zur Verteidigung seines Amtes mit vier Trabanten versehen öffentlich auftreten.

9. Damit in der Verwaltung der Speisen eine rechte Ordnung eingehalten werde, sollen die Speisemeister eingedenk ihrer Pflicht jeden Tag Gerichte derselben Art (wie es bisher Gewohnheit war) den Brüdern und Schwestern, die an getrennten und abgesonderten Tischen bescheiden und in aller Ehrbarkeit sitzen, vorsetzen. Und diese sollen nichts nach ihrer Willkür außer dem, was vorgesetzt wird, fordern. ...

13. Hermann tor Nate, Johann Redeker und Heinrich Dumkuster mit ihren sechs Gesellen sollen für die Israeliten Schuhe machen.

14. Die Schmiede Johann Palck, Heinrich Potthoff, Heinrich Stolte, Konrad Potthoff, Hermann Berninck und Arnold Roidtlandt sollen niemand ihren Dienst verweigern. Mollenhecke aber und Steinkamp sollen nur für die Obrigkeit Schmiedearbeit leisten.

15. Johann von Coesfeld mit seinen Gesellen soll eiserne Nägel anfertigen.

16. Bernhard tor Moer, Bernhard Glandorp, Heinrich Edelbloit und Johannes Northoff sollen Schneidermeister sein und dafür sorgen, dass keine neuen und ungebräuchlichen Kleiderschnitte aufkommen...

29. Wenn ein Fremder und unserer Religion nicht Angehöriger (a nostra religione alienus), mag es nun ein Bruder oder ein Landsmann oder ein Verwandter sein, sich in diese unsere heilige Stadt begibt, soll er an den Schwertträger Knipperdolling zum

Verhör gewiesen werden, damit dieser mit ihm eine Unterredung anstelle; dies wird keinem anderen außer den Ältesten übertragen.
30. Ein getaufter[4] Christ soll sich mit einem Ankömmling und heidnischen Fremden in keine Unterhaltung und Gespräch einlassen und nicht mit ihm essen, damit kein Verdacht verräterischen Einverständnisses entsteht.

Quelle: Hermann von Kerssenbroch, Anabaptistici furoris Monasterium inclitum Westphaliae metropolim evertentis historica narratio, hg. v. H. Detmer. 2 Bde., Münster 1899/1900 (Die Geschichtsquellen des Bisthums Münster 5f.), 582-585. *Übers.*: Das Täuferreich zu Münster 1534-1535, hg. v. R. van Dülmen, München 1974, 116-119. – *Literatur:* K.-H. Kirchhoff, Die Täufer in Münster 1534/35, Münster 1973; H. Schilling, Aufstandsbewegungen in der stadtbürgerlichen Gesellschaft des Alten Reiches. Die Vorgeschichte des Münsteraner Täuferreiches 1525-1534, in: H.-U. Wehler (Hg.), Der deutsche Bauernkrieg 1524-1534, Göttingen 1975, 193-238; T. Kuratsuka, Gesamtgilde und Täufer. Der Radikalisierungsprozess in der Reformation Münsters. Von der reformatorischen Bewegung zum Täuferreich 1533/34, in: ARG 76 (1985) 231-270; R. Klötzer, Die Täuferherrschaft von Münster. Stadtreformation und Welterneuerung, Münster 1992; E. Laubach, Reformation und Täuferherrschaft, in: F.-J. Jakobi (Hg.), Geschichte der Stadt Münster. Bd. 1, Münster 1993, 145-216; B. Rommé (Hg.), Das Königreich der Täufer in Münster – neue Perspektiven, Münster 2003 (Edition Kulturregion Münsterland 4); C.-P. Clasen, Anabaptism. A Social History, 1525-1618. Switzerland, Austria, Moravia and South and Central Germany, Ithaca/ N.Y. 1972; K. Deppermann/ W.O. Packull/ J.M. Stayer, From monogenesis to Polygenesis. The Historical discussion of anabaptist origins, in: MennQR 49 (1975) 83-122; H.-J. Goertz (Hg.), Umstrittenes Täufertum 1525-1975. Neue Forschungen, Göttingen ²1977; ders., Die Täufer. Geschichte und Deutung, München ²1988; ders., Religiöse Bewegungen in der Frühen Neuzeit, München 1993 (Enzyklopädie der deutschen Geschichte 20); G. Seebaß, Der »linke Flügel« der Reformation, in: ders., Die Reformation und ihre Außenseiter. Gesammelte Aufsätze und Vorträge, hg. v. I. Dingel, Göttingen 1997, 151-164; J.M. Stayer, Art. Täufer/ Täuferische Gemeinschaften. I: Täufer, in: TRE 32, 2001, 597-617.

[1] *Thomas Müntzer, Protestation und Erbietung, Anfang 1524 (Thomas Müntzer, Schriften und Briefe 225-240).*
[2] *Leo Jud (1482-1542), Pfarrer in Zürich und Mitstreiter Zwinglis.*
[3] *Andreas Osiander (1498-1552), Reformator Nürnbergs.*
[4] *D.h. im Sinne der Täufer mit der Glaubendentaufe versehen.*

31. Der Spiritualismus

Erst seit Ernst Troeltsch hat man gelernt, die verschiedenen devianten Gruppierungen der Reformationszeit, die Luther unter dem Begriff der »Schwärmer« zusammen gefasst hatte, sorgfältig voneinander zu unterscheiden. Trotz gelegentlicher Überschneidungen sind dabei neben den Täufern vor allem die Spiritualisten als eigene Gruppe erkennbar. Ihr gemeinsames Merkmal ist die Betonung der unmittelbaren Geistwirkung, die mit dazu beitrug, dass Luther in seiner Theologie die Bindung des Geistes an Mittel, insbesondere an das Wort immer mehr herausstellte. Zu Überschneidungen mit den Täufern kommt es – in der Zürcher Variante – insbesondere im Typus des sakramentalen Spiritualismus, der die Sakramente aufgrund allgemeiner Abwertung des Äußeren gegenüber dem innerlichen Geistwirken abwertete. Zu Berührungen mit dem Täufertypus des Hans Hut kommt es im eschatologischen Spiritualismus. Deutlicher abgesetzt vom Täufertum sind der Typus des individualistischen und des ekklesialen Spiritualismus. Letzteren repräsentiert der schlesische Adelige Kaspar Schwenckfeld von Ossig (1489-1561), der 1525/6 aufgrund seiner Betonung der Realpräsenz im Abendmahl mit Luther brach und von da an vornehmlich im Südwesten unterkam und von einem adeligen Netzwerk getragen wurde. Sein Interesse an der Absonderung der Heiligen als Gruppe von der kreatürlichen Kirche gab seinem Spiritualismus einen ekklesialen Charakter (Text a). Ganz anders hat hingegen der individualistische Spiritualist Sebastian Franck (1499-1542) den Weg der individuellen Absetzung vom Gemeindechristentum gewählt, der 1529/30 möglicherweise schon aufgrund dieser spiritualistischen Neigungen, vielleicht auch schlicht aufgrund mangelnder Akzeptanz seiner Predigt sein geistliches Amt in Nürnberg niederlegte und in den folgenden Jahren verschiedenste Berufe – wie Seifensieder und Buchdrucker – annahm, um sich seinen Unterhalt zu verdienen (Text b).

a) Kaspar von Schwenckfeld, Von den Graden der Wiedergeburt (1529)

Zum Ersten wird ein armer Sünder von Gott dem Vater gezogen und im Herzen gerührt, wenn er zu Christus kommt, wenn er sich Christus mit Ernst über- oder untergibt, wie der Herr sagt Joh 6(,44ff.)... Was ist aber das anfängliche Ziehen des Vaters? Es ist ein Tadel des Heiligen Geistes wegen der Sünde, des Sünders Erkenntnis der eigenen Sünden, in seinem Herzen Reue und Leid über die Sünde, ein Verlangen nach Vergebung und ein christliches Versöhnen oder Verlangen nach einem neuen christlichen Leben...

Zum Zweiten kommt der arme betrübte Sünder, der verwundete Samariter, zum Arzt Christus: Lk 10(,30-37), zum einzigen Heiland unserer Seelen, ... von dem hört er das Evangelium der Gnade Gottes, nämlich die tröstliche, liebliche Botschaft des Friedens im Heiligen Geist. Das ist aber nichts anderes als die Wiedergeburt durch die Kraft der Auferstehung Jesu Christi von den Toten. Es ist die heilige geistliche Beschneidung des Herzens, das Ausziehen des Leibes der Sünden, ein ernsthaftes Ergeben, Veränderung des Sinnes, Austilgung des Unglaubens und eine beginnende Einpflanzung in Jesus Christus, wovon vielfach die Rede ist Kol 2 und Röm 6. Das heißt dann Gottes Wort recht hören, wovon auch der Herr spricht bei Joh (5,24).

Zum Dritten nimmt der neue Mensch, der nun erwacht und durch das Wort der Wahrheit wiedergeboren ist, Jak 1(,18), solches Wort des Evangeliums an. Sein Leben und Wesen allenthalben danach auszurichten, das ist dann die himmlische Berufung, Hebr 3(,6), deren er teilhaftig wird zur Hoffnung des ewigen Lebens... Hierher gehört dann die Parabel vom Sauerteig, Mt 13(,33). Denn in der gleichen Weise, wie der Sauerteig sich vermengt mit dem Mehl und dasselbe vermittels des Wassers durch und durch säuert, so durchdringt auch das lebendige Wort Gottes nicht allein das Herz, sondern vollkommen das Innere des ganzen Menschen, damit das Wort sich das Fleisch ähnlich und zuletzt ganz gleich mache, weshalb es auch das himmlische Wasser und das Feuer göttlicher Gnade zu Hilfe nimmt...

Zum Vierten folgt danach die wahre Erkenntnis des Wortes Jesu Christi, das da Fleisch geworden ist, wenn sich dasselbe immer tiefer im Herzen auftut und sich ins Fleisch ergießt und ausbreitet. Da ist dann die Betrachtung ... im Willen des Herrn Tag und Nacht; da beginnt der Gesetzesmensch zu fühlen und zu schmecken, wie süß und lieblich der Herr sei (Ps 34,9). Er erkennt, dass außer Christus kein Heil, keine Wahrheit, Liebe noch Seligkeit ist... Er erkennt die Wahrheit, bleibt in der Rede des Herrn und wird dadurch wahrhaftig befreit, Joh 8(,32). Er gewinnt geübte Sinne zur Unterscheidung des Guten und des Bösen, Hebr 8(,11)...

Zum Fünften, wenn Gott so mit dem Menschen um Christi willen im Heiligen Geist handelt, so folgt dann die Gewissheit (gewißschafft) des christlichen Glaubens; nicht dass die vorherigen Grade ohne Glauben zugehen oder geschehen können, da doch der Glaube der Anfang ist und aus dem Wort kommt, das von Gott dem Vater innerlich, auch oft vermittels des Dienstes im Heiligen Geist, gehört wird, aber es wird in diesem Grad der Glaube, der aus solcher Erkenntnis ist, reich, gewiss, voll und beständig; davon spricht auch Petrus (Joh 6,69)... Da wird der Mensch mit Gott vertraut durch Christus, er handelt mit Gott in Christus, wird ein Glied des Leibes Christi. Er muss aber immerfort in Erkenntnis und Glauben wachsen, solange er lebt.

Zum Sechsten wird der neue gläubige Mensch getauft im Heiligen Geist. Er wird gesalbt, geheiligt und von aller Unreinheit von Gott abgewaschen durch das Wasserbad im Wort, Eph 5(,26), durch das Bad der Wiedergeburt und der Erneuerung des Heiligen Geistes, welchen Gott reichlich über ihn ausgießt durch Jesus Christus, Tit 3(,5f.). Das heißt, dass er sich ganz unter das Kreuz Christi begibt, Gott aufgeopfert zum lebendigen Opfer, Röm 12(,1). Er geht weiter in die Gleichförmigkeit des Bildes des Sohnes Gottes, und nachdem er den alten Menschen ausgezogen und dafür den neuen angezogen hat, bekennt er Jesus Christus als seinen Gott und Herrn im himmlischen Wesen vor der ganzen Welt. Er wird angetan mit der Kraft aus der Höhe, und ihm werden geoffenbart die Geheimnisse Gottes.

Zum Siebenten, damit er so erhalten werde und aufwachse in dem Leben, das er aus Gott empfangen hat, wird er im Abendmahl des Herrn gespeist mit dem Leib und getränkt mit dem Blut des Herrn Jesus Christus. Daraus empfängt er immer mehr Leben, Kraft, Stärke und das Wachsen göttlicher Gnaden, bis er zu einem vollkommenen Menschen wächst, der dem Maße des vollkommenen Alters Christi entspricht (Eph 4,13).

Zum Achten folgt die Besiegelung durch den Heiligen Geist... Da wird er in den neuen ewigen Bund durch den Glauben eingeführt. Es wird ihm in Christus Jesus alles gewährt, was er bittet nach dem Willen Gottes, und er sehnt sich mit Paulus danach (Röm 7,24), dass er erlöst werden möge von dem Leib dieses Todes, dass er heimziehen könne, da er hier keine bleibende Stätte hat (Hebr 13,14), damit er ganz und gar bei Christus sein könne im himmlischen Wesen. Das gebe Gott, Amen.

Zum Neunten, obwohl nun ein solcher Mensch sicherlich befreit ist vom ewigen Tod, vom bösen Geist und der Hölle, so wird er doch nun in diesem irdischen Tabernakel[1] und sündigem, ungehorsamen Fleisch zu streiten haben mit dem Gesetz der Glieder, solange er lebt; denn solange wir im Fleisch wohnen, kann es nicht ausbleiben, dass die fleischlichen Begierden gegen die Seele streiten...

Zum Zehnten und Letzten wendet der beschriebene Christenmensch allen Fleiß daran, dass er in Christus allen Sünden, allen Begierden ganz und gar absterbe... Darum ist der Tod ein auserwähltes Mittel für alle Heiligen Gottes, auch wenn das Fleisch sich dagegen sträubt und sich davor fürchtet. Denn dadurch kommen sie von Angst und Not in Wonne, Freude und ewige Seligkeit.

Quelle: CSch 3, 572-575. – *Literatur:* G. Maron, Individualismus und Gemeinschaft bei Caspar von Schwenckfeld, Stuttgart 1961; A. Sciegienny, Homme charnel - homme spirituel. Étude sur la christologie de Caspar Schwenckfeld (1489-1561), Wiesbaden 1975; S. G. Schultz, Caspar Schwenckfeld von Ossig (1489-1561), Pennsburg 1977; P. C. Erb (Hg.), Schwenckfeld and Early Schwenckfeldianism, Pennsburg 1986; R.E. McLaughlin, The Freedom of Spirit, Social Privilege, and Religious Dissent, Baden-Baden u.a. 1996; H. Weigelt, Art. Schwenckfeld, in: TRE 30, 1999, 712-719; P.G. Eberlein, Caspar von Schwenckfeld: Ketzer oder Heiliger?, Metzingen 1999; T.K. Kuhn, Caspar Schwenckfeld von Ossig, in: M.H. Jung/ P. Walter (Hg.), Theologen des 16. Jahrhunderts, Darmstadt 2002, 191-208.

b) Sebastian Franck, Paradoxa (1534)

Die Kirche ist ja nicht etwa ein besonderer Haufen und eine mit Fingern zu zeigende Sekte, gebunden an ein Element, eine Zeit, Person und Stätte, sondern ein geistlicher, unsichtbarer Leib aller Glieder Christi, aus Gott geboren, und in einem Sinn, Geist und Glauben; aber nicht in einer Stadt oder etwa an einem Ort äußerlich versammelt, dass man sie sehen und mit Fingern zeigen könnte, sondern (eine Gemeinschaft,) die wir glauben und nicht anders sehen als mit gleich geistlichen Augen des Gemüts und des inneren Menschen: die Versammlung und Gemeinde aller recht gottesfrommen und gutherzigen, neuen Menschen in aller Welt, durch den Heiligen Geist in dem Frieden Gottes mit dem Band der Liebe zusammengegürtet, (eine Gemeinschaft,) außer der kein Heil, kein Christus, kein Gott, Verständnis der Schrift, Heiliger Geist noch Evangelium ist.

In und bei dieser (Gemeinschaft) bin ich, nach ihr sehne ich mich in meinem Geist, wo sie zerstreut unter den Heiden und dem Unkraut verkehrt, und glaube diese Gemeinschaft der Heiligen. Ich kann sie zwar nicht zeigen, bin aber gewiss, dass ich in der Kirche bin, sei ich auch, wo ich will, und suche sie deshalb, wie auch Christum, weder hier noch dort. Denn ich weiß eben nicht, welche Steine an diesem Tempel und Körner auf dem Acker sind. Die kennt Gott allein, weshalb er auch die Absonderung allein seinen Engeln und nicht uns befohlen hat, die Schafe von den Böcken, das Unkraut vom Weizen zu scheiden. Wiewohl die Liebe der Zeuge, die Losung, die Hoffarbe und der Zeigefinger ist, woran man einen Christenmenschen erkennt wie den Baum an den Früchten, Joh 13(,35), so bringt doch äußerliches Blendwerk (die gleißnerei) so schöne Früchte, dass wir oft im Urteil betrogen werden, Mt 7(,15-23); 13(,10-17). Gott aber weiß, welche zu ihm gehören und Steine an diesem Tempel sind, 2 Tim 2(,19). Ich bin nach Gottes Gnaden nicht so parteiisch und sektiererisch, dass ich nicht einen jeden meiner Brüder als Fleisch und Blut ansehe, der (auch) mich dafür hält und sich nicht von mir trennt; ja, der nach Gott eifert und fragt, Gericht oder Gerechtigkeit wirkt oder, wie Petrus aus Erfahrung sagt, der Gott fürchtet und recht handelt in der ganzen Welt; auch (diejenigen sehe ich so an), die aus Schwachheit (und nicht frevelhaft wider den Heiligen Geist zum Tode) zeitweilig irren, anstoßen und sündigen, gewiss, dass, wer Gott angenehm ist, dem Herrn stirbt (fält), aufersteht und ein Glied Christi ist. Sehe ich doch in diesem auch meine Fehler wie in meinem Fleisch und wie in einem vor mich gestellten Spiegel, so dass ich für ihn zu bitten, aber ihn gar nicht zu richten habe, Röm 2(,17-24); 14(,1-13).

Darum möchte ich, dass viele ihren törichten Eifer, mit dem sie täglich Gott ein neues Volk zu versammeln und eine neue Kirche aufzurichten sich unterstehen, ablegten und nicht eher dienten, als bis sie dazu angeworben, zur Zeit der Ernte dazu gedrungen würden. Viele hat unzeitiger Eifer hinausgetrieben, die zuletzt selbst bekannt haben, dass ihr Lauf vor der Zeit und ohne Berufung dazu stattgefunden hat. Es sollte einer des anderen Bürde und Schwachheit tragen, weil dies allein der Liebe Gegenstand, des Gesetzes Erfüllung, der Christen Zeichen und die höchste Kraft ist, Gal 6(,1-10)... Traget einer des anderen Lasten, weil auch die Väter geirrt und fehlgegriffen haben und niemand ohne Irrtum ist und weil wir sogar sagen dürfen, dass auch die Apostel und Propheten hier und da in etwas erlegen seien. Wir haben alle mit David um unserer Torheit und Unwissenheit willen zu bitten, weil uns allen noch viel abgeht, Jak 3(,2ff.), ja, weil wir alle irren wie die Schafe ohne einen Hirten und weil nicht ein jeder Irrtum verdammenswert ist.

Quelle: Paradoxa Ducen=|ta octoginta ... entdeckt/ außge=|fürt / und an den | tag geben /| Durch Sebastianum | Francken ...,o.O.o.J., f. 4^v-5^v (Vorrede). *Übers.:* Sebastian Franck, Paradoxa, hg. u. eingel v. S. Wollgast, Berlin ^{2}1995, 11-13. – *Literatur:* H. Weigelt, Sebastian Franck und die lutherische Reformation, Gütersloh 1972 (SVRG 186); S. Wollgast, Der deutsche Pantheismus im 16. Jahrhundert. Sebastian Franck und seine Wirkungen auf die Entwicklung der pantheistischen Philosophie in Deutschland, Berlin 1972; St. Ozment, Sebastian Franck, in: ders., Mysticism and Dissent, New Haven/ London 1973, 137-167; J.-D. Müller (Hg.), Sebastian Franck (1499-1542), Wiesbaden 1993 (Wolfenbütteler Forschungen 56); Patrick Hayden-Roy, The inner word and the outer world. A biography of Sebastian Franck, New York u.a. 1994; S.

Wollgast (Hg.), Beiträge zum 500. Geburtstag von Sebastian Franck (1499-1542), Berlin 1999 (Memoria 2).

1 Tabernaculum, *wörtl.: Zelt, im Mittelalter Gehäuse zur Aufbewahrung des geweihten Brotes, also des Leibes Christi.*

32. Der Streit um den freien Willen zwischen Erasmus und Luther

Erasmus von Rotterdam wurde zusehends genötigt, sich gegenüber der Reformation zu äußern und von seiner Seite die Grenzen gegenüber Luther zu markieren. In seiner »De libero arbitrio διατριβή sive collatio« (Text a) wählte er im September zum Ausgangspunkt seiner Kritik an Luther dessen Bestreitung des freien Willens, wie sie in der 13. Heidelberger These (s. Text 13) manifest geworden war, da mit ihr alles Bemühen um eine sittliche Besserung des Menschen destruiert schien. Luther antwortete im folgenden Jahr mit »De servo arbitrio« (Text b). Die Schrift, die bei aller Schärfe der Abgrenzung vom Reformhumanismus wohl eine von Luthers gelehrtesten Arbeiten war, konnte wegen der verschiedenen Ereignisse, die Luther 1525 beschäftigten, erst im Dezember 1525 erscheinen. Damit war offenkundig geworden, dass der Humanismus nicht ohne Weiteres mit der Reformation ging, sondern sich in einen altgläubig bleibenden und einen reformatorischen Flügel aufsplittete und mithin in beiden Formierungen des Christentums, aber auch jenseits dessen im Spiritualismus und Täufertum nachwirkte.

a) Erasmus, Abhandlung über den freien Willen (September 1524)

1. Die geheimnisvollen Tiefen der Heiligen Schrift

Es gibt nämlich in der Heiligen Schrift (in divinis literis) gewisse unzugängliche Stellen, in die Gott uns nicht tiefer eindringen lassen wollte, und wenn wir einzudringen versuchen, tappen wir desto mehr in der Finsternis, je tiefer wir eingedrungen sind, damit wir auf diese Weise einerseits die unerforschliche Majestät der göttlichen Weisheit, andererseits die Schwäche des menschlichen Geistes erkennen, wie Pomponius Mela[1] von einer Höhle bei Korykos[2] berichtet, welche zuerst durch eine gewisse angenehme Lieblichkeit anlockt und einlädt, bis diejenigen, die tiefer und tiefer eingedrungen sind, endlich ein gewisser Schrecken und die Majestät der dort wohnenden Gottheit (maiestas numinis illic inhabitantis) vertreibt. Sobald man daher bis zu diesem Punkt gekommen ist, dürfte es meiner Meinung nach besonnener und frömmer (consultius ac religiosius) sein, mit Paulus auszurufen: »O welche Tiefe des Reichtums und der Weisheit und der Erkenntnis Gottes, wie unerforschlich sind seine Ratschlüsse, wie unergründlich seine Wege!« (Röm 11,33) und mit Jesaja: »Wer hat den Geist des Herrn bestimmt, wer als Berater ihn unterwiesen?« (Jes 40,13), als bestimmen (definire) zu wollen, was das Maß der menschlichen Fassungskraft übersteigt. Vieles dient der Zeit, wenn wir nicht mehr durch Spiegel und in Rätseln sehen werden, sondern enthüllten Angesichts die Herrlichkeit des Herrn betrachten werden (vgl. IKor 13,12).

Quelle/ Übers.: Erasmus von Rotterdam, Ausgewählte Schriften. 8 Bde., hg. v. W. Welzig. Bd. 4, Darmstadt 1995, 10f. – *Literatur:* P. Walter, Theologie aus dem Geist der Rhetorik. Zur Schriftauslegung des Erasmus, Mainz 1991; s. auch Text a) 3. und b) 4.

2. Die moralische Gefahr von Erörterungen über die Willensfreiheit

Was daher den freien Willen betrifft, so haben wir, nach meinem Urteil wenigstens, aus der Heiligen Schrift Folgendes gelernt: Wenn wir uns auf dem Weg der Frömmigkeit befinden, sollen wir mutig nach dem Besseren streben, indem wir vergessen, was hinter uns liegt (vgl. Phil 3,13); wenn wir in Sünden verstrickt sind, sollen wir uns mit allen Kräften heraus zu arbeiten suchen, sollen wir das Heilmittel der Buße suchen und die Barmherzigkeit Gottes auf jede Weise zu erlangen trachten, ohne die der menschliche Wille weder etwas bewirkt noch auch (nur) versucht; und wenn es etwas Böses ist, wollen wir es uns anrechnen, wenn aber etwas Gutes, wollen wir es zur Gänze der göttlichen Güte zuschreiben, der wir auch gerade das verdanken, was wir sind; im Übrigen wollen wir glauben, dass alles, was uns in diesem Leben zustößt, sei es etwas Erfreuliches, sei es etwas Betrübliches, uns von jenem zu unserem Heil geschickt wird, und dass keinem ein Unrecht von Gott geschehen kann, der von Natur aus gerecht ist, auch wenn uns etwas unverdient zuzustoßen scheint, darf doch niemand an der Verzeihung von Seiten Gottes verzweifeln, der von Natur aus überaus mild ist (venia a deo natura clementissimo): Das festzuhalten, sage ich, wäre meinem Urteil nach zur christlichen Frömmigkeit (Christiana pietas) ausreichend, und man hätte nicht mit unfrommer Neugier in jene abgründigen Bereiche, um nicht zu sagen, überflüssigen Fragen eindringen dürfen, ob Gott etwas nicht-notwendig voraus weiß (an deus contingenter praesciat aliquid)[3], ob unser Wille etwas vermag in den Dingen, die sich auf das ewige Heil beziehen, oder ob er nur unter dem Einfluss der wirkenden Gnade (agens gratia) steht, ob wir, was immer wir Gutes oder Böses tun, aus reiner Notwendigkeit tun oder vielmehr erleiden...

Wir wollen daher so tun, als ob in einem gewissen Sinne wahr wäre, was Wyclif[4] lehrte und Luther behauptete: dass, was immer von uns geschieht, nicht aus freiem Willen, sondern aus reiner Notwendigkeit geschehe – was gibt es Unzweckmäßigeres, als dieses Paradox der Welt bekannt zu machen? Wiederum wollen wir einmal so tun, als wäre in einem gewissen Sinne wahr, was Augustinus irgendwo schrieb, dass Gott sowohl das Gute als auch das Böse in uns wirke[5], und seine guten Werke in uns belohnt und seine bösen Werke in uns bestraft würden. Ein wie großes Fenster würde diese Behauptung, wenn man sie im Volke bekannt machte, unzähligen Sterblichen zur Gottlosigkeit öffnen, besonders bei der Sterblichen großer Trägheit, Gedankenlosigkeit, Bosheit und unverbesserlichen Geneigtheit zu jeder Art von Frevel? Welcher Schwache wird den ewigen und mühevollen Kampf gegen sein Fleisch weiter führen? Welcher Böse wird danach streben, sein Leben zu bessern? Wer wird sich überwinden können, jenen Gott aus ganzem Herzen zu lieben, der die Hölle geschaffen hat, die von ewigen Qualen glüht, um dort seine eigenen Untaten in den Bedauernswerten zu bestrafen, wie wenn er sich an den Qualen der Menschen erfreute? So werden es nämlich die meisten deuten. Es sind nämlich die Gesinnungen der Sterblichen in der Regel ungebildet und fleischlich, geneigt zum Unglauben, geneigt zu Verbrechen, geneigt zu Gotteslästerung, so dass es nicht notwendig ist, noch Öl ins Feuer zu gießen.

Quelle/ Übers.: Erasmus von Rotterdam, Ausgewählte Schriften. 8 Bde., hg. v. W. Welzig. Bd. 4, Darmstadt 1995, 10-13. 18f. - *Literatur:* s. Text a) 3. und b) 4.

3. Das Verhältnis von freiem Willen und Gnade

Pelagius scheint dem freien Willen mehr als genug zuzuschreiben[6], Scotus schreibt ihm reichlich viel zu[7]. Luther verstümmelte ihn zunächst nur, indem er ihm den rechten Arm abschnitt, und dann, nicht einmal damit zufrieden, brachte er den freien Willen um und beseitigte ihn völlig. Mir gefällt die Meinung jener, die dem freien Willen etwas (nonnihil) zuschreiben, aber der Gnade das meiste... Durch dieses Maßhalten wird es sich ergeben, dass es irgendein, wenn auch unvollkommenes, gutes

Werk gibt, wovon aber der Mensch sich nichts anmaßen kann; es wird irgendein Verdienst geben, dessen Fülle aber Gott verdankt wird. Es gibt im Leben der Sterblichen gerade genug an Schwäche, Fehlern und Untaten, so dass, wenn ein jeder sich selbst betrachten wollte, er leicht den Stolz ablegen würde, obwohl wir nicht behaupten möchten, der Mensch sei, obzwar gerechtfertigt, doch nichts anderes als Sünde, zumal Christus ihn als Wiedergeburt (Joh 3,3), Paulus als neues Geschöpf (2 Kor 5,17) bezeichnet. Warum, wird man sagen, wird dem freien Willen etwas zugestanden? Damit es etwas gibt, was den Gottlosen mit Recht (merito) angerechnet wird, die sich willig (volentes) der Gnade Gottes versagt haben, damit der Vorwurf der Grausamkeit und Ungerechtigkeit von Gott abgewendet werde, und die Sorglosigkeit abgewendet werde, damit wir zum Bemühen angespornt werden. Aus diesen Gründen wird von fast allen der freie Wille behauptet, der aber ohne die ständige Gnade Gottes unwirksam ist (inefficax absque perpetua dei gratia), damit wir uns nichts anmaßen. Es könnte jemand sagen: Wozu ist der freie Wille gut, wenn er nichts ausrichtet? Ich antworte: Wozu ist der ganze Mensch gut, wenn Gott so an ihm arbeitet, wie der Töpfer am Ton arbeitet und wie er an einem Stein hätte arbeiten können?

Quelle/ Übers.: Erasmus von Rotterdam, Ausgewählte Schriften. 8 Bde., hg. v. W. Welzig. Bd. 4, Darmstadt 1995, 172-191 – *Literatur:* W.P. Eckert, Erasmus. Werk und Wirkung. 2 Bde., Köln 1967; C. Augustijn, Erasmus von Rotterdam. Leben, Werk, Wirkung, München 1986; M. Hoffmann, Glaube und Frömmigkeit bei Erasmus von Rotterdam, Stuttgart 1989; I. Bejczy, Erasmus and the Middle Ages. The historical consciousness of a Christian humanist, Leiden u.a. 2001; M. Hoffmann, Glaube und Frömmigkeit bei Erasmus von Rotterdam, Stuttgart 1989.

b) Luther, Vom geknechteten Willen (1525)

1. Die Klarheit der Heiligen Schrift

So sieht meine Unterscheidung aus, damit ich auch ein wenig rhetorisch und dialektisch werde: Zwei verschiedene Dinge sind Gott und die Schrift Gottes, nicht weniger als der Schöpfer und die Schöpfung Gottes zwei verschiedene Dinge sind. Dass in Gott viel verborgen ist, was wir nicht wissen, daran zweifelt kein Mensch... Aber dass in der Schrift etwas verworren sei und nicht alles klar dargelegt, das ist zwar durch die gottlosen Sophisten[8] verbreitet, mit deren Mund auch du hier redest, Erasmus. Jedoch haben sie niemals einen einzigen Artikel angeführt noch anführen können, mit welchem sie diesen ihren Unsinn beweisen konnten. Durch solche Gespinste hat der Satan vom Lesen der Heiligen Schrift abschrecken wollen und die heilige Schrift verächtlich gemacht, damit er seine aus der Philosophie hergenommene Pestilenz in der Kirche zur Herrschaft brächte.

Das allerdings gebe ich zu, dass viele Stellen in der Schrift dunkel und verworren (obscura et abstrusa) sind, nicht um der Hoheit der Dinge, sondern um unserer Unkenntnis der Worte und der Grammatik willen, die aber nicht die Erkenntnis aller Dinge in der Schrift hindern können. Denn was kann in der Schrift noch Erhabeneres verborgen sein, nachdem die Siegel aufgebrochen sind (Offb 6,1) und der Stein von der Grabestür gewälzt ist, jenes höchste Geheimnis verkündigt worden ist, dass Christus, der Sohn Gottes, Mensch geworden, dass Gott dreifältig und doch einer sei, dass Christus für uns gelitten hat und ewiglich regieren werde? Ist das nicht in aller Welt bekannt und verkündigt? Nimm Christus fort aus der Schrift, was wirst Du weiter in ihr finden?

Die Dinge, welche in der Schrift verkündet sind, liegen also klar am Tage, mögen auch einige Stellen bisher um unbekannter Worte Willen dunkel sein. Töricht aber ist es wahrlich und gottlos, zu wissen, dass der ganze Inhalt der Schrift im klarsten Licht liegt, und wegen einiger dunkler Worte die Tatsachen für dunkel zu erklären. Wenn an einer Stelle die Worte dunkel sind, so sind sie doch an einer anderen klar und verständlich. Dieselbe Sache aber, welche auf das Offenkundigste aller Welt vorgetragen ist, wird in der Schrift einmal mit klaren Worten vorgetragen, ein anderes Mal liegt sie bisher wegen der unverständlichen Worte verborgen. Es liegt wahrlich nichts daran, wenn die Sache sich im Licht befindet, dass irgendein Zeichen, das auf sie hinweist, im Dunkeln liegt, während jedoch viele andere ihrer Zeichen im Lichte stehen...
Es trägt also nichts aus, was Du von der sogenannten koryzischen Grotte anführst[9]. So verhält sich die Sache in der Schrift nicht. Denn die allererhabensten und dunkelsten Geheimnisse, um die es sich hier handelt, sind nicht weit entfernt im Versteck, sondern öffentlich und vor aller Augen vorgeführt und dargelegt. Christus hat uns das Verständnis eröffnet, dass wir die Schrift verstehen (Lk 24,45), und das Evangelium ist aller Kreatur gepredigt (Mk 16,15), sein Schall ist ausgegangen in alle Lande (Ps 19,5; Röm 10,18). Und alles, was geschrieben steht, ist uns zur Lehre geschrieben (Röm 15,4). Ferner: »Alle Schrift, von Gott eingegeben, ist nütze zu unserer Belehrung« (2 Tim 3,16). Darum, du und alle Sophisten: Bringt irgendein einziges Geheimnis heran, das bis jetzt in der Schrift noch dunkel ist. Dass aber vielen vieles dunkel bleibt, das liegt nicht an der Dunkelheit der Schrift, sondern an der Blindheit und Beschränktheit jener, die sich nicht bemühen, die ganze klare Wahrheit der Schrift zu sehen, so wie Paulus von den Juden 2 Kor 3(,15)[10] sagt: »Die Decke bleibt über ihren Herzen« und wiederum (2 Kor 4,3f.): »Wenn unser Evangelium verhüllt ist, so ist es in denen verhüllt, die verloren gehen, deren Herzen der Gott dieser Welt mit Blindheit geschlagen hat.« Mit demselben Frevelmut könnte jemand die Sonne und den angeblich dunklen Tag beschuldigen, wenn er sich selbst die Augen verhüllte oder aus dem Licht in die Finsternis ginge und sich selbst vor dem Licht verbärge.

Quelle: Martin Luther, Studienausgabe, hg. v. H.-U. Delius. Bd. 3, Leipzig ²1996, 184,8-185,28. *Übers.:* Luther Deutsch. Die Werke Martin Luthers in neuer Ausgabe für die Gegenwart, hg. v. K. Aland, Bd. 3, Göttingen ²1983, 161-163; *Literatur:* R. Hermann, Von der Klarheit der Schrift. Untersuchungen und Erörterungen über Luthers Lehre von der Schrift in »De servo arbitrio«, in: ders., Studien zur Theologie Luthers und des Luthertums (Gesammelte und nachgelassene Werke. Bd. 2), hg. v. H. Beintker, Göttingen 1981, 170-255; E. Herms, Äußere und innere Klarheit des Wortes Gottes bei Paulus, Luther und Schleiermacher, in: C. Landmesser u.a. (Hg.), Jesus Christus als die Mitte der Schrift. Studien zur Hermeneutik des Evangeliums. FS O. Hofius, Berlin/ New York 1997 (BZNW 86), 3-72; s. auch Text b) 4.

2. Die Notwendigkeit der Predigt von der Allwirksamkeit Gottes

Welchen Nutzen aber bringt es und welche Notwendigkeit besteht, derartiges allgemein zu verbreiten, da so viele Übel daraus hervorzugehen scheinen? Darauf antworte ich: Es müsste eigentlich genügen zu sagen: Gott hat gewollt, dass es allgemein verbreitet werde. Nach der Begründung für den göttlichen Willensentschluss (voluntatis divinae ratio) dürfen wir nicht fragen, sondern müssen ihn schlicht anbeten und Gott die Ehre geben, welcher, da er allein gerecht und weise ist (vgl. Röm 16,27), niemand Unrecht tun und töricht oder mutwillig etwas ordnen kann, selbst wenn es uns ganz anders scheinen möchte. Und mit dieser Antwort sind die Frommen zufrieden. Dennoch, um im Überfluss Rechenschaft zu geben: Zwei Ursachen fordern die Predigt dieser Lehren. Die erste ist die Demütigung unseres Hochmutes (humili-

atio nostrae superbiae) und die Erkenntnis der Gnade Gottes, die andere der christliche Glaube selbst.
Erstens: Gott verheißt den Demütigen, das heißt denen, die an sich verzweifelt sind, und sich aufgegeben haben, mit Bestimmtheit seine Gnade. Ganz und gar aber kann sich kein Mensch eher demütigen, bis dass er weiß, dass seine Seligkeit vollständig außerhalb seiner Kräfte, Absichten, Bemühungen, seines Willens und seiner Werke gänzlich von dem Belieben, Beschluss, Willen und der Tat eines anderen, nämlich Gottes allein, abhängt. Solange er sich nämlich einbildet, er vermöge auch nur das Geringste für seine Seligkeit zu tun, bleibt er im Vertrauen auf sich selbst (fiducia sui) und verzweifelt nicht von Grund auf an sich; daher demütigt er sich nicht vor Gott, sondern vermutet oder hofft oder wünscht wenigstens Gelegenheit, Zeit oder irgendein gutes Werk, dadurch er dennoch zur Seligkeit gelange. Wer aber wirklich nicht daran zweifelt, dass alles vom Willen Gottes abhängt, der verzweifelt völlig an sich selbst, wählt nichts Eigenes; sondern erwartet den allein wirkenden Gott. Der ist am nächsten der Gnade, auf dass er selig werde. Deshalb werden um der Auserwählten willen (propter electos) diese Lehren gepredigt, damit sie – auf diese Weise gedemütigt und zunichte geworden – selig werden. Die übrigen widerstehen dieser Demütigung, ja sie verurteilen sogar diese Verkündigung der Verzweiflung an sich selbst, sie wollen, dass ihnen wenigstens ein ganz klein wenig übrig gelassen werde, das sie selbst vollbringen können. Diese Stolzen und Feinde der Gnade Gottes halten sich im Verborgenen. Das ist, sage ich, der eine Grund: dass die Frommen die Verheißung der Gnade (promissio gratiae) in Demut erkennen, anrufen und empfangen.
Der andere Grund ist, dass der Glaube es mit den unsichtbaren Dingen zu tun hat (Hebr 11,1). Damit also dem Glauben Raum gegeben werde, ist es notwendig, dass alles, was geglaubt wird, verborgen ist (abscondantur). Es kann aber nicht gründlicher verborgen sein als unter dem Gegensatz zum Gegenstand, zur Empfindung und Erfahrung. Wenn beispielsweise Gott lebendig macht, tut er das, indem er tötet; wenn er gerecht macht, tut er das, indem er Anklage führt; wenn er in den Himmel bringt, tut er das, indem er zur Hölle führt, so wie die Schrift sagt (1 Sam 2,6): »Der Herr tötet und macht lebendig, führt in die Hölle und wieder heraus.« Von diesen Dingen ausführlicher zu reden ist jetzt nicht der Ort; wer unsere Bücher gelesen hat, dem sind sie ganz vertraut. So verbirgt er seine ewige Güte und Barmherzigkeit unter ewigem Zorn, Gerechtigkeit unter Ungerechtigkeit. Hier liegt die höchste Stufe des Glaubens vor: zu glauben, dass eben der mild ist, der so wenige rettet und so viele verdammt, zu glauben, dass er gerecht ist, der durch seinen eigenen Willen uns notwendig verdammenswert macht, so dass es scheint, wie Erasmus sagt, dass er an den Qualen der Unglücklichen Gefallen habe und mehr Hass als Liebe verdiene. Wenn ich also auf irgendeine Weise verstehen könnte, wie dieser Gott barmherzig und gerecht sein kann, der so viel Zorn und Ungerechtigkeit an den Tag legt, wäre der Glaube nicht nötig. Jetzt, da er nicht begriffen werden kann, wird Raum, den Glauben zu entfalten, indem solches gepredigt und allgemein bekannt gemacht wird, ganz wie, wenn Gott tötet, der Glaube an das Leben im Tode geübt wird. Davon sei jetzt in der Vorrede genug gesagt.

Quelle: Martin Luther, Studienausgabe, hg. v. H.-U. Delius. Bd. 3, Leipzig ^{2}1996, 205,24-206,29. *Übers.:* Luther Deutsch. Die Werke Martin Luthers in neuer Ausgabe für die Gegenwart, hg. v. K. Aland, Bd. 3, Göttingen ^{2}1983, 193-195. – *Literatur:* K. Schwarzwäller, theologia crucis. Luthers Lehre von der Prädestination nach De servo arbitrio, 1525, München 1970 (FGLP, 10. Reihe. Bd. 39); s. auch Text b) 4.

3. Der menschliche Wille zwischen Gott und Teufel

Die andere angebliche Widersinnigkeit (alterum paradoxon): Was von uns getan wird, geschieht nicht aus freiem Willen, sondern aus reiner Notwendigkeit, wollen wir kurz betrachten, damit wir es nicht hingehen lassen, dass sie als sehr gefährlich bezeichnet wird. Hier sage ich so: Sobald das bewiesen ist, dass unsere Seligkeit außerhalb unserer Kräfte und Beschlüsse vom Wirken Gottes allein abhängt (in solius opere Dei pendere salutem nostram), was ich unten im Hauptteil der Untersuchung unumstößlich darzutun hoffe, folgt dann nicht klar, dass alles böse ist, was wir tun, wenn Gott mit seinem Wirken in uns nicht zugegen ist, und dass wir notwendig so zu handeln pflegen, dass es nichts für die Seligkeit wert ist? Wenn nämlich nicht wir, sondern Gott die Seligkeit in uns wirkt, so tun wir vor seinem Wirken nichts, was Heil bewirkt, ob wir wollen oder nicht.

»Notwendig» sage ich, nicht »gezwungen« (necessario, ... non coacte), aber, wie jene sagen, gemäß der sogenannten Notwendigkeit der Unveränderlichkeit, nicht des Zwanges (necessitas immutabilitatis, non coactionis). D.h. wenn der Mensch den Geist Gottes nicht hat, tut er nicht etwa durch Gewalt gezwungen, gleichsam am Kragen herbei geschleppt, gegen seinen Willen das Böse, so wie ein Dieb oder Räuber sich widerwillig zur Bestrafung führen lässt, sondern er tut es freiwillig und gern (sponte et libenti voluntate). Aber diese Willigkeit oder diesen Willen zum (bösen) Tun kann er aus eigenen Kräften nicht aufgeben, zügeln oder ändern, sondern er lässt vom Wollen und Willigsein nicht ab, auch wenn er nach außen hin mit Gewalt gezwungen wird, etwas anderes zu tun; im Inneren bleibt der Wille davon doch abgekehrt und ist zornig auf den, der ihn so zwingt oder sich ihm entgegen stellt...

Umgekehrt, wenn Gott in uns wirkt, will und handelt der durch den Geist Gottes gewandelte und freundlich eingeblasene Wille wiederum aus reiner Lust und Neigung, nicht gezwungen, so dass er durch nichts Entgegengesetztes in etwas anderes verwandelt werden, ja nicht einmal durch die Pforten der Hölle (vgl. Mt 16,18) besiegt oder gezwungen werden kann. Sondern er führt fort das Gute zu wollen, gern zu haben und zu lieben, so wie er vorher das Böse wollte, gern hatte und liebte. Das beweist wiederum die Erfahrung. Denn wie unüberwindlich und standhaft sind die heiligen Männer, während sie mit Gewalt zu anderem gezwungen werden sollen. Ja, sie werden dadurch noch mehr zum Wollen angespornt, so wie das Feuer vom Winde mehr angefacht als ausgelöscht wird. So dass auch hier nicht irgendeine Freiheit oder ein freier Wille sich anderswohin zu wenden oder anders zu wollen, existiert, solange der Geist und die Gnade Gottes im Menschen andauert.

In Summa, wenn wir unter dem Gott dieser Welt sind, ohne die Einwirkung und den Geist des wahren Gottes, werden wir gefangen gehalten nach seinem Willen, wie Paulus zu Timotheus sagt (2 Tim 2,26), so dass wir nur wollen können, was er selbst will. Denn er ist der starke Bewaffnete (Lk 11,21), der sein Haus so bewahrt, dass alle in Frieden sind, die er besitzt, damit sie nicht irgendeine Erregung oder Empfindung gegen ihn hervorrufen. Sonst bliebe das Reich des Satans, in sich zerteilt, nicht bestehen, während doch Christus versichert, dass es bestehen bleibe (Lk 11,21). Und das tun wir willig und gern, entsprechend der Natur des Willens, der kein Wille mehr wäre, wenn er gezwungen würde. Denn Zwang ist vielmehr (um das so auszudrücken) Nichtwille (noluntas). Wenn aber ein Stärkerer über ihn kommt, ihn besiegt und uns als seine Beute raubt, so werden wir umgekehrt durch dessen Geist Sklaven und Gefangene (was dennoch eine königliche Freiheit [regia libertas] bedeutet), so dass wir gern wollen und tun, was er selbst will.

So ist der menschliche Wille in die Mitte gestellt wie ein Zugtier. Wenn Gott sich darauf gesetzt hat, will er und geht, wohin Gott will, wie der Psalm sagt: »Ich bin wie ein Tier geworden, und ich bin immer bei dir« (Ps 73,22f.). Wenn Satan sich darauf gesetzt hat, will und geht er, wohin Satan will. Und es steht nicht in seiner freien Entscheidung, zu einem von beiden Reitern zu laufen oder ihn sich zu verschaffen zu suchen, sondern die Reiter selbst kämpfen miteinander, ihn zu erlangen und zu besitzen.

Quelle: Martin Luther, Studienausgabe, hg. v. H.-U. Delius. Bd. 3, Leipzig ²1996, 207,3-208,7. *Übers.:* Luther Deutsch. Die Werke Martin Luthers in neuer Ausgabe für die Gegenwart, hg. v. K. Aland, Bd. 3, Göttingen ²1983, 195f. – *Literatur:* A. Adam, Die Herkunft des Lutherwortes vom menschlichen Willen als Reittier Gottes, in: LuJ 29 (1962) 25-34; H.M. Barth, Der Teufel und Jesus Christus in der Theologie Martin Luthers, Göttingen 1967 (FKDG 19); U. Rieske-Braun, Duellum mirabile. Studien zum Kampfmotiv in Martin Luthers Theologie, Göttingen 1999 (FKDG 73); s. auch Text b) 4.

4. Die Unterscheidung von gepredigtem und verborgenem Gott

Anders ist über Gott und Gottes Willen zu disputieren, wie er uns gepredigt, offenbart, angeboten und von uns verehrt wird, und anders über Gott, insofern er nicht gepredigt, nicht offenbart, nicht angeboten und nicht verehrt wird. Insofern Gott sich in Dunkel hüllt und nicht von uns erkannt werden will, geht er uns nichts an. Hier gilt nämlich wirklich das wahre Wort: Was über uns ist, geht und nichts an[11]. Und damit niemand glaube, diese Unterscheidung stamme von mir, folge ich Paulus, der an die Thessalonicher über den Antichrist schreibt, dass er sich über jeden, der als Gott gepredigt und verehrt wird, erhebt (2 Thess 2,4); damit weist er deutlich darauf hin, dass sich jemand über Gott erheben kann, soweit er gepredigt und verehrt wird, das heißt über das Wort und den Gottesdienst, wodurch uns Gott bekannt ist und mit uns in Verbindung steht (nobiscum habet commercium). Aber über den nicht verehrten und nicht gepredigten Gott, wie er in seinem Wesen und in seiner Majestät (natura et maiestas) ist, kann sich nichts erheben, sondern alles ist unter seiner gewaltigen Hand. Wir müssen also Gott in seiner Majestät und in seinem Wesen lassen, denn so haben wir nichts mit ihm zu schaffen, und er hat auch nicht gewollt, dass von uns so an ihm gehandelt werde. Aber soweit er sich durch sein Wort, durch das er sich uns dargeboten hat, umkleidet und bekannt gemacht hat, haben wir mit ihm zu schaffen. Denn das Wort ist sein Schmuck und sein Ruhm, in das gekleidet der Psalmist ihn feiert (Ps 21,6). Wir sagen also: Der treue (pius) Gott beklagt nicht den Tod des Volkes, den er in ihm bewirkt, sondern er beklagt den Tod, den er im Volke vorfindet und den er abzuwenden strebt. Das nämlich bewirkt der gepredigte Gott, dass Sünde und Tod beseitigt und wir gerettet werden. Denn »er sandte sein Wort und machte sie gesund« (Ps 107,20). Im Übrigen beklagt weder der in seine Majestät verhüllte Gott den Tod noch beseitigt er ihn, sondern er wirkt Leben, Tod und Alles in Allem (1 Kor 12,6). Auch hat er sich in seinem Wort nicht begrenzt, sondern hat die Freiheit seiner selbst über alles behalten.

Die Diatribe aber täuscht sich in ihrer Unwissenheit, indem sie keinen Unterschied zwischen dem gepredigten und dem verborgenen Gott, d.h. zwischen dem Wort Gottes und Gott selbst (inter Deum praedicatum et absconditum, hoc est, inter verbum Dei et Deum ipsum) kennt. Vieles tut Gott, ohne es uns durch sein Wort darzulegen, vieles auch will er, ohne in seinem Wort ausdrücklich zu erwähnen, dass er es will. So will er – nach seinem Wort – nicht den Tod des Sünders, er will ihn aber doch nach jenem unerforschlichen Willen. Nun dürfen wir nur das Wort betrachten, jenen unerforschlichen Willen müssen wir stehen lassen. Nach Gottes Wort nämlich müssen wir uns richten, nicht nach jenem unerforschlichen Willen. Wer könnte sich auch nach einem völlig unerforschlichen und nicht erkennbaren Willen richten? Uns genügt, so viel zu wissen, dass in Gott ein unerforschlicher Wille ist; was er aber will, warum und inwieweit er es will, das zu erforschen, danach zu fragen, uns darum zu kümmern, daran nur zu rühren, kommt uns nicht zu, wir können ihn nur fürchten und anbeten. Daher wird mit Recht gesagt: Wenn Gott den Tod nicht will, ist es unserm Willen zuzuschreiben, dass wir zugrunde gehen. Mit Recht, sage ich, wenn du von dem gepredigten Gott sprichst; denn er will, dass alle Menschen gerettet werden (1 Tim 2,4), da er mit dem Wort des Heils zu allen gekommen ist. Der Fehler liegt bei unserem Willen, der ihn nicht aufnimmt, wie Mt 23,37 sagt: »Wie oft habe ich deine Kinder versammeln wollen ... und du hast nicht gewollt.« Warum aber jene Majestät diesen Fehler unseres Willens nicht aufhebt oder bei allen Menschen ändert, da dies doch nicht in der Gewalt des Menschen liegt, oder warum er ihn dem Menschen zurechnet, da doch einmal der Mensch von ihm nicht frei sein kann, danach zu fragen, kommt uns nicht zu. Und wenn du noch so viel fragst, wirst du es doch nicht ergründen, wie Paulus Röm 9,20 sagt: »Wer bist du denn, dass du mit Gott rechten willst?«

Quelle: Martin Luther, Studienausgabe, hg. v. H.-U. Delius. Bd. 3, Leipzig [2]1996, 253,14-254,17. *Übers.:* Luther Deutsch. Die Werke Martin Luthers in neuer Ausgabe für die Gegenwart, hg. v. K. Aland, Bd. 3, Göttingen [2]1983, 247-249. – *Literatur:* A. Adam, Der Begriff »Deus absconditus« bei Luther nach Herkunft und Bedeutung, in: LuJ 30 (1963) 97-106; R. Weinhold, Das Thema vom verborgenen Gott von Nikolaus von Kues zu Martin Luther, Münster 1967 (BCG 2); W. Otto, Verborgene Gerechtigkeit. Luthers Gottesbegriff nach seiner Schrift *De servo arbitrio* als Antwort auf die Theodizeefrage, Frankfurt u.a. 1998 (Regensburger Studien zur Theologie 54); H. J. McScorley, Luthers Lehre vom unfreien Willen nach seiner Hauptschrift De Servo Arbitrio im Licht der biblischen und kirchlichen Tradition, München 1967 (BÖT 1); O.H. Pesch (Hg.), Humanismus und Reformation – Martin Luther und Erasmus von Rotterdam in den Konflikten ihrer Zeit, München/ Zürich 1985, 91-118; Th. Reinhuber, Kämpfender Glaube. Studien zu Luthers Bekenntnis am Ende von De servo arbitrio, Berlin/ New York 2000 (TBT 104); V. Leppin, Deus absconditus und Deus revelatus. Transformationen mittelalterlicher Theologie in der Gotteslehre von »De servo arbitrio«, in: BThZ 22 (2005) 55-69.

[1] *Pomponius Mela, römischer Geograph Mitte des 1. Jh.s n. Chr.*

[2] *Stadt in Kilikien.*

[3] *Die Frage, ob Gott auch kontingente Ereignisse voraus wissen könne, war als philosophisches Problem in der Scholastik virulent, etwa im »*Tractatus de praedestinatione et de praescientia Dei respectu futurorum contingentium*« Wilhelms von Ockham (s. zu ihm Bd. 2, Text 48), da über die Vernunft eigentlich nur Notweniges voraus gewusst werden konnte. Insofern Willensentscheidungen kontingent sind, wenn der Wille frei ist, betrifft diese Frage auch die Frage der Willensfreiheit.*

[4] *John Wyclif (ca. 1330-1384; s. Bd. 2, Text 65). Das Konzil von Konstanz hatte seinen Satz: »Omnia de necessitate absoluta eveniunt« verurteilt (vgl. ebd. Text Nr. 67).*

[5] *Die Stelle ist bei Augustin nicht exakt zu identifizieren.*

[6] *Pelagius (ca. 354-420); s. Bd. 1, Text Nr. 92.*

[7] *Duns Scotus (ca. 1265/6-1308); s. Bd. 2, Text Nr. 47.*

[8] *Scholastiker.*

[9] *S. oben Text a) 1.*

[10] *Luther gibt an: 2 Kor 4.*

[11] *Minucius Felix, Octavius 13,1, aufgenommen bei Erasmus, Apophthegmatum liber 3, Socrat. C. 23.*

33. Der Bauernkrieg

Schon im 15. Jahrhundert hatte es verschiedentlich Aufstände von Bauern, etwa in der Bundschuhbewegung gegeben. Mitte der zwanziger Jahre des 16. Jahrhunderts kumulierten soziale, standesrechtliche und religiöse Aspekte in einer Aufstandsbewegung, die ihr Zentrum in Südwestdeutschland und ein Epizentrum in Thüringen besaß, wo bald Müntzer zu einer der wichtigen Figuren wurde. Gewissermaßen die auch religiös argumentierende Programmschrift dieser Bewegung stellten die zwölf Artikel dar (Text a), die der Memminger Kürschnergeselle Sebastian Lotzer (ca. 1490-1525?) zusammenstellte: Sie geben einen Einblick in das Gefüge der Forderungen. In Memmingen entstand auch eine Bundesordnung, als deren Begleitbrief der so genannte »Artikelbrief« (Text b) – vermutlich von Balthasar Hubmaier (1485-1528) – verfasst wurde, der zeigt, wie sich die Bauern als christliche Vereinigung verstanden. Die Realität des Bauernkrieges stellte oft ein Gemisch aus tatsächlichem Versuch, Rechte durchzusetzen und roher Gewalt dar, die sich, wie eine Chronik des Klosters Heggbach bei Biberach zeigt, insbesondere auch gegen Frauen entladen konnte (Text c). Solche Exzesse trugen mit dazu bei, dass sich Martin Luther, den die Bauern selbst als Schiedsperson ins Spiel gebracht hatten, von der aufkommenden Gewalt deutlich distanzierte. Luther konnte hier schon auf eine zwei Jahre zuvor entfaltete Lehre von Gottes Handeln in der Welt durch zwei Reiche und Regimente zurückgreifen (Text d 1.). Vor diesem Hintergrund konnte er die Forderungen der Bauern würdigen und doch zugleich jeden Aufruhr zurückweisen (Text d 2.). Mit der zunehmenden Gewalt der Auseinandersetzungen wurden seine Äußerungen über die Bauern freilich immer schärfer und der Aufruf an die Obrigkeit sie gewaltsam niederzuschlagen, immer massiver.

a) Die zwölf Artikel der Bauernschaft

Dem christlichen Leser Friede und Gnade Gottes durch Christus.

Es gibt viele Widerchristen, die jetzt wegen der versammelten Bauernschaft Anlass nehmen, das Evangelium zu schmähen, indem sie sagen: Das sind die Früchte des neuen Evangeliums: niemand gehorsam sein, an allen Orten sich empören und aufbäumen, mit großer Gewalt zusammenlaufen und sich zusammenrotten, geistliche und weltliche Obrigkeit reformieren, ausrotten, ja vielleicht gar erschlagen!

Allen, die so gottlos und frevlerisch urteilen, antworten die nachfolgenden Artikel – zuerst, um diese Lästerung des Wortes Gottes abzustellen, zweitens, um den Ungehorsam, ja, die Empörung aller Bauern christlich zu erklären.

Zum Ersten: Das Evangelium verursacht weder Empörung noch Aufruhr, weil es eine Rede von Christus, dem verheißenen Messias, ist (Röm 1[,3ff.])[1], dessen Wort und Leben nichts als Liebe, Friede, Geduld und Eintracht lehren... Da doch alle Artikel der Bauern letztlich darauf gerichtet sind (wie klar zu sehen ist), das Evangelium zu hören und ihm gemäß zu leben, wie können da die Widerchristen das Evangelium die Ursache der Empörung und des Ungehorsams nennen? Dass aber einige Widerchristen und Feinde des Evangeliums sich gegen solches Ansinnen und Begehren auflehnen und aufbäumen, daran ist nicht das Evangelium schuld, sondern der Teufel, der schädlichste Feind des Evangeliums, der das durch den Unglauben in den Seinen erweckt, um damit das Wort Gottes (das Liebe, Friede und Eintracht lehrt) zu unterdrücken und wegzunehmen.

Zweitens folgt daraus klar und deutlich, dass die Bauern, die in ihren Artikeln solches Evangelium für Lehre und Leben begehren, nicht ungehorsam und aufrührerisch genannt werden können. Für den Fall aber, dass Gott die Bauern (die voller Angst und Hoffnung darum beten, nach seinem Wort zu leben) erhören will, wer will da den Willen Gottes tadeln? Wer will in sein Gericht eingreifen (Röm 11[,33ff.] ; Jes 40[,13]; Röm 8[,33f.])? Ja, wer will seiner Majestät widerstreben? Hat er die Kinder Israels, die zu ihm schrien, erhört und aus der Hand des Pharao befreit (Ex 3[,7f.];

14), kann er nicht auch heute noch die Seinen erretten (Lk 18[,7f.])? Ja, er wird sie erretten! Und in Kürze!
Deshalb, christlicher Leser, lies die nachfolgenden Artikel sorgfältig und urteile danach.
Hier folgen die Artikel:
Der erste Artikel. Erstens ist unsere demütige Bitte und Begehren, auch unser aller Wille und Meinung, dass wir von nun an Gewalt und Macht haben wollen, dass eine ganze Gemeinde ihren Pfarrer selbst erwählt und prüft (1Tim 3[,1-7]; Tit 1[,6-9]; Apg 14[,23]). Sie soll auch Gewalt haben, diesen wieder zu entlassen, wenn er sich ungebührlich verhält. Dieser erwählte Pfarrer soll uns das heilige Evangelium lauter und klar predigen ohne jeden menschlichen Zusatz, Lehre und Gebot (Dtn 17[,9-13]; Ex 31[,1-6] ; Dtn 10[,22ff.]). Denn die stete Verkündigung des wahren Glaubens veranlasst uns dazu, Gott um seine Gnade zu bitten, uns diesen wahren Glauben einzuprägen (einbylden) und in uns zu festigen. Denn wenn seine Gnade nicht in uns eingeprägt wird, bleiben wir stets Fleisch und Blut, das dann zu nichts nütze ist (Joh 6[,63]); so steht es deutlich in der Schrift, dass wir allein durch den wahren Glauben zu Gott kommen können und allein durch seine Barmherzigkeit selig werden (Gal 2[,16]). Darum ist uns ein solcher Anführer und Pfarrer vonnöten und in dieser Weise in der Schrift begründet.
Der zweite Artikel. Zweitens, obwohl der rechte Zehnte im Alten Testament eingesetzt und im Neuen erfüllt ist (Hebr; Ps 110[,4]), wollen wir den berechtigten Kornzehnten[2] nichtsdestoweniger gerne geben, doch wie es sich gebührt: d.h. man soll ihn Gott geben und den Seinen zuteilen (Gen 14[,20]; Dtn 18[,1]; 12[,12]; Dtn 25[,4]; 1 Tim 5[,18]; Mt 10[,9f]; 1 Kor 9[,9]). Er gebührt also einem Pfarrer, der klar das Wort Gottes verkündigt. So sind wir willens, diesen Zehnten hinfort durch unsere Kirchenpröpste[3], wenn die Gemeinde sie denn einsetzt, einsammeln und einnehmen zu lassen. Davon soll dem Pfarrer, der von der ganzen Geminde gewählt wird, der gebührende und genügende Unterhalt für ihn und die Seinen entsprechend der Festsetzung der Gemeinde gegeben werden. Was übrig bleibt, soll man den Bedürftigen, die in demselben Dorf vorhanden sind, zuteilen, je nach Sachlage und Festsetzung der Gemeinde... Den kleinen Zehnten[4] wollen wir gar nicht geben, denn Gott der Herr hat das Vieh frei für den Menschen geschaffen (Gen 1[,26]), so dass wir es für einen unzulässigen Zehnten halten, den die Menschen erfunden haben. Darum wollen wir ihn nicht mehr geben.
Der dritte Artikel. Drittens ist es bisher Brauch gewesen, dass sie uns als ihre Leibeigenen gehalten haben, was zum Erbarmen ist, wenn man bedenkt, dass uns Christus alle mit seinem kostbaren Blut erlöst und erkauft hat (Jes 53[,4ff.] ; 1 Petr 1[,18f.]; 1 Kor 7[,23]), den Hirten ebenso wie den Höchsten, keinen ausgenommen. Darum ergibt sich aus der Schrift, dass wir frei sind und sein wollen. Nicht dass wir ganz frei sein und keine Obrigkeit haben wollen (Röm 13[,1ff.]; Weish 6[,4]). Lehrt uns Gott nicht, dass wir nach Geboten leben sollen, nicht nach freiem menschlichen Mutwillen? Sondern wir sollen Gott lieben (Dtn 6[,13]; Mt 4[,10]; Lk 4[,8]), ihn als unseren Herrn in unserem Nächsten erkennen und ihm all das tun, was wir auch gern hätten (Lk 6[,31f.]; Mt 7[,12] ; Joh 13[,34f.]), wie uns Gott zuletzt beim Abendmahl geboten hat. Da wir darum nach seinem Gebot leben sollen, zeigt und weist uns dieses Gebot nicht an, dass wir der Obrigkeit nicht gehorsam sein sollten. Sondern wir sollen uns nicht nur gegenüber der Obrigkeit, sondern gegen jedermann demütigen. Daher sind wir auch gegenüber unserer erwählten und eingesetzten Obrigkeit, die uns von Gott gesetzt ist (Röm 13[,1f.]), in allen angemessenen und christlichen Sachen (Apg 5[,23]) gern gehorsam. Wir bezweifeln auch nicht, dass ihr uns aus der

Leibeigenschaft als wahre und rechte Christen gerne entlassen werdet – oder uns nach dem Evangelium unterrichtet, dass wir leibeigen seien.

Der vierte Artikel. Viertens ist es bisher üblich gewesen, dass kein armer Mann die Erlaubnis erhielt, Wildbret, Geflügel oder Fische in fließenden Gewässern zu fangen, was uns ganz unangemessen und unbrüderlich erscheint, besonders eigennützig und dem Wort Gottes nicht gemäß...

Der sechste Artikel. Sechstens wird uns eine schwere Last aufgebürdet durch die Dienstleistungen, die von Tag zu Tag mehr und täglich umfangreicher werden...

Der achte Artikel. Achtens werden wir und viele, die Güter innehaben, dadurch belastet und geschädigt, dass diese Güter die Zinsen nicht erbringen können und die Bauern das Ihre einbüßen und verlieren. Wir begehren, dass die Herrschaften diese Güter von ehrbaren Leuten besichtigen lassen und nach Billigkeit einen Zins vom Ertrag erheben, damit jeder Bauer seine Arbeit nicht umsonst tue, denn ein jeder Arbeiter ist seines Lohnes würdig (Mt 10[,10]).

Der neunte Artikel. Neuntens sind wir belastet und geschädigt durch die großen Frevel, dass man ständig neue Gesetze macht (Jes 10[,1f.]), nicht dass man uns dem Sachverhalt gemäß bestraft, sondern nach Neid und Gunst. Es ist unsere Meinung, dass man nach altem geschrieben Strafmaß strafen soll, das sich nach der Sache ausrichtet und nicht nach Gunst (Eph 6[,1-9]; Lk 3[,14]; Jer 26[,14]).

Der zehnte Artikel. Zehntens werden wir dadurch geschädigt, dass einige sich Wiesen angeeignet haben, desgleichen Äcker, die doch der Gemeinde gehören (Lk 6[,31]). Die werden wir wieder in unseren gemeinsamen Besitz (zu unsern gemainen henden) nehmen, es sei denn, man hat sie redlich gekauft...

Beschluss. Zwölftens ist unser Beschluss und endgültige Meinung, wenn einer oder mehrere Artikel, die hier aufgestellt sind, dem Worte Gottes nicht gemäß sein sollten – wie wir aber nicht glauben –, wollen wir, sofern man sie uns mit dem Wort Gottes als unzulässig erweist, davon absehen, wenn man es uns aufgrund der Schrift nachweist. Für den Fall, dass man uns jetzt einige Artikel zulässt, jedoch sich danach herausstellt, dass sie unrecht sind, sollen sie von Stund an tot und hinfällig sein und nichts mehr gelten. Ebenso wollen wir uns auch vorbehalten und beschließen [, Artikel zu verwerfen], wenn einige Artikel aufgrund wahrheitsgemäßen Schriftbeweises gefunden werden sollten, die gegen Gott sind und eine Beeinträchtigung (beschwernus) des Nächsten darstellen.

Wir wollen uns in aller christlichen Lehre üben und sie umsetzen (brauchen); darum wollen wir Gott den Herrn bitten, der uns das geben kann und sonst niemand.

Der Friede Christi sei mit uns allen!

Quelle: A. Laube/ H.W. Seiffert (Hg.), Flugschriften der Bauernkriegszeit, Köln u.a. ²1978, 26-31; vgl. auch G. Franz (Hg.), Quellen zur Geschichte des Bauernkrieges, Darmstadt 1963, 174-179. – *Literatur*: G. Franz, Die Entstehung der »Zwölf Artikel« der deutschen Bauernschaft, in: ders., Persönlichkeit und Geschichte. Aufsätze und Vorträge, Göttingen u.a. 1977; E. Walder, Der politische Gehalt der zwölf Artikel der deutschen Bauernschaft von 1525, in: SBAG 12 (1954) 5-22; M. Brecht, Der theologische Hintergrund der Zwölf Artikel der Bauernschaft in Schwaben von 1525, in: ZKG 85 (1974) 174-208; P. Blickle, Nochmals zur Entstehung der Zwölf Artikel, in: ders.: (Hg.); Bauer, Reich und Reformation: FS Günther Franz, Stuttgart 1982, 286-308; F. Hartweg, Die zwölf Artikel der Bauernschaft (1525) und Stellungnahmen der Reformatoren Luther, Melanchthon und Brenz, in: ders. (Hg.), Martin Luther (1517-1526), Strasbourg 2001, 181-227; zum Bauernkrieg insgesamt s. nach Text d) 3.

b) »Artikelbrief« der Schwarzwälder Bauern

Frieden und Gnade von Gott dem Allmächtigen senden wir Euch, dem Bürgermeister und Rat und der ganzen Gemeinde der Stadt Villingen, und wir ermahnen Euch, dass ihr auch Hilfe leisten wollt für das göttliche Recht und das heilige Evangelium unseres Herrn Jesus Christus und Euch verbrüdert mit der christlichen Bruderschaft nach dem Wortlaut des Artikelbriefes, den wir Euch hiermit auch senden. Darauf begehren wir unverzüglich eine schriftliche Antwort durch diesen Boten.
Gegeben (Datum) zu Vöhrenbach am Montag nach dem Heiligkreuz-Tag[5] des Jahres 1525. Hauptleute und Räte des Haufens auf dem Schwarzwald...

Artikelbrief
Ehrsame, weise und gunstvolle Herren, Freunde und liebe Nachbarn!
Da bisher große Lasten (beschwärden), die gegen Gott und alle Gerechtigkeit sind, dem armen, einfachen Mann (gemainen man) in den Städten und auf dem Lande von geistlichen und weltlichen Herren und Obrigkeiten auferlegt wurden, welche sie selber nicht einmal mit dem kleinsten Finger angerührt haben (Mt 23,4), hat das zur Folge, dass man solche Bürden und Beschwerden nicht länger ertragen noch erdulden kann, es sei denn, der einfache, arme Mann wolle sich und seine Kindeskinder ganz und gar an den Bettelstab bringen. Daher ist der Sinn und Zweck dieser christlichen Vereinigung, mit der Hilfe Gottes sich zu befreien (ledig ze machen), und das so weit wie möglich ohne jeglichen Schwerthieb und Blutvergießen. Das kann wohl nicht geschehen ohne brüderliche Ermahnung und Vereinigung in allen zulässigen Angelegenheiten, die das gemeinsame christliche Wohl (gemainen christenlichen nutz) betreffen und in diesen beiliegenden Artikeln[6] zusammengefasst sind.
Hierauf ergeht unsere freundliche Bitte, unser Ansinnen und brüderliches Ersuchen, dass Ihr Euch mit uns in diese christliche Vereinigung und Bruderschaft gutwillig einlasset und freundlichen Willens begebt, damit gemeinsames christliches Wohl und brüderliche Liebe wiederum aufgerichtet, erbaut und vermehrt werden. Wenn ihr das tut, geschieht darin der Wille Gottes in Erfüllung seines Gebotes von der brüderlichen Nächstenliebe. Wenn ihr das aber ausschlagen solltet, was wir jedoch keineswegs annehmen, tun wir Euch in den weltlichen Bann und halten Euch darin kraft dieses Briefes so lange, bis ihr von Eurem Vorhaben ablasst und Euch guten Willens in diese christliche Vereinigung begebt...
Der weltliche Bann hat diesen Sinn und Zweck:
dass alle, die in dieser christlichen Vereinigung sind, bei ihren Ehren und höchsten Pflichten, die sie ausgeübt haben, mit denen, die sich sperren und sträuben, der brüderlichen Vereinigung beizutreten und gemeinsames christliches Wohl zu fördern, ganz und gar keine Gemeinschaft haben und pflegen sollen, weder essen noch trinken, baden, mahlen, backen, ackern oder mähen, ihnen weder Speise, Korn, Trank, Holz, Fleisch, Salz oder anderes bringen noch jemandem erlauben oder gestatten, dieses zu tun; von ihnen nichts kaufen und ihnen nichts verkaufen; sondern dass man sie bleiben lasse als abgeschnittene, gestorbene Glieder in den Dingen, die den gemeinsamen christlichen Nutzen und Landfrieden nicht fördern, sondern eher verhindern wollen.
Ihnen sollen auch alle Märkte, Gehölze, Wiesen, Weiden und Wasser, die nicht innerhalb ihrer Gerichtsbarkeit (zwingen und bennen) liegen, verboten sein.
Und wer von denen, die zur Vereinigung gehören, das nicht beachtet, der soll fortan auch ausgeschlossen sein, mit dem gleichen Bann gestraft und mit Frau und Kindern zu den Gegnern und Widerspenstigen geschickt werden.

Quelle: Seebaß, Artikelbrief 34-36. – *Literatur:* G. Seebaß, Artikelbrief, Bundesordnung und Verfassungsentwurf. Studien zu drei zentralen Dokumenten des südwestdeutschen Bauernkrieges, Heidelberg 1988 (AHAW.PH 1988,1); zum Bauernkrieg insgesamt s. nach Text d) 3.

c) Bedrohung eines Frauenkonvents durch die Aufständischen

Man weiß allgemein, dass eine schädliche, verführerische Ketzerei im Jahr 1520 in Deutschland aufgekommen ist von einem schwarzen Augustinermönch, der Martin Luther hieß. Er hat zu Sachsen in Wittenberg begonnen. Und die Ketzerei ist unter den gemeinen Mann gekommen zu aller Leute großen Schaden...

Am Abend von Mariä Lichtmess[7] 1525, was in diesem Jahr auf einen Mittwoch gefallen war, kam, gerade, als der Konvent bei Tische saß, eine Nachricht von dem Bürgermeister von Ulm, Ulrich Neithart[8], der zu dieser Zeit oberster Hauptmann in Kriegsangelegenheiten war und einer der vier Obersten in dem gemeinsamen Bund[9] war. Er riet uns, wir sollten schützen, was wir an Edlem und Liebem hätten, denn er sei im Ried zu einem Haufen Bauern gekommen und habe sie gefragt, was sie da täten. Da hätten sie gesagt, sie wollten einen Tanz haben. Er sprach: »Es sind aber doch keine Jungfrauen da«, da zeigten sie zu unserem Kloster, da seien genug Jungfrauen, mit denen wollten sie einen Tanz haben... Am Samstag vor Circumdederunt, es war vor Valentini und der sonntägliche Buchstabe A[10], da kamen unsere armen Leute, die wichtigsten zu meiner seligen Herrin, und Ulrich Schmit war Hauptmann und Hans Galster, der Bruder der schwarzen Magdalena, war Fähndrich. Sie baten uns, dass wir ihnen etwas von den Zinsen nachließen und insbesondere, dass sie künftig weder Hennen noch Hühner noch Eier abgeben müssten. Da sagte meine selige Herrin, sie wolle das nicht tun, denn sie habe keine Macht, dem Gotteshaus zu nehmen, was ihm zukomme... Sie bäte sie inständig, dass sie von ihrem Vorhaben Abstand nähmen, denn sie würden sie selbst und das Gotteshaus in Ungemach bringen, auch bei jedermann in große Ungnade, das lege sie ihnen dar, und sie müsse sich ihrer schämen, besonders derer aus Sulmingen. Da fingen sie an und sagten, sie brauche sich ihrer nicht zu schämen, sondern sie hätten ihre Ehre, besonders Ulrich Schmit. Der wurde so geehrt in dem gemeinen großen Haufen, dass man ihn auf Stangen erhöhte, dass er das Volk lehrte, und der Heilige Geist redete scheinbar aus ihm...

Da wollten die Bauern doch Meister und mächtig sein, und wir sollten so lange arbeiten und ihnen untertan sein, wie sie uns untertan gewesen seien. So gingen sie fort, sie wollten Herren sein, und sie kamen treu alle Woche im großen Haufen zusammen und beratschlagten, wie sie den Klöstern und dem Adel ihre Güter nehmen und Mönche und Nonnen aus den Klöstern treiben wollten. Und sie wollten in Heggbach anfangen und die Nonnen aus dem Kloster treiben: Wir hätten heimlich Kinder von den beiden Beichtvätern und dem Hofmeister, und der Hofmeister helfe uns dabei, sie zu verheimlichen, sie wollten den Beichtvater erstechen, wenn sie ihn anträfen und ihn zuvor auf das Übelste schmähen...

Am Gütertag nach Laetare[11] und am Zinstag[12] kamen einige unserer Bauern her und brachten das Korn fort und sagten es wäre ihrs, und wir sollten es auch lieber ihnen gönnen als den Fremden, und sie schworen ganz übel dazu. Und die bösen Frauen kamen und griffen meine Herrin und die Amtsträgerinnen an, sie hätten den Bund gegen ihre Männer angerufen, und wenn man ihre Männer töte, so wollten sie hereinkommen und ihnen die Augen auskratzen, und die Nonnen müssten hinaus und die Kühe melken und schlechte Jacken tragen, und die Bäuerinnen müssten hinein und edle Pelze tragen, und man werde uns zu Haufen zusammentreiben und das Gewand über dem Haupt zusammenbinden, und wir sollten auch Kinder haben und uns Leid antun lassen, wie es ihnen geschehe, zuvor hätten wir das bei den beiden Beichtigern und dem Hofmeister gehabt.

Quellen: A. Conrad/ K. Michalik (Hg.), Quellen zur Geschichte der Frauen. Bd. 3: Neuzeit, Stuttgart 1999, 289-291. – *Literatur:* U. Bejick, Gibt es eine »weibliche« Geschichtsschreibung? Die Bauernkriegschronik des Klosters Heggbach als Beispiel weiblicher Wirklichkeitsbewältigung, in: S. Jenisch (Hg.), Standpunkte. Ergebnisse und Perspektiven der Frauengeschichtsforschung in Baden-Württemberg, Tübingen/ Stuttgart 1993, 36-48; C. Ulbrich, Die Heggbacher Chronik. Quellenkritisches zum Thema Frauen und Bauernkrieg, in: H.R. Schmidt u.a. (Hg.), Gemeinde, Reformation und Widerstand, Tübingen 1998, 391-399; zum Bauernkrieg insgesamt s. nach Text d) 3.

d) Luthers Zwei-Reiche-Lehre im Konflikt mit den Bauern

1. Grundlegung: die Obrigkeitsschrift (1523)

Hier müssen wir Adams Kinder und alle Menschen in zwei Teile teilen: die ersten gehören zum Reich Gottes, die anderen zum Reich der Welt. Zum Reich Gottes gehören alle Rechtgläubigen in Christus und unter Christus. Denn Christus ist der König und der Herr im Reich Gottes, wie Ps 2(,6) und die ganze Schrift sagt. Und er ist auch dazu gekommen, dass er das Reich Gottes anfinge und in der Welt aufrichtete. Deshalb sagt er auch vor Pilatus: »Mein Reich ist nicht von der Welt, sondern wer aus der Wahrheit ist, der hört meine Stimme« (Joh 18,36f.), und führt immer im Evangelium das Reich Gottes an und sagt: »Tut Buße, denn das Himmelreich ist nahe herbeigekommen!« (Mt 3,2), weiter: »Sucht als Erstes nach dem Reich Gottes und nach seiner Gerechtigkeit« (Mt 6,33), und nennt auch das Evangelium ein Evangelium des Reiches Gottes, deshalb weil es das Reich Gottes lehrt, regiert und erhält.

Nun siehe, diese Menschen bedürfen keines weltlichen Schwerts oder Rechts. Und wenn alle Welt rechte Christen, das heißt rechte Gläubige wären, so wäre kein Fürst, König, Herr, Schwert oder Recht notwendig oder von Nutzen. Denn wozu sollte es ihnen dienen? Denn sie haben doch den Heiligen Geist im Herzen, der sie lehrt und macht, dass sie niemand Unecht tun, jedermann lieben, von jedermann gerne und fröhlich Unrecht leiden, auch den Tod. Wo nur Unrechtleiden und nur Rechttun ist, da ist kein Zank, Hader, Gericht, Strafe, Recht oder Schwert nötig. Deshalb ist es unmöglich, dass man unter den Christen weltliches Schwert und Rechtsdurchsetzung finden sollte, da sie doch von selbst viel mehr tun, als alle Rechte und Lehre fordern könnten, so wie Paulus 1Tim 1(,9) sagt. »Dem Gerechten ist kein Gesetz gegeben, sondern dem Ungerechten«...

So sagst du denn: Warum hat dann Gott allen Menschen so viele Gesetze gegeben und lehrt Christus im Evangelium auch viel zu tun? Davon habe ich in der Postille[13] und anderswo[14] viel geschrieben. Jetzt aufs Kürzeste: Paulus sagt, das Gesetz sei um des Ungerechten willen gegeben, das heißt, dass diejenigen, die nicht Christen sind, durchs Gesetz äußerlich von bösen Taten abgehalten werden, wie wir hernach hören werden. Da nun aber kein Mensch von Natur Christ oder gerecht (frum) ist, sondern sie durchweg Sünder und böse sind, wehrt ihnen Gott allen durchs Gesetz, dass sie ihre Bosheit nicht äußerlich mit Werken nach ihrem Mutwillen zu üben wagen. Dazu gibt Paulus dem Gesetz noch ein Amt in Röm 7(,7) und Gal 3(,24), dass es die Sünde erkennen lehrt, damit es den Menschen zur Gnade und zum Glauben Christi demütigt. Ebenso macht es Christus auch hier in Mt 5(,39), wo er lehrt, man solle dem Übel nicht widerstehen, womit er das Gesetz erklärt und lehrt, wie ein rechter Christ beschaffen sein solle und müsse, wie wir weiter hören werden...

Zum Reich der Welt oder unter das Gesetz gehören alle, die nicht Christen sind. Denn da ja wenige glauben und der kleinere Teil sich nach christlicher Art verhält, dass er dem Übel nicht widerstrebe, ja dass er nicht selbst Übles tue, hat Gott für diese außer dem christlichen Stand und Gottes Reich ein anderes Regiment eingerichtet und sie dem Schwert unterworfen, so dass sie, obwohl sie es gerne wollten, ihre Bosheit doch nicht tun können, und wenn sie es tun, es doch nicht ohne Furcht, oder gar mit Friede und Glück tun können – so wie man ein wildes, böses Tier mit Ketten und Banden fesselt, dass es nicht nach seiner Art beißen oder reißen kann, obwohl es gerne wollte, während ein zahmes, zutrauliches Tier dessen doch nicht bedarf, sondern ohne Ketten und Bande dennoch unschädlich ist.

Wenn das nämlich nicht wäre, würde, da doch alle Welt böse und unter Tausenden kaum ein rechter Christ ist, eines das andere fressen, dass niemand Frau und Kind unterhalten, sich nähren und Gott dienen könnte, wodurch die Welt wüst würde. Deshalb hat Gott die zwei Regimente verordnet: das geistliche, das durch den Heiligen Geist Christen und fromme Leute macht, unter Christus, und das weltliche, das den Unchristen und Bösen wehrt, dass sie gegen ihren Willen äußerlich Friede halten und still sein müssen. So deutet Paulus das weltliche Schwert Röm 13(,3) und sagt, es sei nicht für die guten, sondern für die bösen Werke zu fürchten. Und Petrus sagt, es sei zur Strafe für die Übeltäter gegeben (1 Petr 2,14).

Wenn nun jemand die Welt nach dem Evangelium regieren und alles weltliche Recht und Schwert aufheben und vorgeben wollte, alle wären getauft und Christen und unter ihnen habe das Evangelium kein Recht oder Schwert und das sei auch nicht nötig: Mein Lieber, rate, was würde der machen? Er würde den wilden, bösen Tieren die Bande und Ketten auflösen, dass sie jedermann zerrissen und zerbissen, und daneben vorgäben, es wären feine, zahme, zutrauliche Tierlein. Ich würde es aber an meinen Wunden wohl fühlen. So würden die Bösen unter dem christlichen Namen die evangelische Freiheit missbrauchen, ihre Schurkerei treiben und sagen, sie seien Christen und keinem Gesetz oder Schwert unterworfen, wie jetzt schon etliche toben und närrisch behaupten.

Quelle: Martin Luther, Studienausgabe, hg. v. H.-U. Delius. Bd. 3, Leipzig ²1996, 37,32-38-22; 38,34-40,15. *Übers.:* Luther Deutsch. Die Werke Martin Luthers in neuer Ausgabe für die Gegenwart, hg. v. K. Aland, Bd. 7, Göttingen ²1983, 13-15 – *Literatur:* s. nach Text d) 3.

2. Luthers Ermahnung zum Frieden auf die Zwölf Artikel der Bauernschaft (1525)

An die Fürsten und Herren:

Erstens haben wir niemandem auf Erden solch ein Unheil und Aufruhr zu verdanken, als euch Fürsten und Herren, besonders euch blinden Bischöfen und tollen Pfaffen und Mönchen, die ihr noch heutigen Tages verstockt seid und nicht aufhört, gegen das heilige Evangelium zu toben und zu wüten, obwohl ihr wisst, dass es recht ist und ihr es auch nicht widerlegen könnt. Dazu tut ihr im weltlichen Regiment nicht mehr, als dass ihr schindet und Geld eintreibt, um euren üppigen und hochmütigen Lebenswandel zu führen, bis es der einfache Mann (gemeine man) nicht länger ertragen kann und mag. Das Schwert ist euch an den Hals gelegt; dennoch meint ihr, ihr sitzt so fest im Sattel, man werde euch nicht ausheben können. Diese Sicherheit und verstockte Vermessenheit wird euch den Hals brechen, das werdet ihr sehen. Ich habe es euch schon oft verkündigt[15], ihr solltet euch vor dem Spruch in Ps 107(,40)[16] hüten: »Effundit contemptum super principes«: »Er schüttet Verachtung aus auf die Fürsten.«

Ihr ringt danach und wollt auf den Kopf geschlagen sein, davor hilft kein Warnen noch Vermahnen.
Wohlan, weil ihr denn die Ursache dieses Zornes Gottes seid, wird es ohne Zweifel auch über euch hergehen, wenn ihr euch nicht mit der Zeit noch bessert. Die Zeichen am Himmel und Wunder auf Erden gelten euch, liebe Herren; sie bedeuten euch nichts Gutes, euch wird auch nichts Gutes geschehen...
(Die Bauern) haben zwölf Artikel aufgestellt, unter welchen etliche so billig und recht sind, dass sie euch vor Gott und der Welt die Ehre nehmen und den Psalm wahr machen, dass sie Verachtung über die Fürsten schütten. Doch sind sie fast alle auf ihren Nutzen und zu ihrem Vorteil aufgestellt und nicht aufs Beste ausgeführt. Ich hätte wohl andre Artikel gegen euch aufzustellen, die ganz Deutschland und das (weltliche) Regiment betreffen, wie ich im Buch an den deutschen Adel getan habe[17]; daran wäre wohl mehr gelegen. Aber weil ihr die in den Wind geschlagen habt, müsst ihr nun solche eigennützigen Artikel hören und leiden, und das geschieht euch eben recht, da euch nichts zu sagen ist.
Den ersten Artikel, in dem sie begehren, das Evangelium zu hören und das Recht, einen Pfarrherrn zu erwählen, könnt ihr nicht mit irgendeinem Schein des Rechts abschlagen: Obwohl der Eigennutz mit hineinkommt, indem sie vorgeben, einen solchen Pfarrherrn mit dem Zehnten zu erhalten, der nicht ihrer ist, ist doch das die Summa, man solle ihnen das Evangelium predigen lassen. Dagegen kann und soll sich keine Obrigkeit wehren. Ja, Obrigkeit soll nicht wehren, was jedermann lehren und glauben will, es sei Evangelium oder Lügen; es reicht, dass sie Aufruhr und Unfrieden zu lehren wehrt.
Die anderen Artikel, die leibliche Beschwerungen anzeigen ... sind auch billig und recht. Denn die Obrigkeit ist nicht dazu eingesetzt, dass sie ihren Nutzen und Mutwillen an den Untertanen suche, sondern (dazu, dass sie) Nutzen und das Beste für ihre Untertänigen suche. Nun ist es auf Dauer nicht erträglich, so Geld einzutreiben und zu schinden. Was hülfe es, wenn eines Bauern Acker so viel Gulden wie Halme und Körner trüge, wenn die Obrigkeit nur desto mehr nähme und damit ihren Glanz nur vergrößerte und das Gut so verschleuderte mit Kleidern, Fressen, Saufen, Bauen und dergleichen, als wäre es Spreu? Man müsste ja der Verschwendung wehren und das Ausgeben hindern, damit ein armer Mann auch etwas behalten könnte. Weitere Unterrichtung habt ihr aus ihren Schriften wohl vernommen, worin sie ihre Beschwerungen genügend vorbringen.
An die Bauernschaft:
... Erstens, liebe Brüder: Ihr führt den Namen Gottes, und nennt euch eine christliche Rotte oder Vereinigung und gebt vor, ihr wollt nach dem göttlichen Recht verfahren und handeln. Wohlan, so wisst ihr ja auch, dass Gottes Name, Wort und Titel nicht vergeblich noch unnütz geführt werden soll, wie er im zweiten Gebot sagt: »Du sollst den Namen des Herrn, deines Gottes, nicht missbrauchen«, und dazu setzt er und spricht: »denn der Herr wird den nicht ungestraft lassen, der seinen Namen missbraucht« (Ex 20,7). Hier steht der Text deutlich und klar, der euch so wie alle Menschen betrifft und euch – unangesehen eurer großen Menge, Recht und Schrecken – ebenso seinen Zorn androht wie uns und allen anderen. Er ist auch, wie ihr wisst, euch gegenüber mächtig und stark genug, dass er euch strafe, wie er hier androht, wenn ihr seinen Namen umsonst und unnützlich führt: Wisst euch danach zu richten, dass ihr schlechterdings kein Glück, sondern alles Unglück zu erwarten habt, wenn ihr seinen Namen fälschlich führt, und seid freundlich gewarnt. Es ist ihm eine einfache Sache, so viele Bauern umzubringen oder zu hindern, hat er doch einst die ganze Welt mit der Sintflut ersäuft und Sodom mit Feuer verbrannt. Er ist ein allmächtiger, schrecklicher Gott.

Zum Zweiten: Dass ihr aber die seid, die Gottes Namen unnützlich führen und schänden, ist leicht zu beweisen. Und dass euch deshalb zuletzt alles Unglück begegnen werde, ist auch kein Zweifel, es sei denn, Gott wäre nicht wahrhaftig. Denn hier steht Gottes Wort und spricht durch den Mund Christi: »Wer das Schwert nimmt, der soll durchs Schwert umkommen« (Mt 26,52). Das heißt ja nichts anderes, als dass niemand sich aus eigenem frevelhaften Mutwillen die Gewalt anmaßen (der gewallt unterwinden) soll, sondern wie Paulus sagt: »Eine jede Seele sei untertan der Obrigkeit mit Furcht und Ehre.« (Röm 13,1) Wie könnt ihr doch an diesen Gottessprüchen und -rechten vorüber, die ihr euch rühmt, göttlichem Recht nach zu handeln, und nehmt doch selbst das Schwert und lehnt euch gegen die von Gottes Recht verordnete Obrigkeit auf? ...

Quelle: Martin Luther, Studienausgabe, hg. v. H.-U. Delius. Bd. 3, Leipzig ²1996, 111,28-112,12; 114,22-115,18; 116,21-117,22. *Übers.*: Luther Deutsch. Die Werke Martin Luthers in neuer Ausgabe für die Gegenwart, hg. v. K. Aland, Bd. 7, Göttingen ²1983, 163f.166f.168f. – *Literatur:* J. Heckel, Im Irrgarten der Zwei-Reiche-Lehre. Zwei Abh. zum Reichs- u. Kirchenbegriff Martin Luthers, München 1957; P. Althaus, Luthers Haltung im Bauernkrieg, Darmstadt ⁴1971; M. Greschat, Luthers Haltung im Bauernkrieg, in: ARG 56 (1965) 31-47; G. Wolf (Hg.), Luther und die Obrigkeit, Darmstadt 1972 (WdF 85); J. Wallmann, Ein Friedensappell – Luthers letztes Wort im Bauernkrieg, in: D. Henke u.a. (Hg.), Der Wirklichkeitsanspruch von Theologie und Religion. FS E. Steinbach, Tübingen 1976, 57-75; Chr. Windhorst (Hg.), Die Vorstellung v. Zwei Reichen u. Regimenten bis Luther, Gütersloh ²1978; U. Duchrow, Christenheit und Weltverantwortung. Traditionsgeschichte und systematische Struktur der Zwei-Reiche-Lehre, Stuttgart ²1983; H.-J. Gänssler, Evangelium und weltliches Schwert. Hintergrund, Entstehungsgeschichte und Anlass von Luthers Scheidung zweier Reiche oder Regimente, Wiesbaden 1983 (VIEG 109); W. Härle, Luthers Zwei-Regimenten-Lehre als Lehre vom Handeln Gottes, in: MJTh 1 (1987) 12-32; R. Anselm, Art. Zweireichelehre I., in: TRE 36, 2004. 776-784; G. Franz, Der deutsche Bauernkrieg, Darmstadt ¹²1984; G. Maron, Art. Bauernkrieg, in: TRE 5, 1980, 319-338; P. Blickle (Hg.), Bauer, Reich und Reformation: FS Günther Franz, Stuttgart 1982; ders. (Hg.), Der deutsche Bauernkrieg von 1525, Darmstadt 1985 (WdF 460); H. Buszello u.a. (Hg.), der deutsche Bauernkrieg, Paderborn u.a. ³1995 (UTB 1275); P. Blickle, Der Bauernkrieg. Die Revolution des gemeinen Mannes, München ²2002.

[1] *Die Bibelstellen stehen in Marginalnotizen; die Zuordnungen im Text können also nur näherungsweise erfolgen.*
[2] *Der für Getreide und andere Agrarprodukte auferlegte Feldzehnt.*
[3] *Verwalter des Kirchenvermögens.*
[4] *Der für Tiere und tierische Produkte auferlegte Blutzehnt.*
[5] *8. Mai.*
[6] *Gemeint ist die beigelegte Memminger Bundesordnung.*
[7] *1. Februar.*
[8] *Ulrich Neidhart (1470-1552), Bürgermeister von Ulm.*
[9] *Gemeint ist der Schwäbische Bund.*
[10] *12. Februar.*
[11] *29. März.*
[12] *28. März.*
[13] *Die Adventspostille von 1522; s. insbesondere WA 10/I/2,152-170.*
[14] *Zu denken wäre insbesondere an die Freiheitsschrift, s.o. Text Nr. 20 c).*
[15] *V.a. in der Obrigkeitsschrift.*
[16] *Luther gibt an: Ps 104.*
[17] *S. Text Nr. 20 a).*

OBRIGKEITLICHE EINFÜHRUNG DER REFORMATION

34. Der Reichstag zu Speyer von 1526

Nachdem die gemeinsame Niederschlagung des Bauernkrieges vorübergehend die religiösen Differenzen zwischen den Reichsständen überdeckt hatte, wurden diese rasch wieder sichtbar. Nach dem ohne Beratungen und Ergebnisse vertagten Augsburger Reichstag 1525/6 versammelte sich am 25. Juni 1526 der Reichstag aufs Neue in Speyer. Durch die Verlesung der kaiserlichen Proposition (Text a) sollte eine Richtung in der Religionsfrage vorgegeben werden, die sich aber in den komplizierten Verhandlungen der Stände so nicht halten ließ. Das Ergebnis war ein Abschied (Text b), der eher eine Verlegenheitsformulierung darstellte, aber von evangelischer Seite bald zur Legitimation von Reformationsmaßnahmen genutzt wurde.

a) Die kaiserliche Proposition (25. Juni 1526)

... Obgleich sich nun die kaiserliche Majestät ... vorgenommen hat, ... nach Rom zu fahren, um die kaiserliche Krone zu empfangen und gleichzeitig mit seiner päpstlichen Heiligkeit über ein allgemeines Konzil zu verhandeln, auf dem die Anliegen und Beschwerden unseres heiligen Glaubens und der allgemeinen Christenheit behandelt, alle Ketzerei, Missbräuche und Unordnung – die sich an vielen Orten, leider jedoch im Heiligen Reich Deutscher Nation am gefährlichsten und lästerlichsten zutragen und andauern – abgestellt, ausgerottet und durch seine heilsame, einhellige, christliche Neugestaltung (reformacion), Ordnung, Satzung und Leben künftig für ähnliche nicht nur unchristliche, sondern ganz unmenschliche Aufrührereien und Empörungen allenthalben Vorsorge getroffen und verhütet werden, so könnte sich doch die Abhaltung dieses Konzils etwas verzögern und es der allgemeinen Deutschen Nation unzuträglich und sogar aufs Höchste beschwerlich sein, in den oben genannten Irrtümern noch länger zu verharren. Es gilt dabei zu bedenken, dass bei einigen Reichsständen täglich mehr und mehr beschwerliche, verurteilte und irrige Neuerungen einreißen, dass öffentlich mit Besorgnis erregendem Anstoß beim einfachen Volk gepredigt wird, dass viele neue Schriften mit schmähenden Angriffen auf alle Obrigkeit, die aufrührerische Bewegungen des einfachen Mannes bewirken, allenthalben im Druck verbreitet werden: alles wider die göttlichen und christlichen – auch der kaiserlichen Majestät und des Reiches – Ordnungen, Satzungen, Mandate und Abschiede, so dass zu befürchten ist, dass – wenn sich nicht rechtzeitige und kluge Einsicht bemerkbar macht – daraus (wie zum Teil auch oben gesagt ist) Zerrüttung unseres heiligen Glaubens, Zerstörung der christlichen Religion, großer Ungehorsam, Empörung wider die Obrigkeiten, Parteiung, Aufrührereien, Spaltung im Reiche, Lästerung Gottes, unseres Schöpfers, Beleidigung seiner lieben Heiligen und dergleichen viel Übles entsteht, was der kaiserlichen Majestät, dem Heiligen Reich und aller Obrigkeit und Ehrbarkeit nicht wieder gut zu machenden Schaden zufügen würde.

Um aber dem mit Hilfe des Allmächtigen und der Mitwirkung der löblichen Kurfürsten, Fürsten und anderen Stände des Reiches und mit treuem möglichem Fleiß zuvorzukommen, ist fürs Erste der erwähnten kaiserlichen und spanischen königlichen Majestät usw., unseres allergnädigsten Herren gnädiger und ernstlicher Wunsch, Begehren und Befehl, die Kurfürsten, Fürsten und Stände des Heiligen Reiches möchten mit den obgenannten Kommissaren und Bevollmächtigten ihrer Majestät auf diesem gegenwärtigen Reichstag beratschlagen, bedenken und miteinander sich schließlich einigen und Mittel, Maß und Wege beschließen, mit denen der christliche Glaube und die wohl überlieferte, gute christliche Übung und Ordnung der allgemeinen Kirche in der Zwischenzeit (mitler zeit) bis zu einem freien Konzil gehandhabt und darin die Einigkeit unter den Gliedern des Heiligen Reiches von jedermann gehalten und wie die Übertreter für ihre Freveltat gestraft und – soweit sich jemand der Strafe mit Gewalt widersetzen würde – wie eine Obrigkeit der anderen behilflich sein kann, damit nach dem Edikt ihrer kaiserlichen Majestät[1] wie auch nach dem, was die genannten Kommissare mit den Ständen des Reiches beschließen werden, von jedermann gelebt wird und ihm unverweigerte Ausführung zuteil werden möge...

Quelle: W. Friedensburg (Hg.), Der Reichstag zu Speier 1526. In Zusammenhang der politischen und kirchlichen Entwicklungen Deutschlands im Reformationszeitalter, Berlin 1887 (= Nieuwkoop 1970), 527-529. *Übers.:* H. Junghans (Hg.), Die Reformation in Augenzeugenberichten, Düsseldorf ²1967, 354-356. – *Literatur:* s. bei Text b).

b) Der Reichstagsabschied (27. August 1526)

Danach haben wir, auch Kurfürsten, Fürsten und Stände des Reiches und deren Gesandte, uns jetzt hier auf diesem Reichstag einmütig abgesprochen und geeinigt, bis zum Konzil oder aber Nationalversammlung (mitler Zeit deß Concilii, oder aber National-Versammlung) nichtsdestoweniger mit unseren Untertanen ein jeder in den Sachen, die das Edikt – das durch kaiserliche Majestät auf dem zu Worms gehaltenen Reichstag ausgegangen ist – betreffen möchten, für sich so zu leben, zu regieren und zu halten, wie ein jeder solches gegen Gott und die kaiserliche Majestät hofft und meint verantworten zu können (vertraut zu verantworten).

Quelle: Neue und vollständigere | Sammlung | der | Reichs=Abschiede ... Zweyter Theil | derer | Reichs=Abschiede | von dem Jahr | 1495. Bis auf das Jahr 1551. | inclusive, Frankfurt/ Main 1747, 274 § 4. – *Literatur:* W. Friedensburg, Der Reichstag zu Speier in Zusammenhang der politischen und kirchlichen Entwicklung Deutschlands im Reformationszeitalter, Berlin 1887 (Historische Untersuchungen 5) (= Nieuwkoop 1970); R. Wohlfeil, Der Speyrer Reichstag von 1526, in: BPfKG 43 (1976) 5-20; A. Kohnle, Reichstag und Reformation. Kaiserliche und ständische Religionspolitik von den Anfängen der Causa Lutheri bis zum Nürnberger Religionsfrieden, Gütersloh 2001 (QFRG 72), 248-276.

[1] Wormser Edikt, s. Nr. 21 c.

35. Der hessische Versuch: Gemeindeprinzip und Reformation

Die reformatorisch gesonnenen Stände interpretierten den Speyerer Reichstagsabschied entgegen seiner Intention als Freigabe reformatorischer Maßnahmen und setzten dies in unterschiedlicher Weise um: Die Landgrafschaft Hessen wählte unter ihrem jungen Landgrafen Philipp dem Großmütigen (1504-1567) ein ganz neues Kirchenmodell: Im Oktober 1526 berief Philipp von Hessen in Homberg eine Kirchenversammlung ein, die die Neuordnung der hessischen Kirche diskutierte; im Anschluss an die hier erfolgten Diskussionen formulierte der hessische Reformator Franz Lambert von Avignon (1487-1530) die *Reformatio ecclesiarum Hassiae* – wohl der erste Text, in dem der Begriff »reformatio« in technischem Sinne für die kirchlichen Vorgänge des 16. Jahrhunderts verwendet wurde. Mit dieser Kirchenordnung sollte die hessische Kirche, gelöst aus der Jurisdiktion des Mainzer Erzbischofs, in synodaler Struktur errichtet werden (Text a). Dass diese Kirchenordnung zwar in vielen Einzelzügen durchgeführt wurde, in ihrer Gesamtheit aber nicht definitiven Rechtscharakter erlangte, lag auch an dem Einspruch, den Martin

Luther recht rasch erhob (Text b) – damit war auch für Hessen ein reformatorischer Weg im Stile Sachsens vorgezeichnet.

a) Die Homberger Kirchenordnung (1526)

Kap. 1: Von der wahren Gottesverehrung
»Es kommt die Stunde, da Gott will im Geiste und in der Wahrheit verehrt werden«, Joh 4(,23). Dies geschieht dann, wenn er dem Worte seiner ewigen Wahrheit gemäß verehrt wird. Darum soll er in allen unseren Gemeinden (in omnibus ecclesiis nostris) eben diesem Worte gemäß auf das Reinste verehrt und alle davon abweichende Verehrung von ihnen ausgeschlossen werden. Denn obschon die Verehrung Gottes selbst in der Reinheit des Glaubens wurzelt, so gehören doch äußere Werke jeder Art, welche dem Worte des Glaubens gemäß von uns geschehen und durch welche wir uns als Verehrer Gottes bezeugen, zur Verehrung Gottes. Auf solche Weise ist Gott in allen Gemeinden zu verehren.
Kap. 2: Von der obersten Leitung der Kirche
Weil Christi Herde nur auf die Stimme ihres Hirten hört und den Stimmen von Fremdlingen kein Gehör gibt, Joh 10(,4f.), so lassen wir kein anderes Wort zu, als das unseres Hirten selbst, gebieten vielmehr in der Kraft Gottes: Es soll durchaus kein anderes Wort von den Bischöfen (episcopi) in den Gemeinden gelehrt und sollen im Übrigen die Gemeinden selbst ihm gemäß geleitet werden. Wo jemand ein anderes Wort als nötig zum Heile lehren sollte, der soll abgesetzt und ihm die Kirchengemeinschaft entzogen werden.
Weiter, alles was wir hier zugunsten einer geziemenden Ordnung bei den kirchlichen Handlungen zusammengestellt haben, ohne durch Gottes Wort ausdrücklich anbefohlen zu sein, das soll niemand für etwas anderes halten, als für heilsame, mit dem Worte Gottes in keinem Widerspruch stehende Ratschläge, die jedoch, wo es Christi Ehre verlangt, abgeändert werden können...
Kap. 18: Von der jährlichen Synode
Aus dem, was im Vorhergehenden über die Notwendigkeit von Synoden der einzelnen Gemeinden behufs der Einrichtung und Leitung derselben verfügt worden ist, ergibt sich die weitere Notwendigkeit, auch für sämtliche Gemeinden irgendeines Ländergebietes größere und Provinzialsynoden zu versammeln, in welchen über die Einrichtung und Leitung der gesamten Provinz auf dem Grunde des Wortes Gottes entschieden wird.
Demgemäß bestimmen wir: Es soll einmal (im Jahr) eine Synode für ganz Hessen am dritten Sonntag nach Ostern zu Marburg gehalten werden, so jedoch, dass ihr Zusammentritt schon den Samstag vor diesem Sonntag stattfindet. Jedoch soll der Durchlauchtige Fürst befugt sein, den Zusammentritt bei begründetem Anlass auf eine andere Zeit zu verlegen.
Teilnehmen an derselben sollen alle Bischöfe, ausgenommen aus Krankheit oder zulässigem Grund verhinderte, in welchem Falle sie eine Entschuldigung auszufertigen und dem Abgeordneten von ihrer Gemeinde zuzustellen haben.
Wir wollen nämlich, dass um die Zeit der abzuhaltenden Synode jede Gemeinde zusammentrete und aus ihrer Mitte einen Mann voll Glaubens und des Geistes Gottes (vgl. Apg 6,5) erwähle, dem sie für alles, was vor die Synode gehört, Vollmacht erteile. Weiter sollen sie erwägen, ob gegen die Visitatoren und Bischöfe oder deren Gehilfen etwas Erhebliches vorliegt. Das erheblich Befundene sollen sie an die Synode eingeben, nichts aber werde gegen jemand eingegeben, als nur was sorgfältig und hinreichend nachgewiesen ist. Außerdem sollen sie, wenn sie einen Bischof abgesetzt haben, einen neuen wählen und die Gründe für die Absetzung des früheren

bei der Synode einreichen. Ebenso, wenn ein Zweifel entsteht, dessen Lösung sie von der Synode wünschen, sollen in der Eingabe die Einzelheiten genau aufgeführt werden.

An alle ergeht aber unsere Bitte im Herrn, höchstens innerhalb von drei Tagen alle Geschäfte der Synode zu erledigen und deshalb an jedem Tage schon um fünf Uhr des Morgens zu beginnen...

Aus der gesamten Versammlung sollen dreizehn Männer voll Glaubens und heiligen Geistes gewählt werden, deren Geschäft es sein wird, alle an die Synode eingesandten Bedenken und alle Angelegenheiten derselben abzumachen, so jedoch, dass, wo eine Schwierigkeit sich zeigt, vorher der gesamten Synode vorgelegt wird. Die nächst folgende Synode soll von ihnen eröffnet und bis zu erfolgten neuen Wahlen geleitet werden. Ebenso, wenn in der Zwischenzeit von einer Synode zur anderen etwas Wichtiges aufkommen sollte, der Art, dass es ohne große Gefahr bis zur nächsten Synode nicht verschoben werden könnte, sollen die dreizehn mit den Visitatoren in Marburg zusammentreten, wenn es der Fürst nicht anders befiehlt und es vorzieht, sie an einem anderen Ort zusammentreten zu lassen...

Eine Stimme auf der Synode sollen haben zuvörderst der Allergütigste Fürst, ferner die Grafen und Edlen (comites et nobiles), wenn sie an der Wahl der dreizehn teilnehmen wollen und in eigener Person anwesend sind, samt sämtlichen Bischöfen und Bevollmächtigten der Gemeinden...

Zur Beratung all dessen, was von den Gemeinden gesandt wurde, sollen die dreizehn Erwählten an einem bestimmten Ort ihre Sitzung halten. Sobald sie aber unter sich ausgemacht haben, was auf alles zu antworten sei, sollen sie zwei aus ihrer Mitte an die allgemeine Versammlung abschicken, von welchen einer sage: »Brüder, folgender Zweifelsfall ist von euch vorgelegt worden. Nach unserem Dafürhalten hat die Antwort auf dem Grund von der und der Schriftstelle also zu lauten. Ist einer von euch aus Gottes Wort einer anderen Ansicht, so erbaue er die Gemeinde, und meine nicht, es stehe ihm frei zu schweigen, weil wir alle Christi Ehre suchen sollen.« Sollte dann jemand eine andere Ansicht aussprechen, und eine bestimmtere und deutlichere Schriftstelle und Zeugnis für sich haben, (so soll dies gelten,) auch wenn er allein stehen sollte. Denn Gottes Wort ist größer als die gesamte große Menschheit, und es ist besser, einem Einzigen, der im Besitz des Wortes des Herrn ist, anzuhängen, als vielen, die ihrem eigenen Urteil folgen. Wofern niemand von dem Urteil der Erwählten abweicht, ist diesem gemäß die Antwort den Gemeinden selbst zu erteilen...

Kap. 23: Von der Bischöfe Wahl, Weihe, Einkommen und anderem derartigen

Jede Gemeinde soll ihren Bischof sowohl selbst wählen, als absetzen, weil ihr das Urteil über der Hirten Stimme zusteht. Für dieses Jahr jedoch und bis die Gemeinden mit Gotteswort unterwiesen sind, sollen vom Durchlauchtigen Fürsten, unter Zuziehung der Visitatoren, die Bischöfe berufen, eingewiesen und abgesetzt werden und schriftliche Ausfertigungen dazu vom Fürsten eingeholt werden...

Jede Gemeinde soll für Unterhalt ihres Bischofs Sorge tragen, weil dem Ochsen, der da drischt, das Maul nicht verschlossen werden soll (Dtn 25,4; 1 Kor 9,9), und ihm denselben in solcher Weise darreichen, dass er mit seiner Familie zu leben und, nach Paulus‘ Gebot, Gastfreundschaft zu üben imstande ist (1 Tim 3,2; Tit 1,8). Über dies hinaus sollen die Bischöfe nichts fordern für einzelne geleistete Dienste...

Die Ordination der Bischöfe aber soll vor der ganzen Gemeinde durch Händeauflegen unter Gebet vorgenommen werden.

Quelle: Die evangelischen Kirchenordnungen des XVI. Jahrhunderts, hg. v. E. Sehling. Bd. 8: Hessen 1. Hälfte: Die gemeinsamen Ordnungen, Tübingen 1965, 44.56f.59f. *Übers.*: Reformation der Kirchen Hessens von 1526, hg. v. H. Hermelink, Marburg 1926, 6f.33-36.42f – *Literatur:* s. Text b.

b) Luthers Antwort: Nicht so rasch!

Zu der Ordnung, die mir Eure fürstliche Gnaden mit der Bitte um meine Meinung zugeschickt hat, nehme ich wahrlich nicht gerne Stellung, weil uns in Wittenberg vorgeworfen wird, wir wollten niemanden ohne uns gelten lassen, obwohl wir doch wünschen, dass, weiß Gott, jeder ohne uns das Beste täte. Aber um Eurer fürstlichen Gnaden zu Diensten zu sein und weil eine solche Ordnung mit dem Gerücht ausgehen wird, ich hätte dazu auch meinen Rat gegeben, ist das mein treuer und untertäniger Rat, dass Eure fürstliche Gnaden nicht gestatte, schon jetzt (noch zur Zeit) diese Ordnung im Druck herauszubringen. Denn ich bin bisher noch nicht so kühn und kann es nicht sein, einen solchen Haufen Gesetze mit so mächtigen Worten bei uns durchzuführen. Das würde sich daran ausrichten, wie Moses mit seinen Gesetzen vorgegangen ist, von denen er den größeren Teil aus altem Herkommen genommen, aufgeschrieben und verordnet hat, das schon unter dem Volk im Gebrauch war. So sollte auch Eure fürstliche Gnaden zuerst die Pfarreien und Schulen mit guten Personen versorgen, und es zunächst mit mündlichem Befehl und Zetteln mitzuteilen versuchen, was sie tun sollen und das alles möglichst knapp und wenig. Und noch viel besser wäre es, wenn die Pfarrer, zuerst einer, drei, sechs, neun, untereinander eine einhellige Handlungsweise begännen in ein oder drei, fünf, sechs Stücken, bis es in Übung und Schwange käme. Danach könnte dann weiter und mehr erfolgen, wie sich die Sache selbst wohl ergeben und zwingen würde, bis alle Pfarreien dem folgten. Dann könnte man es in ein kleines Büchlein schreiben. Denn ich weiß sehr gut, habe das auch erfahren, dass Gesetze, wenn sie zu früh vor Brauch und Übung aufgerichtet werden, selten wohl geraten. Die Leute sind nicht dazu geeignet, wie die meinen, die für sich dasitzen und es mit Worten und Gedanken aufschreiben, wie es gehen soll. Vorschreiben und Befolgen ist weit voneinander. Und die Erfahrung wird es lehren, dass viele Stücke dieser Ordnung sich ändern müssen, vieles allein der Obrigkeit überlassen bleiben muss. Wenn aber einige Stücke in Schwange und Gebrauch sind, so ist es leicht, dazu etwas zu tun und sie zu ordnen.

Quelle: WA.B 4,157,5-158,32 (Nr. 1071). – *Literatur:* W. Maurer, Franz Lambert von Avignon und das Verfassungsideal der Reformatio ecclesiarum Hassiae von 1526, in: ders., Kirche und Geschichte. Gesammelte Aufsätze. Bd. 1, hg. v. H.-W. Kohls u. G. Müller, Göttingen 1970, 319-364; G. Müller, Franz Lambert von Avignon und die Reformation in Hessen, Marburg 1958 (VHKHW 24,4); A. Cahill, Philipp of Hesse and the Reformation, Mainz 2001 (VIEG 180); Die Homberger Synode von 1526. Die Reformation in Hessen, Kassel 2002; G. Schneider-Ludorff, Die Homberger Synode und die Reformatio ecclesiarum Hassiae. Beobachtungen zum Wandel Philipps von Hessen vom spätmittelalterlichen Landesherren zum protestantischen Fürsten, in: JHKGV 54 (2003) 89-101; dies., Der fürstliche Reformator. Theologische Aspekte im Wirken Philipps von Hessen von der Homberger Synode bis zum Interim, Habil.schrift masch. Jena 2004, 45-64.

36. Der sächsische Weg: die Visitation

Wie in Hessen, so verstand man auch in Sachsen den Speyerer Reichstagsbeschluss von 1526 als eine Art Freibrief für die Durchführung reformatorischer Maßnahmen, die freilich schon Begonnenes nur fortsetzten: Bereits Weihnachten 1525 war in Wittenberg die Deutsche Messe eingeführt worden, die trotz Luthers großer Offenheit in der Sprachenfrage schon bald den bisherigen lateinischen Gottesdienst ersetzte (Text a); die Vorrede hierzu gehört zu den einflussreichsten Texten im Protestantismus und gab besonders pietistischen Bemühungen um eine Sammlung der ernsthaft christlich Gesonnenen Impulse (s. Bd. IV Nr. 14). War die Deutsche Messe selbst noch betont nicht als feste Vorschrift gehalten, obwohl sich in ihr schon der Gedanke einer territorialen Gottesdienstordnung abzeichnete, so hatte man ebenfalls 1525 bereits, in Anknüpfung an mittelalterliche Vorgänge, mit ersten zaghaften Visitationen zur Überprüfung von Glaube und Leben der Pfarrer und Gemeinden begonnen, die nun intensiviert wurden, um festzustellen, wie tief kurz nach den Anfängen der reformatorischen Bewegung der neue Glaube in der Pfarrerschaft und Bevölkerung des Landes verankert sei. Eine maßgebliche Rolle spielte dabei neben anderen auch der in Verwaltungsdingen erfahrene frühere Kanzleisekretär Georg Spalatin (1484-1545), der seit 1525 als Pfarrer, später Superintendent in Altenburg wirkte und 1528 Visitationsinstruktionen vorlegte, die stärker als der im selben Jahr entstandene, vornehmlich lehrhaft ausgerichtete »Unterrricht der Visitatoren« von Melanchthon pragmatische, kirchenordnende Aspekte in den Vordergrund stellte (Text b und c). Die oft desolaten Zustände bei Pfarrern und Gemeindegliedern veranlassten Luther, Katechismen vorzulegen, die elementaren Unterricht in eben jenen Gegenständen gaben, die er in der Vorrede der Deutschen Messe in das Zentrum des Gottesdienstes für die, »die mit Ernst Christen sein wollen« gestellt hatte: zehn Gebote, Glaubensbekenntnis, Vaterunser und Sakramente (Text d). Mit diesen Maßnahmen knüpfte die Obrigkeit zwar an spätmittelalterliche Formen landesherrlicher Leitungen territorialer Kirchentümer an, griff aber doch so weit in die angestammten Rechte der Bischöfe ein, dass auf dem damit beschrittenen Weg zum »landesherrlichen Kirchenregiment« der Bedarf theologischer Legitimation unabweislich wurde (Text e).

a) Luthers deutsche Messe

Vor allen Dingen will ich gar freundlich gebeten haben, auch um Gottes Willen, dass alle diejenigen, die diese unsere Ordnung im Gottesdienst sehen oder befolgen wollen, ja kein notwendiges Gesetz (nöttig gesetz) daraus machen, noch jemands Gewissen darein verstricken oder damit fangen, sondern sie, der christlichen Freiheit entsprechend, nach ihrem Gefallen gebrauchen, wie, wo, wann und wie lange es die Sache mit sich bringt und fordert...

Obwohl es dem Gewissen eines jeglichen überlassen ist, wie er diese Freiheit gebrauche, auch niemand diese Freiheit zu verwehren oder zu verbieten ist, so ist doch darauf zu sehen, dass die Freiheit der Liebe und des Nächsten Diener ist und sein soll. Wo es denn so geschieht, dass sich die Menschen ärgern oder irre werden an dem entsprechenden vielgestaltigen Brauch, sind wir in der Tat schuldig, die Freiheit einzuschränken, und, so viel es möglich ist, so zu tun und zu lassen, dass die Menschen sich an uns bessern und nicht ärgern. Weil denn an dieser äußerlichen Ordnung (im Hinblick auf unser Gewissen vor Gott) nichts gelegen ist und sie doch den Nächsten nützlich sein kann, sollen wir der Liebe entsprechend, wie Paulus lehrt (1 Kor 1,10 u.ö.), danach trachten, dass wir einerlei Sinnes seien, und – so gut es möglich ist – (auch) von gleicher Art und Gebärden seien, so wie alle Christen eine Taufe, ein Sakrament haben, und keinem etwas Besonderes von Gott gegeben ist.

Doch will ich hiermit nicht begehren, dass diejenigen, welche bereits ihre gute Ordnung haben oder es durch Gottes Gnade besser machen können, diese fahren lassen und uns weichen. Denn es ist nicht meine Meinung, dass das ganze deutsche Land gleichmäßig unsere Wittenbergische Ordnung annehmen müsse; es ist doch auch bisher nie geschehen, dass die Stifte, Klöster und Pfarren in allen Stücken gleich gewesen wären. Sondern schön wäre es, wenn in einem jeglichen Herrschaftsgebiet der Gottesdienst auf gleiche Weise stattfände und die umliegenden Städtlein und Dörfer mit einer Stadt gleiche Gottesdienstformen hätten...

Es gibt drei verschiedene Arten Gottesdienste: Erstens eine lateinische Form, welche wir früher haben ausgehen lassen, und die Formula Missae heißt[1]. Diese will ich hiermit nicht aufgehoben oder verändert haben; sondern wie wir sie bisher bei uns gehalten haben, so solle es noch frei sein, sie zu gebrauchen, wo und wann es uns gefällt oder bestimmte Gründe uns dazu veranlassen. Denn ich will auf keine Weise die lateinische Sprache aus dem Gottesdienst ganz wegkommen lassen; denn es ist mir alles um die Jugend zu tun. Und wenn ich es könnte, und die griechische und hebräische Sprache bei uns so verbreitet wäre wie die lateinische und so viele schöne Musik- und Gesangsstücke hätte wie die lateinische sie hat, so sollte man einen Sonntag um den andern in allen vier Sprachen: Deutsch, Lateinisch, Griechisch, Hebräisch Messe halten, singen und lesen...

Zum Zweiten gibt es die deutsche Messe und Gottesdienst, wovon wir jetzt handeln, welche um der einfältigen Laien willen eingerichtet werden soll. Aber diese zwei Arten des Gottesdienstes müssen wir so vor sich gehen und geschehen lassen, dass sie öffentlich in den Kirchen und vor allem Volk gehalten werden. Unter ihm sind viele, die noch nicht glauben oder Christen sind, sondern die meisten stehen da und gaffen, auf dass sie auch etwas Neues sehen, gerade als wenn wir mitten unter den Türken oder Heiden auf einem freien Platz oder Felde Gottesdienst hielten. Denn hier gibt es noch keine geordnete oder feste Versammlung, in der man nach dem Evangelium die Christen regieren könnte, sondern (es handelt sich um) eine öffentliche Anreizung zum Glauben und zum Christentum

Aber die dritte Weise, welche die rechte Art der evangelischen Ordnung haben sollte, dürfte nicht so öffentlich auf dem Platz unter allerlei Volk geschehen. Sondern diejenigen, die mit Ernst Christen sein wollen (so mit ernst Christen wollen seyn) und das Evangelium mit der Tat und dem Munde bekennen, müssten sich mit Namen einschreiben und sich etwa in einem Hause für sich allein versammeln zum Gebet, um zu lesen, zu taufen, das Sakrament zu empfangen und andere christliche Werke zu üben. In dieser Ordnung könnte man die, welche sich nicht christlich hielten, erkennen, strafen, bessern, ausstoßen oder in den Bann tun nach der Regel Christi Mt 18[,15ff]. Hier könnte man den Christen auch ein allgemeines Almosen auferlegen, das man freiwillig gäbe und unter die Armen nach dem Vorbild des Paulus austeilte gemäß 2 Kor 9(,1). Hier bedürfte es nicht vieler und großer Gesänge. Hier könnte man auch Taufe und Sakrament auf eine kurze schlichte Weise halten und alles aufs Wort und Gebet und die Liebe richten. Hier müsste man einen guten kurzen Unterricht (Catechismum) über das Glaubensbekenntnis, die zehn Gebote und das Vaterunser haben. In Kürze: Wenn man die Menschen und Personen hätte, die mit Ernst Christen zu sein begehrten, die Ordnungen und Regeln dafür wären bald gemacht.

Quelle: WA 19,72,3-10; 72,20-73,8; 73,32-74,9; 74,22-75,18. *Übers.*: Luther Deutsch. Die Werke Martin Luthers in neuer Ausgabe für die Gegenwart, hg. v. K. Aland, Bd. 6, Göttingen ^{2}1983, 86-90. – *Literatur:* H. B. Meyer, Luther und die Messe. Eine liturgiewissenschaftliche Untersuchung über das Verhältnis Luthers zum Meßwesen des späten Mittelalters, Paderborn 1965; R. Meßner, Die Meßreform Martin Luthers und die Eucharistie der Alten Kirche. Ein Beitrag zu einer systematischen Liturgiewissenschaft, Innsbruck/ Wien 1989; D. Wendebourg, Den falschen Weg Roms zu Ende gegangen? Zur gegenwärtigen Diskussion über Martin Luthers Gottesdienstrefom und ihr Verhältnis zu den Traditionen der Alten Kirche, in: ZThK 94 (1997) 437-467.

b) Spalatins Visitationsinstruktionen

1. Die von der Ritterschaft und dem Adel sollen sich mit Ernst und Fleiß darum bemühen, dass Gottes Wort vor allen Dingen lauter, rein und getreu gepredigt werde.
2. Sie sollen gemäß der Visitation Ordnung und Zeremonien eifrig halten,

3. den gemeinen Kasten in guter Verwaltung haben und fördernd helfen, dass die Abgaben nützlich und unverzüglich eingebracht werden;
4. vor allem und besonders die Pflicht zur Armenfürsorge wahrnehmen;
5. darauf achten, dass ihre Untertanen den Pfarrern das Ihre treu geben und zwar nicht das Geringste, sondern so gut es ihnen Gott gibt...
7. dass ihre Untertanen Gottes Wort mit Fleiß hören...
10. fremde Bettler abweisen, damit der gemeine Kasten nicht beschwert werde;
11. wenn die Pfarrlehen erledigt sind, die Priester dem Hof vorstellen, damit diese überprüft werden, ob sie geeignet sind, denn ihnen soll ihr Anspruch und Lehnsrecht daran nicht entzogen werden;
12. sonst auch kein geistliches Lehen mehr verleihen, wenn es nicht zuvor unserem gnädigen Herrn angezeigt worden ist, dass dieses zur Förderung von Gottes Wort und Dienst am besten verordnet ist;
13. die, die während der Predigt in den Kirchen umher gehen oder sonstigen Unfug treiben, bestrafen;
14. darauf achten, dass man am Sonntag und an anderen Feiertagen vormittags während des Gottesdienstes (under den gotlichen ambten) nichts verkaufe;
15. dass man das unordentliche Tag- und Nachtgeschrei der Trunkenbolde abschaffe;
16. über die Misshandlungen und Übeltaten, welche bisher mit Ernst gestraft worden sind wie Mord, Totschlag etc. hinaus auch die Dinge bestrafen, die unter den Christen nicht zu dulden sind: üble Nachrede (afterrede), das Erwecken von Vorwürfen (auflegung) und Ärgernis bei Gegnern, wie auch Vergehen, die bislang selten oder doch allein aus Eigennutz gestraft worden sind, wie leichtfertiges Schwören und den Namen Gottes unnützlich führen;
17. ferner Völlerei, Sauferei, Spielen, Müßiggang;
18. ferner, wenn in Wein-, Bier- und Trinkhäusern von den Dingen, die den Glauben berühren, schimpflich oder sonst leichtfertig gehandelt und gestritten wird;
19. ferner, wenn Schandlieder auf den Gassen oder in Häusern zum Ärgernis der Jugend gesungen werden, und was es noch an dergleichen ungebührlichen und unsittlichen Dinge gibt;
20. ferner ruchbar gewordener und vor allem öffentlicher Ehebruch, Hurerei, Jungfrauen Schänden;
21. ferner Ungehorsam der Kinder gegen die Eltern, und vor allem, wenn sich diese unterstünden, ihre Eltern mit Worten oder Handgreiflichkeit zu belästigen;
22. ferner, wenn sich die Kinder ohne der Eltern Wissen oder Einwilligung verloben oder verehelichen...
26. Man soll auch den Druck, Kauf und Verkauf aufrührerischer und ärgerlicher Schriften sowie von Buhl- und Schandliedern nachdrücklich verhindern, unterbinden und bestrafen.

Quelle: Die evangelischen Kirchenordnungen des XVI. Jahrhunderts. Bd. I: Sachsen und Thüringen, nebst angrenzenden Gebieten. Erste Hälfte: Die Ordnungen Luthers. Die ernestinischen und albertinischen Gebiete, hg. v. E. Sehling, Leipzig 1902 (= Aalen 1979), 175. – *Literatur:* H. Junghans, Art. Spalatin, Georg, in: TRE 31, 2000, 605-607; s. auch bei Text c.

c) Aus Visitationsprotokollen der Pflege Coburg 1528/9

Garnstadt[2]:
... Inhaber der Pfarrstelle ist jetzt Wolf Lindner. Das Volk hat ihm hinsichtlich seiner Lehre ein gutes Zeugnis gegeben, so wie er auch in der Prüfung als geeignet befunden wurde, außer dass man ihm vorgeworfen hat, dass er gesellig sein solle und gerne spiele und sich in Schänken herumtreibe und den Leuten Ärgernis gebe; er soll auch

gelegentlich faul gewesen sein. Ihm wurde aufgrund seines eigenen Bekenntnisses und seines Anerbietens, sich zu bessern, befohlen, dies abzustellen.

Breitenau:
... Der Pfarrer ist auch gerügt worden. Und nachdem man teilweise befunden hat, dass er sich gerne bemüht, obwohl er in der Schrift nicht sehr bewandert ist (in der schrifft nit viel gegrundet), wurde er zuletzt doch als Pfarrer belassen angesichts der Gunst, die er bei seinem Pfarrvolk genießt. Es wurde ihm dabei auch aufgetragen, sich zu bessern und Fleiß im Studieren aufzubringen. Er soll wieder aufgefordert und geprüft werden, ob man bei ihm Besserung finde.

Grub[3]:
... Das Pfarrvolk in Grub hat auf die Vorlage der Artikel hin diesbezüglich Beschwerde gegen seinen Pfarrer geführt und viele Artikel angegeben, wonach er der Papisterei anhänge; er ist auch geprüft und als ungeeignet zum Pfarrer befunden worden. Deshalb hat Hans von Schaumburg als der Lehnsherr eingewilligt, ihm angesichts seines Alters eine Abfindung auszuzahlen und die Pfarrei mit jemand anderem zu besetzen.

Quelle: J. John (Hg.), Quellen zur Geschichte Thüringens von der Reformation bis 1918, Erfurt ²1997, 62f. – *Literatur:* K.A.H. Burkhardt, Geschichte der sächsischen Kirchen- und Schulvisitationen von 1525 bis 1545, Leipzig 1879 (= Aalen 1981); P.T. Lang, Die Bedeutung der Kirchenvisitation für die Geschichte der frühen Neuzeit. Ein Forschungsbericht, in: Rottenburger Jahrbuch für Kirchengeschichte 3 (1984) 207-212; Th. Klein, Ernestinisches Sachsen, kleinere thüringische Gebiete, in: A. Schindling/ W. Ziegler (Hg.), Die Territorien des Reichs im Zeitalter der Reformation und Konfessionalisierung. Land und Konfession 1500-1650. Bd. 4: Mittleres Deutschland, Münster 1992 (KLK 52), 8-39; C. Peters, Art. Visitation I. Kirchengeschichtlich, in: TRE 35, 2003, 151-163.

d) Luther, Vorrede zum Kleinen Katechismus (1529)

Diesen Katechismus bzw. diese christliche Lehre in einer solchen kleinen, schlichten, einfältigen Form darzustellen, hat mich die klägliche, elende Not gezwungen und gedrungen, die ich neulich erlebt habe, als ich auch ein Visitator war[4]. Hilf, lieber Gott, wie viel Jammer habe ich gesehen, dass der einfache Mann doch von der christlichen Lehre so gar nichts weiß, besonders auf den Dörfern, und dass leider viele Pfarrer sehr unbegabt und ungeeignet sind zu lehren. Dabei sollen doch alle Christen heißen, getauft sein und die heiligen Sakramente genießen. Aber sie können weder Vaterunser noch das Glaubensbekenntnis (den Glauben) oder die zehn Gebote[5], leben dahin wie das liebe Vieh und die unvernünftigen Säue. Und nun, wo das Evangelium gekommen ist, haben sie dennoch fein gelernt, alle Freiheit meisterlich zu missbrauchen.
O ihr Bischöfe, wie wollt ihr es vor Christus jemals verantworten, dass ihr das Volk so schändlich allein lasst und euer Amt nicht einen Augenblick versehen habt? Dass euch nicht dafür die verdiente Strafe treffe (Dass euch alles Unglück fliehe)! Ihr gebietet (das Abendmahl in) einerlei Gestalt und dringt auf eure Menschengesetze, fragt aber währenddessen nichts danach, ob sie das Vaterunser, das Glaubensbekenntnis, die zehn Gebote oder irgendein Wort Gottes könnten. Ach und Wehe über euren Hals ewiglich!
Darum bitte ich um Gottes willen euch alle, meine lieben Herren und Brüder, die Pfarrer oder Prediger sind: Nehmt euch eures Amtes von Herzen an, erbarmt euch über euer Volk, das euch anbefohlen ist, und helft uns, den Katechismus unter die

Menschen, besonders in das junge Volk zu bringen. Die, die es nicht besser vermögen, mögen sich diese Texte vornehmen und dem Volk Wort für Wort einprägen... Wenn sie den Text nun gut können, so lehre sie hernach auch das Verstehen, damit sie wissen, was es bedeutet. Nimm dir noch einmal diesen Katechismus vor oder sonst irgendeine kurze Auslegungsart, welche du willst, und bleibe dabei und verändere keine Silbe ... und nimm dir Zeit dazu. Denn es ist nicht nötig, dass du alle Stücke auf einmal vornimmst, sondern eins nach dem anderen. Erst wenn sie das erste Gebot recht verstehen, nimm dir das zweite vor und so weiter. Sonst werden sie überschüttet, dass sie keines gut behalten.

Quelle: BSLK 501,8-502,37; 504,13-26; *Übers.*: Luther Deutsch. Die Werke Martin Luthers in neuer Ausgabe für die Gegenwart, hg. v. K. Aland, Bd. 6, Göttingen ²1983, 138-140. – *Literatur:* A. Peters, Kommentar zu Luthers Katechismen. 5 Bde., hg. v. G. Seebaß, Göttingen 1990-1994.

e) Melanchthon, Über das Amt der Fürsten (1539)

Ich erkläre, dass Fürsten und weltliche Obrigkeit den falschen Gottesdienst beenden und erreichen müssen, dass in den Kirchen die wahre Lehre überliefert wird und richtige Gottesdienste (pii cultus) stattfinden. Dieses Urteil untermauere ich mit vielen einleuchtenden Argumenten...

Der dritte Grund, abgeleitet aus der Pflicht der weltlichen Obrigkeit (ab officio magistratus): Die weltliche Obrigkeit ist der Wächter der ersten und der zweiten Gesetzestafel (custos primae et secundae tabulae legis), was die äußere Ordnung betrifft, d.h. sie muss öffentliche Laster unterbinden und die Schuldigen bestrafen und gute Beispiele öffentlich machen. Es ist offensichtlich, dass im ersten und zweiten Gebot Götzendienst und Lästerung verboten werden. Also ist es notwendig, dass die weltliche Obrigkeit öffentlichen Götzendienst und Lästerungen beseitigt und dafür sorgt, dass in der Öffentlichkeit die wahre Lehre (pia doctrina) und richtige Gottesdienste zu finden sind. Wenn auch die weltliche Obrigkeit nicht die Herzen bekehren kann und nicht den Dienst am Geist innehat, hat sie dennoch entsprechend ihrer eigenen Aufgabe die äußere Ordnung auch in den Dingen zu wahren, die die erste Tafel betreffen...

Der fünfte Grund, von der öffentlichen Pflicht aller Glieder in der Kirche: Wenn die Bischöfe nichts gegen die falsche Lehre unternehmen oder wenn die Bischöfe selbst Falsches lehren, muss die übrige Kirche die schlechten Hirten ihres Amtes entheben, und in jeder Gemeinde müssen die angesehensten Glieder darin den übrigen vorangehen und den anderen helfen, dass die Kirche gebessert wird. Die Fürsten und anderen Beamten müssen hervorgehobene Glieder der Kirche (praecipua membra ecclesiae) sein. Also ist es nötig, dass sie diese Verbesserung einleiten und unterstützen. Der Obersatz des Argumentes ist einleuchtend[6]. Denn folgende Gebote betreffen die ganze Kirche und jedes einzelne Glied: »Hütet euch vor falschen Propheten« (Mt 7,15), 1 Kor 5(,13): »Verstoßt den Bösen aus eurer Mitte«, in Gal 1(,9): »Wenn einer ein andres Evangelium lehrt, der sei verflucht.« Es schreibt uns einzelnen vor, dass wir die Verteidiger der falschen Gottesdienste und falschen Lehre als Exkommunizierte und Verfluchte verdammen sollen. Da das sehr richtig ist, muss die Kirche gelehrte und fromme Prediger auswählen, nachdem diese entfernt worden sind... Wann immer es feststeht, dass die Lehre falsch ist, so besteht kein Zweifel, dass der rechtgläubige Teil (sanior pars) der Kirche die schlechten Prediger entfernen und den falschen Gottesdienst beseitigen muss. Und diese Verbesserung muss besonders die weltliche Obrigkeit gleichsam als das mächtigere Glied der Kirche unterstützen. Dieser Grund ist so überaus klar, dass er weder eine lange Erklärung nötig hat

noch dass er durch andere Gründe auf irgendeine Weise erschüttert werden kann. Und es besteht kein Zweifel, dass die Kirche und die, die hervorgehobene Glieder sind, die Verteidiger der falschen Gottesdienste aus den kirchlichen Ämtern entfernen müssen, so wie es oft im Alten und Neuen Testament geboten wurde...
Siebentens aus dem Naturrecht: Das Ziel der menschlichen Gesellschaft (finis societatis humanae) ist eigentlich und in erster Linie, dass Gott bekannt wird. Die Obrigkeit ist der Hüter der menschlichen Gemeinschaft. Also muss sie um so mehr der Hüter jenes eigentlichen Zieles sein, weil bei jeder Handlung das eigentliche Ziel in erster Linie anzustreben und im Auge zu behalten ist, wie für den Arzt beim Heilen die Gesundheit besonders anzustreben und im Auge zu behalten ist. Also muss auch der Herrscher in der Leitung der Gesellschaft das eigentliche Ziel der Gesellschaft in erster Linie anstreben. Es irrt also die weltliche Obrigkeit, welche die Leitung vom Ziel trennt und glaubt, dass sie nur der Hüter des Friedens und des Leibes sei. Sie hat eine andere, größere Pflicht, nämlich die Verteidigung des ganzen Gesetzes, der ersten und zweiten Tafel, weil sie die äußere Ordnung betrifft.

Quelle: Melanchthons Werke in Auswahl, hg. v. R. Stupperich. Bd. I, Gütersloh 1951, 388,18-22; 390,13-25; 392,32-330,12.20-31; 394,31-395,7. *Übers.*: Melanchthon deutsch, hg. v. M. Beyer u.a. Bd. 2, Leipzig 1997, 200.202.204f.207 – *Literatur:* J. Heckel, Melanchthon und das heutige Staatskirchenrecht, in: Um Recht und Gerechtigkeit. Festgabe Erich Kaufmann, Stuttgart 1950, 83-102; G. Weber, Grundlagen und Normen politischer Ethik bei Melanchthon, München 1962 (TEH.NF 96); H.-W. Krumwiede, Zur Entstehung des landesherrlichen Kirchenregiments in Kursachsen und Braunschweig-Wolfenbüttel, Göttingen 1967 (Studien zur Kirchengeschichte Niedersachsens 16); R. B. Huschke, Melanchthons Lehre vom ordo politicus. Ein Beitrag zum Verhältnis von Glauben und politischem Handeln bei Melanchthon, Gütersloh 1968 (Studien zur evangelischen Ethik 4);

[1] *Die Formula Missae mit moderaten Reformen hatte Luther 1523 unter dem Eindruck der Wittenberger Unruhen (s. Text 28 a]) herausgebracht.*
[2] *Heute: Großgarnstadt.*
[3] *Heute: Grub am Forst.*
[4] *Luther wurde am 28. Juli 1528 zum Visitator von Kursachsen und Meißen bestellt und wirkte als solcher vom 22. Oktober bis Mitte November und vom 28. Dezember 1528 bis zum 9. Januar 1529. Am 12. März 1529 wurde er von diesen Pflichten entbunden.*
[5] *Gegenüber dieser traditionellen Reihenfolge ordnete Luther selbst die Stücke in der Reihenfolge: Zehn Gebote, Glaubensbekenntnis, Vaterunser an.*
[6] *Melanchthon bedient sich hier der Regeln des Syllogismus aus der aristotelischen Logik des Mittelalters: Aus Obersatz und Untersatz wird ein Schluss gezogen.*

37. Der Zweite Speyerer Reichstag 1529

Das Vordringen der Türken nach Mitteleuropa machte schon bald nach 1526 einen neuen Reichstag nötig, den Ferdinand, der König von Ungarn und Böhmen, als Statthalter des Kaisers für 1529 nach Speyer einberief. Neben der Frage der Türkenhilfe stand ganz vorne auf der Agenda die Forderung nach Klärung der Glaubensfrage. Für Ferdinand und die Mehrheit der altgläubig gebliebenen Stände bedeutete dies eine Rückkehr zum Wormser Edikt und eine Beseitigung der Religionsklausel von 1526 (s. Text Nr. 34), die zur Durchführung reformatorischer Maßnahmen in Hessen und Sachsen geführt hatte. Nachdem der Große Ausschuss am 4. April eine entsprechende Bestimmung entworfen hatte, kam es zur offenkundigen Spaltung des Reichstages: Die Evangelischen bereiteten die Protestation als die feierliche Behauptung der eigenen Rechtsposition vor (Text a) – diese Erklärung brachte ihnen langfristig die Bezeichnung

»Protestanten« ein. Der Reichstagsabschied (Text b) beharrte in religiösen Dingen zwar auf dem Mehrheitsentwurf, drückte aber auch erstmals in der Reformationszeit einen Waffenstillstand in der Glaubensfrage aus.

a) Die Protestation der evangelischen Reichsstände (20. April 1529)

Wir sind guter Zuversicht, euer königliche Durchlaucht[1] (und) Liebden, sowie Ihr, die anderen (Fürsten), werden uns, wie wir vorher höflich gebeten haben, darin freundlich, gnädig und gutwillig für entschuldigt halten, wenn wir mit Eurer königlichen Durchlaucht (und) Liebden wie Euch, den anderen, wegen des oben erwähnten Artikels[2] nicht übereinstimmen, noch darin der Mehrheit, wie einige Male auf diesem Reichstag betont wurde, gehorchen wollen, in Anbetracht und Hinblick darauf, dass wir dies kraft des vorigen Speyerer Reichstagsabschieds tun, der besonders in dem betreffenden Artikel klar zeigt, dass dieser Artikel durch einmütige Übereinkunft – und nicht bloß durch den größeren Teil – beschlossen wurde. Ein solcher einmütiger Beschluss kann und soll daher auch nach Ehrbarkeit, Billigkeit und Rechtmäßigkeit nicht anders abgeändert werden als wiederum durch einhellige Zustimmung. Außerdem hat auch sonst ein jeder in Dingen, die Gottes Ehre, das Heil unserer Seele und die Seligkeit angehen, für sich selbst vor Gott zu stehen und Rechenschaft zu geben; hier kann sich also keiner mit (Berufung auf) Verhandlung oder Beschluss einer Minderheit oder Mehrheit entschuldigen...
Da aber nun diese dritte Anzeige[3] unserer deutlichen Beschwerde bei Euer königlichen Durchlaucht (und) Liebden sowie bei Euch, den anderen (Fürsten), keine Möglichkeit noch Annahme erfährt, protestieren (protestirn) und bezeugen wir hiermit öffentlich vor Gott, unserem alleinigen Erschaffer, Erhalter, Erlöser und Seligmacher, der – wie bereits erwähnt – allein unser aller Herzen erforscht und erkennt und auch danach gerecht richten wird, auch vor allen Menschen und Geschöpfen, dass wir für uns, die Unseren und für alle keiner Tätigkeit und vermeintlichem (Reichstags-)Abschied, wie wir vorher gesagt, in den erwähnten oder anderen Angelegenheiten, die gegen Gott, sein heiliges Wort, unser aller Seelenheil und gutes Gewissen, auch gegen den vorher zitierten Speyerer Reichstagsabschied vorgenommen, beschlossen und gemacht worden sind, zustimmen noch einwilligen, sondern (sie) aus den erwähnten und andren redlichen Gründen für nichtig und unverbindlich halten, so dass wir uns genötigt sehen, dagegen auch öffentlich (eine Schrift) ausgehen zu lassen und der römischen kaiserlichen Majestät, unserem allergnädigsten Herrn, in dieser Sache weiter gründlichen und wahrhaftigen Bericht zu erstatten, wie wir uns deswegen gestern nach gegebenem vermeintlichem Abschied alsbald durch unsere in Eile verfügte Protestation, die wir auch hiermit wiederholen, öffentlich vernehmen ließen und daneben erboten haben, dass wir uns nichtsdestoweniger – was auch das mittlerweile angekündigte, allgemeine und freie christliche Konzil oder Nationalversammlung mit Gottes Hilfe vermöge und der viel zitierte frühere Speyerische Reichstagsabschied beinhalte – gegen unsere Obrigkeiten wie auch bis und mit unseren Untertanen und Verwandten so verhalten, leben und regieren werden, wie wir es gegen den allmächtigen Gott und die römische kaiserliche Majestät zu verantworten hoffen und wagen.

Quelle: DRTA.JR VII,2, 1277,18-33; 1286,14-1287,12. – *Literatur*: J. Ney (Hg.), Die Appellation und Protestation der evangelischen Stände auf dem Reichstag zu Speyer, Leipzig 1906 (QGP 5) (= Darmstadt 1967); H.-J. Becker, Protestation, Protest, in: Zeitschrift für historische Forschung 5 (1978) 385-412; K. Schlaich, Die ›protestatio‹ beim Reichstag zu Speyer in verfassungsrechtlicher Sicht, in: ZevKR 25 (1980) 1-19; G. Schmidt, Art. Protestation von Speyer, in: TRE 27, 1997, 580-582; s. auch bei Text b.

b) Der Speyerer Reichstagsabschied

Was zunächst den Artikel vom Zwiespalt unseres heiligen christlichen Glaubens betrifft, konnte ... nichts Fruchtbareres oder Besseres zur christlichen Einigung und Beilegung dieses Irrtums gefunden oder bedacht werden, als ein freies allgemeines Konzil auf dem Gebiet der deutschen Nation (frei general concilium in teutscher nacion) abzuhalten ... ; (die Stände) ersuchen darum und erinnern deshalb daran, dass ihre kaiserliche Majestät als das oberste Haupt und Vogt der Christenheit in einem so schweren Fall und Anliegen der deutschen Nation, zumal die Angelegenheit keinen langen Verzug mehr aushalten kann, gnädig beherzigen, daran sein und fördern möge, dass so früh wie möglich, spätestens ungefähr in einem Jahr, ein freies christliches allgemeines Konzil ... ausgeschrieben und ... auf dem Gebiet deutscher Nation an den zuvor ... bestimmten Plätzen, wie zum Beispiel zu Metz, Köln, Mainz oder Straßburg oder an einem andren günstig gelegenen Tagungsort auf dem Gebiet eben dieser Nation gehalten werde, damit die deutsche Nation im heiligen christlichen Glauben vereinigt und der schwebende Zwiespalt erörtert werden möge.

Wenn aber zu der oben bestimmten Zeit das allgemeine Konzil aufgrund der Verhinderung der päpstlichen Heiligkeit oder aus einem anderen Grund nicht stattfinden sollte ... , dass dann ihre kaiserliche Majestät eine allgemeine Versammlung aller Stände deutscher Nation und anderer ... in Deutschland ausschreiben lasse und dass Ihre Majestät als das Haupt bei solcher Versammlung ... in eigener Person auch anwesend sein wolle...

Und nachdem in dem Abschied des jüngst hier zu Speyer gehaltenen Reichstags ein Artikel geschrieben steht mit dem Inhalt, dass sich Kurfürsten, Fürsten und Stände des Reiches und deren Gesandte einmütig verglichen und geeinigt haben, bis zur Zeit des Konzils mit ihren Untertanen in Sachen, die das Edikt ihrer kaiserlichen Majestät auf dem Reichstag zu Worms[4] betreffen, zu leben, zu regieren und zu halten, wie ein jeder vor Gott und ihrer Majestät zu verantworten hofft und wagt, dieser Artikel aber bei vielen weithin missverstanden und seither zur Entschuldigung von allerlei schrecklichen neuen Lehren und Sekten herangezogen und ausgelegt wurde, haben sich demgemäß, damit dies unterbunden und weiterer Abfall, Unfriede, Zwietracht und Schaden verhütet werden, Kurfürsten, Fürsten, Prälaten, Grafen und andere Stände entschlossen, dass diejenigen, die bei dem erwähnten kaiserlichen Edikt bis jetzt geblieben sind, nun künftig auch bei demselben Edikt bis zum künftigen Konzil verharren und ihre Untertanen dazu halten sollen und wollen; bei den anderen Ständen aber, bei denen die anderen Lehren entstanden und zum Teil ohne spürbaren Aufruhr, Beschwerde und Gefährdung nicht abgewendet werden können, soll doch künftig, soweit möglich und menschlich, jede weitere Neuerung bis zu dem kommenden Konzil verhütet werden.

Und insbesondere sollen einige Lehren und Sekten, soweit sie dem hochwürdigen Sakrament des wahren Leichnams und Blutes unseres Herrn Jesus Christus entgegen stehen, bei den Ständen des Heiligen Reiches Deutscher Nation nicht angenommen, noch künftig zu predigen gestattet oder zugelassen werden. Desgleichen sollen die Ämter der Heiligen Messe nicht abgetan werden und an den Orten, wo die andere Lehre entstanden ist und eingehalten wird, niemandem verboten werden, die Messe zu hören, auch niemand daran gehindert oder davon fortgedrängt werden.

Nachdem auch kürzlich eine neue Sekte der Wiedertaufe entstanden ist, die durch allgemeines Recht verboten und vor vielen hundert Jahren verdammt worden ist[5] ..., hat ihre Majestät ... eine rechtmäßige Konstitution, Satzung und Verordnung erlassen ..., dass alle Wiedertäufer und Wiedergetauften, Männer und Frauen, in verständigem Alter ohne vorhergehende Untersuchung durch die geistlichen Richter verurteilt und

je nach Person mit dem Feuer, Schwert oder dergleichen vom natürlichen Leben zum Tod gebracht werden...,
dass mit allen Predigern ... geredet ... werde, in ihren Predigten zu vermeiden, was Anlass geben könnte zur Erregung des einfachen Mannes gegen die Obrigkeit oder zur Verführung der Christenmenschen zum Irrtum, sondern vielmehr allein das heilige Evangelium nach Auslegung der Schriften – von der heiligen christlichen Kirche approbiert und angenommen – zu predigen und zu lehren, und auf die Behandlung strittiger Angelegenheiten zu verzichten und den Entscheid des genannten christlichen Konzils abzuwarten. Dazu sollen und wollen wir, Kurfürsten, Fürsten und Stände des Reichs bis zum Konzil in allen Druckereien und bei allen Buchhändlern ... Maßnahmen ergreifen, dass weiter nichts Neues gedruckt und insbesondere Schmähschriften weder öffentlich noch heimlich verfasst, gedruckt, feilgeboten oder ausgelegt werden; was ... weiter gedruckt oder feilgeboten wird, soll zuvor von jeder Obrigkeit ... besichtigt ... werden.

Quelle: DRTA.JR VII,2, 1299,3-23; 1141,36-1143,5; 1299,26-37; 1300,31-1301,2. – *Literatur:* J. Kühn, Die Geschichte des Speyerer Reichstages 1529, Leipzig 1929 (SVRG 146); W. Eger, Zum Protestationsreichstag zu Speyer im Jahre 1529, in: BPfKG 46 (1979) 177-189; I. Höss, Der Reichstag zu Speyer 1529 – Teilnahme, Verhandlungspunkte, Ergebnisse, in: Das Wappenbuch des Reichsherolds Caspar Sturm, bearb. v. J. Arndt, Neustadt a. d. Aisch 1984, 139-150; A. Kohnle, Reichstag und Reformation. Kaiserliche und ständische Religionspolitik von den Anfängen der Causa Lutheri bis zum Nürnberger Religionsfrieden, Gütersloh 2001 (QFRG 72), 365-375.

[1] *Gemeint ist der Bruder des Kaisers, König Ferdinand (seit 1526 König von Ungarn und Böhmen, ab 1530 ›römischer‹, d.h. deutscher König), der auf dem Reichstag die Stelle des abwesenden Kaisers einnahm.*
[2] *Nämlich der Forderung des Kaisers, die Bestimmung des früheren Reichstages von Speyer 1526 (s. Nr. 34) aufzuheben.*
[3] *Eine erste schriftliche Darlegung erfolgte am 12. April, die zweite Beschwerde am 19. April, die dritte nun am 20. April schriftlich an König Ferdinand, der sie jedoch zurück sandte.*
[4] *S. Text Nr. 21 c).*
[5] *Codex Iustinianus I,6,1-3 (Corpus iuris civilis, hg. v. P. Krüger u. Th. Momssen. Bd. 2, Berlin 1884, 60).*

38. Ausstrahlung der Reformation im Norden: Bugenhagens Hamburger Kirchenordnung (1529)

Hatten den eigentlichen Nährboden der Reformation neben den Territorien Hessen und Sachsen vor allem die oberdeutschen Reichsstädte dargestellt, so drangen von Wittenberg aus zunehmend auch reformatorische Ideen in den Norden und damit auch in den Raum der selbstbewussten Hansestädte vor. Eine maßgebliche Rolle hierbei spielte Johannes Bugenhagen (1485-1558), der »Dr. Pomeranus«, seit 1523 Stadtpfarrer in Wittenberg. Er verfasste zahlreiche Kirchenordnungen (1528 Braunschweig, 1531 Lübeck, 1534 Pommern, 1537 Dänemark, 1542 Holstein, 1543 Braunschweig-Wolfenbüttel und 1544 Hildesheim), unter anderem 1529, in Anknüpfung an eine zwei Jahre ältere Gemeindeordnung, die von Hamburg; der Reichs- und Hansestadt unter dänischem Einfluss war er schon lange verbunden gewesen: 1524 war seine Berufung an die Kirche St. Nikolai noch am Einspruch des Rates gescheitert – nun erteilt ihm eben dieser den Auftrag, eine Kirchenordnung zu erstellen, die die Interessen lutherischer Theologie mit den für eine Stadt unabdingbaren disziplinarischen Forderungen verband.

Mit dieser Ordnung wird Folgendes verfügt: eine gute Schule für die Jugend und gute Prediger des Wortes Gottes für uns alle, dazu, wie es billig und christlich ist, die Besoldung der Arbeitenden; außerdem die Versorgung der Armen. Auch wurden lateinische Vorlesungen aus der Heiligen Schrift angeordnet, und welcher gottesdienstliche Brauch und welche christlichen Zeremonien bei uns nach Gottes Wort, der Jugend und dem Volke zur Besserung, gehalten werden sollen. [Das alles soll solange gelten,] bis ein christliches Concilium eine andere Weise aus Gottes Wort vorschlägt. Was wider und ohne Gottes Wort ist, das soll ferne von den Christen sein. Was man aber predigt oder wie man taufen oder das Sakrament des Leibes und Blutes Christi geben und nehmen soll, dazu bedürfen die Christen keines Conciliums. Es ist im Concilium der Heiligen Dreifaltigkeit von Ewigkeit her beschlossen und durch Christus und seine Apostel uns befohlen und gelehrt. Gott verleihe uns seine Gnade durch Jesum Christum, unseren Herrn. Amen.

Vom Lektorium

Für die Gelehrten soll ein Lektorium für mancherlei lateinische Vorlesungen eingerichtet werden, wie unten beschrieben...

Es ist auch zu Ehr und Frommen dieser Stadt für gut angesehen, dass man zwei Juristen, jeweils dreimal in der Woche, lesen lasse, den einen über die Institutiones imperiales, den anderen über den Codex iuris civilis[1], was ihnen davon am nützlichsten erscheint, und dass jeder für diese Tätigkeit jährlich einhundert Mark erhalte. Auch diese sollten freie Wohnung haben, wenn sie noch keine haben. Diese zwei Juristen kann man auch sonst gut brauchen, wenn ein Ehrbarer Rat und die Stadt ihrer bedarf. Diese sollen vom Rat und den verordneten Diakonen angenommen werden.

Ebenso ist es für diese gute Stadt wegen ihrer Größe dringend notwendig, dass man einen Medicus oder Physicus[2] anstelle, und zwar den besten und erfahrensten Gelehrten, den man bekommen kann. Auch dieser soll dreimal in der Woche vor denen, die daran interessiert sind, Vorlesungen halten und den armen, bei bezahlter Apotheke, ohne Honorarforderung, ärztliche Hilfe gewähren. Er wird vom Rat besoldet. Auch dieser soll freie Wohnung haben, wenn er nicht hier bereits eine Unterkunft besitzt. Was er mehr braucht, wird ihm seine praktische Betätigung (practica) bei denen, die bezahlen können, sicher reichlich einbringen. Dieser soll sich dem Ehrbaren Rat und den Diakonen gegenüber unter Zusage verpflichten, dass er die Kranken gewissenhaft nach seiner ärztlichen Kenntnis und Erkenntnis behandeln werde...

In diesem Lektorium sollen auch die Hauptvorlesungen aus der Heiligen Schrift durch den Superintendenten und seinen Adjutor stattfinden. Jeder soll viermal in der Woche lesen, der eine morgens, der andere abends, über solche Themen, die sie für nützlich halten, zur Besserung des Hörers und nicht zum Ruhme des Lesenden. Damit auf diese Weise die Heilige Schrift oder das Wort Gottes bei uns und in uns wohne, wie Paulus Kol 3(,16) sagt...

Falls auch einige Pastoren oder Kapläne fähig wären, lateinische Vorlesungen jede Woche ein- oder zweimal oder zu bestimmten Festen aus der Heiligen Schrift lateinische oratio oder exhortatio zu halten – nicht jedermann, auch nicht Pastoren, ist solches gegeben –, so soll auch dies ohne Hinderung der ordentlichen Vorlesungen geschehen...

Vom Banne

Im offenkundigen Ehebruch Lebende, Huren, Herumtreiber, tägliche Trunkenbolde, Gotteslästerer und andre, die in einem Schandleben und frevelnder Gesetzeslosigkeit gegen andere Leute handeln, sollen zunächst ernstlich durch einen oder zwei ihrer Prediger ein- oder zweimal ermahnt werden, dass sie sich bessern. Wollen sie nicht,

so halte man sie für Unchristen und verdammte Leute, wie Christus uns lehrt und das Urteil spricht Mt 18(,15ff.). Darum lasse man sie nicht zum Sakrament gehen, zu größerer Verdammnis, bis sie sich offenkundig bessern, weil sie offenkundig gesündigt haben. Zur Predigt können sie jedoch gehen. Auch soll man sie ermahnen, dass sie Gott fürchten und dies Urteil der Prediger im Namen der Gemeinde, das aus Gottes Wort geschieht, nicht verachten, damit sie Gottes Gericht nicht noch mehr auf sich laden, denn ihr eigenes Gewissen sowie Gottes Gebot und Urteil ist wider sie.
Besseren Bann können wir zur Zeit noch nicht verhängen. Christus hat uns auch nicht mehr aufgetragen. Er sagt: »Haltet ihn für einen Heiden und verdammten Menschen« (Mt 18,17b). Darüber hinaus kann man ihn jedoch dulden und soll ihn auch dulden in Nachbarschaft und Bürgerschaft, in weltlichen Ordnungen zum allgemeinen Frieden. Also so, dass die Christen wissen, dass sie bei solch alltäglichen Begebenheiten, bei denen sie ihn weder meiden können noch sollen, mit ihm umgehen wie mit einem Mitbürger, aber nicht mit einem Christen...
Was weiter zu richten ist, steht den Predigern nicht zu, sondern speziell unserer Obrigkeit...

Welche Armen aus dem Kasten versorgt werden sollen
Aus diesem Armenkasten[3] sollen alle wirklich Armen versorgt werden. Das sind als erste die Hausarmen[4]. Ebenso die Handwerker und Arbeiter, die das Ihre nicht versaufen, verkommen lassen oder unnütz verbringen, sondern fleißig arbeiten, in aller Ehrbarkeit und Redlichkeit leben und doch dabei Unglück haben, so dass sie ohne eigene Schuld Not leiden. Ebenso jene, die durch Krankheit oder körperliche Gebrechen erwerbsunfähig sind. Ebenfalls Witwen und Waisen, die nichts haben und sich nichts erarbeiten oder erwerben können und auch sonst keine Verwandten haben, die sich aus Pflicht oder freiwillig ihrer annehmen, sofern sie ein ehrbares Leben führen und nicht lasterhaft leben, wie Paulus 1Tim 5(,4ff.) von den Witwen schreibt. Sind sie jung, so verhelfe man ihnen, um Gottes willen, dass sie wieder Ehemänner bekommen, wie Paulus es ebendort haben will. Desgleichen verarmte junge Frauen und ordentliche Dienstmägde, die einen guten Ruf haben, deren sich aber niemand annimmt, sondern die von allen verlassen sind. Ebenso jene, die eine Zeitlang bei uns gedient haben, so dass sie sich als bewährt und rechtschaffen erwiesen haben, und um Gottes willen bitten, dass man ihnen zum Erlernen eines Handwerks behilflich sein soll, um bei uns einem ordentlichen Beruf nachzugehen. Ebenso jene, denen man dazu verhelfen kann, dass sie von ihrer Krankheit genesen, sonst aber aus Armut verkommen müssten. Diesen und Ähnlichen helfen wir aus der Not. Diese Werke sind keine Heuchelei, sondern ... die ernsthaften, rechten guten Werke...
Die Namen der Armen, die man eine Zeitlang oder ständig versorgen muss, sollen in eine Liste eingetragen werden. Bei ihnen soll man besonders darauf achten, dass sie ehrbar leben...
Rechtschaffene Handwerker, die ohne eigenes Verschulden mit Frau und Kindern Not leiden, soll man mit Vorschuss helfen, der nach bestimmter Frist ohne Aufgeld oder Gewinn zu erstatten ist. Die Diakone sollen hierbei Vernunft gebrauchen, dass sie den Armen nicht unklugerweise Schaden tun durch Maßlosigkeit der Ausgabe. Zuletzt soll aber doch die christliche Liebe den Ton angeben. Fremde Bettler und andere, die arbeiten können oder sonst keine Not leiden, sollen mit ihrem Betteln hier nicht geduldet werden. Jedoch für die, die bei uns krank werden, auch wenn es Fremde sind, wollen wir dasselbe tun wie für die, die bei uns gewohnt oder gedient haben. Denn so sehen wir sie an, dass Gott selber sie uns in ihrer Notlage zum Versorgen zuweist.
Erhielte aber zu Zeiten ein durchreisender Bedürftiger aus unserem allgemeinen Gut eine Gabe, sei es nun Geld, Hosen oder Schuhe, vor allem durch Fürsprache recht-

schaffener Bürger oder der Prediger, so soll es so genau nicht genommen werden, allerdings ohne Schmälerung unserer Armen...

Wenn jemand – Mann, Frau, Knecht, Magd – aus nachweisbarer Not um Gottes willen bittet und ihm lebenslang Unterstützung aus dem allgemeinen Gut zugesagt wird, soll dieser Kasten sogleich deren ganzes Hab und Gut, beweglich und unbeweglich übernehmen als Zuschuss zum Unterhalt und, falls nach dem Tode des Betreffenden etwas übrig bleibt, für immer behalten.

Auf die Mönche, die bei uns bleiben, weil sie alt, krank oder sonst untauglich sind, soll man achtgeben, dass sie zuchtvoll leben, zu bösem Gerücht keinen Anlass geben, und man sorge für ihren zeitlichen Unterhalt...

Wir sollen ja die Not dieser nun von allen verlassenen Leute gerecht und gründlich bedenken; das verlangt unser Evangelium und die rechte christliche Liebe, sofern sie ihr Leben redlich und ordentlich, wie sie es schuldig sind, führen wollen. Was sie glauben oder nicht glauben, das muss man alles Gott anheim stellen, der hat darüber Macht; nur dürfen sie nicht bei anderen Leuten unserem Evangelium und der Gnadenpredigt in Christo hinderlich sein.

Quelle: E. Sehling (Hg.), Die evangelischen Kirchenordnungen des XVI. Jahrhunderts. Bd. 5, Leipzig 1913 (= Aalen 1979), 495.499.509.534f. *Übers.:* Johannes Bugenhagen, Der Ehrbaren Stadt Hamburg Christliche Ordnung 1529, hg. v. H. Wenn, Hamburg ²1991, 37.55-59.105.223-229. – *Literatur:* K. Stoll (Hg.), Kirchenreform als Gottesdienst. Der Reformator Johannes Bugenhagen. 1485-1558, Hannover 1985; R. Postel, Die Reformation in Hamburg. 1517-1528, Gütersloh 1986 (QFRG 52); E. Volk, Johannes Bugenhagen. Der Reformator im Norden, Hamburg 1999; H.-G. Leder, Johannes Bugenhagen Pomeranus – vom Reformer zum Reformator. Studien zur Biographie, hg. v. V. Gummelt, Frankfurt/M. 2002 (Greifswalder Theologische Forschungen 4).

[1] *Die Institutiones und der Codex Iustinianus, der gelegentlich auch als Codex iuris civilis bezeichnet wurde, sind Teile der grundlegenden römisch-rechtlichen (im Unterschied zur kirchenrechtlichen) Rechtssammlung des Mittelalters: des unter Kaiser Justinian (527-565) geschaffenen Corpus iuris civilis.*

[2] *Beides bedeutet Arzt.*

[3] *Der vorangehende Abschnitt regelt die Einführung eines gemeinen Kastens.*

[4] *»Hausarme« sind in Ehren in Armut geratene Leute, die im Gegensatz zu Landstreichern sesshaft sind.*

DER ABENDMAHLSSTREIT

39. Cornelisz Hendricxz Hoen, Die signifikative Deutung des Abendmahls (veröffentlicht August/ September 1525)

Schon mit Karlstadts Überlegungen hatte sich gezeigt, dass zwar im reformatorischen Lager Einigkeit bestand, dass die Deutung der Messe als Opfer nicht beizubehalten und die Transsubstantiationslehre des Vierten Laterankonzils (s. Bd. II Nr. 40 a]) abzulehnen sei – welche Lehre über den Bezug zwischen den Abendmahlselementen und Jesus Christus an ihre Stelle treten sollte, war nicht mit dieser Einhelligkeit geklärt, zumal Luther selbst die Realpräsenz nie bestritten, aber in den ersten Jahren auch nicht sonderlich forciert hatte. Neuen Schwung bekam die Diskussion, als vermutlich Martin Bucer (und nicht, wie früher vermutet, Huldrych Zwingli), 1525 anonym einen Brief veröffentlichte, den der holländische Rechtsanwalt Cornelisz Hendricxz Hoen († 1524) kurz vor seinem Tode verfasst hatte und der eine signifikative Bedeutung des Abendmahls vertrat, indem er das »est« der Einsetzungsworte (»Hoc est corpus meum«: »Dies ist mein Leib«) im Sinne eines »significat«, »bedeutet«, deutete.

Unser Herr Jesus Christus, der vielfach den Seinen Vergebung der Sünden versprach und im letzten Mahl die inneren Sinne der Seinigen (suorum animi) festigen wollte, hat seinem Versprechen ein Unterpfand (pignus) beigefügt, damit sie in gar keiner Weise ins Wanken gerieten. Das ist so wie bei dem Bräutigam, der seiner Braut Gewissheit geben will, dass sie keinen Zweifel hegt, und ihr einen Ring gibt mit den Worten: »Nimm hin, ich gebe dir mich selbst«. Dann glaubt jene, indem sie den Ring nimmt, dass der Bräutigam der Ihre sei, und sie wendet ihr Herz von allen Liebhabern ab und denkt nur noch, wie sie ihrem Gatten gefalle. Gleichermaßen muss jeder, der das Abendmahl (eucharistia) als ein Unterpfand seines Bräutigams empfängt, welcher bezeugt, dass Er sich selbst gibt, fest glauben, dass Christus schon der Seine sei, der für ihn gegeben ist, und dass sein Blut für ihn vergossen ist. Deshalb wird er sich von allem abwenden, was er zuvor zu lieben pflegte, und wird allein an Christus hängen, indem er sich immer danach richtet, was ihm gefällt; für sich aber wird er nichts mehr bedürfen, sondern wird alle Sorge auf Christus werfen (1 Petr 5,7), von dem er glaubt, dass er der Seine sei und dass Er allein reichlich genug sei für ihn zu allen Dingen. Das ist wahrhaftig »Christus essen« und »sein Blut trinken«, wie der Heiland sagt Joh 6(,57): »Wer mein Fleisch isst und mein Blut trinkt, der bleibt in mir und ich in ihm.« Die aber ohne diesen Glauben das Abendmahl empfangen, scheinen eher das Manna der Juden als Christus zu essen.
Dieses höchst lebendigen Glaubens scheinen sich die römischen Scholastiker freilich nicht erinnert zu haben, sondern sie meinten, dass es genüge, irgendeinen anderen toten Glauben lehramtlich festzulegen, indem sie behaupteten, dass das Brot nach der Weihe der wahrhaftige Leib Christi sei, und indem sie viele subtile Details darlegten, wie das geschehe, die aber in keinen Schriften belegt sind. Aber es ist offensichtlich, dass jener Glaube nicht zu rechtfertigen vermag, welcher ein Tatsachenglaube[1] ist (Sed fides illa, cum historica sit, clarum est, quod iustificari non possit)...
Auch Paulus widerspricht (dieser Deutung) in 1 Kor 10(,16) nicht; denn wenn er auch sagt: »Ist nicht das Brot, das wir brechen, Teilhabe am Leib des Herrn?«, so sagt er doch nicht: »Das Brot ist der Leib des Herrn«, so dass es an dieser Stelle beinahe mit Händen zu greifen ist, dass »ist« für »bedeutet« gesetzt wird, was noch offensichtlicher hervorgeht aus dem Vergleich, den er zwischen unserem Brot und dem, was den Götzen geopfert wird, zieht. Dieses verändert sich, so bezeugt er, in Wirklichkeit nicht, aber dennoch »sei« oder »bedeute« es eine Art von Gemeinschaft mit dem Teufel, dem es geopfert wird...
Wir wollen also unterscheiden zwischen dem Brot, das man mit dem Munde empfängt, und Christus, den wir durch Glauben empfangen; wenn also jemand nicht den Leib des Herrn unterscheidet, indem er meint, er empfange nichts anderes, als was er mit dem Munde empfängt, so wird er schuldig am Leib und Blut des Herrn und isst und trinkt sich das Gericht (1 Kor 11,28), weil er durch Essen und Trinken zeigt, dass Christus ihm nahe ist, er aber dennoch Christus fern ist durch Unglauben.

Quelle: CR 91, 512,10-29; 513,9-15; 517,37-518,3. – *Literatur:* A. Hyma, Hoen's Letter on the Eucharist and Its Influence upon Carlstadt, Bucer and Zwingli, in: PTR 24 (1926) 124-131; H. Rückert, Das Eindringen der Tropuslehre in die schweizerische Auffassung vom Abendmahl, in: ARG 37 (1940) 199-221 (= ders., Vorträge und Aufsätze zur historischen Theologie, Tübingen 1972, 146-164); Th. Kaufmann, Die Abendmahlstheologie der Straßburger Reformatoren bis 1528, Tübingen 1992 (BHTh 81); B.J. Spuryt, Wessel Gansfort and Cornelis Hoen's Epistola Christiana, in: F. Akkermann (Hg.), Wessel Gansfort (1419-1489) and Northern Humanism, Leiden 1993, 122-141.

[1] *Die fides historica, d.h. der Glaube an die Heilstatsachen, den auch Teufel und Dämonen haben können.*

40. Die Kontroverse zwischen Luther und Zwingli

Dass Zwingli das Deutungsangebot Hoens aufnahm, bildete den Auftakt für einen lang anhaltenden Streit zwischen ihm und Martin Luther: In zunehmender, auch persönlicher Schärfe legte dieser Konflikt nicht nur die Differenzen in der Abendmahls- und Sakramentendeutung selbst, sondern auch im Schriftgebrauch und in der Christologie offen. Für die altgläubige Seite schien der Streit zu bestätigen, dass die Reformation in sich uneins und damit von vornherein im Unrecht war.

a) Leib und Geist

1. Zwingli, Commentarius (1525)

Vor zwei Jahren habe ich in der 18. meiner 67 Thesen[1] über die Eucharistie geschrieben; ich schrieb damals vieles, das mehr den Zeitumständen als der Sache entsprach. Auch Christus kann ja den treuen Knecht seines Wortes, der zur rechten Zeit dem Gesinde seines Herrn die Speise vorsetzt, nicht genug loben, indem er voll Bewunderung spricht: »Wer« – d.h. wie groß und trefflich – »ist also der treue und kluge Knecht, dem der Herr sein Gesinde anvertraut hat, ihnen die Speise zur rechten Zeit zu geben?« Mt 24(,45). Ich habe mir darum vorgenommen, mein Leben lang das Wort in der Weise auszuteilen, dass ich meinem Herrn am meisten Frucht einbringen kann. Denn wer würde einen Knecht nicht fortjagen, der bei härtestem Winterfrost weiterhin das Erdreich mit dem Pflug aufbrechen und Samen ausstreuen würde? Das muss im Frühjahr geschehen!

So habe ich damals an die Schwachheit derjenigen, für welche ich schrieb, viele Zugeständnisse gemacht, aber alles in dem Bestreben, aufzubauen. Ich habe einmal etwas enthüllt, ein anderes Mal etwas verborgen, nach dem Vorbild Christi, der nach der Einsetzung der Eucharistie erklärte, er habe den Jüngern noch vieles zu sagen, aber sie vermöchten es jetzt nicht zu fassen (Joh 16,12f.)... Ich nehme also hier das dort Gesagte zurück (retractamus igitur hic, quae illic diximus) in dem Sinne, dass das, was ich jetzt im 42. Lebensjahr darbiete, vor dem, was ich mit 40 Jahren geschrieben habe, den Vorrang haben soll...

Den anderen aber, die so herausfahren: »Du scheinst mir der Ansicht zu sein, das körperliche Fleisch Christi und sein Blut seien auch nicht im Abendmahl gegenwärtig«, antworte ich so: Redest du das von dir selbst, oder haben es dir andere gesagt (vgl. Joh 18,34)? Bist du gläubig, so weißt du wohl, worin das Heil besteht, und dann vermag das Wort Gottes bei dir so viel, dass du dem körperlichen Fleisch nicht nachfragst. Haben aber andere dir gesagt, ich dächte so, so erwidere ich ihnen: Ich denke in dieser Sache so wie die Kirche Christi. Diese lässt die Frage gar nicht zu, ob der Leib Christi wirklich, körperlich oder wesenhaft (realiter, coporaliter aut essentialiter) im Sakrament der Eucharistie sei. Wenn du diese Weltelemente anführst, so wird sie dir diesen Schild entgegenhalten: »Das Fleisch hilft nichts« (Joh 6,63); warum disputierst du dann über das Fleisch? Und wenn du dann schreist: »O Himmel, o Erde!«, ja sogar: »Sterne und Meere!«, so werde ich nichts anderes sagen als: »Das Fleisch hilft nichts.« Warum bist du dann so neugierig? Es wäre besser, ängstlich besorgt zu sein.

Das soll also eine eherne Mauer sein: »Das Fleisch hilft nichts«. Geh jetzt und führe alle Waffen heran, Wurfmaschinen, Rammböcke, Schirmdächer und jede Art von Geschossen. Du wirst sie nicht umwerfen, ja nicht einmal erschüttern. Man muss also anders vom Fleisch und Blut dieses Sakramentes denken, als die Theologen bisher dekretiert haben, deren Ansicht jedes Empfinden, Denken, Verstehen, ja der Glaube selbst widerspricht.

Denn meiner Meinung nach sollte man nicht auf die hören, die zu sagen wagen: »Ich habe immer fest geglaubt, in diesem Sakrament den wesenhaften Leib oder das körperliche und den Sinnen zugängliche Fleisch Christi zu essen.« Als ob sie mit diesen Worten davon überzeugen könnten, dass jemand glaubt, etwas zu empfinden, was er nicht empfunden hat. Wenn sie also sagen: »Alles beruht auf dem Glauben, deshalb kann man nicht leugnen, man muss vielmehr fest glauben, dass wir das körperliche Fleisch mit den Sinnen aufnehmen«, so antworte ich: Ich weiß, was Glaube ist; ich weiß auch, was die Sinne sind (quid sit sensus). Wenn du es aber nicht weißt oder meinst, wir wüssten es nicht, so bemühst du dich, unsere Klarheit zu verdunkeln. Der Glaube besteht durch den Geist Gottes in unserem Herzen (Fides constat per spiritum dei in cordibus); wir spüren ihn: Denn er ist eine Umwandlung der Seele und insofern keine dunkle Sache, jedoch mit den Sinnen spüren wir ihn nicht...

Da nun der Glaube also nicht aus den Sinnen oder aus der Vernunft stammt und sich auch nicht auf sinnlich wahrnehmbare Dinge richtet, so ist leicht zu erkennen, worin der zweite Irrtum jener besteht. Der zweite Irrtum ist der: Sie beziehen den Glauben auf sinnlich wahrnehmbare Dinge und behaupten, er bringe durch deren Vermittlung Gewissheit zustande. Doch das ist überflüssig. Denn was mit den Sinnen erfasst wird, hat den Glauben nicht nötig. Denn was einer sieht, wozu soll er das erhoffen? Sinnlich wahrnehmbare Dinge sind nämlich die, die als zu den Sinnen gehörend empfunden werden.

Jetzt wollen wir sehen, wie gut das alles zusammenpasst. Erstens: Durch den Glauben glauben wir, dass das Fleisch Christi körperlich und sinnlich anwesend ist. Durch den Glauben glaubt man Dinge, die den Sinnen ganz fern liegen; alles Körperliche aber ist so sinnlich wahrnehmbar, dass es gar nicht körperlich ist, wenn es nicht sinnlich wahrgenommen wird. Glauben und mit den Sinnen wahrnehmen sind also verschiedene Dinge (Disparata igitur sunt: credere et sentire). Achte also darauf, welche Ungeheuerlichkeit in den Worten steckt: Ich glaube, dass ich sinnlich fassbares und körperliches Fleisch esse. Denn wenn es körperlich ist, bedarf es des Glaubens nicht; es wird ja sinnlich wahrgenommen.

Was aber sinnlich wahrgenommen wird, hat keinen Glauben nötig, denn durch die Sinne bekommen wir vollkommene sinnliche Gewissheit. Umgekehrt aber: Glaubst du zu essen, so kann das, was du glaubst, nicht mehr sinnlich oder körperlich sein. Du sprichst also eine reine Ungeheuerlichkeit aus. Ferner: Die Theologen haben hier etwas behauptet, was auch die Sinne nicht erfassen konnten, nämlich, dass das Brot Fleisch sei. Wäre das der Fall, so hätten die Sinne die Entscheidung und nicht der Glaube. Der Glaube bezieht sich nämlich nicht auf die Dinge, die den Sinnen zugehören, und befasst sich auch nicht mit ihnen.

Ich glaube ferner, dass auch diejenigen nicht angehört werden sollten, die erkennen, dass die eben erwähnte Meinung nichit bloß bäuerisch, sondern auch gottlos und unbegründet ist, und die darum so entscheiden: »Wir essen zwar das wahre und körperliche Fleisch Christi, aber auf geistige Weise«[2]. Denn sie sehen noch nicht, dass »Leib sein« und »auf geistige Weise gegessen werden« nicht zusammen bestehen können. Körper und Geist sind einander nämlich entgegen gesetzt; wählst du das eine, so ist das andere ausgeschlossen: ist die Rede vom Geist, so folgt nach dem sicheren

Gesetz des Gegensatzes, dass es sich nicht um einen Körper handeln kann; ist die Rede vom Körper, so ist jeder, der es hört, sicher, dass nicht der Geist gemeint ist. Daher heißt »körperliches Fleisch auf geistige Weise essen« nichts anderes als behaupten, dass das, was Körper ist, Geist sei.

Quelle: CR 90, 773,26-774,12.19-21; 785,27-786,14; 786,24-787,13. *Übers.:* Huldrych Zwingli, Schriften. Bd. 3, hg. v. Th. Brunnschweiler u. S. Lutz, Zürich 1995, 253f. 271-274. – *Literatur:* s. nach Text c) 2.

2. Luther, Wider die Schwarmgeister (1527)

Der Mund isst den Leib Christi leiblich, denn er kann die Worte weder fassen noch essen und weiß auch nicht, was er isst. Es schmeckt ihm so, als esse er etwas andres als Christi Leib. Aber das Herz fasst die Worte im Glauben und isst geistlich, was der Mund leiblich isst, denn das Herz erkennt wohl, was der unverständige Mensch isst. Woher hat das Herz diese Erkenntnis? Nicht vom Brot, nicht vom Essen mit dem Mund, sondern vom Wort, das da steht »Esset, das ist mein Leib«.

Es ist ein und derselbe Leib, den beide, Mund und Herz, essen, jedes auf seine Art und Weise. Das Herz kann den Leib nicht leiblich essen, der Mund kann ihn nicht geistlich essen. Gott richtet es aber so ein, dass der Mund für das Herz leiblich und das Herz für den Mund geistlich isst, und also alle beide von der einen Speise gesättigt und selig werden. Der unverständige Leib weiß zwar nicht, dass er gerade eine solche Speise isst, durch die er zum ewigen Leben kommen soll. Er spürt es nicht, sondern stirbt dahin und verfault, als hätte er eine ganz beliebige Speise gegessen, gleich wie ein unvernünftiges Tier. Aber die Seele sieht und versteht wohl, dass der Leib ewig leben muss, eben weil er eine ewige Speise zu sich nimmt, die ihn nicht verfault und verwest im Grab oder Staub lassen wird...

Unhaltbar ist damit die Schlussfolgerung Zwinglis: »Wird Christi Fleisch gegessen, so wird nichts denn Fleisch daraus«. Das stimmt, wenn man von Rindfleisch oder Saufleisch redet... Vielmehr gilt: »Wird Christi Fleisch gegessen, so wird nichts denn Geist daraus«; denn es ist ein geistlich Fleisch und lässt sich nicht verwandeln, sondern verwandelt selbst und gibt den Geist allen, die es essen. Weil denn der arme Madensack, unser Leib, die Hoffnung hat, von den Toten aufzuerstehen und ins ewige Leben einzugehen, so muss er eben geistlich werden und alles, was fleischlich an ihm ist, muss verdaut werden und vergehen.

Quelle: WA 23, 190,11-28; 204,6-14. - *Literatur:* s. nach Text c) 2.

b) Die Deutung der Einsetzungsworte

1. Die hermeneutische Grundlage von Zwinglis Tropuslehre

Selbst wenn wir unser Leben lang leugneten, dass in den Worten »Der Fels war Christus« eine übertragene Redeweise (tropus) verwendet sei, so erstreiten wir damit doch nichts anderes, als dass Christus ein natürlicher, steiniger Brocken (schrof) oder Fels sein soll: Denn kurz gesagt, heißt »petra« eigentlich »Fels«. Es ist so, wie wenn einer in Lk 15(,23) aus dem gemästeten Kalb Christus machen wollte, da er selbst es auf sich deutet (er selbs sich damit bedütet), und (der Vertreter dieser Deutung) wollte sagen: »Ja er ist das rechte Kalb, das für uns getötet wird«, und wollte aufgrund des Wortes »rechtes Kalb« schlechterdings seine Position nicht aufgeben, weil es für ihn

doch nichts anderes heißen sollte, als dass Christus durch das Kalb bedeutet wird. Wäre das nicht ein übler Grobian?
Denn auch wenn Christus spricht: »Mein Fleisch ist wahrlich eine Speise«, oder: »die rechte, gewisse Speise« (Joh 6,55), wird dennoch sein Fleisch und das Wort »Speise« tropisch oder metaphorisch (anderverstendig) genommen, nämlich »sein Fleisch« für seinen Tod und »Speise« für die Nahrung der Seele. Ebenso wird hier »Christus ist das rechte Kalb« genommen für: »Christus ist das rechte getötete Opfer, das durch jenes Kalb bedeutet wird«. Und dort: »Christus war der rechte Fels, der durch den wirklichen Felsen bedeutet wird«. Sobald wir nun erkennen, dass Christus nicht ein wesenhafter Stein ist, so ist sofort der tropus, das ist: die Metapher (andervestand), da. Aber Luther spricht[3]: »Man weiß wohl, wie Christus ein Fels ist; er ist der geistliche Fels; denn es steht vorher: ›Sie tranken alle von dem geistlichen Felsen‹ (1 Kor 10,4). Da sieht man wohl, dass er nur ein geistlicher Fels genannt wird.« Dafür sag ich ihm (Luther) Dank, dass er den Pelz (balg) wiederbringt wie der Fuchs. Also, höre ich, muss man noch einmal die tropischen Worte: »Der Fels aber war Christus« durch die damit verbundenen Worte, die voranstehen, auslegen und verständlich machen; und es ziemt mir nicht, aus Christus einen Stein zu machen, ohne zu hören, was davor stand. So gehe nun auch in Gottes Namen hin, lieber Luther, und lerne die Worte: »Das ist mein Leib« durch die nachfolgenden Worte verstehen; denn es liegt nicht daran, ob die Worte, durch die wir den Sinn verstehen, vorher oder nachher stehen, da wir doch (sogar) durch die ganze Schrift hindurch Bedeutungsmöglichkeiten gegeneinander halten müssen, auch wenn sie nicht beieinander stehen. Wenn man sagt: »Johannes ist Elia« (Mt 11,13f.), ist (es) ein Tropus; wenn man aber sagt: »Er ist Elia gleich«, oder: »unter dem Namen des Elias bedeutet« oder »benannt«, so ist die übertragene Redeweise aufgelöst und klar gemacht. Und wenn Paulus sagt: »Der Fels aber war Christus« (1 Kor 10,4), ist es eine übertragene Redeweise, und wenn er davor spricht: »Sie tranken alle vom geistlichen Felsen«, wird die übertragene Redeweise richtig durchgehalten. Ebenso ist es, wenn wir nur sagen: »Das ist mein Leib«, ein Tropus, den wir verstehen lernen mit den nachfolgenden Worten: »Der für euch gegeben ist«.

Quelle: CR 92,867,3-868,17. – *Literatur:* s. nach Text c) 2.

2. Luther, Vom Abendmahl Christi. Bekenntnis (1528): die Lehre von der Synekdoche

Ich zeige auf den Menschen Christus und spreche: »Das ist Gottes Sohn« oder: »Dieser Mensch ist Gottes Sohn«. Da ist es nicht nötig, dass die Menschheit vergehe oder zunichte werde, damit das Wörtlein »das« auf Gott hinweise und nicht auf den Menschen, wie die Sophisten[4] in Bezug auf das Sakrament vom Brot erdichten, sondern die Menschheit muss bleiben. Dennoch sind Mensch und Gott viel unterschiedlicher und ferner voneinander als Brot und Leib, Feuer und Holz oder Ochs und Esel. Wer bewirkt es hier, dass zwei so unterschiedliche Naturen ein Wesen werden und die eine für die andere angesprochen wird (eine die ander gesprochen wird)? Zweifellos nicht die wesenhafte Einigung der Naturen (...), sondern die persönliche Einigung...
Darum ist es völlig richtig gesprochen, dass man auf das Brot zeigt und sagt: »Das ist Christi Leib«, und wer das Brot sieht, der sieht den Leib Christi... Ebenso ist es weiter richtig gesprochen: »Wer dieses Brot anfasst, der fasst Christi Leib an. Und wer dieses Brot isst, der isst Christi Leib; wer dieses Brot mit Zähnen oder Zungen zerdrückt, der zerdrückt mit Zähnen oder Zungen den Leib Christi«, und es bleibt

doch in jeder Hinsicht wahr, dass niemand Christi Leib sieht, anfasst, isst oder zerbeißt, wie man anderes Fleisch sichtbar sieht und zerbeißt. Denn was man mit dem Brot tut, wird um der sakramentalen Einheit willen zu Recht dem Leib Christi zugerechnet. Darum ist es Unrecht, dass die Schwärmer und auch die Glosse zum geistlichen Recht[5] den Papst Nikolaus[6] tadeln, weil er den Berengar[7] zu einem Bekenntnis gezwungen hat, das besagt, er zerdrücke und zerreibe mit seinen Zähnen den wahrhaftigen Leib Christi. Wollte Gott, alle Päpste hätten in allen Dingen so christlich gehandelt, wie es dieser Papst mit diesem Bekenntnis im Falle Berengars getan hat...

Die Logik lehrt zu Recht, dass Brot und Leib, ..., Gott und Mensch unterschiedliche Naturen sind. Aber sie sollte zuvor auch die Grammatik als Hilfe anhören, die in allen Sprachen lehrt, so zu reden, dass wenn zwei unterschiedliche Wesen zu einem Wesen zusammenkommen, diese beiden Wesen auch in einem Ausdruck (rede) zusammengefasst werden können. Und insofern sie auf die Einigung beider Wesen blickt, redet sie auch von beiden mit einem Ausdruck. So ist in Christus Gott und Mensch ein persönliches Wesen, darum redet sie von den beiden Wesen so: »Der ist Gott, der ist Mensch« ... (ebenso:) »Das ist Brot, das ist mein Leib«...

Diese Art, von unterschiedlichen Wesen als von einem zu reden, nennen die Grammatiker Synekdoche. Und das ist ganz verbreitet, nicht allein in der Schrift, sondern auch in allen Sprachen. So sage ich auch, wenn ich einen Sack oder Beutel zeige oder übergebe: »Das sind hundert Gulden«, und dabei richten sich das Zeigen und das Wörtlein »das« auf den Beutel. Aber weil der Beutel und die Gulden in gewisser Weise ein Wesen sind, wie ein Klumpen, so trifft es zugleich auch die Gulden. Auf dieselbe Weise greife ich nach einem Fass und sage: »Das ist Rheinischer Wein, das ist Welscher Wein, das ist roter Wein«.

Quelle: WA 26,440,34-441,1; 442,29-443,3.12-21; 444,1-8. – *Literatur:* s. nach Text c) 2.

c) Die christologische Dimension

1. Zwingli, Eine klare Unterrichtung vom Nachtmahl Christi (1526)

In Christus sind zwei unterschiedliche Naturen, die göttliche und die menschliche: Beide sind aber ein Christus. Seiner göttlichen Natur nach hat Christus die Rechte des Vaters nie verlassen, ist er doch ein Gott mit dem Vater. Darum spricht er auch: »Ich und der Vater sind eins«, Joh 10(,30), und: »Niemand steigt zum Himmel als des Menschen Sohn, der im Himmel ist«, Joh 3(,13). In seiner göttlichen Natur hat Christus also nie zum Himmel zu fahren brauchen, denn dort ist er immer schon... Die andere Natur Christi ist die menschliche, die hat er um unseretwillen im ewig reinen Leib Mariens angenommen, aufgrund der Empfängnis und Befruchtung durch den Heiligen Geist. Diese Natur hat Christus wahrhaftig in dieser Zeit herumgetragen und an sich gehabt. Gemäß dieser menschlichen Natur ist er an Leib und Geist erwachsen geworden (Lk 2,52); in ihr hat er gehungert und gedürstet, Frost, Hitze und andre Gebrechen ohne Sünde erlitten. Dieser Natur nach ist er ans Kreuz geschlagen worden und zum Himmel aufgefahren. Sie war ein Gast im Himmel, denn zuvor ist nie ein Fleisch dorthin gelangt. Wenn in Markus 16(,19) geschrieben steht, dass Christus zum Himmel gefahren ist und zur Rechten des Vaters sitzt, soll und muss dies von seiner menschlichen Natur verstanden werden, denn seinem göttlichen Wesen nach ist er immer schon ewig. Und wenn nun in Mt 28(,20) steht: »Ich bin bei euch bis ans Ende der Welt«, dann gilt das allein von der göttlichen Natur; denn als Gott ist Christus immer und mit besonderen Gnaden und Trost bei seinen Gläubigen. Wenn man, ohne

einen Unterschied zu machen, alles, was von der göttlichen Natur gesagt ist, auf die menschliche beziehen möchte, und umgekehrt alles, was nur den Menschen Christus betrifft, ohne Unterschied auf Gott bezieht, würde man die ganze Schrift und den Glauben völlig verwirren und verwüsten. Wie würde es sich ausnehmen, wenn wir (den Schrei Christi:) »Mein Gott, mein Gott, wie hast du mich verlassen?« (Mt 27,46) auf die göttliche Natur bezögen! ...
»Gott hat für uns gelitten«, diese Sprechweise ist immer wieder von Christen geduldet worden, sie stört auch mich nicht. (Sie besagt) nicht, dass die Gottheit leidet, sondern dass der, der in seiner menschlichen Natur gelitten hat, sowohl Gott als auch Mensch war... Die Heilige Schrift bedarf durchweg der Unterscheidung (gemäß den Naturen Christi). Da nun Christus zur Rechten Gottes sitzt und da auch bleiben wird, bis er am Jüngsten Tage wiederkommt, wie kann er dann hier auf Erden im Sakrament leiblich gegessen werden!

Quelle: CR 91,827,17-24; 828,3-24.30-33; 829,19-22. – *Literatur:* s. nach Text c) 2.

2. Luther, Vom Abendmahl Christi. Bekenntnis: Christi Allgegenwart (1528)

Weil unser Glaube besagt, dass Christus Gott und Mensch ist und die zwei Naturen eine Person sind, so dass diese Person nicht zertrennt werden kann, so kann er sich freilich auf leibliche, fassbare Weise zeigen, an welchem Ort er will; so hat er es nach der Auferstehung getan und wird es am Jüngsten Tage tun. Aber darüber hinaus kann er sich auch der unfassbaren Weise bedienen, wie uns das Evangelium beim Grab und der verschlossenen Tür (Joh 20,19) beweist. Da er aber ein solcher Mensch ist, der auf übernatürliche Weise eine Person mit Gott ist und außer diesem Menschen kein Gott ist, so muss folgen, dass er auch auf eine dritte übernatürliche Weise überall dort, wo Gott ist, ist und sein kann, und alles durch und durch vollständig Christus sei, auch nach der Menschheit, nicht auf die erste fassbare Weise, sondern auf übernatürliche göttliche Weise. Denn hier musst du stehen und sagen: Wo Christus nach der Gottheit ist, da ist er eine natürliche göttliche Person, und ist dort auch nach Natur und Person, wie seine Empfängnis im Mutterleibe beweist. Denn wenn er Gottes Sohn sein sollte, so musste er Natur und Person nach im Mutterleib sein und Mensch werden. Ist er nun der Natur und Person nach dort, wo er ist, so muss er dort auch Mensch sein, denn es sind nicht zwei getrennte Personen, sondern eine einzige Person. Wo sie ist, da ist die einzige ungetrennte Person, und wo du sagen kannst: »Hier ist Gott«, da musst du auch sagen: »Dann ist Christus der Mensch auch da. «

Quelle: WA 26,332,12-32. – *Literatur:* W. Köhler, Zwingli und Luther. Ihr Streit über das Abendmahl nach seinen politischen und religiösen Beziehungen. 2 Bde., Leipzig 1924. Gütersloh 1953 (QFRG 6f.); H. Gollwitzer, Zur Auslegung v. Joh. 6 bei Luther u. Zwingli: In Memoriam Ernst Lohmeyer, hg. v. Werner Schmauch, Stuttgart 1951, 143-168; E. Bizer, Studien zur Geschichte des Abendmahlsstreit im 16. Jahrhundert, Darmstadt ³1972; A. Peters, Realpräsenz. Luthers Zeugnis von Christi Gegenwart im Abendmahl, Berlin ²1966 (AGTL 5); Eberhard Grötzinger, Luther u. Zwingli. Die Kritik an der mittelalterlichen Lehre von der Messe als Wurzel des Abendmahlsstreits, 1980 (ÖTh 5); H. A. Oberman, Via Antiqua and Via moderna: Late Medieval Prolegomena to Early Reformation Thought, in: From Ockham to Wycliff, Oxford/ New York 1987. Hg. v. A. Hudson u. M. Wilks, 445-463; F. Miege, Sacramental Semeiosis. Fragmentary Reflections in Connection with a Semiotic Reconstruction of the Debate Between Luther and Zwingli Over the Lord's Supper, Duisburg 1997.

[1] *S.o. Text Nr. 26 b).*
[2] *Dies war etwa die Position Cajetans (s. Text Nr. 14 b]).*
[3] *Vgl. WA 23,101,35-103,4.*
[4] *D.h. die Scholastiker.*
[5] *Glosse zu De cons. D.2 c. 42 (Corpus Iuris Canonici, hg. v. E. Friedberg. Bd. 1, Leipzig 1879 [= Graz 1955]),1328f.).*
[6] *Nikolaus II. (1058-1061).*
[7] *Berengar von Tours (gest. 1088), s. Bd. 2, Nr. 33 a).*

41. Das Marburger Religionsgespräch

Der theologische Streit zwischen Luther und Zwingli um das Abendmahl bedeutete im Kontext einer wieder straffer auf die Rückführung reformatorischer Maßnahmen drängenden Reichspolitik, wie sie sich auf dem Speyerer Reichstag von 1529 manifestierte (s. Text Nr. 37), eine gewaltige Schwächung der evangelischen Seite: Sie präsentierte sich als uneins an einem zentralen Punkt der Heilsvermittlung. Konkret drohte sie in zwei Flügel, einen sächsisch-territorialen im Nordosten und einen reichsstädtischen im Südwesten, auseinanderzubrechen, da viele der städtischen Reformatoren auf Grundlage je unterschiedlicher Theologien eher mit Zwingli als mit Luther sympathisierten. Diese Gefahr suchte Philipp von Hessen zu unterbinden, indem er die streitenden Parteien zu einem Religionsgespräch auf sein Marburger Landgrafenschloss einlud. Es war die einzige persönliche Begegnung zwischen Zwingli und Luther, die, wie die Berichte des Lutherfreundes Andreas Osiander (1498-1552) und Zwinglis selbst bei allen perspektivisch bedingten Unterschieden deutlich spüren lassen, unfreundlich (Texte a,b) und trotz weitgehender Einigung in den meisten Glaubenspunkten letztlich ohne positives Ergebnis blieb (Text c). Neben den beiden waren unter anderem Melanchthon und Justus Jonas (1499-1555) aus Wittenberg, Johannes Oekolampad aus Basel (1482-1531), Martin Bucer (1491-1551) und Kaspar Hedio (vgl. Nr. 27 e]) aus Straßburg sowie Johannes Brenz (1499-1570) aus Hall beteiligt.

a) Der Bericht Andreas Osianders (Herbst 1529)

(Am Samstag, dem 2. Oktober 1529) hat Luther kurz vorgetragen, dass die andere Partei sich bemüht habe zu beweisen, dass die Worte Christi »Das ist mein Leib«, »Das ist mein Blut« (Mt 26,26) ein anderes Verständnis zulassen und haben müssen, als wir glauben und lehren. Und als sie das zugegeben haben, hat er, Luther, weiter gesagt, (den Beweis) wolle er von ihnen erwarten, es sei noch nicht geschehen. Er hoffe, es werde auch in Zukunft nicht geschehen, doch wolle er ihre Beweisführung anhören und, was er daran zu bemängeln habe, freundlich und kurz anzeigen. Und also hat er den Text »Das ist mein Leib« mit einer Kreide vor sich auf den Tisch geschrieben.
Darauf haben sich Zwingli und Oekolampad erboten, ihr Vorhaben mit heiliger, göttlicher Schrift und mit klaren Sprüchen der Väter zu beweisen... Also hat Zwingli angefangen und den Spruch Joh 6(,63): »Das Fleisch ist nichts nütze« herangezogen in der Meinung, damit zu beweisen: Weil das Fleisch Christi nichts nütze wäre, hätte es auch Christus nicht zu essen gegeben. Und als er zu seinen Gunsten das ganze Kapitel erzählen wollte ... , hat Luther wohl gemerkt, dass es ein langes ... Geschwätz werden würde, und dem Zwingli hinein geredet, ihn nehme wunder, dass er den Spruch vortrage, obwohl er doch wisse, dass Christus dort nicht vom Abendmahl rede, sondern vom Glauben, weshalb er für den gegenwärtigen Streit nichts austrage.

Darauf hat Zwingli geantwortet, es sei wahr, er wolle aber dennoch daraus beweisen, dass das Fleisch im Abendmahl nichts nütze sei. Es wundere ihn nicht, dass Luther jenes Wort nicht gern höre, denn es werde ihm (hat er mit großem Trotz und Pochen gesagt), dem Luther, noch den Hals brechen. Darauf hat Luther den Zwingli ... gebeten, er möge sich die stolzen und trotzigen Worte sparen, bis er heim zu seinen Schweizern käme; wenn nicht, so wüsste er ihm auch wohl über die Schnauze zu fahren ... , worauf Zwingli still wurde und sich zurückhielt.

Nachdem nun Zwingli den Spruch »Das Fleisch ist nichts nütze« auf seine Weise, wie er es auch in seinen Büchern getan hatte, vorgetragen hatte, gab Luther energisch ungefähr Folgendes zur Antwort: Zum Ersten, er stimme ihm gar nicht zu, dass Christus von seinem Fleisch rede, sondern von unserem sündlichen und fleischlichen Wesen, wie es sonst in der Schrift Brauch ist... Zum anderen, selbst wenn Christus von seinem eigenen Fleisch geredet hat, gestehe er doch nicht zu, dass deshalb recht zu folgern und zu schließen wäre: »Das Fleisch ist nichts nütze, also ist es im Abendmahl auch nicht präsent.« Anders könnte er gegen Zwingli auch den Schluss ziehen: »Das Brot ist nichts nütze, also ist es im Abendmahl nicht da.« ... Zwingli werde doch nun begreifen müssen, dass er nicht richtig schlussfolgere. Sondern das Wort, das Fleisch und Blut umfasst, ins Herrenmahl einsetzt und zu genießen befiehlt, dies Wort macht alles nütze, was sonst, ohne das hinzu tretende Wort unnütz wäre und auch bleibe, wenn man das Wort nicht beachtet noch glaubt etc. So ist mit diesem Spruch der halbe Tag zugebracht und nach allgemeinem Urteil durch Luther erstritten worden, auch bei der andren Partei, dass der Spruch nicht zur Sache diene und sie nichts damit beweisen können.

Nachmittags aber, als wir[1] auch dabei waren, trug Zwingli den Spruch vor, Hebr 4(,15)[2]: »Der versucht wurde, ist ganz wie wir, doch ohne Sünde«, und zog dazu Röm 8(,3) heran: »Er sandte seinen Sohn in der Gestalt des sündlichen Fleisches«, und Phil 2(,7): »Er hat die Gestalt eines Knechts angenommen, ist gleich geworden wie ein anderer Mensch und an Gebärden erfunden als ein Mensch« etc. Und er war der Meinung, daraus zu schließen, Christus sei uns in allen Dingen gleich geworden, nur die Sünde allein ausgeschlossen; unsere Leiber aber seien jeweils nur an einem Ort, darum müsse auch der Leib Christi an einem Ort allein sein und könne nicht an vielen Orten sein im Abendmahl.

Darauf antwortete Luther lachend: »Soll sich dann das Wörtlein ›Gleichheit‹ oder ›Gestalt‹ so weit erstrecken, dass es alles in sich schließe bis auf die Sünde allein, so ist es mir ein seltsames Ding; denn ich habe eine Frau; das ist keine Sünde; also muss Christus auch eine Frau gehabt haben etc. Doch sehe ich davon ab und sage dazu: ›Selbst wenn es wahr wäre, dass uns Christus in allen Dingen bis auf die Sünde allein gleich sein müsste, so gestehe ich doch das auch nicht zu, dass unsere Leiber eben an einem Ort allein sein müssen. Denn Gott ist allmächtig; er kann auch wohl einen Leib ohne eine Stätte erhalten... Er kann auch wohl einen Leib an mehr als einem Ort halten ... , wie er will‹«. Darauf bat er den Zwingli mit ernsten Worten, er solle nicht so kindisch von der göttlichen Majestät und Allmacht denken und reden. Denn Gott »rufe das, was nicht sei, dass es sei« (Röm 4,17).

Zwingli antwortete und bekannte, dass Gott dies wohl tun könne, wenn er wollte, er tue es aber nicht; das bewies er so: Die Heilige Schrift zeigt uns Christus immer an einem besonderen Ort, wie zum Beispiel in der Krippe ... , im Grab, zur Rechten des Vaters; darum meint er, er müsste immer an einem besonderen Ort sein. Dazu sagte ich, mit diesen Sprüchen könne man nicht mehr beweisen, als dass Christus zu einigen Zeiten an besonderen Orten gewesen sei; dass er aber immer und ewig an einem besonderen Ort oder einer abgemessenen Stätte wäre, ja sein müsste, und nicht ohne

Stätte oder an vielen Stätten in natürlicher oder übernatürlicher Weise sein könne, wie sie vorgeben, das werde mit diesen Schriften nimmermehr bewiesen.
Danach sagte Zwingli: »Ich habe bewiesen, dass Christus an einer Stätte gewesen ist; beweist nun ihr, dass er an gar keiner oder an vielen Stätten sei.« Luther antwortete: »Ihr habt euch am Anfang erboten, zu beweisen, dass es nicht so sein könne und unser Verständnis falsch sei. Das zu tun seid ihr schuldig und nicht (von uns) Beweisführung zu fordern; denn wir sind euch keine schuldig.« Zwingli sagte, es wäre eine Schande, dass wir einen so beschwerlichen (schwern) Artikel lehrten und verfochten und doch keine Schrift dazu zeigen könnten oder wollten. Da hob Luther die samtene Decke auf und zeigte ihm den Spruch: »Das ist mein Leib«, den er mit Kreide vor sich geschrieben hatte, und sprach: »Hier steht unsere Schrift; die habt ihr uns nicht entwunden, wie ihr euch erboten habt. Wir bedürfen keiner andern.«
Zwingli fragte, ob er sonst keine Schrift, Argumente oder Zeugnisse hätte als diese allein. Da antwortete Luther: »Ich habe noch andere, wie ihr hören werdet, wenn ihr mir vorher diese abgewinnt; denn was nötigte mich, dass ich ein gewisses Wort Gottes, das mir niemand abringen kann, selbst fahren ließe und mich nach einem anderen umsähe? Stürzt mir das um! Danach werdet ihr wohl hören, was ich weiter für Argumente habe.«
So viel Zeugnisse haben Zwingli und Oekolampad aus der Heiligen Schrift angeführt und nicht mehr; sie fuhren fort und wollten eifrig nach der Vernunft darlegen, wie ein Leib an vielen Orten oder an gar keinem Ort sein könnte. Das wollte ihnen Luther aber nicht gestatten; er sagte: »Vernunft, Philosophie und Mathematik gehören nicht hierher«...
Als man nun sah, dass sie sich im Hauptartikel vom Sakrament nicht helfen noch raten ließen, ließ der Fürst Philipp von Hessen uns danken... Danach sandte er zu einem nach dem anderen, fragte um Rat, Mittel und ob man nicht nachgeben könnte, und fand bei uns allen, wenn sie, der andere Teil bekennen wollten, dass der Leib Christi im Abendmahl wäre und nicht allein im Gedächtnis der Menschen, wollten wir ihnen alle anderen Fragen erlassen und auf nichts dringen, ob er leiblich oder geistlich, natürlich oder übernatürlich, an einer Stätte oder ohne Stätte präsent wäre, und sie so als Brüder wieder annehmen und alles tun, was ihnen lieb wäre. Aber – das ist sonderbar anzuhören – sie wollten nicht...

Quelle: Andreas Osiander d.Ä., Gesamtausgabe. Bd. 3: Schriften und Briefe 1528 bis April 1530, hg. v. G. Müller und G. Seebaß, Gütersloh 1979, 428,8-17; 429,4-433,11; 437,17-438,1; 438,5-12 – *Literatur:* s. nach Text c.

b) **Der Bericht Zwinglis** (Brief an Vadian vom 20. Oktober 1529)

Nachdem wir unter sicherem Geleit nach Marburg geführt waren und Luther mit seinen Begleitern angekommen war, ordnete der fürstliche Landgraf an, Oekolampad solle mit Luther und Melanchthon mit Zwingli getrennt, ohne jeden Schiedsrichter, die Auseinandersetzung versuchsweise beginnen, will sagen: Sie sollten gegenseitig erkunden, ob sich in ihren Lehren etwas finden ließe, das zu einem Friedensschluss beitragen könne. Dabei hat sich Luther den Oekolampad so vorgenommen, dass der bei mir im Vertrauen darüber klagte, er sei von neuem dem Eck[3] in die Hände gefallen. Aber das darfst du nur verschwiegenen Leuten weitersagen. Aber da Melanchthon überaus glatt wie ein Aal war und wie ein Proteus[4] alle möglichen Gestalten annahm, nötigte er mich, zur Feder zu greifen und sozusagen mit Salz meine Hand zu wappnen und zu trocknen, um so den Entschlüpfenden und sich in alle erdenklichen Flucht- und Schlupfwinkel Drückenden unerbittlich festzuhalten. Daher schicke ich dir die Kopie einer Niederschrift von einigen aus Hunderttausenden seiner Aussagen, doch unter der Bedingung, dass du sie nur verschwiegenen Leuten mitteilst, d.h. solchen, die daraus keine Fortsetzung der Tragödie anzetteln, denn auch Philipp selbst besitzt eine solche Kopie. Die Niederschrift stammt nämlich von mir, aber er hat alles durchgesehen, gelesen und einiges selbst diktiert. Wir jedoch wollen nicht die Einleitung einer neuen Tragödie bieten.

Dieses Gespräch dauerte bei Philipp und mir sechs, bei Luther und Oekolampad drei Stunden. Anderntags (2. Oktober) stiegen vor dem Landgrafen und einigen Schiedsrichtern – höchstens vierundzwanzig – Luther und Melanchthon, Oekolampad und Zwingli in die Arena; der Kampf zog sich über diese wie über drei weitere Sessionen hin. Denn im Ganzen waren es vier, in denen vor den Schiedsrichtern der Kampf glücklich verlief. Wir hielten Luther nämlich entgegen, dass er die dreimal leichtfertigen Sätze »Christus hat nach seiner göttlichen Natur gelitten« und «Christi Leib ist überall« und auch das Bibelwort »Das Fleisch ist nichts nütze« selbst in einem anderen Sinne, als er jetzt behaupte, ausgelegt habe. Aber liebenswürdig, wie er ist, gab er auf all das keine Antwort, außer dass er zu dem Satz »Das Fleisch ist nichts nütze« erklärte: »Du weißt doch, Zwingli, wie die Alten alle im Verlauf der Jahrhunderte und mit wachsender Urteilskraft die biblischen Texte immer wieder anders behandelt haben.« Er sagte: »Leiblich wird der Leib Christi in unseren Leib hinein gegessen, doch zugleich will ich mir die Möglichkeit vorbehalten, ob auch die Seele den Leib esse«, während er kurz vorher erklärt hatte: »Mit dem Munde wird der Leib Christi leiblich gegessen, die Seele isst ihn nicht leiblich.« Er sagte, der Leib Christi komme zustande durch diese Worte »Das ist mein Leib«, gleichgültig, was für ein Bösewicht es sei, der diese Worte spreche. Er gab zu, dass der Leib Christi begrenzt sei. Er gab zu, dass das Zeichen des Leibes Christi Eucharistie genannt werden könne. Wie er diese und ungezählte andere widersprüchliche, widersinnige und törichte Sätze so daherblökte, unermüdlich wie das Geplätscher am Strand, so wurde er doch von uns widerlegt, so dass sogar der Fürst selbst uns beistimmte, obwohl er das in der Öffentlichkeit vor gewissen anderen Fürstlichkeiten verschleierte. Der hessische Hof fiel so fast ganz von Luther ab. Der Fürst gestattete ausdrücklich, dass man unsere Bücher ungestraft lesen dürfe. Er duldete jetzt auch nicht mehr, dass die Pfarrer (episcopi[5]), die unserer Lehre beipflichten, abgesetzt werden. Johann von Sachsen[6] war nicht anwesend, aber Ulrich von Württemberg[7]. Zuletzt ging man auseinander nach der Annahme der Übereinkunft, die du demnächst gedruckt lesen kannst.

Die Wahrheit hat so offenkundig die Oberhand gewonnen, dass, wenn jemals einer unterlegen ist, Luther mit seiner Unverschämtheit und Schmähsucht vor aller Augen unterlegen ist, allerdings nur vor einem hell sehenden und gerechten Richter. Mag er unterdessen so laut schreien, wie er will, er sei unbesiegt geblieben usw. Auch den Gewinn haben wir davon getragen, dass, nachdem wir in den übrigen Lehren (dogmata) der christlichen Religion einig geworden sind, die Päpstler nicht länger hoffen können, Luther werde ihre Partei ergreifen.

*Quelle:*CR 97, 316,2-318,8 (Nr. 925). *Übers.:* Huldrych Zwingli, Ausgewählte Schriften, hg. v. E. Saxer, Neukirchen-Vluyn 1988, 126-128. – *Literatur:* s. nach Text c.

c) Die Marburger Artikel[8]

Auf diese Artikel haben sich die hier Unterschriebenen zu Marburg geeinigt am 3. Oktober 1529.

(1. Von der heiligen Dreifaltigkeit)

Zuerst, dass wir auf beiden Seiten einträchtig glauben und halten, dass allein ein einziger, rechter, natürlicher Gott ist, Schöpfer aller Kreaturen, und derselbe Gott einig im Wesen und Natur und dreifaltig in den Personen, nämlich Vater, Sohn, Heiliger Geist etc., ganz wie im Konzil von Nizäa beschlossen und im nizänischen Symbol[9] von der ganzen christlichen Kirche in der Welt gesungen und gelesen wird.

(2. Vom Sohne Gottes, unserem Herrn Jesus Christus)

Zum anderen glauben wir, dass nicht der Vater noch der Heilige Geist, sondern der Sohn Gottes des Vaters, rechter natürlicher Gott, Mensch geworden ist durch Wirkung des Heiligen Geistes, ohne Zutun männlichen Samens, geboren von der reinen Jungfrau Maria, leiblich vollkommen mit Leib und Seele wie ein anderer Mensch, doch ohne jegliche Sünde etc. (Hebr 4,15).

(3. Vom Heilswerk Christi)

Zum Dritten, dass derselbe Gottes und Mariens Sohn Jesus Christus in unzertrennter Person für uns gekreuzigt, gestorben und begraben sei, auferstanden von den Toten, aufgefahren in den Himmel, sitzend zur Rechten Gottes, Herr über alle Kreaturen, und kommen wird zu richten die Lebenden und die Toten etc.

(4. Von der Erbsünde)

Zum Vierten glauben wir, dass die Erbsünde uns von Adam angeboren und ererbt ist, und zwar so, dass sie alle Menschen verdammt. Wenn uns Jesus Christus nicht zu Hilfe gekommen wäre mit seinem Tod und Leben, hätten wir ewiglich dran sterben müssen und nicht zu Gottes Reich und Seligkeit kommen können.

(5. Von der Erlösung)

Zum Fünften glauben wir, dass wir von solcher Sünde und allen anderen Sünden samt dem ewigen Tod erlöst werden, wenn wir an den Sohn Gottes Jesus Christus glauben, der für uns gestorben ist etc., und außer solchem Glauben durch keine Werke, Stand oder Orden etc. von irgendeiner Sünde befreit (los) werden können etc.

(6. Vom Glauben)

Zum Sechsten, dass solcher Glaube eine Gabe Gottes sei, den wir mit keinen vorhergehenden Werken oder Verdienst erwerben, noch aus eigener Kraft schaffen können, sondern der Heilige Geist gibt und schafft, wo er will, denselben in unsere Herzen, wenn wir das Evangelium oder Wort Christi hören.

(7. Von christlicher Gerechtigkeit)

Zum Siebenten, dass solcher Glaube unsere Gerechtigkeit vor Gott ist, um dessen willen uns Gott als gerecht, fromm und heilig erachtet (rechnet und hält), ohne alle Werke und Verdienste, und dadurch von Sünden, Tod und Hölle hilft, zu Gnaden annimmt und selig macht um seines Sohnes willen, an den wir so glauben und dadurch seines Sohnes Gerechtigkeit, Leben und alle Güter genießen und ihrer teilhaftig werden. Darum wird gänzlich abgelehnt, dass Klosterleben und Gelübde zur Gerechtigkeit nützlich seien.

(8.) Vom äußerlichen Wort

Zum Achten, dass der Heilige Geist, wenn man es genau benennt, niemandem solchen Glauben oder seine Gabe ohne vorhergehende Predigt oder mündliches Wort oder das Evangelium Christi gibt, sondern durch und mit solchem mündlichen Wort wirkt und schafft er den Glauben, wo und in wem er will, Röm 10(,17).

(9.) Von der Taufe

Zum Neunten, dass die heilige Taufe ein Sakrament sei, das zu solchem Glauben von Gott eingesetzt ist. Und weil Gottes Gebot »Gehet hin in alle Welt« (Mt 28,19) und Gottes Verheißung: »Wer da glaubt und getauft wird, der wird selig werden« (Mt 16,16[10]) darin ist, so ist es nicht ein leeres Zeichen oder eine Losung unter den

Christen, sondern ein Zeichen und Werk Gottes, in dem unser Glaube gefordert wird, durch welchen wir zum Leben wiedergeboren werden.

(10.) Von guten Werken

Zum Zehnten, dass solcher Glaube durch Wirkung des Heiligen Geistes danach, wenn wir dadurch gerecht und heilig erachtet und geworden sind, durch uns gute Werke übe, nämlich die Liebe gegen den Nächsten, das Beten zu Gott und das Erleiden von allerlei Verfolgung etc.

(11.) Von der Beichte

Zum Elften, dass die Beichte oder das Suchen nach Rat bei seinem Pfarrer oder Nächsten ungezwungen und frei sein soll, aber doch den betrübten, angefochtenen oder mit Sünden beladenen und in Irrtum gefallenen Gewissen sehr nützlich ist, vor allem um der Absolution oder des Trostes des Evangeliums willen, welches die rechte Absolution ist.

(12.) Von der Obrigkeit

Zum Zwölften, dass alle Obrigkeit und weltliche Gesetze, Gerichte und Ordnungen, wo immer sie sind, ein rechter guter Stand sind und nicht verboten, wie einige Papisten und Wiedertäufer lehren und halten, sondern dass ein Christ, der dazu berufen oder geboren ist, sehr wohl durch den Glauben Christi selig werden kann, gleichwie im Vater- und Mutterstand, Stand des Herrn und der Herrin (frawen) etc.

(13. Von menschlicher Ordnung)

Zum Dreizehnten, was man die Tradition nennt, kann man als eine menschliche Ordnung in geistlichen oder kirchlichen Dingen, falls sie nicht klarem Wort Gottes widerspricht, frei geben oder lassen, je nachdem wie die Leute sind, mit denen wir zu tun haben, um überall unnötiges Ärgernis zu verhüten und durch die Liebe den Schwachen und dem allgemeinen Frieden zu dienen etc. Auch dass die Lehre, die die Priesterehe verbietet, eine Teufelslehre ist (1 Tim 4,1.3).

(14. Von der Kindertaufe)

Zum Vierzehnten, dass die Kindertaufe recht sei und sie (die Kinder) dadurch in Gottes Gnade und in die Christenheit aufgenommen werden.

(15.) Vom Sakrament des Leibes und Blutes Christi

Zum Fünfzehnten glauben und halten wir alle von dem Nachtmahl unseres lieben Herrn Jesus Christus, dass man nach der Einsetzung Christi beide Gestalten gebrauchen soll; dass auch die Messe kein Werk ist, mit dem einer für den anderen, tot oder lebendig, Gnade erlange; dass auch das Sakrament des Altars ein Sakrament des wahren Leibes und Blutes sei und die geistliche Nießung eben dieses Leibes und Blutes jedem Christen vornehmlich vonnöten ist; desgleichen der Gebrauch des Sakramentes, wie das Wort vom allmächtigen Gott gegeben und verordnet ist, um damit die schwachen Gewissen durch den Heiligen Geist zum Glauben zu bewegen. – Obwohl wir uns aber zu dieser Zeit nicht geeinigt haben, ob der wahre Leib und das wahre Blut Christi leiblich in Brot und Wein seien, so soll doch ein Teil dem anderen gegenüber christliche Liebe, sofern eines jeden Gewissen es immer ertragen kann, erzeigen, und beide Teile den allmächtigen Gott fleißig bitten, dass er uns durch seinen Geist das rechte Verständnis bestätigen wolle.

Amen.

Martinus Luther, Justus Jonas, Philippus Melanchthon, Andreas Osiander, Stefanus Agricola, Johannes Brentius, Johannes Oekolampadius, Huldrichus Zwinglius, Martinus Bucerus, Caspar Hedio.

Quelle: WA 30/III, 160-171. *Übers.:* R. Stupperich (Hg.), Das Bekenntnis der Reformatoren, Gladbeck 1966 (KGQ 16), 40-43. – *Literatur:* W. Köhler, Das Marburger Religionsgespräch 1529. Versuch einer Rekonstruktion, Leipzig 1929 (SVRG 148); S. Hausammann, Die Marburger Artikel – eine echte Konkordie?, in: ZKG 77 (1966) 288-321; G. May, Art. Marburger Religionsgespräch, in: TRE 22, 1992, 75-79; G. Schneider-Ludorff, Der fürstliche Reformator. Theologische Aspekte im Wirken Philipps von Hessen von der Homberger Synode bis zum Interim, Habil.schrift masch. Jena 2004, 215-223.

[1] *Nämlich Stephan Agricola (1491-1547) aus Augsburg, Johannes Brenz und Andreas Osiander.*
[2] *Osiander schreibt: Hebr 5.*
[3] *Johannes Eck, s. Text Nr. 16.*
[4] *Proteus, in der griechischen Mythologie ein wahrsagender Meergreis, der verschiedene Gestalten annehmen konnte: Nur wer ihn dennoch festhielt, konnte von ihm eine Wahrsagung erzwingen.*
[5] *Zum hessischen Verständnis des Pfarramtes s.o. Nr. 35 a.*
[6] *Johann der Beständige von Sachsen (1486-1532).*
[7] *Herzog Ulrich von Württemberg (1498-1559) war 1519 durch den Schwäbischen Bund seines Amtes entsetzt worden und wurde erst 1534 wieder durch eine von Philipp von Hessen angeführte Koalition in sein Amt eingesetzt.*
[8] *Der Text folgt der ältesten Gestalt, der Kasseler Handschrift. Die Zusätze, die vermutlich noch in Marburg in die in Zürich verwahrte Abschrift gelangten, sind kursiv gesetzt.*
[9] *Gedacht ist an das heute von der Forschung als nizäno-konstantinopolitanisches Bekenntnis bezeichnete Bekenntnis (s. Bd. 1, Nr. 81 a]).*
[10] *Die beiden Schriftzitate sind im sonst deutschsprachigen Original Lateinisch.*

DER AUGSBURGER REICHSTAG VON 1530

Die reichsrechtliche Situation war nach dem Speyerer Reichstag von 1529 so verfahren, dass ein neuer Anlauf gemacht werden musste, um den Frieden in Religionsdingen wieder herzustellen – noch drängender wurde freilich aus Perspektive des Kaisers die Türkenfrage, nachdem es 1529 zur Belagerung Wiens gekommen und damit der habsburgische Machtbereich unmittelbar bedroht war. So formulierte Karl V. ein außergewöhnlich moderates Ausschreiben des Reichstages, den er am 20. Juni 1530 – nach neunjähriger Abwesenheit vom Reich – persönlich in Augsburg eröffnete. Der Reichstag wurde im Wesentlichen zur Schaubühne, auf der die unversöhnlichen Gegensätze der Religionsparteien aufeinander trafen

42. Die Confessio Augustana

Der in der Proposition formulierten kaiserlichen Aufforderung folgend, legte Kursachsen zusammen mit einigen anderen Ständen am 25. Juni das Augsburger Bekenntnis vor. Der mehrfach überarbeitete Text konnte auf mehrere Vorarbeiten, insbesondere die gegen Zwingli gerichteten »Schwabacher Artikel« und die später »Torgauer Artikel« genannte sächsische Apologie zurückgreifen. Auch wenn Melanchthon die Confessio später gelegentlich wie ein individuelles Werk von seiner Hand behandelt hat, trägt der Text doch deutliche Züge des Kompromisses, der insbesondere zwischen Kursachsen und Hessen zu finden war – die Vorrede Melanchthons wurde gar durch eine deutlich politischer angelegte des früheren sächsischen Kanzlers Gregor Brück (1483-1557) ersetzt. Mit dem Dokument, dessen Aufgabe nicht mehr sein sollte als die Feststellung einer gemeinsamen Grundlage im Glauben und die Beschreibung der auf dieser Basis in Sachsen und anderen Ständen vorgenommenen Änderungen wurde erstmals ein die an der Wittenberger Reformation orientierten Stände einendes Bekenntnis vorgelegt, das später im Luthertum als grundlegende Bekenntnisschrift rezipiert wurde. Luther selbst war an der Entstehung kaum beteiligt, da er als Geächteter nur an den südlichsten Zipfel des Kurfürstentums Sachsen, die Veste Coburg reisen konnte. Er beobachtete den Fortgang aber aufmerksam, und auf sein Wort wurde weiter Wert gelegt (Text b). Der Text des Augsburger Bekenntnisses wurde auf Lateinisch und Deutsch vorgelegt. Die vorliegende Übersetzung folgt der ursprünglicheren deutschen Fassung.

a) Aus dem Text

Vorrede
Eure Kaiserliche Majestät hat vor Kurzem einen allgemeinen Reichstag hierher nach Augsburg gnädig ausgeschrieben mit der Anzeige und dem ernsten Begehren, in der Sache, die unseren und des christlichen Namens Erbfeind, den Türken, betrifft, wie ihm durch beharrliche Hilfe kräftig widerstanden werden kann. Auch soll beraten werden, »wie wegen des Zweispaltes in dem heiligen Glauben und der christlichen Religion gehandelt werden könnte«. Und es sollte »Fleiß darauf verwendet werden, zwischen uns selbst die Ansicht, Überzeugung und Meinung eines jeden in Liebe und Güte zu hören, zu verstehen und abzuwägen, und sie zu einer gemeinsamen christlichen Wahrheit zusammen zu bringen und auszugleichen. Alles, was auf beiden Seiten nicht richtig ausgelegt oder getan worden ist, soll abgestellt werden. Und durch uns alle soll eine gemeinsame wahre Religion angenommen und eingehalten werden und wir so, auch alle in einer Gemeinschaft, Kirche und Einigkeit leben«. Weil wir – der Kurfürst und die mit ihm unten genannten Fürsten zusammen mit unseren Verbündeten (Verwandten) – ebenso wie die anderen Kurfürsten, Fürsten und Stände dazu geladen worden sind, haben wir uns die Ehre gegeben, dass wir, ohne uns zu rühmen, mit den Ersten hierher gekommen sind...
Wir überreichen und übergeben hiermit und in untertänigstem Gehorsam gegenüber den Wünschen Eurer Kaiserlichen Majestät die Lehren unserer Pfarrer und Prediger, – (damit) auch das Bekenntnis unseres Glaubens – (nämlich) was und auf welche Weise sie aufgrund göttlicher Schrift in unseren Ländern, Fürstentümern, Herrschaften, Städten und Gebieten predigen, lehren, halten und unterrichten...
So erklären wir hiermit gegenüber Eurer Kaiserlichen Majestät in aller Untertänigkeit und zum wiederholten Male ... weiter unsere Bereitschaft zu einem solchen allgemeinen, freien, christlichen Konzil, wie es auf allen Reichstagen, die von eurer Kaiserlichen Majestät während Eurer Regierung im Reich gehalten worden sind, durch Kurfürsten, Fürsten und Stände aus hohen und tapferen Beweggründen beschlossen wurde. Wir haben uns auch zusammen mit Eurer Kaiserlichen Majestät wegen dieser höchst wichtigen Sache bereits früher[1] in rechtlicher Weise und Form auf (ein solches Konzil) berufen und (an dasselbe) appelliert...

Artikel 4: Von der Rechtfertigung
Weiter wird gelehrt, dass wir Vergebung der Sünde und Gerechtigkeit vor Gott nicht durch unser Verdienst, Werk und Genugtuung erlangen können, sondern dass wir Vergebung der Sünde bekommen und vor Gott gerecht werden aus Gnade um Christi willen durch den Glauben, (nämlich) wenn wir glauben, dass Christus für uns gelitten hat und dass uns um seinetwillen die Sünde vergeben, Gerechtigkeit und ewiges Leben geschenkt wird. Denn diesen Glauben will Gott als Gerechtigkeit, (die) vor ihm (gilt), ansehen und zurechnen, wie Sankt Paulus Röm 3(,21-28) und 4(,1-8. 23-25) sagt.

Artikel 5: Vom Predigtamt
Um diesen Glauben zu erlangen, hat Gott das Predigtamt eingesetzt, das Evangelium und die Sakramente gegeben, durch die als Mittel er den Heiligen Geist gibt, der den Glauben, wo und wann er will, in denen, die das Evangelium hören, wirkt, das lehrt, dass wir durch Christi Verdienst, nicht durch unser Verdienst, einen gnädigen Gott haben, wenn wir das glauben.

Und es werden die Wiedertäufer verdammt und andere, die lehren, dass wir den Heiligen Geist ohne das leibhafte Wort des Evangeliums durch eigene Vorbereitung, Gedanken und Werke erlangen.

Artikel 6: Vom neuen Gehorsam
Auch wird gelehrt, dass dieser Glaube gute Früchte und gute Werke hervorbringen soll und dass man gute Werke tun muss, (und zwar) alle, die Gott geboten hat, um Gottes willen. Doch (darf man) nicht auf solche Werke vertrauen, (um) dadurch Gnade vor Gott zu verdienen. Denn wir empfangen Vergebung der Sünde und Gerechtigkeit durch den Glauben an Christus – wie Christus selbst spricht: »Wenn ihr alles getan habt, sollt ihr sprechen: Wir sind untüchtige Knechte« (Lk 17,10)...

Artikel 7: Von der Kirche
Es wird auch gelehrt, dass allezeit eine heilige, christliche Kirche sein und bleiben muss, die die Versammlung aller Gläubigen ist, bei denen das Evangelium rein gepredigt und die heiligen Sakramente laut dem Evangelium gereicht werden.
Denn das ist genug zur wahren Einheit der christlichen Kirche, dass das Evangelium einträchtig im reinen Verständnis gepredigt und die Sakramente dem göttlichen Wort gemäß gereicht werden. Und es ist nicht zur wahren Einheit der christlichen Kirche nötig, dass überall die gleichen, von den Menschen eingesetzten Zeremonien eingehalten werden, wie Paulus Eph 4(,4-5) sagt: »Ein Leib und Ein Geist, wie ihr berufen seid zu Einer Hoffnung eurer Berufung; Ein Herr, Ein Glaube, Eine Taufe«.

Artikel 8: Was die Kirche sei
Ebenso, obwohl die christliche Kirche eigentlich nichts anderes ist als die Versammlung aller Gläubigen und Heiligen, jedoch in diesem Leben unter den Frommen viele falsche Christen und Heuchler, auch öffentliche Sünder bleiben, sind die Sakramente gleichwohl wirksam, auch wenn die Priester, durch die sie gereicht werden, nicht fromm sind; wie Christus selbst sagt: »Auf dem Stuhl des Mose sitzen die Pharisäer usw." (Mt 23,2-3)
Deshalb werden die Donatisten[2] und alle anderen verdammt, die anders lehren...

Artikel 10: Vom heiligen Abendmahl[3]
Vom Abendmahl des Herrn wird so gelehrt, dass der wahre Leib und das wahre Blut Christi wirklich unter der Gestalt des Brotes und Weines im Abendmahl gegenwärtig ist und dort ausgeteilt und empfangen wird. Deshalb wird auch die Gegenlehre verworfen.

Artikel 14: Vom Kirchenregiment
Vom Kirchenregiment wird gelehrt, dass niemand in der Kirche öffentlich lehren oder predigen oder die Sakramente reichen soll ohne ordnungsgemäße Berufung.

Quelle: BSLK 44,4-45,7; 45,28-46,3; 48,23-49,3; 56,1-60,12; 61,1-62,14; 64,1-8; 69,1-5. *Übers.:* Unser Glaube. Die Bekenntnisschriften der evangelisch-lutherischen Kirche, bearb. v. Horst Georg Pöhlmann, Gütersloh ³1991, 53f.56.62-66.69f – *Literatur:* s. bei Text b.

b) Luthers Schreiben an Kurfürst Johann von der Veste Koburg (15. Mai 1530)

Ich habe Magister Philipps Apologie[4] durchgelesen; sie gefällt mir sehr gut, und ich weiß nichts daran zu bessern noch zu ändern. Das würde sich auch nicht schicken, denn ich kann nicht so sanft und leise treten. Christus, unser Herr, helfe, dass sie viel und große Frucht schaffe, wie wir hoffen und bitten. Amen.

Quelle: WA.B 5, 319,5-9 (Nr. 1568) *Übers.:* Luther Deutsch. Die Werke Martin Luthers in neuer Ausgabe für die Gegenwart, hg. v. K. Aland, Bd. 10, Göttingen ²1983, 202. - *Literatur:* L. Grane, Die Confessio Augustana, Göttingen ⁵1996; W. Maurer, Historischer Kommentar zur Confessio Augustana. 2 Bde., Gütersloh 1976. 1978; H. Meyer u.a. (Hg.), Confessio Augustana, Bekenntnis des einen Glaubens. Gemeinsame Untersuchungen lutherischer und katholischer Theologen, Paderborn u. Frankfurt/M. 1980; H. Scheible, Die Gravamina, Melanchthon und Luther während des Augsburger Reichstags 1530, in: ders., Melanchthon und die Reformation, Mainz 1996 (VIEG. Beih. 41), 198-220; G. Wenz, Theologie der Bekenntnisschriften der evangelisch-lutherischen Kirche. Eine historische und systematische Einführung in das Konkordienbuch. Bd. 1, Berlin/ New York 1996, 349-513; H. Immenkötter/ G. Wenz (Hg.), Im Schatten der Confessio Augustana. Die Religionsverhandlungen des Augsburger Reichstages 1530 im historischen Kontext, Münster 1997 (RGST 136); A. Kohnle, Reichstag und Reformation. Kaiserliche und ständische Religionspolitik von den Anfängen der Causa Lutheri bis zum Nürnberger Religionsfrieden, Gütersloh 2001 (QFRG 72), 381-394.

[1] *Auf dem Speyerer Reichstag 1529.*

[2] *Schismatische Gruppe in Nordafrika im 4. Jahrhundert, die Bischöfen, die sich in den Diokletianischen Verfolgungen unwürdig verhalten hatten, die Fähigkeit zur legitimen Sakramentsverwaltung absprachen und daher ihre Weihen für ungültig erklärten; s. Bd. 1, Nr. 48.*

[3] *Die lateinische Fassung weicht hier deutlich von der deutschen ab: »Vom Mahl des Herrn lehren sie, dass der Leib und Blut Christi wirklich zugegen sind und den Essenden beim Mahl des Herrn gereicht werden. Und sie verwerfen die anders Lehrenden« (»De coena Domini docent, quod corpus et sanguis Christi vere adsint et distribuantur vescentibus in coena Domini; et improbant secus docentes«).*

[4] *Gemeint ist die Confessio Augustana.*

43. Zwingli, Rechenschaft über den Glauben (3. Juli 1530)

Die süddeutschen und deutschschweizerischen Städte, die im »Christlichen Burgrecht« vereinigt waren, konnten sich nicht zu einer gemeinsamen Vorlage für den Augsburger Reichstag entschließen, was auch mit der unklaren Zuordnung der Schweizer Städte zum Reich zusammenhing. Zwingli aber erklärte seinen Glauben in einem eigenen Brief, der Fidei ratio, an den Kaiser, der politisch folgenlos blieb, nur einmal mehr die Zerstrittenheit des protestantischen Lagers aufzeigte.

(6. Von der Kirche)

Sechstens denken wir daher über die Kirche so: »Kirche« wird in den Schriften verschieden verwendet. Einmal für die Erwählten, die nach dem Willen Gottes zum ewigen Leben bestimmt sind. Von dieser spricht Paulus, wenn er sagt, sie habe weder Runzeln noch Flecken (Eph 5,27). Sie ist allein Gott bekannt, denn er allein kennt nach einem Wort Salomos die Herzen der Menschenkinder (1 Kön 8,39). Nichtsdestoweniger aber wissen die Glieder dieser Kirche, indem sie den Glauben haben, dass sie selbst erwählt und Kinder dieser ersten Kirche sind. Sie wissen jedoch nicht, welche Glieder sonst noch dazu gehören. So nämlich steht es in der Apostelgeschichte: »Und es glaubten, wie viele zum ewigen Leben bestimmt waren« (Apg 13,48). Diejenigen, die glauben, sind folglich zum ewigen Leben bestimmt. Wer aber in Wahrheit glaubt, weiß nur der Glaubende selbst. Er ist also schon gewiss, ein Erwählter Gottes zu sein. Er hat nämlich, gemäß dem Apostelwort, die Anzahlung des Geistes (2 Kor 1,22). Durch ihn geweiht und versiegelt, weiß er, dass er wahrhaftig frei und ein Sohn des Hauses geworden ist, nicht ein Sklave (Joh 8,35f.). Dieser Geist kann nämlich nicht täuschen. Wenn er uns immer wieder sagt, Gott sei unser Vater, und wir ihn zuversichtlich und unverzagt als Vater anreden, in der Gewissheit (securi), dass wir das ewige Erbe erlangen werden, ist der Geist des Gottessohnes gewiss (certum) in unsere Herzen ausgegossen (Tit 3,5f.). Sicher ist daher der erwählt, der so gewiss und zuversichtlich ist. Denn die, welche glauben, sind zum ewigen Leben bestimmt (Apg 13,48). Andererseits jedoch sind viele erwählt, die den Glauben noch nicht haben. Waren denn die göttliche Gottesgebärerin, Johannes, Paulus, als sie noch kleine Kinder waren, etwa nicht erwählt und dies schon vor der Erschaffung der Welt? Das wussten sie aber weder aufgrund des Glaubens noch aufgrund der Offenbarung. Matthäus, Zachäus, der Schächer am Kreuz und Magdalena, waren sie etwa nicht vor der Erschaffung der Welt erwählt? Und dennoch wussten sie es nicht, bis sie vom Geist erleuchtet und vom Vater zu Christus gezogen wurden (Joh 6,44). Daraus ergibt sich, dass diese erste Kirche allein Gott bekannt ist, und dass nur jene, die einen festen und unerschütterlichen Glauben haben, wissen, dass sie Glieder dieser Kirche sind.

Andererseits wird »Kirche« überhaupt für alle verwendet, die mit dem Namen Christi bezeichnet werden, das heißt, die sich zu Christus bekannt haben. Von ihnen anerkennt ein großer Teil Christus sichtbar durch das Bekenntnis oder die Teilnahme an den Sakramenten, lehnt ihn jedoch im Herzen ab oder kennt ihn nicht. Zu dieser Kirche gehören daher alle, die den Namen Christi bekennen. So gehörte Judas zur Kirche Christi und alle, die sich von Christus abwandten. Judas wurde nämlich von den Aposteln genauso für ein Glied der Kirche Christi gehalten wie Petrus und Johannes, obwohl er nichts weniger als dies war. Christus aber wusste, wer zu ihm gehörte und wer zum Teufel (Joh 13,11). Also besteht diese wahrnehmbare Kirche, obwohl sie in dieser Welt nicht zusammenkommt, aus allen, die Christus bekennen, auch wenn viele Verworfene darunter sind...

Zuletzt wird »Kirche« für jede einzelne Gemeinde dieser allgemeinen und sichtbaren Kirche verwendet, wie die Kirche in Rom, in Augsburg, in Lyon. Es gibt auch noch andere Bedeutungen von »Kirche«, die jetzt nicht aufgezählt werden müssen. Ich glaube demnach also, dass es eine Kirche gibt, die aus denen besteht, welche denselben Geist haben, der sie gewiss macht, dass sie wahre Kinder des Hauses Gottes sind. Das ist die Erstlingsfrucht der Kirchen. Ich glaube, dass diese Kirche in der Wahrheit nicht irrt, nämlich in den entscheidenden Grundlagen des Glaubens, auf denen alles beruht. Ich glaube ferner, dass die eine allgemeine sichtbare Kirche eine einzige ist, wofern sie das wahre Bekenntnis, von dem schon die Rede war, festhält...

(7. Von den Sakramenten)

Siebtens glaube, ja weiß ich, dass alle Sakramente so weit davon entfernt sind, die Gnade zu verleihen, dass sie diese nicht einmal herbeibringen oder verwalten. In dieser Sache könnte ich dir vielleicht zu kühn erscheinen, mächtigster Kaiser, doch ist diese Auffassung fest gegründet. Wie die Gnade nämlich vom göttlichen Geist bewirkt oder geschenkt wird – ich benutze das Wort aber im lateinischen Sinn, indem ich nämlich den Ausdruck »Gnade« für Vergebung, Nachsicht und freie Wohltat verwende –, so fällt dieses Geschenk allein dem Geist zu. Der Geist braucht aber keinen Führer und kein Transportmittel. Er selbst ist nämlich Kraft und Träger, durch den alles gebracht wird, er hat nicht nötig, selber gebracht zu werden. Wir lesen auch in den Heiligen Schriften nie, dass sinnlich Wahrnehmbares, was die Sakramente ja sind, den Geist mit Sicherheit mit sich bringen würde. Vielmehr war, wenn sinnlich Wahrnehmbares je mit dem Geist verbunden war, der Geist der Träger, nicht das sinnlich Wahrnehmbare...

So wird die Taufe vor der Gemeinde dem verliehen, der, bevor er sie erhält, entweder sich zum christlichen Glauben (religio Christi) bekannt hat oder das Wort der Verheißung hat, wodurch man weiß, dass er zur Kirche gehört. Deshalb fragen wir, wenn wir einen Erwachsenen taufen, ob er glaube. Erst dann, wenn er mit »Ja« antwortet, empfängt er die Taufe. Der Glaube war also da, bevor er die Taufe empfing. Folglich wird der Glaube nicht durch die Taufe verliehen. Wenn nun ein Kind gebracht wird, wird gefragt, ob es die Eltern zur Taufe bringen wollen. Und erst dann, wenn sie durch die Paten antworten, sie wollten, dass es getauft werde, wird das Kind getauft. Auch hier ging die Verheißung Gottes voran, dass er unsere Kinder nicht weniger zur Kirche rechne als die der Hebräer. Wenn nämlich die ihr Kind bringen, die zur Kirche gehören, wird das Kind, da es ja von Christus stammt, schon unter der Voraussetzung getauft, dass es, aufgrund der göttlichen Verheißung, zu den Gliedern der Kirche gerechnet wird. Durch die Taufe nimmt also die Kirche den öffentlich auf, der vorher durch die Gnade aufgenommen worden ist. Die Taufe bringt also die Gnade nicht mit sich, vielmehr wird der Kirche damit bezeugt, dass sie dem Täufling zuteil geworden ist.

Ich glaube also, o Kaiser, dass das Sakrament ein Zeichen der heiligen Sache, das heißt, der zuteil gewordenen Gnade, ist (sacramentum esse sacrae rei, hoc est: factae gratiae signum). Ich glaube, dass es eine sichtbare Gestalt oder Form der unsichtbaren Gnade ist, welche natürlich durch die Gabe Gottes verursacht und gegeben ist, das heißt, ein sichtbares Beispiel, das dennoch eine gewisse Analogie zu der durch den Geist gewirkten Sache besitzt. Ich glaube, dass es ein öffentliches Zeugnis ist...

Ich glaube auch, dass die Wiedertäufer, wenn sie die Taufe der Kinder von Gläubigen ablehnen, ganz und gar irren, und zwar nicht nur in diesem, sondern auch in vielen anderen Punkten, von welchen hier nicht gesprochen werden muss. Um mich vor deren Torheit oder Bosheit zu hüten, habe ich als erster, nicht ohne Gefahr, im Vertrauen auf Gottes Hilfe gegen sie gelehrt und geschrieben, so dass nun durch seine Güte dieses Übel bei uns sehr abgenommen hat. So liegt mir vollkommen fern, irgend etwas aus dieser aufrührerischen Sekte zu übernehmen, zu lehren oder zu verteidigen.

Quelle: CR 93/2, 800,16-801,20; 801,31-802,8; 803,5-15; 804,19-805,10; 805,29-806,5; *Übers.:* Huldrych Zwingli, Schriften. Bd. 4, hg. v. Th. Brunnschweiler u. S. Lutz, Zürich 1995, 110-113.115-117. – *Literatur:* F. Blanke, Zwinglis »Fidei ratio« (1530). Entstehung und Bedeutung, in: ARG 57 (1966) 96-102; G.W. Locher, Huldrych Zwingli an Karl V. Das Vorwort zur Fidei Ratio 1530, in: ThZ 46 (1990) 205-218.

44. **Die Confessio Tetrapolitana** (9. Juli 1530)

Da Straßburg sich nicht bereit finden konnte, den Abendmahlsartikel der Confessio Augustana mitzutragen, wurde namentlich durch Martin Bucer und Wolfgang Capito eine eigene Bekenntnisschrift erarbeitet, die in gewisser Weise auch schon eine Reaktion auf die bereits vorliegende Confessio Augustana darstellte. Nach Änderung und Straffung des Abendmahlsartikels konnten sich auch drei weitere Reichsstädte – Konstanz, Lindau und Memmingen – bereit finden, das Bekenntnis als das ihre vorzulegen. Am 9. Juli wurde dem Kaiser der deutsche und lateinische Text vorgelegt, aber es kam zu keiner offiziellen Verlesung. Die scharfe Widerlegung durch Eck wurde den Abgeordneten der Städte im Oktober vorgelesen, und der Reichsabschied äußerte sich über die »Zwinglischen Städte« noch schärfer als über die Lutheraner: Dem Bekenntnis war keine lange Dauer beschieden, längerfristig mussten sich die Oberdeutschen im Zusammenhang von Schmalkaldischem Bund und Wittenberger Konkordie auf den Boden der CA einfinden.

XVIII. Vo dem Sakrament des Leibes und Blutes Christi

Hierüber wird bei uns gelehrt und gepredigt, wie es von den Evangelisten und von Paulus vorgeschrieben und von den heiligen Vätern gehalten wurde, auch wie es der Gemeinde Gottes am Nützlichsten und Heilsamsten ist. Nämlich, dass der Herr wie in seinem letzten Nachtmahl so auch heute seinen Jüngern und Gläubigen, wenn sie sein heiliges Abendmahl halten, gemäß seinen Worten: »Nehmet und esset, das ist mein Leib etc. Trinket daraus alle, dieser Kelch ist das neue Testament in meinem Blute etc.« (1 Kor 11,24f.), in diesem Sakrament seinen wahren Leib und sein wahres Blut wirklich (warlich) zu essen und zu trinken gibt, zur Speise ihrer Seelen und zum ewigen Leben, dass sie in ihm und er in ihnen bleibe. Daher werden sie dann auch durch ihn am Jüngsten Tage zur Unsterblichkeit und zum ewigen Leben auferweckt.

Man weist auch mit besonderer Mühe das Volk fort von allem Zank und unnötigem, vorwitzigem Disputieren in dieser Angelegenheit hin zu dem, was allein nützt und was auch von Christus in dieser Sache allein gemeint und bedacht ist, nämlich, dass wir, durch ihn selbst gespeist, demgemäß durch und in ihm ein Gott gefälliges, heiliges und ewiges Leben leben, »seien auch untereinander ein Brot und ein Leib, die wir alle eines Brotes« im heiligen Abendmahl »teilhaftig werden« (1 Kor 10,17). Deshalb werden die heiligen Sakramente und das Abendmahl Christi bei uns mit aller Andacht und höchster Verehrung empfangen und behandelt.

Daraus ... , Allergnädigster Kaiser, mag Eure Kaiserliche Majestät ersehen, dass bei uns die heiligen Worte Christi nicht verkehrt und zerrissen werden, wie fälschlicherweise von unseren Gegnern verbreitet wird, auch wird nicht nur gebackenes Brot (Peckenprot) und schlichter Wein im Abendmahl Christi gereicht, womit wir das ehrwürdige Sakrament verachten und verwerfen würden.

Denn in Wahrheit lehren und ermahnen unsere Prediger allesamt eifrig, diese Worte des Herrn einfältig zu glauben, unter Hintanstellung aller Kommentare und Glossen der Menschen, sie anzunehmen und bei ihrem Inhalt ohne Zweifel zu bleiben; auch die heiligen Sakramente, wie sie der Herr eingesetzt hat, mit aller Andacht zur Speise ihrer Seelen und zum dankbaren Gedächtnis unseres Erlösers des Öfteren zu empfangen. Dieses geschieht entsprechend auch viel häufiger und mit größerer Andacht als vor dieser Zeit.

Quelle: Martini Buceri Opera Omnia. Series 1: Martin Bucers Deutsche Schriften. Bd. 3: Confessio Tetrapolitana und die Schriften des Jahres 1531, hg. v. R. Stupperich, Gütersloh/ Paris 1969, 123-127 – *Literatur*: F. Braun, Confessio Tetrapolitana. Das schwäbische Vierstädtebekenntnis 1530, Memmingen 1930; J.M. Kittelson, Art. Confessio Tetrapolitana, in: TRE 8, 1981, 173-177; M. Lienhard, Evangelische Alternativen zur Augustana? Tetrapolitana und Fidei ratio, in: W. Reinhard, Bekenntnis und Geschichte. Die Confessio Augustana im historischen Zusammenhang, München 1981, 81-100.

45. Die Confutatio Confessionis Augustanae (3. August 1530)

Ende Juni 1530 wurde eine Theologenkommission, zu der unter anderem Johannes Eck (s. Text 16), Johannes Cochlaeus (1479-1552) und Johannes Fabri (1478-1541) gehörten, damit beauftragt, eine Widerlegung der Confessio Augustana zu verfassen, wobei die Akzentsetzung des Auftrages unterschiedlich war: Während der Kaiser eine bekenntnismäßige Darstellung der altgläubigen Lehre erwartete, drängte der päpstliche Legat auf eine endgültige Verwerfung der evangelischen Lehre. Aus verschiedenen Vorformen resultierte schließlich die Confutatio, die Stück für Stück am Text der Confessio Augustana entlangging und bei mannigfachen Zugeständnissen doch auch die bleibenden Lehrdifferenzen betonte. Der Text wurde am 3. August in deutscher Sprache auf dem Reichstag verlesen, den Protestanten aber nicht ausgehändigt, da der Kaiser eine solche Übergabe von unannehmbaren Bedingungen abhängig machte.

[zu CA IV: Von der Rechtfertigung]
Dass im vierten Artikel die ketzerischen Pelagianer[1] verdammt werden, die meinten, dass der Mensch aus eigener Kraft, ohne (außgeschlossen) die Gnade Gottes das ewige Leben verdienen könne, ist anzunehmen, denn es ist christlich und entspricht den alten Konzilien...
Und sollte sich jemand unterstehen, in diesem Artikel die Verdienste der Menschen, die durch den Beistand der göttlichen Gnade geschehen, zu verwerfen, kann das nicht zugelassen werden, wenn diese Meinung würde mehr den Manichäern als der christlichen Kirche entsprechen[2]; zudem vergeht sich, wer unsere verdienstlichen Werke verwerfen will, gegen die Heilige Schrift. Denn Sankt Paulus spricht: »Ich habe einen guten Streit gestritten, ich habe den Lauf vollbracht, ich habe den Glauben bewahrt; vom Übrigen ist mir die Krone der Gerechtigkeit vorbehalten, die wird mir an jenem Tag der gerechte Richter geben«, 2 Tim 4(,7f.). Und ebenso schreibt er an die Korinther: »Wir müssen alle vor dem Richterstuhl Christi offenbart werden, damit ein jeder an seinem Leibe nach dem empfange, wie er gehandelt hat, es sei gut oder böse«, 2 Kor 5(,10). Es ist auch wahr: Wo der Lohn ist, wird auch Verdienst sein. So spricht der Herr zu Abraham: »Du sollst dich nicht fürchten; ich bin dein Beschützer und dein sehr großer Lohn«, Gen 15(,1)...
Doch bekennen bei diesem Glauben alle, die an Christus glauben (alle christglaubigen[3]), dass unsere Werke aus sich heraus kein Verdienst haben, sondern Gottes Gnade macht, dass sie des ewigen Lebens würdig sind...

[Zu CA V: Vom Predigtamt]
Weiter. Wie im fünften Artikel bekannt wird, dass der Heilige Geist durch die Worte und Sakramente als Instrumente wirkt, wird angemessenerweise zugelassen. Denn so steht geschrieben in der Apostelgeschichte (Bottenbuech) 10(,44): »Als Petrus noch diese Worte redete, fiel der Heilige Geist auf alle, die dem Wort zuhörten«...
Und dass hier der Glaube erwähnt wird, ist durchaus zuzulassen, aber so, dass dies nicht als bloßer Glauben allein (ainigen glauben) verstanden wird, wie viele zu Unrecht lehren, sondern als der Glaube, »der da wirkt durch die Liebe«, wie denn der heilige Apostel (bot) Paulus in Gal 5(,6) recht gelehrt hat. Denn in der Taufe wird nicht allein der Glaube, sondern auch die Hoffnung und die Liebe miteinander eingegossen, wie denn auch Papst Alexander in dem Kapitel »Maiores. De baptismo et eius effectu« lehrt[4]...

[Zu CA VI: Vom neuen Gehorsam]
Dass aber im sechsten Artikel gelehrt wird, dass der Glaube gute Früchte gebären solle, kann angenommen werden, »denn der Glaube ohne Werke ist tot«, Jak 2(,17. 26), und die ganze Schrift ermahnt und fordert uns zu den guten Werken...
Dass sie aber in diesem Artikel die Rechtfertigung (gerechtmachung) nur dem Glauben allein zuschreiben, dieser Artikel und Teil kann nicht zugelassen werden, weil das unmittelbar gegen die Wahrheit des Evangeliums geht, welches Evangelium an keiner Stelle die Werke ausschließt. Denn auch Paulus sagt klar: »Preis und Ehre und Friede seien einem jeden, der Gutes tut«, Röm 2(,10)...
Darum ist ein jeder, er mag noch so viel glauben, wenn er nicht Gutes tut, nicht Gottes Freund. Denn so spricht Christus: »Dann seid ihr meine Freunde, wenn ihr die Dinge tut, die ich euch geboten habe«, Joh 15(,14).

Ferner wird nicht zugelassen, dass so oft die Rechtfertigung allein dem Glauben zugesprochen wird, weil die Rechtfertigung mehr zu Gottes Gnade und Liebe gehört. Denn Paulus redet ausdrücklich so: »Wenn ich allen Glauben haben werde, so dass ich Berge versetze, und doch die Liebe nicht habe, so bin ich nichts.« Hier unterrichtet Sankt Paulus die ganze Kirche, dass der Glaube allein nicht gerecht macht, in 1 Kor 13...

[Zu CA VII: Von der Kirche]

Der siebte Artikel, der in dem Bekenntnis vorgebracht wird, dass die Kirche eine Versammlung der Heiligen sei, kann nicht ohne Schädigung des heiligen Glaubens zugelassen werden, denn dadurch würde man aus der Kirche die Bösen und die Sünder ausschließen. So wurde dieser Artikel schon zuvor auf dem Konzil zu Konstanz unter den Irrtümern des Jan Hus verdammt[5] und widerspricht offenkundig dem heiligen Evangelium. Denn Johannes der Täufer hat nach dem Bericht des heiligen Evangeliums die Kirche Mt 3(,12) mit einer Tenne verglichen, »welche Tenne Christus mit seiner Wurfschaufel sauber oder rein machen wird und den Weizen sammeln wird in seiner Scheune. Aber die Spreu wird er verbrennen mit dem unauslöschlichen Feuer.« Die Spreu bedeutet aber nichts anderes als die Bösen, wie der Weizen die Guten. Ebenso hat Christus selbst die Kirche mit einem Fischernetz verglichen, in dem gute und böse Fische sind, Mt 13(,47f.). Zudem vergleicht Christus die Kirche mit zehn Jungfrauen, unter denen fünf weise und fünf töricht gewesen sind, Mt 25(,1f.). Darum ist dieser Artikel keineswegs anzunehmen.

Doch darin werden sie angemessenerweise gelobt, dass sie bekennen, dass die Kirche ewig bestehen bleiben werde. Denn hier steht die Verheißung Christi fest, die durch die ewige Wahrheit versprochen ist, dass bei ihr, der Kirche, der Geist der Wahrheit bis in ewige Zeit sein werde, Joh 14(,16), und er, der Herr Jesus Christus selbst, bei ihr, der Kirche, sein wolle »alle Tage bis zur Vollendung der Welt«, Mt 28(,20).

Sie werden auch angemessenerweise darin gelobt, dass sie bekennen, dass der Unterschied der Kirchenordnung oder -gebräuche nicht die Einigkeit des Glaubens zertrennen soll. Dieses Bekenntnis wird so verstanden, dass es sich allein auf besondere Gebräuche bezieht, wie sie etwa ein Land oder eine Gegend andächtigerweise haben kann, wovon Hieronymus berichtet[6]. Wenn aber diese Einsicht auf die allgemeinen Bräuche und Gewohnheiten der allgemeinen Christenheit bezogen und entsprechend verstanden wird, kann und darf niemand dieses Verständnis annehmen...

[Zu CA X: Vom Heiligen Abendmahl]

Der zehnte Artikel hat so, wie er wörtlich vorgebracht ist, nichts Schädliches, das man verwerfen müsste. Denn sie bekennen, dass in dem Sakrament nach ordentlicher Weihe (consecration) wesentlich und wahrhaft der Leib und das Blut Christi gegenwärtig (zugegen) sei. Dies wird aber mit dem Zusatz zugelassen, dass die Fürsten glauben, dass unter jeder Gestalt je für sich der ganze Christus gegenwärtig sei, und dass das Blut Christi auf die folgende Weise nicht minder unter der Gestalt des Brotes gegenwärtig sei wie unter der Gestalt des Weines und umgekehrt. Denn sonst wäre in dem Sakrament der Leib Christi tot ohne das Blut, entgegen dem, was Paulus in Röm 6(,9) geschrieben hat: »Christus ist auferstanden von den Toten, und hinfort stirbt er nicht mehr.«

Es wird auch angemessenerweise hier zum Bekenntnis dieses Artikels als sehr notwendig hinzugesetzt, dass die Fürsten angemessenerweise mehr der allgemeinen Kirche glauben sollen als etlichen, die nicht gut und recht lehren, nämlich dass durch das allmächtige Gotteswort und die Weihe des Sakramentes die Substanz des Brotes in den Leib Christi verwandelt werde, wie es vor langer Zeit in einem allgemeinen

Konzil beschlossen und entschieden worden ist im Kanon *Firmiter. De summa trinitate et fide catholica*[7]...

Quelle: Die Confutatio der Confessio Augustana vom 3. August 1530, bearb. v. H. Immenkötter, Münster 1979 (CCath 33), 84-96.100. – *Literatur*: V. Pfnür, Einig in der Rechtfertigungslehre? Die Rechtfertigungslehre der Confessio Augustana (1530) und die Stellungnahme der katholischen Kontroverstheologie zwischen 1530 und 1535, Wiesbaden 1970 (VIEG 60); E. Iserloh, Confessio Augustana und Confutatio. Der Augsburger Reichstag 1530 und die Einheit der Kirche, Münster 1980 (RGST 118); B. Dittrich, Das Traditionsverständnis in der Confessio Augustana und in der Confutatio, Leipzig 1983 (Erfurter Theologische Studien 51); H. Immenkötter/ G. Wenz (Hg.), Im Schatten der Confessio Augustana. Die Religionsverhandlungen des Augsburger Reichstages 1530 im historischen Kontext, Münster 1997 (RGST 136).

[1] *S. oben Text Nr. 11 Anm.2.*
[2] *Auf den Propheten Mani zurückgehende gnostische Religion der Antike mit scharfer Unterscheidung von Gut und Böse; s. Bd. 1, Text 43.*
[3] *Im lateinischen Text: catholici.*
[4] *Tatsächlich Papst Innozenz III.: X 3. 42. 3 (Corpus Iuris Canonici, hg. v. E. Friedberg. Bd. 2, Leipzig 1879 [= Graz 1955], 644-646).*
[5] *DH 1201. Verurteilt wurde der Satz: »Eine einzige ist die heilige allgemeine Kirche, die die Gesamtheit der Vorherbestimmten ist« (»Unica est sancta universalis Ecclesia, quae est praedestinatorum universitas«).*
[6] *Hieronymus, Epistola 71,6 (CSEL 55,7,6-8).*
[7] *X 1. 1. 1 (Corpus Iuris Canonici, hg. v. E. Friedberg. Bd. 2, Leipzig 1879 [= Graz 1955], 644-646).*

46. Der erste Reichstagsabschied (22. September 1530)

Während noch hektische Verhandlungen um eine mögliche Einigung erfolgten, begann seit dem 14. September 1530 ein kaiserlicher Ausschuss einen Reichstagsabschied in Religionssachen vorzubereiten, der die Waage zwischen radikaler Ablehnung der Evangelischen und einem Nachgeben des Kaisers halten sollte. Er wurde den evangelischen Ständen am 22. September vorgetragen, stieß aber, vor allem weil darin Akzeptanz nur für die unstrittigen Artikel ausgedrückt wurde, auf Ablehnung: Die Möglichkeit eines gemeinsamen Reichstagsabschieds schien nicht mehr gegeben, und am 23. September reiste der Kurfürst von Sachsen ab. Der Abschied vom 22. September wurde auf Betreiben der altgläubigen Ständemehrheit sogar noch durch einen zweiten Abschied verschärft, der am 19. November erlassen wurde und faktisch die Restitution der reichsrechtlichen Situation von 1521 bedeutete. Damit war die Chance auf eine friedliche Einigung auf Reichsebene endgültig vertan.

Wir haben das Bekenntnis und die Meinung des Kurfürsten von Sachsen[1], des Markgrafen Georg von Brandenburg[2], der Brüder Ernst und Franz, Herzöge zu Lüneburg[3], Philipps, Landgraf von Hessen[4], und Wolfgangs, Fürst zu Anhalt[5], sowie der Gesandten der Städte Nürnberg, Reutlingen, Kempten, Heilbronn, Windsheim und Weißenburg[6] in Gegenwart der anderen Kurfürsten gehört und sie mit rechtzeitigem, kräftigem Ratschlag versehen und durch die heiligen Evangelien und Schriften begründet widerlegt und abgewiesen...
Damit Friede und Einigkeit im heiligen Römischen Reich der löblichen deutschen Nation erhalten werde und zum Erweise der Milde Ihrer Majestät und aus besonderer Gnade haben wir dem erwähnten Kurfürsten und den fünf Fürsten sowie den sechs Städten erlaubt, dass sie bis zum nächsten 15. April besprechen und bedenken sollten,

ob sie sich wegen der strittig gebliebenen Artikel mit der christlichen Kirche, päpstlicher Heiligkeit, Ihrer Majestät und den anderen Kurfürsten, Fürsten und allgemeinen Ständen des heiligen Römischen Reiches sowie anderen christlichen Oberhäuptern und Gliedern der allgemeinen Christenheit bis zur Erörterung auf einem künftigen Konzil ... einigen wollen oder nicht ... Und sie sollen uns über ihre Auffassung ... vor Ablauf des genannten 15. (April) informieren. In der Zwischenzeit wollten wir auch bedenken, was wir zu tun haben, und ihnen dann unsere Meinung ebenfalls schriftlich eröffnen:

Dass auch der Kurfürst zu Sachsen, die fünf Fürsten und sechs Städte bis zum erwähnten 15. April verordnen sollen, dass nichts Neues in Sachen des Glaubens in ihren Fürstentümern, Ländern und Gebieten gedruckt, feil geboten oder verkauft werde, und dass es zudem Ihrer Kaiserlichen Majestät ernstlicher Wille und Befehl sei, dass alle Kurfürsten, Fürsten und Stände des heiligen Reichs während dieser Bedenkzeit guten Frieden und Einigkeit halten sollen. Und dass weder der Kurfürst von Sachsen, die fünf Fürsten und sechs Städte noch ihre Untertanen Unsere und des Reichs sowie der anderen Kurfürsten, Fürsten und der allgemeinen Stände Untertanen, wie bisher geschehen, an sich und ihre Sekte ziehen oder nötigen sollen...

Quelle: Urkundenbuch zu der Geschichte des Reichstages zu Augsburg im Jahre 1530, hg.v. K.E. Förstemann. 2. Bd., Halle 1835, 475-477. – *Literatur:* A. Kohnle, Reichstag und Reformation. Kaiserliche und ständische Religionspolitik von den Anfängen der Causa Lutheri bis zum Nürnberger Religionsfrieden, Gütersloh 2001 (QFRG 72), 384-394; G. Haug-Moritz, Der Schmalkaldische Bund 1530-1541/42. Eine Studie zu den genossenschaftlichen Strukturelementen der politischen Ordnung des Heiligen Römischen Reiches Deutscher Nation, Leinfelden-Echterdingen 2002 (Schriften zur südwestdeutschen Landeskunde 44).

[1] *Johann der Beständige von Sachsen (1525-1532). Die hier aufgezählten Fürsten und Städte sind die Unterzeichner der CA.*
[2] *Georg von Brandenburg-Ansbach(1515-1543).*
[3] *Ernst der Bekenner(1520-1546) und Franz (gest. 1549).*
[4] *Philipp von Hessen (1519-1567).*
[5] *Wolfgang von Anhalt (1508-1562; gest. 1566).*
[6] *Windsheim, Heilbronn, Kepmten und Weißenburg sind der CA im Juli 1530 beigetreten.*

47. Der Schmalkaldische Bundesvertrag (27.2.1531)

Nach dem endgültigen Reichstagsabschied von Augsburg mussten die evangelischen Stände aufgrund der Wiederinkraftsetzung des Wormser Edikts die Exekution wegen Landfriedensbruch fürchten. Dies machte die Bildung eines militärischen Defensivbündnisses nötig. Die Legitimität des damit verbundenen Widerstandes gegen die kaiserliche Obrigkeit, die Luther lange bestritten hatte, begründete schließlich auch für diesen überzeugend ein juristisches Gutachten, das die Reichsstände zu Mitträgern der Reichsgewalt erklärte. Vor diesem Hintergrund wurde ein Bündnis geschlossen, dem nicht nur das Kernland der Wittenberger Reformation, Kursachsen, angehörte, sondern auch Hessen sowie einstige Vertreter der oberdeutschen Reformation wie die vier Unterzeichnerstädte der Confessio Tetrapolitana – damit war das einst im Marburger Religionsgespräch von Philipp von Hessen angestrebte Ziel einer Einigung der unterschiedlichen Zentren der Reformation wenigstens auf politischem Wege erreicht – die theologische Einigung wurde durch die Wittenberger Konkordie (s. Text 49) nachgeholt.

Nachdem sich die Zeitläufte ... so erweisen, zutragen und entwickeln, als ob man danach strebte, diejenigen, die das helle, klare, reine und makellose Wort Gottes in ihren Fürstentümern, Städten, Ländern und Gebieten durch Gnade und Erlaubnis (vorleihung) des Allmächtigen predigen und verkünden lassen, wodurch allerlei Missbrauch abgestellt und verändert wurde, mit Gewalt und Tat von diesem ihrem christlichen Vorhaben abzubringen, es aber einer jeden christlichen Obrigkeit schuldiges Amt ist, nicht allein den Untertanen das Wort Gottes verkündigen zu lassen, sondern auch mit allem Fleiß, Ernst und Vermögen zu verhindern, dass sie durch Zwang zum Abfall vom Wort Gottes gebracht werden, erfordert unsere höchste Notwendigkeit und das schuldige Amt der Obrigkeit Folgendes: Wenn sich jetzt oder künftig zutragen oder ereignen wird, dass jemand uns oder unsere Untertanen mit Gewalt oder Tat vom Wort Gottes und von der erkannten Wahrheit abbringen will (was denn der gütige und barmherzige Gott gnädig verhüten und wir für uns auch niemals erwarten wollen) und also wieder zu den beseitigten und veränderten Missbräuchen zu nötigen versucht, wollen wir dies mit möglichstem Bemühen verhüten. Damit denn solche Gewalt abgewendet und das Verderben von beidem, Leib und Seele, von uns und unseren Untertanen verhütet werden kann, haben wir Gott dem Allmächtigen zum Lob, zum weiteren Gedeihen und Aufwachsen der göttlichen freien Lehren, zur Erweckung und Förderung eines christlichen, einmütigen Wesens und Friedens, dem heiligen Römischen Reich deutscher Nation und aller Ehrbarkeit, dazu allen unseren Fürstentümern, Städten und Landschaften zum Guten, zu Wohlfahrt, Ehre, Nutz und Vorteil, allen zur Gegenwehr und um der Rettung eilen, die jedem nicht allein von menschlichen, sondern auch von geschriebenen Gesetzen rechtlich zugelassen und vergönnt ist, uns mit und untereinander auf einen christlichen Vertrag geeinigt und ihn beschlossen, denselben auch entgegen- und angenommen und tun das gegenwärtig Kraft dieses Briefes in folgender Gestalt:
Nämlich, dass wir alle Vertragspartner (zu allen tailen) je einer dem andern getreulich und von Herzen wohl wollen, ihn erhalten und vor Schaden warnen sollen und wollen. Es soll auch keiner den Feind oder Gegner des anderen öffentlich oder heimlich mit Wissen durchlassen, weiterhelfen oder erhalten. Demnach ist dieser Vertrag allein auf Gegenwehr und Rettung bezogen und gar nicht darauf ausgerichtet, dass jemand unter uns irgendeinen Krieg anfangen sollte. Wenn es sich denn ereignet, dass irgendein Vertragspartner, wer es auch immer sei, um des Wortes Gottes evangelischer Lehre und unseres heiligen Glaubens Willen oder wegen Sachen, die aus dem Wort Gottes, evangelischer Lehre und dem heiligen Glauben folgen und damit zusammenhängen - oder wenn eine andere Sache gegen einen von uns zum Schein vorgewandt wird, wir anderen aber, die zu diesem Zeitpunkt nicht angegriffen sind, erkennen können, dass es vornehmlich um des Wortes Gottes Willen geschieht –, mit Gewalt überfallen und überzogen werden sollte oder befehdet und überfallen wurde..., dass dann alle wir anderen, die in diesem christlichen Vertrag zusammengeschlossen sind, und ein jeder für sich selbst, sobald wir das von dem Überfallenen oder auf andere Weise durch glaubwürdige Mitteilung erfahren und Bericht erhalten haben, diese Sache ganz so ansehen sollen, als ob jeder von uns selbst angegriffen, befehdet, überfallen und es also seine eigene Sache wäre. Daraufhin soll auch ohne allen gefährlichen Verzug jeder nach seinem äußersten Vermögen, ohne auf die anderen zu warten, den Angegriffenen oder Überfallenen helfen, retten und entsetzen, ihm Luft und Raum verschaffen.

Quelle: J. John (Hg.), Quellen zur Geschichte Thüringens von der Reformation bis 1918, Erfurt [2]1997, 65-67. - *Literatur:* E. Fabian, Die Entstehung des Schmalkaldischen Bundes und seiner Verfassung 1524/29, Tübingen 1962; E. Wolgast, Die Wittenberger Theologie und die Politik der evangelischen Stände. Studien zu Luthers Gutachten in politischen Fragen, Gütersloh 1977; G: Schlütter-Schindler, Der Schmalkaldische Bund und das Problem der causa religionis, Frankfurt u.a. 1986 (EHS.G 283); G. Haug-Moritz, Der Schmalkaldische Bund 1530 - 1541/42. Eine Studie zu den genossenschaftlichen Strukturelementen der politischen Ordnung des Heiligen Römischen Reiches Deutscher Nation , Leinfelden-Echterdingen 2002 (Schriften zur südwestdeutschen Landeskunde 44).

THEOLOGISCHE KONSOLIDIERUNG IM LUTHERISCHEN LAGER

48. Luther: Disputatio de homine (14.1.1536)

Schon die Ereignisse des Augsburger Reichstages hatten Luther an den Rand des Geschehens im Reich gedrängt: Wegen der anhängigen Reichsacht konnte er nicht bis Augsburg reisen und konnte von der Veste Coburg aus in die Vorgänge des Reichstages kaum eingreifen. Obwohl seine umfangreiche Korrespondenz ihm eine Fülle von Kontakten ermöglichte, wurden doch immer eindeutiger Wittenberg und seine Universität zu dem Mittelpunkt seines Lebens und Arbeitens. Das brachte eine in der Forschung immer noch unzureichend aufgearbeitete Intensivierung der akademischen Tätigkeiten mit sich: Es entstanden große Vorlesungen und, im Zuge des 1525 eingestellten, seit 1533 aufgrund der neuen Universitätsstatuten aber wieder aufgenommenen Promotionswesens in Wittenberg, zahlreiche Disputationen, die in großer begrifflicher Schärfe den Ertrag dessen aufarbeiteten, was der Impuls der ersten Jahre in zahlreichen publizistisch orientierten Schriften und Streitigkeiten erbracht hatte. Grundlegend ist in diesem Zusammenhang die »Disputatio de homine« vom 14. Januar 1536, in der Luther nicht nur grundlegend sein Menschenverständnis entfaltete, sondern anhand dessen auch Philosophie und Theologie einander zuordnete.

1. Die Philosophie, (das ist) die menschliche Weisheit, definiert den Menschen als vernunftbegabtes, mit Sinnen und Körperlichkeit ausgestattetes Lebewesen (animal rationale, sensitivum, corporeum).
2. Nun bedarf es jetzt nicht der Erörterung, ob der Mensch im eigentlichen oder uneigentlichen Sinne als »Lebewesen« (animal) bezeichnet wird.
3. Aber man muss wissen: Diese Definition bestimmt nur den sterblichen und irdischen Menschen (mortalis et huius vitae homo).
4. Und in der Tat ist es wahr, dass die Vernunft (ratio) die Hauptsache von allem ist, das Beste im Vergleich mit den übrigen Dingen dieses Lebens und (geradezu) etwas Göttliches.
5. Sie ist Erfinderin und Lenkerin aller (freien) Künste[1], der medizinischen Wissenschaft, der Jurisprudenz und all dessen, was in diesem Leben an Weisheit, Macht, Tüchtigkeit und Herrlichkeit von Menschen besessen wird.
6. So muss sie mit Recht als Wesensunterschied bezeichnet werden, durch den der Mensch (als Mensch) im Unterschied zu den Tieren und den sonstigen Dingen bestimmt wird.
7. Auch die Heilige Schrift hat sie zu solcher Herrin über die Erde, über Vögel, Fische und Vieh eingesetzt mit dem Gebot: »Herrschet usw.!« (Gen 1,28).
8. Das heißt, sie soll eine Sonne und eine Art göttliche Macht sein, in diesem Leben dazu eingesetzt, (all) diese Dinge zu verwalten.
9. Und selbst nach Adams Fall hat Gott der Vernunft diese Hoheit nicht genommen, sondern vielmehr bekräftigt.

10. Dass sie freilich eine solche Hoheit ist, weiß doch eben diese Vernunft selbst nicht durch Kenntnis der Ursache (a priore), sondern nur durch Rückschluss aus den Wirkungen (a posteriore).
11. Vergleicht man deshalb die Philosophie oder die Vernunft selbst mit der Theologie, so wird sich zeigen, dass wir über den Menschen nahezu nichts wissen.
12. Scheinen wir doch kaum seine stoffliche Ursache (materialis causa) hinreichend wahrzunehmen.
13. Kennt doch die Philosophie ohne Zweifel nicht die wirkende Ursache (efficiens) und entsprechend auch nicht die Zweckursache (finalis).
14. Als Zweckursache setzt sie nämlich nichts anderes als irdische Wohlfahrt (pax huius vitae); und sie weiß nicht, dass die wirkende Ursache Gott der Schöpfer ist.
15. Über die gestaltende Ursache (formalis[2]) aber, als welche man die Seele bezeichnet, wurde nie und wird nie unter Philosophen Einigkeit erzielt.
16. Denn damit, dass Aristoteles sie als erste Betätigung (actus primus) eines Körpers, der das Vermögen zu leben hat (als Prinzip des lebendigen Körpers) definiert[3], wollte er ja Dozenten und Studenten zum Besten haben.
17. Es besteht auch keine Aussicht, dass der Mensch vornehmlich in diesem Teil sich seinem Wesen nach erkennen könne, solange er sich nicht in der Quelle selbst, welche Gott ist, wahrgenommen hat.
18. Und was jämmerlich ist: Nicht einmal über seinen Entschluss (suum consilium) oder seine Gedanken kann er voll und zuverlässig verfügen, sondern ist darin dem Zufall und der Nichtigkeit unterworfen.
19. Jedoch wie dieses Leben ist, so sind sowohl die Definitionen als auch die Erkenntnisse der Menschen, nämlich dürftig, schlüpfrig und allzu sehr an der Stofflichkeit orientiert.
20. Die Theologie hingegen definiert aus der Fülle ihrer Weisheit den ganzen und vollkommenen Menschen.
21. Nämlich: Der Mensch ist Gottes Geschöpf aus Fleisch und lebendiger Seele (anima spirans) bestehend, von Anbeginn zum Bilde (ad imaginem) Gottes gemacht (Gen 1,27) ohne Sünde, mit der Bestimmung, Nachkommenschaft zu zeugen und über die Dinge zu herrschen und niemals zu sterben;
22. das aber nach Adams Fall der Macht des Teufels unterworfen ist, nämlich der Sünde und dem Tode – beides Übel, die durch seine Kräfte nicht zu überwinden und ewig sind;
23. und das nur durch den Sohn Gottes Jesus Christus zu befreien ist (sofern es an ihn glaubt) und mit der Ewigkeit des Lebens zu beschenken.
24. Unter diesen Umständen befindet sich jene allerschönste und allerheiligste Sache, welche (in voller Größe) die Vernunft (auch) nach dem Sündenfall geblieben ist, dennoch – so ergibt sich schlüssig – unter der Macht des Teufels.
25. Folglich ist und bleibt der Mensch dennoch ganz und ausnahmslos – er sei König, Herr, Knecht, weise, gerecht und durch welche Güter dieses Lebens (auch immer) er sich hervortun kann – der Sünde und dem Tod verhaftet, weil unter der Herrschaft des Teufels.
26. Wer darum sagt, die natürlichen Kräfte (des Menschen) seien nach dem Fall unversehrt geblieben, philosophiert gottlos wider die Theologie.
27. Ebenso wer sagt, der Mensch könne sich dadurch, dass er tut, was in seinen Kräften ist (faciendo quod in se est), Gottes Gnade und das Leben verdienen.
28. Desgleichen wer Aristoteles (der vom Menschen in theologischer Hinsicht [de homine theologico] keine Ahnung hat) anführt, nämlich (dahin gehend) dass die Vernunft ihr Sehnen auf das Beste richte.

29. Desgleichen dass im Menschen »das über uns als Prägezeichen gesetzte Licht von Gottes Angesicht« (Ps 4,7) sei, das heißt, freies Entscheidungsvermögen (liberum arbitrium) zur Hervorbringung der rechten Weisung und des guten Willens.
30. Desgleichen, dass es in der Verfügung des Menschen stehe, zwischen Gut und Böse oder Leben und Tod usw. zu wählen.
31. Alle, die solches behaupten, verstehen nicht, was der Mensch ist, noch wissen sie, wovon sie reden.
32. Paulus fasst in Röm 3(,24): »Wir erachten, dass der Mensch durch Glauben unter Absehen von den Werken gerechtfertigt wird« in Kürze die Definition des Menschen dahin zusammen, dass der Mensch durch Glauben gerechtfertigt werde.
33. Wer (vom Menschen) sagt, er müsse gerechtfertigt werden, der behauptet gewiss, dass er Sünder und Ungerechter sei und deshalb vor Gott (coram Deo) schuldig, jedoch durch Gnade zu retten.
34. Und (dabei) versteht er (Paulus) »Mensch« unbegrenzt, das heißt, allgemein, um die ganze Welt, oder was immer »Mensch« genannt wird, unter der Sünde zusammenzufassen.
35. So ist denn der Mensch dieses (irdischen) Lebens Gottes bloßer Stoff zum Leben in seiner künftigen Gestalt (pura materia Dei ad futurae formae suae vitam).
36. Wie auch die Kreatur überhaupt, die jetzt der Nichtigkeit unterworfen ist, für Gott der Stoff zu ihrer herrlichen künftigen Gestalt ist.
37. Und wie sich Erde und Himmel im Anfang (in principio) zu der nach sechs Tagen vollendeten Gestalt verhielten, nämlich als deren Stoff,
38. so verhält sich der Mensch in diesem Leben zu seiner zukünftigen Gestalt, wenn er als Ebenbild Gottes wiederhergestellt und vollendet sein wird.
39. Bis dahin befindet sich der Mensch in Sünden und wird tagtäglich entweder gerechtfertigt oder (immer) mehr verunstaltet.
40. Deshalb hält Paulus diese Reiche der Vernunft nicht einmal für wert, sie »Welt« zu nennen, sondern bezeichnet sie lieber als »Schemen der Welt« (vgl. 1 Kor 7,31)[4].

Quelle: Martin Luther, Studienausgabe, hg. v. H.-U. Delius. Bd. 5, Berlin 1992, 129-133. *Übers.:* Ebeling, Lutherstudien 2/1, 15-24. – *Literatur*: W. Joest, Ontologie der Person bei Luther, Göttingen 1967; G. Ebeling, Lutherstudien 2: Disputatio de homine. 3 Teile, Tübingen 1977.1982.1989; R. Saarinen, Gottes Wirken auf uns. Die transzendentale Deutung des Gegenwart-Christi-Motivs in der Lutherforschung, Stuttgart 1989 (VIEG 137).

[1] *Die sieben »artes liberales« (Grammatik, Rhetorik, Dialektik, Arithmetik, Geometrie, Musik, Astronomie) bildeten den allgemeinbildenden Unterbau der mittelalterlichen Universität und die Voraussetzung für den Besuch der drei höheren Fakultäten Jurisprudenz, Medizin und Theologie.*
[2] *Die vier genannten causae entstammen dem aristotelischen Vier-Ursachen-Schema.*
[3] *Aristoteles, De anima 2,1.*
[4] *Gegenüber dem Vulgata-Text (figura huius mundi) bietet Luther hier »schema mundi« und rekurriert damit offenkundig im Kontext lateinischer akademischer Fachsprache auf den griechischen Text: »τὸ σχῆμα τοῦ κόσμου τούτου«.*

49. Die Wittenberger Konkordie (28. Mai 1536)

Die schwierige Situation der Evangelischen – mit der ungeklärten Abendmahlsfrage seit dem Marburger Religionsgespräch einerseits (Text 41) und dem politischen Bündnis andererseits (Text 47) – konnte auf Dauer keinen Bestand haben. So ergriff, auf Betreiben Bucers, wiederum

Philipp von Hessen die Initiative: Nachdem es am 2. August 1534 seinem Vetter Ulrich von Württemberg gelungen war, den oberdeutschen Ambrosius Blarer und den lutherisch orientierten Erhard Schnepf auf eine Formel zu einigen, die eine gemeinsame Abendmahlslehre ausdrückte, lud er im Dezember desselben Jahres Bucer und Melanchthon zu einem Gespräch nach Kassel ein. Hierdurch wurde ein längerer Prozess des Ausgleichs eingeleitet, in den schließlich auch der zunächst sehr zögerliche Luther einbezogen werden konnte. Ein Treffen oberdeutscher und Wittenberger Theologen in Wittenberg führte schließlich am 28. Mai 1536 zu der Konkordie, die die im Schmalkaldischen Bund vereinten Protestanten – ohne die Schweiz – einigte. Lateinische und deutsche Fassung wurden von den Straßburger Reformatoren Capito und Bucer, dem Ulmer Reformator Martin Frecht sowie den Wittenberger Reformatoren Bugenhagen, Luther und Melanchthon und anderen unterzeichnet. Die Übersetzung folgt der deutschen Fassung.

Wir haben gehört, wie Herr Martin Bucer seine Meinung und die der anderen Prediger, die mit ihm aus den Städten gekommen sind, über das heilige Sakrament des Leibes und Blutes Christi erklärt hat, nämlich folgendermaßen:

Sie bekennen entsprechend den Worten des Irenäus[1], dass in diesem Sakrament zwei Dinge sind, eines himmlisch und eines irdisch. Demnach meinen und lehren sie, dass mit dem Brot und Wein wahrhaftig und wesenhaft[2] der Leib und das Blut Christi zugegen sei und dargereicht und empfangen werde.

Wenngleich sie keine Transsubstantiation annehmen und auch nicht meinen, dass der Leib und das Blut Christi localiter, räumlich, in das Brot eingeschlossen oder sonst bleibend damit vereinigt werde außerhalb des Genusses des Sakramentes, so gestehen sie doch zu, dass durch sakramentale Einung (durch Sacramentliche einigkeit[3]) das Brot der Leib Christi sei, das ist, sie meinen, wenn das Brot dargereicht wird, dass dann der Leib Christi zugleich gegenwärtig sei und wahrhaftig dargereicht werde etc. Denn sie meinen nicht, dass außerhalb des Genusses, wenn man das Brot beiseite legt und im Sakramentenhäuschen behält oder in Prozessionen herumträgt und zeigt, wie im Papsttum geschieht, der Leib Christi zugegen sei.

Zum Zweiten meinen sie, dass die Einsetzung dieses Sakramentes, durch Christus geschehen, in der Christenheit gültig sei und dass es nicht an der Würdigkeit oder Unwürdigkeit des Geistlichen (des dieners) liegt, der das Sakrament reicht, oder dessen, der es empfängt, deshalb weil, wie Sankt Paulus sagt, auch die Unwürdigen dieses Sakrament genießen[4] (1 Kor 11,27). So nehmen sie an, dass auch den Unwürdigen der Leib und das Blut Christi dargereicht wird, und die Unwürdigen dies wahrhaftig empfangen, wenn man die Einsetzung und den Befehl des Herrn Christus hält. Aber diese empfangen es zum Gericht, wie Sankt Paulus spricht (1 Kor 11,29); denn sie missbrauchen das heilige Sakrament, weil sie es ohne wahre Buße und ohne Glauben empfangen. Denn es ist dazu eingesetzt, dass es bezeuge, dass denen, die wahre Buße tun und sich trösten durch den Glauben an Christus, die Gnade und Wohltat Christi ebenda zugeeignet wird und sie Christus eingeleibt und durch das Blut Christi gewaschen werden.

Weil aber diesmal wenige von uns zusammengekommen sind und diese Sache auch zu den anderen Predigern und Obrigkeiten beiderseits gelangen muss, können wir die Konkordie noch nicht abschließen, ehe wir sie den anderen zukommen lassen. Nachdem aber diese alle bekannt haben, dass sie in allen Artikeln der Augsburgischen Konfession und Apologie[5] der Evangelischen Fürsten gemäß und gleich glauben und lehren wollen ... haben wir gute Hoffnung, dass eine beständige Konkordie unter uns aufgerichtet werde.

Quelle: Martini Buceri Opera Omnia. Series 1: Deutsche Schriften. Bd. 6/1: Wittenberger Konkordie (1536). Schriften zur Wittenberger Konkordie (1534-1537), bearb. V. R. Stupperich u.a., Gütersloh 1988, 115-127. - *Literatur:* W. Köhler, Zwingli und Luther. Ihr Streit über das

Abendmahl nach seinen politischen und religiösen Beziehungen. Bd. 2, Gütersloh 1953 (QFRG 7), 432-525; Th. Kaufmann, Art. Wittenberger Konkordie, in: TRE 36, 2004, 243-251; G. Schneider-Ludorff, Der fürstliche Reformator. Theologische Aspekte im Wirken Philipps von Hessen von der Homberger Synode bis zum Interim, Habil.schrift masch. Jena 2004, 229-248.

[1] *Adversus haereses IV,18,5 (PG 1028f.).*
[2] *Im lateinischen Text:* vere et substantialiter.
[3] *Im lateinischen Text:* sacramentali unione.
[4] *Im lateinischen Text:* etiam indignos manducare.
[5] *S. Text Nr. 42; Melanchthons Apologie in BSLK 141-404.*

50. Die Schmalkaldischen Artikel

Als Papst Paul III. (1534-1549) am 2. Juni 1536 für das folgende Jahr ein Konzil nach Mantua ausschrieb, stellte sich für die Evangelischen nicht nur dir Frage, ob dies überhaupt als freies Konzil in ihrem Sinne anzuerkennen sei, sondern auch, mit welcher Verhandlungsgrundlage man gegebenenfalls in ein solches Konzil gehen könne. Johann Friedrich von Sachsen (1532-1554) forderte Luther auf, seine Lehre zusammenzufassen und zu erklären, bei welchen Artikeln gegebenenfalls ein Nachgeben möglich sei. Entsprechend gliederte Luther in drei Teile: die unstrittigen Artikel von der göttlichen Majestät, die strittigen Artikel von der Erlösung im zweiten Teil, bei denen er eine Verurteilung durch das Konzil erwartete – und die Artikel des dritten Teils, bei denen Verhandlungen möglich schienen. Insbesondere die in diesem dritten Teil behandelte Abendmahlslehre war innerevangelisch aber nicht konsensfähig, so dass Luthers Artikel, deren handschriftlicher Fassung die Übersetzung folgt, auf dem Schmalkaldener Bundestag 1537 keine nennenswerte Rolle spielten – ohnehin wurde beschlossen, das Konzil nicht zu beschicken. Durch die spätere Aufnahme in einer Reihe von Corpora doctrinae und in das Konkordienbuch wurde diese dennoch von mehreren Theologen in Schmalkalden unterzeichnete Privatschrift Luthers 1580 zu einer lutherischen Bekenntnisschrift.

Der zweite Teil handelt von den Artikeln, die das Amt und Werk Jesu Christi oder unsere Erlösung betreffen.
Hier ist der erste und Hauptartikel
Dass Jesus Christus, unser Gott und Herr, sei um unserer Sünden willen gestorben und um unserer Gerechtigkeit willen auferstanden, Röm 4(,25), und er allein das Lamm Gottes ist, das der Welt Sünde trägt, Joh 1(,29), und Gott unser aller Sünde auf ihn gelegt hat, Jes 53(,6). Ferner: Sie sind allzumal Sünder und werden ohne Verdienst gerecht aus seiner Gnade, durch die Erlösung Jesu Christi in seinem Blut usw., Röm 3(,23f.).
Weil das nun geglaubt werden muss und mit keinem Werk, Gesetz noch Verdienst sonst erlangt oder ergriffen werden kann, so ist es klar und gewiss, dass allein dieser Glaube uns gerecht mache, wie Sankt Paulus Röm 3(,28) spricht: »Wir halten dafür, dass der Mensch gerecht werde ohne Werke des Gesetzes, durch den Glauben«, desgleichen: »Auf dass er allein gerecht sei und gerecht mache den, der da ist des Glaubens an Jesus« (V. 29).
Von diesem Artikel kann man in nichts weichen oder nachgeben, selbst wenn Himmel und Erde oder das, was sonst nicht bleiben wird, einstürzen: »Denn es ist kein anderer Name dem Menschen gegeben, dadurch wir können selig werden«, spricht Paulus Apg 4(,12), »und durch seine Wunden sind wir geheilt«, (Jes 53,5). Und auf diesem Artikel beruht alles, was wir gegen den Papst, Teufel und Welt lehren und leben.

Darum müssen wir dessen ganz gewiss sein und nicht zweifeln, sonst ist es alles verloren und Papst und Teufel und alles behält gegen uns Sieg und Recht.

Der zweite Artikel

Dass die Messe im Papsttum der größte und schrecklichste Gräuel sein muss, weil sie geradewegs und nachdrücklich gegen diesen Hauptartikel strebt, und doch über und vor allen anderen päpstlichen Abgöttereien die höchste und schönste gewesen ist. Denn es wird behauptet, dass solches Opfer oder Werk der Messe (auch wenn es durch einen bösen Schurken ausgeführt wird) den Menschen gegen die Sünden helfe, sowohl hier im Leben als auch dort im Fegefeuer; das soll und muss aber doch allein das Lamm Gottes tun, wie oben gesagt wurde. Von diesem Artikel ist auch nicht zu weichen oder nachzulassen; denn der erste Artikel hält das nicht aus...

Zum Dritten kann man das Sakrament auf viel bessere und heilbringendere (seliger) Weise (ja allein auf heilbringende Weise) nach Christi Einsetzung erhalten. Was ist es denn, dass man um einer erdichteten unnötigen Sache willen die Welt in Jammer und Not hinein zwingen wollte, wenn man es sonst gut und heilbringender haben kann[1]?

Zum Vierten, weil solche unzähligen, unaussprechlichen Missbräuche in aller Welt mit Kaufen und Verkaufen der Messe entstanden sind, sollte man sie billigerweise fahren lassen, schon allein, um solchen Missbräuchen zu wehren, selbst wenn sie für sich genommen etwas Nützliches und Gutes hätte. Wieviel mehr aber soll man sie fahren lassen, um solche Missbräuche auf ewig zu vermeiden, weil sie doch ganz unnötig, unnütz und gefährlich ist, und man alles nötiger, nützlicher und gewisser ohne die Messe haben kann.

Zum Fünften: Da aber die Messe (wie der Messkanon und alle Bücher sagen) nichts anderes ist oder sein kann als ein Werk der Menschen (auch böser Schurken), durch das einer sich selbst und andere mit Gott versöhnen, Vergebung der Sünden und Gnade erwerben und verdienen kann (denn so wird sie gehalten, wenn sie aufs Allerbeste gehalten wird: Was sollte sie sonst?), so soll und muss man sie verdammen und verwerfen. Denn das ist geradewegs gegen den Hauptartikel...

Dieser Artikel von der Messe wird der Kernpunkt auf dem Konzil sein. Denn wenn es möglich wäre, dass sie uns in allen anderen Artikeln nachgäben, so können sie doch in diesem Artikel nicht nachgeben, wie Campeggio[2] zu Augsburg gesagt hat: Er wollte sich eher in Stücke zerreißen lassen, ehe er die Messe fahren lassen wollte. So werde ich mich auch, mit Gottes Hilfe, eher zu Asche machen lassen, ehe ich einen Messknecht mit seinem Werk meinem Herrn und Heiland Jesus Christus gleich oder übergeordnet sein lasse. Also sind und bleiben wir ewig geschieden und gegeneinander. Sie fühlen es wohl: Wenn die Messe fällt, so liegt das Papsttum darnieder. Ehe sie das geschehen lassen, so töten sie uns alle, sofern sie es vermögen...

Der vierte Artikel

Dass der Papst nicht aus göttlichem Recht (iure divino) oder aus Gottes Wort das Haupt der ganzen Christenheit sei (denn das gilt nur von einem, der heißt Jesus Christus), sondern allein Bischof oder Pfarrer der Kirche zu Rom und derjenigen, die sich, freiwillig oder durch ein menschliches Geschöpf (das heißt durch weltliche Obrigkeit) ihm unterstellt haben, nicht unter ihm als einem Herrn, sondern neben ihm als Brüder und Gesellen Christen zu sein, wie es auch die alten Konzilien und die Zeit Sankt Cyprians beweisen[3].

Jetzt aber wagt kein Bischof den Papst Bruder zu nennen, wie zu der Zeit, sondern muss ihn seinen allergnädigsten Herrn nennen, selbst wenn es ein König oder Kaiser wäre. Das wollen, sollen und können wir nicht auf unser Gewissen nehmen; wer es aber tun will, der tue es ohne uns.

Hieraus folgt, dass alles das, was der Papst aus solch falscher, frevelhafter, lästerlicher, angemaßter Gewalt getan oder vorgenommen hat, nichts als teuflischer Geschichte und Geschäft gewesen ist und noch sei (außer was das leibliche Regiment anbelangt, in dem Gott wohl auch durch einen Tyrannen und Schurken einem Volk viel Gutes geschehen lässt), zum Verderben der ganzen heiligen christlichen Kirche (soviel an ihm liegt) und um den ersten Hauptartikel von der Erlösung durch Jesus Christus zu zerstören.

Denn da stehen alle seine Bullen und Bücher, in denen er wie ein Löwe brüllt (wie der Engel Offb 10[,3][4] vorabbildet), dass kein Christ selig werden könne, wenn er ihm nicht gehorsam und untertan in allem ist, was er will, was er sagt und was er tut. Das ist aber nichts anderes, als wenn man sagen würde: Selbst wenn du an Christus glaubst und alles an ihm hast, was zur Seligkeit nötig ist, so ist es doch nichts und alles umsonst, wenn du mich nicht für deinen Gott hältst, mir untertan und gehorsam bist. Dabei ist es doch offenbar, dass die heilige Kirche ohne Papst gewesen ist, mindestens über fünfhundert Jahre, und dass bis heute die griechische und viele andere Kirchen anderer Sprachen noch nie unter dem Papst gewesen und es auch jetzt nicht sind... Und das Papsttum ist auch ohne Nutzen in der Kirche, denn es übt kein christliches Amt aus, und die Kirche muss also ohne den Papst bleiben und bestehen...

Das Stück zeigt überzeugend (gewaltiglich), dass er (der Papst) der rechte Endchrist oder Widerchrist sei, der sich über und gegen Christus gesetzt und erhöht hat, weil er die Christen nicht ohne seine Gewalt selig sein lassen will, die doch nichts ist, von Gott nicht geordnet oder geboten...

Der dritte Teil

...

(VI.) Vom Sakrament des Altars

glauben wir, dass Brot und Wein im Abendmahl der wahrhaftige Leib und Blut Christi sei und nicht allein von frommen Christen gereicht und empfangen werde, sondern auch von bösen, und dass man es nicht in *einer* Gestalt allein geben solle. Und wir bedürfen der hohen Kunst nicht, die uns lehre, dass unter einer Gestalt so viel sei wie unter beiden, wie uns die Sophisten[5] und das Konzil zu Konstanz lehren wollen[6]. Denn selbst wenn es wahr wäre, dass unter einer Gestalt so viel wäre wie unter beiden, so ist doch die eine Gestalt nicht die ganze Ordnung und Einsetzung, wie sie durch Christus gestiftet und befohlen ist...

Bei der Transsubstantiation[7] halten wir gar nichts von der spitzfindigen Sophisterei, wenn sie lehren, dass Brot und Wein ihr natürliches Wesen aufgeben oder verlieren und allein Gestalt und Farbe des Brotes bleibe und nicht richtiges Brot. Denn es passt am besten zur Schrift, dass Brot da sei und bleibe, wie es Paulus selbst 1 Kor 10(,16) benennt: »Das Brot, das wir brechen«, und 1 Kor 11(,28): »Also esse er von dem Brot«...

(VIII.) Von der Beichte

Weil die Absolution oder Kraft des Schlüssels auch eine Hilfe und Trost gegen die Sünde und schlechtes Gewissen ist, die im Evangelium durch Christus gestiftet ist, so soll man die Beichte oder Absolution in der Kirche keineswegs aus der Übung kommen lassen, besonders um der verzagten Gewissen willen, auch um des jungen, ungebildeten Volkes willen, damit es in der christlichen Lehre verhört und unterrichtet werde. Die Aufzählung der Sünden aber soll einem jeden freistehen, was er aufzählen oder nicht aufzählen will. Denn solange wir im Fleisch sind, werden wir nicht lügen, wenn wir sagen: Ich bin ein armer Mensch voller Sünden; Röm 7(,23): »Ich fühle ein anderes Gesetz in meinen Gliedern« usw. Denn weil die persönliche Absolution (absolutio privata) von dem Amt der Schlüssel herkommt, soll man sie nicht verachten, sondern hoch und wert halten, wie alle anderen Ämter der christlichen Kirche...

(X.) Von der Weihe und Berufung

Wenn die Bischöfe rechte Bischöfe sein und sich der Kirche und des Evangeliums annehmen wollten, so könnte man das um der Liebe und Einigkeit willen, doch nicht als Notwendigkeit, hinnehmen, dass sie uns und unsere Prediger ordinierten und bestätigten, jedoch unter Verzicht auf alles Scheinwesen unchristlichen Wesens und Gepränges. Da sie nun aber nicht rechte Bischöfe sind oder es auch nicht sein wollen, sondern weltliche Herren und Fürsten, die weder predigen, noch lehren, noch taufen, noch das Abendmahl spenden, noch irgendein Werk oder Amt der Kirche betreiben wollen, und noch dazu diejenigen verfolgen und verdammen, die solches Amt als (darein) Berufene ausüben, so darf dennoch um ihretwillen die Kirche nicht ohne Diener bleiben.

Darum wollen und sollen wir, wie uns die alten Beispiele der Kirche und der Väter lehren, selbst tüchtige Personen zu diesem Amt ordinieren[8]. Und das dürfen sie uns nicht verbieten oder verwehren, auch nach ihrem eigenen Recht nicht. Denn ihre Rechte sagen, dass selbst diejenigen, die von Ketzern ordiniert sind, ordiniert heißen und bleiben sollen[9], so wie Hieronymus von der Kirche zu Alexandrien schrieb, dass sie anfangs ohne Bischöfe, durch die Priester und Prediger gemeinsam regiert worden ist[10].

(X.) Von der Priesterehe

Dass sie die Ehe verboten und den göttlichen Stand der Priester mit dauernder Ehelosigkeit beschwert haben, dazu haben sie weder Fug noch Recht gehabt, sondern haben als die endchristlichen, tyrannischen, ruchlosen Schurken gehandelt, und damit allerhand schreckliche, gräuliche unzählige Sünden der Unkeuschheit verursacht, in denen sie auch jetzt noch stecken. So wenig es nun uns oder ihrer Macht gegeben ist, aus einem Mann eine Frau oder aus einer Frau einen Mann zu machen oder den Unterschied zwischen beiden ganz aufzuheben, so wenig haben sie auch Macht gehabt, solche Schöpfung Gottes zu scheiden oder zu verbieten, dass sie nicht ehrlich und ehelich beieinander wohnen sollten. Darum wollen wir in ihren leidigen Zölibat nicht einwilligen und ihn auch nicht dulden, sondern die Ehe frei haben, weil sie Gott geordnet und gestiftet hat. Und wir wollen sein Werk nicht zerreißen noch hindern, denn Paulus sagt 1 Tim 4(,1), es sei eine teuflische Lehre.

(XII.) Von der Kirche

Wir gestehen es ihnen nicht zu, dass sie die Kirche seien, und sie sind es auch nicht; und wir wollen es auch nicht hören, was sie im Namen der Kirche gebieten oder verbieten. Denn es weiß, gottlob, schon ein Kind von sieben Jahren, was die Kirche sei, nämlich die heiligen Gläubigen und die Schäflein, die ihres Hirten Stimme hören.

Quelle: Martin Luther, Studienausgabe, hg. v. H.-U. Delius. Bd. 5, Berlin 1992, 354,11-358,9; 360,9-362,10; 364,1-10; 378,1-380,25; 384,3-6; 422,1-424,6; 426,1-13; 432,8-436,6. *Übers.*: Luther Deutsch. Die Werke Martin Luthers in neuer Ausgabe für die Gegenwart, hg. v. K. Aland, Bd. 3, Göttingen ²1983, 339-342.346.361f.364-366; *Literatur:* H. Volz, Luthers Schmalkaldische Artikel, in: ZKG 68 (1957) 259-286; W.R. Russell, The Smalcald Articles, Luther's Theological Testament, in: LuthQ.NS 5 (1981) 277-296; B. Lohse, Die ökumenische Bedeutung der Schmalkaldischen Artikel, in: W.-D. Hauschild u.a. (Hg.), Kirchengemeinschaft. Anspruch und Wirklichkeit. FS Georg Kretschmar, Stuttgart 1986, 165-175; K. Hagen, The Historical Context of the Smalcald Articles, in: CTQ 51 (1987) 245-253; G. Wenz, Theologie der Bekenntnisschriften der evangelisch-lutherischen Kirche. Eine historische und systematische Einführung in das Konkordienbuch. Bd. 1, Berlin/ New York 1996, 526-542; K. Breuer, Art. Schmalkaldische Artikel, in: TRE 30, 1999, 214-221.

[1] *Im Druck folgt hier als Zusatz: »Man lasse den Leuten öffentlich predigen, wie die Messe, als ein Menschentand, ohne Sünde unterbleiben könne, und niemand verdammt werde, der sie nicht achte, sondern er könne gut ohne Messe wohl auf eine bessere Weise selig werden. Was gilt es, ob die Messe dann nicht von selbst dahinfallen wird, nicht allein bei dem verrückten Pöbel, sondern auch bei allen frommen, christlichen, vernünftigen, gottesfürchtigen Herzen? Umso mehr, wenn sie hören würden, dass es eine gefährliche Sache ist, ohne Gottes Wort und Willen erdichtet und erfunden.«*

[2] *Kardinal Lorenzo Campeggio (1474-1539), päpstlicher Nuntius, der auf dem Augsburger Reichstag von 1530 vehement die päpstlichen Interessen vertrat.*

[3] *Bischof Cyprian von Karthago (ca. 190-258); s. Bd. 1, Nr. 37.*

[4] *Luther gibt an: Offb 12.*

[5] *Scholastiker.*

[6] *Die sogenannte Konkomitanzlehre, die sicherte, dass auch beim Empfang allein des Brotes der ganze Christus empfangen wurde, wurde in der 13. Sitzung des Konzils von Konstanz (s. Bd. 2, Nr. 67) am 15. Juni 1415 bestätigt.*

[7] *Mittelalterlich-katholische Lehre, dass die Substanz der Elemente Brot und Wein trotz gleichbleibender äußerlicher Erscheinung (Akzidentien) in die Substanz des Leibes und Blutes Jesu Christi gewandelt werde; s. Bd. 2, Nr. 40 a]).*

[8] *Seit dem Mai 1535 wurden in Wittenberg, im Allgemeinen durch Bugenhagen vollzogen, wieder Ordinationen vorgenommen.*

[9] *Decretum Gratiani: D. 68 c.1; C. 9 q.1 c. 4; De cons. d. 4 c. 107 (Corpus Iuris Canonici, hg. v. E. Friedberg. Bd. 1, Leipzig 1879 [= Graz 1955], 254; 601; 1395).*

[10] *Luther bezieht sich auf die ebenfalls in das Decretum Gratiani (D. 93 c. 24; a.a.O: Sp. 327-329) aufgenommene* Epistola ad Euagrium de potestate papae *des Hieronymus (ca. 347-419/20), die er selbst 1538 neu herausgab (WA 50,339-341).*

51. Streitigkeiten im Wittenberger Lager: Luthers Thesen zur ersten Disputation gegen die Antinomer (18.12.1537)

Luthers Predigt des Evangeliums hatte schon in den zwanziger Jahren im reformatorischen Lager die Auffassung aufkommen lassen, dass die Predigt des Gesetzes obsolet geworden sei. Besonders vehement vertrat diese Auffassung Johann Agricola (1494-1566), der Leiter der Lateinschule in Luthers Geburtsstadt Eisleben, der erklärte, die heilsnotwendige Buße könne auch aus dem Evangelium hervorgehen. Nach ersten Streitigkeiten 1527 wurde diese Ausrichtung seiner Predigt 1537 erneut in Wittenberg bekannt. Aufgrund der Proteste drängte Agricola selbst auf eine Klärung – diese erfolgte durch Luther zunächst durch die Veröffentlichung von Thesen gegen die Antinomer und dann durch deren Disputation (ohne Beteiligung Agricolas) am 18. Dezember 1537. Der noch einige Jahre anhaltende Streit, in dessen Verlauf Agricola 1540 Kursachsen verlassen musste, bedeutete die Klärung der Unterscheidung von Gesetz und Evangelium als einer der Grundkategorien lutherischen Denkens.

1. Die Buße ist nach dem Zeugnis aller und wahrhaftig Leid über die Sünde, verbunden mit dem Vorsatz, das Leben zu bessern (dolor de peccato cum adiuncto proposito melioris vitae).
2. Dieses Leid ist eigentlich nichts anderes, und kann nichts anderes sein als das Fühlen oder Empfinden (sensus) des Gesetzes im Herzen oder Gewissen.
3. Denn viele hören wohl das Gesetz; aber weil sie die Wirkung oder Kraft des Gesetzes im Herzen nicht fühlen, bleiben sie ohne Leid und Buße.

4. Das erste Stück der Buße, nämlich Leid, ist allein aus dem Gesetz, das andere Stück, nämlich der gute Vorsatz (das Leben zu bessern) kann nicht aus dem Gesetz sein.
5. Denn der Mensch, welcher angesichts der Sünde erschrocken ist, kann sich aus eigenen Kräften nichts Gutes vorsetzen, weil er solches (selbst dann) nicht tun kann, wenn er ruhig und sicher (quietus et securus) ist.
6. Sondern, wenn er durch die Kraft der Sünde zuschanden und überwältigt wird, fällt er in Verzweiflung und Hass gegen Gott (desperatio et odium Dei) oder fährt in die Hölle, wie die Schrift redet.
7. Darum muss die Verheißung (promissio) oder das Evangelium dem Gesetz hinzugefügt werden, welche das erschrockene Gewissen zufrieden stellt und aufrichtet, damit der Mensch einen Vorsatz zum Guten fasse.
8. Die Buße, welche das Gesetz allein wirkt, ist eine halbe Buße oder ein Anfang der Buße oder eine nur zum Teil erfasste (per synecdochen) Buße, denn sie hat keinen guten Vorsatz...
17. (Die Sophisten) meinten, ein guter Vorsatz wäre ein aus menschlichen Kräften erwählter Gedanke, künftig die Sünde zu meiden,
18. während er doch nach dem Evangelium ein Anstoß des Heiligen Geistes ist, die Sünde künftig aus (Gottes) Liebe zu hassen, obgleich unterdessen die Sünde im Fleisch noch hart dagegen kämpft...
23. Jetzt meinten etliche, die den Grund, weshalb man so redet, oder die Sache, von der gehandelt wird, nicht betrachten, es sei gegen das Gesetz Gottes geredet.
24. Und lehren schädlich: Man solle das Gesetz Gottes schlechthin aus der Kirche hinweg tun, was lästerlich und frevlerisch ist.
25. Denn die ganze Schrift lehrt, dass die Buße ihren Ausgang vom Gesetz nehme, was auch die Ordnung dieser Sache selbst und die Erfahrung ausweisen.

Quelle: Martin Luther, Studienausgabe, hg. v. H.-U. Delius. Bd. 5, Berlin 1992, 242-244; *Übers.*: W² 1628-1630. – *Literatur*: G. Kawerau, Johann Agricola von Eisleben. Ein Beitrag zur Reformationsgeschichte, Berlin 1881 (= Hildesheim 1977); J. Rogge, Johann Agricolas Lutherverständnis unter besonderer Berücksichtigung des Antinomismus, Berlin 1960; S. Kjeldgaard-Pedersen, Gesetz, Evangelium und Buße. Theologiegeschichtliche Studien zum Verhältnis zwischen dem jungen Johann Agricola (Eisleben) und Martin Luther, Leiden 1983 (Acta thologica Danica 16); E. Koch, Johann Agricola neben Luther. Schülerschaft und theologische Eigenart, in: G. Hammer/ K.-H. zur Mühlen (Hg.), Lutheriana. Zum 500. Geburtstag Martin Luthers, Köln u.a. 1984 (AWA 5), 131-150.

52. Die Wiedergewinnung des Aristoteles: Melanchthon, Oratio de vita Aristotelis

Luthers scharfe Aussagen gegen Aristoteles bezogen sich zwar vor allem auf dessen Verwendung in der Theologie, aber sie drohten doch auch zu einem Bruch mit dem gesamten Wissenssystem des Mittelalters zu führen. Schon in der Disputatio de homine Luthers selbst ist erkennbar, dass dieser Bruch keineswegs intendiert war. Noch deutlicher aber wurde die positive Rückwendung zur Aristoteles im Wittenberger Lager durch Philipp Melanchthon ermöglicht, der schon in seinen Tübinger Studienjahren den Plan einer gereinigten Aristotelesausgabe verfolgt hatte und im Jahr 1537 seiner Hochschätzung für den Philosophen aus Stagira deutlichen Ausdruck in der »Oratio de vita Aristotelis« gab.

Aristoteles kehrte nach Athen zurück und begann zu unterrichten. Da er begriff, dass die Beredsamkeit mit der Wissenschaft von den Dingen verbunden werden müsse, teilte er die Studien am Morgen der Philosophie und die am Abend den rhetorischen Übungen zu. Als Einziger hat er den Zusammenhang aller Wissenschaften gesehen. So hat er die Physik auf geometrischen Beweisen aufgebaut und begründet. Deswegen behandelte er alle Wissenschaften, schrieb über die Natur der Dinge, über Ethik, die Unsterblichkeit der Seelen und über die Himmelskörper. Vieles hat er für Alexander verfasst[1], damit der Sieger die Gemeinwesen durch Gesetze, Recht, Gerichtsbarkeit und Disziplin festigte. Hier hat er jene goldenen Bücher über die Geschichte der Lebewesen geschrieben...

Auch wenn einige seiner berühmten Schriften verloren gegangen sind, glaube ich dennoch, dass diejenigen, welche erhalten und zumindest für den Unterricht besonders geeignet sind, durch göttliche Fügung erhalten wurden, damit die Nachwelt besser unterrichtet werden kann...

Aristoteles wollte sich um den Nutzen für die Studierenden sorgen und die Schulen fördern. Auch diese Gesinnung bei einem Philosophen ist großen Lobes würdig. Umfassend hat er die Dialektik, die Physik und die Ethik dargestellt. Und er wendet zwei Dinge an, die zur Klarheit in der Lehre beitragen: die Methode und die Eigentümlichkeit eines wissenschaftlichen Schlussverfahrens (methodus et proprietas sermonis). Es ist also nützlich, dass die Heranwachsenden an den aristotelischen Umgang gewöhnt werden. Jene platonische Freiheit im Disputieren bringt unsichere und widerspruchsvolle Meinungen hervor, nicht anders als bei leichtfertigen Malern, die aus Spaß Chimären und Kentauren malen.

Wie sehr aber Aristoteles die anderen Lehrrichtungen in der Sache selbst übertraf, kann man an der Tatsache erkennen, dass keine andere Dialektik für würdig angesehen wurde, zur Nachwelt zu gelangen, außer der aristotelischen, weil sie die Physik in sehr kluger Weise aus geometrischen Anfangsgründen herleitet...

Und so bin ich durchaus der Meinung, dass es zu einer großen Verwirrung der Lehren kommen muss, wenn Aristoteles vernachlässigt wird, der einzig und allein der Meister der Methode ist. Auf keine andere Weise kann einer an die Methode gewöhnt werden, wenn er sich nicht sorgfältig in dieser Art der aristotelischen Philosophie übt. Deshalb ermahne ich euch, nicht nur euretwegen, sondern auch wegen der gesamten Nachwelt, diese vorzügliche Art der Lehre sorgfältig zu pflegen und zu erhalten. Platon sagte, jener Feuerfunke, den Prometheus vom Himmel holte[2], das sei die Methode. Und wo dieser Feuerfunke fehlt, würden die Menschen geradezu in Ungeheuer verwandelt werden. Wenn nämlich der wahre Umgang mit der Lehre beseitigt wird, unterscheidet die Menschen tatsächlich nichts von Ungeheuern. Damit wir also diesen Feuerfunken bewahren, muss diese Art der Lehre, die Aristoteles überliefert hat, mit größtem Eifer bewahrt werden.

Quelle: CR 11, 345.348f.; *Übers.:* Melanchthon deutsch, hg. v. M. Beyer u.a. Bd. 1, Leipzig 1997, 163f.166-168. – *Literatur:* H.-G. Geyer, Welt und Mensch. Zur Frage des Aristotelismus bei Melanchthon, Diss. Bonn 1959; G. Frank, Die theologische Philosophie Philipp Melanchthons (1497-1560), Leipzig 1995 (EThS 67).

[1] Melanchthon hat kurz zuvor die Zeit beschrieben, in der Aristoteles etwa acht Jahre lang bis kurz nach dessen Thronbesteigung 336 v. Chr. Erzieher und Berater Alexanders des Großen (356-323 v. Chr.) war.

[2] Prometheus, Sohn eines Titanen, brachte nach der griechischen Sage den Menschen das Feuer, das Zeus ihnen vorenthalten wollte.

53. Luthers Genesisvorlesung

Anfang Juni 1535 begann Luther eine Vorlesung über die Genesis. Dieses Vorhaben sollte sich mit vielen Unterbrechungen über ein Jahrzehnt hinziehen, bis er die Vorlesung am 17. November 1545, wenige Monate vor seinem Tod beendete. So wurde aus dem Kommentar zur Genesis sein letztes großes Alterswerk, die Summe seiner Theologie. Sie ist größtenteils nur in einer Bearbeitung durch Veit Dietrich und andere erhalten, die 1544-1554 in vier Bänden im Druck erschien, deren Verhältnis zu Luthers tatsächlich gehaltener Vorlesung kaum noch eindeutig zu klären ist.

a) Die drei Stände: Kirche, Gemeinwesen, Hausstand (zu Gen 2,16f.)

»Und er gebot ihm und sprach: Du darfst essen von jedem Baum im Paradies, aber von dem Baum der Erkenntnis des Guten und Bösen darfst du nicht essen« (Gen 2,16f.).

So wurde die Kirche gegründet (Haec est institutio Ecclesiae), bevor es einen Hausstand (oeconomia) und eine Obrigkeit (politia) gab; denn Eva war noch nicht erschaffen. Es wurde aber eine Kirche gegründet ohne Mauern und ohne Prunk; und der Ort, an dem sie sich befand, bot genügend Raum und war lieblich anzusehen. Nach der Gründung der Kirche wurde auch der Hausstand eingerichtet, als an die Seite Adams als Gefährtin Eva gestellt wurde. So ist die Kirche älter und auch wichtiger als die Familie. Eine Obrigkeit aber gab es vor dem Sündenfall überhaupt nicht; denn sie war nicht nötig. Die Obrigkeit ist nämlich ein notwendiges Heilmittel für die verdorbene Natur, da man ihre Begehrlichkeit durch gesetzliche Fesseln und Strafen in Schranken halten muss, damit sie nicht über die Stränge schlägt. Deshalb könnte man die Obrigkeit mit Recht »Reich der Sünde« nennen, so wie Paulus (Röm 8,2) auch Mose einen Diener des Todes und der Sünde nennt.

Denn die Obrigkeit hat in erster Linie die Aufgabe, die Sünde abzuwehren – wie z.B. Paulus (Röm 13,4) sagt: »Die Obrigkeit (potestas) trägt das Schwert zur Strafe über den, der Böses tut.« Wenn die Menschen also nicht durch die Sünde böse geworden wären, so hätte man keine Obrigkeit gebraucht, sondern Adam und seine Nachkommen hätten in absoluter Ruhe gelebt und hätten mit der Bewegung eines Fingers mehr erreicht als jetzt alle Schwerter, Galgen und Äxte zusammen. Niemand hätte dann einen anderen beraubt, erschlagen, bestohlen, verleumdet oder belogen. Wozu hätte man also Gesetze oder eine Obrigkeit gebraucht? Denn sie ist ja ein Brenneisen oder ein brutales Heilverfahren, bei dem die kranken Glieder amputiert werden, um die übrigen zu retten.

Adam wurde also im Paradies nebst der Kirche danach auch die Ordnung (administratio) seines Hausstandes aufgetragen. Die Kirche aber wurde deshalb zuerst gegründet, damit Gott durch sie als Zeichen zeigen konnte, dass der Mensch auf ein anderes Ziel hin erschaffen ist als die übrigen Lebewesen. Denn da die Kirche durch das Wort Gottes gegründet wurde (instituitur verbo Dei), ist sicher, dass der Mensch zu unsterblichem und geistlichem Leben erschaffen ist, in das Adam ohne den Tod zu leiden entrückt oder versetzt worden wäre, nachdem er im Garten Eden und auf der übrigen Erde ohne jede Beschwernis gelebt hätte, bis er des Lebens satt gewesen wäre. Bei ihm hätte es die schändliche Lust (foeda libido) nicht gegeben, die jetzt herrscht; die Liebe zwischen den Geschlechtern wäre einfältig und rein gewesen. Damit hätte der Kinderzeugung kein Makel angehaftet; sie wäre gewissermaßen Gehorsamspflicht (oboedientia) gewesen. Auch die Mütter hätten ohne Schmerzen ihre Kinder geboren; und ihre Erziehung wäre nicht mit so großer Mühe und Not verbunden gewesen.

Aber wer kann mit Worten die verlorene Unschuld gebührend preisen? Das Verlangen (appetitus) des Mannes nach einer Frau ist zwar Teil seiner Natur geblieben und führt auch jetzt noch zur Zeugung, jedoch nicht ohne furchtbare, schändliche Lust und ungeheuren Schmerz bei der Geburt. Hinzu kommen Schamgefühl und Verwirrung, selbst bei Ehegatten, wenn sie den erlaubten Verkehr genießen (frui) wollen. So sehr ist das Grundübel der Erbsünde (peccati originalis gravissimum malum) überall gegenwärtig. Die Schöpfung und der auf ihr ruhende Segen ist gut; aber durch die Sünde ist alles so verdorben, dass die Ehegatten ohne Scham keinen Gebrauch davon machen (uti) können. Das alles hätte es im Stande der Unschuld, wie sie Adam hatte, nicht gegeben, sondern so, wie Ehegatten ohne Scham zusammen essen und trinken, wäre auch Zeugung und Geburt in absoluter Ehrbarkeit und ohne Scham und Verwirrung vonstatten gegangen.

Quelle: WA 42,79,1-39 – *Literatur*: W. Maurer, Luthers Lehre von den drei Hierarchien und ihr mittelalterlicher Hintergrund, München 1970 (SBAW.PPH 1974/4); R. Schwarz, Luthers Lehre von den drei Ständen und die drei Dimensionen der Ethik, in: LuJ 45 (1978) 15-34; s. bei Text b.

b) Der wahre und der falsche Umgang mit Gott (zu Gen 19,14)

Wer in rechter Weise Gedanken entfalten will (recte speculari), der soll auf seine Taufe sehen, seine Bibel lesen, Predigten hören, Vater und Mutter ehren und dem Bruder in Not zu Hilfe kommen. Er soll sich nicht wie das ekelhafte Mönchs- und Nonnenpack (sordidum monachorum et monacharum vulgus) in einem Winkel einschließen und sich an seinen eigenen Frömmigkeitsübungen (devotiones) delektieren, die schließlich dazu führen, dass er glaubt, er sitze in Gottes Schoß und habe Umgang (commercium) mit Gott, ohne Christus, ohne Wort, ohne Sakramente.

Solche Leute reden vom tätigen Leben (vita activa) mit größter Verachtung. Auch mich kam es teuer zu stehen, bis ich von diesem Irrtum befreit war. Denn dieser Irrtum gefällt der Vernunft und scheint ihr, wie Paulus es nennt, die Religion der Engel zu sein (Kol 2,18). Witzel[1], der Heuchler und abtrünnige Gotteslästerer, warf mir einmal vor, unsere Lehre sei zu äußerlich; man müsse bei den geistlichen Dingen bleiben. Die Vernunft möchte sich tatsächlich gern in der Wunderwelt über ihr aufhalten. Aber ihr sollt euch vor diesen Schlingen des Satans hüten und sollt das schauende Leben anders definieren, als man in den Klöstern gelehrt hat, und zwar folgendermaßen: Das wahre schauende Leben (vita speculativa) besteht darin, dass man das gesprochene Wort (verbum vocale) hört, ihm glaubt und nichts anderes wissen will als »Christus, den Gekreuzigten« (1 Kor 2,2). Denn allein dieser ist in seinem Wort der nützliche und heilbringende Gegenstand der Schau. Hüte dich, von ihm abzuweichen; denn wer, wie die Mönche, jetzt auch Schwenckfeld[2] und andere, bei der Schau Gottes die Menschheit bzw. das Fleisch Christi verwirft oder außer Acht lässt, fällt entweder in Verzweiflung, niedergedrückt von der Herrlichkeit (claritas) der göttlichen Majestät, oder fängt an, sinnlos zu jubeln und zu träumen, er sei bereits im Himmel, da ihn der Satan täuscht und mit solchem Blendwerk irreführt. Aber den Verzweifelnden kann man wenigstens helfen, denen, die sich trunken vor Freude schon in Gottes Schoß wähnen, dagegen nicht.

Auch Gerson[3] schreibt über das schauende Leben und preist es mit großen Worten. Wenn unerfahrene Leute so etwas lesen, nehmen sie es an wie Gottes Wort (pro divinis oraculis). In Wirklichkeit aber ist es wie im Sprichwort: »Ein Schatz aus Kohlen«[4]. Lass dich deshalb von denen, die mit ihrer Schau prahlen (vani speculatores isti), ruhig als »äußerlicher« oder »weltlicher« (civilis) Mensch beschimpfen und kümmere dich nicht darum. Für dich kommt es darauf an, dass du Gott für sein Wort,

eben für jene äußerlichen Dinge, dankst und die hochgestochenen Schauungen anderen überlässt.
Ich habe solche Bücher mit großem Eifer gelesen und ermahne euch, dass ihr sie auch lest, aber kritisch (cum iudicio). Es ist nicht ohne Grund, dass ich darauf dränge und es euch immer wieder einhämmere, auf die Selbstbindung Gottes (in ordinatam Dei potentiam) zu schauen und auf jene Mittel, die Gott eingesetzt hat. »Wir wollen uns nicht mit Gott an sich (Deus nudus) befassen, dessen Wege unerforschlich und dessen Gerichte unbegreiflich sind«, wie es Röm 11(,33) heißt.
Die Selbstbindung Gottes, d.h. den Fleisch gewordenen Sohn, lasst uns annehmen, »in welchem verborgen sind alle Schätze der Gottheit« (Kol 2,3). Lasst uns zu diesem Kind gehen, das im Schoß seiner Mutter Maria liegt, zu dem Opfer (ad victimam), das am Kreuz hängt: Dort werden wir Gott wahrhaft betrachten (contemplabimur), dort werden wir ungehindert in sein Herz schauen und sehen, dass er barmherzig ist und dass er keinen Gefallen hat am Tod des Sünders, sondern dass er umkehre und lebe (Ez 33,11). Aus einer solchen Schau bzw. Betrachtung erwächst wahrer Friede und wahre Freude des Herzens. Deshalb sagt Paulus (1 Kor 2,2): »Ich halte nicht dafür, dass ich etwas wüsste außer Christus.« Uns dieser Schau hinzugeben, wird Frucht bringen.

Quelle: WA 43,72,9-73,10. – *Literatur*: P. Meinhold, Die Genesisvorlesung Luthers und ihre Herausgeber, Stuttgart 1936 (FKGG 8); H. Bornkamm, Luther und das Alte Testament, Tübingen 1948; H.-U. Delius, Die Quellen von Luthers Genesisvorlesung, München 1992 (BETh 111); U. Asendorf, Lectura in Biblia. Luthers Genesisvorlesung (1535-1545), Göttingen 1998 (FSÖTh 87); M.L. Mattox »Defender of the most holy matriarchs«. Martin Luther's interpretation of the women of Genesis in the Enarrationes in Genesin, 1535-45, Leiden u.a. 2003 (SMRT 92); J. Schwanke, Creatio ex nihilo. Luthers Lehre von der Schöpfung aus dem Nichts in der großen Genesisvorlesung (1535-1545), Berlin u.a. 2004 (TBT 126).

[1] *Georg Witzel (1501-1573) verlor 1523 als Anhänger der Reformation wegen Heirat ein Priesteramt in Vacha (Rhön); auf Empfehlung Luthers erhielt er 1526 die Pfarrstelle in Niemegk, löste sich aber wieder von der reformatorischen Bewegung, wurde 1533 Priester der kleinen altgläubigen Gemeinde in Eisleben und 1538 vom Herzog Georg von Sachsen, einem scharfen Gegner der Reformation, nach Dresden berufen.*
[2] *S. Text 31 a).*
[3] *Jean Gerson (1363-1429), Frömmigkeitstheologe des späten Mittelalters; s. Bd. 2, Text 69.*
[4] *Phaedrus 5,6,6.*

54. Späte Verhärtungen: Luther, »Von den Juden und ihren Lügen« (1543)

Martin Luther war in seinen ersten Jahren der Überzeugung gewesen, dass die Wiederbringung des Evangeliums auch das Judentum vom Christentum überzeugen müsse, und hatte in diesem Kontext mit seiner Schrift »Dass Jesus Christus ein geborener Jude sei« 1523 wichtige Einsichten über das Verhältnis von Christentum und Judentum formuliert. Die damit mitgesetzte Überzeugung, dass das Judentum sich als Religion durch die Erscheinung Jesus Christi erübrigt habe, verdichtete sich in seinen auch sonst verstärkt zu Verhärtungen neigenden letzten Lebensjahren zu aggressiven Ausfälligkeiten gegenüber dem Judentum, die in späteren Jahrhunderten lutherische Judenfeindschaft wenn nicht erzeugen, so doch legitimieren konnten und so in ihrer Wirkung die Potenziale des jungen Luther zu offenem Umgang mit dem Judentum verdeckten.

Aus diesem allen sehen wir Christen (denn sie, die Juden können's nicht sehen), welch ein schrecklicher Zorn Gottes über dies Volk gegangen ist und ohne Aufhören geht, welch ein Feuer und Glut da brennt, und was die gewinnen, die Christus und seinen Christen fluchen oder feind sind...

Was wollen wir Christen nun tun mit diesem verworfenen verdammten Volk der Juden? Wir können es nicht ertragen, da sie nun einmal bei uns sind und uns solches Lügen, Lästern und Fluchen von ihnen bekannt ist; sonst machen wir uns zu Teilhabern ihrer Lügen, Flüche und Lästerungen. Und wir können auch das unauslöschliche Feuer göttlichen Zorns, wie die Propheten reden (Jer 4,4), nicht löschen und auch die Juden nicht bekehren. Wir müssen mit Gebet und Gottesfurcht eine scharfe Barmherzigkeit üben, vielleicht können wir doch einige aus der Flamme oder Glut erretten. Rächen dürfen wir uns nicht: Sie haben die Rache tausend Mal ärger am Hals, als wir ihnen wünschen können. Ich will meinen treuen Rat geben:

Erstens, dass man ihre Synagogen oder Schulen mit Feuer anstecke und was nicht verbrennt, mit Erde überhäufe und verschütte, damit auf ewig kein Mensch einen Stein oder Schlacke davon sehe. Und das soll man unserm Herrn und der Christenheit zu Ehren tun, damit Gott sehe, dass wir Christen sind und solches öffentliches Lügen, Fluchen und Lästern seines Sohnes und seiner Christen nicht wissentlich geduldet oder bewilligt haben...

Zum andern, dass man ihre Häuser ebenfalls zerbreche und zerstöre. Denn sie treiben darin genau dasselbe wie in ihren Schulen. Dafür kann man sie wie die Zigeuner unter ein Dach oder in einen Stall tun, damit sie wissen, dass sie nicht Herrn in unserem Lande sind, wie sie sich rühmen, sondern dass sie im Elend und gefangen sind, wie sie ohne Unterlass vor Gott über uns Zeter schreien und klagen.

Zum Dritten, dass man ihnen alle ihre Betbüchlein und Talmudisten nehme, in denen solche Abgötterei, Lügen, Fluch und Lästerung gelehrt wird.

Zum Vierten, dass man ihren Rabbinen bei Leib und Leben verbiete, künftig zu lehren...

Zum Fünften, dass man für die Juden das Geleit und Straße ganz und gar untersage, denn sie haben nichts auf dem Lande zu schaffen, weil sie nicht Herren noch Amtleute noch Händler oder dergleichen sind...

Zum Sechsten, dass man ihnen den Wucher verbiete...

Zum Siebten, dass man den jungen starken Juden und Jüdinnen Flegel, Axt, Hacke, Spaten, Rocken, Spindel in die Hand gebe und sie ihr Brot im Schweiß der Nase verdienen lasse, wie Adams Kindern auferlegt ist 1. Mose 3(,19).

Quelle: WA 53,522,20-23; 522,29-523,6.24-32; 524,6-8.18; 525,31-526,1. *Übers.*: W² 1989-1994. – *Literatur:* Johannes Brosseder, Luthers Stellung zu den Juden im Spiegel seiner Interpreten. Interpretation und Rezeption von Luthers Schriften und Äußerungen zum Judentum im 19. und 20. Jahrhundert vor allem im deutschsprachigen Raum, München 1972 (Beiträge zur ökumenischen Theologie 8); Heiko A. Oberman, Wurzeln des Antisemitismus. Christenangst und Judenplage im Zeitalter von Humanismus und Reformation, Berlin 1981; Peter von der Osten-Sacken, Martin Luther und die Juden. Neu untersucht anhand von Anton Margarithas »Der gantz Jüdisch glaub« (1530/31), Stuttgart 2002.

55. Die Religionsgespräche

Nachdem die Bemühungen Karls V. vorläufig gescheitert waren, die Reformationsfrage auf einem Konzil einer Klärung zuzuführen, ergriff er in den frühen vierziger Jahren die Initiative für einen Verhandlungsweg: In Hagenau, Worms (1540) und Regensburg ließ er Gespräche führen, die in einer Mischung aus politischem Druck und theologischer Ausgleichsbereitschaft geführt wurden. Für das Wormser Gespräch überarbeitete Melanchthon eigens die Confessio Augustana im Sinne sowohl einer stärkeren Abgrenzung von der altgläubigen Kirche als auch einer Betonung der Einheitslinien innerhalb des Schmalkaldischen Bundes auf Grundlage des durch die Wittenberger Konkordie Erreichten (Text a) – so entstand mit der CA variata, die der altgläubigen Seite als gemeinsames Bekenntnis des Schmalkaldischen Bundes überreicht wurde, ein Text, der später vor allem den Reformierten eine Grundlage bildete, die Zugehörigkeit zur CA zu erklären, ohne einer streng lutherischen Abendmahlstheologie verpflichtet zu sein. Das vor allem von Bucer und dem altgläubigen Theologen Johannes Gropper (1503-1559) erarbeitete Wormser Buch wurde in Regensburg zum Regensburger Buch ausgearbeitet (Text b). Dabei wurde in ganz wesentlichen Fragen wie der Rechtfertigungslehre eine Einigungsformel gefunden, doch bewegte sich der Text am Ende auf einer Ebene, die zur Ablehnung von protestantischer wie altgläubiger Seite führte – damit war im Mai 1541 klar, dass die Unionspolitik des Kaisers gescheitert war.

a) Wormser Religionsgespräch: Confessio Augustana Variata (1540)

Artikel 4 (Die Rechtfertigung)
Auf dass wir aber diese Wohltaten Christi (beneficia Christi) erlangen mögen, nämlich Vergebung der Sünden, Rechtfertigung und ewiges Leben, hat Christus das Evangelium gegeben, in dem diese Wohltaten uns vor Augen gestellt werden. Wie geschrieben steht Lk 24(,27), dass gepredigt wird die Buße in seinem Namen und Vergebung der Sünden unter allen Völkern. Da nämlich alle Menschen, die auf natürliche Weise gezeugt werden, Sünde haben und nicht dem Gesetz Gottes wirklich genug tun können, hält uns das Evangelium die Sünden vor, zeigt uns den Mittler Christus und lehrt uns so die Sündenvergebung.
Wenn das Evangelium unsere Sünden zeigt, müssen die sehr erschrockenen Herzen feststellen, dass uns um Christi willen umsonst Vergebung der Sünden und Rechtfertigung durch den Glauben gegeben werden. Durch denselben müssen wir glauben und bekennen, dass uns solches geschenkt wurde um Christi willen, der für uns das Opfer geworden ist und den Vater versöhnt hat. Obwohl also das Evangelium Buße verlangt, so lehrt es doch, damit die Sündenvergebung gewiss sei, sie werde umsonst geschenkt, das heißt, sie hänge nicht von der Bedingung unserer Würdigkeit ab, noch werde sie uns wegen irgendwelcher vorangehenden Werke oder wegen der Würdigkeit der nachfolgenden gegeben. Denn die Vergebung würde ungewiss werden, wenn gedacht werden müsste, die Sündenvergebung werde uns zuteil, nachdem wir sie durch vorangehende Werke verdient hätten, oder die Buße würdig genug wäre.
Das Gewissen findet nämlich in seinen wahren Ängsten kein Werk, das es dem Zorn Gottes entgegenstellen könnte. Auch ist uns Christus gegeben und vorgestellt, dass er der Versöhner sei. Diese Ehre Christi darf nicht auf unsere Werke übertragen werden. Daher sagt Paulus: »Aus Gnaden seit ihr selig geworden« (Eph 2,5). Ferner: Daher aus Gnaden umsonst, »damit die Verheißung gewiss sei« (Röm 4,16), das heißt, die Vergebung wird sicher sein, wenn wir wissen, sie hängt nicht von der Bedingung unserer Würdigkeit ab, sondern sie wird um Christi willen geschenkt. Dies ist ein sicherer und notwendiger Trost für die frommen und sehr erschrockenen Gemüter. Auch die heiligen Väter lehren so. Und bei Ambrosius steht der folgende denkwürdige und herrliche Satz: »Das ist von Gott beschlossen, dass, wer an Christus glaubt, gerettet ist, ohne Werk, allein durch den Glauben, der umsonst die Sündenvergebung empfängt«[1].
Auch bezeichnet das Wort Glaube nicht allein das geschichtliche Wissen über Christus, sondern es bedeutet auch, dieser Verheißung, die für das Evangelium charakteristisch ist, glauben und zustimmen. In ihr werden uns um Christi willen

Vergebung der Sünden, Rechtfertigung und ewiges Leben zugesagt. Denn diese Verheißung betrifft auch die Geschichte von Christus, so wie im Glaubensbekenntnis zur Geschichte dieser Artikel hinzugefügt ist: »Ich glaube die Vergebung der Sünden.« Und auf diesen Artikel müssen die übrigen Artikel über die Geschichte Christi bezogen werden. Denn diese Wohltat ist das Ziel der Geschichte. Darum hat Christus gelitten und ist wieder auferweckt worden, dass um seinetwillen uns Sündenvergebung und ewiges Leben geschenkt werde...
Artikel 10 (Das Abendmahl)
Über das Abendmahl (coena Domini) lehren sie, dass mit Brot und Wein Leib und Blut Christi wahrhaft dargereicht (vere exhibeantur) werden an die Essenden und Trinkenden im Abendmahl.

Quelle: Melanchthons Werke in Auswahl, hg. v. R. Stupperich. Bd. V, Gütersloh 1955, 14,31-16,9; 19,30-33 *Übers.:* Das Augsburger Bekenntnis in der revidierten Fassung des Jahres 1540 (Confessio Augustana variata), übers. v. W.H. Neuser, Speyer 1990, 12f.16; *Literatur:* W. Maurer, Confessio Augustana Variata, in: ders., Kirche und Geschichte. Bd. 1: Luther und das evangelische Bekenntnis, hg. v. E.-W. Kohls u. G. Müller, Göttingen 1970, 213-266; W. H. Neuser, 450 Jahre Confessio Augustana Variata. Das »verbesserte« Augsburger Bekenntnis von 1540 als Dokument kirchlicher Einigung und protestantischer Identität, in: BPfKG 59 (1992) 53-62; E. Sternhagen, Melanchthons Abendmahlverständnis in seiner geschichtlichen Entwicklung – unter besonderer Berücksichtigung der Confessio Augustana variata von 1540, Marburg (Microfiche) 1996; G. Seebaß, Der Abendmahlsartikel der Confessio Augustana Variata von 1540, in: J. Loehr (Hg.,) Dona Melanchthoniana. FS Heinz Scheible, Stuttgart-Bad Cannstatt 2001, 411-424.

b) Regensburger Religionsgespräch: Regensburger Buch

5. Von der Rechtfertigung des Menschen (3. Fassung)
Dies kann von keinem Christen bezweifelt werden, dass nach dem Fall Adams alle Menschen, wie der heilige Paulus spricht, geboren werden als Kinder des Zorns und Gottes Feinde (Eph 2,3) und deshalb im Tod und in Gefangenschaft der Sünden sind.
Auch steht für keinen Christen in Frage, dass kein Mensch mit Gott versöhnt und von der Gefangenschaft der Sünden befreit werden kann anders als durch Christus, den einzigen Mittler Gottes und der Menschen (1 Tim 2,5); durch dessen Gnade werden wir, wie der Apostel Röm 6(,17f.) spricht, nicht nur mit Gott versöhnt und befreit von der Gefangenschaft der Sünde, sondern wir erlangen auch Teilhabe an der göttlichen Natur (efficimur consortes divinae naturae) und werden Gottes Kinder (2 Petr 1,4).
Auch ist es gewiss und öffentlich, dass Erwachsene diese Wohltaten Christi (beneficia Christi) nicht erlangen ohne vorhergehende Bewegung des Heiligen Geistes, durch den ihr Gemüt und Wille bewegt wird wider ihre Sünde (ad detestationem peccati)...
Danach wird das menschliche Gemüt vom Heiligen Geist bewegt zu Gott durch Christus, und diese Bewegung geschieht durch den Glauben, durch den das menschliche Gemüt mit Gewissheit allem glaubt, was von Gott geoffenbart ist, und glaubt also auch gewiss und ohne Zweifel den Verheißungen, die uns von Gott gegeben sind; dieser ist, wie im Psalm (145,13) gesagt wird, treu in allen seinen Worten, und daraus fasst es Vertrauen (fiducia) wegen der Verheißung Gottes, in der er zusagt, dass er denen, die an Christus glauben – d.h. denen, die ihr früheres Leben bereuen –, die Sünden umsonst vergeben und sie als (seine) Kinder annehmen wird, und in diesem Glauben wird es vom Heiligen Geist zu Gott empor gehoben. Es empfängt daher auch den Heiligen Geist, die Vergebung der Sünden, die Zurechnung (imputatio) der Gerechtigkeit und unzählige andere Gaben.
Es ist deshalb eine beständige, gesunde Lehre, dass der Sünder durch lebendigen und tätigen (fides viva et efficax) Glauben gerechtfertigt wird, denn dadurch werden wir

Gott angenehm und gefällig um Christi willen... Das wird jedoch keinem zuteil, wenn nicht auch zugleich die Liebe (charitas) eingegossen wird, die den Willen heilt, so dass der geheilte Wille anfängt, das Gesetz zu erfüllen, wie Augustin sagt[2]. Das ist also der lebendige Glaube, der sowohl die Barmherzigkeit in Christus ergreift und glaubt, dass die Gerechtigkeit, die in Christus ist, ihm umsonst zugerechnet wird, als auch zugleich die Zusage des Heiligen Geistes und die Liebe empfängt. So dass also der Glaube, der rechtfertigt, jener Glaube ist, der durch die Liebe tätig (efficax per charitatem) ist (Gal 5,6). Aber gleichwohl ist dies wahr, dass wir durch diesen Glauben insofern gerechtfertigt werden – d.h. von Gott angenommen und mit ihm versöhnt werden –, als man die Barmherzigkeit und Gerechtigkeit ergreift, die uns zugerechnet wird um Christi und seines Verdienstes willen, nicht aber um der Würdigkeit oder Vollkommenheit der Gerechtigkeit willen, die uns in Christus mitgeteilt worden ist.

Wenn auch der, der gerechtfertigt wird, die Gerechtigkeit empfängt und sie durch Christus sogar an sich trägt (habet ... inhaerentem), wie Paulus sagt (1 Kor 6,11): »Ihr seid abgewaschen, ihr seid geheiligt, ihr seid gerechtfertigt« etc., weshalb auch die heiligen Väter mit »Rechtfertigung« das bezeichneten, was »die anhaftende Gerechtigkeit annehmen« meint, so soll sich dennoch das gläubige Herz nicht darauf verlassen, sondern allein auf die Gerechtigkeit Christi, die uns geschenkt wird, ohne die es überhaupt keine Gerechtigkeit gibt noch geben kann. Und so werden wir durch den Glauben an Christus gerechtfertigt oder für gerecht gehalten (reputamur iusti), d.h. durch seine Verdienste angenommen, nicht um unserer Würdigkeit oder Werke willen. Und wir werden, was die anhaftende Gerechtigkeit betrifft, deshalb gerecht genannt, weil wir tun, was gerecht ist, gemäß jenem Wort des Johannes (1 Joh 3,7): »Wer das Rechte tut, der ist gerecht«.

Und obwohl in den Wiedergeborenen Gottesfurcht, Geduld, Demut und andere Tugenden ständig zunehmen sollen, weil die Erneuerung unvollkommen ist und ihnen eine ungeheure Schwachheit anhaftet, so soll man dennoch lehren, dass, wer aufrichtig Buße tut (poenitent), immer in der Gewissheit des Glaubens (fides certissima) festhalten darf, dass er um des Mittlers Christus willen Gott gefällt, weil Christus der Gnadenstuhl, der Hohepriester und Fürsprecher für uns ist, den uns der Vater geschenkt hat und alle Güter mit ihm.

Weil aber der Mensch vollkommene Gewissheit (des Glaubens) in dieser Schwachheit nicht hat, und es viele schwache, erschrockene Gewissen gibt, die oft von schweren Zweifeln angefochten werden, so soll doch niemand wegen dieser Schwachheit von der Gnade Christi ausgeschlossen werden, sondern die Betreffenden sollen vielmehr heftig ermahnt werden, dass sie die Verheißungen Christi mutig diesem Zweifel entgegenstellen und in inständigem Gebet um die Mehrung ihres Glaubens bitten sollen, gemäß dem Wort: »Herr, mehre uns den Glauben« (Lk 17,5).

Auch muss bei allen Christen bekannt sein, dass uns diese Gnade und neue Geburt nicht dazu gegeben sind, dass wir auf der zuerst erreichten Stufe unserer Erneuerung müßig verharren sollen, sondern dass wir in allem zu dem hin wachsen sollen, der das Haupt ist (Eph 4,15). Darum soll man das Volk lehren, dass es sich zu solcher Mehrung befleißigen soll, was geschieht durch gute Werke, innerliche und äußerliche, die von Gott befohlen und empfohlen sind, für die auch Gott an vielen Stellen des Evangeliums klar und in aller Deutlichkeit Belohnung um Christi willen zugesagt hat, nämlich Güter für Leib und Seele in diesem Leben entsprechend der göttlichen Vorsehung und nach diesem Leben im Himmel. Wiewohl deshalb das Erbe des ewigen Lebens den Wiedergeborenen aufgrund der Verheißung zusteht, sobald sie in Christus neu geboren sind, so will doch Gott gleichwohl auch die guten Werke belohnen, (allerdings) nicht nach ihrem Wesen oder insofern sie von uns kommen, sondern

sofern sie im Glauben geschehen und vom Heiligen Geist stammen, der in uns wohnt, unter Mitwirkung des freien Willens als einem, der zum Teil handelt.
Und die Seligkeit derjenigen, die größere und mehr Werke getan haben, wird größer und herrlicher sein aufgrund der Zunahme des Glaubens und der Liebe, worin sie durch solche Übungen gewachsen sind.
Wer aber sagt: »Allein durch den Glauben werden wir gerechtfertigt«, der soll zugleich die Lehre von der Buße, von der Gottesfurcht, vom Gericht Gottes, von den guten Werken weitergeben, damit die umfassende Fülle der Verkündigung erhalten bleibe, wie Christus spricht: »Predigt Buße und Vergebung der Sünde in meinem Namen« (Lk 24,47), und zwar dazu, damit diese Redewendung nicht anders verstanden werde, als oben dargelegt wird.

14. Vom Sakrament der Eucharistie

Das Sakrament der Eucharistie beruht auf dem Wort, das die allmächtige Rede unseres Herrn Christus ist, durch dessen Kraft dies Sakrament zustande kommt und durch das es geschieht, dass nach der Konsekration der wahre Leib und das wahre Blut des Herrn wahrlich und wesenhaft (vere et substantialiter) da sind und den Gläubigen unter der Gestalt (sub specie) von Brot und Wein ausgeteilt werden, wobei jene, nämlich Brot und Wein, ohne Zweifel in Leib und Blut des Herrn verändert und der Substanz nach verwandelt werden (transmutati et transsubstantiati) ...
Das äußerliche Zeichen (elementum) ist Brot und Wein, die zum Sakrament werden, wenn das Wort dazukommt[3]. Denn dies Sakrament »besteht aus zwei Dingen: aus der sichtbaren Gestalt der äußerlichen Zeichen und aus dem unsichtbaren Fleisch und Blut unseres Herrn Jesus Christus«[4], woran wir durch dieses Sakrament wahrhaft und wirklich (vere et realiter) teilhaben.
Die Wirkung dieses Sakraments besteht darin, dass wir durch das Leben schaffende Fleisch unseres Heilandes Jesus Christus nicht nur geistlich, sondern auch leiblich mit ihm verbunden und zu Bein von seinem Bein und Fleisch von seinem Fleisch geschaffen werden, vergewissert, dass wir in Jesus Christus Sündenvergebung empfangen und im Sakrament die Kraft, die brennende Begierde (concupiscientia), die in unseren Gliedern steckt, auszulöschen. Gewiss ist dies Sakrament ein höchst erfreuliches Pfand der Sündenvergebung, des ewigen Lebens und der Gemeinschaft mit Gott, die uns in Christus verheißen und gewährt ist.

Quelle: Martini Buceri Opera Omnia. Series 1: Martin Bucers Deutsche Schriften. Bd. 9/1: Religionsgespräche (1539-1541), Gütersloh 1995, 397,13-21; 397,25-399,9; 399,12-401,18; 437,11-15; 437,21-439,8. – *Literatur:* J. Mehlhausen, Die Abendmahlsformel des Regensburger Buches, in: L. Abramowski u. J.F.G. Goeters (Hg.), Studien zur Geschichte und Theologie der Reformation. FS Ernst Bizer, Neukirchen 1969, 189-211; K.-H. zur Mühlen, Die Einigung über den Rechtfertigungsartikel auf dem Regensburger Religionsgespräch – eine verpaßte Chance?, in: ZThK 76 (1979) 331-359; G. Müller (Hg.), Die Religionsgespräche der Reformationszeit, Gütersloh 1980 (SVRG 191); H.-M. Barth (Hg.), Das Regensburger Religionsgespräch im Jahr 1541. Rückblick und aktuelle ökumenische Perspektiven, Regensburg 1992; A. Lexutt, Rechtfertigung im Gespräch. Das Rechtfertigungsverständnis in den Religionsgesprächen von Hagenau, Worms und Regensburg 1540/41, Göttingen 1996 (FKDG 64); C. Augustijn, Art. Regensburger Buch, in: TRE 28, 1997, 432-437; I. Dingel, Art. Religionsgespräche. IV. Altgläubig-protestantisch und innerprotestantisch, in: TRE 28, 1997, 654-681.

[1] *Das Zitat entstammt dem Ambrosiaster (PL 17,195A), dem ältesten lateinischen Kommentar zu den Paulusbriefen aus dem 4. Jh., der im Mittelalter dem Kirchenvater Ambrosius von Mailand (333/4-397) zugeschrieben wurde.*

[2] *Augustin, De spiritu et littera c. 9,15 (CSEL 60,168)*
[3] *Augustin, In Ioh. Ev. Tractatus 80,3 (CChr 36,529,5f.).*
[4] *Ein von den Zeitgenossen der Religionsgespräche für augustinisch gehaltenes Zitat Lanfranks (gest. 1089) von Bec (PL 150,421B).*

56. Das Interim

Nach dem Scheitern der Religionsgespräche setzte Karl V. wieder auf eine Durchsetzung seiner Macht im Reich, das er wegen der Religionsfrage vom Zerfallen bedroht sah. Als die Hauptleute des Schmalkaldischen Bundes, Johann Friedrich von Sachsen und Philipp von Hessen, 1545 Herzog Heinrich d.J. von Braunschweig-Wolfenbüttel widerrechtlich gefangen nahmen, gab das dem Kaiser einen auch für evangelische Augen legitimierenden Anlass zu einem Krieg gegen den Schmalkaldischen Bund, der mit Mobilmachungen im Juni 1546 begann und seine Entscheidungsschlacht am 24. April 1547 bei Mühlberg hatte: Johann Friedrich und wenig später auch Philipp wurden gefangen genommen und blieben ein halbes Jahrzehnt in kaiserlichem Gewahrsam. Diese Situation nutze Karl V., um auf dem »geharnischten« Reichstag 1547/8 ein »Interim« zu erlassen, das die religiöse Situation im Reich bis zur Beendigung des mittlerweile begonnenen Konzils von Trient regeln sollte und dabei den Protestanten kaum Bewegungsspielraum ließ (Text a). Das Interim konnte zwar nur dort durchgeführt werden, wo die kaiserliche Exekutionsmacht Zuwiderhandelnde bedrohte, wie etwa in Württemberg, wurde aber doch zu einem reichsweit erkennbaren Fanal. In einer besonders schwierigen Lage war Moritz von Sachsen, der sich trotz seines eigenen lutherischen Bekenntnisses auf kaiserlicher Seite am Schmalkaldischen Krieg beteiligt hatte und durch die Augsburger Beschlüsse die seinem ernestinischen Verwandten Johann Friedrich genommene Kurwürde für seine albertinische Linie übertragen bekommen hatte. Die grundsätzlich kritische, im Einzelnen aber differenzierend-vorsichtige Haltung Melanchthons, der zum Nachgeben in Mitteldingen (Adiaphora) riet (Text b), schien ihm einen Weg zu weisen, die Forderungen des Reichstags modifiziert in den sogenannten Leipziger Artikeln für sein Territorium umzusetzen. Allerdings erlangten sie hier, auch aufgrund des Widerspruchs der Wittenberger Theologen um Melanchthon, keine durchschlagende Gültigkeit. Wirkungsvoll wurde vor allem der Protest gegen sie: Der Text wurde als »Leipziger Interim« scharf angegriffen und in ihm die Bereitschaft gewittert, sich auf den als Antichrist verstandenen Papst einzulassen. So stand weniger das Interim selbst als diese Leipziger Artikel im Mittelpunkt des Kampfes gegen die Altgläubigen, aber auch gegen den zum standpunktlosen Kompromissler stilisierten Melanchthon, den die in Magdeburg verschanzten schroffen Lutheraner führten, als sie den Abfall von der Reformation anklagten (Text c). Führend in diesem Kreis, der sich in einen endzeitlichen Kampf verstrickt sah, war Matthias Flacius Illyricus (1520-1575), ein humanistisch gelehrter Schüler Melanchthons, der immer überzeugter den Anspruch erhob, allein das wahre Erbe Luthers zu vertreten und dessen Anhänger daher »Gnesiolutheraner« genannt wurden, im Unterschied zu den an Philipp Melanchthons milderem Luthertum orientierten »Philippisten«. Zu den ideengeschichtlich wirkungsvollsten Folgen wurde die – pikanterweise auf Überlegungen Melanchthons fußende – Formulierung eines genuin lutherischen Widerstandsrechts der niederen Stände in diesem Zusammenhang (Text d), die später insbesondere in reformierten Kreisen rezipiert wurde.

a) **Das Augsburger Interim** (15. Mai 1548)

(IV) Von der Rechtfertigung
Wer nun durch das teure Blut Christi erlöst ist und das Verdienst des Leidens Christi zugeteilt bekommen und erhalten hat, der wird alsbald gerechtfertigt. Das bedeutet: Er findet Vergebung seiner Sünden, wird von der Schuld der ewigen Verdammnis befreit und durch den Heiligen Geist erneuert, und so wird aus einem Ungerechten ein Gerechter. Denn wenn Gott rechtfertigt, handelt er mit dem Menschen nicht allein nach

menschlicher Weise, dass er ihm nur verzeihe und ihm die Sünde erlasse und ihn von der Schuld befreit, sondern er macht ihn auch besser, was doch kein Mensch zu geben pflegt oder geben kann. Denn er teilt ihm seinen Heiligen Geist mit, der sein Herz reinigt und treibt ihn durch die Liebe Gottes, die in sein Herz ausgegossen wird, an, dass er das, was gut und recht ist, begehrt und was er begehrt auch im Werk vollbringt...

Und obgleich diese Gerechtigkeit, die aus dem Brunnen des Gesetzes des Geistes herausfließt, viel besser und reicher ist, als die Gerechtigkeit der Schriftgelehrten und Pharisäer war, so geschieht es doch, dass in denen, die diese Gerechtigkeit aus Gnade erhalten haben, nichtsdestoweniger die Begierde (lüste; lat. Text: concupiscientia) dem Geist widerstrebt, so lange wir hier auf Erden leben. Deshalb geschieht es, dass diese mit dem Geist (gemuet) dem Gesetz Gottes dienen, aber nach dem Fleisch dem Gesetz der Sünde und also nicht ohne Sünde leben. Weil nun ein Mensch, solange er hier auf Erden lebt, die Vollkommenheit dieser eingegebenen Gerechtigkeit nicht erlangen kann, so kommt uns Christus auch an dieser Stelle spürbar und gnädig zu Hilfe, da er »uns von Gott gemacht ist zur Weisheit, Gerechtigkeit, Heiligung und Erlösung« (1 Kor 1,30): Das geschieht nämlich so, dass er, gerade wie er durch die Mitteilung seiner Gerechtigkeit die Gerechtigkeit des Menschen, die diesem nun geschenkt und in ihm ist, die auch ihren Anteil von ihm nimmt, gewirkt hat, so auch diese Gerechtigkeit mehrt, so dass sie sich von Tag zu Tag erneuert, bis sie in dem ewigen Vaterland ganz vollkommen werde. Und durch das Verdienst seines teuren Blutes und seiner Gerechtigkeit, die ganz vollkommen besteht, erwirbt er dem Menschen Vergebung, so dass der Mensch alles, was er wegen seiner Schwäche zu wenig kann, durch Christi Vollkommenheit erlangt und geschenkt bekommt. Dazu gehört der Trostspruch des Johannes: »Liebe Kindlein, dies schreibe ich euch, damit ihr nicht sündigt. Und in dem Fall, dass jemand gesündigt hat, so haben wir einen Fürsprecher bei dem Vater, Jesus Christus den Gerechten, denn er ist die Versöhnung für unsere Sünden.« (1 Joh 2,1f.).

Also kommen zusammen Christi Verdienst und die eingegebene Gerechtigkeit, zu der wir erneuert werden durch die Gabe der Liebe: nämlich die eingegebene Gerechtigkeit, damit wir dadurch »nüchtern, gerecht und gottselig leben in dieser Welt und die selige Hoffnung und Zukunft der Herrlichkeit Gottes und unseres Seligmachers erwarten« (Tit 2,12f.). Aber das Verdienst Christi, damit er eine Ursache der Gerechtigkeit sei, die in uns ist, und damit wir uns, da wir alle in vielen Dingen straucheln und fallen und wegen unserer Schwachheit und Unvollkommenheit auf viele Dinge stoßen und treffen, die unsere Herzen betrüben und in Verzweiflung stürzen können, in eben diesem Verdienst und teuren Blut Christi wieder erholen sollen, in dem wir finden, wodurch wir die Hoffnung auf das ewige Leben am stärksten kräftigen können.

Denn im Herrn Jesus Christus, unserem Erlöser und Seligmacher, den die, die an Christus glauben, anziehen und mit dem ihnen alles geschenkt wird, wie der Apostel sagt (Röm 8,32), liegen für uns alle Dinge aufs Gewisseste und Vollkommenste, durch die wir gründlich und gewiss zur lebendigen Hoffnung erhalten und gestärkt werden...

(XXVI) Von den Zeremonien und Gebräuchen

Die alten Zeremonien, die bei dem Sakrament der Taufe gebraucht werden, sollen alle bleiben, nämlich: Exorzismus, das heißt: Absage (an den Teufel), Glaubensbekenntnis, das Chrisma, das heißt das Öl, und anderes. Denn sie dienen dazu, die Kraft dieses Sakramentes anzuzeigen und zu bezeichnen.

Ferner soll man in den alten Zeremonien, die die allgemeine Kirche bei der Messe gebraucht, nichts ändern, denn sie sind alle für das, was man in der Messe tut, ganz geeignet...

Für den Kanon[1], an dem man nichts ändern soll, soll es auch eine klare Auslegung geben, damit die Priester erstens den Gebrauch ihres Amtes besser verstehen, und was sie verstehen, dem Volk mitteilen können.

Die Zeremonien der anderen Sakramente sollen gebraucht werden gemäß den alten Agenden. Doch wo sich in diese etwas eingeschlichen haben sollte, das Ursache für Aberglauben geben könnte, soll dies nach zeitgemäßem Rat gebessert werden. Die Altäre, Priesterkleider, die Kirchengeräte, Fahnen, desgleichen Kreuz, Kerzen, Bilder und Gemälde soll man in der Kirche halten, doch so, dass sie allein dem Gedächtnis dienen und diesen Dingen keine göttliche Ehrung entgegengebracht wird. So soll auch zu den Bildern und heiligen Gemälden kein abergläubischer Zulauf geschehen...

Man soll auch die Feste, die von der Kirche angenommen sind, behalten – wenn nicht alle, so doch die herausragendsten, nämlich: die Sonntage, den Geburtstag des Herrn, die Beschneidung des Herrn, den Heiligen Dreikönigstag, den Palmsonntag, Ostern mit zwei aufeinander folgenden Tagen, Christi Himmelfahrt, Pfingsten mit zwei aufeinander folgenden Tagen, das Fest Trinitatis, das Fest des Fronleichnams Christi, die Feiertage der Heiligen Jungfrau Maria, die Tage der heiligen Apostel, Sankt Johannes der Täufer, Sankt Maria Magdalena, Sankt Stefan, Sankt Laurentius, Sankt Martin, Sankt Michael und Allerheiligen...

Nun soll man es mit dem Apostel so halten, dass für die Dinge, die des Herrn sind, der sorgt, der ohne Frau ist (1 Kor 7,32). Darum wäre es zu wünschen, dass viele unter den Klerikern gefunden würden, die so, wie sie ohne Frau sind, auch tatsächlich keusch lebten. Da es jetzt aber viele gibt, die die Kirchenämter im Stand der Geistlichen verwalten und an vielen Orten Frauen genommen haben, die sie nicht gehen lassen wollen, so soll hierüber die Entscheidung und Erörterung des allgemeinen Konzils abgewartet werden, da doch die Veränderung dessen, wie jetzt die Zeitläufte sind, derzeit nicht ohne schwere Zerrüttung geschehen kann. Doch kann man, wenn auch der Ehestand an sich selbst nach der Schrift ehrbar ist (Hebr 13,4), nicht leugnen, dass der, der keine Ehefrau nimmt und tatsächlich Keuschheit übt, eben nach der Schrift besser handelt (Mt 19,10ff.; 1 Kor 7,1.8.26).

Eben diese Auffassung gilt auch für den Gebrauch der Eucharistie unter beiderlei Gestalt, wie sie nun viele gebrauchen und daran gewöhnt sind; das kann derzeit ohne schwere Unruhe (bewegung) nicht beseitigt werden. Und das allgemeine Konzil, dem sich alle Stände des heiligen Reiches unterworfen haben, wird dann ohne Zweifel gottselige und eifrige Mühe darauf verwenden, dass in diesem Fall dem Gewissen vieler Menschen und dem Frieden der Kirche nach Notwendigkeit Genüge getan wird; folglich sollen diejenigen, die den Gebrauch unter beider Gestalt bislang angenommen haben, in dieser Sache gleichfalls die Erörterung und Entscheidung des allgemeinen Konzils erwarten. Doch sollen die, die den Gebrauch unter beiderlei Gestalt haben, die Gewohnheit, unter einer Gestalt zu kommunizieren, die mittlerweile alt ist, nicht tadeln, auch keiner den anderen in dieser Sache angreifen, bis hierüber ein Beschluss von einem allgemeinen Konzil vorliegt.

Quelle: Das Augsburger Interim von 1548, hg. v. J. Mehlhausen, Neukirchen-Vluyn ²1996, 42-46.134-138 – *Literatur:* H. Rabe, Reichsbund und Interim. Die Verfassungs- und Religionspolitik Karls V. und der Reichstag von Augsburg 1547/48, Köln/ Wien 1970; J. Mehlhausen, Art. Interim, in: TRE 16, 1987, 230-237; H. Rabe, Zur Entstehung des Augsburger Interims 1547/48, in: ARG 94 (2003), 6-104.

b) Melanchthon an Markgraf Joachim von Brandenburg (31. Juli 1548)

Da Ihr gnädigerweise meine schlichte Meinung zum Interim wissen wollt, berichte ich Eurer Fürstlichen Gnaden unumwunden, wie ich und meine Kollegen in der Universität Wittenberg vielen Leuten geantwortet haben: Prediger und Lehrer sollen ihre Antwort zum Interim von der der weltlichen Obrigkeit trennen. Gottesfürchtige, kundige Prediger und Lehrer sollen klar und ausdrücklich sagen, dass sie das Interim nicht annehmen, nicht billigen und nicht durchsetzen helfen. Denn im Artikel zur Rechtfertigung werden wir gewiss sehr betrogen. Gegen mancherlei Interpretationsversuche berufe ich mich auf das Urteil vieler gottesfürchtiger gelehrter Männer, die Sophisterei hassen und urteilsfähig sind. Außerdem sind weithin bekannte Irrtümer wieder vorgebracht. Ich für meine Person will durch Gottes Gnade dieses Buch, genannt Interim, nicht billigen. Dafür habe ich viele sehr wichtige Gründe. Ich will mein elendes Leben Gott anbefehlen, ob ich nun gefangen oder verjagt werde usw.

Insgesamt ist es leicht zu sagen, was Prediger und Lehrer tun sollen; den weltlichen Regenten zu raten ist jedoch schwierig. Verschiedene Artikel im Interim betreffen Grundsätzliches, d.h. Dinge, die alle Christen verstehen und zur Erhaltung der reinen Lehre bewahren sollen: Rechtfertigung, Beichte, Gottesdienst, Anrufung der Heiligen, grobe Missbräuche des Sakraments beim Herumtragen[2] usw.

Andere Artikel sind nicht grundsätzlicher Natur, sie können nicht von allen Menschen beurteilt werden: Vollmacht zur Auslegung der Heiligen Schrift und die Frage, was ein Konzil darf. Ich rate nicht, dass Fürsten, Herren oder Städte über diese Artikel disputieren, die nicht von grundsätzlicher Natur sind. Ich will auch nicht raten, über Mitteldinge oder Zeremonien zu streiten oder über die Vollmacht der Bischöfe; mir wäre jedoch lieber, dass diese ihre Vollmacht im rechten Sinne gebrauchen. Es ist vergeblich, Regenten zu raten, die die christliche Lehre nicht verstehen oder denen ihr Ansehen vor anderen Menschen wichtiger ist. Ein Fürst aber, der die Grundartikel recht versteht und erkennt, dass das Interim jenseits aller Sophisterei der Wahrheit keinesfalls entspricht, soll es in den genannten Grundsatzartikeln keinesfalls gegen sein Gewissen annehmen.

Nun meine ich, Zeit bringt Rat. Denn viele Städte in Sachsen werden das Interim nicht annehmen. Konstanz und Lindau haben es rundweg verworfen, in Straßburg wurde bisher noch nichts beschlossen. Es ist zu hoffen, dass sich die Sache verzögert. Deshalb soll man sich mit der Antwort nicht beeilen.

Ich meine auch, wenn ein Fürst gegenüber dem Kaiser mit gebührender Demut erklärt, was ihm annehmbar ist und was nicht, und bereit ist, sich in Mitteldingen dem Interim gemäß zu verhalten, wird der Kaiser zufrieden sein. Auf solches Entgegenkommen hofft auch Nürnberg. Wenn man diesen Weg geht, wird die Zeit Rat geben.

Es ist auch zu bedenken, dass sich eine Obrigkeit durch Annahme des Interim zur Verfolgung unschuldiger Priester und anderer verpflichtet, die aus guten Gründen nicht einwilligen können. Solche Verfolgung sollen wir aber nicht unterstützen.

Ich wurde auch gefragt, ob man sich verteidigen soll. Das bedarf jetzt keiner Erörterung. So wie ein Hausvater seine Frau und sein Kind schützen muss, so gut er kann, wenn Mörder in sein Haus einfallen, genauso sind Regenten verpflichtet, ihre Kirche und unschuldigen Untertanen zu schützen, so gut es ihnen möglich ist.

Wo aber der Schutz unmöglich ist, da bedarf es dieser Frage nicht, denn der Text spricht: »Gebt Almosen, sofern es euch möglich ist.« (Tob 4,7). Die Macht des Kaisers ist jedoch so groß, dass die Fürsten ihm wohl keinen Widerstand leisten können. Wer also die Wahrheit bekennen will, der möge sich Gott befehlen und daran denken, wie geschrieben steht: »Alle Haare eures Hauptes sind gezählt« (Mt 10,30).

Quelle: CR 7,85-87. *Übers.:* Melanchthon deutsch, hg. v. M. Beyer u.a. Bd. 2, Leipzig 1997, 246-248. – *Literatur:* G. Wartenberg, Philipp Melanchthon und die sächsisch-albertinische Interimspolitik, in: ders., Wittenberger Reformation und territoriale Politik. Ausgewählte Aufsätze, hg. v. F. Flöter u. M. Hein, Leipzig 2003 (AKThG 11), 87-103.

c) Matthias Flacius Illyricus, Erklärung der schändlichen Sünde derjenigen, die durch das Konzil, Interim und Adiaphora von Christus zum Antichrist abfallen (ca. 1550)

So sehen wir leider jetzt viele – ich muss sie so nennen – Lutherische, die früher die Wahrheit Jesu Christi angenommen, den Antichrist samt seinem gräulichen Unflat erkannt, verworfen und verflucht haben, wie die Sau (nach dem Spruch Petri [2 Petr 2,22]) wieder zum Kot laufen und auf mancherlei Weise den Dreck des Papstes als rechtes Konzil und Himmelsbrot essen.

Auf dem Reichstag zu Augsburg im Jahre 47 wussten fast alle Menschen, dass das Konzil von Trient nichts anderes war als eine Synagoge der Papstknechte, und sie wussten auch, dass dem Kaiser weder ein freies Konzil gewährt noch seine Rechte darin berücksichtigt würden, denn sie waren (mit dem Konzil) schon nach Bologna geflohen[3], und sie wussten auch, was für unchristliche Artikel ganz gegen die christliche Religion dort beschlossen worden waren, und (damit ich es knapp sage) sie wussten, dass es lauter Papstdreck war. Und dennoch haben sie es haben wollen, viele haben darin eingewilligt, haben auch den allerheiligsten Vater sehr demütig gebeten und bitten noch, dass er ihnen dieses allerheiligste Konzil wieder geben wolle, damit sie ja diese köstliche Speise genießen können.

Als ihnen das aber nicht gelang, wurden sie sehr betrübt und dachten sich einen anderen Weg aus, auf dem sie diese Speise erlangen könnten, und begehrten das Interim, das heißt: fast alle päpstlichen Gräuel, nur dass es den Namen nicht trage und ein wenig verblümt werde. Als sie solches erlangt hatten, hilf Gott, wie jubilierten sie da! Welch ein großes Glück hatten sie in ihrem Sinn erlangt! Wie lobten sie es! Jetzt werde das Evangelium durch ganz Europa gepredigt werden (denn es sei eine große Tür für Christus aufgetan worden), damit Friede, Einigkeit, Einträchtigkeit in der ganzen Kirche aufgerichtet werde und gar ein goldenes Zeitalter komme. Dass aber das Interim nichts anderes als lauter Papstdreck ist, ist Gottlob bisher durch viele Schriften klar bewiesen.

Weil aber die glückseligen Dreckfresser wie Scheißleben[4], Dr. Interim[5] und andere von vielen darum getadelt und verspottet worden sind, kommen nun etliche andere daher, die sich nach demselben Dreck sehnen und sich und anderen eben aus demselben Stoff auch ein Essen bereiten. Aber damit man sie nicht tadelt, würzen sie es mit Zucker und anderem guten Konfekt, setzen es den Leuten vor und schwören zu Gott und den Heiligen, es sei ein solches Gericht, zu dem kein schlechter Tropfen gekommen sei. Denn es seien nur Adiaphora darin, es sei aber sehr gut gewürzt mit Süße, großem Nutzen, Frieden, Einträchtigkeit, Einigkeit, Gleichförmigkeit, himmlischer Zucht, Weiterführung des Evangeliums und es werde ein goldenes Zeitalter daraus folgen. Wohlan, sie werden's schon sehen.

Am allerbedauerlichsten aber ist, dass sie, obwohl der größte Teil so deutlich, dass man es greifen kann, weiß, erfahren und gelesen hat, dass diese Speise nichts ist als lauter Dreck und Papstgräuel, doch willig davon fressen mit den Adiaphoristen. Denn der Papst spricht (wie das Bild zeigt[6]) einen zweifachen Segen darüber, einen geistlichen und einen weltlichen: Erstens einen geistlichen, denn er kann mit der Religion dispensieren und handeln, hinzutun und fortnehmen, was er will, auch gegen die Apostel und Evangelisten, gemäß dem Schrein seines allergeheimsten Herzens. Denn

er hat vollkommene Macht, alles nach seinem Gutdünken (mutwillen) zu verordnen; so hat er zum Beispiel, obwohl er zuvor aufgrund des klaren Befehls Christi wusste, dass jedermann aus dem Kelch trinken sollte und auch aus dem Papst Gelasius vernommen hatte, dass es ein gräulicher Kirchenraub ist, wenn einer anders handelt[7], dennoch dies alles dispensieren und anordnen können, dass kein Laie aus dem Kelch trinken sollte und dass es die allergrößte Ketzerei sein musste, wenn einer dem widerspreche. Nun, da er weiß, dass es katholisch, orthodox, apostolisch und römisch ist, dass die Laien allein unter einer Gestalt kommunizieren sollten, kommt er doch wieder daher und kann den Lutherischen den Dispens erteilen, dass es nun nicht unchristlich ist , unter beiderlei Gestalt das Sakrament zu empfangen. Genauso macht er es auch mit der Priesterehe...
Danach kommt auch der weltliche Segen dazu, nämlich dass alle, die seinen Scheißdreck als wahre Religion annehmen, Friede haben, kaufen und verkaufen können und ihre Götter, den Bauch und Mammon, ehren, nähren und erhalten können. Diese Stücke sehen jetzt viele als so groß an, dass sie ihretwegen wissentlich und freiwillig in das ewige höllische Feuer rennen.
Dies ist die Erklärung dieses prophetischen Bildes des ehrwürdigen Vaters Doktor Martin Luthers seligen Gedächtnisses. Denn dieser heilige Prophet Gottes hat gut vorhergesehen, dass seine Deutschen, denen er so eine lange Zeit so ganz eifrig vom Antichrist, von der Babylonischen Hure und ihren schrecklichen Gräueln und Strafen gepredigt hat, sich noch selbst danach sehnen würden, dass sie der Antichrist ritte, ferner, dass sie sein Joch und seine Tyrannei freiwillig auf sich nehmen und ohne alle besondere Not aus dem gelobten Land in den eisernen Ofen dieses höllischen Pharaos laufen und seine schrecklichen, ganz ägyptischen Gräuel mit besonderer Gier als das Himmelsbrot des Evangeliums Jesu Christi fressen würden.

Quelle: Erklerung der schendlichen | Sünde der jenigen / die durch das Concilium /| Interim / und Adiaphora / von Christo zum Antichrist fallen / aus diesem | Prophetischen gemelde / des 3. Eliae seliger gedechtnis / D. M. Luth. Genomen. | Durch Math. Fla. Illyr., o.o. o.J. [Magdeburg 1550], B 1^r – B 3^r. – *Literatur:* M. Preger, Matthias Flacius und seine Zeit. 2 Bde., Erlangen 1859.1861 (= Hildesheim 1964); I. Dingel, Flacius als Schüler Luthers und Melanchthons, in: G. Graf u.a. (Hg.), Vestigia Pietatis. Studien zur Geschichte der Frömmigkeit in Thüringen und Sachsen. FS Ernst Koch, Leipzig 2000 (Herbergen der Christenheit, Sonderbd. 5), 77-93; Olson, O.K., Matthias Flacius and the Survival of Luther's Reform (= Wolfenbütteler Abhandlungen zur Renaissanceforschung 20), Wiesbaden 2002.

d) Das Magdeburger Bekenntnis

Wenn eine höhere Obrigkeit mit Gewalt unternimmt, die Abgötterei des Papstes wieder einzusetzen und die reine Lehre des Evangeliums und diejenigen, die diesem angehören, zu unterdrücken und zu vernichten, wie es jetzt mit uns und anderen, abgesehen davon, welchen Anschein man sich gibt und welchen Namen man gebraucht, nicht allein gegen göttliches, sondern auch gegen die eigenen geschriebenen Rechte geschieht, so kann und soll eine untere, gottesfürchtige Obrigkeit sich samt den ihren, über die sie gesetzt ist, gegen solche unrechte Gewalt schützen und sie hindern, so gut sie kann, und rechte Lehre und Gottesdienst, Leib und Leben, Gut und Ehre bewahren.
Um dies mit Wahrheit zu beweisen, wollen wir etliche Gründe, die andere zuvor zur Genüge dargetan haben, bleiben lassen und jetzt noch drei starke Gründe vorlegen, von denen wir hoffen, dass sie leicht und nützlich zu verstehen sein werden.
Das erste Argument

Die Obrigkeit ist eine Ordnung Gottes, das Gute zu ehren und das Böse zu strafen, Röm 13(,1-5). Wenn daher die Obrigkeit anfängt, das Gute zu verfolgen und das Böse zu fördern, so ist sie – in dieser Sache, in der sie so handelt – nicht mehr eine Ordnung Gottes, sondern eine Ordnung des Teufels. Und wer sich einem solchen Vorhaben widersetzt (widerstehet), der widersetzt sich nicht der Ordnung Gottes, sondern der Ordnung des Teufels. Wer aber sich widersetzt, der achte darauf, dass er das in und durch seinen rechten Beruf tue.

So kommt nun der nächste Beruf der anderen Obrigkeit zu, die höher oder gleichrangig mit der Obrigkeit ist, die Gewalt ausübt, oder der Obrigkeit, die Gewalt leidet und die doch auch, abgeleitet von der hohen Obrigkeit, eine Ordnung Gottes ist, die das Gute fördern und das Böse strafen soll und ihre Untertanen nach dem Befehl Gottes schützen und leiten soll. Wie die hohe Obrigkeit diese Ordnung und Befehl Gottes in sich selbst nicht ändern kann, kann sie es auch nicht in einer anderen (Obrigkeit) und erlauben, das Gute zu verfolgen und das Böse zu fördern, so wenig wie sie das göttliche Recht und das Recht der Natur ändern kann.

Weiter, wenn die hohe Obrigkeit die untere Obrigkeit absetzt, die nicht im Bösen folgen will, und eine andere bestätigt, die es gerne tut, also das Böse ehrt und fördert und das Gute nicht ehrt und zerstört, so ist sie eben in dieser Absetzung nicht eine Ordnung Gottes, sondern eine Ordnung des Teufels. Und eine solche Absetzung der guten Obrigkeit gilt nicht vor Gott, und die Obrigkeit, die in dieser Weise abgesetzt ist, trägt vor Gott weiter die Verantwortung (bleibt für GOtt noch schüldig), dass sie ihr Amt ausrichte bei den Ihren, das heißt, dass sie das Gute ausübe und das Böse strafe bei jedem, der es verdient, auch bei einem Oberen, wie Paulus unbestimmt redet und niemand ausnimmt. Ja, er macht aus einem, wenn er zum Tyrannen geworden ist, eine Ordnung des Teufels...

Das zweite Argument

Christus befestigt es Mt 22(,21) durch ein starkes Ja und setzt beides zusammen: dass man dem Kaiser geben soll, was des Kaisers ist und daneben auch Gott, was Gottes ist. Hieraus folgt auf die Weise, wie man es in den zehn Geboten Gottes sieht, ein gewaltiges Nein: Wo (nämlich) die Sünden verboten werden, da führt man alle Zeit die guten Werke aus, die in den zehn Geboten gefordert werden. Deshalb folgt aus diesem Gebot zum Ersten, dass man dem Kaiser nicht geben soll, was Gottes ist, wie die Apostel eine Regel und Gebot geben: »Man muss Gott mehr gehorchen als den Menschen« (Apg 5,29).

Menschen, die nun der Obrigkeit den Gehorsam im Blick auf das versagen, was gegen Gott ist, sündigen nicht gegen ihre Majestät, dürfen auch nicht als Rebellen, widerspenstige und halsstarrige Leute gescholten werden, wie Daniel zum König Darius sagt: »Und gegen dich, Herr König, habe ich auch nichts Böses getan« (Dan 6[,23]). Und das aus zwei Gründen: Erstens, weil die Obrigkeit solchen ungehörigen Gehorsam nicht als eine von Gott verordnete Obrigkeit fordert, sondern als Menschen, die darin nach Gottes Wort keine Gewalt über andere Leute haben; diesen Grund wollten, wie es scheint, auch die Apostel mit ihrem Spruch anzeigen. Zum anderen: Selbst wenn sie eine rechte Obrigkeit bleiben, sollen und müssen doch, wie es in weltlichen Dingen zugeht, dass die Gesetze der niederen Obrigkeit den Gesetzen der hohen Obrigkeit weichen müssen, auch die Gesetze der Menschen den Geboten unseres Herrgotts weichen.

Zum anderen: Wie Christus nicht will, dass man dem Kaiser gebe, was Gottes ist, so will er auch nicht, dass man ihm das gebe, was anderen gehört und nicht ihres ist, weder nach göttlichem Recht noch nach kaiserlichen Rechten, etwa wenn der Kaiser von mir mein Leben oder das eines anderen forderte, die Ehre meiner Frau oder Tochter, mein Gut usw., so bin ich ihm das nicht schuldig...

Und so wie Fürsten und andere Stände des Reiches, wenn der Kaiser gestorben ist, gleichwohl dieselben Stände bleiben und jeder seines Berufs und Standes, seiner rechtmäßigen Macht und Gewalt, die ihm anvertraut ist, walten soll, wie es ihm ernstlich von Gott befohlen ist, nämlich etwa den Gotteslästerern und allen, die mit Gewalt auch andere zu Gotteslästerung verursachen und nötigen wollen, zu wehren, sie zu strafen und ihre Untertanen von ihnen zu befreien – so haben sie nach demselben Beruf das Recht und die Verantwortung (sind schüldig), auch dem Kaiser selbst in solchen Sünden und Vorhaben zu wehren, in denen er nicht nur außerhalb seines Amtes, sondern geradewegs dagegen handelt, nicht aus Gottes, sondern aus des Teufels Ordnung und Befehl, wie oben aus Sankt Paulus (Röm 13,1-7) zur Genüge bewiesen ist...

Das dritte Argument

Wenn Gott die höchste Obrigkeit, wenn sie zum Tyrannen wird, ganz ungehindert und ungestraft von Menschen als ihren Untertanen lassen wollte, was würde daraus nur für ungereimtes Zeug und Gottes Wort ganz Entgegengesetzes folgen! Vor allem und als Erstes würde daraus folgen, dass Gott mit dieser Ordnung, mit der er die Obrigkeit eingesetzt und in dieser Weise ungehindert zu lassen befohlen hätte, selbst das Böse schützte, ja, ehrte und förderte, und dagegen das Gute gleichsam hinderte und ihm wehrte. Weiter würde folgen, dass in seinem Herzen und in dieser seiner Ordnung Gott gegen sich selbst stünde, und dass er mit dieser Ordnung, die er dem menschlichen Geschlecht zugute hat machen wollen, mehr Schaden als Gutes gestiftet hätte.

Quelle: Bekentnis Unter=|richt und vermanung / der Pfarr=|hern und Prediger / der Christlichen | Kirchen zu Magdeburgk. | Anno 1550. Den 13. Aprilis (...), Magdeburg: Michael Lotter 1550, K 1r – 2r; L 1r – L 2r; L 3 – *Literatur:* E. Hildebrandt, The Magdeburg Bekenntnis as a possible Link between German and English Resistance Theory in the Sixteenth Century: ARG 71 (1980) 227-253; W. Schulze, Zwingli, lutherisches Widerstandsdenken, monarchomachischer Widerstand: Zwingli u. Europa, hg. v. P. Blickle u.a., Zürich 1985, 199-216; R. v. Friedeburg, Widerstandsrecht und Konfessionskonflikt. Notwehr und Gemeiner Mann im deutsch-britischen Vergleich 1530-1669, Berlin 1999 (Schriften zur Europäischen Rechts- und Verfassungsgeschichte 27); Th. Kaufmann, Das Ende der Reformation. Magdeburgs »Herrgotts Kanzlei« (1548-1551/2), Tübingen 2003 (BHTh 123), 176-198; Chr. Strohm, Art. Widerstand II. Reformation und Neuzeit, in: TRE 35, 2003, 750-767; V. Leppin, Magdeburg und die Folgen. Zum lutherischen Beitrag zur Widerstandsdiskussion im 16. Jahrhundert, in: Martin Leiner u.a. (Hg.), Gott mehr gehorchen als den Menschen. Christliche Wurzeln, Zeitgeschichte und Gegenwart des Widerstandsrechts, Göttingen 2005, 99-111.

1 *Hochgebet der Messe.*

2 *Gedacht ist an die Fronleichnamsprozessionen.*

3 *Das in Trient, am äußersten Zipfel des Römischen Reiches, also im Machtbereich des Kaisers, eröffnete Konzil war am 11. März 1547 unter einem Vorwand nach Bologna, in den Kirchenstaat, verlegt.*

4 *Johann Agricola aus Eisleben (s. Text Nr. 51) hatte an dem Text des Augsburger Interims mitgewirkt.*

5 *Die Identifikation von »Dr. Interim« ist nicht ganz sicher. Es könnte sich wiederum um Agricola handeln, aber gerade die Nennung nach einer eindeutig diesen bezeichnenden Wendung spricht hiergegen, so dass es sich nahe legt, dass Melanchthon, für den sonst bei Flacius keine eindeutigen Schimpfnamen vorliegen, gemeint ist (freundliche Mitteilung von Dr. Henning Jürgens, Mainz).*

6 *Die ganze Flugschrift kommentiert das Titelblatt, eine auf Martin Luther zurückgeführte Abbildung, auf der ein Papst zu sehen ist, der auf einer Sau reitet, dabei einen Haufen stinkenden Kots in der linken Hand hält und mit der rechten einen Segensgestus hierzu macht.*

[7] *De cons. D. 2 c. 12 (Corpus Iuris Canonici, hg. v. E. Friedberg. Bd. 1, Leipzig 1879 [= Graz 1955], 1318).*

57. Der Augsburger Religionsfriede (25. September 1555)

Ein Fürstenaufstand, an dem nach einem erneuten Schwenk auch Moritz von Sachsen (1541-1553) beteiligt war, veränderte die für die Protestanten bedrückende politische Situation aufs Neue: Schon der Passauer Vertrag von 1552 bestätigte den bisherigen Status quo in konfessionellen Fragen. Zu einer endgültigen Regelung kam es dann auf dem Augsburger Reichstag 1555, der – nach einer Formulierung Bernd Moellers – das Mittelalter mit mittelalterlichen Mitteln beendete. Die Anerkennung der Verwandten der Augsburger Konfession bedeutete nun einerseits eine Sicherung für die Lutheraner – andererseits blieben die Täufer und die Schweizer weiter außerhalb des Friedenssystems des Reiches.

(Wir) setzen fest, ordnen an, wollen und gebieten, dass künftig niemand ... um keinerlei Ursachen willen ... den anderen befehden, bekriegen, berauben ... soll. Und damit ein solcher Landfriede auch in Bezug auf die Religionsspaltung ... um so beständiger aufgerichtet und gehalten werde, sollen die kaiserliche Majestät, ... auch Kurfürsten, Fürsten und Stände des Heiligen Reiches keinen Stand des Reiches der Augsburgischen Konfession wegen ... gewaltsam überziehen ... oder sonst gegen sein ... Gewissen, Wissen und Wollen von dieser Augsburgischen Konfession, Religion, Glaube, Kirchengebräuche, Ordnungen und Zeremonien ... auf andere Wege drängen ..., sondern bei dieser Religion ... friedlich bleiben lassen ... Dagegen sollen die Stände, die der Augsburger Konfession zugehörig sind, jene Reichsstände, die der alten Religion anhängen, Geistliche oder Weltliche, ... gleicherweise bei ihrer Religion ... unbehelligt bleiben ... lassen. Doch sollen alle anderen, die den beiden genannten Religionen nicht anhängen, in diesem Frieden nicht gemeint, sondern gänzlich ausgeschlossen sein...

(Geistlicher Vorbehalt:) Wenn ein Erzbischof, Bischof, Prälat oder ein anderer von geistlichem Stand unsere alte Religion verlassen sollte, hat dieser sein Erzbistum, Bistum, Prälatur und andere Benefizien ... umgehend zu verlassen, ... jedoch ohne Beschädigung seiner Ehre; auch soll es den Kapiteln – und denen es nach allgemeinem Recht oder entsprechend dem kirchlichen und stiftlichen Gewohnheitsrecht zusteht – möglich sein, eine Person, die der alten Religion angehört, zu wählen.

Da aber manche Stände ..., einige Stifte, Klöster und andere geistliche Güter eingezogen und diese zu Kirchen, Schulen, zu mildtätigen und anderen Zwecken verwendet haben, sollen auch diese eingezogenen Güter, die denjenigen, die Reichsstände sind, nicht gehören, und deren Besitz die Geistlichen zur Zeit des Passauer Vertrages oder seither nicht gehabt haben, in diesen Friedensstand ... einbezogen sein. Wenn aber unsere ... Untertanen, sie mögen der alten Religion oder der Augsburgischen Konfession anhängen, wegen dieser ihrer Religion ... mit Frau und Kindern an andere Orte ziehen und sich niederlassen wollen, soll ihnen dieser Fort- und Zuzug, auch der Verkauf ihrer Habe und Güter gegen sehr angemessene Abgabe für Leibeigenschaft und Nachsteuer, wie es ... von alters her ... gehalten worden ist, ungehindert ... zugelassen und bewilligt ... sein ... Nachdem aber in vielen freien und Reichsstädten die beiden Religionen ... bisher eine Zeitlang nebeneinander in Gang und Gebrauch gewesen sind, sollen diese auch künftig so bleiben...

Quelle: K. Brandi (Hg.), Der Augsburger Religionsfriede vom 25. September 1555. Kritische Ausgabe des Textes mit den Entwürfen und der königlichen Deklaration, Göttingen ²1927. *Übers*: P. Börger (Hg.), Quellen zur Geschichte der Reformation. Quellensammlung zum Lehrbuch für die evangelische Unterweisung an höheren Schulen. Bd. 4, Heidelberg ²1960, 41f. – *Literatur:* G. Wolf, Der Augsburger Religionsfriede, Stuttgart 1890; V.H. Drecoll, Der Passauer Vertrag (1552). Einleitung und Edition, Berlin 2000 (AKG 79); M. Heckel, Ius reformandi. Auf dem Wege zum »modernen« Staatskirchenrecht im Konfessionellen Zeitalter, in: I. Dingel u.a. (Hg.), Reformation und Recht. FS Seebaß, Gütersloh 2002, 75-126; A. Gotthard, Der Augsburger Religionsfrieden, Münster 2004.

58. Johannes Calvin und die internationale Ausbreitung des Calvinismus

Die Eingliederung der Oberdeutschen in die Wittenberger Konkordie hatte die innerreformatorischen Differenzen wenn nicht beigelegt, so doch zunächst unter ein gemeinsames Dach gebracht. Ein von Wittenberg getrennter Typus oberdeutscher Theologie lebte in dem nach Zwinglis Tod arg geschwächten Zürich fort, wo der rege Antistes Heinrich Bullinger (1504-1575) Zwinglis Nachfolge angetreten hatte. Zu einem neuen Impuls aber kam es durch das Wirken Johannes Calvins (1509-1564) in Genf: Nach seiner in der Forschung vielfach umstrittenen »subita conversio« zum Protestantismus, die wohl als unerwartete Hinwendung zu dieser neuen Bewegung zu verstehen ist, musste er 1534 seinen Studienort Paris verlassen. 1536 wurde er vom Genfer Reformator Guillaume Farel (1489-1565) zur Mitarbeit an der dortigen Reformation gewonnen. Abgesehen von einer Exilszeit in Straßburg 1538-1541 aufgrund von Streitigkeiten in Genf um seine Reformmaßnahmen bestimmte er bis zu seinem Tode die Geschicke der Stadt. Er formte dabei theologisch wie sozial einen eigenen Typus reformatorischer Christlichkeit, der sich unter dem Druck der äußeren Ereignisse zunehmend als eigener Weg jenseits des Luthertums darstellte und sich insbesondere durch seinen ethischen Impetus auszeichnete. In dieser Gestalt des reformierten Protestantismus oder »Calvinismus« erreichte die Reformation mit Frankreich und den Niederlanden Westeuropa, schließlich über England auch Amerika und wurde hier für weite Kreise des amerikanischen Protestantismus mentalitätsprägend.

a) Die Reformation in Genf

1. Eine Nonne erlebt die Anfänge der Reformation in Genf

Jeanne de Jussie (1503-1561), eine adelige Klarissen-Nonne aus Savoyen, erlebte voller Misstrauen die Vorgänge der Reformation in Genf. Spätestens 1532 begann sie, die Ereignisse in einer Chronik aufzuschreiben, die schließlich die Jahre von 1526 bis zum Auszug der Nonnen aus Genf 1535 umfasste. In ihr spiegeln sich die Ängste und Nöte der Altgläubigen, die aus den verschiedensten Gründen nicht bereit waren, den neuen Glauben anzunehmen. Für Nonnen war hier oft neben religiösen Fragen ein wichtiger Beweggrund, dass ihnen außerhalb des Klosters nach dem Verlassen der Herkunftsfamilie und nach Überschreiten des heiratsfähigen Alters kaum mehr ein angemessener sozialer Ort geboten werden konnte.

Die Ketzer stören die Vesper der Schwestern von Sainte-Claire
Am Tag von Sankt Simon und Judas[1] ... drang um die Vesperzeit, als die Schwestern von Sainte-Claire ihre Vesper beteten und die Türen infolge Unachtsamkeit hinter einigen Bürgersfrauen, die die Schwestern besucht hatten, offen geblieben waren, eine Schar von diesen Hunden in die Kirche ein. Dann drehten sie sich zu den Schwestern um, die die Vesper sangen. Dann hoben sie alle zusammen die Köpfe hoch und schrien, heulten und brüllten aus vollem Halse wie wütende Wölfe; ein so durchdringendes Gebrüll, das, wie es schien, aus dem Höllenschlund kam, hatte man

noch nie vernommen. Sie taten es, um den Gottesdienst zu verhindern. Aber unser Herrgott stärkte das Herz der Schwestern, so dass sie sich überhaupt nicht anmerken ließen, dass sie Kenntnis von ihnen nahmen, und alle mit großer Begeisterung ihre Stimme so laut erhoben, dass sie sie nicht übertönen konnten, obwohl sie mit ihrem Geschrei fortfuhren vom ersten Psalm bis zum Kapitel. Als sie dann merkten, dass sie nicht mehr weitermachen konnten, ließen sie ihre üblen Absichten an einem hölzernen Kreuz aus, das sie in Stücke schlugen und in den Brunnen vor dem Konvent warfen. Und sie nahmen ein Bildnis der heiligen Ursula, in dessen Fuß ein Reliquienbehältnis eingelassen war – man legte dort auch Opfergaben nieder –, und schmissen es auf die Treppenstufen und auf das Straßenpflaster, um es zu zerbrechen; dann warfen sie es auch in den Brunnen. Darüber waren die Schwestern sehr traurig. Ihr Beichtvater und einer von seinen Gefährten waren in einer Kapelle eingeschlossen und beteten ihre Vesper. Sie sahen alles und kannten auch einen Teil von diesen Leuten, die aus der Stadt waren, gut; die übrigen waren Deutsche. Sie wagten es nicht, sich zu zeigen und sich etwas anmerken zu lassen, sonst hätten sie ihnen gewiss ein Leid zugefügt.

Quelle: Jeanne de Jussie, Petite Chronique. Einleitung, Edition, Kommentar, v. H. Feld, Mainz 1996 (VIEG 167), 163f. *Übers.:* Helmut Feld (Hg.), Jeanne de Jussie, Kleine Chronik. Bericht einer Nonne über die Anfänge der Reformation in Genf, Mainz 1996 (VIEG. Beih. 40), 96f.

2. Die »Articles« von 1537

Unter maßgeblicher Beteiligung Calvins verfassten die Genfer Prediger Vorschläge für die Gestaltung des Kirchenwesens, die sie am 16. Januar 1537 dem Rat vorlegten. Obwohl sie trotz Billigung durch den Rat nicht als Kirchenordnung umgesetzt wurden, lassen sie etwas von den Vorstellungen reformierter Reform des Lebens und ihrer theologischen Begründung erahnen.

Das Wichtigste ist, dass das heilige Abendmahl nicht beschmutzt und verunreinigt wird. Darauf muss mit größter Sorgfalt geachtet werden. Es wurde ja geboten und eingesetzt, um die Glieder unseres Herrn Jesus Christus mit ihrem Herrn und untereinander in einem Leib und einem Geist zu vereinen. Eine solche Verunreinigung geschieht nun aber, wenn Leute kommen, um daran teilzunehmen, die sich selbst durch ihr schlechtes und ungerechtes Leben öffentlich als solche zu erkennen geben, die keinesfalls zu Jesus gehören. Bei einer derartigen Entweihung seines Sakraments wird unser Herr nämlich auf schlimme Weise seiner Ehre beraubt. Daher müssen wir uns vor Nachlässigkeit hüten, so dass eine solche Verunreinigung, die auf die Entehrung Gottes hinausläuft, unter uns nicht gesehen wird. Denn der heilige Paulus kündigt denen, die dieses Sakrament unwürdig behandeln, eine schlimme Vergeltung an (1 Kor 11,29). Wer also die Macht hat, diese Ordnung durchzusetzen, muss dafür sorgen, dass alle, die zum Abendmahl kommen, anerkannte Glieder Jesu Christi sind.
Aus diesem Grund hat unser Herr in seiner Kirche die Zurechtweisung und die Maßnahme der Exkommunikation eingesetzt. Er wollte, dass dadurch solche, die ein unordentliches, eines Christen unwürdiges Leben führen, und die, trotz aller Ermahnungen, nicht daran denken, sich zu bessern und auf den richtigen Weg zurück zu begeben, aus dem Leib der Kirche ausgeschlossen und gleichsam als faule Glieder abgeschnitten werden, bis sie zur Erkenntnis ihrer Schuld kommen und ihren Fehler und ihre Armut anerkennen. So bei der Zurechtweisung zu verfahren, wurde der Kirche von ihrem Herrn Mt 18(,15-17) als Gebot aufgetragen.
Wir müssen deshalb davon Gebrauch machen, wenn wir das betreffende Gebot nicht verachten wollen. Maßgebend für uns ist dabei die Warnung des heiligen Paulus 1 Tim 1 und 1 Kor 5(,11): Wir sollen keinerlei Umgang haben mit solchen, die sich

Christen nennen und nichtsdestoweniger dauernde Lüstlinge, Geizhälse, Götzendiener, Verleumder, Trunksüchtige oder Räuber sind...
Wir haben nun also bedacht, dass eine Kirche nicht im richtigen Zustand sein kann, ohne diese Anweisung des Herrn ernst zu nehmen, und dass bei ihrer Missachtung eine strenge Vergeltung Gottes zu fürchten wäre. So scheint es uns förderlich zu sein, sie wieder in der Kirche einzuführen, und sie gemäß der Regel, welche uns die heilige Schrift gibt, auszuüben. Nichtsdestoweniger aber soll man andererseits sorgfältig darauf achten, dass man nicht die Ungereimtheit fertig bringt, sie durch schlechten Gebrauch zu verfälschen und zu verderben.
Deshalb haben wir uns entschlossen, von euch zu verlangen, es möge euch belieben, einige Personen mit guter Lebensführung und gutem Leumund aus den Gläubigen auszuwählen, die standfest und unbestechlich sind. Nachdem sie über alle Quartiere der Stadt verteilt worden sind, soll man sie beauftragen, ein Auge auf das Leben und Betragen eines jeden zu haben. Und wenn sie bei jemandem einen schwer wiegenden Fehler sehen, sollen sie es einem der Pfarrer mitteilen, damit, wer auch immer der Fehlbare sei, er ermahnt und brüderlich aufgefordert wird, sich zu bessern. Wenn man dann sieht, dass solche Ermahnungen nichts nützen, soll man ihm eröffnen, dass man seinen Eigensinn kirchlich bekannt machen wird. Wenn er daraufhin seine Schuld einsieht, zeigt sich schon ein großer Gewinn dieser Maßnahme. Wenn er aber nicht hören will, ist es Zeit, dass der von den Beauftragten herbeigezogene Pfarrer in der Versammlung öffentlich (publicquement en l'assemblee) bekannt gibt, dass man ihn zur Besserung hat führen wollen und dass alles nichts genützt hat. Dann wird man wissen, ob er in seiner Herzenshärte verharren will, und danach erst ist die Zeit gekommen, ihn zu exkommunizieren. Das heißt, dass er als einer betrachtet wird, der aus der Gemeinschaft der Christen (la compagnie des crestiens) ausgeschlossen ist und in seiner Beschämung eine Zeitlang unter der Gewalt des Teufels steht, solange, bis er seine Buße und Reue zu erkennen gibt. Zum Zeichen dafür soll er vom Abendmahl ausgeschlossen werden, und den anderen Gläubigen soll man raten, nicht mehr näheren Umgang mit ihm zu pflegen. Er soll es jedoch nicht unterlassen, der Predigt beizuwohnen, um immer wieder die christliche Verkündigung zu hören.

Quelle/ Übers.: Calvin-Studienausgabe, hg. v. E. Busch u.a. Bd. 1: Reformatorische Anfänge (1533-1541), Teilbd. 1, Neukirchen-Vluyn 1994, 118-123 – *Literatur*: K. McDonnell, John Calvin, The Church and the Eucharist, Princeton 1967; W. Neuser, Calvin und der Calvinismus. VI. Die Theologie Calvins. § 11: Kirche und Staat (Kirchenzucht), in: C. Andresen/ A. M. Ritter (Hg.), Handbuch der Dogmen- und Theologiegeschichte. Bd. 2, Göttingen ²1998, 265-268.

3. Das theologische Programm Calvins: Antwort an Kardinal Sadolet (1539)

Im April 1538 wies der Genfer Rat die Prediger Wilhelm Farel (1489-1565) und Calvin aus der Stadt aus – in dieser Situation versuchte der Bischof von Carpentras (Südfrankreich), Kardinal Jacopo Sadolet (1477-1547), die Genfer durch ein Schreiben vom März 1539 zur alten Kirche zurückzuführen. Calvin antwortete darauf aus seinem Straßburger Exil und nutzte die Gelegenheit, seine Theologie grundlegend darzustellen.

Das ewige Leben und Gottes Ehre: Mit meiner Antwort mich lange bei Eurer Vorrede aufzuhalten, die mit ihrem Preis der Vorzüge des ewigen Lebens ungefähr ein Drittel Eures Briefes einnimmt, lohnt wirklich nicht die Mühe. Denn obwohl die Berufung zum künftigen Leben wohl wert ist, dass sie uns Tag und Nacht in den Ohren klingt, dass wir sie uns beständig ins Gedächtnis rufen und uns unaufhörlich in ihrer Betrachtung üben, sehe ich doch schlechterdings nicht ein, weshalb Ihr an dieser Stelle mit ihrer Erörterung so weit ausholt, es sei denn, um Euch durch irgendein

Merkmal von Frömmigkeit (religionis indicio) zu empfehlen. Doch sei's nun, dass ihr jeden Zweifel an Eurer Person zerstreuen und unter Beweis stellen wolltet, wie ernsthaft Ihr über das herrliche Leben bei Gott nachdenkt, sei's, dass Ihr Eure Adressaten durch diese langatmige Empfehlung meintet begeistern und anstacheln zu müssen...: Das jedenfalls ist zu wenig theologisch, den Menschen in einer Weise mit sich selbst zu befassen, dass man ihm unterdessen den Eifer, Gottes Ehre (Domini gloria) ans Licht zu bringen, nicht mehr als Grundlage (principium) seiner Lebensführung vor Augen stellt. Für Gott nämlich, nicht für uns selbst sind wir in erster Linie auf der Welt. Denn wie aus Gott alles hervorgegangen ist, und in ihm seinen Bestand hat, so muss auf ihn, wie Paulus Röm 11,36 sagt, auch alles bezogen werden. Ja, ich gestehe, um die Menschen noch mehr für die Verherrlichung seines Namens einzunehmen, hat der Herr selbst dem Eifer für die Ausbreitung und Erhöhung seiner Ehre das Maß gesetzt: Sie soll unaufhörlich mit unserer eigenen Seligkeit verbunden sein. Wenn er uns aber lehrt, dieser Eifer müsse über alles Sinnen und Trachten nach irgendwelchem Gut und Behagen (cuiuslibet bonum et commodum) hinausgehen – und schon natürliche Gerechtigkeit zeigt, dass Gott das Seine nicht zukommt, wo man ihm nicht den Vorrang vor allen anderen Dingen einräumt –, dann ist es gewiss die Pflicht eines Christenmenschen, sich höher aufzuschwingen, als nur das eigene Seelenheil zu suchen, und sich allein darum zu kümmern. Deshalb kann ich niemanden für wirklich fromm halten, der eine so ausführliche und sorgfältige Ermahnung zum Streben nach dem himmlischen Leben, die den Menschen einzig bei sich selbst festhält, ohne ihn auch nur mit einer Silbe zur Heiligung des Namens Gottes empor zu führen, nicht für geschmacklos erklärt. Neben dieser Heiligung aber darf uns, wie ich Euch gern zugebe, unser ganzes Leben lang kein anderes Ziel vor Augen stehen, als dies: Unserer himmlischen Berufung nachzujagen. Denn das hat Gott all unseren Gedanken, Worten und Werken zum bleibenden Orientierungspunkt gesetzt. Es gibt ja auch keinen anderen Vorrang des Menschen vor dem Tier als eben den geistlichen Umgang mit Gott in der Hoffnung auf die selige Ewigkeit. In unseren Predigten tun wir denn auch so gut wie nichts anderes, als die Herzen zu ihrer Betrachtung und Liebe (ad meditationem studiumque) aufzumuntern.

Die rechte Kirche: Mit diesem freiwilligen Bekenntnis, Sadolet, legt Ihr daher selbst das Fundament zu meiner Verteidigung. Denn wenn Ihr offen zugebt, es sei der Tod der Seelen, ihr schreckliches Ende, wenn die göttliche Wahrheit durch einen Wust von Einbildungen in Lüge verkehrt wird, dann bleibt uns jetzt nur übrig zu untersuchen, welche von beiden Parteien denn eigentlich den allein rechtmäßigen Gottesdienst (cultus ille Dei, qui unus est legitimus) bewahrt. Um ihn Eurer Seite zuzusprechen, geht ihr von der Annahme aus, die felsenfeste Richtschnur hierfür sei die Vorschrift der Kirche (regula, quae ab ecclesia praescribitur). Doch als ob wir Euch hier Widerstand leisten wollten, stellt Ihr, wie es einem bei zweifelhaften Sachen so zu gehen pflegt, diesen Satz wieder zur Diskussion. Ich will Euch aber, Sadolet, weil ich sehe, wie Ihr darüber ganz umsonst in Schweiß geratet, dieser Mühe entheben. Ihr geht nämlich von der falschen Meinung aus, wir wollten die Christenheit von der Art der Gottesverehrung abbringen, wie sie die katholische Kirche immer geübt hat. Doch habt ihr entweder vom Begriff der Kirche Wahnvorstellungen, oder Ihr macht Euch in festem Wissen und Wollen blauen Dunst vor. Zwar werde ich Euch gleich bei diesem Versuch ertappen. Doch mag Euch hier und da auch ein Irrtum unterlaufen. Zunächst übergeht ihr in der Definition der Kirche (ein Merkmal), das Euch zum rechten Verständnis nicht wenig geholfen hätte. Wenn ihr nämlich behauptet, das mache die (katholische) Kirche aus, »dass sie in der ganzen Vergangenheit ebenso wie heute auf der ganzen Erde, eins und einmütig in Christus, überall und immer von dem einen Geist Christi geleitet wurde«[2]: Wo bleibt da das Wort Gottes, jenes deutlichste Merk-

mal (nota), das uns der Herr selbst zur Kennzeichnung der Kirche so und so oft ans Herz legt? Weil er nämlich voraussah, wie gefährlich es sei, ohne das Wort nur den Geist im Munde zu führen, hat er zwar verheißen, dass die Kirche vom Heiligen Geist geleitet werde, diese Leitung aber an das Wort gebunden, damit man sie nicht für etwas Vages und Unsicheres halten könne.
In diesem Sinne ruft Christus: Der sei aus Gott, der Gottes Wort hört, und das seien seine Schafe, die seine Stimme als Stimme ihres Hirten erkennen; wer eine andere Stimme (hört), gehöre einem Fremden an (Joh 10,27). In diesem Sinn verkündet der Geist durch den Mund des Paulus, die Kirche sei auf dem Grund der Apostel und Propheten erbaut (Eph 2,20). Ebenso: Die Kirche sei ihrem Herrn durch das Wasserbad im Wort des Lebens geheiligt (Eph 5,26). Gleichermaßen noch klarer durch den Mund des Petrus: Es werde Gott ein Volk wiedergeboren aus diesem unvergänglichen Samen (1 Petr 1,23). Und schließlich: Warum wird denn die Predigt des Evangeliums so oft mit dem Reich Gottes gleichgesetzt, wenn sie nicht das Szepter wäre, mit welchem der himmliche König sein Volk leitet? Das findet Ihr nicht nur in den Apostelbriefen, sondern so oft Propheten von der Erneuerung oder Ausbreitung der Kirche auf dem ganzen Erdkreis weissagen: Immer räumen sie dem Wort den ersten Platz ein. »Denn lebendige Wasser«, sagen sie, »werden von Jerusalem ausgehen und, in vier Ströme geteilt, die ganze Erde überschwemmen« (Sach 14,8). Von welcher Art aber diese lebendigen Wasser sind, erklären sie selbst, wenn es heißt: »Von Zion wird die Weisung ausgehen und das Wort des Herrn von Jerusalem« (Jes 2,3): Recht hat also Chrysostomus mit seiner Mahnung, all die abzuweisen, die uns unter dem Vorwand des Geistes von der einfachen Lehre des Evangeliums abbringen wollen. Denn der Geist ist uns nicht zur Offenbarung neuer Lehre verheißen, sondern um die Wahrheit des Evangeliums den Herzen der Menschen einzuprägen.

Kennzeichen rechter Kirche: Drei Stücke sind es, die die Unversehrtheit der Kirche ausmachen und worauf sie sich vornehmlich stützt: Lehre, Verfassung und Sakramente (doctrina, disciplina et sacramenta). An vierter Stelle kommen noch die äußeren Formen hinzu (caeremoniae), die das Volk zu gottesdienstlichen Handlungen anleiten...
Jetzt beurteilt Ihr uns nur, wenn's beliebt, nach diesem Maßstab! Weit gefehlt, dass Ihr uns im Blick auf die Verbrechen, die Ihr uns unterstellt, als schuldig verurteilen könnt! Bei den Sakramenten haben wir nichts anderes versucht, als sie in ihrer verlorengegangenen ursprünglichen Reinheit wieder herzustellen und ihnen dadurch auch ihren alten Rang zurückzugeben. Die Zeremonien haben wir größtenteils abgeschafft. Allerdings der Not gehorchend: Denn einerseits hatten sie wegen ihrer großen Menge einer judaisierenden Haltung Vorschub geleistet, andererseits brachten sie so viel abergläubische Vorstellungen unter das Volk, dass sie auf keinen Fall bestehen bleiben konnten, ohne die Frömmigkeit, die sie doch hätten fördern sollen, aufs Schwerste zu behindern. Behalten haben wir dennoch, was dem Bedürfnis der Zeit einigermaßen zu entsprechen schien. Dass uns die Kirchenzucht, so wie sie früher in Geltung stand, fehlt, bestreiten wir nicht. Wo aber bleibt da ein Gefühl für Billigkeit, wenn ausgerechnet die uns ihrer Zerrüttung anklagen, die sie doch ganz allein bis auf den Stumpf beseitigt haben und uns bis heute an jedem Versuch hindern, sie nach dem Recht der Heimkehr wieder einzuführen.

Die Rechtfertigungslehre: Im Übrigen sprecht Ihr uns selbst durch Euer Zeugnis frei: Denn unter unseren Lehren (dogmata), die Ihr genau meintet durchnehmen zu müssen, führt Ihr keine an, deren Kenntnis für den Aufbau der Kirche nicht höchst notwendig wäre. Die Rechtfertigung aus Glauben (fidei iustificatio) berührt Ihr an erster Stelle[3]. Darüber führen wir ja auch den ersten und härtesten Streit mit Euch. Gehört sie etwa zu jenen spitzfindigen und unnützen Fragen? Nein, wenn ihre Erkenntnis verschwindet, ist Christi Herrlichkeit erloschen, die Religion abgeschafft, die Kirche zerstört und die Hoffnung auf unser Heil völlig gescheitert. Diese Lehre also, behaupten wir, die das Herzstück der Religion war, ist von Euch wider göttliches Recht aus dem Bewusstsein der Menschen getilgt worden. Den klaren Beweis in dieser Sache führen unsere Bücher. Und die haarsträubende Unwissenheit, die darüber bis heute noch in allen Euren Gemeinden herrscht, zeigt, dass wir keineswegs fälschlich Klage erheben. Ihr hängt uns aus schierer Boshaftigkeit die üble Nachrede an, wir machten alles vom Glauben abhängig und ließen so keinen Raum mehr übrig für die Werke. Ich will mich an dieser Stelle auf keinen ordentlichen Disput einlassen, den man ja nur in einem umfangreichen Buch zu Ende führen könnte. Wenn Ihr aber in den Katechismus hineinsehen würdet, den ich selbst für die Genfer zusammengestellt habe, während ich bei ihnen als Pastor tätig war[4], so würden drei Worte genügen, um Euch, besiegt, verstummen zu lassen. Gleichwohl will ich Euch hier in Kürze darlegen, wie wir darüber reden.

Zunächst lassen wir den Menschen mit seiner Selbsterkenntnis den Anfang machen, und das nicht leichtfertig oder oberflächlich, vielmehr soll er sich mit seinem Gewissen vor Gottes Richterstuhl stellen. Und wenn er dann vom Zustand seiner Ungerechtigkeit sattsam überführt ist, soll er zugleich auch die Strenge des Urteilsspruchs bedenken, der über alle Sünder ergeht. So wirft er sich, durch sein Elend aus der Fassung gebracht und zu Boden geschlagen, vor Gott nieder und demütigt sich (humilietur): Er lässt alles Selbstvertrauen fahren und seufzt, als wäre er dem äußersten Verderben preisgegeben. Dann zeigen wir ihm den einzigen Ankergrund seines Heils, die Barmherzigkeit Gottes, die uns in Christus dargeboten wird, ist doch in ihm alles erfüllt, was zu unserem Heil gehört. Weil also alle Sterblichen vor Gott als Sünder verloren sind, nennen wir Christus unsere einzige Gerechtigkeit: Er hat mit seinem Gehorsam unsere Übertretungen getilgt, mit seinem Opfer Gottes Zorn besänftigt, mit seinem Blut unsere Flecken abgewaschen, durch sein Kreuz unseren Fluch aufgehoben, mit seinem Tod für uns alles beglichen. Auf diese Weise also, lehren wir, wird in Christus der Mensch mit Gott, dem Vater, versöhnt: nicht durch irgendein Verdienst, nicht durch die Würdigkeit seiner Werke, sondern allein durch unverdiente Milde (gratuita clementia). Weil wir aber im Glauben Christus umfassen und gleichsam in Gemeinschaft mit ihm eintreten, nennen wir diesen Glauben nach der Weise der Schrift Glaubensgerechtigkeit (fidei iustitia).

Quelle: Calvin-Studienausgabe, hg. v. E. Busch u.a. Bd. 1: Reformatorische Anfänge (1533-1541), Neukirchen-Vluyn 1994, 360-367.370-377 - *Literatur:* R.M. Douglas, Jacopo Sadoleto (1477-1547). Humanist and Reformer, Cambridge/ Mass. 1959; T. Stadtland, Rechtfertigung und Heiligung bei Calvin, Neukirchen-Vluyn 1972; H. Feld, Um die reine Lehre des Evangeliums. Calvins Kontroverse mit Sadoleto 1539, in: Catholica 36 (1982) 150-180.

4. **Der Consensus Tigurinus** (1549)

Die angespannte Situation für die Protestanten im Reich nach dem Interim ließ die Schweizer Protestanten näher aneinander rücken: Vor allem auf Grundlage von Formulierungen von Zwinglis Nachfolger Heinrich Bullinger (1504-1575) gelang es – mit späteren Korrekturen – am 20. Mai 1549, die Zürcher und die Genfer Evangelischen zu einer Einigung im Abendmahl zusammenzuführen – dieser »Zürcher Konsens« gewann eine grundlegende Bedeutung für die Entstehung einer eigenen, in sich geschlossenen reformierten Konfession.

7. Der Zweck der Sakramente
Die Sakramente sind aber dazu da, Zeichen und Wahrzeichen (notae ... ac tesserae) des christlichen Bekenntnisses und der christlichen Gesellschaft oder Bruderschaft zu sein. Sie sollen Ansporn zur Danksagung und Übungen des Glaubens und gottesfürchtigen Lebens sein, schließlich (sind sie) Pflichtzeichen, die (uns) das alles verbindlich machen. Doch ist unter allen anderen Zweckbestimmungen die eine vor allem wichtig: Durch die Sakramente bezeugt, vergegenwärtigt und besiegelt uns Gott seine Gnade. Denn auch wenn sie nichts anderes bedeuten, als was durch das Wort selbst verkündigt wird, so sind uns doch (durch sie) – und das ist etwas Großes – gewissermaßen lebendig Bilder vor Augen gestellt: Sie beeindrucken unsere Sinne besser; sie führen gleichsam zur Sache selbst, indem sie uns den Tod Christi und alle seine Wohltaten ins Gedächtnis rufen. Dadurch wird der Glaube stärker in Bewegung gesetzt, und es wird wie durch Siegel das bestätigt und gültig gemacht, was Gott gesprochen hat.

8. Was die Sakramente tatsächlich (vere) darstellen, das gewährt Gott tatsächlich. Die Danksagung
Da die uns vom Herrn gegebenen Zeugnisse und Siegel seiner Gnade wahr sind, gewährt er uns selbst tatsächlich ohne Zweifel innerlich durch seinen Geist (intus, suo spiritu) das, was die Sakramente den Augen und übrigen Sinnen darstellen – das heißt, dass wir Christi als der Quelle aller Güter inne werden, dass wir sodann durch die Wohltat seines Todes mit Gott versöhnt und durch den Geist zur Heiligkeit des Lebens erneuert werden (spiritu renovemur in vitae sanctitatem) und schließlich Gerechtigkeit und Heil erlangen. Und zugleich sagen wir Dank für alle die Wohltaten, die einst am Kreuz erwiesen worden sind und die wir täglich durch den Glauben empfangen.

9. Die Zeichen und die durch sie bezeichneten Sachen sind zu unterschieden.
Auch wenn wir daher zwischen den Zeichen und den durch sie bezeichneten Sachen (inter signa et res signatas)[5] einen Unterschied machen, so lösen wir dennoch die Wirklichkeit (der Sache selbst) (veritas) nicht von den Zeichen ab. Denn wir bekennen, dass alle, die im Glauben die dort dargebotenen Verheißungen erfassen, Christus mit seinen geistlichen Gaben geistlich empfangen, ja dass die, die zuvor schon Christi teilhaftig waren, die Gemeinschaft (mit ihm) fortsetzen und erneuern...

15. Auf welche Weise die Sakramente bekräftigend wirken
Wenn die Sakramente bisweilen als Siegel (sigillum) bezeichnet werden, wenn es von ihnen heißt, dass sie den Glauben nähren, bekräftigen und fördern, so ist dennoch allein der Geist das eigentliche Siegel und er der Anfänger und Vollender des Glaubens. Denn was da alles den Sakramenten zugeschrieben wird, ist von untergeordneter Bedeutung, damit auch nicht das kleinste Teilchen unseres Heils vom alleinigen Urheber weg auf die Geschöpfe oder (Sakraments-)Elemente übertragen wird.

16. Nicht alle Teilnehmer am Sakrament haben auch Anteil an der Sache (des Sakraments).
Außerdem lehren wir nachdrücklich, dass Gott seine Kraft nicht unterschiedslos an allen Empfängern des Sakraments erweist, sondern nur an den Erwählten. Denn wie er nur die zum Glauben erleuchtet, die er zum Leben voraus bestimmt hat, so bewirkt er auch durch die geheime Kraft seines Geistes (arcana spiritus sui virtus), dass die Erwählten das empfangen, was die Sakramente darbieten...

19. Die Gläubigen haben auch vor und neben dem Gebrauch der Sakramente mit Christus Gemeinschaft.
Wie aber der Gebrauch der Sakramente den Ungläubigen nicht mehr nützt, als wenn sie sich deren enthalten würden, ja, wie er ihnen sogar zum Verderben gereicht, so gilt für die Gläubigen auch außerhalb des Gebrauchs der Sakramente die in ihnen dargestellte Wirklichkeit. So sind in der Taufe die Sünden des Paulus abgewaschen worden, die zuvor schon abgewaschen waren (Apg 9,15-19). So war auch die Taufe für Cornelius ein Bad der Wiedergeburt, obschon er doch bereits mit dem Heiligen Geist beschenkt worden war (Apg 10,45.48). So teilt sich uns Christus im Abendmahl mit, der sich uns doch schon vorher geschenkt hat und stets in uns bleibt. Denn wenn jeder Einzelne die Weisung erhält, sich zu prüfen, so folgt daraus, dass von ihm Glauben erwartet wird, bevor er zum Sakrament hinzutritt (1 Kor 11,28). Nun aber ist kein Glaube ohne Christus; aber sofern der Glaube durch die Sakramente bestärkt wird und wächst und die Gaben Gottes in uns bekräftigt werden, wächst gewissermaßen auch Christus in uns und wachsen wir in ihm.

Quelle: Calvin-Studienausgabe, hg. v. E. Busch u.a. Bd. 4: Reformatorische Klärungen, Neukirchen-Vluyn 2002, 16-23. – *Literatur:* E. Bizer, Studien zur Geschichte des Abendmahlsstreites im 16. Jahrhundert, Gütersloh 1940 (= Darmstadt ³1972), 243-274; O.E. Strasser, Der Consensus Tigurinus, in: Zwingliana 9 (1949) 1-16; U. Gäbler, Das Zustandekommen des Consensus Tigurinus im Jahre 1549, in: ThLZ 104 (1979) 322-332.

5. Die Anklage gegen Servet (1553)

Der spanische Arzt Michael Servet (1509/1511-1553) kam aufgrund seiner exegetischen Bemühungen zu dem Ergebnis, dass Altes Testament und Apostel letztlich eine modalistische Auffassung von Gott lehrten, nach der Vater, Sohn und Geist lediglich Erscheinungsweisen des einen Gottes wären; daher bestritt er vehement die altkirchliche Trinitätslehre. Möglicherweise schon unter Mithilfe von Calvin wurde er 1553 im katholischen Vienne gefangen gesetzt. In Unkenntnis dieser Involvierung des Reformators floh er nach Genf, wo ihm der Prozess gemacht wurde. Die Klageschrift des Anklägers Nikolaus de la Fontaine stammte weitgehend von Calvin. Der Rat verurteilte nach Einholung von Gutachten aus Basel, Bern, Schaffhausen und Zürich Servet zum Feuertod, der am 27. Oktober 1553 vollstreckt wurde. Mit dieser umstrittenen Entscheidung hatte der reformierte Protestantismus eine klare Grenzziehung zu den antitrinitarischen Bewegungen vorgenommen, die ihre Wirkung vor allem in Italien und Mittelosteuropa entfalten sollten.

Nikolaus de la Fontaine, der als Kläger gegen Michael Servet aufgetreten und ihn darum vor Gericht gefordert hat, bringt vor:
I. Erstens, dass jener (Servet), der vor vierundzwanzig Jahren begonnen habe, die Kirchen in Deutschland mit seinen Irrtümern und Irrlehren (erreurs et heresies) zu verwirren, verurteilt worden sei und sich durch die Flucht der ihm zugedachten Strafe entzogen habe...
VII. Und da dieser Ausflüchte suchen könnte und behaupten, dass seine Blasphemien und Häresien nichts als gute Lehre seien, nennt der erwähnte Nikolaus einige Artikel, zu denen der genannte Häretiker befragt werden solle.
VIII. Nämlich: Ob er nicht geschrieben, gelehrt und öffentlich verbreitet habe, wer glaube, dass in der einen göttlichen Wesenheit drei verschiedene Personen seien, der Vater, der Sohn und der Heilige Geist, der schaffe vier Phantome, die man sich nicht vorstellen könne noch solle.
IX. Ebenso, dass eine solche Unterscheidung in der Wesenheit Gottes bedeute, einen dreigeteilten Gott schaffen, und das sei ein Teufel mit drei Köpfen wie der Zerberus,

den die alten Dichter den Höllenhund nannten, ein Monstrum; und dergleichen Lästerungen mehr.
X. Ebenso, ob er nicht Lästerungen und Beleidigungen aufrecht erhält in einem solchen Ausmaß gegen die alten Lehrer wie die Heiligen Ambrosius, Augustinus, Chrysostomus, Athanasius[6] und andere wie auch gegen all jene, die in unseren Tagen an der Wiederherstellung des Christentums gearbeitet haben, wobei er sogar Melanchthon einen Mann ohne Glauben, Sohn des Teufels, Belial und Satan genannt habe.
XI. Ebenso, ob er nicht sage, dass unser Herr Jesus Christus nicht Gottes Sohn sei, es sei denn, insofern er empfangen sei vom Heiligen Geist im Schoß der Jungfrau Maria...
XXIX. Ebenso, dass die Seele des Menschen sterblich sei und es nur einen elementaren Hauch gebe, der unsterblich sei, und der jene Substanz darstelle, die Jesus Christus nun im Himmel habe und die auch die elementare, göttliche und unzerstörbare Substanz des Heiligen Geistes sei...
XXXII. Ebenso, dass die kleinen Kinder ohne Sünde seien und darum mit der Erlösung nichts zu schaffen hätten, bis dass sie erwachsen seien...
XXXIV. Ebenso, dass die Kindertaufe eine Erfindung des Teufels sei, eine höllische Falschheit, um die ganze Christenheit zu verderben...
XXXVI. Ebenso, dass er, obwohl er lehre, dass die Philosophen irrten, wenn sie sagten, die Welt sei der große Gott, behaupte, Jesus Christus sei, sofern er Mensch sei, immer in Gott gewesen, und von ihm stamme die Göttlichkeit der Welt...
XXXIX. Ebenso, dass er in der Person des Magisters Calvin, Prediger des Wortes Gottes in dieser Kirche zu Genf, durch gedrucktes Wort die hier gepredigte Lehre diffamiert habe mit allen nur vorstellbaren Beleidigungen und Schmähungen.
XL. Und da er sehr wohl gewusst habe, dass sein erwähntes Buch nicht einmal unter den Papisten geduldet würde, da es alle Fundamente des Christlichen zerstöre, habe er den Wilhelm Guerou vorgeschoben[7], der damals Korrektor gewesen sei, wie der genannte Guerou erklärt habe.
So fordert der genannte Nikolaus, dass der genannte Servet gezwungen werde, zu den vorgebrachten Artikeln Rede zu stehen, ohne dass ein Disput darüber begonnen würde, ob die Lehre wahr sei oder nicht, denn das werde hernach zu besorgen sein.

Quelle: CR 36,728-731. – *Literatur:* V. Gitermann, Der Prozeß des Michael Servetus, in: GWU 5 (1954) 147-161.433-435; R. H. Bainton, Michael Servet 1511-1553, Gütersloh 1960 (SVRG 178); M. Hillar, The Case of Michael Servetus (1511-1553). The Turning Point in the Struggle for Freedom of Conscience, Lewiston, N.Y. 1997 (TSR 74); J. Friedman, Michael Servetus. A Case Study in Total Heresy, Genf 1978; J. Friedman, Art. Servet, Michael, In: TRE 31, 2000, 173-176.

6. Aus der Institutio (1559)

Seit Mitte der dreißiger Jahre hat Calvin an seiner »Institutio christiane religionis« gearbeitet und sie in mehreren Überarbeitungen in den Druck gegeben: Die erste Auflage erschien 1535 in Basel, als Calvin eben seine französische Heimat hatte verlassen müssen. Es folgten Auflagen 1539 während seines Straßburger Exils, 1543, 1550 und schließlich 1559. Das nach seinem Titel (»Unterricht«) als Einführung konzipierte Werk, das sich in der ersten Auflage mit ihren sechs Kapiteln an die Gliederung von Luthers Kleinem Katechismus angelehnt hatte, wurde zur umfassenden, in vier Bücher mit insgesamt 80 Kapiteln eingeteilten Dogmatik und zur Grundlage der reformierten Theologie.

Buch 1: Von der Erkenntnis Gottes als des Schöpfers

1. Kapitel: Die Erkenntnis Gottes und die Selbsterkenntnis stehen in Beziehung zueinander; das Wesen dieses Zusammenhanges soll hier gezeigt werden.

1. All unsere Weisheit, sofern sie wirklich den Namen Weisheit verdient und wahr und zuverlässig ist, umfasst im Grunde nur zweierlei: die Erkenntnis Gottes und unsere Selbsterkenntnis (Dei cognitio et nostri). Diese beiden aber hängen vielfältig zusammen, und darum ist es nun doch nicht so einfach zu sagen, welche denn an erster Stelle steht und die andere aus sich heraus bewirkt.

Es kann nämlich erstens kein Mensch sich selbst betrachten, ohne sogleich seine Sinne darauf zu richten, Gott anzuschauen, in dem er doch »lebt und webt« (Apg 17,28). Denn all die Gaben, die unseren Besitz ausmachen, haben wir ja offenkundig gar nicht von uns selber. Ja, selbst unser Dasein als Menschen besteht doch nur darin, dass wir unser Wesen in dem einigen Gott haben (nihil aliud ... quam in uno Deo subsistentia)! Und zweitens kommen ja diese Gaben wie Regentropfen vom Himmel zu uns hernieder und sie leiten uns wie Bächlein zur Quelle hin. Noch viel deutlicher aber wird gerade in unserer Armut der unermessliche Reichtum aller Güter erkennbar, der in Gott wohnt. Besonders zwingt uns der jämmerliche Zerfall, in den uns der Abfall des ersten Menschen hinein gestürzt hat, unsere Augen empor zu richten: Hungrig und verschmachtend sollen wir von Gott erflehen, was uns fehlt, aber zugleich auch in Furcht und Erschrecken lernen, demütig zu sein. Denn der Mensch birgt ja in jeder Hinsicht eine Welt von Elend in sich, und seitdem wir der göttlichen Ausstattung (divinus ornatus) verlustig gegangen sind, macht unsere beschämende Blöße unendlich viel Schaden offenbar. Ist es aber so, dann muss ja notwendig jeder Mensch vom Bewusstsein seines heillosen Zustandes wenigstens zu irgendeinem Wissen um Gott getrieben werden! Wir empfinden unsere Unwissenheit, Eitelkeit, Armut, Schwachheit, unsere Bosheit und Verderbnis – und so kommen wir zu der Erkenntnis, dass nur in dem Herrn das wahre Licht der Weisheit, wirkliche Kraft und Tugend, unermesslicher Reichtum an allem Gut und reine Gerechtigkeit zu finden ist. So bringt uns gerade unser Elend dahin, Gottes Güter zu betrachten, und wir kommen erst dann dazu, uns ernstlich nach ihm auszustrecken, wenn wir angefangen haben, uns selbst zu missfallen. Denn jeder Mensch hat viel mehr Freude daran, sich auf sich selbst zu verlassen – und das gelingt ihm auch durchaus – solange er sich selbst noch nicht kennt, also mit seinen Fähigkeiten zufrieden ist und nichts von seinem Elend weiß oder wissen will. Wer sich also selbst erkennt, der wird dadurch nicht nur angeregt, Gott zu suchen, sondern gewissermaßen mit der Hand geleitet, ihn zu finden.

2. Aber andererseits kann der Mensch auf keinen Fall dazu kommen, sich selbst wahrhaft zu erkennen, wenn er nicht zuvor Gottes Angesicht geschaut hat (nisi prius Dei faciem sit contemplatus) und dann von dieser Schau aus dazu übergeht, sich selbst anzusehen. Denn uns ist ja ein mächtiger Hochmut geradezu angeboren, und darum kommen wir uns stets durchaus untadelig, weise und heilig vor, wenn uns nicht handgreifliche Beweise unsere Ungerechtigkeit, Beflecktheit, Torheit und Unreinheit vor Augen halten und uns so überführen. Dazu kommt es aber gar nicht, wenn wir bloß auf uns selbst sehen und nicht zugleich auf den Herrn; denn er ist doch die einzige Richtschnur, nach der solch ein Urteil (über uns selbst) erfolgen kann. Wir sind ja von Natur alle zur Heuchelei geneigt, und so befriedigt uns schon irgendein leerer Schein von Gerechtigkeit genauso, wie es (eigentlich) nur die Gerechtigkeit selber kann. Und weil unter uns und um uns rein gar nichts zu erblicken ist, das nicht mit schrecklichster Unreinigkeit befleckt wäre, so begeistert uns, solange wir über die Grenzen menschlicher Unreinheit nicht hinausblicken, schon das, was bloß ein bisschen weniger besudelt ist, weil wir es bereits für ganz rein halten...

2. Kapitel: Wesen und Aufgabe der Gotteserkenntnis

Unter Erkenntnis Gottes verstehe ich nicht nur, dass wir wissen: Es ist ein Gott. Wir sollen uns auch an das halten, was uns von ihm zu wissen Not tut, was zu seiner Ehre dient, was uns zuträglich ist. Denn es kann von einem eigentlichen Erkennen Gottes keine Rede sein, wo Ehrfurcht (religio) und Frömmigkeit fehlen. Und dabei denke ich noch nicht einmal an jene Weise der Erkenntnis Gottes, durch welche in sich verlorene und verdammte Menschen in Christus, dem Mittler, Gott als Erlöser ergreifen. Hier ist bloß von jener ursprünglichen und einfachen Erkenntnisweise die Rede, zu welcher schon die Ordnung der Natur führen würde, wenn Adam nicht gefallen wäre. Es kann zwar gewiss in dieser Verderbnis der Menschheit kein Mensch Gott als den Vater, den Urheber seines Heils, noch irgendwie als den gnädigen (propitius) Gott erkennen, ehe denn Christus ins Mittel (medius) tritt, um uns den Frieden mit Gott zu erringen. Gleichwohl ist es etwas anderes, Gott zu erkennen als den Urheber (factor), der uns mit seiner Macht trägt, mit seiner Vorsehung leitet, seiner Güte pflegt, mit der Fülle seiner Segnungen begleitet, und wiederum etwas anderes, die Gnade der Versöhnung zu ergreifen, die uns in Christus zukommt. Weil uns nun der Herr erstlich einfach als der Schöpfer (creator) entgegentritt – in seinem Werk der Welt, wie auch in der allgemeinen Lehre der Schrift – und dann fernerhin im Angesicht Christi als der Erlöser, so ergibt sich eine zweifache Erkenntnis Gottes...

2. Buch: Von der Erkenntnis Gottes als des Erlösers in Christo

6. Kapitel: Der verlorene Mensch muss in Christus seine Erlösung suchen

So ist also das ganze Menschengeschlecht in Adam zugrunde gegangen. Und all jener ursprüngliche Vorrang und Adel, den wir erwähnten, würde uns rein gar nichts einbringen, ja nur noch schrecklicher unsere Schande offenbar machen, sofern nicht Gott, der die von der Sünde befleckten und verderbten Menschen nicht als sein Werk anerkennt, in der Gestalt seines eingeborenen Sohnes als der Erlöser erschienen wäre. Seitdem wir also vom Leben zum Tode übergegangen sind, würde uns all jene Erkenntnis Gottes als unseres Schöpfers, von der wir gesprochen haben, rein nichts mehr nützen, wenn nicht der Glaube hinzukäme, der uns Gott in Christus als Vater vor Augen stellt! Die ursprüngliche Ordnung war es, dass das Gebäude der Welt für uns die Schule sein sollte, in der wir rechte Gottesfurcht lernten, um dann von da zum ewigen Leben und zu vollkommener Seligkeit überzugehen. Aber nach dem Fall ist es anders: Wohin wir auch blicken, allenthalben tritt uns Gottes Fluch entgegen; der trifft durch unsere Schuld gar die unschuldige Kreatur und zieht sie mit ins Verderben; so muss er notwendig unsere Seele in die Verzweiflung stürzen! Denn Gott lässt zwar noch immer auf vielerlei Weise seine väterliche Huld gegen uns spüren; aber es ist doch aus dem Anschauen der Welt nicht möglich, zu erfassen, dass er der Vater ist; denn das Gewissen plagt uns innerlich und hält uns vor, dass die Sünde die gerechte Ursache dazu sei, dass Gott uns verstoße und uns nicht mehr als Kinder ansehe oder achte (reputet). Dazu kommt auch unsere Trägheit und Undankbarkeit; denn unser »Gemüt« ist ja verblendet und vermag nicht zu erkennen, was wahr ist, auch sind ja alle unsere Sinne verderbt, und darum berauben wir Gott in boshafter Weise seiner Ehre. Wir müssen also zu dem Ausspruch des Paulus kommen: »Da die Welt in ihrer Weisheit Gott in seiner Weisheit nicht erkannte, so gefiel es Gott wohl, durch törichte Predigt selig zu machen die, so daran glauben« (1 Kor 1,21). Unter der Weisheit Gottes versteht Paulus das herrliche Bild (theatrum) Himmels und der Erde, wie es erfüllt ist mit unzählbaren Wundern, ein Bild, aus dessen Anschauen Gott hätte weislich erkannt werden sollen; aber weil wir ihn daran so wenig erkannt haben, so ruft uns der Apostel zum Glauben an Christus. Dieser Glaube ist freilich den

Ungläubigen lächerlich, da er den Schein der Torheit in sich trägt. Obwohl also die Predigt vom Kreuze dem menschlichen Stolz nicht entspricht, müssen wir sie doch in Demut annehmen, wenn wir zu Gott, unserem Wirker und Urheber, von dem wir abgekommen sind, zurückkehren wollen, dass er wieder von Neuem unser Vater sei!

Quelle: CR 31f.; 34; 247,18-248,3. *Übers.*: Johannes Calvin, Unterricht in der Christlichen Religion, übers. u. bearb. v. O. Weber, Neukirchen-Vluyn [6]1997, 1-3.200. – *Literatur:* P. C. Böttger, Calvins Institutio als Erbauungsbuch. Versuch einer literarischen Analyse, Neukirchen-Vluyn 1990; P. Opitz, Calvins theologische Hermeneutik, Neukirchen-Vluyn 1994; T.H.L. Parker, Calvin. An Introduction to his Thought, Lousville/ Ky. 1995; W. Neuser, Calvin und der Calvinismus. VI. Die Theologie Calvins, in: C. Andresen/ A. M. Ritter (Hg.), Handbuch der Dogmen- und Theologiegeschichte. Bd. 2, Göttingen [2]1998, 238-271; E.-M. Faber, Symphonie von Gott und Welt. Die responsorische Struktur von Vermittlung in der Theologie Calvins, Neukirchen-Vluyn 1999.

7. Die Genfer Kirchenordnung (1561)

Bereits 1541 hatte Calvin bei seiner Rückkehr eine Kirchenordnung vorgelegt, die in den folgenden Jahren mehrfach ergänzt und endgültig am 13. November 1561 vom Rat beschlossen wurde. Diese Ordnung, die nicht einfach Umsetzung von Calvins in der Institutio entwickeltem Ideal ist, sondern durch die Einbeziehung der politischen Instanzen auch Zugeständnisse an die reale Genfer Situation enthält, wurde prägend für die reformierte Gemeindebildung in Europa und später dann auch in den Vereinigten Staaten von Amerika.

(Erster Teil: Die vier Ämter)
Zunächst: Es gibt vier Aufgabenbereiche oder Arten von Ämtern, die unser Herr zur Leitung seiner Kirche geschaffen hat: einmal die Pastoren, dann die Doktoren, danach die Ältesten und viertens die Diakone. Wenn wir also eine wohl geordnete und unversehrte Kirche haben wollen, müssen wir uns an diese Gestalt ihrer Leitung halten.

(Die Pastoren:) Was die Pastoren angeht, so werden diese von der Schrift manchmal auch »Aufseher«, »Älteste« (Anciens) und »Diener« (Ministres) genannt. Ihre Aufgabe ist es, sowohl in der Öffentlichkeit wie gegenüber Einzelnen das Wort Gottes zu verkünden: zu lehren, zu ermahnen, zurechtzuweisen und zu tadeln (vgl. 2 Tim 3,16f.). Sie sollen aber auch die Sakramente verwalten und zusammen mit den Ältesten oder Ratsbeauftragten die brüderlichen Zurechtweisungen vornehmen.
Damit aber in der Kirche keine Unordnung herrscht, soll sich keiner in ein solches Amt hineindrängen, der nicht dazu berufen wird. Hierbei müssen drei Dinge bedacht werden, nämlich die Prüfung, die das Wichtigste ist, weiter, wer die Pfarrer einsetzen darf, und drittens die Form oder Vorgehensweise bei ihrer Amtseinsetzung.
Die Prüfung besteht aus zwei Teilen: Der erste betrifft die Lehre. Hier geht es darum, zu prüfen, ob der zu Berufende eine gute und gründliche Kenntnis der Schrift besitzt. Sodann, ob er dazu fähig und geeignet ist, die christliche Lehre dem Volk zur Auferbauung zu vermitteln.
Um auszuschließen, dass derjenige, den man anstellen will, eine falsche Lehrmeinung vertritt, ist es zudem erforderlich, dass er ausdrücklich verspricht, sich an die gültige Lehre der Kirche zu halten, insbesondere diejenige des Katechismus.
Um festzustellen, ob er zum Lehren geeignet ist, soll man ihn befragen und sich im kleinen Kreis anhören, wie er mit der Lehre des Herrn umgeht.
Der zweite Teil betrifft die Lebensführung: Hier geht es darum zu prüfen, ob er einen ehrbaren Lebenswandel führt und sich bisher nichts hat zu Schulden kommen lassen. Wie dabei vorzugehen ist, hat uns Paulus sehr schön aufgezeigt (vgl. 1 Tim 3,1-7). Es empfiehlt sich, dass wir uns alle danach richten.

Über die Befugnis zur Einsetzung der Pastoren: Wir sind der Meinung, dass es hier das Beste ist, sich der Ordnung der Alten Kirche anzuschließen, denn diese führt nur aus, was uns die Schrift lehrt: Zuerst sollen die Pfarrer denjenigen, den man ins Amt einsetzen will, bestimmen, nachdem sie unseren Kleinen Rat davon unterrichtet haben. Anschließend soll er dem Rat vorgestellt werden. Wird er als geeignet angesehen, soll man ihn dort annehmen und bestätigen. Dabei soll man ihm seine Eignung öffentlich bescheinigen, um ihn schließlich im Gottesdienst dem Volk vorzustellen, damit er so durch die allgemeine Zustimmung der Gemeinde der Gläubigen angenommen wird...
Wie es erforderlich ist, die Pfarrer, die man wählen will, gut zu prüfen, so braucht es auch eine geeignete Einrichtung, die dafür sorgt, dass sie ihr Amt in rechter Weise ausüben.
Zu diesem Zweck ist es erstens nützlich, dass alle Pfarrer, um Reinheit und Eintracht der Lehre untereinander zu bewahren, an einem betimmten Wochentag zu einem gemeinsamen Schriftstudium zusammenkommen...
Um jeder Art von ärgerlichem Lebenswandel entgegenzutreten, braucht es eine Disziplinarordnung für die Pastoren ... , der sich alle ohne Ausnahme unterstellen. Sie dient dazu, das Ansehen des Pastorenamtes zu wahren, damit nicht durch den schlechten Ruf der Pfarrer das Wort Gottes seiner Ehre beraubt oder verachtet wird ...

(Doktoren:) Die besondere Aufgabe der Doktoren besteht darin, die Gläubigen in der heilsamen Lehre zu unterweisen, damit die Reinheit des Evangeliums weder durch Unkenntnis noch durch Irrlehren getrübt wird... Wir wollen es, um einen verständlicheren Ausdruck zu verwenden, das Amt der Lehrer (l'Ordre des escoles) nennen.
Dem Dieneramt am Nächsten und mit der Leitung der Kirche am engsten verbunden ist dabei der theologische Unterricht, der das Alte und das Neue Testament umfassen sollte. Damit der Unterricht Gewinn bringt, muss man zuerst Sprachkenntnisse und eine allgemeine Bildung besitzen. Aus diesem Grund – weil es nötig ist, im Blick auf die Zukunft Nachwuchs zu fördern, damit die Kirche unseren Kindern nicht in einem schlechten Zustand überliefert wird – muss ein Gymnasium eingerichtet werden, um die Schüler zu unterrichten, und sie sowohl auf den Kirchendienst wie auf ein politisches Leitungsamt vorzubereiten...

(Älteste:) Ihre Aufgabe besteht darin, auf die Lebensführung eines jeden zu achten, und diejenigen freundschaftlich zu ermahnen, die sie Fehltritte tun oder in unordentlichen Verhältnissen leben sehen. Wo nötig, sollen sie dem ganzen Kreis Mitteilung machen, der für die brüderliche Zurechtweisung zuständig ist, und sie mit ihm gemeinsam vornehmen.
Entsprechend der Gestalt und Ordnung der hiesigen Kirche wäre es gut, hierbei zwei Vertreter aus dem Kleinen Rat, vier aus dem Rat der Sechzig und sechs aus dem Großen Rat auszuwählen. Es sollen Leute mit ehrbarem und anständigem Lebenswandel sein, tadellos und über jeden Verdacht erhaben, die vor allem Gott fürchten und geistliche Klugheit besitzen. Damit sie alles überblicken können, soll bei ihrer Wahl darauf geachtet werden, dass jedes Quartier der Stadt vertreten ist.
Was das Wahlverfahren angeht, haben wir Folgendes beschlossen: Der Kleine Rat soll anordnen, dass die Unbescholtensten und Geeignetsten, die man finden kann, vorgeschlagen werden. Zu diesem Zweck soll man die Pfarrer zur Beratung heranziehen. Anschließend soll man die Vorgeschlagenen dem Großen Rat vorstellen, der sie, wenn er sie für würdig erachtet, bestätigen soll...

(Diakone:) In der Alten Kirche hat es immer zwei Arten von Diakonen gegeben: Die einen waren damit beauftragt, das Armengut entgegen zu nehmen, zu verteilen und zu verwalten, sowohl tägliche Almosen, als auch Besitztümer, Zinsen und Renten. Die anderen waren damit beauftragt, sich um die Kranken zu kümmern und sie zu pflegen, und die Armen zu speisen. Dem sollten sich alle christlichen Städte anschließen, so wie wir uns darum bemüht haben und dies auch in Zukunft tun werden: Wir haben nämlich bereits Fürsorger und Verantwortliche für die Spitäler.

Quelle/ Übers.: Calvin-Studienausgabe, hg. v. E. Busch u.a. Bd. 2: Gestalt und Ordnung der Kirche, Neukirchen-Vluyn 1997, 238-247.252-257. *Literatur:* C.A. Cornelius, Die Gründung der Calvinischen Kirchenverfassung in Genf 1541, München 1892; W. Köhler, Zürcher Ehegericht und Genfer Konsistorium. Bd. 2: Das Ehe- und Sittengericht in den süddeutschen Reichsstädten, dem Herzogtum Württemberg und Genf, Leipzig 1942 (QASRG 13), 540-674; A. Ganoczy, Calvin, théologien de l'église et du ministère, Paris 1964; J.R. Weerda, Ordnung zur Lehre – zur Theologie der Kirchenordnungen bei Calvin, in: ders., Nach Gottes Wort reformierte Kirche, München 1964, 132-161. – W.J. Bouwsma, John Calvin. A Sixteenth-Century portrait, New York 1988; W. van't Spijker, Calvin. Biographie und Theologie, Göttingen 2001 (KiG 3, J2); E.-M. Faber, Johannes Calvin, in: M.H. Jung/ P. Walter (Hg.), Theologen des 16. Jahrhunderts, Darmstadt 2002, 227-243.

b) Der Heidelberger Katechismus

Nachdem Kurfürst Ottheinrich (1556-1559) die Pfalz der lutherischen Reformation zugeführt hatte, beschloss Friedrich III. (1559-1576), den heiklen Weg eines Schwenks zum reformierten Bekenntnis zu gehen, dessen Deckung durch den Augsburger Religionsfrieden mehr als fraglich war. Der Heidelberger Katechismus von 1563, der diese Neuausrichtung deutlich machte, bedeutete freilich auch keine direkte Angleichung an die Reformation nach Genfer Muster: Der Heidelberger Theologieprofessor Zacharias Ursinus (1534-1583) war ein Schüler Philipp Melanchthons und verband dessen Theologie mit der Calvins.

1. Lesung, Der 1. Sonntag
1. Frage: Was ist dein einziger Trost in Leben und im Sterben?
Antwort: Dass ich mit Leib und Seele im Leben wie im Sterben (Röm 14,8)[8] nicht mein (1 Kor 6,19), sondern meines getreuen Heilands Jesu Christi eigen bin (1 Kor 3,23), der mit seinem teuren Blut (1 Petr 1,18f.) für alle meine Sünden vollkommen bezahlt (1 Joh 1,7) und mich aus der Gewalt des Teufels erlöst (1 Joh 3,8) und so bewahrt hat (Joh 6,38f.), dass ohne den Willen meines Vaters im Himmel kein Haar von meinem Haupt fallen (Mt 10,29-31; Lk 21,18f.), ja, auch mir alles zur Seligkeit dienen muss (Röm 8,28). Darum versichert er mich auch durch seinen Heiligen Geist des ewigen Lebens (2 Kor 1,21f; Eph 1,13f.; Röm 8,15f.) und macht mich von Herzen willig und bereit, fortan ihm zu leben (Röm 8,14).

2. Frage: Wie viele Stücke sind für dich zu wissen nötig, damit du in diesem Trost selig leben und sterben kannst?
Antwort: Drei Stücke (Lk 24,46f.; 1 Kor 6,11; Tit 3,3-7). Erstens: Wie groß meine Sünde und Elend sind (Joh 9,41; 15,22). Zweitens: Wie ich von allen meinen Sünden und dem Elend erlöst werde (Joh 17,3). Und drittens: Wie ich Gott für diese Erlösung dankbar sein soll (Eph 5,8-11; 1 Petr 2,9f.15; Röm 6,11-14).

Erster Teil: Vom Elend des Menschen
Der 2. Sonntag
3. Frage: Woher erkennst du dein Elend?
Antwort: Aus dem Gesetz Gottes (Röm 3,20)...

Zweiter Teil: Von der Erlösung des Menschen
2. Lesung. Der 5. Sonntag
12. Frage: Da wir nach dem gerechten Urteil Gottes zeitliche und ewige Strafe verdient haben: Wie können wir dieser Strafe entgehen und wieder in die Gnade kommen?
Antwort: Gott will, dass seiner Gerechtigkeit Genüge geschehe (Ex 20,5; 23,7), deswegen müssen wir hierfür entweder durch uns selbst oder durch einen anderen vollkommene Bezahlung leisten (Röm 8,3f.).

13. Frage: Können wir aber durch uns selbst Bezahlung leisten?
Antwort: Keineswegs, sondern wir machen auch die Schuld nur täglich größer (Hi 9,1-3; 15,15f.; Mt 6,12).

14. Frage: Kann aber irgendein bloßes Geschöpf für uns bezahlen?
Antwort: Keines. Denn erstens will Gott kein anderes Geschöpf für das bestrafen, was der Mensch verschuldet hat (Hebr 2,14-18). Zweitens kann auch kein bloßes Geschöpf die Last des Zornes Gottes über die Sünde ertragen und andere davon erlösen (Ps 130,3).

15. Frage: Was müssen wir denn für einen Mittler und Erlöser suchen?
Einen solchen, der ein wahrer (1 Kor 15,21f.25f.) und gerechter Mensch (Jer 33,16; Jes 53,11; 2 Kor 5,14-16; Hebr 7,15-17) und doch stärker als alle Geschöpfe, das heißt zugleich wahrer Gott ist (Jes 7,14; Röm 8,3f.)...

Der 31. Sonntag
83. Frage: Was ist das Amt der Schlüssel?
Antwort: die Predigt des heiligen Evangeliums und die christliche Bußzucht. Durch diese beiden Stücke wird das Himmelreich den Gläubigen aufgeschlossen und den Ungläubigen verschlossen (Mt 16,18f.; 18,18).

84. Frage: Wie wird das Himmelreich durch die Predigt des Evangeliums aufgeschlossen und verschlossen?
Antwort: So, dass nach dem Befehl Christi allen Gläubigen verkündigt und öffentlich bezeugt wird, dass ihnen, sooft sie die Verheißung des wahren Evangeliums mit wahrem Glauben annehmen, wahrhaft alle ihre Sünden vor Gott um des Verdienstes Christi willen vergeben sind – und umgekehrt den Ungläubigen und Heuchlern, dass der Zorn Gottes und die ewige Verdammnis auf ihnen liegt, so lange sie sich nicht bekehren (Joh 20,21-23; Mt 16,19). Nach diesem Zeugnis des Evangeliums wird Gott sowohl in diesem als auch im künftigen Leben urteilen.

85. Frage: Wie wird das Himmelreich durch die christliche Bußzucht verschlossen und aufgeschlossen?
Antwort: So, dass nach dem Befehl Christi diejenigen, die unter dem christlichen Namen unchristliche Lehre oder Lebensführung ausüben, und auch nachdem sie mehrfach brüderlich ermahnt wurden ihre Irrtümer und Laster nicht aufgeben, der Kirche oder denen, die von der Kirche dazu verordnet sind, angezeigt werden und, wenn sie sich auch um deren Ermahnung nicht kümmern, von diesen durch Verbot des Heiligen Sakraments aus der christlichen Gemeinde und von Gott selbst aus dem Reich Christi ausgeschlossen werden – und umgekehrt als Glieder Christi und der Kirche angenommen werden, wenn sie wahre Besserung versprechen und erweisen (Mt 18,15-18; 1 Kor 5,3-5; 2 Thess 3,14f.; 2 Joh 10f.).

7. Lesung: Der 32. Sonntag
Dritter Teil: Von der Dankbarkeit
86. Frage: Da wir aus unserem Elend ohne jegliches eigenes Verdienst (ohne alle unsere verdienst) aus Gnade durch Christus erlöst sind – warum sollen wir gute Werke tun?
Antwort: Darum, weil Christus, nachdem er uns mit seinem Blut losgekauft hat, hat uns auch durch den Heiligen Geist zu seinem Ebenbild erneuert, damit wir uns mit unserem ganzen Leben dankbar gegenüber Gott für seine Wohltaten erweisen (Röm 6,13; 12,1f.; 1 Petr 2,5.9f.; 1 Kor 6,19f.) und er durch uns gepriesen werde (Mt 5,16; 1 Petr 2,11f.); zudem auch, damit wir bei uns selbst unseres Glaubens aus seinen Früchten gewiss seien (1 Petr 1,10f; Mt 7,17f.; Gal 5,5f. 22-25) und mit unserem gottseligen Wandel auch unsere Nächsten für Christus gewinnen (1 Petr 3,1f.; Röm 14,19).

Quelle: Die Bekenntnisschriften der reformierten Kirche. In authentischen Texten mit geschichtlicher Einleitung und Register hg. v. E.F.K. Müller, Leipzig 1903 (= Waltrop 1999), 682f.685f.705f – *Literatur:* K. Barth, Einführung in den Heidelberger Katechismus, Zürich 1960; A. Péry, Der Heidelberger Katechismus. Erläuterungen zu seinen 129 Fragen und Antworten, Neukirchen-Vluyn 1963; W. Henss, Der Heidelberger Katechismus im konfessionspolitischen Kräftespiel seiner Frühzeit, Zürich 1983; H. Schilling (Hg.), Die reformierte Konfessionalisierung in Deutschland – das Problem der »zweiten Reformation«, Gütersloh 1986 (SVRG 195); E. Wolgast, Reformierte Konfession und Politik im 16. Jahrhundert. Studien zur Geschichte der Kurpfalz im Reformationszeitalter, Heidelberg 1998.

c) Ausstrahlung des Calvinismus nach Frankreich

Die Reformation in Genf bedeutete auch, dass erstmals eine politische Einheit außerhalb der deutschen Sprachwelt sich den Gedanken der Reformation öffnete, die schon zuvor vor allem in humanistischen Kreisen auch der romanischsprachigen Länder gewirkt hatten. Insbesondere in Frankreich fasste der Protestantismus reformierter Färbung bald Fuß, doch waren damit auch schwere Verfolgungen verbunden.

1. Die Confession du foi

Schon seit den zwanziger Jahren war es zu Verfolgungen der reformatorisch Gesinnten in Frankreich gekommen, die sich unter Heinrich II. (1547-1559) verschärften, insbesondere durch die Einrichtung der »Chambre ardente« als Häresiegericht 1547. Im Interesse, eine Anerkennung durch den König erreichen zu können, formulierten die französischen Protestanten, denen bald der Name »Huguenots« (vermutlich: »Eidgenossen«) beigelegt wurde, 1559 aufgrund einer Vorlage Calvins ein Glaubensbekenntnis, die »Confession du foi«.

12. Wir glauben, dass dieser allgemeinen Verderbnis und Verdammnis, in die alle Menschen versunken sind, Gott diejenigen entreißt, die er in seinem ewigen und unveränderlichen Ratschluss erwählt hat allein durch seine Güte und Barmherzigkeit in unserem Herrn Jesus Christus, ohne Rücksicht auf ihre Werke, indem er die anderen in eben dieser Verderbnis und Verdammnis lässt, um an ihnen seine Gerechtigkeit zu erzeigen (Ex 9,16; Röm 9,22), wie er an den Ersten den Reichtum seines Erbarmens aufleuchten lässt (Röm 3,22; 9,23). Denn die einen sind nicht besser als die anderen (Jer 10,23), bis Gott sie scheidet nach seinem unveränderlichen Ratschluss, den er in Jesus Christus gefasst hat vor Erschaffung der Welt (Eph 1,4f.), und niemand könnte sich den Weg zu einem solchen Gut durch eigene Kraft bahnen, da wir von Natur nicht eine einzige gute Regung noch Empfindung oder einen guten Gedanken haben können, bis Gott uns zuvorkommt und uns dazu instand setzt.
13. Wir glauben, dass in ihm, Jesus Christus, uns alles, was zu unserem Heil erforderlich war, dargeboten und mitgeteilt ist (este offert et communique). Da er uns zum

Heil gegeben ist, ist er uns je und je gemacht zur Weisheit, Gerechtigkeit, Heiligung und Erlösung (1 Kor 1,30), so dass man, wenn man sich von ihm abwendet, auf die Barmherzigkeit des Vaters verzichtet, wo wir unsere einzige Zuflucht finden können...
25. Da wir aber Jesu Christi nur durch das Evangelium teilhaftig werden (Röm 1,16f; 10,17), so glauben wir, dass die Ordnung der Kirche, die in seiner Autorität aufgerichtet ist (Mt 18,20; Eph 1,22), heilig und unverletztlich sein muss und deshalb die Kirche nicht bestehen kann, wo es nicht Hirten (pasteurs) gibt, die das Amt des Lehrens (la charge d'enseigner) innehaben, die man ehren und mit Ehrerbietung hören soll, wenn sie rechtmäßig berufen sind und ihre Pflicht treulich erfüllen (Mt 10,40; Joh 13,20); nicht, dass Gott an solche Hilfen oder untergeordnete Mittel gebunden wäre, sondern weil es ihm gefällt, uns unter solchem Zügel zu halten (Röm 10,14-17). Daher verabscheuen wir alle Schwärmer, die, soviel an ihnen ist, das Amt der Predigt des Wortes und der Sakramente zunichte machen möchten.
26. Wir glauben daher, dass sich niemand zurückziehen und auf sich selbst beschränken darf, sondern dass alle miteinander die Einheit der Kirche bewahren müssen (Ps 5,8.22f.; 42,5), indem sie sich der allgemeinen Belehrung und dem Joche Jesu Christi unterwerfen, und das, an welchem Ort es auch sei, wo Gott eine wahre Ordnung der Kirche aufgerichtet hat, auch wenn die Obrigkeiten (les Magistratz) und ihre Vorschriften dagegen wären (Apg 4,19f.), und dass alle, die sich dem nicht fügen oder sich absondern, dem Befehl Gottes zuwider handeln (Hebr 10,25)...
29. Was die wahre Kirche betrifft, so glauben wir, dass sie regiert werden müsse nach der Ordnung, die unser Herr Jesus Christus eingerichtet hat, das heißt, dass es Hirten, Vorsteher und Diakone geben muss (Apg 6,3-5; Eph 4,11; 1 Tim 3), damit die reine Lehre ihren Lauf nimmt, die Laster gebessert und unterdrückt werden und damit die Armen und alle anderen Angefochtenen in ihren Nöten unterstützt und die Versammlungen gehalten werden im Namen Gottes zur Erbauung von Großen und Kleinen.

Quelle: Die Bekenntnisschriften der reformierten Kirche. In authentischen Texten mit geschichtlicher Einleitung und Register hg. v. E.F.K. Müller, Leipzig 1903 (= Waltrop 1999), 224f.227-229. *Übers.:* Rudolf Mau (Hg.), Evangelische Bekenntnisse. Bd. 2, Bielefeld 1997, 188. 191f. – *Literatur:* H. Jahr, Studien zur Überlieferungsgeschichte der Confession du foi von 1559, Neukirchen-Vluyn 1964; J. Cadier, La confession du foi de la Rochelle, in: RRef 32 (1971) 43-54.

2. Der monarchomachische Widerstand

Zum Symbol der Unterdrückung des Protestantismus in Frankreich wurde die Bartholomäusnacht (24.8.1572), ein Massaker an den Hugenotten anlässlich der Hochzeit des protestantischen Heinrich von Navarra mit der katholischen Marguérite von Valois, das auf die Königinmutter Katharina von Medici zurückgeführt wurde. Dieses Ereignis gab den Antrieb für eine Wendung der Hugenotten gegen das Königshaus, die durch die monarchomachische Literatur wie den hier wiedergegebenen, wohl von Philippe du Plessis-Mornay (1549-1623) unter dem Pseudonym Junius Brutus verfassten Traktat »Vindiciae contra tyrannos« aus dem Jahr 1577 theologisch legitimiert wurde. Diese Literatur knüpfte dabei an jene Argumente an, die im Magdeburger Bekenntnis entwickelt worden waren (s. Text 56 d]).

Die, welche das Volk vertreten, sollen, sobald sie bemerken, dass etwas Gewalttätiges oder Hinterlistiges gegen den Staat unternommen wird, zuerst den Fürsten warnen. Indes, dabei mögen sie nicht etwa abwarten, bis das Übel ärger wird und überhand nimmt. Denn die Tyrannei ist einem hektischen Fieber zu vergleichen, welches im Anfange leicht zu behandeln und schwer zu erkennen, im Fortgange aber leicht zu erkennen und außerordentlich schwer zu behandeln ist. Man muss also das Übel im ersten Keim ersticken und nichts, auch das Geringste nicht, übersehen. Wenn er nun ferner aber fortfährt und auf öftere Warnung sich nicht eines Besseren besinnt, sondern nur dahin strebt, alles ungestraft verüben zu können, dann ist er in der Tat der Tyrannei überführt, und alle und jede Hilfe, welche uns Recht und gerechte Gewalt (seu ius seu iusta vis) gegen Tyrannen an die Hand geben, kann dann gegen ihn angewandt werden. Die Tyrannei ist nicht nur ein Verbrechen, sondern das größte aller, ist gleichsam ein Haufen Verbrechen. Der Tyrann stürzt den Staat um, er plündert von dem Allgemeinen; allen trachtet er nach dem Leben, allen bricht er das Wort, alle Scheu vor dem Heiligen und dem Eidschwur legt er ab. Er ist weit verruchter als irgendein anderer Räuber, Freibeuter, Mörder und Gotteslästerer, weil es schmählicher ist, mehrere, ja alle zu verletzen als nur einzelne. Fallen jene Verbrecher nun alle ewiger Schande anheim, sind diese des Todes würdig und erleiden sie wirklich den Tod, wer wird dann die Strafen ersinnen können, wie sie ein so ungeheures Verbrechen verdient? Ferner haben wir ja bewiesen, dass alle Könige die königliche Würde vom Volk empfangen, dass das gesamte Volk mächtiger ist und höher steht als der König (populum universum rege potiorem et superiorem esse), dass der König des Königtums und der Kaiser des Kaisertums erster Diener und Geschäftsführer (minister et actor), das Volk aber eigentlicher Herr (dominus) ist. Daraus folgt, dass ein Tyrann an dem Volke als dem Lehnsherren eine Felonie[9] begeht ... , dass er deswegen den entsprechenden Gesetzen verfällt, ja noch schwerere Strafen verdient. »Ein solcher«, spricht Bartolus[10], »kann von dem, der über ihm ist, abgesetzt oder nach den Julischen Gesetzen von der öffentlichen Gewalttätigkeit auf das Strengste bestraft werden.« Der, welcher über ihm ist, ist aber das Gesamtvolk oder dessen Vertreter: Kurfürsten, Pfalzgrafen, Patrizier, Ständeversammlungen und andere. Hat indessen der Tyrann sich so festgemacht, dass er ohne bewaffnete Gewalt nicht vertrieben werden kann, dann kommt es unbedingt jenen Männern zu, das Volk zu den Waffen zu rufen, ein Heer zu sammeln und gegen ihn als den Feind des Vaterlandes und des Staates (hostis patriae reique publicae) weder Gewalt noch List noch irgendeinen Kunstgriff unversucht zu lassen.

Quelle: Vindiciae contra tyrannos ... Stephano Iunio Bruto Celta Auctore, Edinburgh 1577, 192-194. *Übers.*: W. Lautemann/ M. Schlenke (Hg.), Geschichte in Quellen. Bd. 3, München ³1982, 263f (Nr. 120) – *Literatur*: G. Stricker, Das politische Denken der Monarchomachen, Heidelberg 1967; Winfried Schulze, Zwingli, luth. Widerstandsdenken, monarchomachischer Widerstand, in: Peter Blickle u.a. (Hg.), Zwingli u. Europa, Zürich 1985, 199-216; I. Dingel, Katharina von Medici im Spannungsfeld von Religion und Politik, Recht und Macht, in: dies. u.a. (Hg.), Reformation und Recht. FS Gottfried Seebaß, Gütersloh 2002, 224-242; Chr. Strohm, Art. Widerstand. II. Reformation und Neuzeit, in: TRE 35, 2003, 750-767, 754-757.

3. Duldung der Hugenotten: das Edikt von Nantes (1598)

1589 kam der politische Anführer der Hugenotten, Heinrich von Navarra, als Heinrich IV. an die Macht (1589-1610). Aus politischer Rücksichtnahme gab er sein protestantisches Bekenntnis auf und konvertierte zum Katholizismus. Doch gewährte er den Protestanten im Edikt von Nantes vom 13.4.1598 Duldung und Gewissensfreiheit. Das Edikt stand in Geltung, bis seine Aufhebung durch Ludwig XIV. 1685 zu einem massenhaften Exodus der Protestanten aus Frankreich führte.

6. Um gar keine Gelegenheit zu Unruhen und Streitigkeiten zwischen Unseren Untertanen zu lassen, so haben Wir erlaubt und erlauben denen von der besagten vorgeblich reformierten Religion (ladite religion prétendues réformée), in allen Städten und Ortschaften Unseres Königreiches und den Unserer Herrschaft unterworfenen Ländern zu wohnen und zu leben, ohne dass sie belangt, geplagt, bedrängt oder in Hinsicht der Religion zu irgendeiner Handlung gegen ihr Gewissen genötigt, noch aus Anlass derselben in den Häusern und Orten, in denen sie nach ihrer Wahl wohnen,

aufgesucht werden dürfen, wenn sie sich im Übrigen so betragen, wie in diesem Edikt vorgesehen ist...

18. Wir verbieten auch allen Unseren Untertanen, in welchem Stande (qualité) und welcher Stellung sie leben[11], mit Gewalt oder durch Verleitung gegen den Willen ihrer Eltern die Kinder der besagten Religion zu verschleppen, um sie in der katholischen, apostolischen und römischen Kirche taufen oder firmen zu lassen[12]; wie auch dieselben Verbote denen von der besagten vorgeblich reformierten Religion gegeben sind. Das alles bei exemplarischer Strafe.

19. Die von der genannten vorgeblichen Religion sollen durchaus zu nichts gezwungen werden, noch sollen sie gebunden bleiben wegen der Abschwörungen, Versprechen und Schwüre, die sie etwa früher geleistet, oder der Bürgschaften, die sie in Betreff der besagten Religion gestellt haben. Sie sollen deswegen in keiner irgend erdenklichen Weise belästigt oder behelligt werden dürfen.

20. Auch sollen sie gehalten sein, die in der katholischen, apostolischen und römischen Kirche gefeierten Feste zu beachten und zu halten, und an den Tagen derselben weder Geschäfte treiben, verkaufen, noch Waren in offenen Läden ausstellen zu dürfen[13], noch gleicherweise die Handwerker außerhalb ihrer Läden und in geschlossenen Zimmern oder Häusern an den genannten Festtagen und andren verbotenen Tagen in irgendeinem Handwerke zu arbeiten, dessen Geräusch draußen von den Vorübergehenden oder den Nachbarn gehört werden könnte. Indes darf die Nachforschung danach nur durch die Justizbeamten geschehen.

21. Die besagte vorgeblich reformierte Religion betreffenden Bücher dürfen nur in den Städten und Orten gedruckt und öffentlich verkauft werden, wo die öffentliche Ausübung der besagten Religion erlaubt ist. Was die anderen Bücher, die in anderen Städten gedruckt werden, betrifft, so sollen sie sowohl durch Unsere Beamten als auch durch die Theologen durchgesehen und geprüft werden, wie es durch Unsere Anordnungen befohlen ist. Wir verbieten ausdrücklich Druck, Veröffentlichung und Verkauf aller schmähenden Bücher, Flugblätter und verleumderischen Schriften bei den Strafen, die in Unseren Bestimmungen festgesetzt sind: schärfen auch allen Unseren Richtern und Beamten hiermit ein, streng auf diesen Punkt zu achten[14].

22. Wir befehlen, dass in Betreff der besagten Religion kein Unterschied und keine Sonderung gemacht werde bei Aufnahme der Schüler zum Unterricht an den Universitäten, Kollegien und Schulen, noch der Kranken und Armen in den Hospitälern, Krankenhäusern und bei öffentlichen Almosen.

23. Die von der besagten vorgeblich reformierten Religion sollen gehalten sein, die in diesem Unserem Königreiche angenommenen Gesetze der katholischen, apostolischen und römischen Kirche über die abgeschlossenen und noch abzuschließenden Ehen bezüglich der Grade der Blutsverwandtschaft und Verschwägerung zu beachten.

24. Gleicherweise sollen die von der besagten Religion die Eintrittsgebühren, wie es üblich ist, zu den Ämtern und Würden, mit denen sie betraut werden, bezahlen, ohne aber gezwungen zu werden, an irgendwelchen Feierlichkeiten teilzunehmen, die ihrer Religion entgegen stehen. Werden sie zum Eide aufgerufen, so sollen sie nur gehalten sein, ihn in der Weise zu leisten, dass sie die Hand erheben, schwören und zu Gott versprechen, dass sie die Wahrheit sagen werden; sie sollen auch nicht gehalten sein, Entbindung von dem durch sie geleisteten Eide nachzusuchen, wenn sie Verträge und Verpflichtungen lösen.

25. Wir wollen und befehlen, dass alle die von der besagten vorgeblich reformierten Religion und alle, welche ihrer Partei gefolgt sind, wes Standes, Eigenschaft und Stellung sie seien, auf allen rechtmäßigen und zweckmäßigen Wegen und bei den Strafen, die in den hierüber erlassenen Edikten enthalten sind, gehalten und gezwungen werden sollen, den Ortspfarrern und anderen Geistlichen und allen anderen, denen

sie zukommen, die Zehnten zu bezahlen und zu entrichten nach Gebrauch und Herkommen der einzelnen Ortschaften.

Quelle: E. Walder (Hg.), Religionsvergleiche des 16. Jahrhunderts. Bd. 2, Frankfurt/ Bern ³1974 (QNG 8), 18. 21-23. *Übers.*: Das Edikt von Nantes. Das Edikt von Fontainebleau, Flensburg 1963, 25. 29-30. - *Literatur*: J.H. Mariéjol, La réforme et la ligue. L'édit de Nantes (1559-1598), Paris 1983; J. Garrisson, Denn so gefällt es uns... Geschichte einer Intoleranz, Bad Karlshafen 1995; B. Cottret, 1598 – l'édit de Nantes, Paris 1997; M. Grandjean/ B. Roussel (Hg.), Coexister dans l'intolerance. L'edit de Nantes (1598), Genf 1998; I. Dingel, Art. Hugenotten. I. Kirchengeschichtlich. 1. Europa, in: RGG⁴ 3, Tübingen 2000, 1925-1929.

d) Die dogmatische Konsolidierung des Calvinismus: die Synode von Dordrecht, Canones, Art. 1 (13. November 1618 – 29. Mai 1619)

Insbesondere durch Theodor Beza (1519-1605), der nach Calvins Tod zur führenden Gestalt in Genf aufgestiegen war, war eine systematisch scharf strukturierte Prädestinationslehre in den Mittelpunkt calvinistischer Frömmigkeit gerückt, bei deren Ausformulierung weniger wie bei Calvin die Betonung des Heilswillens Gottes im Vordergrund stand als die logisch präzise Formulierung einer doppelten Prädestination. Hiergegen hatte sich der Leidener Theologieprofessor Jakob Arminius (1560-1609) gewandt, der sich bemühte, in einem komplexen System die Vorordnung des Heilswillens Gottes vor der Prädestination auszudrücken. Seine Anhänger formulierten 1610 eine Remonstration (Zurückweisung) gegen den herrschenden Calvinismus und werden daher auch Remonstranten genannt; ihre Gegner waren die Kontramonstranten, die auf den Bahnen des ersten Gegners des Arminius, seines Fakultätskollegen Franciscus Gomarus (1563-1641), fortdachten. Zur Schlichtung des Streites wurde von den Generalstaaten eine Synode einberufen. Die niederländisch dominierte Synode gewann durch Abgeordnete aus der Pfalz, Nassau, Hessen, Ostfriesland, Bremen, Schweiz, England und Schottland internationalen Charakter – die französischen Protestanten konnten allerdings aufgrund königlichen Verbots nicht teilnehmen. Die Synode endete mit einer Verurteilung der Remonstranten und einer Betonung der Souveränität Gottes in seinem prädestinatorisch gedachten Heilshandeln.

1. Da alle Menschen in Adam gesündigt und damit Verdammnis und ewigen Tod verdient haben, hätte Gott niemandem Unrecht getan, wenn er das ganze Menschengeschlecht in Sünde und Verdammnis gelassen und wegen seiner Sünde gerichtet hätte; wie der Apostel sagt: »Alle Welt ist der Verdammung Gottes verfallen«; Röm 3,19; »sie sind allzumal Sünder und mangeln des Ruhmes, den sie bei Gott haben sollten«; Röm 3,23; und »der Sünde Sold ist der Tod«; Röm 6,23.
2. Aber darin hat sich die Liebe Gottes offenbart, dass »Gott seinen eingeborenen Sohn in die Welt gesandt hat, auf dass alle, die an ihn glauben, nicht verloren werden, sondern das ewige Leben haben«; 1 Joh 4,9; Joh 3,16.
3. Damit aber die Menschen zum Glauben bewogen werden (adducantur), sendet Gott in seiner Güte Prediger dieser unendlich frohen Botschaft, und zwar, zu wem er will und wann er will; durch ihren Dienst werden die Menschen zur Buße (resipiscentia) und zum Glauben an den gekreuzigten Christus berufen. »Denn wie sollen sie an den glauben, von dem sie nichts gehört haben? Wie sollen sie aber hören ohne Prediger? Wie sollen sie aber predigen, wenn sie nicht gesandt werden?«; Röm 10,14f.
4. Wer diesem Evangelium nicht glaubt, über dem bleibt der Zorn Gottes. Wer es dagegen annimmt und mit wahrem lebendigem Glauben Jesus als Retter in Liebe annimmt, der wird durch ihn vom Zorn Gottes und vom Untergang frei und erhält als Geschenk das ewige Leben (Joh 3,36; Mk 16,16).
5. Die Ursache bzw. die Schuld an jenem Unglauben sowie an allen anderen Sünden liegt keineswegs bei Gott, sondern beim Menschen. Dagegen ist der Glaube an Jesus Christus und das Heil durch ihn freies (gratuitus) Geschenk Gottes, wie geschrieben

steht: »Aus Gnade seid ihr gerettet worden durch den Glauben, und das nicht aus euch: Gottes Gabe ist es«; Eph 2,8; und: »Aus Gnade (und) umsonst (gratis) ist es euch gegeben, an Christus zu glauben«; Phil 1,29.
6. Dass aber einige in der Zeit von Gott mit dem Glauben beschenkt werden, andere hingegen nicht, das geschieht aufgrund seines ewigen Beschlusses (ab aeterno ipsius decreto). »Alle seine Werke nämlich kennt er von Ewigkeit«; Apg 15,18; Eph 1,11. Aufgrund dieses Beschlusses macht er die Herzen der Erwählten, mögen sie auch noch so hart sein, gnadenhaft weich, die nicht Erwählten aber überlässt er in seinem gerechten Urteil ihrer Schlechtigkeit und Härte. Und hier zeigt sich uns in besonderer Weise die tiefgründige, ebenso barmherzige wie gerechte Unterscheidung der in gleicher Weise verlorenen Menschen beziehungsweise jener Beschluss über Wahl und Verwerfung (Decretum Electionis et Reprobationis), das im Wort Gottes offenbart ist.

Quelle: Die Bekenntnisschriften der reformierten Kirche. In authentischen Texten mit geschichtlicher Einleitung und Register hg. v. E.F.K. Müller, Leipzig 1903 (= Waltrop 1999), 843f. – *Literatur:* A.P.F. Sell, The Great Debate. Calvinism, Arminianism and Salvation, Worthing 1987; W. van't Spijker, De Synode van Dordrecht in 1618 en 1619, Houten 1987; H.A. Oberman, Zwei Reformationen. Luther und Calvin – alte und neue Welt, Berlin 2003.

[1] *11.10.1534.*
[2] *Sadolet, Epistola ad Genevetas, in: CR33, 378.*
[3] *Sadolet, Epistola ad Genevetas, in: CR 33, 371.*
[4] *Calvin bezieht sich auf eine Vorstufe des Genfer Katechismus, den Auszug aus der ersten Institutio (1536), auf den die Genfer Bürgerschaft laut Magistratsbeschluss vom Juli 1537 vereidigt werden sollte.*
[5] *Die hier aufgegriffene Unterscheidung von res und signum war ein auf Augustin zurückgehendes Gemeingut mittelalterlicher Theologie.*
[6] *S. zu Ambrosius Bd. 1, Nr. 86; zu Augustin ebd. 91; zu Chrysostomus ebd. 88; zu Athanasius ebd. 67.*
[7] *W. Guerou, Korrektor des Buchdruckers B. Arnollet, brachte in Vienne Servets Buch zum Druck.*
[8] *Die hier in Klammern angeführten Bibelstellen sind dem ursprünglichen Text als Anmerkungen beigegeben.*
[9] *Vorsätzlicher Bruch des Treueverhältnisses zwischen Lehnsherrn und Lehnsabhängigem.*
[10] *Bartolus de Saxoferrato (1313/4-1357), Lehrer des römischen Rechts.*
[11] *Die ursprüngliche, zwischen Heinrich IV. und den hugenottischen Vertretern besprochene Fassung hatte hier im Unterschied zu der im Februar 1599 vom Pariser Parlament anerkannten Fassung noch den Zusatz: »die Kinder, die etwa in der besagten vorgeblich reformierten Religion getauft sind, nochmals zu taufen (rebaptiser) oder nochmals taufen zu lassen, wie auch mit Gewalt« etc.*
[12] *Der hier folgende Nachsatz »wie auch ... gegeben sind« fehlt in der ursprünglichen Fassung.*
[13] *Der Rest des Artikels fehlt in der ursprünglichen Fassung.*
[14] *Der 21. Artikel hieß in der ursprünglichen Fassung: »Es dürfen in Unserem besagten Königreich, Ländern, Gebieten und Herrschaften Unserer Botmäßigkeit keine Bücher verkauft werden, ohne zuvor von Unseren Ortsbeamten eingesehen zu sein, ausgenommen die Bücher, welche die besagte vorgeblich reformierte Religion betreffen, deren Untersuchung und Beurteilung den hiernächst zur Aburteilung der Prozesse derer von der besagten Religion angeforderten Kammern zustehen soll. Bei diesen soll nicht nachgeforscht werden wegen der Bücher, die sie im Gebrauch haben oder ihres Drucks und Verkaufs, außer wenn sie von den besagten Kammern verboten sind. Wir verbieten aber dabei ganz ausdrücklich den Druck, die Herausgabe und den Verkauf aller ihrer Schmähblätter und -schriften bei den in Unseren Ordnungen enthaltenen Strafen! Auch schärfen Wir allen Unseren Richtern und Beamten ein, streng hierüber zu halten.«*

59. Formierung des Luthertums

Das Interim hatte tiefe Verwerfungen innerhalb der Gruppe der mit Wittenberg verbundenen Theologen und Territorien mit sich gebracht, und auch die Definition einer Augsburger Konfessionsverwandtschaft durch den Augsburger Religionsfrieden von 1555 (Text 57) bedeutete mehr eine äußere Klammer als ein inneres Band. So bestand die Hauptaufgabe dieser Augsburger Konfessionsverwandten darin, sich über eine solche Definition der Augsburger Konfession zu einigen, die für alle Beteiligten gelten konnte. Erst mit dem – freilich auch nicht unumstrittenen – Konkordienwerk gelang es, die vielfältigen Streitigkeiten auf diesem Wege wenigstens in einer solchen Weise zusammenzuführen, dass das Gemeinlutherische erkennbar wurde. Damit war auch die Basis für die Entfaltung der lutherischen Orthodoxie – bzw. der lutherischen Barocktheologie – geschaffen, die bis in das 18. Jahrhundert hinein prägend für das Luthertum wurde.

a) Melanchthons Vorrede zum Corpus doctrinae (1560)

Im Jahr 1560 brachte der Leipziger Buchhändler Vögelin ein »Corpus doctrinae Christinae« heraus, das neben den drei altkirchlichen Bekenntnissen die wichtigsten theologischen Schriften Melanchthons enthielt und daher in der Folgezeit, obwohl Melanchthon selbst in der Vorrede versuchte, den individuellen Charakter zu relativieren, als »Corpus doctrinae Philippicum« oder auch wegen des Bezugs auf Meißen »Misnicum« bezeichnet wurde. Indem Kurfürst August I. (1553-1586) dieses privat initiierte Corpus doctrinae in seine Landeskirche einführte, wurde die Definitionsgrundlage des Bekenntnisses erkennbar um das Augsburger Bekenntnis herum erweitert – dem Beispiel folgten bald die meisten anderen Landeskirchen, so dass eine Vielfalt von Bekenntnisständen im Luthertum zu verzeichnen war.

Ich habe also (auf dem Augsburger Reichstag) die Kapitel des Bekenntnisses, das vorliegt, mit einfachem Bemühen zusammengetragen, indem ich annähernd die Summe der Lehre unserer Kirchen zusammenfasste, einerseits um dem Kaiser zu antworten, andererseits um falsche Behauptungen über angebliche Verbrechen zurückzuweisen. Und nichts habe ich dabei für mich vorbehalten. In geordneter Weise haben die anwesenden Fürsten und andere Regierende und die Prediger über die einzelnen Sätze diskutiert.
Daraufhin wurde auch die ganze Gestalt des Bekenntnisses Luther zugesandt, der den Fürsten schrieb, dass er dieses Bekenntnis gelesen habe und billige[1]. Dies ist so getan worden. Fürsten und andere ehrenwerte und gelehrte Männer erinnern sich daran noch als Zeugen. Später ist sie vor dem Kaiser unter zahlreicher Anwesenheit der Fürsten verlesen worden; das zeigt selbst, dass sie nicht einem Kaiser, der es nicht verlangte, aufgedrängt wurde. Ich habe daraufhin zur Zeit des Trienter Konzils eine Wiederholung eben dieses Bekenntnisses geschrieben[2], zu deren Beurteilung viele andere herangezogen worden sind, deren Namen auch hinzugesetzt wurden. Deren Zeugnis stelle ich den ungerechten Zensoren entgegen, die das Bekenntnis später verworfen haben...
Man kann nicht verhehlen, dass durch die in Bewegung geratenen Sachverhalte eine Vielfalt von Meinungen aufgekommen ist. Und die Anarchie hat schlechten Geistern gestattet, ungeheuerliche Lehren zu konstruieren. Wie schwierig es zu solcher Zeit ist, sowohl Nützliches auszuwählen, als auch es in eigentlichem und klarem Sinne zu erklären, wissen die Besonnenen. Aber ich versichere wahrhaft, dass ich, da Gott mir diese Bürde wissenschaftlicher Lehre (scholastica sarcina) auferlegt hat, nichts Glänzenderes angestrebt habe und ich mit frommem Eifer, wie er sich für den Katechismus ziemt, der Jugend die Inhalte vorgelegt habe und mich bemüht habe, sie im eigenen Ton der Predigt zu erklären...

Ich bitte aber den Sohn Gottes, unseren Herrn Jesus Christus, der zur Rechten des ewigen Vaters sitzt und den Menschen die Gaben mitteilt, dass er immer in diesen Gegenden die ewige Kirche sammle und mich barmherzig leite und mache, dass wir, wie viele wir sind, eines seien in Gott.

Quelle: Melanchthons Werke in Auswahl, hg. v. R. Stupperich. Bd. VI, Gütersloh 1955, 8,9-27; 9,3-13; 11,1-5 –*Literatur:* P. Tschackert, Die Entstehung der lutherischen und der reformierten Kirchenlehre samt ihren innerprotestantischen Gegensätzen, Göttingen 1910, 613-626.

b) Matthias Flacius, Clavis Scripturae Sacrae (1567)

Flacius, die treibende Kraft des antiinterimistischen Streits, war zum eigentlichen Antipoden seines früheren Lehrers Melanchthon geworden: Immer wieder trieben er und seine Gefährten die milderen Philippisten in Streitigkeiten, die vornehmlich um die präzise Ausgestaltung der Rechtfertigungslehre gingen. Zeitweise gelang es ihm, die Universität Jena zur Hochburg dieses sich als wahrhafter (*γνήσιος*) Erbe Luthers verstehenden Gnesioluthertums zu machen, doch musste er das sächsisch-ernestinische Herzogtum verlassen, als er die Substanz des Menschen mit der Erbsünde identifizierte. Trotz der damit einsetzenden Wanderschaft gelang es ihm, 1567 mit der *Clavis Scripturae Sacrae* eine für die Hermeneutik der protestantischen Orthodoxie grundlegende Schrift zu verfassen.

Regeln zur Erkenntnis der Heiligen Schrift, die aus ihr selbst entnommen sind ...

7. Auf alle Weisen muss man die Autorität dieser von außen und von Gott offengelegten oder kundgetanen Lehre verteidigen, durch welche Gott überhaupt mit dem Menschen verkehren, ihn belehren und umwandeln will. So handelt Gott überhaupt mit dem Menschen nicht wie mit einem Engel, sondern wie mit einem körperlichen Geschöpf: damit er ihn durch Ohren und Augen, durch das Wort und die Sakramente, jedoch nicht ohne innere Bewegung und Erleuchtung, belehre. Daher hat er uns Beistand von außen und das Heilige Buch seiner Weissagungen (oracula) gegeben. Und daher ruft und belehrt er uns dauernd, damit wir hören. Diese ganze Folge von Belehrung und Bekehrung hat Paulus Stück für Stück beschrieben, Röm 10,14f., indem er sagt, dass Gott Gelehrte schicke, nämlich durch Schrift und Geist unterrichtete Männer, Lk 24,45.49 und diese lehrten. Die aber aus ihrem Munde das Wort Gottes hörten, glaubten ihnen; die Gläubigen beteten zu ihm, und schließlich würden, die ihn anriefen, gerettet werden. Darum ist es die offensichtlichste Heuchelei des Teufels, wenn uns Fanatiker wie Schwenckfeld[3] und der Papst von der Heiligen Bibel weg zu ich weiß nicht welchen geistlichen Offenbarungen und sehr unsauberen Winkeln ihres Herzens hinzuführen versuchen, wo alle Rechte und geistlichen Offenbarungen verborgen seien, während sie vielmehr ein Höllenpfuhl böser Geister sind.
8. Die Heilige Schrift muss in der Furcht Gottes gelesen werden, so dass wir sicher stehen und weder im Glauben noch in Sitten oder irgendwelchen Taten zur Rechten oder zur Linken abweichen, Jos 1,7f.; Dtn 5,32. Denn er ist der Allerweiseste, so dass er allein den rechten Weg kennt, und mit Recht muss er in diesem seinem Haus als einziger und höchster Hausvater gehört werden.
9.Wenn wir zu Christus bekehrt werden, wird die Decke von unserem Herzen und auch von der Schrift (vgl. 2 Kor 3,12-16) selbst hinweggenommen, nicht nur, weil wir durch das geistige Licht erleuchtet werden (illuminamur), sondern auch, weil wir den maßgeblichen Gesichtspunkt und wesentlichen Inhalt (argumentum) der ganzen Schrift in Händen halten, nämlich den Herrn Jesus selbst mit seinem Leiden und seinen Wohltaten, 2 Kor 3,16. Denn des Gesetzes Ende ist Christus (Röm 10,4). Jener allein ist die Perle oder der Schatz, und wenn wir den in diesem Acker des Herrn gefunden haben, dann haben wir gut genug gewirtschaftet (vgl. Mt 13,44-46)...

Anweisungen, wie man die Heilige Schrift lesen soll, die wir nach unserem Urteil gesammelt oder ausgedacht haben

1. Bei allem Nachdenken, bei Unternehmungen und Handlungen, zumal schweren, vor allem aber bei heiligen Dingen, ist es sehr nützlich, die göttliche Hilfe zu erflehen, damit diese unser ganzes Unternehmen von vornherein beseele, in der Durchführung helfe und schließlich am Ende segne oder unserer Arbeit einen glücklichen Ausgang und Wachstum und Frucht schenke...
5. Der Leser sei zufrieden, wenn er den einfachen und eigentlichen Sinn (simplex atque genuinus ... sensus) der Heiligen Schrift, zumal derjenigen Stelle, die er gerade liest, erfasst. Und er soll nicht Schemen nachjagen oder Träumen von Allegorien oder Himmelsgleichnissen (allegoriae aut anagogiae[4]) anhangen, wenn es sich nicht offensichtlich um eine Allegorie handelt und der buchstäbliche Sinn anderswie untauglich oder absurd ist.
6. Sobald er etwas verstanden und dem Gedächtnis eingeprägt hat, soll er ferner ein gewisses Nachdenken (meditatio) darauf verwenden, damit er die Sache und diesen Satz umso vollständiger begreife und sie auch in frommen Gebrauch und Glaubenspraxis (usus praxisque fidei) für das Gebet, den Trost oder andere Unterweisung sowie für die Sitten verwandele...
9. Wenn du also an die Lektüre eines Buches herangehst, so richte es gleich am Anfang, soweit es geschehen kann, ein, dass du zuerst den Gesichtspunkt, den Zweck oder die Absicht dieser ganzen Schrift, was wie das Haupt oder das Gesicht derselben ist, unverwandt und gehörig im Auge behältst. Das kann man meistens mit wenigen Worten aufzeichnen, und nicht selten wird es in der Überschrift sogleich angegebenen. Dieser ist entweder einer, wenn die ganze Schrift ein einheitliches Ganzes bildet, oder es sind mehrere, wenn sie mehrere Teile besitzt, die untereinander nicht zusammenhängen.
10. Zweitens arbeite darauf hin, dass du den gesamten wesentlichen Inhalt, die Summe, den Auszug oder die Kurzfassung desselben im Griff hast. Ich nenne aber den wesentlichen Inhalt jenen reichhaltigen Begriff sowohl des Gesichtspunktes wie auch der Umschreibung des ganzen Leibes, in welchem oft zugleich auch der Anlass der Niederschrift notwendig bezeichnet wird, falls das nicht in der Schrift selbst enthalten ist.
11. Drittens musst du die Anlage und Gliederung des ganzen Buches oder Werkes vor Augen haben. Und du musst sehr aufmerksam beobachten, wo sozusagen das Haupt, die Brust, die Hände, die Füße usw. sind. Dabei also magst du genau erwägen, wie jener Leib beschaffen ist, wie er alle diese Glieder umfasst und in welcher Weise so viele Glieder oder Teile diesen einen Leib gemeinsam erstellen, welches die Übereinstimmung, Harmonie oder das Verhältnis der einzelnen Glieder untereinander oder auch zu dem ganzen Leib und besonders zu dem Haupte sei.
12. Schließlich wird es nützlich sein, auch jene ganze Anatomie oder Zergliederung des einen Leibes in so verschiedene Glieder in eine Tabelle einzutragen, damit du jenes Werk umso leichter geistig erfassen und verstehen und dem Gedächtnis einprägen kannst, da du so alles in eine Gesamtübersicht oder gleichsam unter einen Aspekt gebracht haben wirst.

Quelle: Matthias Flacius Illyricus, De ratione cognoscendi sacras literas/ Über den Erkenntnisgrund der Heiligen Schrift, hg. v. L. Geldsetzer, Düsseldorf 1968 (Instrumenta Philosophica. Series Hermeneutica 3), 32f. 88-93. – *Literatur:* G. Moldaenke, Schriftverständnis und Schriftdeutung im Zeitalter der Reformation. Teil 1: Matthias Flacius Illyricus, Stuttgart 1936; R. Keller, Der Schlüssel zur Schrift. Die Lehre vom Wort Gottes bei Matthias Flacius Illyricus,

Hannover 1984 (AGTL. N.F. 5); B. J. Diebner, Matthias Flacius Illyricus. Zur Hermeneutik der Melanchthon-Schule, in: H. Scheible (Hg.), Melanchthon in seinen Schülern, Wiesbaden 1997 (Wolfenbütteler Forschungen 73), 157-181.

c) Umgang mit Devianz: Die sächsische Hexengesetzgebung von 1572

Hexenverfolgung im großem Ausmaß ist nicht eine Erscheinung des Mittelalters (s. hierzu Bd. 2, Nr. 79), sondern der Konfessionalisierungszeit: In größerem Maßstab begegnet sie ab etwa 1560, dann in immer wieder neuen Wellen um 1590, 1630 und 1660 – bis hin zu den letzten Hinrichtungen 1775 in Kempten und 1782 im schweizerischen Glarus. Hierzu mag eben das Bemühen der auf konfessionelle Geschlossenheit ausgerichteten Territorien beigetragen haben, deviante Elemente auszuschließen. Allerdings ist dies nur einer von vielen Faktoren sozialer und geschlechtergeschichtlicher Art, unter denen wohl herausragend die Angst vor einem Hineinwirken des Teufels in die Realität des Menschlichen war, die man vor allem über die geschlechtsstereotyp als passiv interpretierten Frauen als möglich ansah. Die damit verbundenen handgreiflichen Vorstellungen vom Wirken des Teufels finden sich auch in der Kriminalordnung des lutherischen Kursachsen von 1572.

Weil die Zauberei hin und wieder heftig einreißt, und nicht allein in den allgemeinen geschriebenen kaiserlichen Rechten[5], sondern auch in der göttlichen Schrift in höchstem Maß verboten ist, ordnen wir an: dass, wenn jemand seinen christlichen Glauben vergisst und ein Bündnis mit dem Teufel eingeht, mit ihm Umgang oder sonst zu schaffen hat, diese Person, auch wenn sie niemandem Schaden durch Zauber zufügt, mit dem Feuer vom Leben zum Tode gerichtet und bestraft werden soll. Wenn aber jemand außerhalb solcher Bündnisse Schaden mit Zauberei zufügt, er sei schwer oder gering, so soll der Zauberer, Mann oder Frau, mit dem Schwert gestraft werden. Desgleichen ordnen wir an, dass auch die, die sich unterstehen, aufgrund von Teufelskunst wahrzusagen oder mit dem Teufel durch Kristalle oder auf andere Weise Gespräche oder derartige Gemeinschaft zu halten und sich durch ihn über geschehene und zukünftige Dinge informieren lassen, mit dem Schwert vom Leben gerichtet und gestraft werden.

Quelle: Des ... Fürsten ... Augusten, Hertzogen zu Sachsen ... Verordenungen und Constitutionen des Rechtlichen Proces, Dresden 1572, 85f. *Übers.:* W. Behringer (Hg.), Hexen und Hexenprozesse in Deutschland, Frankfurt/M. ^{4}2000, 158. – *Literatur:* R. van Dülmen (Hg.), Hexenwelten. Magie und Imagination vom 16.-20. Jahrhundert, Frankfurt/ M. 1987; L. Roper, Ödipus und der Teufel. Körper und Psyche in der Frühen Neuzeit, Frankfurt/ M. 1995; W. Behringer, Hexen, München ^{3}2002; R. Bier-de Haan u.a. (Hg.), Hexenwahn. Ängste der Neuzeit, Berlin/ Wolfratshausen 2002.

d) Die Konkordienformel: Weitgehende Einigung des Luthertums (1577)

Die Vielfalt der Corpora doctrinae und die zahlreichen, von Gnesiolutheranern forcierten Streitigkeiten, brachten zunehmende Unklarheit über die Kriterien Augsburger Konfessionsverwandtschaft mit sich – und mussten vor der katholischen Seite den Eindruck vertiefen, dass es sich bei den Protestanten um eine zutiefst in sich zerspaltene Erscheinung handle. Die schließlich weitgehend erfolgreichen Bemühungen um eine Einigung gingen zunächst von Herzog Christoph von Württemberg (1550-1568) aus. Er beauftragte den Tübinger Theologieprofessor Jacob Andreae (1528-1590), Sondierungen für eine Einigung vorzunehmen. Diese Bemühungen trieb Andreae gemeinsam mit dem Braunschweiger Superintendenten Martin Chemnitz (1522-1586) voran. Mit dem Beitritt Kurfürst Augusts I. von Sachsen (1553-1586) nach dem Sturz der Philippisten in seinem Territorium und Joachims II. von Brandenburg (1535-1571) wurde es möglich, den größeren Teil des Luthertums 1577 zu einer gemeinsamen Formel zusammenzuführen, die als ausführliche »Solida declaratio« und als knappere »Epitome« (der die hier vorliegende

Übersetzung folgt) vorliegt. Beide Texte wurden 1580 in das Konkordienbuch aufgenommen, das die für das Luthertum maßgeblichen Bekenntnisschriften versammelte. Allerdings war der innerlutherische Streit damit noch nicht beigelegt, und die Konkordienformel kann keineswegs selbstverständlich als gemeinlutherisches Bekenntnis gelten.

IV. Von guten Werken

Die Hauptfrage im Streit von den guten Werken

Über der Lehre von guten Werken sind zweierlei Spaltungen in etlichen Kirchen entstanden:

1. Zuerst haben sich einige Theologen über folgende Aussagen getrennt. Die eine Seite hat geschrieben: Gute Werke sind nötig zur Seligkeit. Es ist unmöglich, ohne gute Werke selig zu werden. Ebenso: Es ist niemals jemand ohne gute Werke selig geworden. Die andere Seite aber hat dagegen geschrieben: Gute Werke sind schädlich zur Seligkeit[6].

2. Danach hat sich auch zwischen einigen Theologen über den beiden Worten »nötig« und »frei« eine Trennung ergeben. Die eine Seite hat verfochten, man solle das Wort »nötig« nicht im Blick auf den neuen Gehorsam gebrauchen, der sich nicht aus Notwendigkeit und Zwang, sondern aus freiwilligem Geist ergebe. Die andere Seite hat an dem Wort »nötig« festgehalten, weil ein solcher Gehorsam nicht in unserem Ermessen stehe, sondern die wiedergeborenen Menschen schuldig seien, einen solchen Gehorsam zu leisten[7].

Aus dieser Kontroverse um die Worte hat sich ein weiterer Streit um die Sache an sich zugetragen. Die eine Seite hat verfochten, man solle unter Christen das Gesetz überhaupt nicht predigen, sondern allein aus dem heiligen Evangelium die Leute zu guten Werken ermahnen. Die andere Seite hat dem widersprochen[8].

Affirmativa

Reine Lehre der christlichen Kirche von dieser Streitfrage

Um diesen Streit gründlich zu erklären und beizulegen ist Folgendes unsere Lehre, Glaube und Bekenntnis:

1. Dass gute Werke dem wahren Glauben, sofern dieser nicht ein toter, sondern ein lebendiger Glaube ist, gewiss und zweifellos wie Früchte eines guten Baumes folgen.

2. Wir glauben, lehren und bekennen auch, dass die guten Werke, sowohl wenn nach der Seligkeit gefragt wird als auch im Artikel von der Rechtfertigung vor Gott, gänzlich ausgeschlossen werden sollen...

3. Wir glauben, lehren und bekennen auch, dass alle Menschen, besonders aber die, die durch den Heiligen Geist wiedergeboren und erneuert sind, schuldig sind, gute Werke zu tun.

4. Nach diesem Verständnis werden die Worte »nötig«, »sollen« und »müssen« auch von den Wiedergeborenen recht und christlich gebraucht und widersprechen keineswegs dem Muster recht gebrauchter Worte und Aussagen...

VI. Vom dritten Gebrauch des Gesetzes

Die Hauptstreitfrage

Das Gesetz ist den Menschen aus drei verschiedenen Gründen gegeben: Erstens, dass dadurch äußerliche Ordnung gegen Ausschreitungen und Ungehorsam gewährleistet werde. Zum anderen, dass die Menschen dadurch zur Erkenntnis ihrer Sünden geführt würden. Zum Dritten, dass sie, nachdem sie wiedergeboren sind und dennoch dem Fleisch verhaftet bleiben, durch das Gesetz eine sichere Regel hätten, nach der sie ihr ganzes Leben ausrichten und führen sollen. Deswegen hat sich ein Streit zwischen einigen wenigen Theologen um den dritten Gebrauch des Gesetzes zugetragen: ob

nämlich das Gesetz auch den wiedergeborenen Christen zu predigen sei oder nicht. Die eine Seite hat ja, die andere nein gesagt[9].
Affirmativa
Die rechte christliche Lehre von dieser Streitfrage
1. Wir glauben, lehren und bekennen, dass die an Christus glaubenden und wahrhaft zu Gott bekehrten Menschen, obwohl sie vom Fluch und Zwang des Gesetzes durch Christus befreit und losgemacht sind, dennoch nicht aus diesem Grunde ohne Gesetz sind, sondern darum von dem Sohn Gottes erlöst wurden, dass sie sich im Gesetz Tag und Nacht üben sollen, Ps 119(,1)...
2. Wir glauben, lehren und bekennen, dass die Predigt des Gesetzes nicht allein bei den Ungläubigen und Unbußfertigen, sondern auch bei den an Christus Glaubenden, wahrhaft Bekehrten, Wiedergeborenen und durch den Glauben Gerechtfertigten eifrig zu halten sei.

Quelle: BSLK 786,18-787,18; 788,1-10; 793,4-38; 794,6-12. *Übers.*: Rudolf Mau (Hg.), Evangelische Bekenntnisse. Bd. 2, Bielefeld 1997, 226.230f – *Literatur*: P. Tschackert, Die Entstehung der lutherischen und der reformierten Kirchenlehre samt ihren innerprotestantischen Gegensätzen, Göttingen 1910 (= ebd. 1979); M. Brecht/ R. Schwarz (Hg.), Bekenntnis und Einheit der Kirche. Studien zum Konkordienbuch, Stuttgart 1980; E. Koch, Art. Konkordienformel, in: TRE 19, 1990, 476-483; I. Mager, Die Konkordienformel im Fürstentum Braunschweig-Wolfenbüttel. Entstehungsbeitrag, Rezeption, Geltung, Göttingen 1993 (Studien zur Kirchengeschichte Niedersachsens 33); I. Dingel, Concordia controversa. Die öffentlichen Diskussionen um das lutherische Konkordienwerk am Ende des 16. Jahrhunderts, Gütersloh 1996 (QFRG 63); M. Richter, Gesetz und Heil. Eine Untersuchung zur Vorgeschichte und zum Verlauf des sogenannten Zweiten Antinomistischen Streits, Göttingen 1996 (FKDG 67); V. Leppin, Zwischen Freiheit und Gesetz. Zur Grundlegung christlicher Ethik in den lutherischen Bekenntnisschriften, in: Lutherische Kirche in der Welt. Jahrbuch des Martin-Luther-Bundes 49 (2002) 63-76.

e) Ausprägung der lehrhaften lutherischen Orthodoxie

Schon mit den innerlutherischen Auseinandersetzungen und den Kämpfen gegen die katholische Kirche, insbesondere das Tridentinum, erst recht aber mit der Bildung des weitreichenden Konsenses in der Konkordienformel wurde die Grundlage dafür geschaffen, dass sich das lutherische Denken – vor allem an den führenden Universitäten Wittenberg und Jena – auch in lehrhafter Form verfestigen konnte. Ein wichtiges Element hierfür war, dass es, insbesondere durch die Vermittlung Melanchthons, gelungen war, die methodische Strenge des mittelalterlichen Aristotelismus neu aufzugreifen und auf die Grundüberzeugungen der Reformation Wittenberger Prägung anzuwenden.

1. Martin Chemnitz, Die zwei Naturen Christi (1576).

Der Streit um das Abendmahl hatte schon zwischen Luther und Zwingli zum Disput über christologische Fragen geführt (s.o. Text Nr. 40 c]). Dies wurde in der zweiten Hälfte des 16. Jahrhunderts noch verstärkt, als Johannes Brenz (1499-1570), von Luther ausgehend, die Lehre von der Allgegenwart (Ubiquität) der leiblichen Natur Christi in den Mittelpunkt seiner Reflexionen stellte. Martin Chemnitz (1522-1586) baute diese christologischen Überlegungen noch weiter aus – so wurde schließlich die Christologie zu einem der produktivsten Themen der lutherischen Orthodoxie, sowohl was die Reflexion auf das Verhältnis zwischen menschlicher und göttlicher Natur angeht, als auch die Entwicklung der Lehre vom dreifachen Amt Christi als König, Priester und Prophet.

Ich meine, dass in dem, was die Sache selbst angeht, Einigkeit besteht, dass Sätze, Ausdrücke oder Prädikationen über das, was aus der hypostatischen Union folgt, nicht alle von ein und derselben Art sind, sondern dass es unter ihnen Unterschiede gibt,

und dass sie auch notwendigerweise zu unterscheiden sind. Und ich meine, dass angemessenerweise das, was die vorliegende Erörterung angeht, in drei Arten eingeteilt werden kann:
1. Erstens gibt es nämlich eine Art von Sätzen, in denen das, was einer Natur zu Eigen ist, es sei eine Eigentümlichkeit oder eine Tätigkeit oder Eigenschaft, der Person konkret zugesprochen wird und der Person nur aufgrund der einen Natur zukommt.
2. Zweitens gibt es eine andere Art von Sätzen oder Aussagen, in denen zu persönlichen Ausübungen in Tätigkeiten des Amtes Christi jede von beiden Naturen in Austausch (cum communicatione) mit der anderen wirkt, was einer jeden eigen ist. Was nämlich auf diese Weise über die Person augesagt und ihr zugewiesen wird, kommt ihr nicht, wie bei der ersten Art, nur aufgrund einer Natur, sondern aufgrund beider Naturen zu.
3. Drittens gibt es noch eine Art von solchen Sätzen, wenn über die angenommene menschliche Natur Christi nicht entsprechend ihrer Weseneseigenschaften (essentialia idiomata) oder natürlichen Eigenschaften gesprochen wird, sondern wenn ausgedrückt wird, was der menschlichen Natur in Christus (der göttlichen nämlich wird nichts hinzugegeben oder genommen) außer und über die physischen Eigenschaften hinaus hinzugegeben wird und ihm gegeben und mitgeteilt wird aufgrund der hypostatischen Einung mit dem Logos und aus der Verherrlichung und Erhöhung.

Quelle: Locorum theologicorum ... Martini Chemnitii ... Pars Tertia ... opera et studio Polycarpi Leyseri, Wittenberg 1615, S. 185. – *Literatur*: J.A.O. Preus, The second Martin. The Life and Theology of Martin Chemnitz, St. Louis 1994; Th. Kaufmann, Martin Chemnitz. Zur Wirkungsgeschichte der theologischen Loci, in: H. Scheible (Hg.), Melanchthon in seinen Schülern, Wiesbaden 1997, 183-253.

2. Leonhard Hutters Compendium (1610)

Kurfürst Christian II. (1601-1611) erteilte dem Wittenberger Theologieprofessor Leonhard Hutter (1563-1616) den Auftrag, ein Lehrbuch für die sächsischen Fürstenschulen zu fassen. Inhaltlich stand Hutter auf der Basis der Konkordienformel und wandte sich zu großen Teilen gegen den Philippismus und seine Folgen, methodisch aber orientierte er sich ganz an den Loci Melanchthons. Das Werk wurde bald auch an den theologischen Fakultäten verbreitet und löste als grundlegendes Lehrbuch des Luthertums Melanchthons Loci ab. Zu Beginn stellte es die für die lutherische Orthodoxie grundlegende Auffassung vom Schriftprinzip vor.

Artikel 1 (locus primus): Von der Heiligen Schrift
1. Was ist die Heilige Schrift?
Sie ist Gottes Wort, durch den Antrieb und die Eingebung des Heiligen Geistes von den Propheten und Aposteln in schriftlichen Urkunden aufgezeichnet, damit sie uns in dem Wesen und Willen Gottes unterweise. Und obwohl unter dem Namen der Heiligen Schrift gewöhnlich alle biblischen Bücher verstanden werden, so kommt doch diese Benennung vorzugsweise denjenigen Schriften zu, die kanonisch sind. Daher werden auch die Schrift selbst kanonisch genannt. Chemnitz, Examen Concilii Tridentini.

4. Woher haben die kanonischen Bücher ihre Autorität?
Einzig und allein aus Gott selbst, ihrem Verfasser, hat dic kanonische Schrift das, was sie in sich selbst ist, nämlich die himmlische Wahrheit (2 Tim 3,16; 2 Petr 1,21). Ferner hat Gott selbst zwar gewollt, dass durch die Kirche das Ansehen der kanonischen Schriften bezeugt wird, freilich aber nicht durch eine beliebige Kirche, sondern nur durch diese Kirche, die zu den Zeiten bestand, in denen die kanonischen

Schreiber auf Erden lebten. Sie ist jedoch nicht eine Richterin über die Heilige Schrift, sondern nur eine Zeugin der Heiligen Schrift. Chemnitz.

7. Ist die heilige Schrift verständlich und klar (dilucidus et perspicuus)?
Sie ist überaus verständlich und klar, vor allem an all jenen Stellen, wo sie vom Glauben und unserer Rechtfertigung vor Gott und auch von unserer ewigen Seligkeit handelt. Ps 119,105: »Dein Wort ist meines Fußes Leuchte und ein Licht auf meinem Wege«. 2 Petr 1,19: »Wir haben ein festes prophetisches Wort, und ihr tut gut daran, dass ihr darauf achtet, wie auf ein Licht, das an einem dunklen Ort scheint.«

8. Ist auch die kanonische Schrift vollkommen und ausreichend zum Unterricht vom Glauben oder von den Sitten?
Sie ist es überaus, denn »alle Schrift, von Gott eingegeben, ist nützlich zur Lehre, zur Strafe, zur Besserung, zur Züchtigug in der Gerechtigkeit, dass ein Mensch Gottes vollkommen sei, geschickt zu allem guten Werk« (2 Tim 3,16f.), und im vorhergehenden 15. Vers: »Die Heilige Schrift kann dich zur Seligkeit unterweisen durch den Glauben in Christus Jesus«.
16. Worin besteht der Unterschied (des Ranges zwischen Heiliger Schrift und Bekenntnissen)?
Man erkennt allein die Heilige Schrift als Richter, Regel und Richtschnur (iudex, regula et norma) an, nach der als dem einzigen Prüfstein alle Lehren geprüft und beurteilt werden müssen, ob sie fromm oder gottlos, ob sie wahr oder falsch sind. Den übrigen Bekenntnissen und Schriften kommt aber nicht das Ansehen eines Richters zu. Diese Würde gebührt nämlich allein der Heiligen Schrift.
17. Wozu dienen dann diese bekenntnishaften Bücher?
Sie sind allein Zeugnis und Erklärung des Glaubens, auf welche Weise zu jeder Zeit die Heilige Schrift hinsichtlich der Lehre und der strittigen Glaubensartikel in der Kirche von den damals lebenden Lehrern verstanden und ausgelegt worden ist; und auf welche Weise mit der Heiligen Schrift die widerwärtigen Lehren verworfen und verdammt worden sind.

Quelle: Leonhard Hutter, Compendium locorum theologicorum, hg. v. W. Trillhaas, Berlin 1961 (Kleine Texte für Vorlesungen und Übungen 183), 1,1-10; 1,24-2,3.13-26; 4,6-19. *Übers.:* Leonhard Hutter, Compendium locorum theologicorum. Deutsche Ausgabe, übers., eingel. u. hg. v. W. Schnabel, Waltrop 2000 (Theologische Studientexte 8), 36-39.43 – *Literatur*: J. A. Steiger, Leonhard Hutters 'Compendium Locorum Theologicorum' (1610). Zu Entstehung und Wirkung eines Bestsellers lutherischer Theologie. Mit der Vorstellung eines Editionsprojektes, in: editio. Internationales Jahrbuch für Editionswissenschaft 17 (2003) 100-125.

3. Georg Calixt, Rede über die Ursache der Schwierigkeiten der westlichen Kirche (1643)

Die lutherische Orthodoxie diente der Stabilisierung des eigenen Bekenntnisses. Daraus konnten sich aber auch Gedanken entwickeln, die weit über die bloße Grenzziehung hinaus gingen: Der Helmstedter Theologieprofessor Georg Calixt (1586-1656) entwickelte seinen Gedanken eines ganz auf die Alte Kirche als Zeit fundamentaler Glaubensartikel konzentrierten consensus antiquitatis, den später seine Gegner als Consensus quinquesaecularis bezeichneten, zunächst als kontroverstheologisches Argument gegen die katholische Kirche, dann aber zunehmend als Konzept zur Überwindung der Kirchenspaltung; die Grundlagen dieser Position legte er im März 1643 in einer Rede anlässlich einer Promotionsfeier in Helmstedt dar. Allerdings fand Calixt mit dieser irenischen Position kaum Anerkennung im eigenen Lager: Auf dem Thorner Religionsgespräch, zu dem der polnische König Wladislaus IV. Katholiken, Lutheraner und Reformierte versammelte, wurde Calixt auf Betreiben des Danziger Lutheraners Abraham Calov (1612-1686), der später Theologieprofessor in Wittenberg wurde, aus der lutherischen Deputation ausgegrenzt.

Wir fügen eine andere Quelle des Übels hinzu, nämlich dass nicht alle zwischen Grundlehren (fundamenta), ohne die niemand gerettet werden kann, und darüber hinausgehenden Fragen, über die man ohne Heilsverlust Zweifel hegen kann, scharf genug unterschieden haben. Und deswegen wollten sie ihre Auffassungen hiervon als gültige Meinungen anerkannt wissen und drängten sie als notwendige Glaubensinhalte auf, wobei sie zu wenig im Gedächtnis hatten, dass Gott von uns nicht verlangt, alles zu wissen, und es vieles gibt, dessen Unkenntnis uns nichts schadet und was man auch nicht zwingend zugunsten einer Seite sicher festlegen muss. Theologie ist auf Praxis ausgerichtet (theologia est practica), wie wir schon vor Längerem dargelegt haben. Daher steht für sich fest, dass auch ohne dies ohne Unterschied rechter Glaube an Gott, Frömmigkeit des Lebens, zulässiger Gebrauch der Sakramente und Kirchenfriede zu haben ist. Und das unter Verlust des Heils zu glauben hat uns Gott nicht verpflichtet, und kein Mensch kann uns dazu verpflichten. Wenn also jemand eine solche über eine gewisse, notwendige, akzeptierte und geglaubte Lehre (dogma) hinausgehende Frage oder einen Zusatz zugunsten einer Seite entscheiden will oder sich daran macht, seine Entscheidung uns als notwendig aufzudrängen, mache ich mich daran, von ihm zu erfragen, ob er, was er für den Artikel feststellt, als etwas angesehen wissen will, das man glauben muss, um nicht das Heil zu verlieren, oder wenn er sich nicht so weit versteigen will, ob er der Meinung ist, dass ohne dies ein vorrangiger oder fundamentaler Artikel in Gefahr gerate – ob er nun erklärt, durch eine von seiner unterschiedene Auffassung werde das Fundament, wie wir es nennen, durch eine gewisse und notwendige und ihm zuwider laufende Folgerung umgestoßen, oder die Ausübung der Liebe gegen Gott und den Nächsten werde gehindert oder der zulässige Gebrauch der Sakramente werde erschüttert. Wenn er versichert, dass irgend etwas hiervon geschieht, solle er beweisen, dass es sich genau so verhält... Wenn feststeht, dass etwas von einem gewichtigen, frommen und lange und von allen gelobten Autor gelehrt worden ist, darf man es nicht leichtfertig verurteilen und als häretisch brandmarken; gleichwohl folgt freilich keineswegs, weil ein Lehrer von bedeutendem Namen etwas lehrte, dass es deswegen wahr sei, viel weniger folgt, dass es ein Glaubensartikel ist. Wenn nach den vieren, die man die vier Kardinalväter der Griechen zu nennen pflegt: Athanasius[10], Basilius[11], Nazianz[12], Chrysostomus[13], wenn nach denen, die man die Kardinalväter oder herausragenden (Lehrer) der Lateiner nennt, Ambrosius[14], Hieronymus[15], Augustin[16] und Gregor[17] etwas wahr ist, wie es fürwahr überaus wahr ist, so wird es umso mehr oder zumindest nicht in geringerem Maße bei den Menschen der jüngeren Zeit, seien sie auch noch so mit Bildung und Autorität ausgestattet, Bestand haben. Auf einen, der unter den Alten allein steht und von den Älteren oder den Vertretern seiner Zeit abweicht, geben wir, er mag noch so heilig und gelobt sein, nicht viel. Viel aber achten wir auf die, die ein wichtiges Dogma (uns geht es nämlich jetzt nicht um die Zusatzfragen zu einem Hauptartikel, die zusätzlich entstehen) durch den einhelligen Konsens und vor allem durch die veröffentlichten Symbole und Bekenntnisse bestätigen.

Quelle: Georg Calixt, Werke in Auswahl. Bd. 1, Göttingen 1978, 446,18-447,21; 451,13-32. - *Literatur*: H. Schüssler, Georg Calixt. Theologie u. Kirchenpolitik. Eine Studie zur Ökumenizität des Luthertums, Wiesbaden 1961 (VIEG 25); J. Wallmann, Der Theologiebegriff bei Johann Gerhard und Georg Calixt, Tübingen 1961 (BHTh 30); I. Mager, Georg Calixts theologische Ethik und ihre Nachwirkungen, Göttingen 1969 (Studien zur Kirchengeschichte Niedersachsens 19); C. Böttigheimer, Zwischen Polemik und Irenik. Die Theologie der einen Kirche bei Georg

Calixt, Münster 1996 (Studien zur Systematischen Theologie und Ethik 7); C. H. Ratschow, Lutherische Dogmatik zwischen Reformation und Aufklärung. 2 Bde., Gütersloh 1964-1966; M. Matthias, Art. Orthodoxie. I: Lutherische Orthodoxie, in: TRE 25, 1995, 464-485.

f) Frömmigkeitstheologie im lutherischen Kontext

Die lutherische Orthodoxie hat seit ihren pietistischen und aufgeklärten Kritikern den Ruf der Starre und Leblosigkeit. Wie unzutreffend dieses Vorurteil ist, das aufgrund der oft sehr abstrakten lehrhaften Texte entstehen konnte, zeigen die frömmigkeitstheologischen Äußerungen im orthodoxen Kontext, wie sie spätestens seit Johann Arndt zu beobachten sind, sich aber auch in reicher Zahl bei der Zentralgestalt der lutherischen Orthodoxie, Johann Gerhard, finden. Dieselben Ansätze Arndts, die Gerhard in sein orthodoxes System integrierte, führten allerdings Johann Valentin Andreae über den orthodoxen Konsens hinaus.

1. Johann Arndt, Vier Bücher vom wahren Christentum

Der wegen der dortigen Calvinisierung aus dem anhaltinischen Kirchendienst entlassene Lutheraner Johann Arndt (1555-1621) wirkte von 1499-1609 als Pfarrer in Braunschweig, danach zwei Jahre in Eisleben und schließlich ab 1611 wiederum, nun als Generalsuperintendent, in Braunschweig-Lüneburg. Unter dem Einfluss spätmittelalterlicher Mystik stehend, verfasste er 1605-1610 die »Vier Bücher vom wahren Christentum«, in denen er die orthodoxe Theologie auf die individuelle Frömmigkeit bezog. Der später mit Philipp Jakob Spener (1635-1705; s. Bd. 14) entstandene Pietismus berief sich auf Arndt, der seinerseits aber noch ganz in den Rahmen der Orthodoxie gehört. Eher als mit dem Begriff »Reformorthodoxie« trifft man sein Anliegen wohl mit dem Begriff der »Frömmigkeitstheologie«, den B. Hamm für Theologieformen des späten Mittelalters geprägt hat.

2. Buch, Kapitel 51: Trost gegen die Schwachheit des Glaubens

Jes 42,3: »Das zerstoßene Rohr wird er nicht zerbrechen, und den glimmenden Docht wird er nicht auslöschen«

Dies ist ein überaus schöner Trost gegen die Schwachheit des Glaubens, welchen der Prophet in zwei Gleichnisse fasst. Das erste nimmt er von einem zerbrochenen Rohr, das man vorsichtig und fein anfassen muss, damit man es nicht vollends zerbricht. So macht es Gott auch mit unserer Schwachheit und unserem schwachen Glauben. Und wie ein glimmender Docht, wenn er ein Fünklein Feuer gefangen hat, nicht mit starkem Stoß angeblasen werden darf, weil man es sonst ausbläst, so haucht auch Christus unser Herr das kleine Fünklein unseres Glaubens mit der Sanftheit (gelindigkeit) seines Geistes und mit dem sanften Atem seines Mundes an und lässt einen sanftmütigen Geist von seinem Angesicht wehen, damit er uns in unserer Schwachheit nicht erschrecke, sondern erquicke, Jes 57,15. Und weil diese Kleinmütigkeit und Schwachheit des Glaubens eine schwere Anfechtung ist, mit der alle Christen reichlich zu schaffen haben, wenn es auch bei dem einen schwerer ist als beim anderen, so hat uns der Heilige Geist in Gottes Wort gewaltigen reichen Trost dagegen aufzeichnen lassen, den wir eifrig beachten sollen, damit wir diesen zur Zeit des traurigen Kampf-Stündleins selig gebrauchen können.

1. Sollen wir mit aller Sorgfalt beachten, dass der Glaube nicht unser Tun und Werk ist, sondern Gottes Werk, Joh 6, 29.44: »Das ist Gottes Werk, dass ihr an den glaubt, den er gesandt hat. Es kann niemand zu mir kommen, es sei denn, dass ihn ziehe der Vater, der mich gesandt hat«... Weil nun der Glaube Gottes Werk und nicht unser Werk ist in uns, so steht es ja nicht bei uns oder in unserem Vermögen, wie stark oder schwach unser Glaube sein soll. Wie Gott uns nun zugesagt hat, dass er uns durch den Glauben selig machen wolle, so weiß er auch, wie stark unser Glaube sein müsse, durch den wir die Seligkeit erlangen, und so viel will uns Gott geben...

5. Ja, sprichst du: Ich fühle fast keinen Glauben in mir, so frage ich dich, ob du auch gerne glauben wolltest. Wenn du das fühlst, das ist auch ein Glaube. Denn Gott muss auch das Wollen in uns bewirken. Wenn du deswegen gerne glauben willst, so fühlst du Gottes Wirkung in dir und hast die tröstliche Hoffnung, dass »der das Wollen in dir wirkt, der wird auch das Vollbringen wirken«, Phil 1,6; 2,13.

3. Buch, Kapitel 16: Wie der Heilige Geist empfangen werde und wie er ungehindert in unserer Seele wirke

... Darum lass dein Herz ja nicht an den Kreaturen hangen, weder inwendig noch auswendig, weder an deiner eigenen Liebe noch an deinem eigenen Willen, sondern rein an Gott. So hast du das allergrößte und nützlichste Werk vollbracht. Und lass dich ja durch deine eigene Liebe und Lust nicht hindern. Denn das ist so, als wenn ein großer Meister ein großes Werk anfinge, und es käme ein Kind und verdürbe ihm alles. So ist der Mensch, wenn er sich zueignet, was Gottes ist, und seine Lust und Freude darin sucht. Denn so verdirbt er dem Heiligen Geist sein Werk und treibt sein eigenes Werk und meint dann, es sei alles Gottes Werk in ihm, obwohl es doch sein eigenes Werk und Gutdünken ist. Wir wissen aber, dass wir in all unserem Tun unnütze Knechte sind, Lk 17,10, und ein unnützer Knecht tut unnütze Werke. So viel nun Gott besser ist als alle Kreaturen, so viel ist auch sein Werk besser als aller Menschen Werk und Menschensatzung. Wenn darum Gott eigentlich und edel in dir wirken soll, ist es nötig, dass du ihm Platz und Raum gibst und dass deine Affekte ruhen und du Gott leidest. Soll Gott in dir reden, so müssen alle Dinge in dir schweigen. Darum, lieber Mensch, es ist nicht alles Gottes Werk, was in dir wirkt, sondern es ist deines Fleisches und Blutes Werk. Sieh zu, dass du dies wohl unterscheiden lernst und nicht des Teufels Werk Gott zuschreibst.

Willst du aber, dass der Heilige Geist in dir wirkt, so musst du diese zwei Regeln beachten: Erstens musst du dein Herz von der Welt und den Kreaturen und von dir selbst und von all deinem Willen und Affekten abwenden und abziehen. So bleibt des Heiligen Geistes Werk ungehindert in dir. Zweitens dass du alle Geschicke des Kreuzes und der Trübsal, woher sie auch kommen und was es sei, innerlich oder äußerlich, als dir von Gott geschickt ohne alle Vermittlung annimmst und nicht anders annimmst als so, dass Gott dich dadurch bereiten will zu ihm selber und zu seinen großen Gaben.

Quelle: Johann Arndts Vier Bücher vom Wahren Christentum nebst desselben Paradiesgärtlein, Berlin ^{7}1860, 341.343.415f. – *Literatur*: E. Weber, Johann Arndts vier Bücher vom wahren Christentum als Beitrag zur protestantischen Irenik des 17. Jahrhunderts. Eine quellenkritische Untersuchung, Hildesheim ^{3}1978 (Studia irenica 2); J. Wallmann, Johann Arndt und die protestantische Frömmigkeit, in: D. Breuer (Hg.), Frömmigkeit in der frühen Neuzeit, Amsterdam 1984 (Chloe 2), 50-74; M. Brecht, Johann Arndt und das Wahre Christentum, in: ders. (Hg.), Geschichte des Pietismus. Bd. 1, Göttingen 1993, 130-151; E. Axmacher, Johann Arndt und Paul Gerhardt. Studien zur Theologie, Frömmigkeit und geistlichen Dichtung des 17. Jahrhunderts, Tübingen 2001 (Mainzer hymnologische Studien 3); H. Geyer, Verborgene Weisheit. Johann Arndts »Vier Bücher vom Wahren Christentum« als Programm einer spiritualistisch-hermetischen Theologie, Berlin 2001.

2. Johann Gerhards Testament (1603)

Unter Arndts Einfluss stand auch Johann Gerhard (1582-1637), der später zur Zentralgestalt der lutherischen Orthodoxie werden sollte und ab 1616 Theologieprofessor in Jena war. Als Einundzwanzigjähriger schwer erkrankt, verfasste er ein Testament, das zugleich als Glaubensbekenntnis eine komprimierte Zusammenfassung seiner Glaubensvorstellungen bietet.

Weil der gerechte und barmherzige Gott mir Leibesschwäche zugefügt hat und ich nicht wissen kann, wie es der treue Gott nach seinem allein weisen Rat und göttlichen Willen schicken mag, so will ich für den Fall, dass ich von dieser Welt abgefordert werde und meine herzliebe Mutter, Verwandten und guten Freunde segnen müsste, dieses als Mitteilung aufgezeichnet haben, alles wohl bedacht und bei klarem Verstand (guter vernunfft)...

Und zu Anfang danke ich dem lieben treuen Gott von Herzen, dass er mich geschaffen hat, als ich nichts war, auch dass er mich bis jetzt ganz väterlich mit allem für den Leib Notwendigen versorgt hat. Desgleichen danke ich meinem lieben Herrn und Gott, meinem Erlöser und Seligmacher Jesus Christus, dass er mich durch sein heiliges rosenfarbenes Blut von Sünden, Tod und ewiger Verdammnis erlöst hat. Gott dem Heiligen Geist danke ich auch von Herzen, dass er mir die Wohltaten Christi durch das heilige göttliche Wort hat ankündigen, durch die Heiligen Sakramente hat austeilen lassen; diese Wohltaten sind so groß, dass ich sie weder mit Gedanken noch mit Worten erreichen kann. Ich bitte aber den treuen Gott, dass er sich dieses mein armes und geringes Werk der Danksagung um Christi willen gefallen lasse.

Auch bekenne ich mich hiermit vor Gottes Gericht schuldig aller Sünden, die ich von meiner Kindheit an bis in die jetzige blühende Jugend in großer Zahl begangen habe. Sehr viel und schwer sind meine äußerlichen groben Sünden, viel und schwer habe ich gegen die zweite Tafel des Gesetzes Gottes gesündigt[18], aber viel schwerer und mehr habe ich mich gegen die erste Tafel der Gebote[19] Gottes vergangen. Und was soll man viel davon reden: In Verstand, Willen und Herz bin ich verfinstert, verdorben und verkehrt, und ich »weiß gewiss, das in mir, das heißt in meinem Fleisch, nichts Gutes wohnt« (Röm 7,18). Aber ich tröste mich durch die überwältigende Barmherzigkeit Gottes und das überkostbare Verdienst Christi... Endlich bitte ich den treuen Gott, er möge mir alle meine Sünden um des teuren Verdienstes Christi willen gnädig vergeben, mich in Erkenntnis Gottes, in beständiger Hoffnung, wahrem Glauben und Vertrauen fest bis zu meinem letzten Seufzer erhalten, mir ritterlich überwinden helfen, mir im Todeskampf beistehen und durch seine lieben Engel meine Seele in Abrahams Schoß tragen lassen. Amen, Amen, Amen.

Was mein Glaubensbekenntnis anbetrifft, so beziehe ich mich auf die Heilige Göttliche Schrift, die allein (und besonders die kanonischen Bücher des Alten und Neuen Testaments) ich als Gottes wahres Wort anerkenne; weil diese göttliche Schrift vollkommen und verständlich lehrt und zeigt, was zu glauben und zu tun und also was zu unserem Christentum gehört, glaube ich von Herzen, dass sie die Richtschnur und Norm aller göttlichen Lehre und christlichen Werke ist, und bekenne dies mit dem Mund (vgl. Röm 10,10). Diese göttliche Schrift hat mich gelehrt und im Herzen übergewiss gemacht, dass Gott der Herr dem Wesen nach einer und den Personen nach dreifaltig ist, dass in Christus zwei unterschiedliche Naturen sind, aber eine Person, die aus und in zwei Naturen[20] besteht, ja nichts anderes ist als zwei Naturen, göttliche und menschliche, unvermischt, unverwandelt, ungetrennt, ungesondert[21], nicht nebeneinander stehend, bloß äußerlich vereint oder verschmolzen oder vermischt, sondern persönlich und hypostatisch geeinigt; daraus entspringt die Idiomenkommunikation[22], die der Einung der Naturen folgt...

Ich bitte aber Gott den Herrn, er wolle mich bei seinem Wort, das allein die Wahrheit ist, bis ans Ende beständig erhalten und mir, wenn ich im Leben oder Glauben jemals geirrt habe oder irren sollte, dies um des teuren Verdienstes Christi willen vergeben. Von der Prädestination ... glaube ich, dass Gott alle, die wahrhaft und beständig an Christum glauben, und darum auch mich, von Ewigkeit her in Christus zum ewigen Leben erwählt hat; was die Verdammten angeht, so liegt die Schuld nicht bei ihm, dass sie verdammt werden, sondern er will nicht eines Sünders Tod (vgl. Ez 18,23), er hat seinen Sohn für alle dahingegeben, er liebt die ganze Welt, Christus hat für die Sünde der ganzen Welt gebüßt und seinen Aposteln befohlen, dies allen Geschöpfen zu verkündigen (Mt 28,19). Deswegen heißt es, sie wollten nicht, und es bleibt also gewiss, dass einzig und allein die Barmherzigkeit Gottes die Erwählten rettet, der einzige Grund aber der Verwerfung der Unfrommen ihr eigener Wille ist. Dabei will ich aber nicht leugnen, dass, wie im Artikel von der Person Christi, von Gott, von der Providenz und anderen, auch in diesem viele Geheimnisse bestehen, die wir in diesem Leben mit unserer Vernunft, weil wir nur die Erstlingsgabe des Geistes haben (Röm 8,23), nicht begreifen können, und noch viel weniger können sie erforscht werden.

Quelle: J.A. Steiger, Johann Gerhard (s. bei Nr. 3) 164-167.169f. – *Literatur*: s. bei Nr. 3

3. Johann Gerhard, Meditationes sacrae (1606)

Gerhards Hauptwerk waren die »Loci theologici«, die in neun Bänden von 1610-1622 erschienen. Wesentliche Grundlagen dieser umfassenden Gesamtdarstellungen hatte er schon 1606 in den »Meditationes« entfaltet, die zugleich wie auch sein Testament zeigen, wie eng in der lutherischen Orthodoxie Theologie und Frömmigkeit miteinander verbunden waren.

V. Einübung des Glaubens aufgrund der Liebe Christi in seinem Todeskampf
Mir ist Jesu Gnade Gewinn.
Siehe, Herr Jesus, wie ungerecht ich mich gegen dein Leiden verhalte: Mein Herz ängstigt sich und meine Seele ist sehr betrübt (Ps 42,7), denn meine Werke sind nicht da und keinerlei Verdienste sind gegenwärtig, da doch dein Leiden mein Tun ist: Deine Werke sind meine Verdienste. Ungerecht verhalte ich mich gegen dein Leiden, denn obwohl es ganz zureichend ist, bemühe ich mich doch ängstlich um Ergänzung durch meine Werke. Wenn ich die Gerechtigkeit bei mir finden könnte, würde mir deine Gerechtigkeit nicht nützen oder würde ich mich nicht so sehr nach ihr sehnen. Wenn ich die Werke des Gesetzes haben will, werde ich aus dem Gesetz verdammt werden.
Ich weiß aber, dass ich nicht mehr unter dem Gesetz bin, sondern unter der Gnade (Röm 6,14). Ach, ich habe verwerflich gelebt, ich habe gesündigt, o heiliger Vater im Himmel, und bin nicht wert, dass ich dein Sohn genannt werde (Lk 15,19). Du wirst dich aber nicht weigern, mich einen Knecht zu nennen. Ach, versage mir nicht die heilbringende Frucht deines Leidens. Dein Blut sei nicht unfruchtbar, sondern wirke Frucht in mir, damit meine Seele befreit werde. Meine Sünden sind stets lebendig in meinem Fleisch gewesen. Ach, lass sie doch endlich mit mir sterben. Das Fleisch hat immer über mich geherrscht, dennoch wird der Geist den Sieg behalten. Der äußerliche Mensch mag der Erde und den Würmern zuteil werden, damit der innere zur Ehre erhöht werde. Ich bin bislang stets den Eingebungen des Satans gefolgt, mach doch endlich, dass er unter meinen Füße zertreten werde (vgl. Röm 16,20).
Der Satan ist gegenwärtig und klagt mich an, aber er vermag nichts über mich: Die Gestalt des Todes (mortis species) schreckt mich, aber der Tod wird ein Ende meiner Sünden und ein Anfang des heiligen Lebens sein (vgl. Röm 6,9). Da werde ich dann dir, o mein Gott, vollkommen gefallen können. Da werde ich endlich in der Güte und Tugend befestigt werden. Er schreckt mich mit meinen Sünden, aber er soll den anklagen, der meine Schwachheit auf sich genommen hat, den der Herr um meiner Sünde willen in den Tod gegeben hat. Meine Schuld ist überaus schwer und groß und ich vermag sie überhaupt nicht auszulösen. Aber ich setze mein Vertrauen auf den Reichtum und die Güte meines Bürgen. Der soll mich befreien, der die Bürgschaft für mich übernommen hat. Der soll für mich bezahlen, der die Schuld auf sich genommen hat. Ich habe gesündigt, Herr, und meine Sünden sind viele und übergroß. Doch ich

will nicht diese schreckliche Sünde begehen, dass ich dich der Lüge bezichtigte, der du mit Worten, Werken und mit einem Eid beteuerst, dass für meine Sünden Genüge getan sei (satisfactum esse pro iniquitatibus meis). Ich fürchte mich nicht wegen meiner Sünden, denn du bist meine Gerechtigkeit...

Du bist die Gerechtigkeit, mein Herr Jesus, meine Sünden werden nicht stärker sein als du. Du bist das Leben und die Auferstehung, mein Tod wird nicht stärker sein als du. Du bist Gott, der Satan wird nicht stärker sein als du. Du hast mir das Unterpfand deines Geistes gegeben (2 Kor 1,22), dessen rühme ich mich, damit triumphiere ich und glaube fest und zweifle nicht, dass es mir vergönnt sein wird, dass ich zu der Hochzeit des Lammes (Offb 19,7) einziehen werde. Du bist mein hochzeitliches Gewand, o allerliebster Bräutigam, das ich in der heiligen Taufe angezogen habe (Gal 3,27). Du wirst meine Blöße bekleiden. Ich will an dein kostbares und schönes Kleid keine Ergänzung aus meiner Gerechtigkeit flicken; denn was ist die Gerechtigkeit des Menschen anderes als ein besudelter Lumpen (Jes 64,5)? Wie soll ich denn diesen abscheulichen Lumpen an das Kleid deiner überaus kostbaren Gerechtigkeit anzusetzen wagen? In diesem Kleid will ich vor deinem Angesicht in deinem Gericht erscheinen, wenn du den Erdboden richten wirst mit Recht und Gerechtigkeit. In diesem Kleid will ich vor deinem Angesicht erscheinen im himmlischen Reich.

Quelle: Johann Gerhard, Meditationes Sacrae (1606/7), Lateinisch-deutsch, hg. v. J.A. Steiger, Stuttgart-Bad Cannstatt 2000 (Doctrina et Pietas 1,3), 46,1-47,36; 48,49-61; vgl. ebd. 376,1-377,54; 378,75-379,92. – *Literatur*: J. Wallmann, Der Theologiebegriff bei Johann Gerhard und Georg Calixt, Tübingen 1961 (BHTh 30); E. Koch, Therapeutische Theologie. Die Meditationes sacrae von Johann Gerhard (1606), in: PuN 13 (1988) 25-46; J.A. Steiger, Johann Gerhard (1582-1637). Studien zu Theologie und Frömmigkeit des Kirchenvaters der lutherischen Orthodoxie, Stuttgart-Bad Cannstatt 1997 (Doctrina et pietas I,1).

4. Johann Valentin Andreae, Christianopolis (1619)

Johann Valentin Andreae (1586-1654), der Enkel des an der Entstehung der Konkordienformel maßgeblich beteiligten Jakob Andreae (s. Text Nr. 59 d) erlebte eine glanzvolle Karriere innerhalb der württembergischen lutherischen Kirche, die ihn bis in die Position des Hofpredigers und Generalsuperintendenten brachte. Sein literarisches Wirken aber zielte auf eine Reform des Vorgegebenen. Die universal-spekulativen Gedanken, die sich in den ab 1610 wohl von ihm verfassten Rosenkreuzerschriften niederschlugen, blieben dabei eine Episode. Repräsentativer ist seine 1619 verfasste Utopie »Rei publicae christianopolitanae descriptio«, die den von Arndtschen Frömmigkeitsimpulsen geprägten Sozialentwurf in den Mittelpunkt stellte.

14. Das öffentliche Gebet

Ehe ich fortfahre, muss etwas über den öffentlichen Gottesdienst (pietas publica) gesagt werden. Jeden Tag werden drei Betstunden – morgens, mittags und abends – gehalten, in denen man Gott für die von ihm empfangenen Wohltaten dankt und in feierlichem Gebet mit gebeugtem Knie und gefalteten Händen um seine fortdauernde Hilfe und ein seliges Ende anfleht. Niemand darf sich davon ohne schwerwiegenden Grund ausschließen; die Eltern führen alle Kinder, die sie haben, heran, dass auch sie, wenngleich mit noch unbeholfener Zunge, Gottes Lob sprechen. Danach hört man der Lesung des Wortes Gottes zu und beschließt die Versammlung nach ungefähr einer halben Stunde mit einem Lobgesang. Wenn ein Festtag anfällt, an dem man sich einer besonderen Wohltat Gottes erinnert, verwendet man mehr Zeit auf den öffentlichen Gottesdienst. Als Ort dafür sind die Säle der größeren Türme bestimmt, wo jeder seinen eigenen Platz hat. Dies ist wahre Christenart, denn wenn wir uns auch noch so oft gehalten fühlen, Gott in der Stille anzubeten, hat doch diese Gemeinschaft der Gemüter und Gebete einen besonderen Wohlklang in den Ohren Gottes und eine eigene Wirkung. Diejenigen, die dies versäumen, sind vielleicht ihres Heils ein wenig zu sicher; jene aber, die einst die himmlische Zusammenkunft erwarten, befleißigen sich des Lobes Gottes aufmerksamer und eifriger als jeder anderen Sache, wie sie auch alle Dinge in dieser Welt im Hinblick auf das himmlische Vaterland betreiben. So sind jene glücklich und weise, die hier auf Erden schon die Erstlingsfrüchte eines Lebens kosten, das nach ihrer Hoffnung ewig sein wird, höchst bejammernswert töricht aber jene, die mit der Last des sterblichen Daseins ihr Leben beschließen.

15. Ernährung
Ihre Mahlzeiten nehmen die Christianopolitaner für sich ein, doch die Nahrung beziehen sie aus dem öffentlichen Vorratshaus. Denn da es bei einer großen Menge gemeinsam Speisender kaum möglich ist, schlechtes Benehmen und Unordnung zu vermeiden, halten sie es für besser, dass die Menschen für sich in ihren eigenen Wohnungen essen. Wie die Nahrung entsprechend dem Ausfall der jährlichen Ernte verteilt wird, so wird sie auch wöchentlich nach der Zahl der Familien ausgegeben; einzig die Versorgung mit Wein geschieht halbjährlich, oder, je nach den Umständen, in noch größeren Zwischenräumen. Das Frischfleisch bekommen sie auf der Fleischbank und dürfen sich so viel nehmen, wie ihnen angewiesen wird. Fisch, Wild und alle Arten von Geflügel werden angemessen aufgeteilt, wobei Jahreszeit und Lebensalter berücksichtigt werden. Für gewöhnlich haben sie vier Mahlzeiten, die von den Frauen reinlich zubereitet und mit frommen und herzlichen Worten gewürzt werden. Wer immer einen Gast bewirten möchte, darf dies tun, und man hilft sich gegenseitig mit Speisen aus; wenn es ein Fremder sein sollte, beschaffen sie aus dem öffentlichen Vorrat, was nötig ist. Denn die oben beschriebene Küche dient dazu, über das wöchentlich Zugemessene hinaus aus Gründen der Ehrerbietung gegebenenfalls auch mehr anbieten zu können. Da die erwachsenen Kinder außer Hause ernährt werden, besteht in den meisten Fällen eine Familie aus vier oder fünf, weniger häufig sechs Personen, nämlich aus Vater, Mutter und ein oder zwei Kindern, Knechte und Mägde gibt es nur ganz wenige, und man braucht sie höchstens zur Krankenpflege und Betreuung von Kindbetterinnen und Kleinkindern. Mann und Frau erfüllen gemeinsam die üblichen häuslichen Pflichten; was darüber hinaus geht, wird in den öffentlichen Werkstätten getan. Was mit den herangewachsenen Jugendlichen geschieht, werden wir später hören. Lasst uns nur eben bei dem Gedanken verweilen, von welch schwerer Last wir befreit wären, wenn die vielfache und beschwerliche Sorge für Essen und Trinken und das tägliche Füllen der Bäuche uns erlassen wäre.

Quelle: Joh. Valentin Andreae, Christianopolis 1619. Originaltext und Übertragung nach D.S. Georgie 1741. Eingeleitet und hg. v. R. van Dülmen, Stuttgart 1972 (Quellen zur württembergischen Kirchengeschichte 4), 58.60. *Übers.*: J.V. Andreae, Christianopolis. Übers. v. W. Biesterfeld, Stuttgart 1975. 33-35. – *Literatur*: J.W. Montgomery, Cross and Crucible. Johann Valentin Andreae (1586-1654). Phoenix of the Theologians. 2 Bde., The Hague 1973 (AIHI 55); R. van Dülmen, Die Utopie einer christlichen Gesellschaft. Johann Valentin Andreae (1586-1654). Teil 1, Stuttgart-Bad Cannstatt 1978; S. A. Seewald, Das Verfassungsbild in der Christianopolis des Johann Valentin Andreae, Frankfurt u.a. 1986 (EHS. 2,529); R. Edighoffer, Rose-Croix et Société Idéale selon Johann Valentin Andreae (1586-1654). 2 Bde., Neuilly 1982.1987; M. Brecht, Johann Valentin Andreae und die Generalreformation, in: ders. (Hg.), Geschichte des Pietismus. Bd. 1, Göttingen 1993, 151- 166.

[1] *S. Text 42 b.*

[2] *Die Confessio Saxonica von 1551, die von allen sächsischen Superintendenten sowie von Theologen aus Brandenburg-Ansbach, Mansfeld und Pommern sowie von den Straßburgern*

unterzeichnet wurde. Melanchthon wollte sie dem Konzil von Trient vorlegen – lediglich die Kriegswirren verhinderten dieses Vorhaben.

[3] *S. Text 31 a.*

[4] *Zu den vier Schriftsinnen des Mittelalters gehörten neben dem literarischen und dem moralischen auch der allegorische und der anagogische.*

[5] *Gedacht ist wohl an die Peinliche Gerichtsordnung Karls V., auf der die meisten Hexenprozesse der Frühen Neuzeit beruhten.*

[6] *Der majoristische Streit wurde ausgelöst durch die These des Melanchthon-Schülers Georg Major (1502-1574), dass gute Werke zur Seligkeit nötig seien, auf die Nikolaus von Amsdorff (1483-1565) mit der Gegenthese reagierte, sie seien zur Seligkeit schädlich.*

[7] *Auseinandersetzung zwischen den Frankfurter Kollegen Abdias Praetorius (1524-1573) als Vertreter der Notwendigkeit der guten Werke und Andreas Musculus (1514-1581) als Vertreter ihrer Freiheit.*

[8] *Dies interpretiert den zweiten antinomistischen Streit, in dem es um den dritten Gebrauch des Gesetzes ging, im Sinne des Ersten antinomistischen Streits (s. Text 51).*

[9] *Im zweiten antinomistischen Streit um den dritten Gebrauch des Gesetzes vertraten Amsdorf, Musculus, Andreas Poach (1515-1585), Anton Otto (Todesjahr unbekannt) und Michael Neander (1525-1595) die Auffassung, ein solcher dritter Gebrauch des Gesetzes für die Wiedergeborenen sei abzulehnen, während Flacius und Joachim Mörlin (1514-1571) ihn befürworteten.*

[10] *Athanasius von Alexandrien (295-373), s. Bd. 1, Nr. 67.*

[11] *Basilius von Caesarea (ca. 330-379); s. Bd. 1, Nr. 78.*

[12] *Gregor von Nazianz (ca. 330-390), wie Basilius einer der Vertreter der neunizänischen Theologie im Vorfeld des Konzils von Konstantinopel.*

[13] *Johannes Chrysostomus (ca. 347-407); s. Bd. 1, Nr. 88.*

[14] *Ambrosius von Mailand (333/4-397); s. Bd. 1, Nr. 85f.*

[15] *Hieronymus (340/350-420); s. Bd. 1, Nr. 82.*

[16] *Augustin (354-430); s. Bd. 1, Nr. 91.*

[17] *Gregor der Große (Papst 590-604); s. Bd. 2, Nr. 10.*

[18] *Die das menschliche Miteinander betreffenden Gebote (viertes bis zehntes).*

[19] *Das Verhältnis zu Gott betreffende Gebote (erstes bis drittes).*

[20] *Diese neuchalcedonensische Erweiterung gegenüber dem Chalcedonense, das nur »in« zwei Naturen bietet, stellt einen Kompromiss zwischen Zwei- und Einnaturenchristologie dar; vgl. etwa die Expositio Fidei III,3 des Johannes Damascenus (PTS 12,111,21).*

[21] *So die Formulierungen des Konzils von Chalcedon 451 (s. Bd. 1, Nr. 93g).*

[22] *Die Übertragbarkeit von Eigenschaften zwischen den Naturen oder von einer Natur auf die ganze Person Christi.*

60. Von der altgläubigen Reform zur Formierung des römischen Katholizismus

Die Reformation brachte auch für den Teil der Kirche, der sich ihr nicht anschloss, Veränderungen mit sich: Auch sie konnte nicht bruchlos die mittelalterliche allumfassende Kirche fortsetzen, sondern wurde zu einer Partikularkirche: der römisch-katholischen Kirche. Auch wo hier die Kontinuität zum Mittelalter betont wurde, bedeutete dies, dass wenigstens ein Teil jener Entwicklungen, die aus reformatorischer Sicht zum Bruch geführt hatten, als Missstände identifiziert und entsprechend korrigiert wurden. Dabei konnte die römisch-katholische Kirche, die sich im Konzil von Trient (1546-1563) neu ihrer Grundlagen vergewisserte, an Erscheinungen spätmittelalterlicher Reform anknüpfen, die nur zum Teil in die reformatorischen Kirchen eingegangen, zum Teil aber in der altgläubigen Kirche verblieben waren.

a) Zwischen katholischer Reform und Abwehr der Reformation

1. Das »Schuldbekenntnis« Hadrians VI. (25. November 1522)

Am 9. Januar 1522 wurde Adrianus Florensz Boyens zum Papst gewählt. Mit ihm kam, nicht einmal zwei Jahre nach Ausspruch des Banns über Luther, ein humanistisch gesonnener Anhänger der niederländischen Devotio moderna auf den Papstthron. Tatsächlich strebte er eine Reform der Kurie und der gesamten Kirche an – was aber, wie das sogenannte »Schuldbekenntnis«, die Instruktion, die er am 25. November 1522 seinem Nuntius auf den Nürnberger Reichstag mitgab und die dort am 3. Januar 1523 verlesen wurde, zeigt, keineswegs zu einer milderen Behandlung Luthers und seiner Anhänger führen sollte. Sein reformorientierter Pontifikat, der nur von einer kleinen Minderheit an der Kurie unterstützt wurde, blieb Intermezzo: Am 14. September 1523 starb der letzte Papst aus seinerzeit deutschen Gebieten vor Benedikt XVI. (seit 2005).

Wenn nun jemand sagt, Luther sei vom Apostolischen Stuhl ohne Anhörung und ohne Verteidigungsmöglichkeit verurteilt worden und deshalb müsse man ihn auf jeden Fall noch hören und dürfe ihn nicht verurteilen, bevor erwiesen sei, dass er im Unrecht sei, so antwortet in folgendem Sinne: Was zum Glauben gehört, ist um der göttlichen Autorität willen eben zu glauben, nicht zu beweisen. Ambrosius sagt: »Wenn es um Glauben geht, so lass Beweise weg; es sind Fischer, denen wir glauben, keine Logiker.«[1] Selbstverständlich sind auch wir der Ansicht, dass man ihm die Möglichkeit geben muss, sich zu verteidigen, soweit es um Tatsachenbehauptungen geht, d.h. ob er etwas gesagt, gepredigt, geschrieben hat oder nicht. In Fragen des göttlichen Rechts und der Sakramente aber muss man der Autorität der Heiligen und der Kirche folgen. Hinzu kommt, dass fast alle Abweichungen Luthers bereits früher von verschiedenen Konzilien verworfen worden sind...

Da also Luther und seine Anhänger die Konzilien der heiligen Väter verurteilen, das heilige kanonische Recht (sacri canones) verbrennen und alles nach ihrem Gutdünken durcheinander bringen, ja, die ganze Welt in Aufruhr versetzen, kann es keinen Zweifel darüber geben, dass sie als Feinde des öffentlichen Friedens und Aufrührer (perturbatores) von allen, die diesen Frieden lieben, ausgerottet werden müssen.

Daneben sollst Du aber auch sagen, dass wir von ganzem Herzen bekennen, dass der Grund dafür, dass Gott diese Verfolgung seiner Kirche zulässt, in der Sünde der Menschen liegt, besonders der Priester und der Prälaten der Kirche...

Wir wissen, dass es an diesem Heiligen Stuhl schon seit einigen Jahren viele gräuliche Missbräuche in geistlichen Dingen und Vergehen gegen die göttlichen Gebote gegeben hat, ja, dass eigentlich alles pervertiert worden ist. So ist es kein Wunder, wenn sich die Krankheit vom Haupt auf die Glieder, d.h. von den Päpsten auf die unteren Kirchenführer ausgebreitet hat. Wir alle, d.h. wir Prälaten und Kleriker (ecclesiastici), sind abgewichen; ein jeder sah auf seinen Weg (Jes 53,6), und da ist schon lange keiner mehr, der Gutes tut, auch nicht einer (Ps 14,3). Deshalb müssen wir alle Gott die Ehre geben und uns vor ihm demütigen; ein jeder von uns muss erkennen, wo er gefallen ist, und sich selbst richten, bevor er von Gott mit der Rute seines Zorns gerichtet wird (1 Kor 11,31). Soweit wir selbst betroffen sind, darfst Du versprechen, dass wir jede Anstrengung unternehmen werden, dass als erstes diese Kurie, von der wohl das ganze Übel ausgegangen ist, reformiert wird (reformetur), so dass sie in der gleichen Weise, wie sie zum Verderben aller Untergebenen Anlass gegeben hat, nun auch ihre Genesung und Reform in allen Dingen (reformatio omnium) bewirkt. Dazu fühlen wir uns umso mehr verpflichtet, als wir sehen, dass die ganze Welt eine solche Reform sehnlichst begehrt.

Wir haben es Dir wohl schon gesagt, dass wir diesen Pontifikat niemals für uns begehrt haben. Wenn es nach uns gegangen wäre, so hätten wir viel lieber ein Privatleben geführt und Gott in heiliger Ruhe gedient, ja wir hätten das Amt ausdrücklich abgelehnt, wenn uns nicht die Furcht Gottes und die Aufrichtigkeit unserer Wahl sowie die Furcht vor einem Schisma im Falle unserer Weigerung gezwungen hätten, es anzunehmen. Wir haben also die höchste Würde auf uns genommen, nicht um unserer Herrschsucht zu frönen oder unsere Verwandten reich zu machen, sondern um Gottes willen zu gehorchen, seine entstellte Braut, die allumfassende (deformata eius sponsa ecclesia catholica) Kirche zu reformieren, den Unterdrückten zu Hilfe zu kommen und die Gelehrten und Tugendhaften, die schon lange unbeachtet geblieben sind, aufzurichten und auszuzeichnen – kurz: um alles zu tun, was ein guter Papst und rechtmäßiger Nachfolger des seligen Petrus tun muss. Natürlich darf sich niemand wundern, wenn wir nicht alle Irrtümer und Missbräuche sofort beseitigen können. Die Krankheit hat sich im Laufe der Zeit so tief eingefressen, dass man, um sie zu heilen, nur mit größter Behutsamkeit vorgehen darf und nicht nur ein, sondern viele verschiedene Mittel anwenden muss. Dabei muss man als Erstes den größeren und gefährlicheren Übeln begegnen, damit wir nicht vor lauter Eifer, alles auf einmal zu reformieren, alles erst recht in Unordnung bringen.

Quelle: DRTA.JR 3,396,15-25; 397,1-8.14-398,8. – *Literatur*: G. Müller, Die römische Kurie und die Reformation 1523-1534. Kirche und Politik während des Pontifikates Clemens' VII., Gütersloh 1969 (QFRG 38), 11-15; P. Berglar, Die kirchliche und politische Bedeutung des Pontifikats Hadrians VI., in: AKuG 54 (1972) 97-112; J. Bijloos, Adrianus VI. De Nederlandse paus, Haarlem 1980; P. Nissen, Adrianus VI. Een biografie, Amsterdam 2005.

2. Berthold Pürstinger, Bischof von Chiemsee, Deutsche Theologie (1531): Begründung des Fegefeuers

Die Grenzziehung zwischen Bleiben im Alten Glauben und Hinwendung zur Reformation fiel Kirchenleuten, die an einer spätmittelalterlichen Reform der Kirche interessiert waren, schwer. So hat Berthold Pürstinger (1464/5-1543), der seit 1508 Bischof von Chiemsee war, möglicherweise noch im Jahre 1519 die Schrift »Onus ecclesiae«, eine chiliastisch grundierte Kritik an der bisherigen Kirche, verfasst, sie jedenfalls zustimmend aufgenommen – und wurde dann doch ein engagierter Vertreter einer Reform der alten Kirche, die er mit dogmatischen wie seelsorgerlichen Schriften vorantrieb. Sein bedeutendstes Werk ist die »Tewtsche Theologey«, an der er bis 1527 arbeitete und die 1531 im Druck herauskam. In ihr hat Pürstinger den alten Glauben in poimenischer Absicht und in steter impliziter und expliziter Auseinandersetzung mit der Reformation vorgestellt.

81. Kapitel: Ob es ein Fegefeuer gebe.

1. In dieser geschwinden Zeit wurde gezweifelt, ob es ein Fegefeuer gebe oder nicht. Darüber schreiben und predigen etliche unverständige Leute, es gebe kein Fegefeuer, da es nur zwei Wege gebe, einen zum Himmel, der andere zur Hölle; in der Schrift werde kein dritter Weg und überhaupt nichts von einem Fegefeuer gefunden, auch hätten die alten Lehrer vorzeiten nicht viel aufs Fegefeuer gegeben. Daher sei es unnötig, für die Verstorbenen zu bitten oder Gottesdienst zu halten, als hätten die Geistlichen diesen Gottesdienst erst kürzlich zu ihrem eigenen Nutzen erfunden und für die Toten gehalten.

Dadurch wurde das einfache Volk veranlasst, keinen Gottesdienst mehr für ihre Eltern und die gläubigen Seelen zu halten, und sie meinen, es sei gut getan, wenn die Ehre Gottes und Förderung der Gläubigen beseitigt werde – zum Schaden der Seelsorger und zur Minderung ihres Unterhalts. Dieser böse Neid läuft mehr auf eine Behinderung der lieben Seelen im Fegefeuer als auf eine Schädigung der Priester hinaus. Aber der Teufel und seine Schriftgelehrten versuchen, das Fegefeuer zu unterdrücken, damit hier den Geistlichen ihre Nahrung entzogen und dort den Seelen die Wiedergutmachung verlängert werde, weil für sie in der Kirche wenig Gottesdienst geschieht. Dadurch wird die ganze Kirche beschädigt, denn der himmlischen Kirche wird Ehre entzogen, die Büßenden im Fegefeuer werden vernachlässigt und die irdische Kirche wird zerrissen. Diese Irreführung und Beschädigung der gesamten Kirche, die der Teufel jetzt durch seine Diener in Deutschland gegen das Fegefeuer ausübt, behindert nicht nur die Seelen im Fegefeuer, denen die Hilfe genommen wird, die ihnen von ihren Erben und anderen Leuten zusteht, sondern es gerät auch diesen nachlässigen Leuten selbst zum Schaden, weil sie darin ihre Undankbarkeit gegenüber ihren Eltern erweisen, von denen sie viel Gutes empfangen haben, denen sie aber nichts Gutes zurückgeben. Darum fallen sie als undankbare Leute in Gottes Ungnade, und ihnen wird der Lohn versagt, der ihnen gegeben würde, wenn sie ihren Nächsten, seien sie lebendig oder tot, Hilfe erwiesen. Sie können auch für ihren falschen Glauben keinen Grund aus den oben erwähnten Ursachen anführen, wie im Folgenden ausgeführt wird.

2. Wahr ist es, dass es nur zwei Wege gibt, einen der Gerechtigkeit, der andere des Unrechts. Aber das Fegefeuer gehört als Stand der Buße zum Weg der Gerechtigkeit, wie geschrieben steht: »Gott hat den Büßenden den Weg der Gerechtigkeit gegeben« (Sir 17,20 Vg.). Diesen Weg sollen wir beständig begehren und bitten: »Herr Gott, führe uns auf die Wege der Gerechtigkeit«. Gottes Gericht ergeht nur auf zwei Wegen laut dem Evangelium (Mt 25,31-46): einer für die Gerechten, der andere gegen die Ungerechten. Die Ungerechten gehen in die ewige Strafe, die Gerechten in das ewige Leben, darum muss zu diesem Zeitpunkt die Hölle des Fegefeuers aufhören; davon spricht der Weise zu Gott: »Du wirst die Seele aus der Hölle erlösen« (vgl. Weish 16,8). Denn jede Buße, sie geschehe hier oder dort, ist eine Bezahlung für die Schulden und eine Abwaschung sündiger Makel, die die Seele daran hindern, ins ewige Leben einzugehen. Wenn die Schulden und Makel beseitigt sind, dann ist die Gerechtigkeit zum ewigen Leben ganz erreicht. Darum gehört das Fegefeuer zum Weg der Gerechtigkeit, und jede Seele, die darin büßt, ist ihres Heils gewiss aufgrund des Gerichtsurteils, das Gott zur Stunde ihrer Trennung vom Leib zu ihrer Rettung über sie gefällt hat. In diesem Urteil ist ohne Zweifel beschlossen, wie hart und lange der menschliche Geist im Fegefeuer büßen muss, bis er zum himmlischen Stand geeignet ist. Büßende Seelen im Fegefeuer sind besser auf dem Weg der Gerechtigkeit und ihres Heils gewisser als lebendige Menschen, die hier büßen; diese müssen noch in dieser Welt Versuchung und einen ungewissen Kampf überstehen. Aber die im Fegefeuer können zu dem Verdienst, das sie einst mit sich dorthin gebracht haben, weder Gutes noch Böses, weder Tugend noch Laster hinzufügen, und sie müssen nichts überstehen als die auferlegte Buße des Fegefeuers, aus dem sie nicht herauskommen, bis die Schuld ganz abgeleistet ist. So besteht die Hoffnung, aus dem Fegefeuer erlöst zu werden...

4. Dass es aber ein Fegefeuer gibt, wird auf zwei Weisen gezeigt, nämlich aus notwendigen (Vernunft-)Gründen und aus der Heiligen Schrift. Erstens ist, wenn man von den Gründen für das Fegefeuer spricht, zu bedenken: Zwar hilft bei Bösen und Verstockten Menschen weder hier noch dort Strafe, und umgekehrt bedürfen die ganz Gerechten hier keiner Strafe und dort nicht des Fegefeuers. Dazwischen aber gibt es viele Christen, den größeren Teil, die weder rein noch ganz unrein sind und doch in Gnade sterben. Diese müssen völlig gereinigt werden. Deshalb macht das Evangelium einen Unterschied zwischen ewiger und zeitlicher Strafe und spricht: »Der Knecht, der den Willen seines Herrn versteht und nicht tut, der wird mit vielen Plagen ge-

schlagen, nämlich mit Höllenpein. Wer aber seines Herrn Willen nicht versteht und sich dennoch etwas zu Schulden kommen lässt, der wird weniger geschlagen, nämlich mit zeitlichem Fegefeuer (Lk 12,47f.). Für diejenigen aber, die für ihre Todsünden hier nicht genügend Buße geleistet haben und mit allerhand lässlichen Sünden sterben, ist das Fegefeuer notwendig...

Quelle: Bertholds, Bischofs von Chiemsee, Tewtsche Theologey, hg. v. W. Reithmeier, München 1852, 562-564 – *Literatur*: J. Schmuck, Die Prophetie »Onus Ecclesiae« des Bischofs Berthold Pürstinger, Wien 1973 (Dissertationen der Universität Graz 22); E.W. Zeeden, Berthold von Chiemsee (1465-1543), in: E. Iserloh (Hg.), Katholische Theologen der Reformationszeit. Bd. 3, Münster 1986, 65-76; V. Leppin, Art. Pürstinger, Berthold, in: TRE 28, 1997, 1-3.

b) Der Jesuitenorden

Der baskische Adelige Iñigo de Loyola (1491-1556) erfuhr 1521 nach einer schweren Verwundung unter dem Eindruck mittelalterlicher Frömmigkeitsliteratur eine Bekehrung, die ihn zu einem aszetisch-mystischen Lebenswandel führte; die damit verbundenen spirituellen Erfahrungen beschrieb er schon früh und legte damit den Grundstein für seine späteren wirkungsvollen Exerzitien (Text 3). Während des Studiums versammelte er, noch ganz ohne antireformatorische Spitze, eine Gruppe von »Freunden im Herrn«, die am 15.8.1534 auf dem Montmatre ein Gelübde zu Armut, Keuschheit, Gehorsam und Mission im Heiligen Land oder ersatzweise Unterstellung unter den Papst ablegten: die Keimzelle der »Societas Jesu«, die am 27.9.1540 Papst Paul III. (1534-1549) bestätigte (Text 1). Sie zeichnete sich durch eine strenge Gehorsamspflicht aus, die auch die von Ignatius seit 1541 erarbeiteten, aber erst 1558, nach seinem Tod, von der Generalkongregation bewilligten Konstitutionen prägt; hierdurch wurde der Jesuitenorden in der zweiten Jahrhunderthälfte zur päpstlicherseits gut zu handhabenden Speerspitze der Gegenreformation.

1. Die Bestätigung des Jesuitenordens durch Papst Paul III.: Bulle »Regimini militantis ecclesiae« (27.9.1540)

Wir haben kürzlich nun davon Kenntnis erhalten, dass Unsere geliebten Söhne Ignatius von Loyola, Petrus Faber, Jakob Laynez, Claudius Jaius, Paschasius Broet, Franz Xavier, Alfons Salmeron, Simon Roderich, Johann Coduri und Nikolaus von Bobadilla, Priester aus den Städten und Diözesen Pamplona, Genévois, Siguenza, Toledo, Viseu, Embrun und Palencia, Magistri artium der Universität von Paris und seit mehreren Jahren Studenten der Theologie, aus Eingebung des Heiligen Geistes – wie man in frommem Sinn glaubt – schon seit Langem aus verschiedenen Teilen der Welt sich zurückgezogen und zu einer Gemeinschaft vereinigt haben. Sie sind Genossen (socii) geworden und haben den Verlockungen dieser Welt entsagt und ihr Leben für immer in den Dienst (servitium) unseres Herrn Jesus Christus und Unserer Person bzw. der Uns folgenden Päpste in Rom geweiht. Sie sind schon seit mehreren Jahren ruhmreich im Weinberg des Herrn tätig. Mit hinreichender Vollmacht ausgestattet, predigen sie das Wort Gottes öffentlich. Privat ermahnen sie die Gläubigen zu einem guten und seligen Leben und zu frommen Gedanken. Darüber hinaus dienen sie in Krankenhäusern und unterweisen Kinder und Ungebildete in dem, was zur Bildung eines Christen erforderlich ist. Kurz: An allen Orten, wohin sie gekommen sind, haben sie sich viel Ruhm verdient, indem sie alle Liebespflichten erfüllten und alles taten, was der Tröstung der Seelen dient.

Jetzt aber sind sie in diese erhabene Stadt gekommen und haben, fest durch das Band der Liebe verbunden, eine Lebensregel (vivendi forma) vorgelegt, die die Einheit ihrer Gesellschaft (societas) in Christus vollenden und bewahren soll. Diese Regel enthält Anweisungen, von denen sie durch Erfahrung gelernt haben, dass sie dem ins Auge gefassten Ziel dienlich sind, und steht zugleich in Übereinstimmung mit den evangelischen Räten und den kanonischen Gesetzen der Väter. Deshalb hat es sich ergeben, dass das Leben dieser Genossen, so wie es durch die Regel gestiftet wird, nicht nur bei vielen rechtschaffenen und für Gott eifernden Männern Anerkennung findet, sondern dass ihm einige sogar so sehr zustimmen, dass sie es zu ihrem eigenen machen wollen. Der Wortlaut der besagten Regel ist folgender:

»Jeder, der in unserer Gemeinschaft, die wir mit dem Namen Jesu auszeichnen wollen, unter dem Banner des Kreuzes Gott Kriegsdienste leisten (militare) und allein dem Herrn und dem römischen Papst als seinem Stellvertreter auf Erden dienen (servire) will, muss sich nach dem feierlichen Gelübde ewiger Keuschheit vor Augen halten, dass er Teil jener Gesellschaft ist, die vor allem dazu gegründet wurde, dass sie sich um den Fortschritt der Seelen in christlichem Leben und christlicher Lehre und um die Ausbreitung des Glaubens durch öffentliche Predigten und Dienst am Worte Gottes, geistliche Übungen (spiritualia exercitia) und Werke der Liebe sowie vor allem durch christliche Unterweisung von Kindern und Ungebildeten und geistliche Tröstung der Gläubigen im Beichthören bemüht. Er soll danach streben, zunächst Gott, sodann aber auch den Zweck dieses seines Instituts, der auch ein gewisser Weg zu Gott ist, immer vor Augen zu haben und dieses von Gott gesetzte Ziel mit allen Kräften zu verfolgen... Sodann sollen alle Genossen wissen und nicht nur am Beginn ihres gelobten Wandels (professio), sondern Zeit ihres Lebens täglich im Herzen bewegen, dass diese Gesellschaft als ganze und alle einzelnen in ihr für Gott Kriegsdienste leisten im treuen Gehorsam gegenüber unserem Heiligsten Herrn, dem Papst, und seinen jeweiligen Nachfolgern als Bischöfe von Rom.

Wie uns ja schon das Evangelium belehrt und der rechtschaffene Glaube erkennen lässt, so wie wir selbst mit Nachdruck bekennen, sind alle Gläubigen Christi dem römischen Papst als ihrem Haupt und als Stellvertreter Jesu Christi unterstellt. Doch zur größeren Demut unserer Gesellschaft und zur vollkommenen Abtötung eines jeden Einzelnen sowie der Entsagung unseres eigenen Willens erachten wir es als höchst nützlich, wenn sich jeder von uns über jenes gemeinsame Band hinaus mit einem speziellen Gelübde verpflichtet. Inhalt dieses Gelübdes soll sein, dass wir ohne jedes Zögern und ohne Ausreden – soweit es in unserer Macht steht – sofort alles ausführen, was der gegenwärtige oder später der jeweilige Papst zum Nutzen der Seelen und zur Ausbreitung des Glaubens befiehlt. Dabei darf er uns schicken, wohin er will, sei es zu den Türken oder zu anderen Ungläubigen, auch wenn sie im sogenannten ›Indien‹ leben, sei es zu irgendwelchen Häretikern oder Schismatikern, sei es zu bestimmten Gläubigen... Insbesondere sollen sie sich die Unterweisung von Kindern und Ungebildeten in der christlichen Lehre von den Zehn Geboten und anderem Elementarwissen, was je nach Person, Ort und Zeit nötig zu sein scheint, anbefohlen sein lassen. Denn für diesen Aufgabenbereich müssen Oberer (praepositus) und Versammlung besonders Sorge tragen, da bei den Nächsten ohne ein Fundament kein Gebäude des Glaubens entstehen kann, und bei uns die Gefahr besteht, dass sich vielleicht gerade die Gelehrteren bemühen, diesem auf den ersten Blick unscheinbaren Gebiet auszuweichen. In Wahrheit aber bringt keine andere Tätigkeit größere Frucht für den Nächsten, deren Erbauung sie dient, und für uns, denen sie Gelegenheit gibt, der Pflicht der Liebe und der Demut in gleicher Weise nachzukommen...

Da wir wissen, dass unser Herr Jesus Christus seinen Dienern, die allein nach dem Reiche Gottes trachten (Mt 6,33), alles Notwendige an Nahrung und Kleidung zur Verfügung stellen wird, sollen alle für sich und als Gemeinschaft ewige Armut geloben und erklären, dass sie nicht nur einzeln, sondern auch gemeinsam zum Unterhalt und Nutzen der Gesellschaft (Jesu) keinen weltlichen Rechtsanspruch auf festen Besitz oder auf Erträge und Einkünfte erwerben können. Um das zu bekommen, was

zum Leben notwendig ist, sollen sie mit dem Nutzungsrecht (usus) der ihnen zugedachten Stiftungen zufrieden sein. Allerdings können sie an den Universitäten ein oder mehrere Kollegien mit eigenen Einkünften, Besitz und Vermögen unterhalten, soweit dies zum Nutzen und für die Bedürfnisse der Studenten verwandt wird. Dabei soll dem Oberen und der Gesellschaft jede Aufsichts- und Weisungsbefugnis über die Kollegien und Studenten vorbehalten bleiben... Diese (die Studenten) wiederum können in unsere Gesellschaft aufgenommen werden, wenn ein Fortschritt im Geist und in der Wissenschaft erkennbar ist, und sie eine ausreichende Probezeit hinter sich haben. Alle Genossen aber, die heilige Weihen empfangen haben, sind jeweils für sich einzeln, nicht aber gemeinsam, zum kirchlichen Breviergebet verpflichtet, auch wenn sie keine kirchlichen Prüfungen oder deren Einkünfte haben... Jesus Christus möge auf unser zagendes Beginnen gnädig herabsehen zur Ehre Gottes, des Vaters, dem allein sei Lob und Preis in Ewigkeit. Amen.«
Da im Vorstehenden nichts zu finden ist, was nicht fromm und heilig ist, verkündigen wir, damit die Genossen, die Uns in aller Demut eine diesbezügliche Bitte unterbreitet haben, umso bereitwilliger bei ihrem frommen Lebensvorsatz bleiben, je huldvoller sie sich vom Apostolischen Stuhl umfangen wissen und je klarer sie sehen, dass auch Wir das Vorstehende billigen, folgende Entscheidung: Aufgrund des vorliegenden Schreibens, das Wir genau zur Kenntnis genommen haben, billigen, bestätigen und segnen Wir (approbamus, confirmamus et benedicimus) kraft Unserer Apostolischen Vollmacht die Regel im Ganzen und in allen Einzelheiten und verleihen ihr ewige Geltung, da sie dem geistlichen Fortschritt der Genossen und der übrigen christlichen Herde förderlich ist. Die Genossen selbst nehmen Wir in Unseren besonderen Schutz und in den Schutz dieses heiligen Apostolischen Stuhles, wobei Wir ihnen zugleich das uneingeschränkte Recht verleihen, für sich besondere Konstitutionen (particulares ... Constitutiones) zu erlassen, wenn sie der Meinung sind, dass diese dem Ziel der Gesellschaft, der Ehre unseres Herrn Christus und der Förderung des Nächsten dienen...

Quelle: QGPRK 1, 539-542 – *Literatur*: s. bei Text 3.

2. Konstitutionen des Jesuitenordens (1558)

VI. Teil, 1. Kap.: »Der Gehorsam«
Den Gehorsam sollen alle mit äußerster Gewissenhaftigkeit beachten und bestrebt sein, sich darin auszuzeichnen, und zwar nicht nur dort, wo es verbindlich gefordert wird, sondern auch dort, wo in der Regel nichts ausdrücklich festgeschrieben ist. Dies gilt selbst dann, wenn der Wille des Oberen nicht in einem ausdrücklichen Befehl, sondern nur in einem Wink (signum) zum Ausdruck kommt. Gott, unser Schöpfer und Herr, muss uns dabei vor Augen stehen; seinetwegen leisten wir ja einem Menschen Gehorsam. Wir müssen aber Sorge tragen, dass der Geist der Liebe und nicht unsichere Furcht Triebkraft unseres Handelns ist. Bei der bedingungslosen Einhaltung aller Regeln (absoluta omnium Constitutionum observatio) und der Erfüllung des besonderen Zwecks unseres Vorhabens haben wir uns alle mit festem Herzen darum zu bemühen, nichts von jener Vollkommenheit vorübergehen zu lassen, die wir mit der Gnade Gottes erreichen können. Mit äußerster Anstrengung müssen wir alle Nerven und Kräfte anspannen, um diese Tugend des Gehorsams in erster Linie dem Papst, sodann auch den Oberen der Gesellschaft (Jesu) gegenüber zu erweisen Wir müssen jederzeit bereit sein, in allen Dingen, auf die sich der Gehorsam – ohne die Liebe zu verletzen – erstrecken kann, des Papstes Stimme zu folgen, als wenn es die

unseres Herrn Christus wäre (denn im Blick auf ihn und aus Verehrung und Liebe zu ihm leisten wir ja den Gehorsam); gegebenenfalls müssen wir alles stehen und liegen lassen, selbst wenn es sich nur um einen noch nicht zu Ende geschriebenen Buchstaben handelt.

Auf dieses Ziel nun müssen wir alle Kräfte und unsere ungeteilte Aufmerksamkeit im Herrn richten, damit der heilige Gehorsam sowohl in unserem Handeln als auch in unserem Wollen und Denken immer in jeder Hinsicht vollkommen ist. Wir müssen jeden Auftrag mit großer Schnelligkeit, geistlicher Freude und Standhaftigkeit ausführen. Alles müssen wir als gut und richtig ansehen, jede entgegenstehende Meinung und unser eigenes Urteil gewissermaßen in blindem Gehorsam verleugnen, und zwar ausnahmslos allen Anordnungen des Oberen gegenüber, von denen (wie bereits ausgeführt) nicht festgestellt werden kann, dass sie mit einer Sünde in Zusammenhang stehen. Jeder, der unter dem Ordensgehorsam lebt, muss darin einwilligen, dass seine Oberen nach Gottes Vorsehung so mit ihm umgehen können, wie wenn er ein lebloser Körper (cadaver) wäre, d.h. dass er sich überall hinschicken und auf jede Weise behandeln lässt. Er gleicht dem Stock eines alten Menschen, der ihm in seinen Händen immer dient, ganz gleich, wo und wozu er ihn gebrauchen will. In diesem Gehorsam muss jedes Ordensmitglied mit heiterem Herzen ausführen, wozu ihn der Obere in seiner Sorge für den ganzen Orden verwenden will. Er darf aber dann sicher sein, dass er auf diese Weise eher dem Willen Gottes nachkommt, als wenn er seinem eigenen Willen und abweichenden Urteil folgt.

Quelle: QGPRK 1,542f – *Literatur*: P. de Chastonay, Die Satzungen des Jesuitenordens. Werden, Inhalt, Geistesart, Einsiedeln 1938; sowie weitere Literatur bei Text 3.

3. Ignatius, Geistliche Übungen (1522; 1548 durch Papst Paul III. bestätigt)[2]

Anweisungen, um einige Einsichten in die folgenden geistlichen Übungen zu erlangen und um sowohl dem zu helfen, der sie zu geben, wie dem, der sie aufzunehmen hat.

Erste Anweisung. Unter dem Namen »geistliche Übungen« versteht man jede Art, das Gewissen zu erforschen, sich zu besinnen, zu betrachten, mündlich und rein geistig zu beten und andere geistliche Tätigkeiten, wie später noch erklärt wird. Denn wie Spazierengehen, Marschieren und Laufen körperliche Übungen sind, so nennt man geistliche Übungen jede Art, die Seele vorzubereiten und dazu bereit zu machen, alle untergeordneten Neigungen von sich zu entfernen und, nachdem sie abgelegt sind, den göttlichen Willen zu suchen und zu finden in der Ordnung des eigenen Lebens zum Heil der Seele...

Vierte Anweisung. Für die folgenden Übungen werden vier Wochen angesetzt, die den vier Teilen entsprechen, in welche die Übungen eingeteilt werden, nämlich im ersten Teil die Erwägung und Betrachtung der Sünden, im zweiten das Leben Christi unseres Herrn bis zum Palmsonntag, im dritten die Passion Christi unseres Herrn, im vierten die Auferstehung und Himmelfahrt, wobei die drei Gebetsweisen hinzugefügt werden; dies ist jedoch nicht so zu verstehen, dass jede Woche notwendigerweise sieben oder acht Tage umfassen muss...

Fünfte Anweisung. Für den, der die Übungen macht, ist es von großem Nutzen, in sie einzutreten mit großmütigem Geist und Freiherzigkeit gegenüber seinem Schöpfer und Herrn, indem er Ihm seine ganze Willenskraft und Freiheit darbringt, damit seine göttliche Majestät sich sowohl seiner Person wie alles dessen, was er besitzt, entsprechend Ihrem heiligsten Willen bediene...

Prinzip und Fundament.
Der Mensch ist geschaffen dazu hin, Gott Unseren Herrn zu loben, Ihm Ehrfurcht zu erweisen und zu dienen, und damit seine Seele zu retten.
Die anderen Dinge auf der Oberfläche der Erde sind zum Menschen hin geschaffen, und zwar damit sie ihm bei der Verfolgung des Zieles helfen, zu dem hin er geschaffen ist.
Hieraus folgt, dass der Mensch dieselben so weit zu gebrauchen hat, als sie ihm auf sein Ziel hin helfen, und sie so weit lassen muss, als sie ihn daran hindern.
Darum ist es notwendig, uns allen geschaffenen Dingen gegenüber gleichmütig (indifferentes) zu verhalten in allem, was der Freiheit unseres freien Willens überlassen und nicht verboten ist.
Auf diese Weise sollen wir von unserer Seite Gesundheit nicht mehr verlangen als Krankheit, Reichtum nicht mehr als Armut, Ehre nicht mehr als Schmach, langes Leben nicht mehr als kurzes, und folgerichtig so in allen übrigen Dingen.
Einzig das sollen wir ersehen und erwählen, was uns mehr zum Ziele hinführt, auf das hin wir geschaffen sind.

Quelle: Sancti Ignatii de Loyola Exercitia spiritualia, hg. v. J. Calveras, C. de Dalmases, Rom 1969 (Monumenta Historica Societatis Iesu 100), 141-146.164-166 *Übers.*: Geistliche Übungen, übers. v. A. Haas, Freiburg [4]1978, 15f.25f. – *Literatur*: A. Astrain, História de la Compañia de Jesús en la Asistencia de España. 7 Bde., Madrid 1907-1925; J. O Malley, Die ersten Jesuiten, Würzburg 1995; G. Maron, Ignatius von Loyola. Mystik – Theologie – Kirche, Göttingen 2001; P. C. Hartmann, Die Jesuiten, München 2001.

c) Das Konzil von Trient (1545-1563)

Das mehrfach von Protestanten und Reichsständen geforderte und von päpstlicher Seite immer wieder angekündigte Konzil wurde endlich am 13. Dezember 1545 in Trient eröffnet. Der Ort beruhte auf einem Kompromiss zwischen Kaiser und Papst: Er befand sich gerade noch innerhalb der Grenzen des römischen Reichs, aber so nahe an Rom wie irgend möglich – und schon 1547 nutzte der Papst einen Vorwand, um das Konzil bis zum Ende der ersten Tagungsperiode nach Bologna zu verlegen. Dies war nur ein Ausdruck dafür, dass das gesamte Konzil unter strikter päpstlicher Kontrolle stand und so von vorneherein die Bedingungen nicht erfüllen konnte, die die Protestanten an ein »freies Konzil« stellten; dass vorübergehend auch protestantische Stände das Konzil beschickten, resultierte nur aus der Situation nach dem Schmalkaldischen Krieg und der entsprechend begrenzten Handlungsfreiheit der Protestanten (s. Text Nr. 56). Hauptaufgaben des Konzils, das mehrfach unterbrochen wurde und letztlich in drei Tagungsperioden – 1545-1547, 1551/2 und erst wieder 1562/3 – stattfand, waren einerseits die Stabilisierung der römisch-katholischen Lehre gegenüber den Herausforderungen der Reformation (Texte a und b), andererseits die Reform der Kirche (Text c). Mit dem Konzil konstituierte sich die römisch-katholische Kirche endgültig als moderne Partikularkirche neben den anderen Konfessionen.

1. Sessio IV: Schrift und Tradition (8. April 1546)

Das Heilige, Ökumenische und Allgemeine Konzil von Trient, im Heiligen Geist rechtmäßig versammelt, ... hält stets vor Augen, dass die Irrtümer entfernt und die Reinheit des Evangeliums (puritas ipsa Evangelii) in der Kirche bewahrt werde, das – einst durch die Propheten in den heiligen Schriften verheißen – unser Herr Jesus Christus, Gottes Sohn, zuerst mit eigenem Mund verkündigt (promulgavit) und dann durch seine Apostel als die Quelle aller Heilswahrheit und sittlichen Ordnung aller Kreatur zu predigen (Mk 16,15) verordnet hat. Das Konzil weiß genau, dass diese Wahrheit und Ordnung in geschriebenen Büchern und ungeschriebenen Überlieferungen (traditiones) enthalten sind, die von den Aposteln aus dem Munde Christi selbst empfangen, oder von den Aposteln – vom Heiligen Geist diktiert (Spiritu Sancto dictante) – gleichsam von Hand zu Hand weitergegeben bis auf uns gekommen sind. So folgt das heilige Konzil den Beispielen der rechtgläubigen Väter und übernimmt und verehrt alle Bücher sowohl des Alten wie des Neuen Testaments, da sie beide den einen Gott zum Urheber haben, als auch jene Überlieferungen über den Glauben wie über die Sitten, da sie entweder von Christus mündlich gesprochen, oder aber vom Heiligen Geist diktiert und in der ununterbrochenen Sukzession (continua successio) in der katholischen Kirche bewahrt worden sind, mit gleicher frommer Bereitschaft und Ehrfurcht...

(Anschließend wird der Kanon – einschließlich Tobias, Judith, Weisheit Salomos, Jesus Sirach, Baruch und Makkabäerbüchern – festgelegt und die Vulgata für authentisch erklärt.)

Außerdem beschließt das Konzil zur Bezähmung frecher Geister, dass niemand in Sachen des Glaubens und der Sitten, die zum Aufbau der christlichen Lehre gehören, im Vertrauen auf die eigene Klugheit die Heilige Schrift nach seinem Gutdünken sich zurechtbiegen und gegen den Sinn, an dem die heilige Mutter Kirche, der das Urteil über den wahren Sinn und die wahre Interpretation der Schrift zusteht, festgehalten hat und festhält, oder auch gegen den einstimmigen Konsens der Väter die Heilige Schrift zu interpretieren wagen soll, auch wenn solche Interpretationen niemals veröffentlicht werden sollten...

Quelle: DH 1501-1507 – *Literatur*: J.R. Geiselmann, Das Konzil von Trient über das Verhältnis der Heiligen Schrift und der nicht geschriebenen Traditionen, in: M. Schmaus (Hg.), Die mündliche Überlieferung, München 1957, 123-206; H. Smolinsky, Schrift und Lehramt. Weichenstellungen in der römisch-katholischen Kirche des 16. Jahrhunderts, in: Th. Schneider/ W. Pannenberg (Hg.), Verbindliches Zeugnis. Bd. 3: Schriftverständnis und Schriftgebrauch, Freiburg/ Göttingen 1998 (Dialog der Kirchen 10), 204-220; s. auch bei Text 3.

2. Sessio VI: Dekret über die Rechtfertigung (13. Januar 1547)

Kap. 1: Das Unvermögen (imbecillitas) der Natur und des Gesetzes zur Rechtfertigung der Menschen
Zuerst erklärt das heilige Konzil, dass es zum guten und rechten Verständnis der Rechtfertigungslehre notwendig ist, dass jeder erkennt und bekennt, dass alle Menschen – da sie in der Übertretung Adams die Unschuld verloren haben (Röm 5,12ff.) – unrein und, wie der Apostel sagt (Eph 2,3), der Natur nach Kinder des Zornes geworden sind. Wie im Dekret von der Erbsünde (de peccato originali) dargelegt[3], waren sie so sehr unter der Sünde versklavt und der Macht des Teufels und des Todes untertan, dass nicht nur die Heiden durch die Kraft der Natur, sondern nicht einmal die Juden durch den Buchstaben des Gesetzes des Moses, sich daraus befreien oder erheben konnten, obwohl in ihnen der freie Wille (liberum arbitrium) keineswegs ausgelöscht war, wenn auch in seinen Kräften geschwächt und beeinträchtigt...

Kap. 3: Wer durch Christus gerechtfertigt wird
Wenn er auch »für alle gestorben ist« (2 Kor 5,15), empfangen doch nicht alle die Wohltat seines Todes, sondern nur die, denen das Verdienst seines Leidens zugeteilt wird (communicatur). Denn wie in der Tat die Menschen nicht als Ungerechte geboren würden, wenn sie nicht durch die Fortpflanzung aus dem Samen Adams geboren würden – durch diese Abstammung ziehen sie nämlich in der Empfängnis die eigene Ungerechtigkeit auf sich –, so würden sie auch nie gerechtfertigt, wenn sie nicht in Christus wiedergeboren würden, weil durch diese Wiedergeburt kraft des Verdienstes seines Leidens ihnen die Gnade gewährt wird, durch die sie gerecht wer-

den. Für diese Wohltat sollen wir nach der Mahnung des Apostels stets dem Vater Dank sagen, »der uns gewürdigt hat, an dem Erbe der Heiligen im Licht teilzunehmen, und uns errettet hat von der Macht der Finsternis und uns versetzt hat in das Reich seines geliebten Sohnes, in dem wir die Erlösung und die Vergebung der Sünden haben« (Kol 1,12-14).

Kap.: 4: Die Rechtfertigung des gottlosen Menschen und ihre Art und Weise in der Gnadenordnung
Mit diesen Worten wird die Rechtfertigung des gottlosen Menschen (iustificatio impii) beschrieben: Sie ist die Überführung vom Stand, in dem der Mensch als Kind des ersten Adam geboren wird, in den Stand der Gnade und der Annahme zur Gotteskindschaft durch den zweiten Adam, Jesus Christus, unsern Heiland. Diese Überführung kann seit der Verkündigung des Evangeliums ohne das Bad der Wiedergeburt oder das Verlangen danach nicht geschehen, wie geschrieben steht: »Wenn jemand nicht wiedergeboren wird aus dem Wasser und dem Heiligen Geist, kann er nicht eingehen in das Reich Gottes« (Joh 3,5).

Kap. 5: Die Notwendigkeit der Vorbereitung zur Rechtfertigung bei den Erwachsenen und ihr Ursprung
Außerdem erklärt das Konzil: Diese Rechtfertigung hat bei den Erwachsenen von der durch Jesus Christus zuvorkommenden Gnade Gottes (a Dei per Christum Iesum praeveniente gratia) ihren Anfang zu nehmen, d.h. von seinem Ruf, womit sie ohne jegliche vorliegende Verdienste (nullis eorum exsistentibus meritis) gerufen werden; so werden sie, die durch Sünden von Gott abgewandt waren, durch seine weckende und helfende Gnade (per eius excitantem atque adiuvantem gratiam) in freier Zustimmung zu dieser Gnade und freier Mitwirkung mit ihr disponiert, sich ihrer eigenen Rechtfertigung zuzuwenden, und zwar so: Wenn Gott durch die Erleuchtung des Heiligen Geistes das Herz des Menschen berührt, tut der Mensch selbst einerseits nicht überhaupt nichts, indem er jene Eingebung aufnimmt; denn er kann sie ja auch verwerfen. Andererseits könnte er jedoch ohne die Gnade Gottes sich nicht durch seinen freien Willen zur Gerechtigkeit vor Gott bewegen. Wenn daher in der Heiligen Schrift gesagt wird: »Kehrt euch zu mir, so will ich mich zu euch kehren« (Sach 1,3), werden wir an unsere Freiheit gemahnt; und indem wir antworten: »Wende uns, Herr, zu dir, so werden wir uns umkehren« (Klgl 5,21 Vg.), bekennen wir, dass uns Gottes Gnade zuvorkommt.

Kap. 6: Die Weise der Vorbereitung
Disponiert werden sie zu dieser Gerechtigkeit dadurch, dass sie, geweckt und unterstützt durch die göttliche Gnade, den Glauben aus dem Hören (fides ex auditu) aufnehmen (Röm 10,17) und so frei zu Gott bewegt werden, gläubig für wahr haltend, was göttlich geoffenbart und verheißen ist, und vor allem, dass der Gottlose (impius) von Gott durch seine Gnade gerechtfertigt wird, »durch die Erlösung, die da ist in Jesus Christus« (Röm 3,24); und dadurch, dass sie in ihrer Selbsterkenntnis als Sünder aus Furcht vor der göttlichen Gerechtigkeit, von der sie heilsam erschüttert werden, sich zur Betrachtung der Barmherzigkeit Gottes wenden und zur Hoffnung aufgerichtet werden, im Vertrauen, Gott werde ihnen um Christi willen gnädig sein, und ihn als Quelle aller Gerechtigkeit zu lieben anfangen und deshalb gegen die Sünden in einer Art Hass und Abscheu bewegt werden, d.h. durch diejenige Buße, die man vor der Taufe tun muss; schließlich dadurch, dass sie sich vornehmen, die Taufe zu empfangen, ein neues Leben anzufangen und die göttlichen Gebote zu halten...

Kap. 7: Das Wesen der Rechtfertigung des Gottlosen und ihre Ursachen

Auf diese Bereitung (dispositio) oder Vorbereitung (praeparatio) folgt die Rechtfertigung selbst. Sie ist nicht bloß Nachlass der Sünden, sondern auch die Heiligung und die Erneuerung des inneren Menschen durch die freiwillige Annahme der Gnade und Gaben, wodurch der Mensch aus einem Ungerechten zu einem Gerechten und aus einem Feind zu einem Freund wird, so dass er Erbe des ewigen Lebens gemäß der Hoffnung ist (Tit 3,7). Die Ursachen dieser Rechtfertigung sind: Die Zielursache (finalis): die Ehre Gottes und Christi sowie das ewige Leben; die Wirkursache (efficiens): der barmherzige Gott, der umsonst (gratuito) abwäscht und heiligt, indem er »mit dem verheißenen Heiligen Geist versiegelt« und salbt, »der das Unterpfand unseres Erbes ist« (Eph 1,13f.); die Verdienstursache (meritoria) aber: sein geliebter eingeborener Sohn, unser Herr Jesus Christus, der, »als wir Feinde waren« (Röm 5,10), »um seiner übergroßen Liebe willen, mit der er uns liebte«, durch sein überaus heiliges Leiden am Holz des Kreuzes die Rechtfertigung verdient und für uns Gott, dem Vater, genuggetan hat; ferner die Instrumentalursache (instrumentalis): das Sakrament der Taufe, das das Sakrament des Glaubens ist, ohne den niemand die Rechtfertigung empfangen kann. Die einzige Wesen gebende Ursache (formalis causa) schließlich ist die Gerechtigkeit Gottes, nicht die, durch die er selbst gerecht ist, sondern die, durch die er uns gerecht macht, mit der nämlich wir beschenkt und so im Geist unseres Gemüts erneuert (Eph 4,23) werden und nicht bloß als gerecht angesehen werden, sondern wirklich gerecht genannt werden und sind (non modo reputamur, sed vere iusti nominamur et sumus), die wir in uns empfangen, jeder die seine, nach dem Maß, das der Heilige Geist den Einzelnen zuteilt, wie er will (1 Kor 12,11), und entsprechend der eigenen Bereitung und Mitwirkung eines jeden.

Denn obwohl niemand gerecht sein kann, dem nicht die Verdienste des Leidens unseres Herrn Jesu Christi mitgeteilt werden, geschieht das in dieser Rechtfertigung des Gottlosen dadurch, dass durch das Verdienst seines heiligsten Leidens die Liebe Gottes durch den Heiligen Geist in die Herzen derer, die gerechtfertigt werden, ausgegossen wird (Röm 5,5) und ihnen anhaftet (inhaeret). Daher empfängt der Mensch in der Rechtfertigung mit der Vergebung der Sünden zugleich dies alles eingegossen durch Jesus Christus, dem er eingepflanzt wird: Glaube, Liebe und Hoffnung.

Denn der Glaube eint weder vollkommen mit Christus, noch macht er zum lebendigen Glied seines Leibes, wenn nicht die Hoffnung dazutritt und die Liebe. Aus diesem Grund wird vollkommen der Wahrheit gemäß (verissime) gesagt, dass der Glaube ohne die Werke tot (Jak 2,17) und müßig sei, und dass in Christus Jesus weder Beschneidung noch Unbeschnittensein etwas gelte, sondern der Glaube, der durch die Liebe tätig ist (Gal 5,6). Diesen Glauben erbitten die Täuflinge gemäß der apostolischen Überlieferung vor dem Taufsakrament von der Kirche, wenn sie um den Glauben bitten, der das ewige Leben verleiht; das kann der Glaube ohne die Hoffnung und die Liebe nicht verleihen. Deshalb vernehmen sie auch sogleich das Wort Christi: »Willst du zum Leben eingehen, so halte die Gebote« (Mt 19,17). Wenn so die Wiedergeborenen die wahre und christliche Gerechtigkeit empfangen, wird ihnen geboten, sie gleichsam als das Festkleid (Lk 15,22), das ihnen durch Christus Jesus statt des durch Adams Ungehorsam ihm und uns verlorenen geschenkt wurde, weiß und makellos zu bewahren, um es vor den Richterstuhl unseres Herrn Jesus Christus hinzutragen und das ewige Leben zu haben.

Kap. 8: Wie es zu verstehen ist, dass der Gottlose durch den Glauben und ohne Verdienst (gratis) gerechtfertigt wird

Wenn nun der Apostel sagt, der Mensch werde »durch den Glauben« und »ohne Verdienst« (Röm 3,22.24) gerechtfertigt, so sind diese Worte in dem Sinn zu verstehen, den die katholische Kirche immer einmütig festgehalten und erklärt hat. Nämlich: Deshalb wird gesagt, wir werden durch den Glauben gerechtfertigt, weil der Glaube Anfang (initium) des Heils des Menschen ist, Fundament und Wurzel jeder Rechtfertigung, und es ohne ihn unmöglich ist, Gott zu gefallen (Hebr 11,6) und zur Gemeinschaft seiner Kinder zu gelangen; und deshalb wird gesagt, wir werden ohne Verdienst gerechtfertigt, weil nichts von dem, was der Rechtfertigung vorausgeht, sei es Glaube, seien es Werke, die Gnade der Rechtfertigung in vollem Sinne verdient (ipsam iustificationis gratiam promeretur), wenn es aber Gnade ist, ist es nun nicht aus den Werken, sonst wäre (wie der gleiche Apostel sagt) die Gnade nicht Gnade (Röm 11,6)...

Kap. 10: Das Wachstum der empfangenen Rechtfertigung
Auf diese Weise also gerechtfertigt und Gottes Freunde und Hausgenossen geworden (Eph 2,19), werden sie, von Tugend zu Tugend fortschreitend (Ps 83,8 Vg.), wie der Apostel sagt, »von Tag zu Tag erneuert« (2 Kor 4,16), indem sie nämlich die Glieder ihres Fleisches abtöten (Kol 3,5) und sie als Waffen der Gerechtigkeit darbieten zur Heiligung (Röm 6,13. 19) durch Beobachtung der Gebote Gottes und der Kirche. Gerade in der Gerechtigkeit, die sie durch Christi Gnade empfangen haben, wachsen sie, indem der Glaube mit den guten Werken zusammenwirkt, und werden mehr gerechtfertigt, wie geschrieben steht: »Wer gerecht ist, soll noch weiter gerechtfertigt werden« (Offb 22,11 Vg.), auch: »Scheue nicht, gerechtfertigt zu werden, bis in den Tod« (Sir 18,22), und wiederum: »Ihr seht, dass der Mensch durch Werke gerecht wird, nicht durch Glauben allein« (Jak 2,24). Um dieses Wachstum der Gerechtigkeit bittet die heilige Kirche, wenn sie betet: »Mehre uns, o Herr, Glaube, Hoffnung und Liebe«[4].

Kap. 11: Die Einhaltung der Gebote, ihre Notwendigkeit und Möglichkeit
Keiner aber, mag er auch noch so sehr gerechtfertigt sein, darf sich von der Einhaltung der Gebote frei glauben; keiner darf das verwegene, von den Vätern mit dem Bann belegte (sub anathema prohibitus) Wort gebrauchen: Gottes Gebote seien vom gerechtfertigten Menschen unmöglich einzuhalten. Denn »Gott gebietet nichts Unmögliches; sondern, wenn er gebietet, ermahnt er, zu tun, was du kannst, und zugleich, zu erbitten, was du nicht kannst«[5], und hilft, dass du kannst. Und »seine Gebote sind nicht schwer« (1 Joh 5,3), sein Joch ist sanft und seine Last leicht (Mt 11,30). Denn, die Kinder Gottes sind, lieben Christus; wer aber ihn liebt, hält seine Worte, wie er selbst bezeugt (Joh 14,23). Das können sie durchaus mit göttlicher Hilfe tun. Denn wenn sie auch in diesem sterblichen Leben, mögen sie noch so heilig und gerecht sein, zuweilen wenigstens in leichte und alltägliche, auch »lässliche Sünden« (venialia ... peccata) genannte Sünden fallen, so hören sie deshalb nicht auf, gerecht zu sein. Denn das ist die demütige und wahrhaftige Stimme der Gerechten: »Vergib uns unsre Schuld« (Mt 6,12). So kommt es, dass sich gerade die Gerechten umso mehr verpflichtet fühlen müssen, auf dem Weg der Gerechtigkeit zu wandeln, weil sie, bereits »von der Sünde befreit und Gottes Knechte geworden« (Röm 6,22), durch nüchternes, gerechtes und frommes Leben (Tit 2,12) fortschreiten können durch Christus Jesus, durch den sie Zugang erhalten haben zu dieser Gnade (Röm 5,2). Gott verlässt wahrlich die durch seine Gnade einmal Gerechtfertigten nicht, wenn er nicht vorher von ihnen verlassen wird[6].
So darf sich also keiner mit dem Glauben allein (in sola fide) schmeicheln in der Meinung, durch den Glauben allein sei er zum Erben bestellt und werde die Erbschaft erlangen, auch wenn er nicht mit Christus leide, um auch (mit ihm) verherrlicht zu werden (Röm 8,17). Denn auch Christus selbst hat, wie der Apostel sagt, »obwohl er

Gottes Sohn war, doch an dem, was er litt, Gehorsam gelernt, und da er vollendet war, ist er geworden allen, die ihm gehorsam sind, der Urheber ihres ewigen Heils« (Hebr 5,8)...

Kap. 14: Die in die Sünde Gefallenen und ihre Wiederherstellung
Die aber von der empfangenen Rechtfertigungsgnade durch die Sünde herabgefallen sind, können aufs Neue gerechtfertigt werden, wenn sie durch Gottes Anregung dafür Sorge tragen, durch das Bußsakrament aufgrund des Verdienstes Christi die verlorene Gnade wieder zu erlangen. Diese Weise der Rechtfertigung ist nämlich die Wiederaufrichtung der Gefallenen, die die heiligen Väter zutreffend »die zweite Rettungsplanke nach dem Schiffbruch der verlorenen Gnade« (secunda post naufragium deperditae gratiae tabula) nannten[7]. Denn für die, die nach der Taufe in Sünde fallen, hat Christus Jesus das Sakrament der Buße eingesetzt, indem er sagte: »Empfangt den Heiligen Geist: Denen ihr die Sünden nachlasst, denen sind sie nachgelassen, und denen ihr sie behaltet, denen sind sie behalten« (Joh 20,22f.). Daher muss gelehrt werden, dass die Buße des Christen nach dem Fall ganz anders ist als bei der Taufe, und dass sie nicht nur die Lossagung von den Sünden und den Abscheu vor ihnen in sich begreift oder »ein zerknirschtes und gedemütigtes Herz« (Ps 51,19), sondern auch ihr sakramentales Bekenntnis, wenigstens den Vorsatz, es bei gegebener Gelegenheit abzulegen, sowie die priesterliche Absolution. Ebenso die Genugtuung durch Fasten, Almosen, Gebete und andere fromme Übungen des geistlichen Lebens, zwar nicht an Stelle der ewigen Strafe, die durch das Sakrament oder durch den Vorsatz zum Sakramentenempfang zugleich mit der Schuld erlassen wird, sondern an Stelle der zeitlichen Strafe, die, wie die Schrift lehrt, nicht immer ganz, wie es in der Taufe geschieht, denen erlassen wird, die im Undank gegen die empfangene Gnade Gottes den Heiligen Geist betrübt (Eph 4,30) und sich nicht gescheut haben, den Tempel Gottes zu entweihen (1 Kor 3,17). Von dieser Buße steht geschrieben: »Gedenke, wovon du gefallen bist, und tue Buße und tue die ersten Werke« (Offb 2,5); und wiederum: »die gottgefällige Trauer wirkt die Buße zum festen Heil« (2 Kor 7,10 Vg.); und weiter: »tut Buße« (Mt 3,2; 4,17) und: »Bringt würdige Früchte der Buße« (Mt 3,8).

Kap. 15: Durch jede Todsünde wird die Gnade verloren, nicht aber der Glaube
Auch gegen den schlauen Erfindungsgeist (callida ingenia) gewisser Leute, die »durch süße Worte und fromme Reden die Herzen der Arglosen verführen« (Röm 16,18), muss geltend gemacht werden, dass nicht nur durch den Unglauben, durch den auch der Glaube selbst verloren geht, sondern auch durch jede andere Todsünde die empfangene Rechtfertigungsgnade verloren geht, wenn auch der Glaube nicht verloren wird. Dadurch wird die Lehre des göttlichen Gesetzes geschützt, die vom Reich Gottes nicht nur die Ungläubigen ausschließt, sondern ebenso auch die Gläubigen, die Unzüchtige, Ehebrecher, Lüstlinge, Knabenschänder, Diebe, Habsüchtige, Trinker, Lästerer oder Räuber (1 Kor 6,9f.) sind, und alle anderen, die Todsünden begehen, von denen sie sich mit Hilfe der göttlichen Gnade enthalten können und derentwegen sie von der Gnade Christi getrennt werden.

Kap. 16: Die Frucht der Rechtfertigung, d.h. das Verdienst der guten Werke, und wie es mit diesem Verdienst steht
Aus diesem Grunde müssen also allen gerechtfertigten Menschen, ob sie nun die empfangene Gnade stets bewahrt oder sie verloren und wieder erlangt haben, die Apostelworte verkündet werden: Seid immer überreich in allen guten Werken, »im Wissen, dass eure Arbeit nicht vergeblich ist in dem Herrn« (1 Kor 15,58); »denn Gott ist nicht ungerecht, dass er vergäße eure Werke und die Liebe, die ihr in seinem

Namen erzeigt habt« (Hebr 6,10); und »verliert nicht eure Zuversicht, die hohen Lohn bringt« (Hebr 10,35). So ist also denen, die »bis zum Ende« (Mt 10,22; 24,13) gut handeln und auf Gott hoffen, das ewige Leben in Aussicht zu stellen, zugleich als Gnade, die den Kindern Gottes durch Christus Jesus erbarmungsvoll verheißen ist, und als Lohn, der gemäß der Verheißung Gottes selbst für ihre guten Werke und Verdienste getreu erstattet wird. Denn das ist jene Krone der Gerechtigkeit, von der der Apostel sagt, nach seinem Streit und Lauf liege sie für ihn bereit, um ihm vom gerechten Richter übergeben zu werden: aber nicht ihm allein, sondern auch allen, »die seine Ankunft lieben« (2 Tim 4,7f.). Christus Jesus selbst lässt nämlich unaufhörlich in die Gerechtfertigten seine Kraft einströmen, als Haupt in die Glieder (Eph 4,15) und als Weinstock in die Reben (Joh 15,5); diese Kraft geht stets ihren guten Werken voraus, begleitet sie und folgt ihnen nach, und ohne sie könnten sie in keiner Weise Gott genehm und verdienstlich sein. Deshalb ist zu glauben, es fehle den Gerechtfertigten nichts mehr daran, dass sie dafür gehalten werden, durch die Werke, die in Gott getan sind, für den Stand dieses Lebens ganz und gar dem göttlichen Gesetz genuggetan und (wenn sie in der Gnade sterben) das ewige Leben zu seiner Zeit zu erreichen wirklich verdient zu haben, da Christus unser Erlöser sagt: »Wenn jemand aus dem Wasser trinkt, das ich ihm geben werde, wird er in Ewigkeit nicht dürsten, sondern es wird in ihm zur Quelle des Wassers werden, das in das ewige Leben quillt« (Joh 4,14).

Also wird weder unsere eigene Gerechtigkeit für etwas gehalten, was uns aus uns heraus eigen (ex nobis propria) wäre, noch die Gerechtigkeit Gottes verkannt und verworfen; die Gerechtigkeit nämlich, die unsere Gerechtigkeit genannt wird, weil wir durch sie als die uns anhaftende (inhaerens) gerechtfertigt werden, ist zugleich Gottes Gerechtigkeit (eadem Dei est), weil sie von Gott uns eingegossen wird durch das Verdienst Christi.

Auch dies ist nicht außer Acht zu lassen: Obwohl in der Heiligen Schrift den guten Werken so viel zugeschrieben wird, dass Christus verspricht, auch dem, der einem seiner Geringsten einen Trunk kühlen Wassers reiche, werde sein Lohn nicht fehlen (Mt 10,42), und der Apostel bezeugt, was im gegenwärtigen Leben zeitliche und leichte Trübsal sei, schaffe uns über die Maßen erhaben ein ewiges Gewicht an Herrlichkeit (2 Kor 4,17), sei es doch ferne, dass ein Christenmensch auf sich selbst vertraut oder stolz ist und nicht auf den Herrn (1 Kor 1,31; 2 Kor 10,17), dessen Güte gegen alle Menschen so groß ist, dass er das ihr Verdienst sein lassen will, was sein Geschenk ist.

Und weil »wir alle in Vielem fehlen« (Joh 3,2), muss jeder wie Barmherzigkeit und Güte, so auch Strenge und Gericht vor Augen haben, und darf auch nicht sich selbst richten, auch wenn er sich keiner Schuld bewusst ist, da kein Menschenleben durch menschliches Urteil zu prüfen und zu richten ist, sondern durch das Urteil Gottes, »der hineinleuchten wird ins Verborgene der Dunkelheit, und offenbar macht die Gedanken der Herzen, und dann wird einem jeden sein Lob von Gott zuteil werden« (1 Kor 4,4f.), der, wie geschrieben steht, einem jeden nach seinen Werken vergelten wird (Röm 2,6).

Quelle: DH 1521.1523-1526.1528-1532.1535-1538.1542-1549. – *Literatur*: H. Rückert, Die Rechtfertigungslehre auf dem Tridentinischen Konzil, Bonn 1925 (AKG 3); J. F. McCue, Double Justification at the Council of Trient, in: C. Lindberg (Hg.), Piety, Politics and Ethics. FS George Wolfgang Forell, Kirksville, Mo. 1984, 39-56; H. Jorissen, »Einig in der Rechtfertigungslehre?« Das Verständnis der Rechtfertigung im Konzil von Trient und bei Martin Luther, in: M. Beintker (Hg.), Rechtfertigung und Erfahrung. FS Gerhard Sauter, Gütersloh 1995, 81-103, sowie bei Text 3.

3. Umstrittene Kirchenreform: Das Tagebuch des Gabriel Paleotti[8]

(Nach der Abstimmung über die Residenzpflicht der Bischöfe [20. April 1562][9]:) Alles, was heute geschehen ist, kam für die allermeisten unerwartet. Deshalb hat es erheblichen Verdacht erregt und einigen zu entsprechenden Unterstellungen Anlass gegeben.
Der Bischof von Paris sagte, er frage sich, was für ein Konzil dies eigentlich sei, und er bereue jetzt sein Kommen. Es herrschte allgemeine Unruhe, denn das Konzil schien nicht frei zu sein, da sich viele Prälaten in den Willen des Papstes ergaben. Andere dagegen waren unwillig darüber, dass man den Lutheranern Anlass gab, zu behaupten, auf diesem Konzil geschehe alles nach Willen des Papstes, während er doch will, dass das Konzil frei ist, und noch vor Kurzem einen Brief zu dieser Frage geschrieben hat, in dem er den Konzilsvätern freistellte, entsprechend ihrer Auffassung selbst zu definieren, ob die Residenzpflicht im göttlichen Recht begründet sei.
Auch die Legaten selbst schienen untereinander uneinig zu sein, und das erhöhte bei manchen den Argwohn. Ich habe am folgenden Tage einige gesehen, die sehr niedergeschlagen waren und über die völlige Verwirrung sogar weinten. Viele gaben den Legaten die Schuld, die klüger hätten vorgehen können. Diese verteidigten sich damit, dass sie die Stimmen der Konzilsväter klar werden lassen wollten; ihnen wurde entgegengehalten, dass sie es auf den folgenden Tag hätten aufschieben und so den Vätern Zeit zum Überlegen hätten geben können...

(Zur Frage der Almosen und Ablässe [21.-24. April 1562]:) Da sich der letzte der Reformvorschläge auf die sogenannten Almosensammler (quaestores eleemosinarii) bezog, fingen viele an, diese heftig anzugreifen. Sie hätten nicht nur damals als erste zu Luthers Seuche Anlass gegeben, sondern auch heute stünden solche Leute wegen ihrer Betrügereien bei allen in schlechtem Ruf; deshalb müsse man ihr Geschäft und ihren Namen aus der Christenheit völlig verbannen. Dabei wurden allerdings auch Stimmen laut, die darauf hinwiesen, dass die Tätigkeit der Almosensammler in der Kirche schon sehr alt sei und dass sie bereits auf dem Laterankonzil[10] sowie auf den Konzilien von Lyon[11] und Vienne[12] genehmigt worden sei, obwohl Missbräuche, die sich bei der Ausübung eingeschlichen hatten, allerdings verschiedentlich verurteilt worden seien. Deshalb könne man viele Hospitäler und andere fromme Stätten mit den von ihnen gesammelten Almosen unterhalten. Außerdem könne der Heilige Vater dem christlichen Volk durch die Almosensammler Ablass und geistliche Gaben zuteil werden lassen und so dem Gewissen vieler Leute helfen, besonderes wenn sie wegen der Entfernung nicht leicht selbst zum Heiligen Vater gehen können. Deshalb dürfe man diese Schätze der Kirche (ecclesiae thesauri) jetzt nicht unterdrücken, sondern müsse vielmehr die Sammler zurechtweisen, wenn es bei ihrer Tätigkeit zu Betrügereien komme, und müsse ihnen für die zukünftige Ausübung dieser Tätigkeit feste Richtlinien geben, damit es allen klar werde, dass dieses Amt nicht für den Gelderwerb, sondern für die Frömmigkeit gestiftet sei. Diese Gründe zählten bei einigen. Da aber die anderen weit zahlreicher waren und da schließlich – wie wir unten berichten wollen – durch eine zuverlässige Nachricht bekannt wurde, dass diese Meinung mit der Zustimmung des Heiligen Vaters rechnen könne, fasste das Konzil mit großer Einmütigkeit (conspiratio) den Beschluss, die Almosensammler abzuschaffen.

Quelle: CT III, Diaria 3,1, Freiburg u.a. 1931, 319, 1-13.19-35 – *Literatur*: G. Fahrnberger, Bischofsamt und Priestertum in den Diskussionen des Konzils von Trient, in: Cath (M) 30 (1976) 119-152; H. Jedin, Das Konzil von Trient. Ein Überblick über die Erforschung seiner Geschichte, Röm 1948; ders., Geschichte des Konzils von Trient. 4 Bde., Freiburg i. Br. 1949-

1975; R. Bäumer, Concilium Tridentinum, Darmstadt 1979 (WdF 313); G. Müller, Art. Tridentinum, in: TRE 34, 2002, 62-74.

d) Katholische Reform und Gegenreformation im Reich

Der Passauer Vertrag von 1552 und der Augsburger Religionsfrieden bedeuteten mit ihrer Anerkennung der rechtlichen Stellung des Protestantismus und der Bindung der Konfession eines Territoriums an das Bekenntnis seines Regenten für viele Territorien mit römisch-katholischen Oberherren, dass zunächst einmal die evangelische Bewegung im eigenen Land zurückgedrängt werden musste. Maßgeblich hierfür wurde der von Ignatius von Loyola gegründete Jesuitenorden, der sowohl in der Abgrenzung vom Protestantismus als auch im Aufbau eines funktionierenden Gemeindelebens Entscheidendes zur Errichtung einer römisch-katholischen Konfessionskultur in Deutschland geleistet hat.

1. Brief von Ignatius von Loyola an Petrus Canisius (13. August 1554).

Ignatius, der bei der Gründung des Jesuitenordens die negative Abgrenzung zur reformatorischen Bewegung noch gar nicht im Blick gehabt hatte, sah die Entwicklung in Deutschland mit Sorge. Aus Rom schrieb er an Petrus Canisius (1521-1597), der, 1549 als achtes Mitglied in die Societas Jesu aufgenommen, eine der zentralen Gestalten beim Aufbau der römisch-katholischen Kirche und Frömmigkeit in Deutschland wurde. 1549 war er Professor in Ingolstadt, 1552-1556 in Wien, dann bis 1569 Ordensprovinzial der Jesuiten für Deutschland.

Die Wünsche, die Euer Ehrwürden in den Briefen vom 7. und 17. Juli in frommer Besorgnis geäußert hat, haben wir gut verstanden: Wir sollen schreiben, was unserer Ansicht nach am meisten dazu dienen kann, die königlichen Gebiete[13] im katholischen Glauben zu erhalten bzw. den Glauben in den Gebieten, wo er zusammengebrochen ist, wieder herzustellen und dort, wo er ins Wanken geraten ist, zu stützen...

Zunächst dürfte es zweifellos das wirksamste und wichtigste aller den Menschen zu Gebote stehenden Heilmittel sein, wenn die königliche Majestät sich nicht nur (wie schon immer) als katholisch, sondern auch als scharfer, unerbittlicher Gegner der Ketzereien bekennt und allen Irrtümern der Ketzer offen und nicht nur insgeheim den Krieg erklärt. Daraus würde dann als zweitwichtigste Maßnahme folgen, dass die königliche Majestät in ihrem Kronrat (consilium suum Regium) keine Ketzer duldet und überhaupt nichts auf solche Menschen gibt, von denen man annehmen muss, dass ihre Ratschläge (consilia) offen oder insgeheim darauf abzielen, dass sie die verderbliche Ketzerei, mit der sie sich befleckt haben, fördern und begünstigen. Außerdem wäre es von größtem Nutzen, wenn man in der Verwaltung einer Provinz oder eines Ortes – besonders an höchster Stelle – wie in irgendwelchen Ämtern oder Ständen von Rang niemanden belassen würde, der von der Ketzerei befallen ist. Schließlich sollte deutlich und allen bekannt sein, dass niemand durch Ehrungen oder Besitz ausgezeichnet werden darf, sobald er einer verderblichen Ketzerei überführt oder dringend verdächtig ist, sondern dass ihm dann vielmehr beides entzogen wird. Und wenn man einige Male durch Todesstrafe oder durch Konfiskation der Güter und Verbannung ein Exempel statuieren und damit deutlich machen würde, dass die Religionsfrage ernst genommen wird, so wäre dieses Heilmittel um so wirksamer. An der Universität in Wien und anderswo müssen unserer Meinung nach alle öffentlichen Professoren und auch jene, denen die Verwaltung obliegt, ihrer Ämter enthoben werden, wenn sie im Hinblick auf den katholischen Glauben keinen guten Ruf haben. Das Gleiche gilt von Rektoren, Leitern und Dozenten privater Kollegien; wer nämlich die Jugend zur Frömmigkeit erziehen soll, darf sie nicht verderben.

Alle ketzerischen Bücher, die bei einer sorgfältigen Fahndung im Besitz von Buchhändlern oder Privatleuten gefunden werden, sollten entweder verbrannt oder ins Ausland befördert werden. Ebenso sind nach unserer Meinung auch die Bücher von Ketzern, die selbst nicht ketzerisch sind, wie über Grammatik oder Rhetorik oder Dialektik, wegen der Ketzerei ihrer Verfasser gänzlich aus dem Verkehr zu ziehen. Denn es ist gefährlich, sie zu nennen und der Jugend zu empfehlen, da sich die Ketzer bei dieser durch solche Werke einschmeicheln, in denen Dinge zu lesen sind, die allerdings gelehrt sind und mit der ernsten Gefahr, um die es hier geht, wenig zu tun haben. Überhaupt wäre es von größtem Nutzen, wenn unter Androhung schwerer Strafen verboten würde, dass ein Verleger eines der besagten Bücher herausbringt, und wenn man in Kommentaren keine Anmerkungen eines Ketzers aufnimmt, die auch nur in einem Beispiel oder Wort an die gottlose Lehre erinnern oder mit dem Namen ihres ketzerischen Autors versehen sind...
Man darf keine Priester (curiones) und Beichtväter (confessarii) dulden, die im Ruf der Ketzerei stehen; und wenn sie überführt sind, dann sollte man ihnen sogleich alle kirchlichen Einkünfte entziehen...
Die Prediger und Anführer der Ketzer und überhaupt alle, die dabei ertappt werden, wie sie andere mit dieser Seuche infizieren, müssen schwer bestraft werden. Dabei sollte man überall öffentlich erklären, dass alle, die innerhalb eines Monats nach dieser Bekanntmachung wieder zur Einsicht kommen, vor beiden Gerichten mit einer gnädigen Amnestie (absolutio) rechnen können. Wer jedoch nach dieser Frist als Ketzer ergriffen wird, der soll ehrlos (infamis) sein und niemals ein Amt bekleiden (inhabilis ad omnes honores) dürfen. Es wäre vielleicht sogar noch ratsamer, wenn man bestimmte Leute mit Verbannung, Kerker oder unter Umständen auch mit dem Tod bestrafen könnte; aber von dieser Höchststrafe und von der Einrichtung der Inquisition will ich nicht sprechen, denn dies könnte Deutschland in seiner jetzigen Verfassung wohl nicht ertragen.

Quelle: QGPRK 1, 554f – *Literatur*: J. Brodrick, Petrus Canisius. 1521-1597. 2 Bde., Wien 1950; J. Oswald/ P. Rummel (Hg.), Petrus Canisius. Reformer der Kirche. Festschrift zum 400. Todestag des zweiten Apostels Deutschlands, Augsburg 1996; R. Berndt (Hg.), Petrus Canisius (1521-1597). Humanist und Europäer, Berlin 2000 (Erudiri sapientia 1); s. auch bei Text 4.

2. Richtlinien für die Reform der Dominikaner der oberdeutschen Ordensprovinz

Die alten Orden waren durch die Reformation in schwerste Bedrängnis geraten: Die im vierzehnten Jahrhundert vielfach durchgeführten Reformen hatten keineswegs als Bollwerk gegen die neuen Ideen ausgereicht, in den protestantisch gewordenen Territorien brach die Struktur vollständig zusammen. Bei der Restitution orientierten sich die Orden an der jesuitischen Linie der Rom-Treue, verbunden mit moralischen Besserungen und Bemühungen um wissenschaftliche Leistungsfähigkeit. Repräsentativ hierfür sind die Vorschläge für eine Ordensreform, die Friedrich Bartholomäus Klaindinst auf dem Provinzialkapitel der oberdeutschen Dominikaner 1558 in Hornbach vorlegte.

Dreierlei Weise, wie die Dominikaner ihre oberdeutsche Ordensprovinz leicht und wirksam reformieren (reformare) können:
Wenn ein Arzt die Behandlung eines Menschen übernimmt, so bemüht er sich zunächst, bevor er Heilmittel verordnet, mit größter Umsicht die Krankheit und die Beschwerden sowie ihre Ursachen und Gründe genauer kennen zu lernen. Noch weit sorgfältiger muss man das aber tun, wenn man daran denkt, die tödlichen Wunden der Seelen – für die ja der Sohn Gottes gestorben ist – zu heilen, d.h. eine Reformation

(reformatio) durchzuführen, und wenn man ernsthaft vorhat, das einst herrliche, jetzt aber zerfallene Gebäude unseres Ordens (religio nostra) dauerhaft wieder herzustellen...

Soweit ich sehe, sind von dem, was wir in unserer Provinz besonders zu beklagen haben, in erster Linie drei Missstände zu nennen: (1.) die geringe Zahl der Brüder. (2.) ihre Unwissenheit (inscitia) und schlechte Gesinnung (malitia) sowie – vorsichtig ausgedrückt – (3.) ihr unordentlicher Lebenswandel (dissolutio). Denn wenn wir viele gelehrte und untadelige Brüder hätten, so gäbe es gar nichts, was wir beklagen oder reformieren müssten...

Dass unsere Provinz nur so wenige Brüder hat, dafür scheint es mir fünfzehn wichtige Gründe zu geben:

1. Wenn die ganze Welt im Argen liegt (1 Joh 5,19) und in vielen die Liebe schon erkaltet ist und von Tag zu Tag noch mehr erkaltet (Mt 24,12), so dass sie ganz verloschen zu sein scheint, dann braucht man sich allerdings nicht darüber zu wundern, dass nur noch höchst wenige, ja, fast niemand mehr sich zum Ordensleben entschließt, zu dem allein die Glut und Leidenschaft der göttlichen Liebe begeistern kann...

Auch über die Frage, welches die wirksamsten Heilmittel sind, habe ich mit Gottes Hilfe viel nachgedacht...

Aus jedem Konvent sollen zunächst diejenigen ausgestoßen werden, die sich nicht bessern wollen (incorrigibiles) – wobei man freilich ohne Härte und barmherzig vorgehen muss, damit sie nicht noch mehr verdorben werden und dann selbst auch andere verderben. Sodann sollen für jedes Kloster zwei oder drei ordentliche (boni) und gründlich ausgebildete (solide docti) Väter aus Niederdeutschland, Italien, Frankreich oder Spanien berufen werden, die den wahren Eifer haben für Gott und den Orden. Wenn ich selbst dafür sorgen soll, so verspreche ich, dass ich solche Leute für die ganze Provinz in ausreichender Zahl finden werde. Auch wenn diese vielleicht die Landessprache nicht verstehen, so können sie doch für die ganze Provinz von großem Nutzen sein: Sie können Gottesdienst halten (celebrando), durch ihr Leben ein Beispiel geben, lehren, Novizen unterweisen, singen, den Brüdern in richtiger Weise die Beichte abnehmen – meiner Meinung nach der wichtigste Ansatzpunkt für die ganze Reform (totius reformationis principium) – und den Prioren und öffentlichen Beichtvätern (confessores) wichtige Ratschläge erteilen. Außerdem können sie den Predigern Hinweise geben, wie das Volk zu seinem Heil belehrt werden muss, und können bei der Visitation einzelner Klöster Brüder zurechtweisen, die die Regel übertreten haben.

Schließlich können sie auch die heiligen Exerzitien reformieren, die an vielen Stellen nicht mehr richtig durchgeführt werden, und vieles andere auf diesem Gebiet verbessern. Wenn es dann in jedem Konvent noch wenigstens zwei weitere Brüder gibt, von denen der eine Prior ist und der andere Prediger und Beichtvater der Weltleute, dann, glaube ich, wird die ganze Provinz in bester Ordnung, und das heißt: reformiert sein. Denn es wird nie mehr nötig sein, Brüder von außerhalb zu berufen, wenn die eben Erwähnten in der Lage sind, die aufzunehmenden Novizen mit sicherem Urteil auszuwählen, sie allezeit, besonders aber in den ersten Jahren, zu frommen und ernsten Betrachtungen (meditationes) anzuleiten und sie damit in das wahre geistliche (religiosus) Leben und die christliche Lehre so einzuführen, dass sie in ihnen später würdige Nachfolger haben.

Die Ausarbeitung von Richtlinien für eine ordnungsgemäße Durchführung dieser Vorschläge ist Aufgabe einer allgemeinen Versammlung; sie kann aber auch einem wahrhaft gelehrten, frommen und erfahrenen Mann übertragen werden. Falls erwünscht, würde dann auch ich gern bemüht sein, schriftlich oder mündlich mitzuteilen, was ich sechs Jahre lang von dem ehrwürdigen Vater Pedro de Soto gelernt[14] oder in Italien gesehen habe. So würden wir, hoffe ich, keineswegs fünf oder sechs Jahre brauchen; sondern die Väter aus den anderen Provinzen könnten mit allen Ehren wieder heimkehren...

Wenn aber auf der einen Seite die Söhne unserer Provinz den zahlreichen Klöstern zugleich nicht gerecht werden können und man auf der andren Seite Bedenken hat, Leute aus andren Provinzen herbeizuholen, dann gibt es nur noch die Möglichkeit, zunächst einen einzelnen Konvent neu zu ordnen (instituatur) und zu reformieren. Aus ihm könnten wir dann später die übrigen Konvente mit geeigneten Personen versorgen...

Ich bin ganz sicher, dass uns auch der Himmel beistehen wird, wenn wir uns, wie es sich gebührt, mit heiligem Eifer ans Werk machen. Auf ihn hoffe und vertraue ich in allem, und deshalb bitte und beschwöre ich euch bei der herzlichen Liebe Jesu Christi, dass ihr diese Ratschläge annehmt; denn die Liebe zu euch war ihr Beweggrund. Wenn ihr sie aber nicht annehmt, dann bitte nur deshalb, weil die Ratschläge anderer noch besser sind. Nur so werdet ihr der Aufgabe gerecht, zu der ihr hier zusammengekommen seid im Namen unseres Herrn Jesus Christus, der mit Gott dem Vater in der Einheit des Heiligen Geistes lebt und regiert, hochgelobt in Ewigkeit. Amen. Amen. Amen.

Quelle: Vier Documente aus römischen Archiven. Ein Beitrag zur Geschichte des Protestantismus vor, während und nach der Reformation, Leipzig 1843, 69.71f.83.87-90 – *Literatur*: K.-B. Springer, Die deutschen Dominikaner in Widerstand und Anpassung während der Reformationszeit, Berlin 1999 (Quellen und Forschungen zur Geschichte des Dominikanerordens. N.F. 8).

3. Petrus Canisius, Katechismus: »Kurzer Unterricht vom katholischen Glauben« (1560)

Martin Luther knüpfte mit seinem Katechismus an spätmittelalterliche literarische Formen an, schuf dabei aber so eindrückliche Texte, dass es schwer wurde, dem von katholischer Seite etwas entgegenzusetzen. Der erfolgreichste Versuch war der Katechismus des Petrus Canisius (s.o. Text 1), der sogar den »Catechismus Romanus« des Konzils von Trient an Popularität übertraf.

Vorrede an den christlichen Leser

Diese Zeit, die voller Sünden und Ärgernis ist, macht es in besonderer Weise erforderlich, dass wir Christen für uns selbst und die Unseren eifrig im Blick auf das, was unser Seelenheil angeht, sorgen, besonders in diesen gefährlichen, streitsüchtigen und verführerischen Verhältnissen. Denn christlicher Glaube und Frömmigkeit (andacht) nimmt, je länger, desto mehr, leider ab, die Liebe erkaltet, die Bosheit ist weit verbreitet und nimmt nach Christi Weissagung überall überhand (Mt 24,12). Nun findet man gleichwohl viele gedruckte Bücher und Büchlein, die so aussehen, als ob sie uns nichts anderes zeigten als den wahren und christlichen Weg, durch den wir und die Unseren in der Gottseligkeit wohl bewahrt und aller Sorge enthoben würden. Im Grunde aber erweist sich, dass größtenteils in solchen verbreiteten Büchlein nur Anschein und schöner Aufstrich der Wahrheit vorgelegt wird, sonst aber allerhand irrige, verführerische und schädliche Lehre hineingemengt ist, die doch durch den einfachen Mann nicht leicht bemerkt und verstanden wird. Daher soll jeder ernstlich ermahnt und bei seiner Seele Seligkeit gewarnt sein, dass er gut darauf achte, was er für Büchlein hat und liest, besonders bei Katechismen und Gebetbüchlein und dergleichen. Denn wie Sankt Johannes sagt: »Glaubt nicht jedem Geist« (1 Joh 4,1), so kann man wohl auch sagen: Glaubt nicht jedem Büchlein und Katechismus, da viele falsche Propheten und Schreiber in die Welt ausgegangen sind. Und obwohl es andere katholische Büchlein und Katechismen gibt, die die reine, unverfälschte christliche Lehre knapp zusammenfassen und vortragen, wird doch dieses Büchlein vielleicht nicht weniger Frucht bringen als diese, weil es ohne Weitschweifigkeit knapp und von Grund auf alle wichtigsten und notwendigsten Stücke benennt und vorstellt. Denn darin findest du, christlicher Leser, das Fundament und die Hauptartikel unserer wahren, christlichen, katholischen und seligmachenden Religion. Es hängt doch alles am Glauben, Hoffnung, Liebe, Sakramenten und Gerechtigkeit, wenn wir denn Gotteskinder und in Christus gerecht und selig werden wollen...

Ein allgemeiner christlicher Kalender
(Januar)
... Du sollst wissen, dass in den Januar kein gebotenes Fasten fällt. So besteht auch in vielen Bistümern nicht die Gewohnheit, am Vorabend von St. Pauli Bekehrung[15] zu fasten. Wisse einmal, dass jeder durch das ganze Jahr alle Wochen die Pflicht hat, sich am Freitag und Samstag des Fleischessens zu enthalten, es sei denn, der Christtag fällt auf Freitag oder Samstag. Das gilt nach guter, allgemeiner und beständiger Ordnung der christlichen Kirche, von der Christus spricht: »Wer nicht auf die Kirche hört, den sollst du als einen Heiden und Zöllner behandeln« (Mt 18,17).
(Februar)
... Beachte, dass jeweils das vierte Jahr ein Schaltjahr ist, und dann hat dieser Monat 29 Tage und das Fest St. Matthiae soll nicht wie in den anderen Jahren am 24., sondern am 25. Februar gehalten werden. Auch wenn dieses Fest Sankt Matthiae nicht in die Fastenzeit fallen sollte, ist man doch verpflichtet, am Vorabend oder am Vortrag (die Vigili) zu fasten. Was das vierzigtägige Fasten angeht, so soll jeder, gleich ob es nun im Februar oder im März anfängt, von Aschermittwoch bis Ostern täglich fasten und nur einmal am Tag maßvoll essen und sich vom Genuss von Fleisch und Eiern enthalten, ausgenommen die fünf Sonntage, an denen man zweimal Fastenspeise nehmen darf. Denn auch bei den alten Kirchenlehrern findest du zur Genüge, wie die alten Christen schon seinerzeit gefastet und sich mit einem strengen Bußleben auf das Osterfest vorbereitet haben, ungeachtet dessen, was der Erzketzer Aerius, der vor tausend Jahren verurteilt wurde, dagegen geschrieben hat[16]. Es ist auch zu beachten, dass die erste Quatember[17] des Jahres durchweg am Mittwoch, Freitag und Samstag nach dem ersten Fastensonntag gehalten wird; von solchen Quatembern gibt es vier im Jahr und zu ihnen gehören stets drei Fastentage.
(März)
... In diesen Monat fällt nur ein Feiertag, nämlich Verkündigung Mariä[18]; und wegen des Fastens bedarf es keiner besonderen Erinnerung, weil die vierzigtägige Fastenzeit immer im März gehalten wird.
(April)
... Beachte, dass St. Georg nicht in allen Bistümern oder überall am selben Tag gehalten wird[19]. Darum beachte ein jeder die Ordnung des Bistums, zu dem er gehört. Man muss auch wissen, dass der allerheiligste Ostertag, gleich ob er im April oder Mai liegt, zwei folgende österliche Feiertage haben soll. An Sankt Markus[20] hält man nach alter Kirchenordnung eine Prozession und die Litanei; entsprechend pflegt man sich nach althergebrachter Tradition der frommen Christen auch des Fleischessens zu enthalten.
(Mai)
... Wenn die Kreuzwoche[21] in den Mai oder früher oder später fällt, soll man die drei letzten Tage vor Christi Himmelfahrt nach dem Gebrauch der Kirche andächtig begehen und sich des Fleischessens enthalten, damit das allgemeine Gebet umso kräf-

tiger und Gott wohlgefälliger sei. Sonst gibt es kein gebotenes Fasten zwischen Ostern und Pfingsten, außer am Abend vor Pfingsten. Der folgende heilige Pfingsttag soll, gleich in welchen Monat er fällt, mit zwei folgenden Festtagen gefeiert werden. Ferner findet am Mittwoch nach Pfingsten ein gebotenes Fasten statt, wie auch am Freitag und Samstag derselben Woche, weil hier die Quatember stattfindet. Wisse ferner, dass alle Jahre der Fronleichnamstag feierlich und ehrbar gehalten werden soll am Donnerstag nach dem Sonntag der Heiligen Dreifaltigkeit[22].

(Juni)

... Wisse, am Vorabend von St. Johannis[23] soll man fasten, desgleichen auch am Vorabend von St. Peter und Paul[24], dem Fest der wichtigsten Apostel.

(Juli)

... Beachte, dass Mariä Heimsuchung[25] an vielen Orten kein gebotener Feiertag ist. Ferner gibt es im Juli einen Fasttag am Vorabend von St. Jakob dem Apostel (»zwölffpotten«)[26].

(August)

... In diesem Monat finden drei gebotene Fasttage statt, nämlich der Vorabend von St. Lorenz[27], der Vorabend von Himmelfahrt Mariä[28], der heiligsten Mutter Gottes, und der Vorabend des Apostels St. Bartholomäus[29].

(September)

... Beachte, dass die Erhöhung des heiligen Kreuzes[30] nicht überall gefeiert wird. Und dass man die Pflicht hat zu fasten am Vorabend von St. Matthäus dem Apostel[31], außerdem drei Tage in der Quatember, die im September nach St. Matthäi stattfindet.

(Oktober)

... In diesem Monat sind Fasten am Vorabend der Apostel Simon und Judas[32] und von Allerheiligen[33].

(November)

... Es ist zu wissen, dass man sich vormittags an Allerseelen[34] zum Gottesdienst aufmachen soll und mit der Kirche ein besonderes Gedächtnis der verstorbenen Christen und besonders der Seelen unserer Freunde und Wohltäter halten soll. Ferner bringt der November nur einen gebotenen Fastentag mit sich, nämlich den Vorabend des Apostels St. Andreas[35]; St. Katharina[36] wird allgemein gefeiert.

(Dezember)

... Beachte erstens, dass jeder die heilige Zeit des Advent mit Sorgfalt und Andacht halten und sich mit Andacht zum heiligen Christtag bereiten soll. Zum anderen wisse, dass die Quatember am Mittwoch, Freitag und Samstag nach St. Luciae[37] mit Fasten gehalten werden soll. Ferner hat man die Pflicht, an St. Thomas[38] und am Christabend zu fasten. Zum Dritten soll auch ein jeder in der Christwoche feiern St. Stephan[39] und St. Johann[40], ja, in vielen Bistümern wird auch der Tag der unschuldigen Kindlein[41] gefeiert...

Die Hauptartikel christlicher Religion

Das erste Kapitel: Von dem Glauben und den Glaubensartikeln

I. Wer ist ein christgläubiger und rechter katholischer Christ und soll so genannt werden?

Der, der die heilsame Lehre Jesu Christi, des wahren Gottes und Menschen, in seiner Kirche und Gemeinde bekennt und nicht irgendeiner Sekte, Spaltung oder irrigen Lehren anhängt, die gegen die allgemeine christliche Kirche sind.

II. Über welche Dinge soll man die Christen als Erstes belehren und unterweisen?
Über Glaube, Hoffnung, Liebe, über die Sakramente und die Stücke, die zur christlichen Gerechtigkeit gehören.
III. Was ist der Glaube?
Er ist eine Gabe Gottes und ein Licht, durch das der Mensch erleichtert wird und fest all das glaubt, das Gott der Herr als zu glauben offenbart hat, es sei in den heiligen Schriften enthalten oder nicht...

Das zweite Kapitel: Von der Hoffnung und dem Vaterunser
I. Was ist die Hoffnung?
Es ist eine Tugend, von Gott dem Menschen eingegossen, durch die man mit gewissem Vertrauen auf die Güter unseres Heils und des ewigen Lebens wartet und vertraut.
II. Woraus lernen wir, wie man recht hoffen und bitten soll?
Aus dem Gebet, das Christus unser Herr und Meister mit seinem heiligen Mund gelehrt und uns zu beten befohlen hat, das man das Vaterunser nennt...

Das dritte Kapitel: Von der Liebe und den Zehn Geboten
I. Was ist und heißt die Liebe?
Ein reines, vollkommenes und liebendes Gemüt, mit dem Gott um seiner selbst, der Nächste aber um Gottes willen geliebt wird.
II. Wieviel Gebote der Liebe gibt es?
Zwei hauptsächliche, die uns Gott der Herr mit diesen Worten zeigt: »Du sollst Gott deinen Herrn lieben aus deinem ganzen Herzen, aus deiner ganzen Seele, aus deinem ganzen Gemüt und aus all deinen Kräften. Das ist das erste und größte Gebot. Das andere aber ist dem gleich: Du sollst deinen Nächsten lieben wie dich selbst. An diesem zweiten Gebot hängt das Gesetz und die Propheten« (Mt 22,37-40)...

Das vierte Kapitel: Von den Sakramenten
I. Was ist und heißt ein Sakrament?
Es ist so viel wie ein äußeres, sichtbares Zeichen der göttlichen unsichtbaren Gnade, von Gott selbst eingesetzt, damit dadurch der Mensch Gottes Gnade und Heiligung empfange; so ist zum Beispiel, wenn ein Kind in der Taufe mit dem Wasser gewaschen wird, dies ein kräftiges, gewisses Zeichen, dass die Seele des Kindes innerlich abgewaschen, das heißt, von Sünden gereinigt und geheiligt werde.
II. Wieviel heilige Sakramente gibt es?
Sieben, nämlich: die Taufe, die Firmung, das Sakrament des Altars, die Buße, die letzte Ölung, der Orden oder Priesterweihe und der Ehestand; diese sieben Sakramente sind von Christus unserem Herrn eingesetzt, von den lieben Aposteln uns übergeben und in der katholischen Kirche stets gebraucht und erhalten geblieben und bis auf uns gekommen.

Das fünfte Kapitel: Von wahrer christlicher Gerechtigkeit
Was gehört zu wahrer christlicher Gerechtigkeit?
Ganz kurz zwei Stücke, die David in diesen Worten erfasst: »Fliehe«, du Gläubiger, «das Böse und tue Gutes« (Ps 33,15; 36,27). Das erste besteht in Erkenntnis und Vermeidung des Bösen oder der Sünden; das andre aber in dem, dass man nach dem Guten strebt und trachtet.

Quelle: S. Petri Canisii Catechismi Latini et Germanici, hg. v. F. Streicher, Rom 1936 (Societatis Iesu selecti scriptores 2,1,2: Catechismi Germanici) – *Literatur*: O. Braunsberger, Entstehung und erste Entwicklung der Katechismen des seligen Petrus Canisius aus der Gesellschaft Jesu, Freiburg 1893 (StML.E 57); vgl. Weiteres bei Nr. 1.

4. Denkschrift zur Strategie der Gegenreformation in Deutschland (vor 1622)

Von einem unbekannten Verfasser – möglicherweise Gaspar Scioppius (1576-1649) – wurde diese Denkschrift als Vorschlag an die Kurie gerichtet, wie die Zurückdrängung der Reformation möglich gemacht werden solle – sie ist auch ein Indiz für die weitreichenden Erfolge der Evangelischen in Deutschland.

2. In einigen Städten (Deutschlands) wird die katholische Religion noch ausgeübt (exercitium catholicum), auch wenn sie von der Ketzerei befallen sind; andere lassen sie gar nicht mehr zu. Dort, wo die Bürger teils katholisch und teils häretisch sind, können beide Gruppen ihre Religion öffentlich ausüben, wie etwa in Augsburg, Ravensburg oder Biberach. Von diesen Städten werden einige durch Welt- oder Ordensgeistliche gut versorgt, andere, z. B. Kaufbeuren und Colmar, dagegen nicht. Für die Letzteren sind Missionare erforderlich oder Geldmittel, mit denen die allzu geringen Pfründen aufgebessert werden können, die für geeignete gelehrte Leute zur Verfügung stehen.
3. Die bedeutenderen Städte wie Nürnberg, Ulm, Straßburg, Frankfurt, Nördlingen und Memmingen dulden keine katholischen Bürger, ebenso wenig die meisten anderen, z.B. Lindau, Reutlingen oder Weißenburg. Im Ganzen sind von über 80 Reichsstädten nur sechs ganz katholisch und ebenso wenige gemischt; die übrigen sind fast alle in der Hand der Ketzer.
4. Nichtsdestoweniger gibt es in vielen freien Städten, deren Bürger alle Lutheraner oder Calvinisten sind, immer noch Einkünfte (commendae) und Gebäude der Deutschordens- und Malteserritter; dies gilt etwa für Nürnberg, Nördlingen, Frankfurt, Straßburg oder Heilbronn. Andere Städte haben Stiftskapitel adliger Damen wie in Lindau und Buchau, oder Chorherren wie in Frankfurt. An manchen Orten gibt es auch noch Klöster oder Pfleghöfe und städtischen Grundbesitz derselben. Zu nennen sind etwa Kempten – der Abt dieses Klosters ist sogar Reichsfürst –, Isny und Esslingen. Hier ist die Ausübung der katholischen Religion in einigen Kirchen überall erlaubt. Hier nun muss man dafür sorgen, dass die Empfänger der Einkünfte, die Äbtissinnen, die Pröpste und die Äbte, als Pfarrer und Kapläne gelehrte Männer anstellen, die ein gutes Beispiel bieten und in der Lage sind, den Glauben (religio) auszubreiten und zu verteidigen. Wenn diese nicht zur Verfügung stehen oder bezahlt werden können, ist eine Unterstützung durch Missionare oder Geldmittel geboten. Die Klostervorsteher in diesen Städten muss man dazu ermahnen, dass sie sich mit gelehrten und im Geist gefestigten Männern umgeben.
5. Am schwierigsten ist es in den Städten und Gebieten, wo die Ritterorden keine Einkünfte mehr haben, wo es keine Stiftskirchen von Welt- oder Ordensgeistlichen mehr gibt und wo auch der letzte Funke des katholischen Glaubens verloschen ist und er offiziell (aperte) nicht mehr geduldet wird (toleratur). Hier könnte man vielleicht in gewisser Weise helfen, indem man sich die Universitäten zunutze macht, von denen die Ketzer ja viele haben, indem man von den katholischen Nachbargebieten aus auf sie einwirkt, oder indem man andere geheime Taktiken anwendet, wie sie der Heilige Geist den Katholiken in England und Holland eingegeben hat. Allerdings ist die Sache in Deutschland schwieriger, weil hier den Katholiken (in den evangelischen Territorien und Städten) nicht nur jede öffentliche Religionsausübung verboten ist, sondern nicht einmal geduldet wird, dass sie sich (privat) zu erkennen geben. Die Folge ist, dass es in den Gebieten der Ketzer keine Katholiken mehr gibt, während ihre Zahl in England und Holland immer noch sehr groß ist.

6. Die bedeutendsten nichtkatholischen Universitäten sind Tübingen in Württemberg, Leipzig in Meißen, Jena und Wittenberg in Sachsen, Marburg in Hessen, Helmstedt im Herzogtum Lüneburg, Rostock in Pommern, Frankfurt an der Oder im Kurfürstentum Brandenburg, Straßburg im Elsaß, Altdorf in Franken, Heidelberg in der Unterpfalz, Basel an der Schweizer Grenze und andre mehr; von ihnen sind die beiden letztgenannten calvinistisch.

An diese Universitäten könnte man den einen oder andern (als Missionar) schicken, der dort zum Schein Jura oder Medizin studieren müsste. Denn in beiden Fächern zeichnen sich die Lutheraner aus, so dass ihre Universitäten zuweilen auch von Katholiken besucht werden. Wenn sie dann mit den Studenten und anderen Leuten bekannt geworden sind, könnten sie die falschen Vorurteile (sinistra iudicia) gegen den katholischen Glauben abbauen, Liebe zu ihm wenigstens bei einigen erwecken, katholische Schriften verbreiten usw. Allerdings wären für diese Aufgabe nur junge Leute geeignet, die kaum älter sein dürften als 28-30 Jahre; denn es ist nicht sehr glaubhaft, dass Leute in höherem Alter noch Zeit haben für Studien. Eine weitere Möglichkeit würde sich allerdings bieten, wenn man für einige Jahre, ohne Vorlesungen zu hören, privat an den betreffenden Universitäten bliebe, um sich unter der Anleitung eines berühmten Juristen oder Mediziners in der Rechtswissenschaft oder Heilkunst weiterzubilden.

Mehr Gelegenheit, Seelen zu gewinnen, hätten wohl Sprachkundige, wenn sie zum Schein Unterricht in Fremdsprachen wie Italienisch, Französisch und Spanisch erteilen würden. Denn auch bei der nicht-katholischen Jugend stehen diese Sprachen und ihre Lehrer hoch im Kurs, selbst wenn die Lehrer katholisch sind.

7. In der Nähe vieler ketzerischer Städte sitzen Deutschordens- und Malteserritter sowie katholische Grafen, Barone und andere Adlige. Teilweise leben sie sogar zusammen mit den Ketzern in deren Gebieten; aber sie sind ihnen nicht untertan, sondern reichsunmittelbar. Zu ihnen gehören die Grafen von Zollern, Öttingen, Fürstenberg, Rechberg usw. sowie die Freiherren und Edlen von Freiberg, Knörrigen, Illertissen, Adelmannsfelden usw. Diese sind Nachbarn von lutherischen oder calvinistischen Adligen, besonders im Herzogtum Württemberg, innerhalb dessen einige von ihnen selbst leben. So leben auch in den Alpenländern viele katholische Adlige zusammen mit den Ketzern, z. B. im Bistum Chur.

Diesen allen müsste geholfen werden durch geeignete Missionare oder gelehrte Pfarrer, die mit den benachbarten Ketzern überzeugend reden könnten. Ja, sie müssten auch die Katholiken in ihrem Glauben bestärken, damit sie nicht durch den beständigen Umgang mit Ketzern ins Wanken geraten; denn sie haben sonst niemanden, der die Hirngespinste (fabulae) der Ketzer gründlich durchschauen und widerlegen kann. Es ist ja schon so weit gekommen, dass viele Vornehme die katholischen Gebräuche (ritus) für unwichtig halten; sie gebrauchen keine Rosenkränze mehr, kein Agnus Dei[42], kein Weihwasser usw.; sie kümmern sich nicht um die kirchliche Jurisdiktion und sind, ihren Reden nach zu urteilen, vom gänzlichen Abfall nicht mehr weit entfernt. Dadurch würde der Glaube einen unermesslichen Schaden erleiden; denn sie würden ja nicht als einzelne verloren gehen, sondern die große Zahl ihrer Untertanen mit sich reißen.

Zu anderen Taktiken bei Orten und Höfen, die für den katholischen Glauben nicht zugänglich sind, können die Erfahrungen in England und Holland anregen, wo viele Diener Gottes, sowohl Welt- als auch Ordensleute, sogar unter Lebensgefahr für die Sache Gottes und das Heil der Seelen kämpfen. Auch in Deutschland wird es nicht an Männern fehlen, die das Leben lassen für ihre Brüder (1 Joh 3,16). Vielleicht wird das Vaterland dann, benetzt mit ihrem Blut, reichere Frucht bringen, obwohl sich die Protestanten (protestantes) in ihrer Grausamkeit, die sie im letzten Jahrhundert beim

Ausbruch der Ketzerei an den Tag legten, inzwischen so weit gemäßigt haben, dass die Kämpfer für den wahren Glauben (veritas orthodoxa) eine blutige Verfolgung kaum zu erwarten haben.

Man kann noch hinzufügen, dass Mathematiker, Ärzte und Historiker besonders leichten Zugang zu den Fürsten haben; sie sind wohl besonders geeignet, Seelen zu fangen (ad animos inescandos). Es ist darum zu wünschen und darauf hinzuarbeiten, dass sich zu diesem Zweck mehr Angehörige der Orden und des Weltklerus in den genannten Wissenschaften ausbilden lassen. Im Laufe der Zeit könnten diese und andere reiche Frucht erzeugen – wobei sie ihren katholischen Glauben an den Höfen der Ketzer notfalls auch geheimhalten dürfen. So wäre ihr Wirken mit dem des heiligen Sebastian[43] und anderer Christen vergleichbar, die einst viele Jahre lang in den Palästen heidnischer Kaiser die verschiedensten Ämter ausübten und sich dabei insgeheim um den christlichen Glauben bemühten.

Wer aber an dieser missionarischen Arbeit mitarbeitet, muss – gleich ob er zu den Welt- oder zu den Ordensleuten gehört – von unerschütterlicher Tugend sein. Die erforderliche Anzahl solcher Männer ließe sich gewinnen, wenn man an einer deutschen Universität ein neues Seminar einrichten oder ein bestehendes erweitern würde. Dazu würde sich beispielsweise die Universität Dillingen eignen, die als einzige katholische Hochschule in Schwaben bereits für ganz Schwaben, Württemberg und die benachbarten Gebiete unermessliche Frucht gebracht hat...

Damit dies und anderes ins Werk gesetzt werden kann, bedarf es einerseits der Freigebigkeit des Apostolischen Stuhles, andererseits aber auch der Gaben (collectae) gläubiger Katholiken in Deutschland selbst. Denn ohne Geld lässt sich hier nichts erreichen. Das hat ja selbst der Heiland durch sein eigenes Beispiel deutlich gemacht, der es nicht verschmähte, einen Beutel mitzunehmen (vgl. Joh 13,29) und sich mit Geld unterstützen zu lassen; und die Apostel folgten seinem Beispiel, als sie um eine Kollekte für die Urgemeinde baten. Die Deutschen werden sich hierzu sicher um so leichter bewegen lassen, wenn sie sehen, dass der Apostolische Stuhl dabei seine hilfreiche Hand nicht zurückhält.

Quelle: I. v. Döllinger, Geschichte der Moralstreitigkeiten in der römisch-katholischen Kirche. Bd. 2, Nördlingen 1889, 390-393 – *Literatur*: J. Jedin, Katholische Reform und Gegenreformation? Ein Versuch zur Klärung der Begriffe nebst einer Jubiläumsbetrachtung über das Trienter Konzil, Luzern 1946; E.W. Zeeden (Hg.), Gegenreformation, Darmstadt 1973 (WdF 311); W. Reinhard/ H. Schilling (Hg.), Die katholische Konfessionalisierung, Gütersloh 1995 (SVRG 198).

[1] *Ambrosius, De fide 1,13,84 (PL 16.548BC).*
[2] *Die Übersetzung folgt der ursprünglichen spanischen Fassung des Ignatius selbst.*
[3] *Vgl. DH 1510-1516,*
[4] *Gebet am 13. Sonntag nach Pfingsten.*
[5] *Augustin, De natura et gratia c. 43, 50 (CSEL 60, 270,20-22).*
[6] *Vgl. Augustin, a.a.O. c. 26, 29 (CSEL 60,28-61,4).*
[7] *Tertullian, De paenitentia 4,2 und 12,9 (CChr.SL 1,326,10; 340,35f.).*
[8] *Gabriel Paleotti (1522-1597), Berater der päpstlichen Legaten in der dritten Tagungsperiode (1562/3).*
[9] *Nach einer heftigen Debatte (7.-17. April) hatte eine Abstimung über die Frage, ob die Residenzpflicht der Bischöfe nicht nur kirchlichen, sondern göttlichen Rechts sei, 68 Ja-Stimmen bei 35 Nein-Stimmen und 36 Stimmen mit dem Zusatz, dass sie ihre Entscheidung von einer vorherigen Befragung des Papstes abhängig machen wollten, ergeben.*
[10] *Viertes Laterankonzil, 1215; vgl. Bd. 2, Nr. 40.*

[11] 1274.
[12] 1311/2.
[13] Ferdinand, der jüngere Bruder Karls V., war seit 1531 römischer König. Nachfolger seines Bruders als Kaiser wurde er nach dessen Abdankung 1556.
[14] Pedro de Santo, OP († 1563 in Trient), Beichtvater des Kaisers und Konzilstheologe, lehrte 1549-1555 Theologie an der katholischen Ausbildungsstätte (ab 1551 Universität) Dillingen an der Donau – wahrscheinlich hat Klaindinst ihn hier gehört.
[15] 25. Januar.
[16] Aerius († nach 375) hatte sich von einem Asketenkreis gelöst und verwarf die Fastenpflicht.
[17] Vierteljährliche Fast- und Weihezeiten.
[18] 25. März.
[19] So wurde St. Georg z.B. in den Diözesen Salzburg, Augsburg und Prag am 23. April gefeiert, in Oberitalien und Ungarn hingegen am 24. April und in Chur am 25. April.
[20] 25. April.
[21] Bettage vom 5. Sonntag nach Ostern bis zum folgenden Mittwoch, dem Tag vor Christi Himmelfahrt.
[22] Trinitatis: der Sonntag nach Pfingsten.
[23] 24. Juni.
[24] 29. Juni.
[25] 2. Juli: Fest des Besuchs Mariens bei Elisabeth (vgl. Lk 1,39-45).
[26] 25. Juli.
[27] 10. August.
[28] 15. August.
[29] 24. August.
[30] 14. September.
[31] 21. September.
[32] 28. Oktober.
[33] 1. November.
[34] 2. November.
[35] 30. November.
[36] 25. November.
[37] 13. Dezember.
[38] 21. Dezember.
[39] 26. Dezember.
[40] 27. Dezember.
[41] 28. Dezember.
[42] Gemeint ist wohl das Tragen des Bildes des Lammes Gottes als Schutzzeichen.
[43] Sebastian war nach der Legende des 5. Jahrhunderts als Christ Anführer der Leibwache des Christenverfolgers Diokletian und nutzte diese Stellung zugunsten der Christen und Christinnen, bis er selbst das Martyrium erlitt.

61. Die anglikanische Kirche

Die Entstehung einer Rom gegenüber unabhängigen Kirche in England hatte ganz andere Hintergründe als auf dem Kontinent: Heinrich VIII. (1509-1547), dem nach den Rosenkriegen der vorangegangenen Generationen an einer klaren Herrschaftsabfolge liegen musste, sah sich in der Suche nach einer Ehefrau, die ihm einen männlichen Thronerben gebären sollte, durch die kirchenrechtlichen Bindungen gehindert: Der Papst verweigerte ihm die Annullierung seiner Ehe mit Katharina von Aragon, für die Heinrich zuvor einen päpstlichen Dispens erhalten hatte.

Darin sah Heinrich, der noch 1521 für seine gegen Luthers »De captivitate Babylonica« gerichtete »Defensio septem sacramentorum« den Ehrentitel eines Defensor fidei erhalten hatte, einen illoyalen Eingriff fremder Mächte in die englische Staatsraison. Wichtigster reformatorischer Akt wurde aufgrund dessen – neben der Säkularisierung der Klöster – die Erklärung des Königs von England zum Oberhaupt der englischen Kirche (Suprematsakte; Text a). Erst unter Heinrichs Nachfolger Eduard VI. (1547-1553) wurde eine klarere reformatorische Position auch in Theologie und Glaubensbekenntnis erkennbar, insbesondere im »Common Prayer Book« (1549, revidiert 1552) und in den 42 Glaubensartikeln, die 1553 der Erzbischof von Canterbury Thomas Cranmer (1489-1556) vorlegte und die 1563 zu den 39 Artikeln umgearbeitet wurden (Text b). Nach dem Versuch einer Katholisierung unter Königin Maria Tudor (1553-1558), währenddessen unter zahlreichen anderen auch Cranmer hingerichtet wurde, wurde unter Elisabeth I. (1558-1603) die englische Staatskirche wieder hergestellt. Allerdings zeichnete sich nun mehr und mehr ab, dass unterschiedliche Konzepte miteinander rangen: Mit einer sogenannten Ermahnung an das Parlament, die faktisch ein an die Öffentlichkeit gerichteter Traktat war, von 1571 (Text c) versuchte der radikal-protestantische, puritanische Flügel der anglikanischen Kirche eine Reformation in strikter Orientierung an Gottes Wort zu erreichen, während Richard Hooker (ca. 1554-1600) in Abgrenzung einerseits von den damit sich anfänglich abzeichnenden puritanischen Tendenzen eines Aufbaus der Kirche ganz von der Gemeinde aus, andererseits von der römisch-katholischen Kirche die anglikanische Via media begründete, die das Selbstverständnis der Church of England nachhaltig prägte; grundlegend hierfür ist sein in fünf Bücher untergliedertes Hauptwerk »Of the Laws of Ecclesiastical Policy« (1594, 1597, ab Buch VI erst nach 1648 veröffentlicht; Text d).

a) **Aus dem Gesetz vom Supremat des englischen Königs** (3. November 1534)

Obgleich seine Majestät der König nach Recht und Gesetz das Oberhaupt (supreme heed) der Kirche von England (Churche of England) ist und sein soll und von der Geistlichkeit des Reiches in ihren Kirchenversammlungen (convocacions) als solches anerkannt worden ist, wird trotzdem zur Bestätigung und Bekräftigung dessen, zur Stärkung des christlichen Glaubens im Königreich England und zur Beseitigung und Ausrottung aller Irrtümer, Irrlehren und anderen Schändlichkeiten und Missbräuchen, die bislang hier üblich waren, kraft der Gewalt dieses Parlamentes verfügt, dass unser höchster Herr und König, seine Erben und Nachfolger, die Könige dieses Reiches, als das alleinige Oberhaupt der Kirche von England, genannt Anglicana Ecclesia, betrachtet, gelten und angesehen werden. Zusammen mit der Krone des Reiches sollen sie den Titel und darüber hinaus alle Ehren, Würden, Vorrechte, Sonderrechte, Vollmachten, Freiheiten und Vorteile besitzen und genießen, die zur genannten Würde eines Oberhauptes dieser Kirche gehören... Unser genannter höchster Herr, seine Erben und Nachfolger, die Könige dieses Reiches, sollen die Macht haben, von Zeit zu Zeit alle derartigen Irrtümer, Irrlehren, Missbräuche, Übeltaten, Missachtungen und Schändlichkeiten, gleich welcher Art, zu untersuchen, einzuschränken, abzustellen, zu verbessern, zu ordnen, zu berichtigen, zu unterdrücken und abzuändern, wenn sie von einer geistlichen Obrigkeit oder Gerichtsbarkeit verbessert, eingeschränkt, geordnet, abgestellt, berichtigt, unterdrückt oder abgeändert werden können oder sollen – zum Wohlgefallen Gottes des Allmächtigen, zur Stärkung des christlichen Glaubens und zur Erhaltung von Frieden, Einigkeit und Ruhe in diesem Reich, ungeachtet aller entgegengesetzten Gewohnheiten und aller ausländischen Gesetze und Obrigkeiten (foreyne lawes, foreyne auctoryte).

Quelle: An Acte concernynge the Kynges Highnes to be supreme heed of the Churche of Englande and to have auctoryte to refourme and redresse all errours, heresyes and abuses yn the same, in: The Statutes of the Realm III, London 1817, 492. *Übers.:* H.J. Hillerbrand, Brennpunkte der Reformation, Göttingen 1967, 308; s. bei Text d.

b) Das anglikanische Glaubensbekenntnis. Die 39 Artikel (1563)

8. Die drei Glaubensbekenntnisse
Die drei Glaubensbekenntnisse, das nizänische, das des Athanasius und das, welches gewöhnlich das apostolische genannt wird, sind in allem anzunehmen und zu glauben; sie können nämlich mit den sichersten Zeugnissen der Schrift belegt werden...

10. Der freie Wille
Der Zustand des Menschen nach dem Falle Adams ist so, dass er sich durch seine natürlichen Kräfte und guten Werke zum Glauben und zur Anrufung Gottes nicht wenden und vorbereiten kann. Deshalb vermögen wir nichts, ohne dass die Gnade Gottes durch Christus uns zuvor anregt (gratia Dei, quae per Christum est, nos praeveniente), dass wir wollen, und uns hilft, während wir wollen, zur Vollbringung frommer Werke, die Gott angenehm und wohlgefällig sind.

11. Die Rechtfertigung des Menschen
Nur wegen des Verdienstes unseres Herrn und Heilands Jesus Christus gelten wir als gerecht vor Gott durch den Glauben, nicht wegen unsrer Werke und Verdienste (per fidem, non propter opera et merita nostra, iusti coram Deo reputamur). Deshalb ist die Lehre, dass wir nur durch den Glauben gerechtfertigt werden, höchst heilsam und trostvoll, wie in der Homilie[1] von der Rechtfertigung des Menschen auseinandergesetzt ist.

12. Die guten Werke
Die guten Werke, welche Früchte des Glaubens sind und den Gerechtfertigten folgen, sind, obgleich sie unsere Sünden nicht austilgen und vor der Strenge des göttlichen Gerichtes nicht bestehen können, doch Gott angenehm und in Christus wohlgefällig und fließen notwendig aus einem wahren und lebendigen Glauben, so dass ganz auf gleiche Weise aus ihnen der lebendige Glaube erkannt wird, wie ein Baum nach seiner Frucht beurteilt werden kann...

19. Die Kirche
Die sichtbare Kirche Christi ist die Gemeinschaft der Gläubigen (coetus fidelium), in der das Wort Gottes rein verkündigt wird und die Sakramente ... der Einsetzung Christi gemäß recht verwaltet werden. Wie die Kirchen von Jerusalem, Alexandrien und Antiochien geirrt haben, so hat auch die römische Kirche geirrt, nicht nur in Betreff der Handlungen und Gebräuche der Zeremonien, sondern auch in dem, was man glauben soll.

20. Die Autorität der Kirche
... Der Kirche ist es nicht erlaubt, irgendetwas anzuordnen, was dem Worte Gottes entgegensteht, und sie kann keine Stelle der Schrift so erklären, dass sie einer anderen widerspricht. Die Kirche vermag Zeugin und Vewahrerin der göttlichen Bücher zu sein, doch darf sie nichts gegen sie entscheiden und außer ihnen auch nichts zu glauben aufdrängen, als ob es zur Seligkeit notwendig wäre...

22. Das Fegefeuer
Die Lehre der Römischen vom Fegefeuer, vom Ablass, von der Verehrung und Anbetung der Bilder und Reliquien sowie von der Anrufung der Heiligen ist etwas Nichtiges und leere Erdichtung und beruht auf keinen Zeugnissen der Schrift, ja, sie widerspricht dem Worte Gottes...

25. Die Sakramente
Die von Christus eingesetzten Sakramente sind nicht allein Zeichen (notae) des Bekenntnisses der Christen, sondern vielmehr gewisse Zeugnisse und wirksame Zeichen (signa) der Gnade und der gütigen Gesinnung Gottes gegen uns, durch welche er unsichtbar selbst in uns wirkt und unsern Glauben an ihn nicht nur anregt, sondern auch festigt. Zwei Sakramente sind von Christus, unserem Herrn, im Evangelium

eingesetzt, nämlich die Taufe und das Abendmahl. Die fünf, gewöhnlich so genannten »Sakramente«, nämlich Firmung, Buße, Priesterweihe, Ehe und letzte Ölung, sind nicht für evangelische Sakramente zu halten, da sie teils aus einer verkehrten Nachahmung der Apostel geflossen sind, teils Stände des Lebens (Ehe- bzw. Priesterstand) sind, die zwar in der Schrift zugestanden werden, aber nicht die Charakteristika von Sakramenten mit Taufe und Herrenmahl gemein haben, wie auch die Buße kein sichtbares Zeichen oder eine Zeremonie hat, die von Gott eingesetzt sind. Die Sakramente sind nicht dazu von Christus eingesetzt, dass sie geschaut oder umhergetragen werden, sondern damit wir sie recht gebrauchen sollen; und bei denen, die sie würdig empfangen, haben sie eine heilsame Wirkung; jene aber, die sie unwürdig empfangen, bereiten sich selbst (wie Paulus sagt [1 Kor 11,27-29]) die Verdammnis...

28. Das Mahl des Herrn

Das Mahl des Herrn ist nicht ein bloßes Zeichen des gegenseitigen Wohlwollens der Christen unter sich, sondern vielmehr ist es das Sakrament unserer Erlösung durch den Tod Christi. Und so ist denen, die es richtig, würdig und mit Glauben empfangen, das Brot, das wir brechen, die Gemeinschaft des Leibes Christi; ebenso ist der gesegnete Kelch die Gemeinschaft des Blutes Christi (1 Kor 10,16). Eine Verwandlung (transsubstantiatio) des Brotes und Weines im Abendmahl kann aus der Heiligen Schrift nicht bewiesen werden, sondern ist den deutlichen Worten der Schrift zuwider, verkehrt das Wesen des Sakraments und hat zu vielem Aberglauben Anlass gegeben. Der Leib Christi wird gegeben, empfangen und gegessen im Abendmahl, aber in himmlischer und geistiger Weise (coelestis et spiritualis ratio). Das Mittel, durch welches der Leib Christi im Abendmahl empfangen und gegessen wird, ist der Glaube. Das Sakrament des Abendmahls wird nach der Anordnung Christi nicht aufbewahrt, umhergetragen, in die Höhe gehoben oder angebetet...

30. Über beiderlei Gestalt

Der Kelch des Herrn ist den Laien nicht zu verweigern, denn beide Teile des Sakraments des Herrn müssen nach der Anordnung und Vorschrift Christi allen Christen gleich erteilt werden...

32. Die Ehe der Priester

Den Bischöfen, Presbytern und Diakonen ist es durch keinen göttlichen Befehl vorgeschrieben, dass sie entweder Ehelosigkeit geloben oder sich der Ehe enthalten sollen. Es ist daher auch ihnen – wie allen übrigen Christen – erlaubt, wo es nach ihrem Befinden mehr zur Frömmigkeit beiträgt, nach ihrem Gutdünken zu heiraten...

34. Die kirchliche Tradition

Es ist im Allgemeinen nicht notwendig, dass überall dieselben Traditionen und Zeremonien oder ganz ähnliche stattfinden. Wie sie nämlich immer mannigfaltig gewesen sind, so können sie auch nach Verschiedenheit der Gegenden, Zeiten und Sitten verändert werden, wenn nur nichts gegen Gottes Wort angeordnet wird. Wer die kirchlichen Traditionen und Zeremonien, die dem Worte Gottes nicht widersprechen und von der öffentlichen Autorität angeordnet und bestätigt sind, nach eigenem Willen tatsächlich und bewusst öffentlich verletzt, der ist – wie einer, der sich an der öffentlichen Kirchenordnung vergreift und die Autorität der Obrigkeit verletzt und die Gewissen der schwachen Brüder verwundet – öffentlich zu bestrafen, damit die übrigen abgeschreckt werden. Jede Teil- oder Landeskirche (ecclesia particularis sive nationalis) hat die Vollmacht, Zeremonien oder kirchliche Gebräuche, die nur durch menschliche Autorität angeordnet sind, abzuändern, zu verändern und abzuschaffen, wenn nur alles zur Erbauung geschieht.

Quelle: Die Bekenntnisschriften der reformierten Kirche. In authentischen Texten mit geschichtlicher Einleitung und Register hg. v. E.F.K. Müller, Leipzig 1903 (= Waltrop 1999), 508,10-15;

508,31-510,5; 512,28-513,10.21-28; 514,9-515,4; 515,41-516,24.39-45; 517,10-20; 517,27-518,6. *Übers.*: Die Bekenntnisschriften der evangelisch-reformierten Kirche, hg. v. E.G.A. Böckel, Leipzig 1847, 666-678. – *Literatur:* s. bei Text d.

c) Die erste Ermahnung an das Parlament (1571)

In England sind wir so weit davon entfernt, eine wahrlich nach Gottes Wort reformierte Kirche (a church rightly reformed accordyng to the prescript of Gods worde) zu haben, dass wir noch nicht einmal das äußere Antlitz davon besitzen. Zum Beweis erwähnen wir manches, worin alle übereinstimmen. Die äußeren Zeichen (markes) einer echten christlichen Kirche sind diese: die reine Predigt des Wortes, die richtige Darreichung der Sakramente und eine Kirchenordnung (ecclesiastical discipline), die in Ermahnung und durchgreifender Besserung der Sitten besteht. Was das Erste angeht, nämlich die Predigt des Wortes, geben wir zu, dass die Substanz der von vielen dargebotenen Lehre richtig und gut ist. Doch schlägt sie darin fehl, dass weder die dabei Tätigen nach Gottes Wort geprüft, gewählt, berufen oder ordiniert sind, noch ihre Tätigkeit so genau beurteilt wird, wie es nach Recht und Notwendigkeit der Fall sein sollte. In der frühen Kirche hat man ihre Lehrfähigkeit wie auch ihren gottesfürchtigen Lebenswandel streng geprüft.
Heutzutage genügt schon ein gutes Wort von irgend jemandem – adelig oder nicht, gebildet oder ungebildet –, so dass selbst die verwerflichsten Leute als Pastoren eingesetzt werden, zum Schaden des Evangeliums und zur Freude der Gegner. In der Frühzeit wurden keine abergläubischen Opfervollzieher oder Heidenpriester als Prediger des Evangeliums angestellt; doch wir dulden papistische Messpriester, Leute »aller Jahreszeiten«, nämlich König-Heinrich-Priester, König-Eduard-Priester, Königin-Maria-Priester, die doch alle, wenn das Wort Gottes genau befolgt würde, ohne Weiteres zu entfernen wären. Damals unterrichteten sie andere; heute müssen sie selbst belehrt werden und den Katechismus wie kleine Kinder lernen. Damals erfolgte die Wahl nach dem Konsensus der ganzen Kirche; heute sucht sich jeder eine gute Pfründe und kauft auf irgendeine Art das Patronatsrecht – und dann hält er sich für rechtens gewählt. Damals hatte die Gemeinde (congregation) das Recht, den Pastor zu berufen; stattdessen laufen und reiten sie heute herum mit ihren ungerechten Ansuchen und Ankäufen und stehen dazu anderen im Wege. Damals gab es keine Gemeinde, in der der Pastor nicht vom Konsens des Volkes bestätigt war; heute erhält er seine Autorität nur aus der Hand des Bischofs, der aus eigener Machtvollkommenheit der Gemeinde jemanden aufdrängt, den sie wegen seines Lebenswandels oder seines Mangels an Wissen oft mit Recht missbilligt... Damals hatte jeder Pastor seine Herde und jede Herde ihren Hirten (sogar mehr als einen); heute laufen sie von Ort zu Ort – eine schreckliche Unordnung in der Kirche Gottes – und häufen Pfründe auf Pfründe; sie machen dem Gewissen elend zu schaffen, und obwohl sie immer nur ein einziger Hirte sind (und gebe Gott, sie wären Hirten und nicht Wölfe), halten sie doch mehrere Herden. Damals waren die Geistlichen Prediger; heute können sie kaum vorlesen. Und falls sie bereit sind, zu predigen, ist das ohne bischöfliche Zulassung nicht erlaubt. Damals erkannte man sie an ihrem Wort, an ihrer Kenntnis und Lehre; heute kann man sie nur noch an ihren papistischen und antichristlichen Gewändern erkennen.

Quellen: Puritan Manifestoes, hg, v. W.H. Frere u. C.E. Douglas, London 1907 (= ebd. 1954), 9-11. – *Literatur*: W. Haller, The Rise of Puritanism, Philadelphia 1972; P. Collinson, The Elizabethan Puritan Movement, Oxford 1990; J. Spurr, English Puritanism, Basingstoke u.a. 1998; s. außerdem bei Text d.

d) Richard Hooker, Von den Gesetzen des Kirchenregiments (1594/97)

Buch II,8,7 [Die Heilige Schrift]
Es gibt deshalb zwei Meinungen über die Suffizienz der Heiligen Schrift; sie widersprechen einander sehr und sind beide mit der Wahrheit unverträglich.
Die Schulen von Rom lehren, die Schrift sei so unzulänglich (unsufficient), dass sie, außer durch Hinzufügung von Traditionen, nicht alle offenbarte und übernatürliche Wahrheit enthält, die von den Menschenkindern in diesem Leben unbedingt gewusst werden muss, damit sie im nächsten Leben gerettet werden können.
Andre, indem sie diese Meinung gerade verurteilen, fallen gleichermaßen in ein gefährliches Extrem; (sie sagen) nämlich, dass die Schrift nicht nur alles in diesem Sinne (nämlich der Rettung des Menschen) Notwendige enthalte, sondern alles schlechthin und zwar so, dass alles, was nach einem anderen Gesetz getan wird, nicht nur unnötig, sondern der Erlösung abträglich, ja sogar ungesetzlich und sündhaft sei.
Was immer von Gott gesagt wird oder von denen, die zu Gott gehören, und der Wahrheit nicht entspricht, ist Beleidigung, auch wenn es Verehrung zu sein scheint. Und wie den Menschen gegebenes und unglaubwürdiges Lob oft die Glaubhaftigkeit eines verdienten Lobes verringert und schwächt, so müssen wir darauf Acht geben, dass nicht durch Hinzufügungen zur Schrift, die diese gar nicht beinhaltet, der tatsächliche Inhalt der Schrift unglaubwürdig gemacht und sie weniger geachtet wird.
Damit überlasse ich es ihnen selbst, zu entscheiden, ob sie in diesem Punkt zu weit gegangen sind oder nicht...

Buch V,56,7.11 [Teilhabe an Christus]
Aber wir sind in Gott nur seit der Zeit unserer tatsächlichen Aufnahme (actual adoption) in den Leib seiner wahren Kirche, nämlich der Gemeinschaft seiner Kinder. Denn er kennt und liebt seine Kirche, so dass die, die in ihr sind, daher als in ihm (Lebende) erkannt werden... Weil wir in Wirklichkeit am Leib der Sünde und des Todes teilhaben, welcher uns von Adam überkommen ist, so ist, ausgenommen wir haben wahrhaftig an Christus teil und sind wirklich mit seinem Geist erfüllt, alles, was wir vom ewigen Leben sagen, nur ein Traum...
Wir haben teil an Christus einerseits vermittels Zurechnung (imputation), insofern das, was er tat und litt, uns als Gerechtigkeit (righteousness) zugerechnet wird (Jes 53,5; Eph 1,7), andererseits durch fortwährende (habitual) und wirksame (real) Eingießung, insofern uns die Gnade innerlich dargereicht wird, solange wir auf Erden sind, und dereinst unsere Seele als auch unser Leib dem seinen in Herrlichkeit gänzlich gleichgemacht wird. Das Erste, was dabei von ihm in diesem Leben in unser Herz ausgegossen wird, ist der Geist Christi (Röm 8,9; Gal 4,6)...

Buch V,57,4 [Sakramente]
Sie enthalten nicht in sich selbst Kraft und Wirksamkeit (they contain in themselves no vital force or efficacy), sie sind nicht physische, sondern moralische Werkzeuge des Heils, die, falls wir sie nicht so gebrauchen, wie der Urheber der Gnade es fordert, überhaupt nichts nützen. Denn nicht alle empfangen die Gnade Gottes, welche die Sakramente seiner Gnade empfangen... Die aber die Gnade durch die Sakramente oder mit ihnen empfangen, die empfangen sie von Ihm und nicht von den Sakramenten...

Buch V,67,2-6.12 [Abendmahl]
Es bleibt nun nichts anderes ungewiss (doubtful) als dies, ob, wenn das Sakrament ausgeteilt wird, Christus einzig und allein innerhalb des Menschen sei (whole within man only), oder ob sein Leib und sein Blut auch äußerlich vorhanden seien in den

konsekrierten Elementen selbst; die, welche diese Meinung vertreten, müssen entweder Christus mit den Elementen vereinigen (consubstantiate) und ihn ihnen einverleiben (incorporate), oder deren Substanz verändern (transsubstantiate) und in die seinige verwandeln... Ich wünsche mir, dass die Menschen sich mehr der andachtsvollen Betrachtung dessen, was wir durch das Sakrament empfangen, hingeben möchten, und weniger streiten über die Art, wie es denn geschieht... Neugierige und verwickelte Spekulationen hindern, löschen und ersticken das Feuer der Wonne und Freude, welches göttliche und in besonderer Weise gegenwärtige Gnaden erweckt... Diese himmlische Nahrung ist gegeben, um unsere leeren Seelen zu befriedigen und nicht um unseren neugierigen und spitzfindigen Verstand zu üben...
Möge der Apostel des Herrn sein Ausleger sein, und begnügen wir uns mit seiner Erklärung: Mein Leib, »die Gemeinschaft meines Leibes«, mein Blut, »die Gemeinschaft meines Blutes« (1 Kor 10,16)... Ich sehe nicht, in welcher Weise aus den Worten Christi erschlossen werden sollte, wann und wo das Brot sein Leib und der Kelch sein Blut sei, als allein in dem Herzen und der Seele eben dessen, der jene (Elemente) empfängt...
Was diese Elemente in sich selbst sind, darauf kommt es nicht an: Es ist genug, dass sie für mich, der ich sie annehme, der Leib und das Blut Christi sind, seine Verheißung in dem Zeugnis dafür genügt, er weiß, in welcher Weise er sein Wort erfüllen wird. Warum sollte irgendein anderer Gedanke das Gemüt eines gläubigen Kommunikanten erfüllen, als dieser: »O mein Gott, Du bist treu; o meine Seele, du bist reich beschenkt!«

Quellen: The Works of ... Richard Hooker, hg. v. J. Keble, Oxford [7]1888 (= Hildesheim 1977). Bd. 1,335f. Bd. 2,249-251.254.257f.349-352.362 – *Literatur:* W.S. Hill (Hg.), Studies in Richard Hooker. Essays Prilimary to an Edition of His Works, Cleveland-London 1972; R.K. Faulkner, Richard Hooker and the Politics of a Christian England, Berkeley 1981; J. Booty, Reflections on the Theology of Richard Hooker. An Elizabethan adresses modern Anglicanism, Sewanee, Tenn. 1998; P. Hughes, Reformation in England. 3 Bde., London 1951-1954; T.M. Parker, The English Reformation to 1558, London [2]1966; J.H. Moorman, A History of the Church of England, London 1976; W.D. Thompson, Studies in the Reformation. Luther to Hooker, London 1980; R.R. Elton, Reform and Reformation. England 1509-1558, London 1993 (The New History of England 2); R. Rex, Henry VIII and the English Reformation, Basingstoke 1993; D.G. Newcombe, Henry VIII and the English Reformation, London 1995; D. MacCulloch, Die zweite Phase der englischen Reformation (1547-1603) und die Geburt der anglikanischen Via Media, Münster 1998 (KLK 58); C. Haigh (Hg.), The English Reformation Revised, Cambridge 2000; P. Marshall, Reformation England. 1480-1642, London 2003; E.H. Shagan, Popular Politics and the English Reformation, Cambridge 2003.

[1] 1547 bzw. 1574 wurden zwei Bände Homilien offiziell zur Einprägung der evangelischen Lehre und der neuen kirchlichen Gebräuche herausgegeben.

62. Dreißigjähriger Krieg und Westfälischer Frieden

Mit einer böhmischen Adelsrevolte gegen die österreichischen Habsburger begann der Dreißigjährige Krieg, in dem sich religiöse und machtpolitische Motive ineinander verwoben. Die religiöse Deutung (Text a), die vor allem das konfessionelle Gegeneinander in den Vordergrund stellte und den Schwedenkönig Gustav II. Adolf als Befreier des deutschen Protestantismus feierte (Text b) war nur eine Dimension dieses Krieges, unter kirchengeschichtlichen Gesichtspunkten aber die wichtigste, insofern hier noch einmal das heikle System von Augsburg in Frage gestellt wurde. Der Krieg brachte in einem bis dahin in Deutschland nicht geahnten Ausmaß

Verheerungen mit sich (Texte c,d), die die Entwicklung in vielen deutschen Territorien nachhaltig zurückwarfen. Sein Ende, der Westfälische Friede (Text e) brachte dann im Wesentlichen die Bestätigung des Augsburger Systems unter Einschluss der Reformierten. Langfristig dürfte dieser Konflikt der Konfessionen auch deren Relativierung mit sich gebracht haben (Text f) und damit nicht zuletzt den Unionsbestrebungen der Frühaufklärung und den irenischen Strömungen in Pietismus und Aufklärung den Weg bereitet haben.

a) Hoë von Hoënegg, Predigt über Ps 83 vor dem Leipziger Konvent (1631)

Anfang 1631 – Gustav II. Adolf war wenige Wochen zuvor in Hinterpommern an Land gegangen und der mit ihm verbundene Umschwung des Kriegsglückes zugunsten der Protestanten noch nicht absehbar – versammelten sich die evangelischen Stände zum Leipziger Konvent. Der Dresdner Oberhofprediger Hoe von Hoenegg (1580-1645) sollte sie am 10. Februar durch seine Eröffnungspredigt über Ps 83 auf ihre Aufgaben einstimmen. Er schloss mit einem ausführlichen Gebet, das Worte des ausgelegten Psalmes und Gedanken der Predigt aufnahm und zuspitzte:

Du grundgütiger Gott und Vater im Himmel, dir klagen wir schmerzlich, dass dein Volk und dein evangelisches Kirchenhäuflein bis jetzt auf vielerlei Weise und Wege heftig und grimmig von deinen und unseren Feinden bedrängt und bedrückt worden sind. Gegen uns haben deine Feinde getobt und den Kopf erhoben: »Wohlan«, haben sie gesprochen, »lasst uns sie ausrotten, damit sie kein Volk mehr seien und ihres Namens in Deutschland nicht mehr gedacht werde« (vgl. Ps 83,5). Ach, treuer und barmherziger Gott, wie ist es dir so wohl bewusst, dass deine und unsere Feinde gegen dich selbst, gegen dein Wort und gegen dein Volk einen Bund gemacht haben (V. 6)[1], dass sie listige Anschläge gegen dich und uns gemacht haben (V. 4), dass sie deine Häuser zum Teil schon eingenommen haben, teils noch einzunehmen gedenken und vorhaben, und zwar so, dass man an vielen Orten deine gnadenreiche Stimme des Evangeliums nicht mehr hören und deine reine Lehre und Lehrer nicht mehr haben kann. Das alles haben wir um deinetwillen, o großer Gott, wohl verdient. Denn wir haben gesündigt samt unseren Vätern, wir haben Unrecht getan und sind gottlos geworden. Ps 106(,6). Ja, Herr, wir, unsere Könige, unsre Fürsten und unsere Väter müssen uns schämen, dass wir uns an dir versündigt haben. Dan 9(,5.8). Daher sind unsere Feinde so mächtig über uns geworden, dass sie dein Volk fast ganz besitzen und deine Widersacher dein Heiligtum zertreten. (Jes 63,18). Die Stätte deines Heiligtums ist zur Wüste geworden. Die Häuser deiner Heiligkeit und Herrlichkeit, in denen wir und unsere Väter dich geliebt haben, sind uns entzogen. Alles, was wir Schönes hatten, ist zuschanden gemacht. Jes 64(,9f.).

Aber ach, Herr, Herr, sei uns wieder gnädig. Vergib uns unsere Missetaten. Zürne doch nicht ewig über uns. Sei uns gnädig, o Herre Gott, sei uns gnädig in unserer Not. Schaue doch nur vom Himmel und siehe herab von deiner herrlichen Wohnung (Jes 63,15). Ach, Herr Gott, schweige doch nicht so! Ach Gott, bleib nicht so still! (Ps 83,1). Ach, großer Gott, halte doch mit deinem Eifer nicht so inne gegen unsere Feinde. Lass sie doch nicht mehr über uns freuen, die uns zu Unrecht Feind sind; lass nicht mit den Augen spotten, die uns ohne Grund hassen! Die nur trachten Schaden zu tun und ersinnen falsche Anklagen wider die Stillen im Lande. Sie sperren das Maul weit auf wider mich und sprechen: »Da, da, wir sehen es gerne.« Ps 35(,19-21).

O Herr, wache auf, werde wach, uns Recht zu verschaffen und unserer Sache (Ps 35,23)! Ergreife du Schild und Waffen und mache dich auf, uns zu helfen (Ps 35,2)...

Uns aber, dein Volk, lasse, o liebster Gott und Vater, uns bei dir geborgen sein. Behüte und beschirme du uns unter den Flügeln deiner grundlosen Barmherzigkeit. Behüte unsere Seele. Behüte und bewahre uns wie einen Augapfel im Auge Ps 17(,8), lass uns deine Güte empfangen. Erfreue uns nun wieder, nachdem du uns so lange geplagt hast, nachdem wir so lange Unglück gelitten haben. Ps 19(,15). O Herr, unser Gott, sei uns freundlich und fördere das wichtige Beratungsvorhaben (dz fürhabende hohe Berathschlagungs Werck), ja, das Werk unserer Hände wollest du fördern. Gib, o Gott, unsern jetzt versammelten Evangelischen und protestierenden Kurfürsten und Ständen, dass sie fürstliche Gedanken haben und dabei bleiben. Jes 32(,8). Neige ihre Herzen zu deinen Zeugnissen, dass sie daran hangen. Schaffe in ihnen allen ein reines Herz und gib ihnen samt und sonders einen neuen beständigen Geist. Verwirf sie nicht von deinem Angesicht und nimm deinen Heiligen Geist nicht von ihnen. Ps 51(,12f.). Dein guter Geist führe sie auf ebner Bahn. Ps 143(,10). Sende ihnen herab von deinem heiligen Himmel und aus dem Thron deiner Herrlichkeit deine Weisheit, sende sie, dass sie bei ihnen sei und mit ihnen arbeite, Weish 9(,10), damit sie das beraten und beschließen, was dir wohl gefällt und uns für Seele und Leib nützlich und ersprießlich ist. Schaffe in und bei den anwesenden löblichen Ständen heiligen Sinn, guten Rat und rechtes Werk. Und gib deinen Dienern Frieden, den die Welt nie geben kann. Erleuchte und begnade unser aller Herzen, dass wir samt und sonders, Herrn und Knechte, in wahrer beharrlicher Bußfertigkeit und heiligem Schmuck dir dienen unser Leben lang und dich als unseren höchsten Helfer und einzigen Schutzherren zu unserem bewährtesten und treuesten Freunde ewig behalten mögen.

Quelle: Der drey und achtzigste Psalm/| Bey dem von Churfürstlicher Durch=|leuchtigkeit zu Sachsen / etc. etc. etc. | außgeschriebenen | CONVENT | der Evangelischen und | protestierenden Chur=Fürsten und | Stände/| ... Durch Matthiam Hoe von Hoenegg ..., Leipzig [1631], E IV^r - F II^v – *Literatur*: H.-D. Hertramp, Hoë von Hoënegg – sächsischer Oberhofprediger 1613-1645, in: HerChr 6 (1969) 129-148; Th. Kaufmann, Dreißigjähriger Krieg und Westfälischer Friede. Kirchengeschichtliche Studien zur lutherischen Konfessionskultur, Tübingen 1998 (BHTh 104), 34-55; s. auch bei Text e.

b) Verherrlichung Gustav Adolfs: Des Reiches Licht-Putzer (1632)

Einen Eindruck von der Begeisterung, die die Ankunft des schwedischen Königs Gustav Adolf bei den Protestanten hervorrief, gibt der folgende anonyme Text aus dem Jahre 1632.

Wer begreift nun nicht, dass der teure König aus Schweden, der treue Knecht Gottes Gustav Adolf Gottes und des heiligen Römischen Reiches Lichtputzer ist, der uns diese zwei von Gott geschenkten und von unseren Vorfahren auf so harte und teure Weise erkauften Lichter: die Augsburgische Konfession und den darauf errichteten Religionsfrieden aufgrund von Gottes gnädigster Anordnung und Befehl erhalten, von den päpstlichen Drangsalen, Nachtlichtern und abgöttischen Irrwischen sauber (wol) putzen und die schon lange verloren gegangene Freiheit des Leibes und der Seele in dem lieben Deutschland als ein vorherbestimmter Befreier und Wiedererrichter des Vaterlandes aufrichten soll?
Selig sei deshalb die Stunde, in der der edle König empfangen und geboren wurde! Und noch viel seliger sei der Tag, an dem dieser christliche Fürst zum Wohle der bedrängten Kirche Gottes erstmals seinen Fuß auf deutschen Boden gesetzt hat! Gesegnet seien von dem Herrn alle seine Überlegungen (Rathschläge) und Werke, all seine Vorhaben und Taten, sein Eingang und sein Ausgang! Der König aller Könige Jesus, dessen Krieg er führt, wolle alle seine Pläne (Anschläge) und die Gedanken seines Herzens! Gott der Vater gebe ihm die Feinde seines Wortes in die Hand! Gott der Sohn schütze ihn in allen Gefahren! Gott der Heilige Geist erhalte ihn in wahrem Glauben und die heiligen Engel mögen von ihm abwehren alle feurigen Pfeile des Satans, allen Verrat der Feinde, alle Macht seiner Gegner und ihn auf ihren Händen

tragen, dass er seinen Lauf glücklich vollende und seinen Fuß nicht an einen Stein stoße (vgl. Ps 91,10f.) und alle Welt erkenne, dass er der treue Knecht Gottes und seines Wortes ist, von Gott gesandt, seine liebe Kirche in diesen letzten Zeiten nach den göttlichen Weissagungen noch einmal vor dem Ende zu trösten und das päpstliche antichristliche Reich zu demütigen[2].

Quelle: Gottes und deß Heyligen Rö=|mischen Reichs Liecht=|Butzer.| Das ist:| Kurtze Erklärung/| wie das Geist- unnd Weltliche Liecht | im Heyligen Römischen Reich / nämblich die Augspur= | gische Confession unnd Religion = Fried von den Papi=|sten wollen versteckt und gelöscht werden / unnd was Ge=| stalt diese Liechter von Ihr Königlichen Majestät in | Schweden wider herfür gezogen und gebutzet wor= | den ..., o.O. 1632, 19-21. – *Literatur:* S. Oredsson, Geschichtsschreibung und Kult. Gustav Adolf, Schweden und der Dreißigjährige Krieg, Berlin 1994; G. Barudio, Gustav Adolf der Große, Frankfurt/M. 1998; Th. Kaufmann, Dreißigjähriger Krieg und Westfälischer Friede. Kirchengeschichtliche Studien zur lutherischen Konfessionskultur, Tübingen 1998 (BHTh 104), 56-65; F. Liemandt, Die zeitgenössische literarische Reaktion auf den Tod Gustav II. Adolfs von Schweden, Frankfurt/M. 1998; s. auch bei Text e.

c) Andreas Gryphius, Die Tränen des Vaterlandes (1636)

Der Barockdichter Andreas Gryphius (1616-1664) erlebte hautnah die Schrecken des Dreißigjährigen Krieges und fasste sie in die elegante Form des Sonetts.

Wir sind doch nunmehr (nuhmer) ganz, ja mehr denn ganz verheeret!
Der frechen Völker Schar, die rasende Posaun‘,
Das vom Blut fette Schwert, die donnernde Chartaun‘[3]
Hat aller Schweiß und Fleiß und Vorrat aufgezehret.

Die Türme stehn in Glut, die Kirch‘ ist umgekehret.
Das Rathaus liegt im Graus, die Starken sind zerhaun.
Die Jungfraun sind geschändt, und wo wir hin nur schaun,
Ist Feuer, Pest und Tod, der Herz und Geist durchfähret.

Hier durch die Schanz‘[4] und Stadt rinnt allzeit frisches Blut.
Dreimal sind schon sechs Jahr‘, als unser Ströme Flut,
Von so viel Leichen schwer, sich langsam fortgedrungen.

Doch schwieg ich noch von dem, was ärger als der Tod.
Was grimmer[5] denn die Pest und Glut und Hungers Not:
Dass nun der Seelenschatz so vielen abgezwungen.

Quelle: W. Popp (Hg.), Lesebuch I: Dreißigjähriger Krieg. Eine Textsammlung aus der Barockliteratur, Münster 1998 (Friedenskultur ein Europa 2), 111. - *Literatur:* W. Mauser, Dichtung, Religion und Gesellschaft im 17. Jahrhundert. Die »Sonnete« des Andreas Gryphius, München 1976; E. Mannack, Andreas Gryphius, Stuttgart ²1986; N. Kaminski, Andreas Gryphius, Stuttgart 1998 ; s. auch bei Text e.

d) Verarbeitung des Leidens im Kirchenlied: Paul Gerhardt

Wohl der wirkungsreichste protestantische Liederdichter nach Martin Luther ist Paul Gerhardt (1607-1676). Früh verwaist (1621), kam er nach dem Studium in Wittenberg 1643 als Hauslehrer nach Berlin und wurde hier von Johannes Crüger (1598-1662), dem Kantor der Nikolaikirche gefördert, der zahlreiche Lieder Gerhardts mit einprägsamen Melodien versah. Dass seine bis heute vielfach gesungenen Lieder tiefster Ausdruck lutherischer Orthodoxie sind, zeigen die Hintergründe seiner Amtsentlassung 1666: Gerhardt hatte die Unterschrift unter ein Revers verweigert, das die Polemik zwischen Lutheranern und Reformierten verbot. Ab 1669 versah er den Pfarrdienst in Sachsen.

1. Herr, der du vormals hast dein Land
Mit Gnaden abgebildet,
Und des gefangnen Jakobs Band
Gelöst und ihn erquicket,
Der du die Sünd und Missetat,
Die dein Volk vor begangen hat,
Hast väterlich verziehen,

2. Herr, der du deines Eifers Glut
Zuvor oft abgewendet
Und nach dem Zorn das süße Gut
Der Lieb und Huld gesendet,
Ach, frommes Herz, ach unser Heil,
Nimm weg und heb auf in der Eil,
Was uns betrübt und kränket!

3. Lösch aus, Herr, deinen großen
Im Brunnen deiner Gnaden, [Grimm
Erfreu und tröst und wiederüm
Nach ausgestandnem Schaden!
Willst du denn zürnen ewiglich
Und sollen deine Fluten sich
Ohn alles End ergießen?

4. Willst du, o Vater, uns denn nicht
Nu einmal wieder laben?
Und sollen wir an deinem Licht
Nicht wieder Freude haben?
Ach geuß aus deines Himmels Haus,
Herr, deine Güt und Segen aus
Auf uns und unsre Häuser!

5. Ach, dass ich hören sollt das Wort
Erschallen bald auf Erden,
Dass Friede sollt an allem Ort,
Wo Christen wohnen, werden!
Ach, dass uns doch Gott sagte zu
Des Krieges Schluss, der Waffen Ruh
Und allen Unglücks Ende.

6. Ach, dass doch diese böse Zeit
Sich stellt in guten Tagen,
Damit wir in dem großen Leid
Nicht möchten ganz verzagen;
Doch ist ja Gottes Hilfe nah
Und seine Gnade stehet da
All denen, die ihn fürchten.

7. Wenn wir nur fromm sind, wird
Schon wieder zu uns wenden,[sich Gott
Den Krieg und alle andre Not
Nach Wunsch und also enden,
Dass seine Ehr in unserm Land
Und über alle wird erkannt,
Ja stetig bei uns wohne.

8. Die Güt und Treue werde schön
Einander grüßen müssen;
Gerechtigkeit wird einher gehn,
Und Friede wird sie küssen;
Die Treue wird mit Lust und Freud
Auf Erden blühn, Gerechtigkeit
Wird von dem Himmel schauen.

9. Der Herr wird uns viel Gutes tun,
Das Land wird Früchte geben,
Und die in seinem Schoße ruhn,
Die werden davon leben.
Gerechtigkeit wird dennoch stehn
Und stets in vollem Schwange gehn
Zur Ehre seines Namens.

Quelle: P. Gerhardt, Wach auf, mein Herz, und singe. Gesamtausgabe seiner Lieder und Gedichte, hg. v. E. v. Cranach-Sichart, Wuppertal/ Kassel ^{2}1991, 127. – *Literatur:* S. Grosse, Gott und das Leid in den Liedern Paul Gerhardts, Göttingen 2001 (FKDG 83); E. Axmacher, Johann Arndt und Paul Gerhardt. Studien zur Theologie, Frömmigkeit und geistlichen Dichtung des 17. Jahrhunderts, Tübingen 2001 (Mainzer hymnologische Studien 3); A. Bideau, Paul Gerhardt. Pasteur et poète, Bern u.a. 2003; s. auch bei Text e.

e) Der Westfälische Friede (1648)

Der Westfälische Frieden vom 24. Oktober 1648 bedeutete nach seinem Selbstverständnis und seiner faktischen historischen Bedeutung die Bestätigung der reichsrechtlichen Regelungen von 1552 und 1555 (s. Text Nr. 57). Eine wesentliche Klärung bedeutete lediglich die früher umstrittene Aufnahme der Calvinisten in den Religionsfrieden sowie die – faktisch längst vollzogene – Herauslösung der Schweiz und der Niederlande aus dem Reichsverband. Damit war eine Friedensordnung hergestellt, deren Basis nicht mehr wie im Mittelalter das christliche Kaisertum, sondern das Handwerkszeug des politischen Ausgleichs war.

Da aber großenteils die Beschwerden, die zwischen den Kurfürsten, Fürsten und Reichsständen beider Konfessionen (utriusque religionis) aufkamen, Ursache und Anlass für den gegenwärtigen Krieg bildeten, hat man ihretwegen folgende Vereinbarung und Vergleich getroffen.
Der im Jahre 1552 zu Passau abgeschlossene Vertrag und der im Jahre 1555 darauf gefolgte Religionsfriede, so wie er im Jahre 1566 zu Augsburg und danach auf verschiedenen allgemeinen Reichstagen des Heiligen Römischen Reichs bestätigt worden ist, soll in allen seinen mit einmütiger Zustimmung des Kaisers, der Kurfürsten, Fürsten und Stände beider Konfessionen angenommenen und beschlossenen Artikeln für gültig gehalten und unverletztlich beachtet werden.
Was aber für einige darin (befindliche) Artikel in diesem Vertrag durch gemeinsamen Beschluss der Parteien bestimmt worden ist, das soll für eine immer währende Erläuterung des besagten Friedens, die sowohl in Gerichten als auch anderswo zu berücksichtigen ist, gehalten werden, bis man sich durch Gottes Gnade über die Religion verständigt haben wird, ungeachtet des von Geistlichen oder Laien innerhalb oder außerhalb des Reiches zu irgendeiner Zeit dagegen eingelegten Widerspruchs oder Protests, die sämtlich Kraft gegenwärtigen Vertrags für null und nichtig erklärt werden.
In allen übrigen Dingen aber soll zwischen allen und jeden Kurfürsten, Fürsten und Ständen beider Konfessionen genaue und gegenseitige Gleichheit herrschen, soweit sie der Verfassung des Staatswesens, den Reichssatzungen und gegenwärtigem Vertrag gemäß ist, so dass, was für den einen Teil recht ist, auch für den anderen recht sein soll, wobei alle Gewalt und Tätlichkeit, wie im Übrigen, so auch hier zwischen beiden Teilen auf alle Zeit verboten ist...
Auch ist mit einmütiger Zustimmung der kaiserlichen Majestät und aller Reichsstände beschlossen worden, dass sämtliche Rechte oder Vergünstigungen, welche sowohl alle andern Rechtssatzungen, als besonders der Religionsfriede und dieser öffentliche Vertrag und in ihm die Entscheidung der Beschwerden den katholischen und den der Augsburgischen Konfession zugetanen Ständen und Untertanen erteilen, auch denen unter ihnen, die Reformierte (reformati) genannt werden, zukommen sollen.

Quelle/ Übersetzung: Instrumenta Pacis Westphalicae. Die Westfälischen Friedensverträge 1648, bearb. v. K.Müller, Bern/ Frankfurt [3]1975 (QNG 12/13), 25/ 113, 46/132. - *Literatur:* H.-U. Rudolf (Hg.), Der Dreißigjährige Krieg. Perspektiven und Strukturen, Darmstadt 1977 (WdF 451); F. Dickmann, Der Westfälische Frieden, Münster [6]1992; H. Lahrkamp, Dreißigjähriger Krieg, westfälischer Frieden. Eine Darstellung der Jahre 1618-1648, Münster 1997; H. Duchhardt (Hg.), Der Westfälische Friede. Diplomatie – politische Zäsur – kulturelles Umfeld – Rezeptionsgeschichte, München 1998 (Historische Zeitschrift. Beih. N.F. 26); K. Repgen, Dreißigjähriger Krieg und Westfälischer Friede, Paderborn [2]1999 (Rechts- und staatswissenschaftliche Veröffentlichungen der Görres-Gesellschaft. N.F. 81); G. Schmidt, Der Dreißigjährige Krieg, München [5]2002.

f) Grimmelshausen, Der abenteuerliche Simplicissimus III, 20 (1668)

Hans Jakob Christoph – genannt Christophel - von Grimmelshausen (1621/2-1676) legte im Jahre 1668 einen ungeheuer erfolgreichen Roman vor, »Der abenteuerliche Simplicissimus«: die Geschichte des Simplicius Simplicissimus, der in den Wirren des Dreißigjährigen Krieges aufwuchs und dem dabei die bislang gültigen Orientierungen immer mehr zu entgleiten drohten.

Ich war in den Wollüsten doch nicht so gar ersoffen oder so dumm, dass ich nicht gedacht hätte, jedermanns Freundschaft zu behalten, solang ich noch in derselbigen Festung zu verbleiben (nämlich bis der Winter vorüber) willens war; so erkannte ich auch wohl, was es einem für Unrat bringen könnte, wenn er der Geistlichen Hass hätte, welche Leute bei allen Völkern, sie seien welcher Religion sie auch wollen, einen großen Kredit haben. Deswegen nahm ich meinen Kopf zwischen die Ohren und ging gleich am nächsten Tag wieder auf frischem Fuß zum oben erwähnten Pfarrer und log ihm einen so schmucken Haufen daher, wie ich mich bemüht hätte, ihm zu folgen, dass er sich, wie ich an seinen Gebärden sehen konnte, herzlich darüber freute. »Ja«, sagte ich, »mir hat bislang, auch schon in Soest, nichts anderes als ein solcher engelhafter Ratgeber gefehlt, wie ich ihn in meinem hochgeehrten Herrn angetroffen habe; wenn nur der Winter bald vorüber wäre oder sonst das Wetter bequem wäre, dass ich fortreisen könnte«. Ich bat ihn darüber hinaus, mir doch weiter mit gutem Rat dienlich zu sein, an welche Universität (Academia) ich mich begeben solle. Er antwortete, was ihn anbelange, so habe er in Leiden studiert, mir aber wolle er Genf geraten haben[6], weil ich der Aussprache nach ein Oberdeutscher sei. »Jesus Maria!« antwortete ich, »Genf ist weiter von meiner Heimat als Leiden« »Was vernehm ich?« sagte er hierauf mit großer Bestürzung, »ich höre wohl, der Herr ist ein Papist. O mein Gott, wie finde ich mich betrogen!« »Wieso, wieso, Herr Pfarrer?« sagte ich, »muss ich darum ein Papist sein, weil ich nicht nach Genf will?« »O nein« sagte er, »sondern daran höre ich's, weil Ihr die Maria anruft« Ich sagte: »Sollte es denn einem Christen nicht gebühren, die Mutter seines Erlösers zu erwähnen?« »Das wohl,« antwortete er, »aber ich ermahne und bitte Ihn, so sehr ich kann, Er wolle Gott die Ehre geben und mir gestehen, welcher Religion Er angehöre? Denn ich zweifle sehr, dass Er an das Evangelium glaube (obwohl ich ihn alle Sonntage in meiner Kirche gesehen habe), weil Er am vergangenen Fest der Geburt Christi weder bei uns noch den Lutherischen zum Tisch des Herrn gegangen ist!« Ich antwortete: »Der Herr Pfarrer hört ja wohl, dass ich ein Christ bin, und wenn ich keiner wäre, so hätte ich mich nicht sooft bei der Predigt eingefunden; im Übrigen aber gestehe ich, dass ich weder Petrisch noch Paulisch bin, sondern allein einfach (simpliciter) glaube, was die zwölf Artikel des Allgemeinen Christlichen Glaubens in sich enthalten. Und ich werde mich auch keinem Teil vollständig verpflichten, solange mich nicht der eine oder der andere durch ausreichende Beweise überzeugt hat, dass er vor den anderen die rechte wahre und allein selig machende Religion habe.« »Jetzt«, sagte er, »glaube ich erst recht, dass Er ein kühnes Soldatenherz habe, sein Leben tapfer dran zu wagen, weil er gleichsam ohne Religion und Gottesdienst auf den Alten Kaiser hinein dahinleben und so frevelhaft seine Seligkeit in die Schanze schlagen darf! Mein Gott, wie kann aber ein sterblicher Mensch, der entweder verdammt oder selig werden muss, immer mehr so keck sein? Ist der Herr in Hanau erzogen[7] und nicht anders im Christentum unterrichtet worden? Er sage mir doch, warum Er nicht in die Fußstapfen der Eltern hinsichtlich der reinen christlichen Religion treten will? Oder warum Er sich ebenso wenig zu dieser wie zu einer anderen begeben will, deren Fundamente in der Natur wie in der Heiligen Schrift so sonnenklar am Tage liegen, dass sie auch in Ewigkeit weder ein Papst noch ein Lutheraner wird umstoßen können?« Ich antwortete: »Herr Pfarrer, das sagen auch alle anderen von ihrer Religion. Wem aber soll ich glauben?«

Quelle: Hans Jacob Christoph von Grimmelshausen, Der abenteuerliche Simplicissimus Teutsch, Stuttgart 1996, 331-333. – *Literatur:* G. Könnecke, Quellen und Forschungen zur Lebensgeschichte Grimmelshausens. 2 Bde., Leipzig 1926-1928; G. Weydt / R. Wimmer (Hg.), Grimmelshausen und seine Zeit, Amsterdam 1976; V. Meid, Grimmelshausen. Epoche – Werk – Wirkung, München 1984; A. Beutel, Gespiegelte Wirklichkeit. Religion, Konfession und kirchliches Amt in Grimmelshausens »Simplicissimus«, in: ders., Protestantische Konkretionen, Tübingen 1998, 140-160; D. Breuer, Grimmelshausen-Handbuch, München 1999.

[1] *Diesen Bund hat Hoë von Hoënegg zuvor mit der katholischen Liga identifiziert.*
[2] *Am Rand Verweis auf Apk 17f.*
[3] *Kanone.*
[4] *Befestigungsanlage.*
[5] *Schrecklicher.*
[6] *Leiden und Genf sind zwei klassische reformierte Ausbildungsstätten.*
[7] *Hanau war seit 1595 reformiert.*

Bibelstellenregister

Sachregister

Personenregister

Register der übersetzten Quellen